2011-2015年

上海市黄浦区人民法院文丛

探索、实践与创新

EXPLORATION PRACTICE AND INNOVATION

主编　樊长春

民商事卷

法律出版社 | LAW PRESS

编审委员会

编辑委员会

前　言

民商事审判工作关系党和国家工作大局、经济社会健康发展、人民群众切身利益。随着改革开放的持续深入推进，社会转型期中的一些深层次矛盾更加突出，市场经济秩序、劳动就业、动拆迁、食品安全等问题日益凸显，体现在民商事审判领域，除了传统的婚姻家庭、继承、相邻、侵权、劳动及合同纠纷外，还出现了大量的涉房地产、涉公司企业、涉知识产权等纠纷。这些纠纷引发的民商事案件不仅涉及面广，而且类型复杂、矛盾尖锐、利益多元。人民法院承担着居中裁判不同利益主体之间冲突与博弈的重任，必须依法妥善处理好各类民商事矛盾纠纷，树立司法权威，化解社会矛盾，最大限度保护和实现广大人民群众的根本利益。

上海市黄浦区地处全市中心城区的核心区域，区里金融机构云集，商业贸易发达，国内外游客众多，具有鲜明的商业、旅游、金融等地域特色。近年来，受经济下行压力影响，一些企业生产经营困难，也面临着产业转型升级、金融创新、旧城改造等历史重任，矛盾复杂易发多发。作为辖区法院，黄浦区法院近年来受理的民商事案件尤其与企业经营相关的民商事合同纠纷案件呈大幅增长的态势，案件审理难度不断加大，社会关注度也比较高。黄浦区法院紧紧围绕区域经济社会发展战略，切实发挥好民商事审判职能作用，妥善化解各类民商事纠纷，依法促进经济结构调整、旧城改造和区域经济协调发展，切实保障民生，为人民群众安定、幸福的生活，为经济社会有序、健康的发展提供司法保障。近年来，积极稳妥地处理了一批社会高度关注的重大、敏感案件，取得了较好的法律效果和社会效果，树立了上海法院司法公正的良好形象，被最高人民法院授予“全国法院民商审判工作先进集体”。

司法审判中,黄浦区法院牢固树立为大局服务、为人民司法的理念,充分关注民商事案件和相关数据中反映出来的经济社会发展的新动向,分别围绕涉钢贸金融借款、网络借贷、股权转让、信用卡透支等案件,认真研究并及时解决审判中遇到的新情况、新问题,在疑难、"瓶颈"问题的破解上下功夫,提出了许多理论上有建树、实践中可操作的解决方案。同时,围绕近年来颁布的法律和司法解释的理解与适用开展调研,梳理总结实践中遇到的问题,正确把握立法精神,提高法律适用的准确性,为有效化解民商事矛盾和纠纷,维护诚信公平的市场交易秩序,提供了有力的理论支持,确保民商事审判工作协调发展和可持续发展。

为全面展示黄浦区法院在 2011 年"撤二建一"以来五年间的各项工作,总结、提炼审判经验,提升司法能力,我们组织编写了这套《2011 - 2015 年上海市黄浦区人民法院文丛》。本文丛共分《刑事、综合卷》、《民商事卷》、《行政、执行、程序卷》、《案例精选卷》、《司法统计分析卷》五个分册。《民商事卷》收录了 2011 ~ 2015 年间我院在民商事审判领域内所取得的各类优秀成果。这些成果既有对以往司法经验的总结与提炼,也有对前沿法学理论的探索与尝试,文中所提思路、观点和对策,立论准确,论证全面,创新意识强,具有较强的实践指导意义和理论参考价值。希望通过本书的公开出版,为法律工作者、法学研究者和社会公众打开一扇了解法院民商事审判工作、了解司法人员审判思维和裁判方法的窗户,进一步实现法院与社会公众之间的真诚对话和良性互动,凝聚智慧,深化共识,共同促进我国应用法学的进步,提升我们的民商事审判水平。

因时间、精力和水平所限,本书的疏漏或不足在所难免,特此恳请广大读者批评指正。

编　者

2016 年 6 月

目　录

民　事　篇

(一)综　合　篇

(二)民事合同篇

(三)侵　权　篇

商　事　篇

(一)商事合同篇

(二)公　司　篇

民　事　篇

(一)综合篇

无民事行为能力人的近亲属可否代为起诉离婚

汤文元*

一、问题的提出

2011 年 3 月 31 日,《人民法院报》刊登了题为《无行为能力人的近亲属能否代为起诉离婚》的文章:胡某与张某系夫妻,2009 年胡某因为交通事故受伤致残,经鉴定为无民事行为能力人。2011 年胡某的哥哥以张某虐待胡某、对胡某的治疗持消极态度,且张某不断转移夫妻共同财产侵害了胡某的合法权益为由,要求其作为胡某的法定代理人,代理胡某提起离婚诉讼。文章认为,无民事行为能力人的近亲属一般不能代其提起离婚诉讼,但配偶一方有虐待、遗弃、恶意处分夫妻重大共同财产等严重损害无民事行为能力人合法权益的行为时除外,但必须先提起特别程序诉讼,撤销无民事行为能力人配偶的监护人资格,由变更后的新的监护人代理无民事行为能力人提起离婚诉讼。

同日,《解放日报》刊登了题为《法院驳回女儿替智障父亲起诉离婚》的报道:父亲由于车祸受伤成为无民事行为能力人,继母却不照顾父亲的生活,为此女儿代替父亲向法院起诉离婚。法院认为妻子一直履行自己的监护职责,在诉讼中也明确不放弃监护人资格,女儿不是父亲的监护人,代替父亲起诉离婚在程序上不适当,因此驳回了女儿的起诉。

二、实践的思考

上述两篇报道,反映了当前部分法院在处理无民事行为能力人提起离婚诉讼的通常程序是:无民事行为能力人起诉离婚必须先由其近亲属提起一个特别程序诉讼,撤销无民事行为能力人配偶的监护人资格,确定新的监护人,然后由新的监护人作为法定代理人代理无民事行为能力人提起离婚诉讼。笔者认为,虽然无民事行为能力人的配偶是其第一顺序监护人,但配偶存在虐待、遗弃、转移夫妻共同财产等明显不利于无民事行为能力人合法权益的情形时,第二顺序或第三顺序的监护人可以径行以无民事行为能力人的名义提起离婚诉讼,依法保护无民事行为能力人的合法权益。

---

* 汤文元,上海市黄浦区人民法院审监庭庭长、审判委员会委员。

(一)允许无民事行为能力人的近亲属代为起诉离婚,符合无民事行为能力人离婚的特殊性

根据《民法通则》第17条第1款的规定,无民事行为能力或者限制民事行为能力的精神病人,由下列人员担任监护人:(1)配偶;(2)父母;(3)成年子女;(4)其他近亲属;(5)关系密切的其他亲属、朋友愿意承担监护责任,经精神病人的所在单位或者住所地的居民委员会、村民委员会同意的。同时《民事诉讼法》第57条规定:"无诉讼行为能力人由他的监护人作为法定代理人代为诉讼。"两篇案例均据此认为,无民事行为能力人提起离婚诉讼,其配偶作为第一顺序的监护人是其当然的法定代理人,但如果允许无民事行为能力人的配偶代理其提起离婚诉讼,就会出现配偶自己与自己进行诉讼的情况,因此必须按照法律有关变更监护人的规定,提起一个特别程序诉讼,撤销配偶的监护人资格,确定新的监护人,然后由新的监护人作为法定代理人代理无民事行为能力人提起离婚诉讼。

笔者认为,在无民事行为能力人作为当事人的其他诉讼当中,配偶毫无疑问是其法定代理人,但无民事行为能力人离婚诉讼有其特殊性,配偶不宜作为当然的法定代理人:(1)与无民事行为能力人之间的婚姻关系,是配偶取得监护人资格的基础,而无民事行为能力人提起离婚诉讼就是要解除婚姻关系,在这种情况下,仍认为配偶是当然的法定代理人是不妥当的。(2)根据《婚姻法》的规定,"感情确已破裂"是准予离婚的原则。但在夫妻一方为无民事行为能力人的情况下,他(她)对人与人之间的感情和理性、夫妻感情是否破裂缺乏理解和判断能力。因此,无民事行为能力人起诉离婚均发生在配偶一方存在虐待、遗弃及其他损害无民事行为能力人的情况下,其目的是解除配偶的监护人资格,确立新的监护人,以保护无民事行为能力人的利益。如果要求无民事行为能力人起诉离婚必须先通过特殊程序确立新的监护人,则在一定程度上存在程序的重复。

(二)允许无民事行为能力人的近亲属代为起诉离婚,符合我国法律关于监护制度的规定

监护是对无民事行为能力人和限制民事行为能力人的人身、财产及其他合法权益进行监督和保护的一种民事法律制度。根据《民法通则》第18条的规定,监护人应当履行监护职责,保护被监护人的人身、财产及其他合法权益,除为被监护人的利益外,不得处理被监护人的财产。监护人不履行监护职责或者侵害被监护人的合法权益的,应当承担责任;给被监护人造成财产损失的,应当赔偿损失。人民法院可以根据有关人员或者有关单位的申请,撤销监护人的资格。

《最高人民法院关于贯彻执行〈中华人民共和国民法通则〉若干问题的意见(试行)》(以下简称《民通意见》),对《民法通则》上述法条作了进一步解释,其第10条规定,监护人的监护职责包括:保护被监护人的身体健康、照顾被监护人的生活,管理和保护被监护人的财产、代理被监护人进行民事活动,对被监护人进行管理和教育,在被监护人合法权益受到侵害或者与人发生争议时,代理其进行诉讼。

第14条规定,人民法院指定监护人时,“可以将民法通则第十七条第一款中的(一)、(二)、(三)、(四)、(五)项规定视为指定监护人的顺序”。“前一顺序有监护资格的人无监护能力或者对被监护人明显不利的,人民法院可以根据对被监护人有利的原则,从后一顺序有监护资格的人中择优确定。”“监护人可以是一人,也可以是同一顺序中的数人。”第20条规定,监护人不履行监护职责,或者侵害了被监护人的合法权益,《民法通则》第16条、第17条规定的其他有监护资格的人或者单位向人民法院起诉,要求监护人承担民事责任的,按照普通程序审理;要求变更监护关系的,按照特别程序审理;既要求承担民事责任,又要求变更监护关系的,分别审理。

以上是《民法通则》及《民通意见》关于监护法律制度和“监护人不履行监护职责”、“对被监护人明显不利”或者“侵害被监护人的合法权益”时,法律涉及规定的保护被监护人合法权益的具体规定。从中找不出当监护人不尽监护职责、侵害被监护人合法权益时,后一顺序有监护资格的人必须先通过特别程序变更监护关系,而不能以监护人资格,径行替被监护人提起民事诉讼,及时保护被监护人合法权益的任何法律条文。而《民通意见》第20条明确规定,准许无民事行为能力人的近亲属径行代为提起诉讼,且其他有监护资格的人可以径行提起要求原监护人承担民事责任的普通程序诉讼;也可以径行提起变更监护关系的特别程序诉讼;还可以径行同时提起上述普通诉讼程序和特别程序诉讼。

离婚诉讼,属于普通程序诉讼,当被监护人的配偶不履行监护职责,存在侵害对方合法财产时,被监护人的成年子女(近亲属)径行提起离婚诉讼,符合我国法律关于监护制度的规定。

当然,无民事行为能力人的近亲属代位提起离婚诉讼,法院应审查该近亲属在监护制度中的顺序位置,以及与无民事行为能力人的生活关系紧密程度。除配偶外,无民事行为能力人的近亲属,首先应按照我国监护制度的法律规定,从监护顺序在前的父母、成年子女、其他近亲属等中选择产生;其次,在同一顺序中的近亲属,应从与无民事行为能力人生活关系紧密的人中产生,如同为成年子女,则由与无民事行为能力人共同生活,尽主要照料义务的子女代位提起诉讼;最后,顺序在前的近亲属因其智力、年龄、体质等因素难以胜任监护职责的,可从后一顺序的近亲属中产生,如无民事行为能力人的父母年事已高,本身生活自理能力发生困难,则可由其成年子女代位提起离婚诉讼。

(三)允许无民事行为能力人的近亲属代为起诉离婚,符合司法实践

司法实践中,当法定第一顺序监护人存在侵害或不利被监护人时,第一顺序其他监护人或下一顺序监护人以被监护人的名义提起诉讼的案例并不鲜见,而且均依法、有效维护了被监护人的合法权益,其法律效果和社会效果均得到社会积极的评价。

如离异夫妻一方,与其未成年子女之间发生财产权属争议纠纷,此时离异夫妻

一方还是其未成年子女的法定监护人,但在该案诉讼中,其就不能成为未成年子女的法定代理人(监护人),而应由离婚夫妻的另一方作为未成年子女的法定代理人(监护人)参加诉讼。因为此刻离异夫妻的一方作为其未成年子女的法定代理人(监护人),“将给被监护人带来不利”。或许有观点认为,此案例父母都是未成年子女同一顺序的监护人,由父或母做未成年子女的监护人并无不妥。如果离异夫妻一方与其未成年子女产生财产权属争议,夫妻另一方已去世,那么谁来做未成年子女的法定代理人(监护人)?对此,《民通意见》第14条规定:“前一顺序有监护资格的人无监护能力或者对被监护人明显不利的,人民法院可以根据对被监护人有利的原则,从后一顺序有监护资格的人中择优确定”。事实上,前述案例是不能变更监护人的,因为离开此案,离异夫妻的一方仍是其未成年子女的第一顺序监护人。

再设计一个特殊的案例,父母离婚后,不与未成年子女共同生活的父方拒付抚养费,母亲遂以子女的名义诉至法院,要求父亲给付抚养费。此时未成年子女是原告,母亲是未成年子女的法定代理人(监护人),父亲是被告。与此同时,该未成年子女在学校致同学甲伤害,甲诉至法院,要求未成年子女的父母承担赔偿责任。此时甲是原告,未成年人与其父亲和母亲是共同被告,并且对甲的民事赔偿应由作为监护人的父亲和母亲共同承担。在同一个时间段,该未成年子女的父亲,既是其子女起诉抚养费纠纷的被告,又是甲起诉民事赔偿案中其子女的监护人(共同被告)。表面上看似乎矛盾,实质上恰恰是我国监护法律制度的优势所在,突出了监护人对被监护人“人身、财产及其他合法权益”的保护和监护人为被监护人对外承担民事责任的法定责任。前述抚养费案,未成年子女的父亲未尽抚养义务,给未成年子女带来不利,此案中暂时“剥夺”了其监护权。后案民事赔偿纠纷案,父亲并没有对未成年子女带来不利,也没有损害被监护人的利益,父母当然是未成年子女的监护人。

审判实践中涉及无民事行为能力人的案件并不鲜见,本着依法保护无民事行为能力人的司法理念,通过简便、快速的程序,有效地保障了他们的合法权益,同理,在无民事行为能力人离婚诉讼中也应当暂时剥夺配偶的监护权,由其他近亲属作为监护人代理无民事行为能力人参加诉讼。

(四)允许无民事行为能力人的近亲属代为起诉离婚,有利于对无民事行为能力人利益的保护

如前所述,无民事行为能力人起诉离婚往往发生在配偶一方虐待、遗弃等损害无民事行为人利益的情况下,这时,离婚诉讼的简便、快捷对无民事行为能力人利益的保护就显得很重要:(1)如果将变更监护人作为无民事行为能力人提起离婚诉讼的前提,不仅程序烦琐、耗费时间,无法尽快将无民事行为能力人从不利的监护关系中解脱出来,而且还增加无民事行为能力人的诉讼成本。(2)司法实践中,常有无民事行为能力人或限制民事行为能力人的法定代理人因诉讼程序复杂、耗

时耗力而放弃诉讼的情形发生。如果无民事行为能力人离婚诉讼设计过于复杂，则有可能使无民事行为能力人的近亲属放弃代为提起离婚诉讼，这对无民事行为能力人是不利的。(3)如果将变更监护人作为无民事行为能力人提起离婚诉讼的前提，一旦离婚诉讼启动后判决不准双方离婚，就会出现是否需要再次变更监护人的问题，从而引发新的争议，增加当事人的讼累。而在准许无民事行为能力人的近亲属代为提起离婚诉讼的情况下，如果法院认定被告未尽监护人职责、损害被监护人合法权益，准予离婚，则依附于夫妻身份关系的监护关系自然也随之解除；如果法院认为配偶尽到监护职责，判决不予离婚，则婚姻关系继续维持，无民事行为能力人的配偶仍是监护人，不会发生对监护人的监护落空等不利于被监护人的情况发生。

（五）无民事行为能力人的近亲属可否代为提起离婚诉讼，涉及的是诉讼程序中的问题，至于案件实体处理的结果，需要法院审理后作出裁判

无民事行为能力人的近亲属可以代为提起离婚诉讼，仅是指无民事行为能力人的近亲属有代为提起诉讼的程序权利，至于其诉讼请求是否有事实证据予以证实，是否符合《婚姻法》的离婚条件，必须经过法院实体审理后，作出实体判决，起诉权不等同于胜诉权。《法院驳回女儿替致残父亲起诉离婚》一文中，法院在驳回起诉的裁定书中将“配偶一直履行了自己的监护职责”作为驳回起诉的原因之一，混淆了当事人程序上的起诉权和实体上的胜诉权之区别：如果认为“配偶一直履行了自己的监护职责”情况属实，证明配偶对无民事行为能力人是有感情的，已尽到妻子责任。而女儿认为继母不尽监护责任，又无事实依据，则法院应从实体上驳回女儿的诉讼请求。

综上，允许无民事行为能力人的近亲属作为监护人代为提起离婚诉讼，不仅符合法律规定，也能取得良好的法律效果和社会效果。

论违章建筑上占有制度的应用

暨秉恒*

随着我国法治化进程的加快，违章建筑问题日益凸显于公众视野之前。因历史原因、监管缺位等因素产生的违章建筑，以其在公法意义上建造的违法性而往往成为利害关系人口诛笔伐的对象和行政主管部门严令拆除的“眼中钉”；但与此同时，立足于私法的民事司法实践中不得不对既存的一些违章建筑上发生的民事关

* 暨秉恒，上海市黄浦区人民法院民四庭法官助理。

系加以调整,并在一定程度上认可其存在的实益。① 必须看到的是,违章建筑因其违法性而无法在房地产管理部门取得登记,使得以其为标的物构建的种种法律关系背后无实体权利的支撑,而为相关案件的审理带来重重逻辑上的困惑。这也正是本文试图探索的问题。该问题的解决不仅可为违章建筑上法律关系的处理提供指引,而且还可进一步扩大适用于尚未取得权属登记的不动产之上,为相关纠纷的处理提供助益。

一、"权利"不在场下的新格局——从一起案例说起

让我们通过一则案例对本文主题形成更深入的理解与思考:

甲为某违章建筑的建造人,将该建筑出租于乙,并约定不得转租,但乙瞒着甲又擅自将该建筑出租于丙,后甲将该违章建筑出卖于丁,现丁起诉至法院要求丙迁出该系争房屋,并向其支付占用房屋发生的房屋使用费。

假使该案件中的标的并非违章建筑,而是登记有物权的合法建筑,则该案件的处理在实体权利的支撑下殊为清晰:丁作为房屋的所有权继受人,与丙之间并不存在直接的合同关系,丙实际使用该房屋的行为已经构成了对丁所有权的侵犯,丁有权要求丙迁离房屋。而在丁和乙之间,因为"买卖不破租赁"的原则存在房屋租赁合同关系,故乙足以凭借其与丁之间直接的债权请求权对抗丁之物权请求权,除非丁先以乙未经其同意转租为由解除双方之间的房屋租赁合同。

回到前述案例中,当将标的物由合法建筑替换为违章建筑而将实体权利从各方之间形成的复杂法律关系中抽离时,应如何看待各方主体之间的关系?由于违章建筑上未登记有物权,而各方主体之间签订的合同也随之归于无效,②前述适用于合法建筑的逻辑体系已无法适应解决该案例之需求,那么在该情形下应以怎样的一种制度基础重构各方主体之间的权利、义务关系?

二、违章建筑上的制度适用

在回答违章建筑上各方权利、义务关系的构建基础问题之前,笔者认为有必要对违章建筑的性质作出进一步的确认,以便更好地区分具体的制度适用。

(一)违章建筑的定义

何为违章建筑?目前我国法律上尚无权威解释,笔者比较认同的定义是"违反了《土地管理法》、《城市规划法》等相关法律法规的规定而建造的房屋及其设施。"③这其中包含了两层含义:(1)从违法内容上看,违章建筑既包括未取得建设

---

① 例如违章建筑作为被征收房屋的添附物可转化为一定的征收补偿利益、以违章建筑出租可收取房屋使用费等均已被当前我国的司法实践所接受。

② 虽然亦有观点认为标的物违法不一定导致法律行为违法,违章建筑认定和拆除属公法范畴,而认定相关合同无效属私法范畴,不能混同,但我国司法实践的主流观点仍倾向于否定涉违章建筑合同的效力。例如,根据《最高人民法院关于审理城镇房屋租赁合同纠纷案件具体应用法律若干问题的解释》第2条、第3条的规定,涉及违章建筑的房屋租赁合同无效。

③ 刘宗胜、乔旭升:"论违章建筑侵害赔偿",载《学术交流》2006年第3期。

用地使用权而建造的建筑,也包括违反规划许可在自己享有建设用地使用权的土地上建造的建筑;(2)从建筑种类上来看,违章建筑不仅包括房屋,还包括房屋以外的,服务于一定目的并附着于土地、依一定技术规则建造的物件、设施和装置,如栅栏、脚手架、电线杆、桥梁、水井等。[①]

(二)违章建筑的性质及制度适用

实践中有观点认为违章建筑物具有违法性,但建筑材料本身作为动产是合法的,故违章建筑能成为动产所有权的客体。[②] 对欲将违章建筑界定为动产的观点,笔者不敢苟同。首先,该观点未准确把握不动产与动产概念的区分标准。虽然我国《物权法》并未对不动产和动产的区分标准作出严格界定,但在国外立法中有例可循。罗马法中,动产是指能够自行移动或用外力移动而不改变其性质和价值的有体物,不动产是指不能自行移动,也不能用外力移动,否则就会改变其性质或减损其价值的有体物,这一标准在当代各国基本没有变化,只是采用的程度有所不同而已。[③] 笔者认为,建筑材料本身固然是动产,但当他们被整合后,是作为一个整体发挥其功能的,由原来的可以自行移动的状态,转变为不可以外力移动、若强行移动将导致整体功能和价值受贬损的状态。诚然,违章建筑被拆除后,将因整体性被破坏而回归动产物权客体的范畴,但拆除前的违章建筑依其物理性能被归类为不动产是毋庸置疑的。退而论其次,倘若违章建筑确实可作为建筑材料的集合体被界定为动产所有权的客体,那么可以得出的一个荒谬的推论是,行政机关拆除违章建筑的行为成为对公民合法权利的侵犯。综上所述,违章建筑的性质理应界定为不动产。

既然违章建筑属不动产,那么建造人对违章建筑是否享有不动产所有权?学界曾有观点认为:建造人对违章建筑可享有不动产所有权,应当将我国《物权法》第30条“因合法建造、拆除房屋等事实行为设立或者消灭物权的,自事实行为成就时发生效力”的规定理解为例示性规定,通过解释将“违法建造”包含在“等事实行为”之中,建造人可以基于其建造行为而取得对违章建筑的所有权,只不过因该建造行为违法,他无法进行初始登记,也就无法对其进行处分,或者说其处分不发生物权效力。[④] 由此可见,该观点的基石为虽然建造人无法办理所有权登记,但建造人可以遵循基于事实行为发生物权变动的规则而取得所有权。[⑤] 对该观点的批判主要在于:所有权并非属于逻辑的范畴,而属于历史的范畴。所有权的历史性首先表现为法律的构造物,即法律对于财产权利的赋予。[⑥] 因此某种具体的财产支

---

① 周友军:“违章建筑的物权法定位及其体系效应”,载《法律适用》2010年第4期。

② 陆淳:“违章建筑的分割和占有”,载《人民法院报》2005年5月25日第5版。

③ 郭民:“论动产与不动产的区分标准”,载《中南财经政法大学研究生学报》2008年第6期。

④ 陆淳:“违章建筑的分割和占有”,载《人民法院报》2005年5月25日第5版。

⑤ 王泽鉴:《民法物权》(第1册),中国政法大学出版社2001年版,第116页。

⑥ 马俊驹、江海波:“论私人所有权自由与所有权社会化”,载《法学》2004年第5期。

配关系是否得到国家认可和保护,必须由法律作出规定和确认。在立法上,不动产和动产所有权取得所遵循的规则是不同的,公民可能基于事实行为取得动产所有权,然而基于我国《物权法》第9条的规定,不动产的取得未经登记不发生效力,因此建造人对违章建筑显然无所有权。

既然建造人对违章建筑并不享有所有权,那么其对违章建筑享有何种权利,又该如何救济?对此,笔者查阅文献中的主流观点认为,应对违章建筑人事实上的占有状态给予一定的法律保护,以避免社会资源的浪费。[①] 至此我们基本可以明确,违章建筑上构建的对各方利益的保护体系是以占有制度为基础的。

三、占有的基本理论

在明确占有制度对违章建筑上利益保护的重要意义后,为解决文首提出的问题,有必要对民法上的占有制度作深入的审视。我国立法上对占有的概念及相关制度述之不详,为此本文试图从占有概念肇始的国外立法中寻求借鉴。

(一)占有制度的历史沿革

法律意义上的占有之滥觞可追溯至罗马法,罗马法中的占有概念包含作为客观要件的“体素”和作为主观要件的“心素”:其中“体素”强调的是占有人与占有物之间的客观联系,但指的并不是对物的实际持有,而是“对物的控制,即在经济和社会意识中使人们能够根据物的不同性质对其为所欲为的那样一种同物的关系”;[②]“心素”强调的则是占有人与占有物之间的主观联系,是指占有人对占有物必须持所有之意思。罗马法以此区分了“占有”和“持有”两个概念,认为作为缺乏所有意思的对物的控制的“持有”(如承租人对物的控制)不属于占有的范畴。与罗马法不同,日耳曼法中对占有的解读又是另外一番光景。日耳曼法中的“占有”仅指对物的直接的、实际的控制,[③]所谓“心素”并不是占有构成之要件。以租赁为例,罗马法将出租人视为唯一的占有人,承租人仅是持有人;而日耳曼法则更直观地将实际控制物的承租人作为占有人。[④] 最后,德国法调和了罗马法与日耳曼法的冲突,创造出了“直接占有”与“间接占有”的双重占有结构,相对于罗马法使不受其占有保护的“持有”也改头换面为“直接占有”而进入了占有的范畴;相对于日耳曼法又继受了罗马法上典型的占有,借助“间接占有”这一概念使观念化的“管领支配”也成为占有的重要基础。我国台湾地区现行“民法”忠实地继受了《德国民法典》的占有概念,于是直接占有与间接占有的双重占有结构开始为我国大陆的学者所熟

---

① 王小莉:“违章建筑买卖合同法律问题初探”,载《黑龙江省政法管理干部学院学报》2007年第5期。

② [意]彼德罗·彭梵得:《罗马法教科书》,黄风译,中国政法大学出版社2005年版,第206页。

③ 刘家安:“含混不清的‘占有’——《物权法》草案‘占有’概念之分析”,载《中外法学》2006年第2期。

④ 王泽鉴:《民法物权》(第2册),中国政法大学出版社2001年版,第184页。

知,[1]虽然我国《物权法》并未明确提出间接占有的概念,但从我国学界的主流观点来看,德国的占有制度相关理论对我国影响甚巨,故本文谨以此作为立论的主要渊源。

(二)占有的概念及构成要件

我国目前的立法中并无对占有概念乃至要件的反思和解读,但笔者认为,借鉴国外立法和学说以确定占有的构成要件,对于解决文首提出的案例乃至解决其他司法实践中遭遇的关于占有制度的适法困惑,有着深远的意义。

在阐释占有的概念之前,势必会先遭逢一个疑问,即占有究竟是一种权利,还是一种事实。对此学界向有争议:德国和多数国家民法认为占有为一种事实,也有日本等少数国家民法将占有界定为权利。[2] 如前所述,我国学界受德国民法影响颇深,故从笔者查阅的文献来看,绝大多数观点均秉持了占有"事实说"的立场。正如学者刘家安指出的:"占有的事实或者与一种权利相伴随,或者欠缺这样一种权利的支持,甚至还可能是对他人权利侵害的结果,而无论是哪一种情形,它们都进入了占有的法律范畴。占有乃是一种被剥离了权利内涵的单纯事实,在有关占有效力的思维中,权利是一个不相关的因素。"[3]因此,本文将占有界定为一种对物具有可被识别的管领力的事实,并可进一步区分为直接占有和间接占有。那么如何进一步判断何为占有的构成要件?笔者认为可以借鉴德国立法,从主、客观两个角度对占有要件加以解读。

1. 直接占有的概念及构成要件

在德国法上,直接占有是指某人完全实在地占有某物并根据其占有意思直接对该物行使实际的支配,无须借助他人的帮助。[4] 直接占有的取得需同时具备主观要件和客观要件。

直接占有的主观要件即占有人须具备占有之意思,学者王利明也赞同这一设计,认为"任何占有,占有人都须具备一定的占有意图,无意识状态下的占有在法律上很难获得保护……无意识的占有在法律上是没有意义的"。[5] 德国法上的占有之意思无须是所有之意思,因此他主占有人也可取得占有人之地位;也无须是法律行为之意思,因此即便是无行为能力人亦可成为占有人。不过,并非所有认识到自己正支配某物的意思均为占有的意思,如果一个人"在与物的交往中以服从于他人

---

① 刘家安:"含混不清的'占有'——《物权法》草案'占有'概念之分析",载《中外法学》2006 年第 2 期。

② 陈华彬:《物权法》,法律出版社 2004 年版,第 627 页。

③ 刘家安:"含混不清的'占有'——《物权法》草案'占有'概念之分析",载《中外法学》2006 年第 2 期。

④ [德]M. 沃尔夫:《物权法》,吴越、李大雪译,法律出版社 2004 年版,第 71 页。

⑤ 王利明:《物权法研究》,中国人民大学出版社 2002 年版,第 636 页。

指示的方式行使对物的实际支配,则其只是占有辅助人,而指示权人为直接占有人",[①]如正为雇主驾驶车辆的司机等。直接占有的客观要件即占有人须享有可被外界识别的对房屋的实际支配和控制。首先,这里的实际支配须按照社会一般观念达到一定程度,以本文的主题——违章建筑为例,违章建筑里来了客人,客人与房屋发生了一定的结合,但并不能据此认定其获得了对房屋的控制。其次,实际支配也并非指占有人与占有物物理上的紧密结合,其是否存在取决于对物施加影响的可能性,且暂时性的障碍不会终止占有。例如,违章建筑的承租人有事外出,暂时脱离了与房屋的结合,但并不能认为其丧失了对房屋的控制。最后,该种实际支配须可以被外界识别。例如,租客腾空房屋并离开后,即便秘密保有钥匙而享有对房屋的实际控制,仍不能认为其对房屋存在占有。

2. 间接占有的概念及构成要件

在德国法上,间接占有是指某人虽不能直接干预某物,但借助于物的直接支配者的良心配合对物实施的"精神化"的支配。[②] 一物之上只能存在单层次的直接占有,但却可以存在多层次的间接占有。

间接占有的主观要件与直接占有大致相同,同样要求占有人至少以占有的意思实施占有。在德国法上,间接占有的客观要件即基于租赁、保管等可被识别的占有媒介关系足以判断该主体才是占有物的间接控制人,此种占有媒介关系无须为有效关系,占有媒介人只要"基于一项哪怕是假想有效的法律关系,而'为'上级占有人行使占有" [③]即可。间接占有的丧失可以因返还请求权的让与而发生,也可能因占有媒介人向外界表明不愿继续承认此种间接占有而发生,比如占有媒介人将物侵占。[④]

总的来说,占有的取得须同时具备主、客观两方面的要件,但由于占有是一种事实状态,故占有丧失的主要依据却仅是占有的客观要件的丧失,"单纯的放弃意思本身不足以表明丧失了占有,它必须伴有可以从外部识别的占有放弃行为",[⑤]而即使占有人非自愿地因遗失或被盗等原因丧失了对物的实际控制,也不再是占有人。

(三)占有的效力

法律上创设占有的法律概念的意图主要表现在以下几个方面:首先,占有保护现实存在的状况不受第三人的自力侵犯;其次,占有作为外部可识别的标志使人注意权利的存在;最后,保护合法占有人不受所有权人及其权利继受人的侵犯。[⑥] 笔

① [德]M. 沃尔夫:《物权法》,吴越、李大雪译,法律出版社2004年版,第80页。
② [德]M. 沃尔夫:《物权法》,吴越、李大雪译,法律出版社2004年版,第77页。
③ 王泽鉴:《民法物权》(第2册),中国政法大学出版社2001年版,第185~186页。
④ [德]M. 沃尔夫:《物权法》,吴越、李大雪译,法律出版社2004年版,第79页。
⑤ [德]M. 沃尔夫:《物权法》,吴越、李大雪译,法律出版社2004年版,第76页。
⑥ [德]M. 沃尔夫:《物权法》,吴越、李大雪译,法律出版社2004年版,第72页。

者认为,占有的效力即是这三方面意图的直接体现,可以细分为保护效力、公示效力和取得效力三方面内容:(1)保护效力。占有的保护效力即是指占有人在占有受到侵害的情况下可以请求返还原物(及孳息)、排除妨害或损害赔偿,该项效力实质上与法律对物的权利人的保护近似,赋予了占有人回复占有及其衍生的一系列请求权,占有与本权之间的联系因此而被割裂,占有人仅凭占有之事实即可获得近似于权利人享有的救济权利。(2)公示效力。物在社会中,通常是表现在占有状态之下的,自古罗马时期以降,占有向来是一种对物的主权的有力宣示。占有的公示效力主要表现为权利推定,通常而言,在无相反证据证明物之占有人无权占有之前,只能推定该占有人为有权占有之人。不过,由于当代各国普遍采取了不动产登记制度,使不动产权属之宣示与占有一定程度上被割裂,因而占有的公示效力主要在动产领域发挥作用。(3)取得效力。占有的取得效力即一定情形下占有人基于占有之事实取得权利的效力,占有人可依取得效力对抗真正的权利人及其权利继受者。占有的取得效力在立法中主要包括两个方面:一方面是善意取得之效力,善意取得制度实质上即为一定条件下物的善意占有人取得权利的法律设计;另一方面是取得时效之效力,一定条件下占有人以所有之意思占有物达到一定的时限,法律即可赋予占有人实在的权利,不过我国立法否定了占有取得时效之效力。

具体到对违章建筑上的占有中,由于违章建筑属不动产,且在我国法律的限制下无法成为不动产所有权之客体,因而违章建筑之上缺少占有的公示效力和取得效力(在我国主要指善意取得制度)的生存土壤,而仅能依占有的保护效力给予占有人一定的保护。

四、占有制度在违章建筑上的应用

前文提到,违章建筑的权利基石——建造人原始取得的所有权并不存在,因此围绕违章建筑建立的保护体系缺乏权利支撑,只能适用占有制度给予一定的保护。

(一)违章建筑上占有的取得与丧失

违章建筑上存在直接占有并无异议,那么违章建筑上是否存在间接占有?以房屋租赁合同为例,当房屋属违章建筑时,由于出租人与承租人之间的合同效力受之影响而归于无效,出租人的间接占有人地位似而摇摇欲坠,但根据前文之分析,在间接占有中的占有媒介关系无须为有效关系,因此,违章建筑上仍具间接占有人之存在可能。为便于叙述,本文将违章建筑上可能存在的占有人区分为建造人、继受人、占有媒介人和侵占人四类,并在此基础上对违章建筑上占有的取得与丧失进行探讨。其中,建造人即指违章建筑的原始建造者,继受人即从建造人或其他继受人处以所有的意思取得违章建筑的占有人(如买受人等),占有媒介人即通过租赁、借用等占有媒介关系占有违章建筑的人,本文所述的侵占人则特指非基于有效或假想有效的法律关系对违章建筑实施占有的人。

1. 违章建筑上占有的取得

基于前文的探讨,占有的取得须同时具备主观要件和客观要件。对建造人而言,其可因建造行为直接取得对违章建筑的原始占有;对继受人而言,欲取得占有,仅有受让房屋并为占有之意思尚有不足,在前手的建造人或继受人属直接占有的情况下,须通过获得房屋钥匙等可被外部识别的实际支配而达成,在前手属间接占有的情况下,须通过前手明确外示让与房屋返还请求权之意思而达成;对占有媒介人而言,欲取得占有,须与上一层间接占有人达成合意后通过获得对房屋的可被外部识别的实际支配而达成;对侵占人而言,其占有须经由其以占有意思行使侵占行为并实际获得对房屋的支配而取得。前述四类主体在取得占有后,均可以通过构建新的占有媒介关系而衍生新的间接—直接占有结构。

2. 违章建筑上占有的丧失

基于前文的探讨,占有丧失的主要依据仅是占有客观要件的丧失。故无论是直接占有抑或是间接占有,均可由于对占有物出现的可被外部识别的失控而丧失占有。在这里要区分的两种情形是占有的自主丧失与占有的被迫丧失:在占有人自主丧失占有的情形下(如自愿将房屋出让或赠与他人),则无权再以占有制度衍生的自力或公力救济权回复占有,而仅可能通过请求法院确认占有自主丧失所依据的法律关系无效而恢复合同订立前的状态以重新取得占有;在占有人被迫丧失占有的情形下(如房屋被侵占人侵占、占有媒介人拒绝承认间接占有人地位、占有媒介人擅自将房屋转让他人等),原占有人可以径行主张违章建筑新的直接占有人(无论其是经由何种途径获得房屋、主观状态为何)为侵占人,享有直接以占有制度衍生的救济权回复占有的权利。

(二)违章建筑上占有保护的内容

前文已述及,违章建筑上之占有仅能依凭保护效力予以一定的保护,其核心就是赋予占有人占有回复请求权及由此衍生的一系列权利。那么结合我国立法,占有人具体究竟能得到哪些救济呢?考察我国《物权法》之规定,占有人享有的请求权主要有占有回复请求权、排除妨害请求权、损害赔偿请求权、费用求偿权四类。在对四类请求权展开具体论述前,笔者认为有必要先厘清占有在学理上的一组分类,即善意占有与恶意占有。在学理上,善意占有和恶意占有均属于无权占有的子分类,所谓善意为占有人误信其具有占有权利,如不能误信则为恶意。[①] 考虑到违章建筑上无不动产所有权这一事实,违章建筑的所有占有人均属基于不动产公示制度明知其无占有权利的无权占有人,那么是否都应被视作恶意占有人?对此笔者认为,明知无权却强占具有实体权利的物的行为均可归类为《物权法》第245条规定的侵占行为;但在无不动产所有权的违章建筑上,认定依假想有效之法律关系(并可能为此支付对价)从建造人处取得占有的行为亦属侵占,似有不妥,故在没有相反证据的情况下,建造人、继受人、占有媒介人等占有主体宜被推定为善意占

---

① 史尚宽:《物权法论》,中国政法大学出版社2000年版,第488页。

有人,而与作为恶意占有人的侵占人所负担的责任有所区分。

1. 占有回复请求权

占有回复请求权主要包含两类:返还原物请求权和返还孳息请求权,这是对占有人最基本的保护。就违章建筑而言,何为原物自无须赘述,那么违章建筑上是否可能产生孳息呢?笔者认为,违章建筑上的孳息是存在的,如《最高人民法院关于审理城镇房屋租赁合同纠纷案件具体应用法律若干问题的解释》第5条规定:房屋租赁合同无效,当事人请求参照合同约定的租金标准支付房屋占有使用费的,人民法院一般应予支持。由此可见,虽然涉及违章建筑的租赁合同无效,但仍可能产生房屋使用费,其实质即为孳息的一种。对于返还原物请求权,各国的立法例基本均予以支持;但是对是否应一并返还孳息却存有争议。主流观点认为孳息从属于原物,理应一并返还;但以法国法为代表的立法例认为,当孳息已被占有人消费或花费时,强制其返还孳息往往会使其承受过重的债务,如果占有已持续长时期,则返还的负担对于占有人将构成毁灭性的打击,故法国法规定了针对善意占有人的"孳息的宽恕"。[①] 从我国《物权法》第243条来看,当占有人作为权利人时,享有返还孳息请求权,只须支付善意占有人必要的管理费用;但由于违章建筑的占有人并非权利人,适用该条款有些牵强,似应适用《物权法》第245条之规定,仅有权请求返还原物,但不及于孳息。笔者认为,《物权法》的规定或许是考虑到权利人才是孳息最终的保有者,故对占有人之保护作了适当限制,但由于违章建筑之上无权利人,故赋予违章建筑上的善意占有人与权利人同等的返还孳息请求权殊为必要。

2. 排除妨害请求权

排除妨害请求权即占有人有权请求侵占人排除对其占有物的现实妨害或消除可能对其占有物造成不利影响的危险,该请求权的行使较为明晰,笔者不予赘述。

3. 损害赔偿请求权

损害赔偿请求权即占有人在占有物被损害的情况下请求赔偿的权利。那么占有人在何种情形下可主张损害赔偿权?首先,在间接—直接占有结构中,因低层次的间接占有人和直接占有人持他主占有之意思,故当其对占有物造成损害时,高层次间接占有人理应享有对低层次间接占有人和直接占有人的损害赔偿请求权。其次,在占有人被迫丧失占有的情形中,原占有人显然可依占有制度对作为恶意占有人的侵占人(可以是原本的占有结构以外的人、拒绝承认间接占有人地位的占有媒介人等)行使损害赔偿请求权。最后,在占有人自主丧失占有的情形中,原占有人关于损害赔偿的请求仍需通过请求法院确认占有自主丧失所依据的法律关系无效而恢复合同订立前的状态而取得,并不直接享有占有制度衍生的该项救济权能。

---

① 尹田:"法国物权法上的占有制度",载《现代法学》1997年第5期。

4. 费用求偿权

关于占有人的费用求偿权,学界有观点认为善意占有人和恶意占有人均可享有,只不过恶意占有人请求偿还费用的范围较窄,且须借助无因管理制度为之。[①]但依据我国《物权法》之规定,仅善意占有人在返还物后享有费用求偿权,本文保持与立法一致的观点。基于前文关于违章建筑上善意和恶意占有人的区分,在违章建筑中继受人、占有媒介人等均可在原占有人回复占有后向其索取管理房屋支出的必要费用,而侵占人则不享有费用求偿权。在多层次的间接—直接占有结构中,低层次的间接占有人在偿付直接占有人必要费用后有权向高层次的间接占有人追偿。

(三)违章建筑上占有相关法律关系的处理

最后回到文首的案例。甲将违章建筑出租给乙后,双方之间建立了间接—直接占有关系。乙擅自将该建筑出租给丙,故乙和丙之间又建立了一个新的间接—直接占有关系。如果乙在出租时告知丙房屋为甲所有,则将因为乙、丙知晓自己为他主占有而成立一个双层的间接占有结构,但如果乙是以自己名义向丙出租,则乙、丙对于甲而言均处于侵占人的地位。后甲又将建筑出卖于丁,丁作为继受人,仅有受让房屋并为占有之意思不足以使其继受甲占有人的地位,由于该案例中甲为间接占有人,甲占有人地位的丧失与丁占有人地位的取得可以通过甲明确外示让与丁房屋返还请求权之意思而达成。甲在自主丧失占有人地位后,已无权对违章建筑享有占有制度衍生的一系列请求权,除非其向法院起诉要求确认其与丁之间签订的合同无效并重新处于一个被侵占人的地位。丁取得间接占有人之地位后,即享有原本建造人甲享有的基于占有制度衍生的请求权,可以要求作为直接侵占人的丙返还建筑并支付孳息,而由于丙属侵占人,不享有必要管理费用的求偿权。至此,在文首的案例中,丁的诉讼请求理应得到支持。

那么如果不局限于该案例,而将视角放到一个更高的高度,又能对违章建筑上围绕占有制度展开的法律关系的处理提出怎样的认识和意见呢?本文具体归纳为以下若干项原则,以资司法实践参考:

1. 在占有人自主丧失占有的情形下,当违章建筑上的假想有效的权利让与实施后(通过前手的建造人或继受人让渡房屋钥匙等可被外部识别的实际支配或明确外示让与房屋返还请求权之意思而达成),继受人即取代了前手的建造人或继受人原本的占有人地位。前手的建造人或继受人无权再以占有制度衍生的自力或公力救济权回复占有,而仅可能通过请求法院确认占有自主丧失所依据的法律关系无效而恢复合同订立前的状态以重新取得占有。

2. 在占有人被迫丧失占有的情形下,违章建筑上的占有人基于占有制度对于

① 陈华彬:《物权法》,法律出版社2004年版,第642页。

侵占人享有当然的占有回复请求权和损害赔偿请求权等。

3. 在违章建筑的间接—直接占有结构中,由于直接占有人无法享有足以对抗占有回复请求权的实体权利,故间接占有人可随时对直接占有人请求回复占有,若直接占有人拒绝,则转变为侵占人。间接占有人在直接占有人对占有物造成损害时可享有损害赔偿请求权。

4. 侵占行为只能通过直接占有的形式实施,否则将不符合占有之客观要件,建筑侵占人在通过侵占行为取得占有后,方可再另行成立间接—直接占有结构或以让与的意思转移占有,并成为后续链条上占有衍生的源泉,但其后续关系链条上的任一部分相对于原先的被侵占人均属于侵占人,均不得对抗其请求权。

5. 对违章建筑上的善意占有人和恶意占有人应作适当区分,依假想有效之法律关系取得占有的占有人宜认定为善意占有人,可享有费用求偿权和本文所指的占有回复请求权中的返还孳息请求权。但必须指出的是,以此标准判断的违章建筑上占有人的善意和恶意的区分是相对的,处于侵占人之后关系链条上的所有主体相对于被侵占人均属恶意占有人,不论其取得占有之关系是否假想有效,均不得向被侵占人主张支付费用求偿权,但在处理内部关系上可以依前述标准重新认定其是否为善意占有人。

五、结语

因违章建筑的去权利化的实存而引发的适法困惑一直是司法实务中面临的一个重要的疑难问题。不独我国大陆地区,在台湾地区的民法实务中也是如此:与大陆地区不同,台湾地区“民法”一定程度上认可违章建筑建造人因事实行为取得的“原始所有权人”的地位,但仍因违章建筑登记上的限制而难以对违章建筑上建造人以外法律主体的法律地位给予合理说明,不得不为此勉强创造出“事实上处分权”这一畸化概念,但这一游离的概念也因难以得到法律上的充分阐释而困扰台湾地区学说实务界数十年之久。[①] 本文立足于我国的立法实践,通过对德国民法的借鉴对我国占有制度的缺失处进行了适当填补,以占有制度为基础剖析并构建了我国在违章建筑法律关系处理上应借助的体系,以期为我国涉违章建筑民事纠纷的处理提供助益。

[本文发表于《上海审判实践》(网络增刊)2014 年第 1 期]

---

① 张永健:“违章建筑事实上处分权之理论建构”,载詹森林、朱晓喆主编:《比较民法与判例研究》(第1卷),法律出版社 2015 年版,第 285 ~308 页。

(二)民事合同篇

意志自由与法律强制冲突的权衡取舍

——对当事人关于合同无效后果所作约定的效力判析

蒋庆琨　焦明静*

【提要】《合同法》明确规定了合同无效之法律后果处理的基本原则。但在实践中,当事人在确立合同关系时,已对合同无效的法律后果作出了约定,该约定系当事人真实的意思表示,则此时是否应优先适用当事人间的约定?本文从合同无效之法律规范的构成出发,认为《合同法》第52条及第58条共同构成了合同无效之完整法律规范,该规范属效力性强制性规范,不允许当事人作出自由约定。同时当事人间就合同无效后果所作之约定也不属于争议解决条款、清算和结算条款、部分有效条款或救助性条款,结合价值判断分析,笔者认为在合同无效的后果处理上,应排除适用当事人间的约定。当事人在合同被认定为无效前,合意终结合同关系所作的约定,该约定与合同虽具有一定的关联性,但并非主从合同的关系,在合同被认定为无效后,该约定仍属无效。在无权代理中,无权代理人承担责任的性质目前存有较大争议,笔者认为无权代理人应承担缔约过失责任,无权代理人与第三人对合同不能得到被代理人追认之法律后果的约定,实质上是对无权代理人应承担的缔约过失责任的约定,亦应认定为无效。

【关键词】合同无效　法律后果　当事人约定

一、问题的提出:来自实践的三个案例

案例1:甲公司与乙公司签订《土地租赁协议》一份,约定甲向乙租赁基本农田一块用于影视拍摄、绿化种植、园林艺景等,并约定若乙对标的物所有权或使用权的合法性发生问题而导致合同无效,乙应赔偿甲全部损失。后乙起诉称,因甲承租土地从事非农业建设,土地租赁协议应为无效,要求返还土地;甲反诉称要求乙赔偿全部经济损失。

案例2:甲公司与乙公司签订一宗国有划拨土地及附属厂房的转让合同,后两

---

* 蒋庆琨,上海市第一中级人民法院民二庭助理审判员;焦明静,上海市黄浦区人民法院民四庭助理审判员。

公司合意解除了该合同,并达成由甲分期赔偿乙损失的书面协议。后因甲未履行该协议,乙诉至法院要求甲履行。

案例3:甲以乙的名义,与丙签订房屋买卖合同,并约定甲保证5个月后获得乙之授权,否则甲按照房价的20%赔偿丙的损失。到期后甲未能获得乙的授权,丙诉至法院要求甲按约定赔偿。

上述三个真实案例①的共性之处在于当事人所签订的合同效力本身存疑,而当事人间又对如何处理该合同进行了明确约定(案例1中"如合同无效一方赔偿全部损失",案例2中解除合同并达成赔偿协议,案例3中"未获授权则赔偿第三人损失",以下统称为"约定"),一方当事人要求法院按照该"约定"裁判,而另一方当事人以合同无效为由否定双方之间"约定"的效力。类似"约定"在当前市场交易活动中大量存在,体现了市场主体对合同风险预测和防范能力的提高,也对司法实践如何回应此类问题提出了要求。本文结合上述三个案例,通过分析"约定"的性质、"约定"与合同之间的关系,以对当事人约定合同无效后果的效力分析为基础,衍生至当事人为终结效力待定合同所作约定的效力,以及无权代理人与第三人约定合同未得到被代理人追认之后果约定的效力,一一展开分析。

二、合同当事人对合同无效后果所作约定的效力分析

案例1中,合同当事人围绕"因标的物所有权或者使用权的合法性发生问题导致租赁合同无效的,出租人应赔偿承租人由此所致损失"这一"约定"能否适用而产生争议。对该"约定"的认定直接决定法律条文的选择适用,本部分将遵循"上位规范与生活事实间来回穿梭的观察"②的"寻法"过程开展分析。

(一)与相似概念的厘清

1."约定"与"合同争议解决条款"

《合同法》第57条规定:"合同无效、被撤销或者终止的,不影响合同中独立存在的有关解决争议方法的条款的效力。"法律赋予"合同解决争议条款"独立性的主要理论依据在于其与主合同的性质不同:③主合同是为了实现当事人之间交易的权利义务,是实体法上的契约,而争议解决条款是将可能发生的争议以约定和法律规定的方式解决,是为程序法上的契约和法律适用的契约。因此争议解决条款应仅限于程序性内容范围,④与当事人实体权利义务分配无关。故学界普遍认为

---

① 案号分别为:(2014)沪一中民二(民)终字第148号、(2012)沪一中民二(民)终字第2748号、(2014)沪一中民二(民)终字第323号。

② Engisch, Logische Stedien zur Gesetzesanwendung, 1942, 2. Aufl. 1960, S. 15: "Hinund Her Wanderung des Blickes zwischen Obersatz und Lebenssachverhalt". 转引自王泽鉴:《法律思维与民法实例:请求权基础理论体系》,中国政法大学出版社2001年版,第37页。

③ 张利民:"论合同争议条款的独立",载《苏州大学学报》(哲学社会科学版)2007年第3期。

④ 张弛:"违约责任条款地位论",载《法学》2004年第12期。

合同争议解决条款包括仲裁条款、管辖条款以及法律适用条款等。[①] 而“约定”的内容是对合同无效后损失负担的约定,是对实体权利义务进行的分配,而非程序性的争议解决条款,因此不能认为其效力具有独立性。

2.“约定”与“结算和清算条款”

《合同法》第98条规定:“合同的权利义务终止,不影响合同中结算和清理条款的效力。”一般认为“合同清算和结算条款”是指当事人在合同中约定的关于经济往来或财务的结算以及合同终止后处理遗留财产问题的条款,[②]其独立效力发生的情形为合同的权利义务终止,即合同终止的情况。合同权利义务的终止,简称合同终止,是指合同债权债务关系在客观上不复存在,归于消灭。[③]《合同法》第91条对合同终止的7种情形进行了明确的规定,其中并不包括合同无效。合同无效意味着当事人之间合同关系不存在,既然无合同关系,就无从谈合同权利义务;既无合同权利义务,就无从说合同关系的消灭即“终止”。《合同法》对合同无效和合同终止分别单独进行了规定,故通过体系解释,合同无效不能成为合同终止的一类情形和原因,“约定”也不能认定为“结算和清算条款”。

3.“约定”与“部分有效条款”或“替代或救助条款”

根据《合同法》第56条的规定,无效的合同自始没有法律约束力。民法理论也公认:合同无效是自始、绝对、当然地无效,[④]不发生当事人约定的法律效果。如果合同属于完全无效合同,“约定”作为合同的组成部分,必属无效。但若为部分无效合同,《民法通则》第60条和《合同法》第56条对民事行为和合同的部分无效进行了规定,即“部分无效,不影响其他部分的效力的,其他部分仍然有效”。则“约定”能否归入“其他部分”呢?答案是否定的。作为部分无效的法律行为是具有可分性的,即除去无效部分后,仍然是一个独立的法律行为,同时又是作为整个法律行为的组成部分。[⑤] 或将无效部分分离出来,还能使一项可以想象为有效的行为继续存在,而且这项行为也不得与当事人的愿望相违背。[⑥]。进一步讲,这种可分的法律行为实际上是对合同构成可分性的划分,而不是将合同的条款单独分开。而“约定”的内容与整个合同约定的法律行为,在性质上不属于同一法律行为,难以认为是合同关系所确立的法律行为的一部分。

此外,在大陆法系国家法学理论中,如果当事人在部分无效合同中事先约定所

---

① 胡康生主编:《中华人民共和国合同法释义》,法律出版社1999年版,第104页;隋彭生:《合同法要义》,中国政法大学出版社2003年版,第76~77页;张利民:“论合同争议条款的独立”,载《苏州大学学报》(哲学社会科学版)2007年第3期。

② 隋彭生:《合同法要义》,中国政法大学出版社2003年版,第273页。

③ 崔建远主编:《合同法》(第3版),法律出版社2003年版,第204页。

④ 崔建远主编:《合同法》(第3版),法律出版社2003年版,第72页。

⑤ 黄忠:“法律行为部分无效的处理规则研究”,载《当代法学》2010年第3期。

⑥ 王泽鉴:《民法总则》(增订版),中国政法大学出版社2001年版,第487页。

谓“替代或救助条款”(救助性条款),即约定:合同部分无效的,不影响其他合同部分的效力,[①]则该条款和其他合同部分均有效。该理论对当事人在合同订立之时可能意识到部分合同无效或对此抱有怀疑时的自由选择予以了肯定。“救助条款”的内容是部分无效不影响合同整体的有效性,“约定”不属于这种情形,且目前立法也未赋予当事人约定排除合同无效法定情形之合同自由。

(二)对合同无效法律条文的分析

法律规范是支持一方当事人向他方当事人主张请求权的基础,[②]对司法裁判结果起着决定性的作用,完整的法律规范包括行为模式和法律后果两部分。法条是法律规范的基本单位,“法律中的诸多法条,其彼此并非只是单纯并列,而是以多种方式相互指涉,只有通过它们的彼此交织及相互合作才能产生一个规整”。[③] 当事人可依《合同法》第52条请求法院确认合同无效,但由于该条并未涉及当事人所主张的具体请求权,因此其难以单独作为请求权基础。[④] 而《合同法》第58条是对《合同法》第52条“合同无效”这一法律概念之法律效果的明确化和具体化,只有将两个条文联系起来,进行整合,才能组成一个包含了构成要件和法律效果的完整的法律规范,才能显示其创设法律效果的力量,正确发挥立法者所期望之规范功能。

根据法律规范对当事人选择自由程度的不同,可将民事法律规范分为强制性规范和任意性规范。[⑤] 强制性规范可根据否定性评价的不同区分为效力性规范和管理性规范,[⑥]前者是指法律对私法主体从事的法律行为效力进行评价的规范,违反该种规范的法律行为无效;后者是指行为人对其违反将被取缔其行为的禁止规范,违反该种规范法律行为并不无效,但会导致法律制裁的发生。《最高人民法院关于适用〈中华人民共和国合同法〉若干问题的解释(二)》从司法解释的角度认可了该种区分。一般认为效力性强制规定着重违反行为之法律行为价值,以否认法

---

① 王泽鉴:《民法总则》(增订版),中国政法大学出版社2001年版,第488页。

② 王泽鉴:《法律思维与民法实例:请求权基础理论体系》,中国政法大学出版社2001年版,第56页。

③ [德]卡尔·拉伦茨:《法学方法论》,陈爱娥译,台湾五南图书出版公司2001年版,第154页。

④ 与笔者持同一观点的见钟瑞栋:“强制性规范的解释与适用——公法与私法‘接轨’的司法途径”,载《比较法研究》2010年第5期。

⑤ 强制性规范也被称作强行性规范。学界除了对法律规范进行上述两分法之外,还有三分法、四分法等。如王轶教授认为法律规范可以分为任意性规范、倡导性规范和强行性规范。参见王轶:“物权法的规范设计”,载《法商研究》2002年第5期;王轶:“民法典的规范配置——以对我国《合同法》规范配置的反思为中心”,载《烟台大学学报》2005年第3期;王轶:“论合同法上的任意性规范”,载《社会科学战线》2006年第5期;王轶:“民法价值判断问题的实体性论证规则——以中国民法学的学术实践为背景”,载《中国社会科学》2004年第6期;王轶:“对中国民法学学术路向的初步思考——过分侧重制度性研究的缺陷及其克服”,载《法制与社会发展》2006年第1期等。许中缘副教授认为民事规范分为强行性规范、任意性规范、许可性规范以及宣示性规范。参见许中缘:“民法规范类型化之反思与重构”,载《人大法律评论》2010年第1期。

⑥ 管理性规范也被称为取缔规范,参见史尚宽:《民法总论》,中国政法大学出版社2000年版,第329~330页;王利明:《民法总则研究》,中国人民大学出版社2003年版,第513页等。

律效力为目的;管理性强制规定着重违反事实行为价值,以禁止其行为为目的;[①]两者追求的目的不同:不确认违法行为为无效不能达到立法目的的,属于效力性强制规定;仅在防止法律事实上之行为的,属于管理性强制规定。[②]《合同法》第52条规定合同无效的情形及第58条规定无效后果,明显属于效力性强制性规定,不允许当事人自由协商适用。故案例1中的"约定"实际上是规避了《合同法》第58条的规定,自行对合同无效法律责任进行了约定,违反了法律的强行性规范,应属无效。实践中,当事人就合同无效后果所作的约定,可能体现在合同中的某项条款,也可能表现为双方另行订立合同,无论其表现形式如何,其实质并无不同,故均应认定为无效。

(三)合同自由与法律强制的价值判断

案例1中的"约定"能否适用,归根结底关系着当事人意志自由与法律强制的协调,关系到私法自治的限度与范围。法律赋予合同有效或者无效,是经过相当的价值判断和利益衡量的结果,目的在于维护基本公平正义。就当事人意思自治过程中可能产生的对第三人、社会以及国家的不利益,法律通过强制性规定的形式予以否定性评价,体现了法律对当事人意思表示所追求目的之干预,从而更好地贯彻国家的意志和利益,这是法律设定强制性规定的缘由所在。法律效果是法律规范的组成部分,承担着恢复法律秩序、维护基本公正的使命,体现着法律对当事人违反效力性规范之一贯评价。如果任凭当事人对违反效力性规范的法律效果进行约定,将大大损害强制性规定的效力,成为当事人规避法律强制性规定的途径,还可能出现被法律否认的法律行为仍可得到不合理救济的自相矛盾的情形。"就不免于契约自由之美名下,为社会地位优越者及经济上之强者所压迫。"[③]因此从价值衡量上,该"约定"也不应得到认可和适用。

概言之,在合同无效之法律后果的处理上,应严格遵守《合同法》所规定的处理原则,排除适用当事人之约定。在坚持该准则的基础上,下文对其他例外情况再进行具体分析。

三、合同当事人合意终结无效合同所作约定的效力辨析

与案例1不同,案例2中的"约定"并不在同一合同中,也不是与"合同"同时订立的合同,而是"合同"成立后,双方当事人不愿意继续履行而合意解除"合同",并就"合同"终结后双方应承担的责任进行重新约定。该"合同"属于无效合同,但

---

① 史尚宽:《民法总论》,中国政法大学出版社2000年版,第329~330页。

② 曹守晔:"《关于适用合同法若干问题的解释(二)》的理解与适用",载《人民司法》(应用)2009年第13期。

③ 郑玉波:《民法总则》,中国政法大学出版社2003年版,第17页。

可以补正为有效合同。① 当事人未经补正就将该合同解除,且就相关后果作出"约定"。本部分从分析"约定"与"合同"的关系入手,进而认定"约定"的效力。

(一)关系的厘清

1. 主合同与从合同

以合同间主从关系为标准进行划分,主合同是不需要以其他合同的存在为前提即可独立存在的合同,从合同是以其他合同的存在为其存在前提的合同。② 理论界对于主从合同关系的认识基本上是一致的,均认为从合同在成立和效力上依赖于主合同。③ 主从合同具有发生上的依附性、效力上的从属性、转让方面的从属性、消灭上的从属性。典型的从合同如质押合同、抵押合同、保证合同、定金合同等。从合同最主要的判断标准"从属性"是指同时存在数项以清偿同一债权人利益为内容的债权,但其中一项债权具有主导地位,其决定债权人享有何种利益,而其他数项债权仅依附于此主导性债权,并指向此主债权,这些债权相对主导地位的债权处于从属的地位。④ 从合同除了具有自己的消灭原因外,它一般都是为了加强主合同的效力而存在的。⑤ 也就是说从合同是为实现或者加强主合同之目的而设立。比照上述标准,案例 2 中的"约定"与"合同"在内容上虽存在关联,但两个合同的内容并不具有从属性,"约定"是为了消灭"合同"而订立的,故从主从合同关系的角度,无法厘定"约定"的效力问题。

2. 第二契约与第一契约

实践中,合同成立后约定解除的情况比比皆是,"合同"与"约定"在成立时间上存在先后差别,内容上也存在关联,即"约定"是为了解除"合同"而成立的。在大陆法系国家,将合同当事人协议解除合同与法律规定的合同解除区分开来,认为

---

① 《最高人民法院关于审理涉及国有土地使用权合同纠纷案件适用法律问题的解释》第 11 条规定:"土地使用权人未经有批准权的人民政府批准,与受让方订立合同转让划拨土地使用权的,应当认定合同无效。但起诉前经有批准权的人民政府批准办理土地使用权出让手续的,应当认定合同有效。"

② 韩世远:《合同法总论》,法律出版社 2008 年版,第 55 页。

③ 从国内的立法来看,《担保法》第 5 条第 1 款对主从合同关系作出了明确的规定,主合同被认定无效、撤销或者终止,从合同便失去存在的意义,原则上应归于消灭,当事人另有特别约定的除外。至于例外的情况,立法层面并未作出界定。随着立法的发展,在保证合同领域,独立保证兴起,对主从合同关系之从属性提出了挑战,有观点认为,独立保证不受基础合同效力之影响、与基础合同没有特定性上的从属、独立保证消灭也不受基础合同影响,独立保证既保证基础合同之履行,也保证基础合同无效之缔约过失责任的实现。进而有观点认为,保证合同不仅担保主合同的履行,对主合同无效后产生的缔约过失责任,亦应承担保证责任,且房屋买卖合同被认定为无效的,购房人与银行之间签订的购房抵押借款合同仍被国内司法实践认定为有效。对此,笔者认为,独立保证与一般的保证合同存有较大区别,且独立保证的理论基础缺乏,域外相关立法也比较混乱,虽然个别国家通过判例承认了独立保证的效力,但对其适用仍不明晰。且保证合同仅为主从合同之一类,独立保证之发展,尚未对主从合同之从属性带来法理基础之颠覆,鉴于该观点目前仅出现于保证合同领域,尚未现诸立法层面,商品房买卖中抵押借款合同效力之独立性并不具普遍性,故本文仍持主从合同效力从属性之通说。

④ [德]迪特尔·梅迪库斯:《德国债法总论》,杜景林、卢谌译,法律出版社 2004 年版,第 610 ~ 611 页。

⑤ 王利明:《合同法研究》(第 1 卷),中国人民大学出版社 2002 年版,第 38 页。

两者全然不同,其效力依当事人的约定而发生。[①] 协议解除被称为解除契约、反对契约等,是以第二契约解除第一契约,使契约的效力溯及消灭,[②]体现了对当事人意思自治的尊重。

(二)"约定"效力的认定

无论是合意解除、约定解除还是法定解除,合同解除都以有效成立的合同为标的,目的系为了解决有效成立的合同提前消灭的问题,由此,合同解除与合同无效存在根本不同,合同无效是徒具成立形式而欠缺有效要件的合同自始且根本不发生效力,其各自分工,在合同法律制度体系中有效配合。因此当事人合意解除无效合同也是不发生任何效力的,不产生当事人约定之合同效果。值得探讨的是,司法解释规定了案例 2 中合同效力的补正情况,转让划拨土地使用权在起诉前办理相关批准手续的,合同为有效。类似司法解释对合同无效的溯及力判断等问题也提出了相应挑战。试论,在案例 2 中,甲乙合同合意解除后,甲取得相关政府批准手续,转让合同的效力即可被认定,此时双方合意解除后赔偿的效力也应认定,同一行为就此产生不同的法律效果,且全赖当事人的事后行为,合理性有待商榷。

四、无权代理人与第三人就合同未得本人追认之后果所作约定的效力解析

案例 3 中涉及的法律条文是《合同法》第 48 条,该条规定:"行为人没有代理权、超越代理权或者代理权终止后以被代理人名义订立的合同,未经被代理人追认,对被代理人不发生效力,由行为人承担责任"。对于行为人承担责任的性质与案例 3 中无权代理人与第三人"约定"的效力密切相关。

(一)无权代理人所负责任的性质厘定

现行法对无权代理人的责任未作明确定性,理论上也存在很大争议,存在以下几种观点:[③](1)法律特别责任说,即无权代理人对第三人应负的责任系根据法律规定产生,是法律规定的特别责任。国内学者的主流观点倾向于该学说,[④]但未见法理基础的论证,在立法层面未有突破前,无助于实践问题的真正解决。(2)侵权责任说,即认为无权代理人对善意相对人所为之无权代理行为系侵权行为,应负侵权损害赔偿责任。该说的缺陷在于侵权行为强调的是过错责任,第三人难于举证无权代理人存在的过错,无法达到保护善意第三人的目的。(3)默示担保契约说,认为无权代理人在进行代理行为时,除有明示反对的意思表示外,其与相对人之间有担保相对人不因此遭受损害的默示契约。该说缺陷在于担保契约作为从合同与主合同在效力上具有从属性,如主合同为无效,从合同也无效,不可能独立存在从

---

① 史尚宽:《债法总论》,中国政法大学出版社 2000 年版,第 509 页。

② 崔建远主编:《合同法》(第 3 版),法律出版社 2003 年版,第 192 页。

③ 几种学说参见刘春堂:《民商法论(一)》,1985 年台北自版,第 43 页。转引自王利明:《合同法研究》(第 1 卷),中国人民大学出版社 2002 年版,第 585 页。

④ 如梁慧星认为"此种责任系由法律规定直接发生的一种特别责任,不以无权代理人有故意过失为要件,属于一种无过失责任"。参见梁慧星:《民法总论》,法律出版社 2007 年版,第 231 页。

契约。(4)合同责任说,认为当本人拒绝追认时,由无权代理人作为合同当事人,应履行合同或者承担违约损害赔偿责任。[①] 该说目前争议较大,根据合同相对性原则,第三人没有与无权代理人建立合同关系的意思表示,且无权代理人也没有承受合同权利义务之意思表示,故除非有法律的直接规定,直接由无权代理人承受合同上权利义务,不仅缺乏法理基础,也混淆了直接代理和间接代理的关系。(5)缔约过失责任说,即无权代理人在合同订立过程中知道或者应当知道其无代理权,仍以本人名义从事代理行为,本人拒绝追认时,合同被宣告无效,系无权代理人在缔约过程中造成的,故其应对其过失负责。

笔者认为,无权代理人以被代理人名义签订合同的相对方为被代理人与第三人,被代理人未追认的,该合同对被代理人和第三人应属无效。无效责任依法应由合同当事人承担,由于被代理人无过错,故《合同法》规定由行为人承担,实质上突破了合同的相对性,将合同当事人承担的缔约过失责任转由行为人承担。在第三人为善意的情况下,由无权代理人承担不超过第三人信赖利益的损失,对善意第三人的利益保护也已周全;在第三人明知代理人无权的情况下,双方按照过错比例承担责任。综合上述分析,将无权代理人承担的责任界定为缔约过失责任更为合理。

(二)"约定"的效力分析

就内容而言,案例3中的"合同"为房屋买卖合同,而"约定"的内容为代理人未取得授权的责任承担,如果从两者关系的角度来看,可以认为"约定"是为了促成和保证"合同"的订立与履行,属于"合同"的从合同,其效力依附主合同的效力,因主合同无效,则从合同亦无效;如果从责任性质而言,缔约过失责任属于法律强制性规范,不允许当事人自行约定或者排除适用,"约定"系无权代理人与第三人就无权代理人应承担的责任的提前约定,如前所述,"约定"应认为无效,双方按照缔约过失责任的处理规则承担各自的责任。

综上所述,在合同无效的后果处理上,无论当事人采用何种形式对无效后果作出约定,均宜采取相对稳妥的法律思维,严格适用缔约过失责任的有关规定。在法律强制性规定与当事人意思自治的衡量选择中,坚守合同无效制度的强制规定,维护合同秩序之正常运行。

(本文获2014年上海法院系统学术讨论会优秀论文)

① 考量域外关于合同责任说之立法规定,日本和德国采用的系选择责任,《日本民法典》第117条及《德国民法典》第179条均赋予第三人有选择代理人继续履行合同或者赔偿损害的权利,但其前提条件是第三人善意无过失,否则不能适用。第三人善意无过失,实践中既是难以证明的,也存在与表见代理的高度竞合,同时笔者认为,即使无权代理人承担合同责任,若标的物为种类物,此类规定尚具有实际意义,若为特定物,该类规定将流于形式。而瑞士及我国台湾地区则采纳赔偿责任说,即认为无权代理人仅负损害赔偿责任,此种责任认定,需有法律之明确规定。

民法视野下道路客运班线经营权转让问题研究

徐婷姿*

【提要】长期以来,我国对客运班线经营权缺乏一种对权利本身的关注,而侧重于行政管理和处罚,相应地,客运班线经营权的配置也主要是一种行政手段的配置。这种倾向,貌似强调国家利益,重视社会本位,但效果上却适得其反,出现了政策意图和民间现实相背离、行政规则与司法认定相背离的现象。本文尝试用民法的视角看待客运班线经营权的权利属性及其移转规则,以期能对客运班线经营权这一有限的公共资源进入市场化配置提供一种思路。

【关键词】道路客运班线经营权　准物权

在我国,道路客运市场分为道路班线客运、道路旅游客运、道路包车客运以及城市公交出租客运等几类。由于道路客运班线运输在现阶段仍属于人民群众出行的主要方式,因此法律法规对此进行了详细规制,管理部门也投入很多精力进行管理,道路客运班线经营权(以下简称客运班线经营权)是实行数量限制的有限国家公共资源这一理念已经得到公认,道路班线经营的准入许可通过服务质量招投标方式得到规范,同时也明确禁止未经管理部门许可私下买卖班线经营权的行为。然管理部门在制定相关政策时通常从部门行业管理主要是道路客运班线准入管理的角度出发,缺乏对权利本身的思考,故管理政策缺乏稳定性、合理性;同时客运班线经营权转让行为的隐蔽性①客观上给管理部门对这一违法行为的发现、认定和查处带来困难,故管理效果往往不佳:复议涉诉、信访乃至集体性群访事件频频发生,客运班线经营权管理也成为涉及面广、社会影响大、矛盾焦点集中的领域。面对管理实践的困境,理论研究领域也未能提供足够有效的智力支持,在涉及客运班线经营权转让的民事司法实践中,司法认定结果与行政管理政策出现了背离,而由于缺乏对班线经营权权利本身的研究,司法认定的依据五花八门并缺乏说服力。以上种种状况都要求我们换个视角从权利本身思考问题,本文正是基于这一考虑,从民法的视野重新审视目前矛盾争议最大的客运班线经营权流转问题。

一、客运班线经营权的界定——准物权的引入

客运班线经营权是由交通运输管理部门根据行政法规和规章的规定,准许客

---

* 徐婷姿,上海市黄浦区人民法院民一庭审判员。

① 班线经营权转让是发生在挂靠车主之间的私下交易行为,只是驾驶员发生改变,而客运线路经营主体、营运证件等并没有变化,因而转让的隐蔽性极强。只有当转让双方发生经济纠纷,或是受让方与其他班线经营者之间发生利益之争时,私下转让行为才会浮出水面,因此在管理实践中交通运输管理部门虽明文不支持但是无法禁止客运班线擅自转让行为。

运车辆在一定期限内进入某一客运市场从事运输经营的资格,它具有如下物权特征:

1. 在指定路线上进行营运的资格或能力具有可感知性(班车客运标志牌、《道路客运班线经营许可证明》及车辆营运证)、有价性、特定性(道路客运班线营运资格或能力针对的都是特定的线路)等物权特征。

2. 客运班线经营权具有一定追及力。客运班线经营权由于没有可以支配的有形特定客体而使得其追及力有别于传统物权的追及力,主要表现为客运班线经营权的确权之诉,即在认为自己拥有的客运班线经营权被他人非法侵占时要求明确经营权归己所有,从而否认了他人的营运资格。

3. 客运班线经营权具有绝对性。客运班线经营权一旦由行政机关直接许可而赋予权利主体后,就成为权利主体享有的一种私人权利和私人利益,其行使和实施不需要第三人的积极协助,只要求第三人不得妨碍权利人行使权利,一旦权利人的权利行使受到不当干扰,可以行使排除妨碍请求权。

当然,客运班线经营权具有的物权基本属性在程度上与传统物权是有区别的,同时,客运班线经营权也缺少传统物权的排他性特征,因为同一个客运线路上可以有多个独立营运主体拥有经营权,相互之间是并行的。但这是在符合物权基本属性前提下的特殊性,与个性相比,这种共性更应该受到法律的重视和评价,囿于物权法定原则及传统物权的固有体系,我们将其定性为准物权。所谓准物权,又称特别法上的物权,是公民、法人或者其他组织经过行政特别许可而享有的可以从事某种国有自然资源开发或作某种特定利用的权利。①

明确客运班线经营权的准物权定性的意义,不单在于对该权利的内涵有更清楚的认识,更在于奠定了客运班线经营权制度构建的基石,即在遵循运营能力总量控制的前提下,通过将经营权要素物权化的制度设计与传统民法的权利移转规则相连接,实现有限公共资源的私法化、市场化、最优化配置,以置换完全行政化配置的僵化规范,减少政策与现实需求之间的摩擦,促进客运市场的健康发展。

二、现行法框架下客运班线经营权的转让问题研究

(一)客运班线经营权转让的含义及其形式

客运班线经营权的转让指的是客运班线经营权基于一定的事由从一个主体转移到另一个主体的过程。本文所要探讨的客运班线经营权转让是指基于客运班线经营权转让合同而发生的狭义的转让,不包括行政行为的授予和依据法律规定直接发生的转让。

实践中,由于国家对以转让合同形式转让客运班线经营权持否定态度,当事人往往不直接签订客运班线经营权转让合同,而是采取挂靠、承包、租赁等方式达到

① 王利明:《物权法研究》,中国人民大学出版社 2002 年版,第 610 页。

实质意义上的转让效果。挂靠、承包、租赁经营这些方式实质上是一种客运班线经营权转让的不同形式,理由如下:

1. 投入营运的车辆所有权都归被挂靠人、发包人、出租人所有。当然,在挂靠经营中,车辆实际上是由挂靠人出资购买,故被挂靠人仅是名义上的所有权人。而在承包、租赁经营中,车辆一般由发包人、出租人出资购买,而承包人、承租人往往需要交纳一笔相当于车辆购买款的保证金。

2. 在挂靠、承包、租赁期内,被挂靠人、发包人、出租人都事实上转让了在指定线路上从事客运的资质,相应地,挂靠人、承包人、承租人则获得了在特定班线上从事营运并收益的权利。实践中,双方约定的挂靠、承包、租赁期往往与被挂靠人、发包人、出租人取得的客运班线的经营期限相一致,双方往往还会在合同中约定挂靠人、承包人、承租人对车辆负有直接的经营、经济、安全责任,实行盈亏自负。

3. 挂靠人、承包人、承租人要向被挂靠人、发包人、出租人支付相当于经营权转让费的对价。当然,由于现在缺乏一个客运班线经营权的估价机制,客运班线经营权炒卖现象难以禁止,此种转让费用是双方协商一致的结果,费用高低可能与实际价值存在差距。另外,在挂靠、承包、租赁期内,车籍、工商注册、税务登记、车辆营运证等皆登记在被挂靠人、发包人、出租人名下,而各种税费一般由挂靠人、承包人、承租人以该主体的名义交纳。

(二)客运班线经营权转让的法律障碍

《行政许可法》第9条规定:“依法取得的行政许可,除法律、法规规定依照法定条件和程序可以转让的外,不得转让。”《道路运输条例》第18条规定:“班线客运经营者取得道路运输经营许可证后,应当向公众连续提供运输服务,不得擅自暂停、终止或者转让班线运输。”可见,现行法是明文禁止客运班线经营权的转让的,这就构成了客运班线经营权转让的法律障碍。

现行法之所以禁止客运班线经营权的转让,主要基于以下理由:①

1. 客运班线行政许可是与申请人的特定经营条件紧密联系的,若允许转让经营权,那就会在法律上严重削弱行政许可对有限公共资源配置的法定性和权威性,在事实上严重损害道路运输市场秩序、道路运输安全和广大旅客合法权益等一系列公共利益。

2. 允许客运班线经营权转让将会培育起客运班线经营权炒卖市场,导致班线经营权价位虚高,这就削弱了经营者的认真经营班线意愿,转为倒买倒卖获取暴利,最终提高了运营成本,降低了运营质量,破坏社会的经济秩序。

---

① 详细理由参见“如何理解‘班线客运经营者取得道路运输经营许可证后,应当向公众连续提供运输服务,不得擅自暂停、终止或者转让班线运输’?”,载 http://www.cxsyz.gov.cn/Article_Show.asp?ArticleID=73,最后访问时间:2011年6月6日。

(三)客运班线经营权转让市场存在的客观原因

尽管立法明确规定了客运班线经营权不得转让,但实践中转让行为却屡禁不止,除了利益驱动型违法以外,尚有转让市场存在的客观原因:

1. 由于历史原因,部分道路运输经营者是以有偿方式从道路运输管理机构获得客运班线经营权的。而根据规定,经营者负有向公众提供连续的运输服务,不得擅自暂停、终止的义务,而道路营运本身是一种市场化的活动,经营者可能盈利也可能亏损,当经营者因经营不善而亏损时,其出路往往是私下转让经营权。

2. 政策的不稳定性所造成的历史遗留问题也成为转让市场存在的理由。国家对于客运班线经营权转让的态度是有变化的,从改革开放初期的有车就让营运的宽松政策阶段到后来的要求个体客运车辆挂靠公司的允许挂靠阶段再到倡导做大做强客运市场,禁止挂靠承包阶段的转变,这就造成了原来付出巨大成本获得客运班线经营权的主体面临客运班线经营权归属的困惑,也引发了很多纠纷,是否承认客运班线经营权已通过转让方式归这些主体所有就成为一个难以自圆其说的问题。

3. 由于部门管理体制的不同,属于交通运输行业的城市公共客运交通经营权、出租汽车经营权有偿出让和转让制度业已确立,而同样具有有价性的客运班线经营权却禁止转让,这种对公共资源市场化配置的区别态度缺乏合理理由,城市公共客运交通经营权、出租汽车经营权有偿转让的现状始终对公路班车客运线路经营权起着诱导和示范作用。

4. 客运行业对我国庞大的劳动力群体及民间资金都具有相当的吸引力。客运行业的相对低技术性、低投资性、回报现时性等特点,对庞大的劳动者群体及民间资本是很具吸引力的,而客运线路资源十分有限,同一线路上新的经营权取得空间越来越小,新的经营者只能去买现成的班线经营权。

总之,客运班线经营权转让市场存在的最根本原因就在于客运班线经营权是一种有价、有限的资源,市场经济的背景下,很难仅通过政策禁止就完全堵住交易市场。从而,就出现了官方政策与民间现实严重背离的现象。在法律明确禁止客运班线经营权转让的背景下,地方立法却对客运班线经营权转让留有余地,如2009年6月1日起施行的《贵州省道路运输条例》第16条在规定客运班线许可不得转让的基础上,却承认客运班线可以承包经营,只是要求发包方应当与承包方签订书面承包合同,并且规定了承包合同中的必备条款。

既然法律通过禁止转让客运班线经营权无法实现立法目的,笔者认为应变堵为疏,即通过规范转让客运班线经营权的方式确保受让人的资质条件,并抑制经营权的炒买炒卖。简单来说,就是建立一个客运班线经营权的二级市场,对交易双方的资质进行限定,并由政府发挥能动性对客运班线经营权按照市场规律进行最高限价,变禁止为管理。

(四)司法实务中对客运班线经营权转让合同的效力评价

与行政机关禁止客运班线经营权转让的态度不同,司法实务中对客运班线经营权转让合同的态度基本都以有效论处,但其理由各不相同。

1. 原告王某与被告张某挂靠经营车辆转让纠纷①

基本案情:张某于2000年6月购买依维柯客车一部,挂靠某公司进行长途客运经营,登记车主为某公司。2004年12月31日,张某与公司签订客运车辆经营合同一份,合同约定:张某以该车承包该公司某班线,经营期限自2005年1月1日至同年12月31日,每月向公司交纳经营费用3500元,检测费300元。2005年7月,王某通过电视广告得知张某欲转让该线路车,遂联系张某,双方经协商达成协议:王某以16万元的价格购买张某依维柯"线路车"一部,签订协议当天款车两清,张某同时将车辆行驶证、线路牌、营运手续交付王某,后王某在该线路营运数次因亏损未再营运,遂诉至法院,认为合同标的为线路车,包括线路和车辆,根据法律规定,长途客运线路不得转让,合同约定违反了法律强制性规定,应属无效;并且张某向其隐瞒了客运经营合同期限、线路审批情况,存在欺诈行为,合同价款亦显失公平,应予撤销。要求张某返还车款16万元。

法院裁判:原被告签订的买卖合同,名为线路车转让合同,而合同的实际目的在于通过该车辆的转让,使原告取得线路经营权的主体资格,即合同价款包括车辆本身价值和线路经营权主体资格价值两部分内容,此种转让并不违反法律规定且得到了车辆登记车主及线路经营权人某公司的许可,应属合法,原告关于合同违反法律强制性规定属无效合同的意见,不予采纳。

评析:本案中,所涉客运班线承包经营权已经过两次转让,一次是由某公司通过挂靠关系转让给张某,另一次是张某转让给王某,本案纠纷发生于后一手转让。值得注意的是,法院判决中仍将某公司作为线路经营权人,那就意味着法院认为挂靠经营并非线路经营权转让,线路经营权仍归某公司。而同时,法院又认为张某与王某签订的合同属于班线经营权转让,该合同应属合法有效。在这里,逻辑就出现了混乱,在张某没有取得客运班线经营权的情况下为何以张某为转让人的客运班线经营权转让合同是有效的?难道张某是代表某公司与王某签订合同,或者张某转让经营权是无权处分行为,但得到了某公司认可(但从本案中看不出某公司的认可),故合同有效?不论本案判决理由多么牵强和矛盾,它在判断合同违反强制性规定的效力问题上采取了一带而过的回避策略。

---

① 具体案件描述见勾玲:"析'线路车'转让的法律效力",载http://sdfy.chinacourt.org/public/detail.php?id=4685,最后访问时间:2010年8月6日。本文限于篇幅,仅关注关于合同是否违反强制性规定应属无效的内容。

2. 原告罗某与被告覃某客运汽车及班线经营权转让纠纷①

基本案情:2004 年 1 月 9 日,某汽车公司以 9 万元的价格将某中型客车转让给覃某,覃某挂靠该公司经营,车辆行驶证车主仍为该公司。10 个月后,覃某以 9 万元的价格将客车转让给罗某,之后的各项费用一直由罗某交纳。

2006 年 9 月,汽车公司重新向运输管理部门申请核准客运班线经营许可,经核准后,汽车公司为罗某的车辆办理了营运许可证明,有效期至 2010 年 6 月 30 日。2007 年 4 月,罗某的客车即将到达报废期,罗某向汽车公司申请更新客车,汽车公司同意并收取了罗某的转让费 500 元。此时,覃某向汽车公司提出异议,不同意汽车公司给罗某办理转让更新客车。

双方协商未果后,罗某以覃某为被告,汽车公司为第三人诉至法院,请求法院确认自己对转让客车的营运线路牌享有租赁经营权。

本案审理中,覃某提出,道路运输许可证是不能非法转让、出租的,即使转让车辆的时候同时转让了线路牌,该转让行为也是非法的。汽车公司也认为,公司与覃某车辆挂靠协议发生了"转让",而其并未告知公司,不符合债权债务转让的法律规定,该转让行为应该无效。

法院裁判:法院认为,根据《道路运输条例》第 67 条的规定,道路运输许可证、班线旅客运输线路牌是不能非法转让、出租的,但本案争议的客运车辆经营权及线路牌使用权是经运输管理部门核准发放到讼争车辆的,该车辆发生转让,车辆的经营权和线路牌使用权一同随车转让,不属于上述法律规定所禁止的范围。汽车公司取得班线经营许可和线路牌后,该客车即可经营班线的旅客运输业务,至于如何经营则是汽车公司的经营方式问题。而班线经营权是一种财产权,财产权则是可以转让、出租的,因此,汽车公司客运车辆经营权转让不属于法律禁止的范畴。最后法院作出的判决是罗某与覃某的客车转让有效;该客车的经营权及营运线路牌许可罗某经营使用。

评析:本案中,同样涉及客运班线经营权的两次转让,一次由汽车公司转让给覃某,另一次由覃某转让给罗某。在本案审理中,汽车公司对后一次转让不予认可。法院最后认定转让合同有效,主要基于两点理由:一是客运班线经营权是核发到车的,故车辆转让班线经营权同时转让;二是客运班线经营权的财产权属性决定了它可以转让、出租。基于两点理由,该转让行为不属于《道路运输条例》禁止的范围。笔者认为这种理由同样没有说服力,首先,客运班线经营权的行政许可是针对被许可人的,并非针对车辆的,所以第一个理由不成立;其次,不是所有财产权都可以转让的,否则法律关于特定财产权不得转让的规定就落空了。可以说,本判决在违反强制性规定无效的问题上同样曲解法律,缺乏有效性论证。

---

① 陈忠强:"买酒还要再交酒瓶钱?",载 http://www.fzkb.cn/news/20080124/fz5b/165423.htm,最后访问时间:2010 年 7 月 6 日。基于论证需要,本文同样选取关于合同是否违反强制性规定的论述。

总之,在现行法明确禁止经营权转让的情况下,司法实践却承认经营权转让的有效性,这种背离现象的出现从另一方面表明了客运班线经营权转让的客观合理性,正是基于这一考虑,法院在实际处理涉及经营权的矛盾时,为确保稳定和公平,不得不想尽办法承认转让行为的效力。

(五)既有法律框架下客运班线经营权转让的进路

那么在既有法律框架下,司法实践对客运班线经营权转让效力认定能有什么进路吗?笔者试着进行探讨:

1. 无效论——中策

“在转让人转让法律禁止的准物权场合,转让合同构成不能履行,如果在签订准物权转让合同时就已经如此,就构成自始不能……不应发生法律效力”,[①]因我国采取的是物权转让有因性,故准物权转让的效果自然也就不会发生。“于此场合,转让人显有过失,应承担缔约过失责任,受让人也有过失时,适用与有过失规则,减轻转让人的赔偿数额。”[②]所以客运班线经营权转让合同应为无效,由于转让人和受让人都有过失,所以对信赖利益的损失(缔约成本)应根据各自过失予以分担。另外,合同无效后,根据《合同法》第58条的规定,转让人收取的转让费应予以相应返还,返还的比例为(合同规定的经营期限-受让人已使用的经营期限)/合同规定的经营期限。

当然,客运班线经营权转让后受让人可能投入相当资金进行车辆保养更新,同时受让人进行营运也产生了收益,此时判决相互返还往往涉及投资收益问题,在需要借助专业知识进行认定时,法院还需要委托相关鉴定部门进行鉴定。有的案件因为当事人发生争议后,由于种种原因已经丧失了进行鉴定的条件或者相关凭证缺失或者经营不规范而给鉴定带来困难,将使法院在处理这部分情况时感到难以把握。在客运班线经营权多次转让的情形下,认定本案所涉合同无效还将面临一系列问题,即按无效论,本案的转让方实质也未获得客运班线经营权,若判决结果仅限于本案双方的相互返还,似乎变相认可了转让方获得了权利;若诉讼中将各次转让的当事人都追加进来,不仅费时费力,也有违不告不理的原则,同时要将各次转让的投资收益予以认定并判决层层返还是很困难的。因此,可以说尽管无效论最符合立法原意,但却缺乏可操作性,属于现有法律框架下的中策。

2. 有效论[③]——上策

法律规范可以区分为任意规范和强行规范,而强行规范又可以区分为强制规

---

① 王泽鉴:《民法学说与判例研究》,中国政法大学出版社1998年版,第58~59页。

② 崔建远:“关于准物权转让的探讨”,载《河南省政法管理干部学院学报》2003年第6期。

③ 解亘:“论违反强制性规定契约之效力——来自日本法的启示”,载《中外法学》2003年第1期;邱鹭风、叶金强、龚鹏程:《合同法学》,南京大学出版社2000年版,第162页;王利明:“合同无效制度的问题(讲座)”,载http://tieba.baidu.com/f?kz=39898841,最后访问时间:2010年8月8日。

定和禁止规定两种。强制规定,是指命令当事人应为一定行为的法律规定。禁止规定,是指命令当事人不得为一定行为的法律规定。但是,若再进一步细分,禁止规定又可以再分为取缔规定和效力规定。前者主要针对公法主体的职责作出规定,仅系取缔违反之行为,对违反者加以制裁,以禁遏其行为,并不否认其行为之私法上的效力;后者则主要针对私法主体的私法行为效力作出判定,系明确规定违反禁止性规定将导致民事法律行为(主要指民事合同)无效或不成立的法律规定。由此可知,由于违反法律和行政法规而使合同无效,必须是违反了强行规范中的强制规定和效力规定。而《道路运输条例》第 18 条规定只是属于行政机关行政执法取缔的范围而已,此种结果不及于私法,客运班线转让合同在民法上原则上依然是有效的。

采取有效论的理由主要是学界借鉴域外法对合同效力的解读,正在形成通说,也逐渐得到司法机关的明确认可;①但《立法法》第 7 条第 1 款和第 42 条第 1 款规定:全国人民代表大会和全国人民代表大会常务委员会行使国家立法权,法律解释权属于全国人民代表大会常务委员会;第 56 规定:国务院根据宪法和法律,制定行政法规。《行政法规制定程序条例》第 31 条第 1 款规定:行政法规条文本身需要进一步明确界限或者作出补充规定的,由国务院解释。根据上述法律、行政法规的规定,在司法实践中由审判机关认定法律、行政法规的效力性规定是有一定法律障碍和风险的,在判决引用法律部分也难以找到合适的法条。当然,笔者认为,以违反法律的取缔性规定来认定转让合同有效既有法理和规则的说服力基础,也符合实践发展的需要,又能避免无效论存在的善后难题,应该是在现有法律框架下最优的进路。

3. 效力待定论——下策

将客运班线经营权转让合同看作是无权处分合同,根据《合同法》规定,该合同效力待定,②在行政管理机关追认或者受让人事后取得客运班线经营权的情况下方为有效,否则无效。实际上,效力待定论往往导致合同无效,因为行政管理机关缺乏对转让效力作出有效评判的权力,而实践中受让人事后取得权利的情况是少之又少的。笔者认为,套用效力待定论回答转让合同效力问题存在理论障碍,因为行政管理机关并非客运班线经营权的权利人,法律也未赋予其对转让行为予以批准的权力,同时受让人也未以行政管理机关名义为经营行为,故依效力待定理论,行政管理机关无追认权;而且,效力待定本身不能给出最终的处理结果,还是要

---

① 《最高人民法院关于适用〈中华人民共和国合同法〉若干问题的解释(二)》(法释〔2009〕5 号,2009 年 2 月 9 日最高人民法院审判委员会第 1462 次会议通过)第 14 条明确规定:"合同法第五十二条第(五)项规定的'强制性规定',是指效力性强制性规定。"

② 学界有观点认为无权处分时,合同有效,只是物权转让不发生效力。笔者不赞同这种观点,因为我国现行法并未承认物权行为,物权转让的效果仅是合同履行的结果,故法律规定的效力待定宜解释为转让合同效力待定。更多的论述参见崔建远:《准物权研究》,法律出版社 2003 年版,第 120 ~ 123 页。

返回到无效或者有效的进路去寻找答案,故该进路属现有法律框架内的下策。

三、客运班线经营权转让的法律构想——反思及建构

客运班线经营权转让市场存在的客观性,呼唤着立法突破现有障碍,结合准物权转让的规则构建客运班线经营权转让的规则。①

笔者认为,符合条件的道路客运经营者之间进行客运班线经营权转让后,应到道路运输管理机构进行过户登记,受让人享有的客运班线经营权的经营期限为转让人经批准的经营期限减去已经使用过的经营期限。由于客运班线经营权转让合同不是物权合同(《合同法》和《物权法》并未对物权合同作出确认和规定),故不需要借助登记来彰显物权合意,该合同的成立或生效不以登记为要件,但未经登记,客运班线经营权无法移转,属于合同履行不能的情形。

客运班线经营权转让过户登记应该具有公信力。按照通说,登记具有公信力需要登记部门对登记事项进行实质审查,而考虑到我国道路运输管理机构的审核能力和交易安全,应该由道路运输管理机构承担起实质审查的义务,并对转让进行过户登记,这种登记是向社会公开的。当善意受让人信赖登记的外观而进行交易,即使登记有误,法律也应保障其取得客运班线经营权,真正的客运班线经营权人不能对抗善意受让人,只能向有过失的转让人主张损害赔偿;或者在构成国家赔偿的情况下,可以向违法行政的登记机关请求国家赔偿。

当转让人根本没有客运班线经营权,也不可能获得客运班线经营权,对于他人也同样如此的情况下,不会发生客运班线经营权转让的效果,在此情况下,转让人有过失,应承担缔约过失责任,受让人应该到相应的登记机关查询准物权的登记情况,但却未查询,亦存在过失,适用于有过失规则。

当在转让合同签订时转让人享有客运班线经营权,但于合同成立后因许可证被吊销等原因致使经营权消失,构成嗣后不能,受让人有权解除合同,并有权向有过失的转让人主张违约责任。

在二重转让登记的客运班线经营权的情况下,因办理过户登记手续之前客运班线经营权仍然归属于转让人,所以,两个转让合同均为有效,先办理过户登记手续的受让人取得客运班线经营权。此时,对于未办理过户登记手续的受让人来说,他与转让人之间的转让合同已经不能履行,他有权解除合同并向转让人主张违约责任。

以下转让他人准物权的无权处分情形都构成转让合同效力待定:(1)转让他人的客运班线经营权;(2)转让人无客运班线经营权,但主观认为极有可能获得;(3)在转让登记的客运班线经营权,并已经办理了过户登记手续的情况下,转让人又和另一受让人签订客运班线经营权转让合同。

(本文发表于《人民司法》2012 年第 17 期,《上海审判实践》2012 年第 10 期)

---

① 本文对客运班线经营权转让规则的构建主要参考了崔建远:“关于准物权转让的探讨”,载《河南省政法管理干部学院学报》2003 年第 6 期。

医患关系的法律调整路径选择

——以医患纠纷适用《消费者权益保护法》的正当性争议为视角

熊理思*

【提要】我国目前处于社会快速发展的转型期,医患纠纷比较突出。在法律适用领域,对医患关系的调整曾一度出现由诸法并存而导致的司法不统一现象。《侵权责任法》的实施和最高人民法院对《参照〈医疗事故处理条例〉审理医疗纠纷民事案件的通知》的废止使医患关系的法律适用问题逐渐趋向统一。在医患关系中加入《消费者权益保护法》进行调整的观点与做法,不仅有违法理,还与我国国情不符,易重新造成法律适用上的混乱,进而对缓解医患矛盾起到反作用,同时也非当今国际社会的主旋律。

【关键词】医患关系　法律适用　消费者保护　侵权责任

2013年10月26日,浙江省温岭市第一人民医院三名医生在门诊为病人看病时被一名曾经的患者捅伤,其中一人因抢救无效死亡,另两人受伤。[①] 类似因医患关系紧张而引起的袭医事件早已不是新闻。据有关机构的统计,在2013年1月至10月媒体公开报道的20件伤医事件中有18件与医患纠纷有关,共造成4名医生在工作岗位上殒命。患者家属是最主要的肇事者,比重高达60.0%,其次是患者本人,占比为30.0%。[②] 一般来说,遇到纠纷人们通常会想到协商解决或通过法律途径解决。但即使在法律领域内,对医患纠纷的处置也是一大难题。司法实践中,医患关系长期存在诸法并存、法律适用不统一的现象。2010年7月1日,《侵权责任法》的施行使医疗损害责任的法律适用逐渐趋向统一。但仍有人呼吁要将医患关系纳入《消费者权益保护法》进行调整,并得到了一些省市的支持,产生了一些地方性立法和少量的判例。然而迄今为止,新修订的《消费者权益保护法》并未将医患关系纳入调整范围,《消费者权益保护法》是否具备调整医患关系的正当性,医患关系究竟适用什么法律?这些问题值得探讨。

一、医患关系的概念及法律适用回顾

医患关系在法律上有广义和狭义之分。狭义的医患关系必须以疾病的存在和诊疗为前提,是患者因疾病而至医疗机构进行诊断、治疗、护理过程中形成的双方

---

* 熊理思,上海市黄浦区人民法院立案二庭审判员。

① 王俊禄、周竞:“浙江温岭一患者‘丧心病狂’刺医生”,载《新华每日电讯》2013年10月26日第4版。

② 庄庆鸿、俞积:“杀医生案之后,谁还愿意做医生”,载《中国青年报》2013年10月30日第3版。

权利义务关系。广义的医患关系则不强调以疾病为基础,因此还包括行为人单纯为提升外形吸引力而做整形手术或单纯为预防疾病而至医院买药等行为中的权利义务关系。狭义的医患关系与广义的医患关系的法律属性不同,以医学美容和采购药品为例,它们更符合合同法上的行为特征。由于狭义的医患关系是当前医患纠纷的核心内容,因此鉴于篇幅,本文仅讨论狭义的医患关系。

历史上曾出现过多部调整医患关系的法律、法规和司法解释,按照发布时间的先后分别有:1986 年《民法通则》、2002 年国务院《医疗事故处理条例》(以下简称《条例》)、2003 年《最高人民法院关于参照〈医疗事故处理条例〉审理医疗纠纷民事案件的通知》(以下简称《通知》)、2003 年《最高人民法院关于审理人身损害案件适用法律若干问题的解释》(以下简称《解释》)及 2009 年《侵权责任法》。这么多法律文件的存在使医患关系一直处于适用何种法律的艰难抉择中。

最高人民法院曾以《通知》的形式进行规范。根据《通知》,按纠纷是否由医疗事故引起,医疗赔偿纠纷分为两类,由医疗事故引起的纠纷参照适用《条例》,非医疗事故引起的纠纷适用《民法通则》及其司法解释,由此开启了医疗损害赔偿在法律适用上的双轨制模式。而从法律效果上来说,适用《民法通则》及《解释》比较有利于患者,适用《条例》对医疗机构比较有利。首先,《民法通则》有 12 个赔偿项目,《条例》只有 11 个;其次,"总的来说,《条例》规定的赔偿额比《解释》规定得要少,如果以侵权纠纷中的一级伤残来说,最后的赔偿额可能相差十万之多,乃至几十万之巨。由此导致的结果是,适用不同的法律,认定的法律后果不同。更为突出的问题是,构成医疗事故适用《条例》,往往过错程度高、损害严重但赔偿金额低,不构成医疗事故适用《民法通则》,往往过错程度低、损害较轻而赔偿金额反而更高。"①

《侵权责任法》实施后,很大程度上使医疗损害赔偿在法律适用和赔偿标准上达到了统一,其第七章"医疗损害责任"更是用专章的形式对医疗损害赔偿责任进行了规范。但医疗损害赔偿纠纷的双轨制现象并未完全消除,有学者认为"最根本的原因就在于没有对我国目前争议颇大的医疗损害鉴定二元化制度作出规定",②当然这也与《侵权责任法》第 5 条为《条例》的适用留了一个"小尾巴"有关。③

由于双轨制的源头是最高人民法院 2003 年的《通知》,而该《通知》已于 2013 年 4 月 8 日被最高人民法院废止,因此医患纠纷如何选择法律适用的问题再次引发关注。笔者认为,今后应将医患纠纷尽量统一在《侵权责任法》中调整。首先,

---

① 叶向阳、亓述伟:"当前医疗损害赔偿诉讼中'二元化'问题及应对之策",载《浙江社会科学》2010 年第 2 期。

② 成都市锦江区人民法院民一庭课题组:"医疗损害赔偿纠纷中的鉴定问题研究——从医疗损害鉴定的二元化现象谈起",载《四川行政学院学报》2011 年第 1 期。

③ 《侵权责任法》第 5 条规定:"其他法律对侵权责任另有特别规定的,依照其规定。"其中,"其他法律"是否包括身为行政法规的《条例》尚不明确。

从法的位阶上说,《侵权责任法》和《民法通则》是法律,《条例》是行政法规,法律的效力高于行政法规的效力,两者之间法律应优先适用;其次,从法律属性上说,《民法通则》是普通法,《侵权责任法》是特别法,两者之间特别法应优先适用。而且与《条例》相比,《侵权责任法》无论在赔偿还是举证责任上都给予了患者更多的保护,在医患关系中统一适用《侵权责任法》既有利于维护患者权利,也有利于司法统一。但近年来,又有人提出要在调整医患关系的法律中加入《消费者权益保护法》,这一观点也得到了一些地方性实践的支持。对此,笔者认为值得商榷,《消费者权益保护法》虽能为患者提供强保护,但解决医患矛盾任重道远,立法要与国情相适应,步子不宜迈得太快。

二、支持《消费者权益保护法》调整医患关系的正方观点

(一)《消费者权益保护法》调整医患关系的理论支持

为应对日趋紧张的医患关系和高发的袭医事件,有的学者提出了将医患关系纳入《消费者权益保护法》调整范围的建议,理由主要有以下几点:首先,医疗机构是营利性机构,符合《消费者权益保护法》对经营者的定义。"大部分医院已经从福利性质的纯事业单位逐步走上社会化、市场化和企业化运营的轨道,营利虽然不是医院的唯一目标,但也成为维持其生存的一个必不可少的目标……不少医院已经增强了市场意识和危机感,改善医疗环境,引进先进医疗技术及管理经验,推出各类商业广告,吸引患者。这种商业性做法,体现了医院管理者的市场意识,如果这时还要坚持说医院只是福利性质的,是无法自圆其说的。"①因此可以将医院的医疗行为视为经营行为,将医院视为经营者。其次,患者是《消费者权益保护法》中的消费者。"患者就是购买医务人员提供的医疗服务、医疗药品来维持自己生命、解决身心苦痛的消费者。只是患者购买的医疗商品和医疗服务具有特殊性。但是,法律没有以商品的特殊性作为否认法律意义上的消费者的标准。患者接受医疗服务是生活消费,而且是生存消费,患者与一般的消费者没有本质上的区别。"②最后,现有法律对患者保护不力是患者转向私力救济的主要原因。相对医生而言,患者处于弱势地位,一般的民事法律调整的是平等主体之间的法律关系,而"《消费者权益保护法》的立法宗旨是为了保护现代消费关系中的弱者",③一旦患者有了更好的法律武器,就不会采用袭医这种极端方式。

(二)《消费者权益保护法》调整医患关系的实践支持

笔者对我国大陆地区31个省级行政区的消费者保护条例中的医患关系情况

---

① 林秀芹、刘淑芬:"也谈消费者权益保护法调整医患关系",载《福建政法管理干部学院学报》2005年第3期。

② 林秀芹、刘淑芬:"也谈消费者权益保护法调整医患关系",载《福建政法管理干部学院学报》2005年第3期。

③ 隋月娟:"对《消费者权益保护法》实施中几个问题的再认识",载《江苏商论》2003年第11期。

进行了统计,具体情况详见表一。

表一 地方性"消法"涉医患关系的统计

是否涉及医患关系	省级行政区立法情况统计	
	数量	省级行政区名称(颁布年份)
是	21	山西(1996)、重庆(1998)、广东(1999)、江苏(1999)、吉林(2000)、浙江(2000)、宁夏(2000)、西藏(2001)、云南(2002)、新疆(2003)、青海(2004)、安徽(2004)、辽宁(2004)、内蒙古(2004)、甘肃(2004)、湖南(2005)、福建(2005)、贵州(2006)、广西(2007)、四川(2007)、山东(2008)
否	10	其他

由此可见,地方性立法上目前有21个省级行政区的地方性"消法"涉及医患关系,占67.7%;包括北京、上海在内的10个省市尚未将地方性"消法"延伸至医患关系领域。[①] 在21个"消法"涉医患关系的省市中,对医患关系的规制程度也有所区别:有6个省市只是在总则性条文中提到了医疗机构,并未提到患者的具体权利;规定患者具体权利的省市为15个,详见图一。[②]

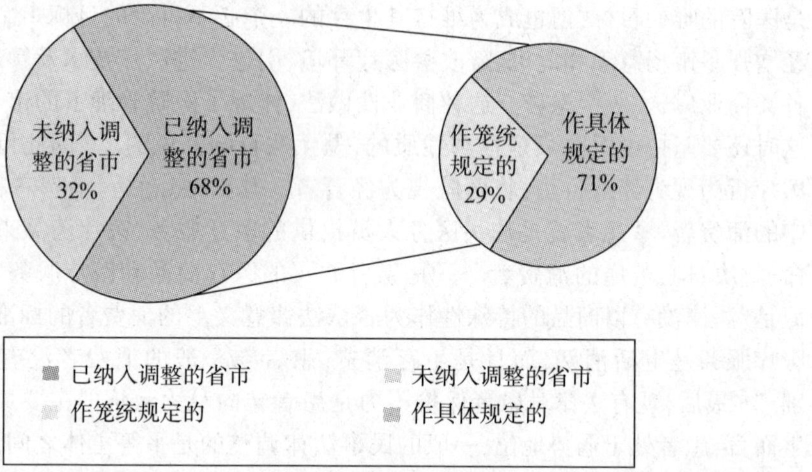

图一 地方性"消法"将医患关系纳入调整的比例

司法上,由于作为法律的《消费者权益保护法》未将医患纠纷纳入调整范围,而将医患关系纳入调整的地方性"消法"又属于地方性法规,效力比《侵权责任法》要低,因此实践中直接适用地方性法规的判例是很少的。笔者仅找到在2002年温

① 这10个省市中,有的地方性"消法"涉及医学美容,但医学美容不属于本文的医患关系范畴。

② 这15个省市分别是:山东、四川、广西、贵州、湖南、福建、安徽、甘肃、辽宁、蒙古、新疆、云南、宁夏、浙江、江苏。

州市患者李某与温州苍南县中医院的一起医疗纠纷案件中，当时的苍南县法院根据《消费者权益保护法》及《浙江省实施〈消费者权益保护法〉办法》终审判决李某胜诉。[①] 笔者认为，这一判例是在当时《侵权责任法》尚未出台、诸法并存、适用不明的特定历史条件下的产物，如果放到今天，地方性法规恐怕难以适用。

三、《消费者权益保护法》调整医患关系的非正当性之辩

实际上，虽然长久以来，各界对医患关系是否适用《消费者权益保护法》众说纷纭，但迄今为止我国《消费者权益保护法》仍未将其纳入调整范围，这在最新修订的《消费者权益保护法》中可以得到印证，相信立法者必然对此进行过审慎的考量。笔者对此表示赞同，笔者认为医患关系不宜用"消法"进行调整，主要是出于以下几方面的考虑。

（一）医患关系不属于《消费者权益保护法》中的消费关系

《消费者权益保护法》中的消费关系因交易而产生，双方在平等自愿的基础上，由消费者支付价款购买经营者的商品或服务，为此消费者负有支付对价的义务并享有安全权、知情权等权利，经营者负有按约定提供商品和服务的义务并享有获得价款的权利。医患关系并不具有上述特征。第一，医患之间不是"一手交钱，一手交货"的简单交易。医患关系产生的前提是患者的疾病需要到医院进行治疗，"二者是以生命健康为代价建立起来的高度协作信任关系，医患之间不能简单地用一般消费合同来衡量，医疗纠纷也不适用消费者权益保护法"。[②] 第二，《消费者权益保护法》第 4 条规定，经营者与消费者进行交易，应当遵循自愿原则。这一点在医患关系中就要大打折扣。首先，无论哪个病人到医院，从法律和道义上说，医院都不能拒绝；其次，在紧急情况下，急救车往往会将病人送往最近的医院，这时病人也没有选择权；最后，在"非典"等特殊时期，对传染病人的治疗是强制性的，医院和病人都没有选择权。第三，医院不是《消费者权益保护法》中的经营者，患者也不是《消费者权益保护法》中的消费者。医疗服务分为基本医疗服务和非基本医疗服务，前者由政府提供，后者主要由市场提供。[③] 由政府提供的基本医疗服务也就是我们常说的"医保"，其在一定程度上阻却了医院的营利性，因此不能将医院视为《消费者权益保护法》上的经营者。而享受医保的患者也不符合《消费者权益保护法》对消费者的定义。

（二）医患关系中的知情权和反欺诈条款失效

《消费者权益保护法》第 8 条规定了消费者的知情权，即"消费者享有知悉其

---

① 林延军："医疗纠纷的法律适用——关于医疗纠纷是否适用《消费者权益保护法》的思考"，上海交通大学 2011 年硕士学位论文。

② 康炜、董静："医疗纠纷与消费者权益保护法的适用"，载《大连大学学报》2004 年第 5 期。

③ 陈云良、何聪聪："新医改背景下政府公共医疗服务义务研究"，载《湖南师范大学社会科学学报》2012 年第 1 期。

购买、使用的商品或者接受的服务的真实情况的权利"。新《消费者权益保护法》第55条的反欺诈条款将经营者因欺诈而对消费者进行的惩罚性赔偿数额从原来的双倍返还增加到现在的四倍返还。[①] 可以说,知情权和反欺诈条款是消费者进行自我保护时不可或缺的法律利器。但在医患关系中,这两个核心条款却无法适用。由于患者的知识水平及心理素质存在差异,医生不可能将真实病情病因告诉每个患者。特别是对一些心理素质差的重症患者,如实告知还会起到令其心理防线崩溃、导致病情恶化的反作用。不少患者家属也会要求医生就病情对患者进行隐瞒和善意的欺骗。对此,《执业医师法》第26条予以支持:"医师应当如实向患者或者其家属介绍病情,但应注意避免对患者产生不利后果。"《侵权责任法》第55条也规定:"不宜向患者说明的,应当向患者的近亲属说明,并取得其书面同意。"由此可见,医患关系中的一些隐瞒与欺诈是为法律和道德所容许的,不具有可罚性,医疗机构完全可以以此为抗辩。试问这种情况下,患者又如何依据《消费者权益保护法》行使其知情权和反欺诈权呢?

(三)医学的不确定性使诊疗义务缺乏量化标准

《消费者权益保护法》中经营者所负的核心义务是按照约定提供商品和服务,既然是约定,就有一个量化的标准摆在那里,而医患关系中的医疗机构的给付义务却不具备这种量化标准。医患关系由疾病而起,这就决定了诊疗本身就是一种高风险行为,目前为止还没有哪个国家的医院或医生敢保证说能100%治愈某种疾病,或能将该疾病控制在百分之多少的范围内,不仅当事人之间无法就此作出"约定",《消费者权益保护法》也无法替当事人作出"约定"。现实中评判医疗机构是否履行义务也是以医疗机构在为患者诊治的过程中其行为是否符合医疗规范为标准。"医生只要按照法律的规定或当事人的约定提供了医疗服务,即使未能治好患者的疾病,甚至出现病情进一步恶化直至死亡,也视为履行了义务。这主要是由于患者的个体差异大,即使对相同的疾病采取相同的诊治手段,也会因为患者的个体差异而出现不同的结果。"[②]因此,《消费者权益保护法》中对经营者按"约定"履行义务的要求无法适用于医疗机构,用《消费者权益保护法》调整医患关系缺乏可操作性。

(四)将医患关系纳入《消费者权益保护法》不利于司法统一

如前文所述,在《侵权责任法》出台前,医患关系一直处于法律适用上的混乱

---

① 2013年《消费者权益保护法》将反欺诈条款规定在第55条第1款:"经营者提供商品或者服务有欺诈行为的,应当按照消费者的要求增加赔偿其受到的损失,增加赔偿的金额为消费者购买商品的价款或者接受服务的费用的三倍;增加赔偿的金额不足五百元的,为五百元。法律另有规定的,依照其规定。"1993年《消费者权益保护法》将反欺诈条款规定在第49条:"经营者提供商品或者服务有欺诈行为的,应当按照消费者的要求增加赔偿其受到的损失,增加赔偿的金额为消费者购买商品的价款或者接受服务的费用的一倍。"

② 柳经纬:"保护患者权益不宜搭消费者权益保护法的便车——兼谈保护患者权益的立法问题",载《福建政法管理干部学院学报》2005年第1期。

状态,法律与行政法规,一般法与特别法诸法并存。《侵权责任法》的施行使医患关系的法律适用从分立逐渐走向统一。《侵权责任法》与之前的法相比,对患者权益的保护已经大大加强。《消费者权益保护法》与《侵权责任法》相比,无非是多了一个"反欺诈"条款的救济,但鉴于现代医学的局限性,反欺诈条款基本上难以适用,那么将《消费者权益保护法》加入医患纠纷法律适用的选择序列中又有何意义呢?反而会重新造成法律适用上的混乱,不利于司法统一。

(五)用《消费者权益保护法》调整可能进一步加剧医患矛盾

由于"消费者就是上帝"和"消法保护消费者"的观念深入人心,如果《消费者权益保护法》将医患关系纳入调整,对患者和医疗机构来说都可能产生负面指引作用。患者方面,"上帝"的期盼进一步提高,甚至会产生"花钱治病,无效退款"的曲解,进一步忽视了现代医学的局限性和患者的个体差异性。医疗机构方面,披上"经营者"的身份后,必然会对每个病人在入院之前进行性价比分析和风险评估,这恐怕会"鼓励"医院对病人作出选择性收治,产生危重病人不敢接、贫困病人不愿接、保守治疗唱主角等怪象。而且"一旦发生患者被伤害或死亡,就依据《消费者权益保护法》中有关安全权的规定追究医疗机构及其医务人员的责任,在立法上违背了公平的价值取向,在实践上也会损害医疗机构或医务人员的合法权益,造成他们在提供医疗服务的过程中畏首畏尾、裹足不前,最终将损害到整个社会的利益。"①

(六)医疗机构和患者在法律上都需要平等保护

很多支持用《消费者权益保护法》调整医患关系的人都认为,患者是弱者,法律应加强对弱者的保护,而《消费者权益保护法》正是这样一部保护弱者的法律。可到底如何评判谁是弱者呢?现在,要想成为一名医生,一般都要经过八年的本、硕教育,一线城市更是直接要求博士毕业。据统计,我国每年的医学毕业生中,只有1/6能进入医院工作。② 可见,在一名医生的成长过程中,无论是国家、家庭还是医生本人的投入都是非常大的。工作后,医生承受的劳动强度和心理压力也非一般行业所能体会。受袭死亡的医生往往在生命的最后一刻仍然坚守在自己的岗位之上。而这些恶性事件发生后,舆论却多偏向患者。诚然,在疾病治疗面前,患者是弱者,但不可否认的是,在舆论面前,医院、医生也是弱者。此时,法律的价值取向就颇为重要。用现有的民事法律来调整医患关系,在为患者的合法权益提供充分保障的同时,也使医疗机构和医务人员的利益得到公平合理的对待。如果适用《消费者权益保护法》,无论最终处理结果如何,给法官带来的强烈暗示就是天平要向患者倾斜。笔者认为这不可取,法律在医患关系问题上还是应强调平等保护。

---

① 薛妮:"谈消费者权益保护法中的两个问题",载《学理论》2011年第17期。

② 付娜:"60万医科生仅10万当大夫就业压力大本科毕业没人要",载中国广播网:http://china.cnr.cn/xwwgf/201208/t20120816_510614468.shtml,最后访问时间:2013年12月4日。

(七)国际上基本不用《消费者权益保护法》调整医患关系

国际上,各国对医患关系是否用《消费者权益保护法》调整也是不统一的。但将其纳入《消费者权益保护法》调整的国家是少数。“目前只有巴西、我国台湾地区将医疗服务纳入消费者法的保护范围。”[①]“美、日、韩等国消费者保护法中没有将医疗服务纳入调整范围,而药品的购买、使用则被认为属于《消费者权益保护法》保护的范畴,但这些国家就医疗服务以及患者权利方面都制定了较为系统的医事法律法规,予以专门保护。”[②]因此,从比较法的角度看,大多数国家也未将医疗服务纳入《消费者权益保护法》的适用范围,其中包括医疗和社会保障都比我们发达的国家,这与医患关系的特殊性不无关系。我国目前医患矛盾突出,医疗保险制度尚不完备,笔者认为我国尚不具备以《消费者权益保护法》对患者进行强保护的条件。在美国,医疗不当(medical malpractice)也主要用侵权法来进行调整。美国有关部门处理医患矛盾时,力求照顾医患双方,努力寻找两者利益的平衡点,维护患者利益的同时,也注重保护医生的权益。美国有 11 个州规定,只有医疗疏忽的责任超过 50% 时,被告才需要进行赔偿,其他州则规定按责赔偿。美国一些州的执法部门认为,如果对医院和医生的惩罚过重,使其经营成本和风险高到难以忍受,只会使专业人才外流,最终倒霉的可能还是患者。[③]

四、医患关系法律调整路径选择的构想

在否定《消费者权益保护法》调整医患关系的正当性后,笔者认为医患关系在法律调整路径的选择上可分短期、中期、长期三步走。

短期目标上,我们应以统一现有法律的适用为目标。从民法理论上说,医疗损害赔偿纠纷既可从医疗服务合同违约的角度起诉,也可以从侵权责任的角度起诉,但《侵权责任法》对患者的保护力度更大。首先,医患关系很多时候不是按当事人约定产生的,而是以法律或行政法规为基础建立的,此时只能适用侵权法,因为侵权责任就是一项法定责任,突破了约定的范畴。其次,侵权责任中有精神赔偿和惩罚性赔偿,这些在违约责任上是没有的。因此“侵权产生的赔偿范围较之违约责任赔偿范围更宽,有利于加强对受害人的保护。”[④]此外,与《民法通则》相比,《侵权责任法》是特别法,应予以优先适用。故笔者认为,今后可考虑用《侵权责任法》及其司法解释逐步统一医患纠纷领域的法律适用。

中期目标上,我们可以建立独立的《医事法》为目标。虽然《侵权责任法》使医患关系的法律救济更加完备,但与其他侵权行为相比,医患关系仍具有特殊性。

---

① 屈茂辉、胡蔷薇:“我国消费者权益保护法调整范围的修正”,载《湖南师范大学社会科学学报》2013 年第 2 期。

② 强美英:“关于医疗服务选择适用《消费者权益保护法》的思考”,载《法律适用》2010 年第 5 期。

③ 李明波:“美国法律禁‘医闹’日本医患纠纷多和解”,载《广州日报》2011 年 9 月 22 日第 A17 版。

④ 吴晓萍、张永忠:“医患纠纷适用消费者权益保护法的若干考量”,载《海峡法学》2011 年第 12 期。

"有些国家将医患关系作为一种独立的法律关系,即医事法律关系来看待,认为医患关系不能归属于其他任何法律关系,必须作为一种独立的法律关系存在。如日本制定了《医事法》,强调医患关系事前的法律调整。这是从医患关系的特性着眼,考虑到医疗行业的特殊之处,若将医患关系归属到任何一种法律关系中似有不妥。可以说,这种定位方法从本国经济、社会、医疗等各方面综合考量并无不当,适合于国情,为社会所接受,并且在处理医患关系中能起到其应有的作用。"①对医患关系用独立的《医事法》进行调整的思路值得我们借鉴。

长期目标上,我们还应以构建更加完善的医疗保险制度为重任,医疗保险不仅要覆盖普通百姓,还要为医疗机构及其从业人员投商业保险提供优惠。医疗行业是高风险行业,出现问题让医疗机构和医生个人承担是不公平的,鼓励医疗、保险合作是一条摊薄风险的好途径,在保险政策上国家应给予支持。以美国为例,一旦发生医疗纠纷,美国人的第一选择是打官司,很少去医院闹事。这是因为,美国的商业保险很发达,个人的医药费往往由保险公司支付,医疗机构和医生通常也有高额投保,一旦需要赔付也由保险公司埋单。这种摊薄风险的做法,使患者很容易通过各种途径得到赔偿,去医院闹事,不仅会因为危害医疗秩序而被捕,甚至还会被判入狱。权衡之下,患者自然不会选择后者。②

综上,医患关系如何处理确实值得我们认真反思,特别是要从医疗体制改革上寻求合理化路径,但无论如何不应将医患关系纳入《消费者权益保护法》作为上策。

(本文发表于《人民司法》2012 年第 5 期)

对"租友"现象的法律透视

熊理思*

【提要】近年来,随着社会上"剩男"、"剩女"现象日益突出,逢年过节是否租个女友、男友回家应付已为大龄青年绕不过去的坎。这样做,一方面可以减少父母亲朋的担心与追问以及由此引发的密集相亲,另一方面又能满足自己的虚荣心。但由此产生的法律问题却不可小视。本文以一个真实案例为引子,对租友协议的法律效力及相关问题予以分析探讨。

【关键词】租友协议　法律属性　问题解析

① 么虹:"医患关系的法律适用问题研究",东北财经大学 2007 年硕士学位论文。

② 李明波:"美国法律禁'医闹'日本医患纠纷多和解",载《广州日报》2011 年 9 月 22 日第 A17 版。

* 熊理思,上海市黄浦区人民法院立案二庭审判员。

一、引子——案情回放

2013 年 4 月 17 日,江西省彭泽县人民法院审理了一起真实版“租个女友回家过年”却因红包产生纠纷的案件。1982 年出生的陈前系家中独子,30 岁的他至今仍孤身一人。为此,家中父母很是担心,希望陈前能在过年的时候带个女朋友回来。为了能让父母亲过个开心的年,陈前煞费苦心,最终在朋友的建议和介绍下,认识了袁春。袁春得知陈前情况后,当即答应作为陈前的女朋友随陈前回家过年。陈前父母得知儿子真的要带个女朋友回家过年的时候很是高兴,就商量着给儿子的女朋友包个红包作为见面礼。当见到袁春,看到袁春既漂亮又大方时,老两口更是喜上眉梢,在春节几天的时间里对袁春照顾有加。在分别的时候,陈前父母偷偷地包了 5000 元的红包作为见面礼送给了袁春,陈前对此不知情。年过完后,双方就分道扬镳了。当陈前得知父母亲给了袁春 5000 元红包时,要求袁春返还,但是袁春认为这是自己应得的,拒绝返还。庭审中,陈前认为被告不是自己的真正女朋友,没有资格拿红包。针对此案,主审法官认为解决问题的关键还是要靠陈前的父母。为此,法官特地通知了陈前父母到庭。袁春看到陈前的父母后心生愧疚,觉得自己不该拿这 5000 元的红包。看到父母的无奈,陈前满含泪水。最终在法院的调解下,原告陈前与被告袁春达成了调解协议:被告袁春返还原告陈前人民币 5000 元。[①]

虽然这一案件的最终结果是以调解结案,但这种“租友协议”是否受法律保护,其法律性质如何界定,以及法院在审理类似纠纷如何处理等众多问题值得我们关注。

二、租友协议的法律属性

虽然租友协议五花八门,但基本上都有乙方在一定期间内冒充甲方的男(女)友,陪甲方回家见甲方父母,甲方保证乙方不受非法侵犯并按约定支付报酬等内容。此类协议在法律上如何理解?有的观点认为,租友协议不能按字面意思理解为租赁合同,应视为一方提供特定劳务,另一方支付相应报酬的劳动合同,适用《劳动合同法》。也有观点认为,根据《合同法》第 2 条,“合同是平等主体的自然人、法人、其他组织之间设立、变更、终止民事权利义务关系的协议。婚姻、收养、监护等有关身份关系的协议,适用其他法律的规定”,从而排除了《合同法》在租友协议等身份协议中的适用。[②] 还有观点认为,此类协议违反公序良俗,根据《民法通则》第 58 条的规定,属于无效民事行为,不受法律保护。[③] 笔者认为以上观点均有欠妥之

---

① 陈小龙:“租个女友回家过年 却为红包对簿公堂”,载中国法院网:http://www.chinacourt.org/article/detail/2013/04/id/949362.shtml,最后访问时间:2013 年 4 月 29 日。

② 蓝超:“身份协议研究——从租女友案出发”,华中科技大学 2011 年硕士学位论文。

③ 李轩甫、黄婷:“‘恋爱租赁’虽双方合意,也不受法律保护”,载《检察日报》2012 年 1 月 14 日第 003 版。

处。第一种观点未注意到《劳动合同法》只调整劳动者与用人单位(中华人民共和国境内的企业、个体经济组织、民办非企业单位等组织)之间的劳动关系,不调整劳动者与个人雇佣者之间的劳动关系,因此《劳动合同法》不适用。[①] 第二种观点忽视了租友协议的双重属性。虽然此类协议具有人身关系方面的内容,但双方协商的重点是财产关系,纠纷也大多围绕财产关系展开,因此不能简单因《合同法》不适用于身份关系而排除其对此类协议中财产部分的适用。对于第三种观点,笔者认为,公序良俗固然重要,但并非所有租友协议均达到违反公序良俗的程度,不能轻易否定其有效性。首先,虽然《民法通则》第 58 条第 5 项规定,违反法律或者社会公共利益的民事行为无效,但通常租友协议中都会规定甲方保证乙方人身不受非法侵犯等内容,且有的协议目的是为了满足长辈的临终遗愿,对老人进行临终关怀,[②]这种善意的谎言并未损害到他人及社会利益,不能等同违反公序良俗。其次,租友毕竟不同于代孕等受到强制性禁止规定的行为,在未违反国家法律法规强制性规定的情况下,公民的契约自由应受到法律保护。最后,当前立法上也未对公序良俗原则的具体含义作出具体规定,在这种情况下我们更因对其谨慎适用,尽量避免这一"口袋原则"滥用给契约自由带来的不当损害。

综上,笔者认为,既然协议系双方真实意思表示达成的合意,且法无明文禁止,那么根据契约自由原则,在不损害他人及社会利益的前提下,一旦产生了财产纠纷,理应适用《合同法》来解决。由于《合同法》分则对此类协议未作规定,因此可作为无名合同,有约定的按约定,无约定的适用《合同法》的一般原理。值得注意的是,在市场经济的浪潮中,类似的无名合同在我们的日常生活中将会越来越多,随之而来的纠纷也会越来越多。无名合同基于契约自由原则,只要当事人所自由创造的契约种类与内容,不违反公共秩序、善良风俗,没有侵犯他人的合法权益,法律就不能拒绝给予相应的保护。[③]

三、法律衍生问题解析

(一)"见面礼"是否退还

初次带女朋友回家,父母往往都会包个大红包作为给女方的"见面礼"。"见面礼"是作为乙方工作表现好的"额外奖励",还是需要返还呢?笔者认为,乙方应向赠与人返还"见面礼"。这里涉及另外一个合同,即甲方父母对乙方的赠与合同。虽然赠与合同是单务合同(只有赠与人负担交付赠与物等主要义务,受赠人不负对价)、不要式合同(口头、书面均可)、无偿合同,但这里涉及一个"重大误解"问题。《合同法》第 54 条规定,因重大误解而订立的合同,属于可撤销合同。又根据

---

① 见《劳动合同法》第 2 条。

② "白领网上租女友　陪伴绝症老父亲",载 http://news.sina.com.cn/c/2003-08-11/0830543144s.shtml,最后访问时间:2012 年 4 月 29 日。

③ 徐增有:"无名合同及其法律适用研究",华南理工大学 2010 年硕士学位论文。

《合同法》第56条和第58条的规定,“被撤销的合同自始没有法律约束力。合同被撤销后,因该合同取得的财产,应当予以返还;不能返还或者没有必要返还的,应当折价补偿。有过错的一方应当赔偿对方因此所受到的损失,双方都有过错的,应当各自承担相应的责任”。在“见面礼”案例中,甲方父母是基于认为乙方系甲方女友而赠与乙方的,如果没有女朋友这一特殊身份,甲方父母不可能对乙方做出上述赠与。因此,由于甲、乙的欺骗行为使甲方父母基于重大误解而做出赠与,该赠与行为属于可撤销合同,乙方应将“见面礼”返还给甲方父母。

(二)租友协议能否强制执行

如果乙方在取得甲方父母初步好感后,突然提出涨价或要求终止协议怎么办?笔者认为,对协议中涉及人身的部分不可以强制执行,如果乙方执意离开,甲方不得强行留下,否则还可能构成非法拘禁等违法犯罪行为。但对财产部分,造成甲方损失的,可根据合同约定或法律规定处理。

(三)衍生违法犯罪如何处理

因为往往需要将“租”来的男(女)友带回家,有可能诱发无法预料的严重不良后果,如诈骗、敲诈勒索、拐卖人口、强奸犯罪等。但在对由此衍生的加害行为根据《刑法》等相关法律进行处理时,如果被害人确实也存在重大过错的,对加害人可以酌情从轻处罚。

(四)中介方是否有法律责任

供需产生市场。节日期间,特别是春节期间,持有“租个女友回家过年”想法的人陡然增多,一些掌握资源的中间客便蠢蠢欲动。如果日后甲、乙双方因租友协议发生纠纷,中介方是否要承担相应责任呢?笔者认为,少有此种可能。一般来说,居间人只有忠实报告义务和保密义务。关于居间人的责任,《合同法》只在第425条规定,“居间人应当就有关订立合同的事项向委托人如实报告。居间人故意隐瞒与订立合同有关的重要事实或者提供虚假情况,损害委托人利益的,不得要求支付报酬并应当承担损害赔偿责任”。对除此以外的法律争议,中介方不承担法律责任。

四、小结

笔者探讨“租友协议”的法律问题,并不意味着笔者赞同与鼓励这一现象的存在与发展。恰恰相反,在当前法律对这一现象既无明文禁止又无明确规定的情况下,这一“灰色地带”已成为各种复杂纠纷的多发地,需要引起我们的高度重视。法律是一个动态发展的过程,有时候司法不可避免地会走在立法的前面。随着这方面案例在法治新闻、法治报道中的日益增多,要求司法机关在处理时既要维护公序良俗又要保护契约自由,既要考虑到此类协议的人身属性又要保护好其中正当的财产利益,确实存在一定难度。因此,笔者对与租友协议相关的法律问题进行了一些思考,与大家共同探讨。

(本文发表于《法庭内外》2014年第1期)

民间借贷虚假诉讼识别的困境与出路

——类型化视角下对民间借贷司法解释之展开

金民珍 徐婷姿 孙 琼*

【提要】民间借贷虚假诉讼不仅包括双方恶意串通制造的诉讼,还包括单方恶意和双方部分成员恶意制造的诉讼。识别虚假诉讼是规制虚假诉讼的前提,最高人民法院民间借贷司法解释的出台,使民间借贷虚假诉讼的识别标准从无到有,从地方分散到全国统一,然虚假民间借贷认定难的现状短期内无法彻底改观。本文通过类型化的方式让抽象的法律规则靠近纷繁复杂的借贷纠纷实践,将虚假民间借贷进行大类包含小类的综合类型化分析,以有效地提高识别几率。并由面及点,结合已有规则,进一步抽象出识别要点,将其植入审判管理系统,以程式化法官识别虚假诉讼的行为,构建符合审判规律的虚假民间借贷识别系统。

【关键词】虚假诉讼 通谋获益型 单方谋利型 亲属伪证型

民间借贷,由于其合意的隐蔽性及证据的简便性,历来是虚假诉讼的高发区。民间借贷虚假诉讼,不仅侵害了相关民事主体的合法权益,扰乱了正常的金融秩序,而且浪费着有限的司法资源,损害了司法权威,是应该被否定再否定之行为。然纵观民间借贷司法实践,对虚假诉讼的甄别过于依赖法官个人的责任心、审判经验、审理技巧,呈现出很大的随机性、不确定性、滞后性。近期施行的《最高人民法院关于审理民间借贷案件适用法律若干问题的规定》(以下简称《民间借贷司法解释》)为虚假民间借贷的识别提供了具体的标准,这是一种有益尝试,本文将以此为起点,通过类型化及要点提炼的方式,由面及点,依托审判管理系统和信息化手段,构建符合审判规律的民间借贷虚假诉讼识别系统。

在展开论述之前,我们先要对民间借贷虚假诉讼的概念有清晰的认识。从严格意义上说,虚假诉讼只是司法实务部门根据有限事实所做的总结,并不是法律概念,对其定义也存在众多争议。[①] 比较有代表性的定义是:"虚假诉讼是指民事诉讼各方当事人恶意串通、采取虚构法律关系、捏造案件事实方式提起民事诉讼,或者利用虚假仲裁裁决、公证文书申请执行,使法院作出错误裁判或执行,以获取非

---

* 金民珍,上海市黄浦区人民法院党组成员、副院长、审判委员会委员;徐婷姿,上海市黄浦区人民法院民一庭审判员;孙琼,上海市黄浦区人民法院民一庭法官助理。

① 黄海涛等:"遏制虚假诉讼迫在眉睫",载《法庭内外》2009 年第 12 期。

法利益的行为。”[①]这种定义并不全面,“虚假诉讼最为重要的特征就是诉本身的虚假性,行为人因为不享有实体法上的请求权,所以不具有提起诉讼的诉权。[②]”双方恶意串通制造的诉讼是虚假诉讼,但虚假诉讼还包括单方恶意和双方部分成员恶意的情况(下详),其特征如下:

1. 主观上存在至少一方的恶意。这种恶意包含双方串通的虚假,一方(原告方)明知、应知的虚假,双方部分成员间联络的虚假三种情况,恶意是虚假民间借贷认定的关键点,是虚假民间借贷一切诉讼表现的根源。

2. 客观上,在明知虚假而为之的恶意驱使下,当事人会作出虚构法律关系、捏造案件事实、伪造诉讼证据、隐瞒真实情况等行为。

综上,本文对民间借贷虚假诉讼作如下定义:所谓民间借贷虚假诉讼,是指在民间借贷案件中,民事诉讼当事人一方或双方,在明知、应知的情形下,采取虚构法律关系、捏造案件事实、伪造诉讼证据、隐瞒真实情况等方式提起民事诉讼,意图使法院作出错误裁判,以获取非法利益的违法行为。[③] 通过这样的定义,我们就可以将因双方对行为性质认识不同而产生的民间借贷纠纷排除出虚假范畴。如双方间发生资金往来,原告以民间借贷起诉,被告认为是委托理财关系、赠与关系、买卖合同关系等,此种诉讼中,双方间实际发生了资金来往,并不存在明知或应知虚假而以假乱真谋取利益的恶意。

一、现状扫描:虚假民间借贷司法识别之规则检索与实践困境

(一)以现行规范为基点:虚假民间借贷识别标准之检索

识别虚假诉讼,法官的智慧经验、审判技巧及司法能动性固然重要,可是,纯粹依赖个体裁判者,随机性过大,因此,需要规则助力裁判者更稳定高效准确地识别虚假民间借贷诉讼。

1. 法律层面

无。2012 年修改的《民事诉讼法》仅对虚假诉讼的概念、处理方式进行了规定,不涉及具体的识别标准。

2. 司法解释层面

《民间借贷司法解释》第 19 条规定:“人民法院审理民间借贷纠纷案件时发现有下列情形,应当严格审查借贷发生的原因、时间、地点、款项来源、交付方式、款项流向以及借贷双方的关系、经济状况等事实,综合判断是否属于虚假民事诉讼:(一)出借人明显不具备出借能力;(二)出借人起诉所依据的事实和理由明显不符

---

① 此为《浙江省高级人民法院关于在民事审判中防范和查处虚假诉讼案件的若干意见》中所做的定义,具体参见 http://www.law-lib.com/law/law_view.asp?id=300669,最后访问时间:2015 年 10 月 26 日。

② 常怡主编:《比较民事诉讼法》,中国政法大学出版社 2002 年版,第 98 页。

③ 虚假民间借贷不限于双方通谋类型,这一观点亦被民间借贷司法解释所采纳。参见杜万华主编、最高人民法院民事审判第一庭编著:《最高人民法院民间借贷司法解释理解与适用》,人民法院出版社 2015 年版,第 327 ~ 328 页。

合常理;(三)出借人不能提交债权凭证或者提交的债权凭证存在伪造的可能;(四)当事人双方在一定期间内多次参加民间借贷诉讼;(五)当事人一方或者双方无正当理由拒不到庭参加诉讼,委托代理人对借贷事实陈述不清或者陈述前后矛盾;(六)当事人双方对借贷事实的发生没有任何争议或者诉辩明显不符合常理;(七)借款人的配偶或合伙人、案外人的其他债权人提出有事实依据的异议;(八)当事人在其他纠纷中存在低价转让财产的情形;(九)当事人不正当放弃权利;(十)其他可能存在虚假民间借贷诉讼的情形。"

3. 地方法院指导意见层面

在民间借贷司法解释出台前,各地审判机关基于审判实践的迫切需要,纷纷通过指导意见等方式设立了当地虚假诉讼识别标准,此处仅列举有代表性的浙江、北京两地的规定。

2009 年浙江省高级人民法院发布《浙江省高级人民法院关于审理民间借贷纠纷案件若干问题的指导意见》,其第 29 条规定:"法院在审理中发现有下列情形之一的,应当严格审查借贷发生的原因、时间、地点、款项来源、交付方式、款项去向以及借贷双方的经济状况等事实:(一)原告是其他多起或者重大债权债务关系的债务人;(二)原告起诉的借贷事实或者理由不符合常理,没有借据或者借据存在伪造可能;(三)被告在一定期间反复涉及民间借贷纠纷诉讼;(四)当事人双方存在近亲属等特殊密切关系;(五)当事人一方或者双方未到庭参加诉讼,委托代理人对借贷事实经过陈述不清或者矛盾;(六)当事人双方对借贷事实没有争议或者不存在实质性的诉辩对抗;(七)其他债权人或者借款人的配偶等案外人提出异议;(八)债权人轻易放弃权利,与债务人达成调解协议;(九)其他异常情形。"

2013 年 12 月 27 日,北京市高级人民法院出台的《北京市高级人民法院关于审理民间借贷案件若干问题的会议纪要》第 21 条规定:"诉讼中发现以下情形之一的,人民法院应当严格审查民间借贷发生的原因、时间、地点、款项来源、交付方式、款项去向以及借贷双方的经济状况等事实:(一)当事人之间系近亲属、朋友等密切关系或存在其他利害关系,在诉讼中主动要求达成调解协议,或在调解过程中轻易放弃自身权利的;(二)当事人双方对于事实无争议,且无其他书面证据材料佐证的;(三)当事人在受理案件的法院或其他法院有其他诉讼或执行案件,案件诉讼标的相关联的;(四)当事人主张的事实不合常理,且与诉讼中其他事实与证据明显不一致的;(五)当事人提供的证据材料有伪造变造、涂改等痕迹,并与案件事实或其他证据不一致的;(六)当事人多次涉及民间借贷诉讼案件的;(七)案件涉及离婚、继承、析产、不动产买卖、拆迁的;(八)借款人缺席诉讼,贷款人仅能提供借条的,且对于借贷事实叙述不清或前后矛盾的;(九)借款人的配偶等案外人提出异议的;(十)其他异常情形。"

评析:以上规则罗列表明了虚假民间借贷的识别标准经历了从无到有、从地方分散①到全国统一的嬗变,应该说,《民间借贷司法解释》是建立在实践积累和地方规则吸收的基础上,是目前识别虚假民间借贷最权威、最细致的标准。然而,该规定也存在值得商榷之处。首先,遗漏部分典型的情形,比如主体关系特殊,这在两个地方意见里都有规定,司法解释却予以去除,并不恰当,因为主体关系特殊是亲属伪证型、通谋获益型(下详)民间借贷纠纷的重要特征,同时,主体关系标准又容易识别。其次,部分情形的判断标准可操作性不够强,比如"当事人在其他纠纷中存在低价转让财产的情形",这种情况除非是第三人提起撤销权之诉,否则法院无法了解并查证,因此该项可直接表述为"被告也曾是撤销权纠纷(另案)的被告",这种表述方式更具有操作性,也不易引起歧义。最后,部分判断标准表述不够准确,比如"当事人一方或者双方无正当理由拒不到庭参加诉讼,委托代理人对借贷事实陈述不清或者陈述前后矛盾"。我们知道,法律一般情况下不要求借贷案件当事人本人必须到庭,然而如果当事人本人不到庭无法查清案件事实,则法院可以通过传票特别注明的方式要求当事人本人到庭,如果当事人经法院两次传票传唤仍不到庭的,法院也可以拘传其到庭,在法院不采取拘传措施时,才会出现本条规定的情形,因此宜表述为"经法院传票传唤本人到庭而无正当理由拒不到庭,法院又未采取拘传措施的,委托代理人对借贷事实陈述不清或者陈述前后矛盾"。

(二)以审判实践为场域:虚假民间借贷认定难之要素分析

审判实践中,虚假民间借贷司法认定呈现被动性和事后性的特点,即大多虚假诉讼是在民间借贷审结后执行中通过第三人异议等方式暴露出来并被确认。之所以在审理中认定难,原因如下:(1)造假手段的多样化提升了司法甄别的难度,司法实践中出现的民间借贷虚假诉讼的案件类型纷繁复杂,手段多样,炮制借条、伪造签名、制造资金流、以物抵债、故意提供被告错误地址等,不一而足,根据胜诉需要,当事人提起诉讼的方式和理由也不尽相同,再加上自认规则和调解制度为虚假诉讼披上合法外衣,模糊了裁判者的视线。(2)案多人少的现状牵制了司法甄别的精力,法官即使认为某些民间借贷案件具有虚假诉讼嫌疑,也可能缺乏充足的时间和精力去逐一鉴别。(3)实体影响的滞后性降低了司法甄别的灵敏度,在立案后直至执行程序前,民间借贷虚假诉讼尚未侵害第三人的实质利益,在该阶段通过第三人识别的途径一般处于休眠状态。

二、分类表征——民间借贷虚假诉讼类型化分析

所谓类型化,并非一种逻辑上、理论上的推演与建构,而是从本国司法实践中

① 从地方指导意见来看,既有共同也有不同,如当事人涉诉情况,浙江省规定原告涉及其他债权债务关系,被告是多次涉及民间借贷纠纷;而北京市则将诉的范围扩展为民间借贷、离婚、不动产买卖、拆迁等。浙江省将双方对事实无争议列为可疑情形,而北京市则为对事实无争议且无书面材料佐证。这种不同,反映了各地对风险认定的尺度有差别。我们认为,对借贷虚假可能的识别标准需要具有典型性,同时也不能过于宽泛,否则可操作性就会大打折扣。

具体发生过的判例出发的一种实证研究与判例研究。[①] 单纯的法律规范和抽象的概念不能解决实际生活中的复杂问题,具体生活事实的类型化总结是让两者靠近的有力武器。司法实践中出现的民间借贷虚假诉讼的案件类型纷繁复杂,当事人以民间借贷纠纷为名提起虚假诉讼的方式和理由也不尽相同,必须对民间借贷领域内出现的各种虚假诉讼案件进行归纳分析,给予分类,才能有效地提高识别概率。

以行为人的主观状态、获取的利益性质、虚假程度为标准,我们将民间借贷虚假诉讼进行如下分类:[②]

<table>
<tr><th>类型</th><th>主观状态</th><th colspan="2">获利性质</th><th colspan="2">虚假程度</th></tr>
<tr><td rowspan="2">通谋获益型</td><td rowspan="2">双方故意</td><td>通谋逃债型</td><td>逃避责任</td><td colspan="2" rowspan="2">全部或部分</td></tr>
<tr><td>以物抵债型</td><td>规避政策</td></tr>
<tr><td rowspan="4">单方谋利型</td><td rowspan="4">一方故意</td><td colspan="2" rowspan="4">积极侵占财产</td><td>掩饰高利型</td><td>部分</td></tr>
<tr><td>掩饰债务性质型</td><td>全部</td></tr>
<tr><td>掩饰部分还款型</td><td>部分</td></tr>
<tr><td>利用身份虚构债务型</td><td>全部</td></tr>
<tr><td>亲属伪证型</td><td>双方故意或双方部分人员故意</td><td colspan="2">积极侵占财产</td><td colspan="2">全部</td></tr>
</table>

(一)通谋获益型

【类型描述】双方当事人之间关系亲密、特殊;虚假诉讼的提起往往具有伴随性;据以定案的证据往往具有瑕疵;诉讼过程具有合谋性和非对抗性(包括通过申请支付令的方式逃避司法审查);双方当事人多倾向以调解方式结案。根据双方通谋获取利益的性质,又可进一步分为通谋逃债型(为了逃避被告对案外人的债务)、以物抵债型[③](为了规避对房产的限购令、对车牌的限牌令等国家相关政策)。

---

① 于飞:《公序良俗原则研究——以基本原则的具体化为中心》,北京大学出版社2006年版,第134页。

② 目前学界对民间借贷虚假诉讼分类的角度很多,如根据行为人的主观目的划分为侵占财产型和逃避责任型;根据行为人获利性质划分为获取财产利益型和获取非财产利益型;根据虚假程度分为全部虚假型和部分虚假型;而我们知道,主观恶意是虚假诉讼最本质的特点,本文尝试以此为基本分类标准,并结合其他特征,形成大类中含小类的综合分类方法。

③ 广义的"以物抵债"是指债权人与债务人约定以债务人或经第三人同意的第三人所有的财产折价归债权人所有,用以清偿债务的行为。以物抵债是一种双方对债的担保或债的履行进行的约定,本不具有违法性,然而实践中民间借贷虚假诉讼打着"以物抵债"的名号,堂而皇之进入审判视野,并引起了司法的警觉。涉虚假诉讼的以物抵债从目的上分为两种,其一是为转移责任财产、逃避债务承担,如双方恶意串通,虚构不存在的债务,将一方的特定财产作为债务履行的替代物,由此逃避对第三方交付该特定财产的义务。此种类型可以归入通谋逃债型虚假诉讼中;其二是为了规避国家相关政策,也就是此处所说的狭义的以物抵债型。

典型案例:以陈翠萍为被告的一系列案件①

【基本案情】上海市黄浦区人民法院曾受理十余件以陈翠萍为被告的民间借贷纠纷,在审理过程中发现,该批案件在以下几方面存疑:(1)借条格式统一,且均在同一时间签订;(2)12名原告称系被告陈翠萍的亲戚、朋友或老同事,因相信被告有还款能力故借款;(3)钱款是否给付存疑,原告代理人称上述钱款均分多次通过现金形式给付被告,但原告本人均未到庭,对具体给付的时间、地点、对象等情况未作详细陈述;(4)借款总数额较高,被告及其为法定代表人的公司在该院曾有近百次债务诉讼;(5)原被告对本案事实部分几乎没有争议,被告也同意还款。

【处理结果】原告撤诉+法院判决驳回,现对判决驳回的情况进行分析。法院认为,从作为借贷重要证据的借条来看,原告尽管提供了借条,但借条的内容为截至出具借条时止原、被告多次借贷形成的结算金额,而原、被告对此多次借款形成的具体时间、金额等情况未能作出说明,且原、被告确认被告陈翠萍向原告借款时出具的原始借条原件已被陈翠萍收回并销毁,亦未能提供相应其他证据或作出合理解释。况且,被告陈翠萍本人在审理中对借条形成的具体描述明显存在前后矛盾。关于本案的交付钱款事实,对于大额借款,原告主张为现金交付的,人民法院应对交付事实进行实质性审查,依法查明借款交付事实,不能仅凭当事人表面上的一致陈述判断。由于原告未能向法庭提供已交付此笔现金巨款的任何证据,而且对于交付的次数、时间、地点、对象以及资金来源等也没有作出具体、合理的说明。尽管被告承认收到这笔借款,但被告亦同样未对上述交付的具体过程以及资金的用途提交相应证据或作出合理解释。综上,基于本案现有证据,难以确认原、被告间的借贷关系的真实性以及此笔借款已然交付的事实,故判决驳回原告诉请。

(二)单方谋利型

单方谋利型具体包括掩饰高利型、掩饰债务性质型、掩饰部分还款型、利用身份虚构债务型四种。

【类型描述】原告具有通过诉讼侵占对方(被告)财产的故意,并通过诉讼实现之。其中的掩饰高利型,主要是指出借人为获得超过国家法律允许的高利,而通过在借款中预扣本金、引入第三方将利息分解等方式使得名义利息符合法律规定。掩饰部分还款型,主要是指出借人在借款人部分还款的情况下,隐瞒借款人真实地址制造借款人不到庭的局面,从而掩饰部分还款事实;或者利用还款缺乏相应证据的漏洞,要求借款人超过其应还数额进行还款的行为。这两种情形中,行为人起诉的案件事实部分是真实的,部分是虚假的,"诉讼存在一定的请求基础,虚假之处在于真实的债权与诉讼请求中的数额并不一致"。② 而掩饰债务性质型,通常是指赌

---

① 具体案例见(2010)黄民一(民)初字第1540-1550号。

② 徐国平、赵晓好:"民间借贷虚假诉讼的鉴别与应对",载《法制与社会》2013年第8期。

债主以第三人担保的方式虚构合法债权,先由名义债权人直接起诉担保人(赌债主),担保人取得担保求偿权后追偿债务人。此类赌债主作为连带债务人追偿债权的行为,较之传统的债权人直接起诉债务人行为,更具隐秘性。利用身份虚构债务型,通常是指代理人利用代理权或表见代理权与他人串通虚构债务,再授意他人起诉委托人,从而侵占委托人财产的诉讼,如有挂靠关系项目部的经理或其他管理人员,利用特定身份,与他人串通虚构工程材料款等虚假债务,并由他人发起意图侵占名义承包商财产的诉讼。

典型案例:原告刘某与被告唐某、第三人A投资管理公司民间借贷纠纷

【基本案情】在借款协议中,原告借款29万余元给被告,同时第三人以"为原告提供信用咨询、信用评审、出借人推荐等系列信用管理服务,促成交易"为由,向被告收取服务费9万余元(另有协议)。该笔款项由原告代替被告直接交付第三人,现原告起诉被告归还借款29万余元,而被告则抗辩原告系借服务费的名义获取高额利息,双方实际借款金额为20万元。

【处理结果】法院审理过程中,出现两种观点:一种观点认为,借款协议中已明确了借款金额为29万余元,且约定原告代替被告将服务费缴纳给第三人,故给付服务费的义务在于被告,借款金额仍为29万余元。另一种观点认为,以往高利贷的形式主要是将借款本金和利息写在一起,而在该起纠纷中,第三方通过信用咨询及管理服务协议向借款人收取高额的"服务费",且直接从借款中支付,疑似一种新形式的高利贷,故借款金额应认定为20万元。最终,法院采纳了第二种观点,从服务费是否真实交付依据不足、服务费的数额占借款本金数额比例过高等因素出发,认定双方借款金额应为20万元。

(三)亲属伪证型

【类型描述】夫或妻一方起诉离婚后案件审结前,或者在意图离婚前一段时间,和他人(一般为与夫妻一方关系密切的人)虚构债权债务关系,并由虚假债权人起诉虚构债务的夫或妻一方或者同时起诉夫妻双方。不论哪种形式,都是夫妻一方为了达到稀释夫妻共同财产从而多分得财产的不法目的,串通其朋友亲戚所为,一般提供的借条也仅为夫妻单方出具,得不到另一方认可。

典型案例:原告华某诉被告1华某某、被告2陆某民间借贷纠纷案①

【基本案情】原告华某与被告1系姐弟关系,被告1与被告2系夫妻关系。现原告要求被告1、2共同归还其借款15万元,其中有被告1出具的15万元借条,落款时间为2009年年底,还有原告通过银行向被告2工商银行账户转账10万的记录,另原告、被告1都确认借款中有5万系现金交付,而被告2表示不知情。同时,根据调查,转账给被告2的10万元于同年11月27日买入股票,后卖出,所得钱款

① 参见(2013)黄浦民一(民)初字第337号。

36,973.86 元目前尚在被告 2 的银行账户内。

经了解,被告 1、被告 2 自 2011 年 9 月起因感情不和分居;2012 年 5 月 19 日,二人签订《股票分割协议》,其中明确原告借用被告 2 股东账号炒股,2013 年 3 月,被告 2 向法院提起离婚诉讼,该案目前尚在审理中。又,原告系家庭主妇,无固定收入来源,被告 1 于 2007 年买断工龄后在家炒股,无固定收入来源,被告 2 在 2009 年时有固定工作和收入。被告 1、被告 2 平日用被告 2 名下的工商银行账户进行炒股,具体股票买卖由被告 1 操作管理。

本案审理过程中,被告 2 申请对涉案借条的墨迹形成时间进行鉴定,鉴定意见称限于技术条件及检材的特殊性,难以开展鉴定;被告 2 又申请对借款是否真实存在以及借条是否 2009 年形成的事实进行测谎,原告及被告 1 均不同意测谎。

【处理结果】本案所谓借款是由原告打入非举债方(被告 2)账户的 10 万元和原告称现金交付举债方(被告 1)的 5 万元两笔组成。对 10 万元借款而言,夫妻是否存在举债合意,各有不同说法,然而从在案证据看,非举债方提供了夫妻双方签署的《股票分割协议》,其中确认了原告借用被告 2 股票账号炒股这一情况,故非举债方已举证证明了自己并无举债合意。至于共同生活需要,从案情可以看到,该款项系用于炒股,并非日常的共同开销,同时,也没有表见代理适用的余地,故该 10 万元不作为夫妻共同债务。再分析 5 万元,举债方主张该笔现金已用于夫妻共同生活,本来夫妻关系存续期间一方所得财产用于夫妻共同生活的盖然性很大,然而本案存在特殊性:首先,该借条系夫妻一方向其姐姐出具,且涉诉时正处于夫妻起诉离婚这一特殊阶段,存在虚构债务的可能;其次,从经济实力看,原告及举债方都无固定收入来源,原告也无法说明 5 万元的资金来源,相较而言,非举债方经济状况更优;最后,诉讼中非举债方要求进行测谎,而原告和举债方都不同意。综上,对举债方所声称的借款 5 万元用于夫妻共同生活无法认定。最终,法院判决认定该 15 万元系举债方(被告 1)的个人债务。

三、要点植入——依托技术手段构建民间借贷虚假诉讼识别系统

通过以上类型化分析,我们对虚假民间借贷可以形成比较全面的感性认识,这必然有助于提升法官识别虚假诉讼的针对性,然,对客观事实抽象化的程度越高,对审判实践的指导意义也就越广泛而有效,因此,我们在类型化的"面"的基础上,借鉴《民间借贷司法解释》设立的标准,将"面"收缩为"点",将"点"纳入审判管理信息系统,借助技术手段构建符合审判规律的虚假民间借贷识别系统,在提示法官充分关注的同时,将法官识别虚假诉讼的行为程式化,从而尽可能让虚假诉讼暴露于审理阶段,降低其造成的危害。经对以上类型虚假诉讼特征进行归纳,可得如下要点:

要点 1:当事人关系特殊。包括但不限于岳父母与女婿,公婆与儿媳,因职务便利控制单位公章、空白合同书的人员。

要点 2:当事人涉诉情况。当事人涉及其他撤销权纠纷、民间借贷纠纷、离婚纠纷等情况。

要点3:诉讼过程异常。包括但不限于:庭审中,双方当事人之间不具有实质性对抗,被告或者全盘承认原告诉请,或者仅对非关键细节发表不具有实质意义的抗辩;当事人通过申请支付令的方式规避法院对案件的审查;原告无正当理由提供错误的被告地址;法院通过传票明确原告本人到场,而原告无正当理由不到场,且委托代理人对事实陈述有矛盾;当事人不正当放弃权利。

要点4:证据异常。虚假民间借贷,由于未实际发生借款合意、资金交付等借贷事实,因此原告或原被告往往要因应诉讼所需制造证据,如亲属伪证型借贷中子或女为自己的父母事后补写借条;通谋获益型原告对资金来源、用途、交款方式的证据无法提供,往往是模糊化表述;单方谋利型案件中原告提供了借条、收据、部分款项转账记录,并说明收条中其他资金系现金交付,被告抗辩自己仅收到转账部分款项,而原告账上资金宽裕;原告出借能力与诉请明显不符又无法提供其他证据加以说明……

要点5:案外人异议。这里的案外人异议是在民间借贷纠纷审理过程中非本案当事人对借贷关系的真实性提出质疑。它既不同于执行异议,也不同于第三人撤销之诉,前者是在案件审结进入执行后发生的,而后者针对的是已经发生效力的判决书、裁定书和调解书。在民间借贷纠纷中,由于案外人获知诉讼信息往往具有滞后性,故案外人在审理阶段提出异议的概率不高。

如何将以上归纳的认定要点植入审判管理系统,对审判人员进行风险预警并在案件处理过程中进行跟踪?答案就是依托现有的审判管理系统建立虚假民间借贷识别机制。具体而言,打破地方界限,建立全国的案件信息共享查询机制,即每个法院受理的案件只要一录入审判管理系统,全国法官都能共享这一信息,这就为当事人涉诉情况这一要点的作用发挥奠定了基础。在信息共享的基础上,民间借贷纠纷案件信息部分增设五个项目,即要点1到要点5,要点2是系统自动识别的,而其余要点,需要法官随着诉讼的展开慢慢填写完善。一个案件如果符合以上任何一项要点,则触发虚假民间借贷识别系统的启动,该系统会对法官进行预警提示。"就虚假民间借贷诉讼的审查而言,最终的落脚点在于审判人员基于案件的证据系统地对案件事实进行判断。"[①]因此在系统认定民间借贷诉讼存在虚假风险的情况下,将对法官进行提示,以利于法官抓住审查要点,并明确可以依托的手段。提示内容如下:"该案存在虚假可能,审理中应当严格审查借贷发生的原因、时间、地点、款项来源、交付方式、款项流向以及借贷双方的关系、经济状况等事实,综合判断。可供查清事实的手段包括但不限于:要求当事人亲自到庭陈述;对一方当事人为多数的进行隔离询问;必要时主动扩大诉讼参与方,让利害关系人参与诉讼;

---

① 杜万华主编、最高人民法院民事审判第一庭编著:《最高人民法院民间借贷司法解释理解与适用》,人民法院出版社2015年版,第336页。

依职权调查取证。”

同时,根据虚假民间借贷纠纷并不全是一次性暴露的特点,进入识别系统的民间借贷纠纷,法官需要填写处理结果,即使本次诉讼达不到认定虚假的结果,但信息在系统中留存,待后续发生其他纠纷时可进行历史的动态的评估,确实在以后的关联纠纷中被确定为虚假诉讼的,可以通过启动审判监督程序、第三人撤销之诉等方式纠错。

此外,为提高法官识别虚假诉讼的积极性,经审核证据甄别出虚假诉讼的法官,应该在审判质效评价体系中给予正面奖励,作为年度考核、评优的参考依据;相反,对于严重不负责任,未履行相应审查义务的法官,应启动违法审判责任追究制,[①]此系反向刺激。

(本文系2015年上海市高级人民法院报批调研课题)

合同解除权放弃相关问题探讨

邵宁宁*

【提要】《合同法》对于当事人未作约定,违约方亦未催告的情形下,解除权的行使期限并未规定。实践中,若解除权人的行为使得对方有理由相信解除权将不再被行使,可以认定解除权人放弃解除权,解除权消灭。

【关键词】解除权　行使期限　放弃　消灭

我国《合同法》第95条规定:“法律规定或者当事人约定解除权行使期限,期限届满当事人不行使的,该权利消灭。法律没有规定或者当事人没有约定解除权行使期限,经对方催告后在合理期限内不行使的,该权利消灭。”而对于当事人未约定解除权行使期限、违约方亦未催告时解除权的行使期限,《合同法》则没有作出规定,那么是否意味着守约方的解除权行使没有任何限制?实践中,此种情形往往存在较多争议,下面就一案例进行说明。

一、问题的提出

2010年2月,原告A公司与被告B公司通过邮件往来,协商确定由A公司向

---

① 根据最高人民法院于2015年9月21日发布的《关于完善人民法院司法责任制的若干意见》第26条规定,法官制造虚假案件的及故意违背法定程序、证据规则和法律明确规定违法审判的,或者因重大过失导致裁判结果错误并造成严重后果的,应追究违法审判责任。这明确了违法审判责任的承担标准,该意见的其他部分还明确了相应追究程序。从规定中可以看到,法官在与当事人串通制造虚假诉讼时必定要承担违法审判责任,在因重大过失没有正确运用证据规则、法律规定时,也可能会被追责。

* 邵宁宁,上海市黄浦区人民法院民二庭审判员。

B 公司购买彩涂镀锌钢卷。2010 年 2 月 21 日,B 公司开具卖方为 B 公司、买方为 A 公司的《形式发票》,注明货物为彩涂镀锌钢卷 800 吨,金额 759,000 美元;卖方收到信用证后 90 天内发货;信用证应不迟于 2010 年 2 月 25 日开立,如逾期,卖方保留解除合同的权利。2 月 24 日,B 公司发送邮件催促 A 公司加快信用证的办理,称因为现在价格正在上涨,其几乎不能承受。

2010 年 3 月 2 日,B 公司再次开具《形式发票》,注明货物为彩涂镀锌钢卷 125 吨,金额 117,875 美元;卖方收到信用证后 90 天内发货;信用证应不迟于 2010 年 3 月 4 日开立,如逾期,卖方保留解除合同的权利。同时,B 公司再次邮件 A 公司,称还没有收到信用证,请 A 公司查一下。

根据 A 公司的申请,M 银行于 2010 年 3 月 2 日开具受益人为 B 公司、货币金额为 759,000 美元的信用证。3 月 5 日,M 银行根据 A 公司申请修改上述信用证,增加信用证金额 117,875 美元。案件审理中,B 公司确认,对于上述信用证,其于开具或修改后 3 个工作日左右收到。

2010 年 4 月 12 日,B 公司邮件 A 公司,称因工厂生产设备出现严重问题,产品被损坏,不能交货。表示因与原供应商协商无果,将选择另一供应商,但因价格飞涨,要求上调价格 173,000 美元。4 月 19 日,B 公司再次向 A 公司发送邮件,就不能交付货物进行解释。同日,A 公司回复认为 B 公司应按订单约定履行,不同意价格调整。次日,B 公司邮件回复表示,如果 A 公司不接受涨价,唯一的方法就是取消订单。A 公司则认为,因 B 公司未行使解除权,且一直履行协议,故协议未解除。此后,双方未能就补偿问题达成一致。

对于上述案件合同解除与否,存在两种意见:一种意见认为,涉案《形式发票》规定了信用证的开立时间,并明确如逾期,卖方保留解除合同的权利,但没有明确解除权的保留期限。双方往来邮件显示,B 公司多次催促 A 公司按时开立信用证,明确告知了钢材市场价格在上涨,表达了对逾期履行合同风险的担忧,以及逾期调整合同价格的要求,A 公司对此应当是清楚的。但 A 公司仍然逾期开立信用证,且对逾期开立信用证未作任何解释,A 公司已构成严重违约。B 公司据此享有合同解除权。虽然此后双方就合同的履行进行了协商,在协商不成的情况下,由于合同对解除权的保留期限未作出约定,B 公司在合同约定的交付时间之前行使合同解除权,不履行合同交付义务,不构成违约。另一种意见认为,根据两份《形式发票》的约定,卖方应自收到信用证后 90 天发货。然而,自收到 A 公司迟延于《形式发票》约定时间所开立的信用证至 2010 年 4 月 12 日前,B 公司并未与 A 公司联系,更未提出解除合同的意愿。2010 年 4 月 12 日及 4 月 19 日,B 公司两次向 A 公司发送邮件称原供应商无法供货,并就以更换供应商、提高合同价格的方式继续履行合同与 A 公司进行协商。虽然 A 公司开立信用证晚于《形式发票》的约定时间,但 B 公司收到迟开的信用证后,并未行使合同解除权,而是进行了备货,因此,可以认定,B 公司以其上述行为选择继续履行合同,相应地,其已放弃《形式发票》所约定的解除合同的权利,双方间的买卖合同关系继续有效。B 公司未履行合同约定的交货义务,其行为构成违约。

上述案件反映出当事人未约定解除权行使期限、违约方亦未催告时,解除权行使是否存在限制的观点差异。笔者试结合上述案例对解除权的行使期限、解除权放弃的认定进行探讨。

二、现行法律对于合同解除权行使期限规定的漏洞

合同解除权的性质属于形成权,形成权在行使时受时间上的限制表现为除斥期间,《合同法》第 95 条即属于对合同解除权除斥期间的规定。《合同法》对于合同解除权的行使期限没有强制规定,而是委之于当事人自己的约定,或者在当事人催告后予以确定。根据上述规定,当事人对合同解除权的行使期限约定明确的,发生纠纷时,合同解除权的行使期限可依约认定,自不待言。当事人未约定解除权行使期限,但对方催告的,解除权人应在催告后的合理期限行使解除权。至于"合理期限",可结合相关司法解释的规定以及具体案情进行认定,此非本文讨论重点,故不予展开。而对于当事人未约定解除权行使期限,违约方亦未催告时,解除权的行使期限,《合同法》则没有作出规定,许多争议往往因此产生。

《最高人民法院关于审理商品房买卖合同纠纷案件适用法律若干问题的解释》(以下简称《商品房买卖合同解释》)第 15 条第 2 款规定:"法律没有规定或者当事人没有约定,经对方当事人催告后,解除权行使的合理期限为三个月。对方当事人没有催告的,解除权应当在解除权发生之日起一年内行使,逾期不行使的,解除权消灭。"《商品房买卖合同解释》的上述规定补充了解除权行使时间限制的规定,是对法律漏洞的填补,有利于执法的统一。但对于《民法通则》以及《合同法》都没有明确的合同解除权的除斥期间,是否可以类推适用《商品房买卖合同解释》关于一年除斥期间的规定呢?

对此,赞成观点认为:第一,解除权作为形成权,应该有明确的除斥期间。对于买卖合同,商品房买卖合同与其他买卖合同仅在标的物的形态上有所差别,在法律性质上并无太大差别,类推适用应当也是适合的。而对于其他类型合同,虽然合同的权利义务与买卖合同有所不同,但实际上各国立法对于除斥期间的规定,多数都是在总则部分出现的,而不是针对某类合同规定的,其目的就是使这种规定能够得到一体适用。在我国也应如此,即合同解除权除斥期间的规定,应适用于所有类型的合同。因此,该《商品房买卖合同解释》确定的合同解除权的除斥期间,可以类推适用于所有合同类型。[①] 第二,将解除权除斥期间定为 1 年,与撤销权等形成权的除斥期间相同,符合相似事物相同处理的理念。[②] 反对观点则认为:在法律未明确规定的情况下,不宜以司法解释的规定限制法律所赋予合同守约方的权利。

---

① 徐健:"合同解除权行使方式、时间限制之实务分析",载上海法院信息网。

② 崔建远主编:《合同法》,法律出版社 2010 年版,第 255 页。

从立法论的层面探讨,笔者认为,法律应当限定解除权的行使期限,超过行使期限,解除权消灭。而根据现行法律,在当事人对于解除权行使期限无约定的情况下,只有在违约方催告后,解除权才有行使期限。但从情理上讲,违约方总是希望自己的违约行为被对方当事人忽略,合同能够继续履行。因此,要求违约方催告相对人解除合同,不切实际。但合同解除权的行使,不应因违约方未催告而无限期限制,否则,合同双方当事人的权利义务会处于长期不稳定状态。因此,法律限定合同解除权的行使期限非常必要。

然而,作为法律的适用者,法官在审理此类案件时,不应超越现行法律的规定。《商品房买卖合同解释》已经严格限制了该解释所适用的合同类型为商品房买卖合同,不能随意扩大解释。《全国人民代表大会常务委员会关于加强法律解释工作的决议》第1条亦明确规定:"凡关于法律、法令条文本身需要进一步明确界限或作出补充规定的,由全国人民代表大会常务委员会进行解释或用法令加以规定。"笔者认为,上述赞成观点已超出法律解释的范围,而进入造法环节,因此,笔者赞同上述反对观点。在目前法律框架下,不宜将《商品房买卖合同解释》关于合同解除权1年除斥期间的规定类推适用至全部合同类型。

三、合同解除权放弃的理论探讨及其认定

在《合同法》对解除权的行使期限存在法律漏洞的情况下,是否意味着解除权人行使解除权将不受限制?笔者认为,对于此类案件,不妨换个角度,即从是否存在解除权人放弃解除权的情形进行考量。

(一)合同解除权放弃的理论探讨

虽然解除权人未以口头或书面方式明确表示放弃解除权,但其行为使对方有理由相信解除权将不再被行使的,可以认定解除权人放弃解除权。笔者认为,此种认定方式具有理论依据。

首先,符合诚实信用原则。对此理由的分析,笔者认为可借鉴日本、德国、台湾地区等国家和地区由诚实信用原则所引申出的"权利失效"原则。所谓"权利失效"原则是指,"有权利而在相当期间内不为行使,致他方相对人有正当事由信赖权利人不欲履行其义务者,则权利再为行使,前后行为发生矛盾,依诚信原则,自应加以禁止"。[①] 此种思想在德国最早发展,学说上确定权利失效系以诚实信用为基础,为一项法律基本原则,对于全部法律领域均适用。在日本,此原则经学说及判例的共同发展亦已稳固确定。[②] 我国台湾地区亦根据诚信原则,创设了权利失效之理论,成为消灭时效及除斥期间以外限制权利行使的一种独立制度。[③] 就合同

---

① 日本判例最判昭和30·11·22民集9卷12号1781页。转引自韩世远:《合同法总论》,法律出版社2008年版,第485页。

② 韩世远:《合同法总论》,法律出版社2008年版,第485页。

③ 王泽鉴:《民法学说与判例研究》(第1册),中国政法大学出版社2005年版,第283页。

解除权的行使而言,解除权发生后,在解除权人不但未行使解除权,而且为一定行为使得对方对于解除权之不被行使产生合理信赖的情况下,若还允许其继续享有解除权,会造成合同相对方信赖利益、履行利益的损失,合同双方的权利义务亦会严重失衡。而在此情况下,认定解除权人不得再行使其解除权,符合诚实信用原则。

其次,符合公平正义原则。解除权的行使,导致既存的合同关系被废止,若发生恢复原状的法律效果,则现有的法律秩序会遭到破坏。解除权行使与否取决于解除权人的意志,会使相对人陷于不安状态,若长期放任此种不安状态的存在,有失公平。尽管《合同法》对于解除权的行使期限存在法律漏洞,但应该认识到,任何权利的行使都不是没有限制的。如果说为了保护守约方的合法权益、防止违约方利用违约获利而赋予守约方解除权系公平正义原则的体现,那么,在一定情形下,认定解除权人放弃解除权,进而使得解除权消灭,则能够平衡双方当事人的利益,亦属公平正义原则的应有之义。

最后,与《合同法》关于可以实际履行方式认定合同成立以及撤销权人以行为放弃撤销权的规定相符。根据《合同法》第36条规定,当事人未采用书面形式,一方已经履行主要义务,对方接受的,合同成立。《合同法》第55条规定,具有撤销权的当事人知道撤销事由后明确表示或者以自己的行为放弃撤销权的,撤销权消灭。上述条文,特别是同为形成权的"撤销权"的相关规定,可以类推适用于以行为方式表明对于合同解除权放弃的认定。解除权产生后,若解除权人虽未以书面形式放弃合同解除权,但通过行为能够推定其有不再履行解除权意愿的,可以认定其以行为方式表明放弃合同解除权。

(二)合同解除权放弃的认定

根据上述分析,笔者认为,在解除权人未作明确表示时,若其行为使对方有理由相信其已放弃解除权,可予认定,解除权消灭。

解除权人放弃解除权属于消极的行为,不能直接在行动中予以反映。但是,在解除权产生后,在解除合同与继续履行合同中,解除权人只能择其一而行使。因此,若解除权人有行为表明其仍愿意继续履行合同,如要求或者接受对方继续履行合同,通常可认定,其已选择放弃解除权。

当然,现实中,当事人行为的含义并非总是那么明晰,对于解除权人行为表意模糊的,则应结合合同的性质、合同的履行期限、合同履行情况等因素,进行综合考量。

就上述案例而言,由于实践中开证银行开出信用证至受益人收到信用证存在一定时间差,故在B公司收到信用证之前,并不知晓信用证的实际开立时间。因此,不能简单地将B公司收到信用证的行为视为其已接受A公司继续履行合同,而应结合其他事实予以综合认定。

B公司在收到A公司开立信用证后,应当知晓由于A公司迟延开立信用证,其已享有解除权。然而,此后,B 公司在 4 月中旬向 A 公司发送的邮件中,并未直接要求 A 公司继续履行合同,但由于:第一,钢材市场价格浮动较大,B 公司亦在系争钢材买卖合同签订前,因钢材价格上涨而多次催促 A 公司尽快下单。在此背景下,B 公司如不愿继续履行合同,理应尽早提出。第二,本案买卖合同约定的履行期限仅为自 B 公司收到信用证后 90 天内,而 B 公司在 A 公司已履行主要合同义务、合同履行期过半时,方向 A 公司发送邮件,就更换供应商、提高合同价格等问题与 A 公司进行协商,而并无终止合同的意思,因此,可以认定,通过 B 公司的行为,A 公司有理由相信其已选择继续履行合同,放弃合同解除权。解除权人放弃解除权后,解除权即消灭,而不得再行使。故 B 公司在以行为方式放弃解除权后致函 A 公司要求解除系争合同,则不发生合同解除的效力。

(三)侵权篇

意外伤害险中多因致损的近因分析思路改良探索
——以原因力理论引入为视角

符　望　张娜娜*

近年来,随着经济发展以及意外伤害险的逐步成熟,越来越多的人选择运用意外伤害保险来分担自身或者家庭因意外事故所带来的风险,但是由于现实生活纷繁复杂,实践中许多人身损害并非仅是由于意外事故产生,而是诸多原因结合共同促成损害结果的发生,此时,针对保险人是否应当承担赔付责任的纠纷时有发生。鉴于意外伤害险是以意外伤害而致身故或残疾为给付保险金条件的人身保险,其处理方式对于社会和谐及稳定影响较大。尤其是在被保险人死亡的情形下,被保险人家属往往情绪激动,实践中许多案例按照传统的近因分析法确定是否赔偿,对被保险人的保护明显不利,难以让当事人信服,易于造成矛盾激化。法律如果不能适应实际需要,就必然将被实践修正。笔者认为,在意外伤害险中,可对近因分析法进行改良,在多因致损的情形下,引入原因力理论,灵活运用近因法则,寻求更为公平合理的处理方式。

一、问题提出:多因致损型意外伤害险案例引发的困惑①

原告陈福妹以其子谢益峰为被保险人向平安保险投保了人身意外伤害险,身故受益人为法定继承人。2010年11月26日,案外人尤勇等犯罪人在谢益峰开设的足浴店寻衅滋事,谢益峰上前劝阻,被几位犯罪分子击打数记耳光,因谢益峰生前患有冠状动脉粥样硬化性心脏病,被打耳光之后,心脏病急性发作造成右心室破裂致心包经填塞而死亡,几位犯罪分子也因寻衅滋事罪被判入狱,并被判承担相应民事赔偿责任。事后,谢益峰继承人向平安保险申请理赔意外身故保险金,平安保险以受害人谢益峰死亡原因系心脏病发,保险条款对意外伤害的解释为"外来的、突发的、非本意的、非疾病的使身体受到伤害的客观事件",而心脏病发是疾病原因,不符合保险条款对意外伤害的解释,故而保险公司有权拒赔意外身故保险金。谢益峰继承人向法院起诉,一审法院也认定数记耳光不足以引起正常人的死亡,谢

---

* 符望,上海市第二中级人民法院民六庭副庭长;张娜娜,上海市黄浦区人民法院民五庭助理审判员。

① 该案例系上海市第二中级人民法院二审案件,案号为(2012)沪二中民六(商)初字第123号,该案最终以调解结案。

益峰死亡的根本原因系心脏病发,从而驳回了继承人的诉请。继承人不服一审判决而上诉,该案二审以保险公司赔付一定比例意外身故保险金而调解结案。

上述案例中一审判决的分析方式,看似符合保险法中近因原则的运用,但仔细分析,会发现其中存在诸多不合理之处。打耳光—情绪激动—心脏病发—导致死亡,这一系列过程中,虽然死亡的直接原因是心脏病,但打耳光是否也占有一定原因比例?保险公司抗辩认为,打耳光造成的身体损害几乎可以忽略,但是否忽视了打耳光引起情绪激动,进而导致心脏病发?意外伤害险并未排除特异体质人群投保该险种,若发生意外事故引起疾病发作,导致特异体质人群受伤或死亡时,均以疾病致损为由拒赔,是否有违意外伤害险设立的本意?追根溯源,这些问题的症结并非在于赔与不赔的结果争论,而在于以什么样的思路分析事故原因。笔者针对这些问题,仅针对意外伤害险,①以分析传统近因分析法以及存在的弊端为始,探讨原因力理论引入意外伤害险的必要性,并提出一些操作建议。

二、原因探究:意外伤害险中传统近因分析方法的弊端

(一)目前意外伤害险中近因分析法概述

尽管我国《保险法》并未对近因原则作出直接规定,但在保险理赔中,近因原则的运用具有普遍意义已是不争的事实。在意外伤害险中,近因原则亦是分析事故原因的主流方法。对近因原则的解释,一直存在"时间说"和"效力说"两种不同的理论。

"时间说"理论认为,时间上最后造成损失的原因是近因。事故发生的原因基于时间顺序发生的,因此"间隔时间过长的原因不构成近因",如果在事故发生过程中,有新的因素介入,当新的因素介入起初发生的危险事故,并导致标的进一步损害,则可以认为对于进一步的损害,新的介入因素为近因,而最初的损害事故只能是远因。"时间说"理论过于简单,以时间为标准来确定保险事故的原因虽易于操作,却不符合现实情况,在实践案例中也难以适用。"效力说"理论由著名案例 Leyland Shipping Co. Ltd. v. Norwich Union Fire Insurance Society Ltd. ②最终确立,尽管该案中对近因的分析仍存有争议,但大法官罗得·肖对近因原则所作的精辟论述仍影响深远:近因不是指时间上的接近,而是指效果上的接近,是导致承保损失的真正有效的原因。如果各种因素或原因同时存在,要选择一个作为近因,必须选择可将损失归因于那个具有现实性、决定性和有效性的原因。

---

① 本文中关于引入原因力理论的所有论述,均在意外伤害险的语境下进行。

② 该案例最终确立了近因"效力说"理论:一艘叫做"艾卡利亚号"的船被敌人的鱼雷击中,船壳被炸开了大洞,船舱内灌入海水,但这艘船此时并没有沉没,而是驶入了一个港口,但是由于港务局担心其阻碍码头使用,不允许其进入。艾卡利亚号只能选择停靠在防爆堤外,由于海床不平和其被鱼雷击中后头重脚轻共同作用的结果,该船沉没了。该船的水险保单承保了海上危险,但是将战争行为的后果作为除外责任,对于将战争行为的后果作为除外责任,对于船沉没的损失的近因是鱼雷还是海床不平造成的搁浅双方发生了争议。最终,法官判定保险公司胜诉,认为鱼雷才是船沉没的近因。

"效力说"相对于"时间说"更为合理,近因并非空间上和时间上接近的原因,是导致损失的最有效的原因,但在具体分析保险事故原因时,何为最有效的原因,如何判定最有效的原因,仍存有许多困惑。目前较为常用的近因判断方法亦有两种:[①]一是从事件链上的第一个事件开始,按逻辑推理,如果最初事件导致了第二事件,第二事件又导致第三事件,如此推理,导致最终事件。那么最初事件就是最后事件的近因。如果某一过程的某一阶段,链上的两个环节之间没有明显的联系,那么事件链就会中断,若中断出现,则其他事件为致损原因。二是从损失开始,逆着时间链的方向,自后往前推,问为什么会发生这种情况。若追溯到最初事件,且时间链不中断,最初事件为近因,若逆推中出现中断,则其他原因为致损原因。

(二)多因致损情形下近因分析法的缺陷

从上述两种近因判断方法表面来看,因果关系似乎非常简单并且顺理成章,一个环节推向另外一个环节,在诸多环节中确定最重要的一环,这种判定方法对于链条式原因发展脉络,较为有效。然而社会生活之多样已超出已有理论的限制,正如一位英国法学家的解释:"因果不是一条链,而是一张网。在每一个节点上,影响、推力、事件都先后或同时交织在一起,然后又从每一个节点向周边辐射出去,无穷无尽"。[②] 尤其是在人身意外伤害险事故中,由意外引起疾病、由疾病引起意外、疾病与意外共同作用等多种情形都较为常见。多种原因共同致损的情形,已超出链条式原因推理过程的樊篱,如何判定近因成为一个疑难问题。就本文所举案例而言,打耳光—情绪激动—心脏病发—死亡,在心脏病发环节,我们明显发现,这一环节有两个促发因素,情绪激动和本身心脏病特异体质,对于最后的死亡结果,两者缺一不可。如果按照传统的两种近因判断方法,均无法得出合理的答案。究其原因,概因为在分析保险事故的近因时,依链条式分析方法,忽略了原因并列的可能性,最终得出不甚合理的结论。

三、反思借鉴:意外伤害险近因分析中原因力理论的引入

正如前文所述,传统的近因判断方法,对链条式发展的原因过程分析无疑非常恰当,然而对多因致损情形的近因分析有所不逮。如果借鉴侵权法的相关理论,在近因原则中引入原因力理论,或许可以更好地解决人身意外险中此类"全赔或者全不赔"均不妥当的两难问题。

(一)原因力理论的内涵

原因力理论起源于侵权法领域,适用于多因一果的侵权责任分担,以及承担连带责任的相关侵权人内部责任分配等情形。对于原因力的概念,有人认为,原因力

---

① 英国学者约翰斯蒂尔曾在《保险原理与实务》一书中提出这两种近因判定方法。

② [美]小罗伯特·H. 杰瑞、道格拉斯·R. 里士满:《美国保险法精解》,李之彦译,北京大学出版社2009年版,第234页。

是指违法行为对损害结果的发生所起的作用力;[①]有人认为,原因力是指在构成损害结果的共同原因中,每一个原因对于损害结果发生或者扩大所发挥的作用力;[②]有人认为,原因力是指在引起同意损害结果的数种原因中,每个原因对于该损害结果的发生或者扩大所发挥的作用力,[③]也有人认为,原因力是指违法行为或者其他因素对于损害结果发生或者扩大所发挥的作用力。[④] 综合分析,不论哪一种观点,原因力概念有两个共同要素:一是损害结果的唯一性,即数个原因最终导致一个损害结果;二是原因本身的多样性,即数个原因可能包括违法行为,也包括其他客观因素,如自然因素、受害人特殊体质等原因。这两点都与意外伤害险事故中多因致损情形具有某种同一性。

(二)原因力理论引入意外伤害险近因分析的案例借鉴

将原因力理论引入保险事故近因的分析中,尽管在我国尚未出现类似法律法规,也鲜见此类案例,但并非绝不可行。事实上,域外法系对此已经有了探索。例如,为解决多因现象下各行为人的责任份额问题,日本学界提出了"责任分割理论"。其中的"确率性心证说"、"比例性因果关系说"等学说,是指当损害是由多个原因造成时,分析各原因在损害中所占的比例,依其所占比例决定赔偿额。[⑤] 日本有一则关于肝病患者被撞死亡按比例确定死因的保险案例,就运用了比例性因果关系理论。该案例中,一名日本居民被一辆驾驶过快抢入对方行驶车道的车辆撞击,该日本居民身受重伤,并导致败血症感染,进行手术后败血症仍然进一步感染,且因为该受害者事故发生前即患有肝病,手术后的败血症感染加重了肝病相关指标的上升,最后,该名受害者在事故发生一年半后死亡。因受害者在事故发生前向保险公司投保了意外伤害险,故其家属以受益人的身份向保险公司申请理赔,保险公司以死因系肝病,与交通事故造成的伤害没有直接因果关系为由拒赔。后受害人家属诉至法院。日本一审法院,对该案例的保险近因原则做了灵活的改进,主张采取比例因果关系理论来处理。一审法院首先认定,受害者死亡与交通事故造成的伤害有因果关系,交通事故是具有支配作用的近因,但同时,受害者所患的肝病与其死亡也密切相关,本质上是两者共同促成了死亡结果。因此,日本一审法院按比例支持了受害者家属的部分诉请。后该案件上诉,日本二审法院也支持了一审法院的判决。笔者通过分析发现,该案保险事故发生过程为:交通事故—感染败血症—手术后进一步感染—肝炎指标上升—死亡,在肝炎指标上升这个阶段,交通事故的后果与受害者原有的肝炎特异体质共同发生了作用,最终导致了受害人死亡。

---

① 王利明:《侵权行为法归责原则研究》,中国政法大学出版社 1992 年版,第 449 页。
② 杨立新:《侵权法论》(第 3 版),人民法院出版社 2005 年版,第 525 页。
③ 张新宝:《侵权责任法原理》,中国人民大学出版社 2005 年版,第 65 页。
④ 杨立新、梁清:"原因力的因果关系理论基础及其具体应用",载《法学家》2006 年第 6 期。
⑤ 李薇:《日本机动车事故损害赔偿法律制度研究》,法律出版社 1997 年版,第 150 页。

这与本文文初所举的案例如出一辙,事实证明,通过原因力理论对近因原则进行改良,最终可以让受害人获得应有赔偿,也不致让保险人的义务过重。

(三)原因力理论引入我国意外伤害险近因分析中的必要性

首先,从意外伤害险设立的本意而言,人身意外险以人的身体和生命为保险标的,一旦出险,受害人本人及其家属均受到精神上和经济上双重打击。购买人身意外险即是为分摊生活中可能遇到的让身体受损的风险,如果在事故发生后,事故原因有多种,其中既有承保原因,也有非承保原因,仅仅因为原因力比例较重的因素属于非承保原因,保险公司就全部拒赔,对受害人及其家属是一个难以承受的结果,而且也背离了人身意外险设立的本意。

其次,从意外伤害险设立的形式而言,因为意外险并未将具有特异体质的人员排除在被保险人范围之外,也未针对此类人员设定不同的保费,或者设立其他险种。一旦出现意外情况,特异体质的人员明显相对于其他人死亡的概率更大,如果均以受损原因主要是疾病而拒赔,那么意外伤害险对于特异体质人员来说纯属形同虚设。如果在意外险的近因判定中引入原因力理论,按照每个原因对事故结果的影响力大小来判定保险公司的理赔责任,较能够平衡各方利益,获得更为公平合理的结果。

四、实践路径:原因力理论引入近因分析中的疑问及建议

尽管原因力理论引入意外伤害险的近因分析法中可以更为合理地解决前述问题,但相当多的人仍对此表示担忧,并提出了一些反对意见。在意外伤害险中采用原因力理论分析近因,这些问题也是不得不面对的问题,笔者下面将对这些问题逐一分析并提出建议。

(一)保险法律关系与侵权法律关系的异质性,是否影响原因力理论的引入

笔者以为,保险法律关系与侵权法律关系的差别,并不影响原因力理论的引入。理由有三点:首先,虽然保险法律关系本质上是合同关系,与侵权法律关系有质的差别,但从本质上来说,保险人所应理赔的就是在保险额度内被保险人因他人侵权而受到的损失。保险合同只是界定了保险人和被保险人之间的权利义务,但是对于具体权利义务不明时的分析及界定,在确定保险是否赔付以及赔付金额的大小时,不可避免地又会以侵权法理论为切入口进行分析。纵然有观点认为,保险法和侵权法应采用不同的近因原则。如在 Bird v. St. Paul Fire & Mar Insurance Co. 一案中,卡多佐大法官曾言,保险是合同关系,和侵权关系不可同日而语:“在侵权法里……法官倾向于在因果链上追溯得远些,比合同法的分析要远……特别是在保险法里,我们的格言是,‘不要庸人自扰,不要去探寻遥远的原因。’”①但需要引起注意的是,这种观点仅是对因果链追溯距离的讨论,然而,实践中出现的并非对

---

① [美]小罗伯特·H. 杰瑞、道格拉斯·R. 里士满:《美国保险法精解》,李之彦译,北京大学出版社 2009 年版,第 255 页。

同一因果链上原因的追溯,而是对不同原因结合导致损失的责任分配问题。其次,事故发生的原因本质上是一个事实问题,而非法律问题。无论在任何法律领域,除非有明确的法律规定或者合同约定,否则事故发生的原因本身也更多的是一个事实问题,“损害的原因是一个有赖于人们通过常识加以判断的纯粹的事实问题”。[①]张新宝先生也曾指出:“需要强调的是,原因力理论不仅仅适用于传统的侵权法领域,在商事特别法领域同样适用。”[②]最后,从科学研究的一般原理而言,具有说服力的理论也不会局限于某个学科的窠臼,而是具有一定的通用性,犹如数学中的法则仍可用于生物、化学,甚至文学等学科。以部门法的异质性排斥适当理论的引入,实不可取。

(二)原因力理论的引入,是否会造成保险人过重承担责任,甚至导致意外伤害险无法运营

以原因力理论分析意外伤害近因,并不必然加重保险公司义务,意外伤害险无法运营之担忧更无必要。原因力理论用于分析保险事故,可能会造成一些保险公司对某些以往可以拒赔的事故承担一定的保险责任,但保险公司完全可以通过针对不同群体设计不同的险种,或设定不同的费率等方式,平衡权利和义务。比如通过精细演算,针对特异体质人群或者收取更高的保费,或者通过合同条款更细化地免除一些保险责任,改变因果分析的方法。正如一位英国法官所言:“合同当事人可以通过合同约定来排除有效近因规则的适用……这种做法并不违反公共政策。”[③]所以,保险公司通过合同条款改变分析因果的方法,并向被保险人充分释明,只要没有违反相关法律政策,仍是可行的。

(三)原因力理论在原因比例划分时的不确定性,是否能够成为拒绝该理论引入意外伤害险的理由

诚然,原因力理论在责任比例的具体划分时,存在不确定性,较难操作,但并不能成为拒绝其引入保险近因判定的理由。正如我国侵权法律对原因力理论的逐步引入一样,虽然具体责任比例划分较难一直被众多学者诟病,但相对于难以公允地处理实践中多发的案例而言,这种技术性的操作难题更易于被接受。倘若因为操作困难,而将原本可以平衡各方利益的理论摒弃,无异于舍本逐末。

对于意外伤害险中事故原因比例如何划分的问题,笔者认为法官可根据案件的具体事实,首先通过近因原则,判断出事故发生的数个必要原因条件,在此基础上,借助主要原因和次要原因、直接原因和间接原因之区分来确定。在侵权法中,

---

① Leyland Shipping Co. v. Norwich Union FIR Insurance Society (1918) AC 350,363,per Lord Dunedin. 转引自张新宝、明俊:“侵权法上的原因力理论研究”,载《中国法学》2005 年第 2 期。

② Leyland Shipping Co. v. Norwich Union FIR Insurance Society (1918) AC 350,363,per Lord Dunedin. 转引自张新宝、明俊:“侵权法上的原因力理论研究”,载《中国法学》2005 年第 2 期。

③ Schroeder v. State Farm Fire & Cas. Co. ,770 F. Supp. 558,561(D. Nev. 1991). 转引自[美]小罗伯特·H. 杰瑞、道格拉斯·R. 里士满:《美国保险法精解》,李之彦译,北京大学出版社 2009 年版,第 255 页。

有些学者提出,在确认相应的责任比例时,应综合考虑原因力大小以及加害人的过错程度,两者结合判定相应的责任比例。笔者认为,在保险法律关系中,鉴于保险的根本目的在于分摊风险,并非弥补所有损失,如果加害人的过错程度也作为责任比例划分的一个标准,实际上使保险责任具有了惩罚性,于情于法均不恰当。而且,受害人家属在申请保险理赔的同时,仍可向加害人主张相应的权利。因此,在确定理赔的比例时仅以客观要素的原因力大小作为判断依据更为合理,否则易于混淆保险法律关系与普通侵权法律关系的界限。

另外,有学者寄希望于责任比例划分有一个可行的公式,但事与愿违,实践中发生的保险事故多种多样,试图用一个简单的公式解决所有问题的想法是徒劳的。英美法学者也一般认为法院在计算损害时一般不采用数学公式,而是依据具体案情在"公平和衡平"的基础上进行。[①] 在我国司法实践中,处理类似纠纷时,笔者亦倾向于依靠法官在具体案件中综合衡量各种因素,获得个案平衡。

(本文发表于《人民司法》2013 年第 17 期)

走出深度链接的雾霭

——深度链接类侵权行为的定性及认定标准

张　莹*

【提要】随着网络技术的发展,深度链接技术随之产生并极大地冲击了著作权人、行业发展以及社会公众三方利益平衡,由深度链接引发的侵权纠纷,相关法律、司法解释都没有明确规定,司法实践中无统一尺度,甚至产生了"同案不同判"的现象。本文试图拨开深度链接的迷雾,从深度链接自身的技术特征入手分析深度链接类侵权行为的不同类型及相应的侵权判定标准。

【关键词】深度链接　直接侵权　间接侵权　不正当竞争

一、基本范畴:深度链接的含义解读及技术特征描绘

深度链接,又称深层链接,是指绕过被链网站首页直接链接到分页的链接方式。当用户点击链接标志时,计算机就会自动绕过被链网站的首页,而跳到具体内容页。[②] 深度链接"采用指针指向其他网站的文章、图像等信息,设链者将被链对

---

① DK Srivastava:The law of Tort in Hongkong,Butterworths Asia,1995,p. 230. 转引自张新宝、明俊:"侵权法上的原因力理论研究",载《中国法学》2005 年第 2 期。

* 张莹,原上海市黄浦区人民法院民三庭助理审判员。

② 徐萍:"浅析深度链接的侵权界定",载《网络财富》2008 年第 6 期。

象的网址'埋'在自己的网站或网页当中,在浏览器的地址栏里不显示被链接的网址,设链者的网络用户并不一定知道设链者网站或网页同其他网站或网页建立了链接"。①

深度链接作为链接服务的一种,它具有普通链接所具有的一般特性,即设链网站只是为用户提供链接通道服务,其并未将被链网站的作品复制或以上传等方式置于其自身的网络服务器上,如果被链网站关闭或者设链网站与被链网站的网络链接断开,则无法实现链接及下载。除上述特点外,深度链接还具有独特的网络技术特征:(1)不登录被链网站主页,直接指向被链网站的特定内容,实现在线观看或下载。(2)网络环境不发生变化。在链接完成后,用户界面显示的依然是设链网站的网址,所有操作都是在设链网站的网络环境下完成的。(3)用户不知晓链接及所链接内容的来源。如果设链网站没有清楚表明链接内容的来源网站,则用户无从知晓设链网站设置了链接,更不知晓其所观看或下载的内容来源于何网站。

二、理论支撑:深度链接类侵权行为的定性及学理分析

从实践角度看,依据被链网站对被链接的作品是否享有著作权或授权的不同,深度链接服务提供者构成侵权也呈现不同的形态,深度链接服务提供者亦承担不同的侵权责任。

(一)深度链接被链网站的合法作品

深度链接被链网站的合法作品是否构成侵权,需要具体问题具体分析。如果设链者是个人或其他不以营利为目的的机构,其链接被链网站合法作品的行为并不存在商业目的,也不会因此而获得利润,则此种链接行为并不构成侵权。而如果设链网站是以营利为目的进行商业运作的经营者,且与被链网站存在竞争关系,则设链者深度链接该作品的行为构成不正当竞争。

1. 内在机理——法益平衡理念的应然要求

随着信息时代的飞速发展,互联网经济在经济发展中的作用越来越重要,一个网站所吸引的访问者越多,给其带来的相关经济利益就越大。为了获得经济收益,网站的经营者会努力使自己网站的内容具有独特性和新颖性,如获得热播影视作品的独家信息网络传播权而增加网站的访问量等。而设链网站运用深度链接技术产生了两个结果,一方面如果设链网站未清楚标明所链接内容的来源网站,则用户看到的内容已不能准确反映出服务提供者的身份,从而导致用户对服务来源的误认;另一方面设链网站访问者增加而被链网站的访问者减少,使被链网站丧失了部分著作权及广告收益,其经济利益受到损害。因此为了避免设链网站不正当地获取利益,而被链网站没有根据地丧失利益,维护著作权人的合法权益,理应对网站经营者深度链接被链网站合法作品的行为作出规制。

---

① 严剑漪:"都是'链接'惹的祸",载《中国审判》2008年第3期。

2. 外在表征——设链者行为背离竞争准则

正当的市场竞争应当是竞争者通过正当的竞争行为而获取公平、公正的竞争结果。作为以营利为目的的网站经营者,建立网站都是为了追求一定的商业目的和获得商业利益,为了在激烈的竞争环境下存在和发展,网站经营者必然要在人力、财力、物力等方面做出投入。而设链网站深度链接他人享有合法权益的作品为自己增加网站点击率和广告收益,扩大自己竞争优势的同时,却可能使公众对网络服务的来源产生误认,同时被链网站丧失了更多的交易机会和竞争优势,这种行为是典型的食人而肥和投机取巧行为,严重违反了诚实信用原则,背离了市场竞争准则。如果放任该行为,不仅对作出投入的经营者是不公平的,从长远来看,也会对互联网行业的健康发展造成危害。

(二)深度链接被链网站的侵权作品

深度链接行为本身并未侵犯他人的信息网络传播权,对于主观上善意的深度链接服务提供者,法律的态度是开放的。我国新颁布的《侵权责任法》第 36 条第 2 款规定:"网络用户利用网络服务实施侵权行为的,被侵权人有权通知网络服务提供者采取删除、屏蔽、断开链接等必要措施。网络服务提供者接到通知后未及时采取必要措施的,对损害的扩大部分与该网络用户承担连带责任。"《信息网络传播权保护条例》第 23 条规定:"网络服务提供者为服务对象提供搜索或者链接服务,在接到权利人的通知书后,根据本条例规定断开与侵权的作品、表演、录音录像制品的链接的,不承担赔偿责任;但是,明知或者应知所链接的作品、表演、录音录像制品侵权的,应当承担共同侵权责任。"可见,深度链接服务提供者在对侵权作品提供链接服务时,只有在"知道"、"明知或应知"所链接的作品、表演、录音录像制品侵权的,才承担共同侵权责任。

司法实践中,深度链接被链网站侵权作品构成侵权的案件不胜枚举,但不同法院在侵权认定上却不尽相同,如三环音像诉衡准科技案中,审理法院认定衡准科技的 e 准网深度链接第三方网站不享有信息网络传播权的《士兵突击》影片的行为系直接实施传播的行为,直接侵犯了原告的信息网络传播权。[①] 而在优度诉迅雷案件中,一审法院认为迅雷网站深度链接第三方网站不享有信息网络传播权的《伤城》影片供公众下载,不仅在客观上参与和帮助了第三方网站传播涉案侵权影片,而且对此行为在主观上存在过错。[②] 虽然两种判决结果都认定了深度链接第三方网站的侵权作品属于侵权行为,但对侵权行为的定性却完全不同,因深度链接是否构成侵权及构成何种侵权行为涉及对信息网络传播权定义的理解,且直接侵权与间接侵权在构成要件及举证责任方面存在重大差异,因此对此问题的研究至关重要。

---

① 北京市海淀区人民法院(2008)海民初字第 22561 号民事判决书。

② 上海市浦东新区人民法院(2007)浦民三(知)初字第 69 号民事判决书。

1. 原则上，深度链接被链网站的侵权作品构成间接侵权

深度链接服务提供者如未参与对侵权作品的在线观看或下载业务的经营，而仅仅是通过深度链接这种技术手段提供链接通道服务，在设链者尽到合理注意义务的情况下，其并不承担赔偿责任；在没有尽到合理注意义务的情况下，则须承担间接侵权责任。而在实践中，有观点认为在深度链接服务提供者没有尽到合理注意义务的情况下，其应当承担直接侵权责任，此种观点是值得商榷的。

(1)深度链接被链网站侵权作品认定为直接侵权的谬误

著作权具有绝对权属性，除法律另有规定外，只要未经权利人许可而实施了受著作权专有权利控制的行为即构成直接侵权。司法实践中，将深度链接被链网站的侵权作品认定为直接侵权的观点实际上是对信息网络传播权定义理解的偏差。我国《著作权法》第 9 条第 12 项规定："信息网络传播权，即以有线或者无线方式向公众提供作品，使公众可以在其个人选定的时间和地点获得作品的权利。"从上述定义可知，受信息网络传播权控制的网络传播行为有两个构成要件：一是设链网站以有线或者无线方式向公众提供作品；二是公众可以在其个人选定的时间和地点获得作品。深度链接被链网站侵权作品的行为虽可以使用户在个人选定的时间和地点获得作品，符合上述第二个条件，但并不符合上述第一个条件，即深度链接被链网站侵权作品的行为并非向公众提供作品，原因在于：其一，"《著作权法》对信息网络传播权定义中'提供'一词译自《世界知识产权组织版权条约》第 8 条中的'making available'，意思是'使……可获得'，即一种使他人获得作品的'可能性'，而并非他人已经获得作品的状态。""只要将作品'上传'至或放置在网络服务器中供用户下载或浏览就构成对作品的'提供'。"[①]而在对第三方网络服务器的侵权作品进行深度链接时，向公众"提供"作品的只能是第三方网络服务器，深度链接服务提供者无法也没有能力控制被链网站的侵权作品。其二，深度链接本质上仍是为用户提供链接通道服务，对侵权作品的网络传播行为实际上发生在公众和第三方网络服务器之间。

(2)深度链接被链网站侵权作品构成间接侵权的正当性

根据侵权法原理，间接侵权是指行为人的行为虽然没有构成对他人权利的直接侵犯，但是却在明知他人意欲实施或正在实施侵权行为的情况下，引诱、教唆或帮助第三人实施侵权行为，从而在事实上帮助了侵权或者共同参与了侵权。美国法对间接侵权行为又细分为辅助侵权行为与替代侵权行为两类。[②] 我国《著作权法》并未对间接侵权作出明确规定，《侵权责任法》第 36 条第 3 款规定："网络服务提供者知道网络用户利用其网络服务侵害他人民事权益，未采取必要措施的，与该网络用户承担连带责任。"《最高人民法院关于贯彻执行〈中华人民共和国民法通

---

① 王迁：《知识产权法教程》(第 2 版)，中国人民大学出版社 2009 年版，第 153 页。

② 张广良：《知识产权侵权民事救济》，法律出版社 2003 年版，第 30 页。

则〉若干问题的意见(试行)》中规定:“教唆、帮助他人实施侵权行为的人,为共同侵权人,应当承担连带民事责任。”某些深度链接服务提供者实际上是在明知他人意欲实施或正在实施侵犯他人著作权的行为,而教唆、引诱或帮助其实施直接受著作权专有权利控制的行为,即在主观过错明显的情况下,客观上参与、帮助、放任了被链网站实施侵权行为,从而扩大了侵权作品的传播范围,间接侵犯了著作权人的合法权益,应与直接侵权人共同承担连带责任。

2. 特殊情形下,深度链接被链网站侵权作品的行为构成直接侵权

深度链接的本质是为用户提供链接通道服务,但如果深度链接被链网站侵权作品的行为已经背离了链接服务的本质,其设置链接的目的已非仅仅提供链接通道服务,而是直接参与经营对侵权作品的在线观看或下载服务,并从中获利,如设链网站与被链网站约定对于侵权作品,以各自掌握的网络技术分工进行商业合作和利益分成的情况下,应认定其提供了内容服务,构成直接侵权。

三、判断尺度:深度链接类侵权行为的认定标准

(一)深度链接构成不正当竞争的认定标准

我国《反不正当竞争法》明确规定了商品混同行为、虚假宣传行为等11类具体的不正当竞争行为。设链网站深度链接被链网站合法作品的行为虽不符合法律关于不正当竞争行为的具体规定,但根据《反不正当竞争法》禁止投机取巧、食人而肥的立法精神以及诚实信用的市场交易原则,对该种不正当竞争行为应适用《反不正当竞争法》第2条的一般条款进行规制。在适用一般条款认定深度链接类侵权行为时,必须符合以下四个条件。

1. 被链网站对被链作品有合法权源。被链网站是被链作品的著作权人或合法授权人。如果被链网站网络服务器中的作品是侵权作品,则可能构成其他类型侵权行为而非不正当竞争。

2. 设链网站实施的是深度链接。其一,设链网站提供深度链接服务时显示的是设链网站的网络环境,在设链网站没有清楚标明所链接内容来源网站的情况下,用户无法识别该作品的来源,从而对服务提供者产生误认;其二,设链网站提供深度链接服务时绕过被链网站的主页,使被链网站的点击率减少而丧失部分著作权和广告收益,同时丧失了应有的市场份额和竞争优势。

3. 链接双方系“经营者”,两者存在竞争关系。“经营者”应从行为角度界定,即只要参与或者从事市场行为(活动),不论是否具有法定的经营主体资格,都认为属于《反不正当竞争法》上的经营者。[①] 竞争关系亦应从广义的角度理解,即不仅限于同业经营者,也包括为自己或他人争取交易机会及破坏他人竞争优势而产生的竞争关系。[②]

---

① 孔祥俊:《反不正当竞争法原理》,知识产权出版社2005年版,第57页。

② 孔祥俊:《反不正当竞争法原理》,知识产权出版社2005年版,第77~80页。

4. 设链行为具有危害性，已经或即将使权利人受到损失。深度链接行为可能给被链网站造成实际损害，导致用户无法识别服务提供者，并使被链网站收益减少；也可能损害尚未发生，但被链网站的合法权益已受到现实的危险，如果放任该行为继续进行，必然会造成损害结果的发生。故认定深度链接构成不正当竞争不以损害实际发生为限。

(二)深度链接构成间接侵权的认定标准

在认定设链网站是否构成间接侵权时，实际上没有必要区分普通链接和深度链接，两者的侵权构成要件基本上是相同的，即被链网站使用他人作品的行为构成直接侵权，设链网站具有主观过错即明知或应知被链网站侵权仍然提供对侵权作品的链接服务。其中，最为关键的是主观过错的认定。我们认为即使在权利人没有发出通知的情况下，网络链接服务提供商的以下几种行为仍然构成"应知"而承担间接侵权责任：(1)被链接的内容是知名度较高的影视作品、流行音乐或文字作品等，根据常识判断不可能由权利人在网络中免费提供；(2)被链接的内容正在处于公映或首轮播放期间，作为专业的视频网站依然进行链接从而为用户提供在线观看、下载等服务；(3)网络服务提供者对被链接的内容进行了人为编辑、分类，使该内容处于"排行榜"或"推荐榜"等榜单中，用户通过网页上的目录指引就可以检索、下载相关资料；(4)被链接内容的相关信息处于网站首页、主要网页中或其他明显可被发现的位置。

但深度链接作为一种新型的计算机网络技术，因其具有链接方式更为隐蔽等技术特性，著作权人往往无法寻找和追究被链侵权网站的所有者或经营者，加之整个链接过程都是在设链网站的网络环境下完成的。故对于提供深度链接的网络服务提供商而言，在某些情况下，其应当负有更高的注意义务，"明知或应知"的认定标准要高于普通链接服务提供商。在以下几种情形下，深度链接被链网站侵权作品的行为构成间接侵权：(1)深度链接服务提供者与内容服务提供者之间有参股等关联关系的；(2)深度链接服务提供者与内容服务提供者之间并未分享侵权作品收益，深度链接服务提供者单方面为用户提供收费下载服务，或从用户的在线观看或下载行为中获取广告费等其他经济利益；(3)深度链接服务提供者与内容服务提供者并未共享侵权作品收益，两者之间仅存在普通的商业合作关系，如双方之间建立了联盟关系，共享用户和流量等。

(三)深度链接构成直接侵权的认定标准

认定深度链接被链网站侵权作品构成直接侵权时，亦无须区分普通链接和深度链接，只要链接服务提供者的行为背离了提供链接通道服务的本质，实际上参与经营了侵权作品的在线观看或下载服务，均应认定为构成直接侵权。深度链接构成直接侵权有以下两种情况：(1)链接服务提供者与内容服务提供者明确约定，针对侵权作品以各自掌握的网络技术分工进行商业合作和利益分成；(2)在无法查明链接服务提供者与内容服务提供者是否有上述明确约定的情况下，可以根据链接服务提供者与内容服务提供者的外在行为来推定两者之间针对侵权作品存在上述分工。例如,在设链网站上,用户想在线观看或下载被链网站的电影,则需要向设链网站付费、购买充值卡等,或者需要打包下载设链网站的播放器等相关软件。

实践中,每个案件的实际情况不尽相同,在对深度链接构成侵权进行判定时,除上述一般认定标准外,尚须结合个案的实际情况进行具体分析,以准确认定深度链接类侵权行为的类型,更好地把握侵权认定标准。

[本文发表于《上海审判实践》(网络增刊)2011 年第 2 期]

快递服务中消费者权益保护研究

刘　杰*

【提要】市场经济活动的加速运转和电子商务的兴起促使快递服务行业飞速发展,快递服务已成为人们生产、生活所需的重要服务内容。然而,快递服务行业经营主体素质良莠不齐,快递企业内部运作管理存在的诸多问题,行业总体服务水平低,导致消费者权益易受侵害。此外,快递服务行业相关法规的缺位和法规适用的不统一,造成消费者维权困难。本文将首先从快递服务的特点出发,分析快递服务合同的法律属性,明确收件人的法律地位;其次,梳理快递服务中消费者权益受损的普遍形态,并阐述消费者权益救济的一般途径;最后,聚焦快递服务中消费者维权的障碍,并提出加强消费者权益救济和完善快递企业经营行为的建议。

【关键词】快递服务合同　消费者权益　第三人利益合同

一、快递服务合同的法律性质

快递服务是为社会上具有特殊需要和支付能力的部分成员提供个性化、限时送达服务。① 通俗理解,快递服务就是为满足快速市场经济活动的需求而产生的一种“点对点”、“桌对桌”的快速物流服务。就基础法律关系而言,快递服务是寄件人与快递企业间的合同关系,而快递服务合同的目的又是使收件人及时收到完好无损的快件,收件人利益与快递服务合同紧密联系。为此,有必要界定快递服务合同的法律性质,明确收件人在其中的法律地位。

快递服务合同在《合同法》中没有专门规定,属于无名合同。从合同内容来看,收件人虽不是合同当事人,但享有验货和收件的权利。国家交通运输部发布的《快递市场管理办法》第 17 条规定:“经营快递业务的企业投递快件(邮件),应当

---

* 刘杰,上海市黄浦区人民法院民一庭法官助理。

① 陈兴东:《快递法规与标准》,人民交通出版社 2010 年版,第 21 页。

告知收件人当面验收。"收件人与寄件人虽没有被快递服务合同关系捆绑,但两者往往受另一层基础法律关系的拘束,寄件人通过快递服务实际上是在履行对收件人的交付义务。基础法律关系和快递服务法律关系构成一个复合的法律关系,快递企业的瑕疵履行直接损害的是收件人的利益。从利于实现合同目的,便于收件人主张权利的角度出发,收件人因快递企业的瑕疵履行而直接向其主张权利并无不妥。国家邮政总局发布的《中华人民共和国邮政行业标准:快递服务》(以下简称《快递服务标准》)附录A赔偿部分即规定:"快件赔付的对象应为寄件人或寄件人指定的受益人。"笔者认为此处的"受益人"应当理解为收件人。据此,笔者认为快递服务合同应属于为第三人利益合同。

所谓"为第三人利益合同",是指"第三人可依该合同而取得对债务人的直接请求权的合同,即直接发生第三人享有独立债权请求权效力的合同"。[①] 法国、德国等大陆法系国家和地区的民法均是将第三人对债务人享有直接请求权作为判断为第三人利益合同的标准,只有第三人对债务人享有直接请求权的合同,才算作为第三人利益合同。[②] 如《德国民法典》第328条对为第三人利益合同规定:"可以以合同约定向第三人履行给付,并具有使该第三人直接取得请求给付的权利的效力。"[③]我国立法虽未如德国、法国以民法典确认为第三人利益合同的定义规格,但并不意味着否认此类合同的存在。建立在私法自治基础上的契约,在未涉及公共利益的前提下,立约人为第三人创设权利是完全可行的。原则上,任何债权合同都可以作为第三人利益之约定。[④] 在合同法的发展历史上,不是法律人先确定了可以突破合同的相对性原则,才据此设置为第三人利益合同的制度,而是实务中首先创设了受领人为第三人的货物运送合同、保险合同等为第三人利益的合同,学者专家在分析它们、为了论证其合理性时,才概括出为第三人利益合同是对合同相对性原则的突破。[⑤] 我国合同法理论同样遵循合同相对性的基本原则,但也存在例外,如现行《合同法》中关于债权人的代位权及撤销权的规定,以及《铁路法》第16条关于收货人向铁路运输企业主张赔偿的规定等。综上,笔者认为,快递服务合同的性质应由其内容和目的来确定。寄件人和快递企业因意思自治在快递服务合同中为收件人设定验货和收件权利,实乃为寄件人与收件人之间的基础法律关系服务,实现收件人的利益,快递服务与收件人利益紧密联系。当快递企业瑕疵履行时,赋予收件人向快递企业的独立请求权,免去了收件人须通过寄件人向快递企业主张权利的"曲线维权"路线。这既利于收件人权益的保护,也利于约束快递企业经营

---

① 叶金强:"第三人利益合同研究",载《比较法研究》2001年第4期。

② 房绍坤:《民商法问题研究与适用》,北京大学出版社2002年版,第210~211页。

③ 陈卫佐译注:《德国民法典》,法律出版社2006年版,第122页。

④ 王泽鉴:《民法学说与判例研究》(第6册),中国政法大学出版社1998年版,第230页。

⑤ 崔建远:"为第三人利益合同的规格论——以我国《合同法》第64条的规定为中心",载《政治与法律》2008年第1期。

行为。因此,快递服务合同应当定性是为第三人利益合同。

二、快递服务中消费者权益受损形态及原因

据国家邮政总局发布的最新权威数据,2014 年 5 月通过“12305”邮政行业消费者申诉电话和申诉网站受理的涉及快递业务问题消费者申诉为 42,817 件,占总申诉量的 96.2%。在快递申诉总量中:快递服务占 37.6%,快件延误占 31.2%,快件丢失短少占 15.6%,快件损毁占 7.6%,其余为 8%。[①] 可见,快件延误、快件丢失短少和快件损毁是消费者权益受损的常见情形。

(一)快件延误

快件延误有一般延误和彻底延误两种。《快递服务标准》就快递服务时效性规定:“快件投递时间不应超出快递服务组织承诺的服务时限。”此外,《快递服务标准》对服务时限作了量化规定:“除了与顾客有特殊约定(如偏远地区)外,服务时限应满足以下要求:同城快递服务时限不超过 24 小时;国内异地快递服务时限不超过 72 小时。”如果快递企业不能在上述规定的时间内完成投递,则属于一般延误。彻底延误是指从快递服务组织承诺的服务时限到达之时算起,到顾客可以将快件视为丢失的时间间隔。《快递服务标准》规定:“根据快递服务的类型,彻底延误时限应主要包括:同城快件为 3 个日历天;国内异地快件为 7 个日历天;港澳快件为 7 个日历天;台湾快件为 10 个日历天;国际快件为 10 个日历天。”上述规定应是快递企业的重要执行标准,但目前国内快递企业良莠不齐,整体服务能力差,导致快件延误的情形高频率发生,彻底延误的情形也经常出现。快件延误导致对服务时限有严格要求的快件价值的减损和灭失。在常见的食品、票务类电子交易中,如果快递企业无法在服务时限内完成投递,将直接导致保质期较短的食品(时令蔬果)变质、票据(门票、发票)过期。

(二)快件丢失短少

快件丢失短少直接导致收件人丧失收到快件的可能性。《快递市场管理办法》第 16 条的规定:“企业分拣作业时,应当按照快件(邮件)的种类、时限分别处理、分区作业、规范操作,并及时录入处理信息,上传网络,不得野蛮分拣,严禁抛扔、踩踏或者以其他方式造成快件(邮件)损毁;企业应当将快件(邮件)投递到约定的收件地址和收件人或者收件人指定的代收人。”但是,快递企业违反上述规定,造成快件丢失短少的情形不在少数。笔者认为主要有以下三方面原因:(1)快件流程管理能力的欠缺。多数快递企业不具备专业的快件流程管理能力,无法实现对每一个快件的精确管理,任何一个环节的遗漏都可能导致快件丢失。(2)快件投递环节不规范。快递服务应当是寄件人和收件人之间“点对点”、“桌对桌”的精确投递服务,但有快递企业未经收件人同意由他人代为签收,或未经收件人签收即

---

① 数据来源于国家邮政局官网:http://www.spb.gov.cn/,最后访问时间:2014 年 6 月。

视为投递完成(如投递至收件人住所门口),造成快件脱离快递企业管理,也未进入收件人的有效控制范围,致使快件因故丢失。(3)快递企业员工监守自盗。经手快件的员工出于私利盗走快件情形时有发生。

(三)快件损毁

《快递服务标准》赔偿部分 A.2 索赔因素规定:“快件损毁是指快递服务组织寄递快件时,由于快件封装不完整等原因,致使快件失去部分价值或全部价值。”易碎及精密属性快件容易在快递途中损毁,因而此类快件通常在快递单上标注“易碎”字样,但快递企业的不规范操作依旧使此类快件难逃损坏噩运。央视《焦点访谈》曾聚焦快递企业违规操作问题,其中暴力分拣快件则让众多消费者大跌眼镜。国家邮政总局发布的《快递业务操作指导规范》第 21 条规定:“5 千克以下的快件,放入分拣用托盘,确保小件不落地,并应当建立总包进行中转;5 千克以上的快件,码放到指定的位置,码放遵循大不压小、重不压轻、易碎件单独摆放的原则。”然而,快递企业对易碎快件和一般快件均采取“一视同仁”的暴力分拣方式,这必然导致快件损毁率的上升。

三、快递服务中消费者维权的障碍及完善建议

(一)收件人的请求权主体资格

收件人作为快递服务消费者,当然可以行使举报、申诉等消费者享有的一般权利,用以在自身权益受损时作出反应。但在司法实践中,收件人可否基于快递服务合同法律关系起诉快递企业,要求其承担相应的合同责任还存在争议。传统观点基于合同相对性原则,否定收件人的诉讼主体资格。理由很简单,收件人并非快递服务合同的当事人,尽管收件人享有验货、收货的权利,但仍不得基于快递合同法律关系起诉快递企业,一般是以第三人地位参加诉讼。本文观点则基于前文论述快递服务合同是为第三人利益合同的基础之上,认为合同第三人因为第三人利益合同的成立和生效而当然取得对债务人的独立请求权,而且这种请求权并不仅限于一般的举报、申诉,还包括诉讼权利。因此,当快递企业出现瑕疵履行时,收件人作为快递服务合同的第三人可基于快递服务合同法律关系直接起诉快递企业。

笔者认为,在今后的修法中,应当明确快递服务合同是为第三人利益合同的属性,而诉诸法律漏洞填补的方法,借助于合同法的一般原则和特别法中对某些利他合同类型的承认,来构建中国法上的利他合同制度,是一种比较稳妥的做法。[①] 鉴于《合同法》分则不可能在出现新类型合同时便进行修改,也无法穷尽所有合同类型。因此,笔者认为可以对《邮政法》第六章快递业务加以修订,规定快递服务所涉及的各方权利义务,尤其是明确收件人在快递服务合同中针对快递企业的独立请求权,具体表述为:“收件人享有对快递企业的独立请求权。”如此,收件人在快

---

① 薛军:“利他合同的基本理论问题”,载《法学研究》2006 年第 4 期。

递服务合同中的核心权利就得到了明确,而且这种权利来自于快递服务专门法律的规定,属于特别法的规定,不须再被现行《合同法》是否认可为第三人利益合同的问题纠缠。

此外,快递企业因瑕疵履行而承担的赔偿责任只得向一个请求权主体履行,故寄件人和收件人不得同时行使赔偿请求权。根据快递服务合同的目的,收件人是快递服务的最终受益者,其利益也与快递服务合同更为紧密。尤其是在电子商务消费中,寄件人(销售者)通常认为快件丢失、损毁是快递企业的责任,消极对待,故而与收件人(购买者)无法就买卖纠纷达成一致,而快递企业又以收件人(购买者)不是快递服务合同当事人为由拒绝与收件人(购买者)沟通,造成收件人(购买者)处于维权的尴尬境地。因此,笔者认为应当由收件人优先行使赔偿请求权,只有当收件人明确要求寄件人承担责任时,才由寄件人向快递企业行使赔偿请求权。

(二)快递服务合同中格式条款效力的认定

快递服务合同是典型的格式合同,最普遍的表现形式就是快递运单,而其中各类格式条款就常常成为消费者维权的障碍。《合同法》第 39 条、第 40 条明确规定了格式条款效力的审查原则,快递服务合同格式条款效力的认定应当以此为标准,并结合快递服务的特点作出判断,从而平衡快递企业与消费者在快递服务合同中的权利义务,充分保护消费者的合法权益。

1. 赔偿限额条款

赔偿限额条款规定的是快递企业赔付的最高限额,目的在于控制快递企业的赔付成本。目前,各快递企业均在格式合同中设置了赔偿限额条款,如 EMS 规定的赔偿限额为运费的 3 倍,中通、申通速递为运费的 5 倍,圆通速递为运费的 6 倍,顺丰速运是运费的 9 倍。笔者以为,快递企业以运费作为赔偿限额基数的通行做法,多是参考了《邮政法》第 47 条"……(二)未保价的给据邮件丢失、损毁或者内件短少的,按照实际损失赔偿,但最高赔偿额不超过所收取资费的三倍……"的规定。本质上,快递服务行业也属于物流行业,赔偿限额条款适应该行业的高风险特点而产生,具有一定合理性。笔者认为,赔偿限额条款具备下列两个条件即可认定为有效:(1)快递企业在与寄件人签订快递合同时,以明显方式告知寄件人赔偿限额条款内容。在形式要件上,快递企业在快递运单上以加粗字体或采用醒目字体背景色印刷赔偿限额条款即应当视为履行了告知义务。(2)合同当事人对赔偿限额条款达成合意,即双方均在快递单上签章。

不过,笔者认为现有各快递企业设置的赔偿限额的金额过低,应当作上浮调整,以更贴合契约公平原则,保护消费的合法权益。理由在于,与邮政服务中的邮件相比,快递服务中的快件价值普遍更高,纯粹以运费作为赔偿基数不足以弥补消费者的损失。快递企业未尽善良管理人的注意义务,对于造成的货物损失具有过失的,应当承担适当的赔偿责任,赔偿数额可以在损失的 50% 与格式条款约定的损害赔偿限额之间,确定适当的赔偿责任。[①] 笔者认为,根据契约公平原则,快递企业在赔付消费者损失时,应当在快件价值损失的50%与快递企业承诺的既有赔偿限额中取较高者作为赔偿限额。这样可以在按运费的数倍赔付仍远不能弥补消费者损失的情形下充分保障消费的权益。

2. 保价条款中的限额规定

保价运输,是指承运人与托运人之间共同确定的以托运人对货物声明价值为基础的一种特殊运输方式。凡按保价方式运输的货物,托运人除缴纳运输费用外,还要按照规定缴纳一定的保值附加费。一旦由于承运人的责任发生货物损失,承运人将按照实际损失给予托运人以保价额度以内的赔偿。[②] 托运人选择保价,承运人则必须在保价额度内承担货损赔偿责任,赔偿责任限制条款被排除适用。目前,各快递企业在快递服务合同中也的确设置有保价格式条款,如EMS、顺丰速运规定承运人按交寄物声明价值的5‰五收取保价费(最低为1元人民币),申通快递、圆通速递规定保价费为交寄物品声明价值的3%。但笔者注意到,国内快递企业在保价格式条款中还设置有保价限额的规定,如EMS国内标准快递规定交寄物的价值限定为5万元,顺丰速运规定交寄物品价值不得超过2万元,圆通速递保价最高额为1万元。保价限额已然成为快递企业在保价条款中普遍附加的内容,实际上则是变相的赔偿责任限额条款。根据《邮政法》、《快递市场管理办法》关于保价快件(邮件)赔偿的相关规定,对于保价的快件(邮件),应当按照保价额赔偿,并未对保价限额作出规定。可见,保价限额仅是快递企业自行为之。笔者认为,保价条款的设计目的就在于突破赔偿责任限制条款,保证托运人获得足额的赔偿。快递企业在保价条款中再设置保价限额,完全违背了保价条款的初衷。即使选择保价,如果快件价值超过保价限额,消费者仍无法在快件损毁、丢失时获得足额赔偿。保价限额规定是快递企业单方设置的免除己方责任,排除消费者主要权利的规定,应当认定为无效。

3. 免赔条款

基于私人意思自治和风险共担原则,合同当事人可以在合同中约定免责条款。在快递服务合同中,快递企业也通常会在快递服务合同中设置免赔条款,免除在特定情形下自身对消费者的赔偿责任。根据《邮政法》第48条及《快递服务标准》赔偿部分A.2赔偿因素的规定,免赔情形包括不可抗力、快件自然损耗以及寄件人、收件人过错。不过,实践中,各快递企业免赔条款设置并不规范,且有损害消费者权益之嫌。

(1)不可抗力条款

不可抗力是指人所不能抗拒的力量,它包括某些自然现象(如地震、台风、洪

---

① 杨立新:"确定快递服务丢失货物赔偿责任的三个问题",载《中国审判》2010年第12期。

② 齐艳铭、姬晓红:"保价运输若干法律问题初探",载《铁道货运》2004年第5期。

水、海啸)和某些社会现象(如战争等)。[①] 不可抗力因素有严格的条件限制,根据《合同法》的规定,不可抗力应当是指不能预见、不能避免并不能克服的客观情况。然而,不少快递企业却在格式条款中随意扩大不可抗力的范围,尤其是把意外事件也纳入不可抗力的范围,作为免赔情形。如申通快递将"航班延误、坠机、火灾等自然或人为的严重灾害"均纳入不可抗力的范围,而汇通快递则将"天气、政府管制"作为不可抗力因素。所谓意外事件,是指非因行为人的故意或过失而偶然发生的事件,又称意外事故。通常,意外事件仅在侵权领域的过错责任中作为免责事由。笔者认为,不可抗力和意外事件的主要区别在于以下两点:第一,不可抗力包括自然现象,是指不能预见,或即使预见也无法避免和克服的自然灾害;意外事件则通常涉及人为因素。第二,不可抗力中人的行为是指大范围内的社会现象,对该范围内所有人都会产生影响,且这种社会现象即使尽到高度注意义务也难以预见、避免和克服;意外事件则是在特定范围内人的行为导致的事件,即使无法预见,只要事先尽到足够注意义务就可以避免和克服。对于快递企业随意解释不可抗力,扩大不可抗力范围,从而免除己方在快递服务合同中主要责任的做法,应当予以否定,以保护消费者权益。

(2)签收条款

收件人验货和确认收件是快递企业完成快递服务的重要环节,收件人有权在确认快件状态完好后签收快件。《快递业务操作指导规范》第 30 条则规定:"收派员将快件交给收件人时,应当告知收件人当面验收快件。快件外包装完好,由收件人签字确认。如果外包装出现明显破损等异常情况的,收派员应当告知收件人先验收内件再签收。"但实际情况是快递企业时常要求收件人先签收再验货,一旦发现快件损毁或短少,快递企业则以收件人已经签收为由拒绝赔偿。此外,收件人也常常图方便或由他人代收快件而没有在收到快件当时验货,导致事后维权困难。笔者认为,收件人签收快件仅视为快递企业已经交付快件,收件人未实际验货前,不视为快件已经完好交付,即"签收"不等于"验货"。签收不能成为快递企业免赔的挡箭牌。同时,消费者应加强维权意识,在收件时要求先验货后签收,尤其是对于易碎、精密属性快件或外包装发生破损的快件更应如此。

(3)索赔时效条款

作为程序权利,法律保障公民诉诸法律的有效期间。《民法通则》规定的一般诉讼时效是 2 年。《快递服务标准》则规定:"快递服务组织受理索赔期限应为收寄快件之日起 1 年内。"但是,有的快递企业设置索赔时效条款,缩短消费者索赔期间。如申通快递规定:"任何索赔必须在交寄后 30 天内(以本单所填日期为准),由发运人提出,并以书面形式通知承运人。"宅急送则规定:"寄件人或收件人对承

① 王利明:《违约责任论》,中国政法大学出版社 2003 年版,第 363 页。

运人正确完好送达货物及承运服务有异议的,应在工作单记录应收货之日起60日向承运人提出,逾期视为收件人正当接收了货物且承运人已正确完好地履行了承运义务。”快递企业缩短索赔时效的做法限制了消费者主张权利的期间,违反法律的规定,应当认定为无效。

公共设施瑕疵致人损害案件中管理人的责任承担

程纪儒*

【提要】近年来,司法实务中发生的诸如亲水平台致害案件、道路交通安全纠纷案件等无一不与公共设施瑕疵有着密切关联,且该类案件呈逐年增长的趋势,引发了广泛的社会关注。公共设施因其“公众性”(即公众使用)而与民众切身利益息息相关,理应引起高度重视和审慎处理。本文从概念界定的角度切入,对公共设施、致害、管理人等概念简要分析阐述进而予以初步的界定,明确各概念的内涵与外延,从目前我国对公共设施瑕疵致害赔偿责任的研究现状着手,整合学界各种学说观点和其他理论研究成果,同时结合《侵权责任法》及其他民事法律的相关规定以及司法实践中的典型案例,从管理人责任的角度对公共设施瑕疵致害问题进行研究,对公共设施的责任性质及管理人责任的承担等问题作出有益探索。

【关键词】公共设施　瑕疵致害　管理人

一、概念的梳理与界定

(一)公共设施

关于“公共设施”一词,各个国家和地区在立法上均有不同的表达,如日本和韩国《国家赔偿法》上的“公共营造物”;①德国法上使用的“技术性设施”;②英、美、法等国虽无统一的概念,但对公共设施的内涵形成了较为一致的意见,即指“由行政机关或其特许的公务法人设置或管理,供公众使用的设施”;③在我国台湾地区,“制定法”有“公共设施”之提法,而“国家赔偿法”首创了“公有公共设施”这一概念。④

我国立法上并无“公共设施”的规定,相近或类似的概念有《城乡规划法》中的“公共服务设施”、“市政基础设施”和《市政公用设施抗灾消防管理规定》中的“市

* 程纪儒,上海市黄浦区人民法院民三庭法官助理。

① 《日本国家贴偿法》第2条、《韩国国家赔偿法》第5条第1项。

② 德国1981年《国家赔偿法》第1条第2项。

③ 马怀德:《行政法制度建构与判例研究》,中国政法大学出版社2000年版,第340页。

④ 我国台湾地区“国家赔偿法”第3条。

政公用设施"等。在学理上,我国大陆学者在探讨公共设施时主要借鉴了台湾学者的观点,如马怀德教授将公共设施定义为"由行政机关或其特许的公务法人设置或管理,供公众使用的设施,包括公路、铁路、桥梁、港埠码头、堤防、上下水道、车站、机场、自来水厂、煤气供应站等等"。[①] 其他学者在界定该概念时,大多也遵循了这一定义,并无实质性的突破。

我国民事立法对公共设施类型的规定十分有限,如《民法通则》第125条、第126条中只规定了公共场所、道旁或通道、建筑物致害时的赔偿,《侵权责任法》以及《最高人民法院关于审理人身损害赔偿案件适用法律若干问题的解释》(以下简称《人身损害赔偿解释》)第16条也只是规定了建筑物、构筑物、堆放物、公共场所、道路、林木、窖井这类设施致害时的赔偿,并不能涵盖所有公共设施瑕疵致害的情形。但是公共设施的范围相当广泛,还应包括有文教设施、铁路设施、道路设施、医药卫生设施、港埠设施、游乐运动设施等。[②]

综上,笔者认为可以将我国法上的"公共设施"定义为:由行政主体或其特许的其他符合条件的主体设置或管理,供公众使用的设施,包括人工建造或构筑的设施(如道路)和被纳入国家管理范围的自然设施(如河道)。

(二)瑕疵

所谓瑕疵,或称之为故障、欠缺,是指事物存在其通常应有的功能上或使用上的非安全性,具有导致他人人身或财产损害的危险性的状态。[③] 从比较法上考察,日、韩两国均通过最高法院的判例同样认为:公共设施瑕疵是指公共设施本身缺乏应具备的安全性,不仅限于公共设施物的缺陷,也包括管理者违背安全管理义务导致欠缺应有的安全状态。[④] 简言之,对于公共设施瑕疵而言,主要指的是其设置或管理上存有瑕疵。

关于公共设施的设置或管理上是否存在瑕疵,学界主要存在主观说、客观说和折中说三种学说:[⑤](1)主观说认为,公共设施设置者有保持公共设施之无瑕疵或无欠缺之良好状态的责任,其管理者则负有相应的作为或不作为的义务,并给予合理的注意义务,如有违反即属公共设施设置或管理上有瑕疵。(2)客观说认为,以公共设施之客观状况来判断其在设置或管理上是否存在瑕疵即可,而无须探究其设置者或管理者之主观状态。(3)折中说在前述两种学说的基础上认为,对公共设施设置或管理缺陷的认定不仅要强调其客观上存在的缺陷,还应强调设置者或管理者主观方面的因素。

---

① 马怀德、喻文光:"公有公共设施致害的国家赔偿",载《法学研究》2000年第2期。

② 马怀德、喻文光:"公有公共设施致害的国家赔偿",载《法学研究》2000年第2期。

③ 张得杰:"公有公共设施致害赔偿研究——从一则案例说起",载《湖北警官学院学报》2013年第4期。

④ 杨晓君:《国家赔偿法律问题研究》,北京大学出版社2005年版,第48~49页。

⑤ 施茂林:《公共设施与国家赔偿责任》,台湾大伟书局1988年版,第101页。

笔者赞同折中说。故而,公共设施瑕疵即指公共设施存在固有缺陷或者功能上、使用上的不安全因素,具有导致他人人身或财产损害的危险性的状态,不仅包括公共设施在设置之初即缺乏原始的安全性,也包括管理主体违背管理、维护等必要的注意义务而导致缺乏应有的安全状态。

(三)管理人

严格来说,“管理”并不是一个法学概念,而主要是一个管理学上的概念。通俗点说,管理人即指对某物负有管理、维护义务的人。在比较法上,类似的概念如《德国民法典》中的“维护义务人”、《法国民法典》和《意大利民法典》中的“照管人”等。

我国《民法通则》第126条、《人身损害赔偿解释》第16条、《最高人民法院关于民事诉讼证据的若干规定》(以下简称《证据规定》)第4条第1款以及《侵权责任法》第85条、第90条、第91条对管理人责任予以明确,全国人大常委会法制工作委员会民法室同时对管理人也作出解释,即“管理人是指对建筑物等设施及其搁置物、悬挂物负有管理、维护义务的人”。[1] 根据该定义,可以将公共设施管理人简要界定为“对公共设施负有管理、维护义务的人”。

不过该定义显得过于抽象,并不能准确反映公共设施管理人概念的内涵和外延。正如有学者指出的那样,应当对前述法律规定中的管理人的范围作出限定,对“管理人”宜作限缩性解释,[2]将其严格限定为如下两种情形:(1)依照法律法规或者行政命令对公共设施进行经营管理的人,包括全民所有制企业、事业单位、国家机关等;(2)依承包、租赁等法律行为而经营管理国家、集体所有的公共设施的公民或法人。

(四)我国公共设施致害赔偿责任的研究现状

1. 理论研究现状

通说认为,学界对公共设施瑕疵致害赔偿责任的研究始于1988年“王烈凤诉千阳县公路管理段案”,[3]自此公共设施致害赔偿责任作为研究对象进入了法学家的视野。

1988年,王烈凤之夫马某下班回家途中,突遇大风把公路旁的护路树吹断,因躲避不及,被断树砸中头部,当即倒地昏迷,经抢救无效死亡。法院认为:被告千阳县公路管理段对该路段的护路树负有直接的管理责任,且在上级批文下达后一年有余的时间内,被告对砍伐枯树一事未采取任何积极措施,其主观上有不可推脱的

---

① 全国人大常委会法制工作委员会民法室编:《〈中华人民共和国侵权责任法〉条文说明、立法理由及相关规定》,北京大学出版社2010年版,第344页。

② 孔祥俊:“建筑物或其他设施造成损害的民事责任”,载《法律科学》1992年第5期。

③ 有学者称,“本案是我国司法实践正式明确公共设施瑕疵致害赔偿的代表性案例”。参见梁慧星:《民法学说判例与立法研究》,中国政法大学出版社1993年版,第285~288页。

过错。所以,最终法院判决支持原告王烈凤之诉请,判令被告千阳县公路管理段承担公共设施致害赔偿责任。

该案首次对道路、林木这类公共设施致人损害案件的责任主体予以明确,即由公共设施的管理者承担赔偿责任。类似地,在 1997 年的“南京高速公路案”中,南京市中级人民法院作出二审判决,判令被告南京机场高速公路管理处承担违约责任,对原告予以赔偿。

学界对于公共设施瑕疵致害的赔偿性质争议不断,主要争议点在于民事责任还是行政责任(或称国家赔偿责任)的区分,对此学界有民事责任说、行政责任说和折中说三种学说,[①]至今尚无定论。

2. 立法和司法现状

(1)国家赔偿法中无相关规定

对公共设施致害赔偿的具体途径,各国家和地区做法不一,通常情况下,各国均将公共设施致害的赔偿纳入国家赔偿的范围。[②] 尽管 2010 年的《国家赔偿法(修改建议稿)》在第 7 条中就公共设施致害问题明确规定:“国有并由行政机关管理的公共设施,因设置或管理缺陷致人损害的,受害人有取得国家赔偿的权利。”但同年 4 月 29 日颁布的《国家赔偿法》并没有采用该条规定。

对此,全国人大法工委在 1995 年实施的《国家赔偿法(草案)》中有过如下说明:“桥梁、道路等公共营造物,因设置管理欠缺发生的赔偿问题不属于违法行使职权的问题,不纳入国家赔偿的范围,受害人可以依照民法通则的有关规定,向负责管理的企业、事业单位请求赔偿。”[③]

(2)民事法律中的相关规定

《民法通则》第 125 条、第 126 条规定了公共场所、道旁或通道、建筑物致害时的赔偿,《人身损害赔偿解释》第 16 条等对此进一步加以细化,《证据规定》在第 4 条第 1 款第 4 项中也从举证责任的角度对此予以明确。

《物权法》第 91 条规定,不动产权利人挖掘土地、建造建筑物、铺设管线以及安装设备等,不得危及相邻不动产的安全。

《侵权责任法》设专章(即第十一章“物件损害责任”),对建筑物、构筑物、堆放物、林木、窨井等公共设施致害的赔偿责任问题用 7 个条文的形式分别作出规定。

(3)司法实践中的个案差异

在司法实践中,各法院对公共设施致害的责任主体及其“维护管理义务”的把握标准不一,这也直接影响到“是否赔偿”和“如何赔偿”问题的认定,各法院判决

---

① 刘香霞:“论公有公共设施致害的归责原则”,暨南大学 2008 年硕士学位论文。

② 马怀德:《行政法制度建构与判例研究》,中国政法大学出版社 2000 年版,第 340 页。

③ 胡康生:《关于中华人民共和国国家赔偿法(草案)的说明》,1993 年 10 月 22 日第八届全国人大常委会第四次会议。

不一:

其一,要求承担国家赔偿责任的。

案例一:[①]贵州花溪公共厕所遇害案件。一家三口外出串门回家途中,在路边上公共厕所,其中的女厕所是中间一个门,在门上有一拐弯的箭头,表示进去以后拐弯到女厕所,而直走则是粪坑。该粪坑平常是有盖的,该天却没有盖。由于当晚夜深看不清,该女直走,掉进粪坑。其丈夫和孩子在外久候未果,后在粪坑中找到受害人。贵州法院在判决该案时是按照公共营造物来判的,而没有援引《民法通则》第125条或第126条的相关规定。

案例二:重庆彩虹桥事件。1999年1月4日下午,位于重庆綦江县的彩虹桥突然垮塌,有30余名正行走在彩虹桥上的群众和22名驻綦武警战士全部坠入茶河中,经奋力抢救,14人生还,40人遇难死亡。在事后的赔偿费用问题上,也是由綦江县城乡建委出面予以赔偿,所依据的法律也不是民法的相关规定。

其二,依据民事法律判决被告承担民事责任。

案例三:前述1988年的"王烈凤诉千阳县公路管理段案"的法院判决依据便是《民法通则》第126条之规定。

案例四:1997年的"南京高速公路案"。江宁县东山镇副业公司驾驶员在缴纳公路管理费后驶入南京机场高速公路,途中因避让前方的一捆塑料编织布而撞上护栏,结果造成一死三伤、车辆严重损坏的交通事故。法院最终判决被告南京机场高速公路管理处对原告行驶在高速公路上发生车祸所遭受的损失承担民事责任,赔偿原告14万余元。

其三,判决无须承担赔偿责任。

案例五:[②]王某骑摩托车回家途经国道320线路段时,不慎坠落该路段因洪灾造成的严重缺口而死亡。受害人家属认为,320线国道的公路管理部门(即本案被告台江公路段凯利公路局)对该段公路缺乏通常的管理和维护,在公路出现如此明显的危险问题时,未及时设置安全防护设施,没有尽到合理的管理维护义务。但法院认为该事故的发生是由死者自身的原因引起,其后果是由死者自己的行为所致,被告只能按照公路法的规定尽到安全警示职责,不可能也不现实在该危险缺口处设置安全保障防护措施,达到任何车辆通行无任何危险的程度。故最终判决被告对王某的死亡无任何责任。

案例六:2004年发生的"苏州河乌镇路桥亲水平台人身损害赔偿案",[③]法院最终判决原告因无法举证证明被告上海市苏州河综合整治建设有限公司、上海市河

---

① 应松年:《应松年文集》(下集),中国法制出版社2006年版,第920页;应松年、杨小君:"国家赔偿若干理论与实践问题",载《中国法学》2005年第1期。

② 柳科名:"我国公有公共设施致害的行政赔偿责任问题研究",辽宁大学2012年硕士学位论文。

③ (2004)黄民一(民)初字第1829号民事判决书。

道(水闸)管理处和上海市航务管理处为该公共设施(苏州河乌镇路桥亲水平台)之所有人或管理人的身份而败诉。

二、管理人责任的性质

(一)公共设施瑕疵致害责任的归责原则

对于公共设施瑕疵致害赔偿的归责原则,学界有严格责任(又称无过错责任)原则和过错责任原则两种观点。有学者指出:“公共设施设置或管理瑕疵致害多属于行政主体失职、消极不作为情形,为了最大限度地弥补受害人所受损失,监督行政主体及其公务人员合理认真设置或管理公共设施,应借鉴国外一些国家的立法经验,确立无过错责任原则作为公共设施致害责任的归责原则。”[①]不过需要强调的是,支持无过错责任原则观点的学者,绝大部分都是从国家赔偿责任的角度界定公共设施瑕疵致害的。

我国民事立法对此予以明确,《民法通则》第126条、《人身损害赔偿解释》第16条、《证据规定》第4条和《侵权责任法》第85条、第88条、第90条、第91条第2款均规定对于公共设施瑕疵致害责任采用过错推定原则。

(二)责任性质——民事责任还是行政责任

学理上对于公共设施瑕疵致害的赔偿责任性质究竟是民事赔偿责任还是国家赔偿责任的争论由来已久。

国家赔偿责任论认为,公共设施的设置和管理是现代给付行政的主要形式,具体而言,“公共设施的设置和管理,是国家从公务目的出发,为公众提供的服务,属于国家运用公权力的公共事务活动,各行政机关或其他组织作为管理人对设置和管理公共设施是基于其依法或因授权而取得的职权,对公共设施的设置和管理既是职权也是职责,在此类活动中形成的关系是行政法上的权利义务关系,而非民法上的权利义务关系”。[②] 而且,“建筑物责任的根据是报偿理论与危险责任理论;而道路及其他公共设施,既已以服务社会公益为目的,便无报偿理论与危险责任理论的适用,其根据应为‘公共负担人人平等’理论”。[③] 同时,因民事赔偿范围的局限性,民事赔偿责任并不能实现“有权利必有救济”的理念,难以保障受害人得到完全的赔偿。

民事赔偿责任论则认为,虽然民事立法存在一定程度上的缺陷,但通过对《民法通则》等相关法律条款内容本身加以完善,同样可以达到给受害人提供充分救济

---

① 李光、王芳:“探究与回归:被‘通入’私法的公共设施致损赔偿责任——写在《国家赔偿法》修改之后”,载《公民与法》2010年第10期;宁志建、徐东卫:“公共设施管理人负有严格责任”,载《人民法院报》2004年11月11日。

② 黄芬:《职务侵权赔偿责任研究:从侵权法与〈国家赔偿法〉的关系切入》,法律出版社2009年版,第201页。

③ 梁慧星:“道路管理瑕疵的赔偿责任”,载《法学研究》1991年第5期。

之目的,没有必要在《国家赔偿法》内增设专门的公共设施致害赔偿责任条款。[①]在我国,考虑到前文所述的《国家赔偿法》并无公共设施致害的相关规定,而且全国人大法工委在草案中曾做过“设置管理欠缺发生的赔偿问题不属于违法行使职权的问题”的说明,民事赔偿责任论者更坚定了将公共设施致害责任排除在国家赔偿责任之外的观点。

三、管理人责任与管理人义务

按通说观点,管理人责任应当是以管理人义务为基础、以公共设施管理者不履行管理人义务为条件的。所以要想研究管理人责任,首先得明确管理人义务及其主要内容。

(一)管理人义务的来源

一般认为,管理人义务主要是指公共设施管理者在一定范围内必须承担的管理、维护义务。

1. 主要来源

管理人义务主要来源于保护他人安全的法律法规,如《公路法》、《水法》、《河道管理条例》、《风景名胜区保护条例》等。这些法律法规明确规定了保护他人安全之规定,任何违反以保护他人为目的之法律者,均应承担损害赔偿责任。此即比较法意义上的“违反保护他人法律的侵权行为”[②]。

例如,我国《公路法》第7条规定:“公路受国家保护,任何单位和个人不得破坏、损坏或者非法占用公路、公路用地及公路附属设施。任何单位和个人都有爱护公路、公路用地及公路附属设施的义务,有权检举和控告破坏、损坏公路、公路用地、公路附属设施和影响公路安全的行为。”

2. 补充来源

除了法律规定之外,应当说“社会活动安全注意义务”是公共设施管理人义务的补充来源。

社会活动安全注意义务由诚实信用原则派生而来,源于德国法院法官从判例中发展起来的相关理论。[③] 社会活动安全注意义务原先是指维持交通安全,其后扩张于其他社会交往活动,以强调在社会生活上应负防范危害之义务,具体是指“在自己与有责任的领域内,从事或持续特定危险的,负有义务情况采取必要的、具期待可能性的防范措施,保护第三人免于危险”[④]的义务。

---

① 高俊杰:“论公共设施致害赔偿责任的性质——公私法关系的角度”,载《四川理工学院学报》(社会科学版)2012年第2期。

② 《德国民法典》第823条第2项、我国台湾地区“民法典”第184条第2项。

③ “什么是安全保障义务”,载http://china.findlaw.cn/xfwq/jingyingzhedeyiwu/qtyw/1049180.html,最后访问时间:2014年6月20日。

④ 林美惠:“交易安全义务和‘我国’侵权行为法体系之调整”,载《月旦法学杂志》第80期。

(二)管理人义务的内容

根据公共设施管理人义务的来源和法律依据,大致可以通过如下两种情形对管理人义务的内容进行界定:

1. 对于尚未使用的公共设施

所谓尚未使用的公共设施是指正在兴建、尚未投入使用的公共设施。对于这种类型的"公共设施",责任主体主要在"设置者"保证公共设施设置合理,同时"管理者"也应尽必要的注意义务对其予以必要的管理、维护,如通过设置必要的警戒线、醒目标牌提示等形式。

对于尚未使用的公共设施,因其处于建造过程中,通常情况下其管理者和设置者身份重合,即通常由该公共设施的设置者负有管理、维护义务,所以此时的管理人义务主要在于保证公共设施设置合理和维护妥当,遵守相关法律关于保护他人安全的规定。

2. 对于正在使用的公共设施

这是最为广泛的一种类型,该管理人义务主要在于避免出现公共设施瑕疵中的另外一种情形,即"管理瑕疵"。管理人应当合理控制危险源,履行安全注意义务。

此时的管理人义务又区分为两种情形:其一是必要的提示和告知义务,此种情形下管理人无法采用积极的防范措施避免危险的发生,相反交由社会公众自己去采取措施可能效果会更好。如道路养护施工单位在道路上进行养护、维修时,应当按照规定设置规范的安全警示标志。其二是以控制或排除危险源为目的的义务。此时仅通过警告提示或告知等方式仍不足以防止危险的发生,管理人还应采取积极的防范措施,才能被认定为履行了管理人义务。如道路施工需要车辆绕行的,施工单位应当在绕行处设置标志;不能绕行的,应当修建临时通道,保证车辆和行人通行。

四、管理人责任的承担

(一)管理人责任的承担要件

首先,公共设施管理人违反了管理人义务。例如,在"油路致人死亡案"①中,一审法院认为公路管理部门未完全履行职责,没有及时清理路障或设置警示标志、保障交通安全从而导致该交通事故的发生,故判令公路管理部门对原告承担15%的赔偿责任。但二审法院认为事发当日上午公路管理部门已按规定对事发路段进行了定期巡查维护,距离出事时间仅半个小时即有不明第三人将菜油洒在路面上,且管理部门未接到任何报告,致使事故发生。因此公路管理部门对这起事故的发生是无法预见的,故二审判决其无须承担赔偿责任。类似的情形还有前文所述的

① "'油路致人死亡案审结',法院裁定:公路部门不承担责任",载《贵州都市报》2005年5月30日。

案例五。

其次,管理人义务违反和公共设施致害的后果之间存在因果关系。例如,在2004年7月的北京圆明园游客遇害案[①]中,法院认定圆明园管理处为了保障游客的人身财产安全,按照国家有关部门颁发的旅游管理规定之内容,结合实际情况而制定了符合有关规定要求的安全保障措施,已履行其管理人之义务。最为关键的是,该案中刑事案件的发生与公园管理处的管理人义务之间并无近因关系,自然无须承担赔偿责任。

最后,在现有技术条件下能否避免危险的发生。司法实践中就出现过长江、黄河是否要设立安全标志的疑问和夏威夷所有的椰子树不长椰子的法律笑话。[②] 换言之,如果在现有技术条件下,公共设施管理人无法预见、无法控制公共设施致害危险的,管理人无须承损害担赔偿责任。

(二)多个被告时管理人责任的承担

司法实务中,公共设施瑕疵致害案件受害人为了寻求最大可能的权利救济途径,通常会列多个被告,其中可能包括公共设施的所有人、其他共同管理人、其他加害人等,此时的管理人责任如何进行合理分配需要明确。

根据现行民事法律相关规定可知,公共设施所有人和管理人承担过错推定责任,即除非证明自身无过错,否则均须承担公共设施瑕疵致害责任。所有人和管理人在承担赔偿责任后,若有其他责任人,可以向其进行追偿。同理,管理人承担赔偿责任后,若该致害原因在于所有人的设置瑕疵,则管理人对所有人有求偿权。

在存在多个管理人时,管理人则应就各自的过错承担相应的赔偿责任。例如,在一起交通事故纠纷案件[③]中,法院认为被告巴士一汽驾驶员的过错驾驶、被告上海市政和被告南市市政对施工道路管理、养护不善以及被告电力公司未尽检查维护职责,未能及时消除电杆上的钢丝绳拖落到路面所出现的安全隐患等多个因素的出现,最终导致受害人吴某死亡的后果,即发生"多因一果"的情形,故应由四被告各自承担相应的民事赔偿责任。

此外,若出现受害人自身过错与管理人义务的违反双重因素的,受害人和管理人对公共设施致害的损害后果均应承担相应的民事赔偿责任,即相应地减轻管理人的赔偿责任。[④]

(三)特殊公共设施致害的管理人责任

我国法上的公共设施绝大部分都是学者所称的"公有公共设施",即国家为公

---

① "圆明园游客遇害索赔案终审维持原判",载 http://www.chinalawedu.com/news/1000/2/2004/7/he5227838341417400212908б_123935.htm,最后访问时间:2014年6月20日。

② 钟志平:"公共安全保障义务不能任意扩张",载 http://www.chinacourt.org/article/detail/2003/11/id/92118.shtml,最后访问时间:2014年6月20日。

③ (2007)黄民一(民)初字第1967号民事判决书,类似的还有(2011)黄民一(民)初字第408号案件。

④ (2013)黄浦民一(民)初字第5047号民事判决书。

共设施的所有人。而考虑到我国目前立法并未将公共设施致害责任纳入国家赔偿范围,所以在现行法上我国公共设施致害赔偿责任主要就表现为管理人责任,即公共设施管理人通过承担民事赔偿责任的形式补偿受害人的损失。

现实生活中还存在一些特殊类型的公共设施,如商场、餐厅为招徕客人而附设的公共游乐设施。此类设施的情况较复杂,其所有权属于该商场或餐厅,名义上向公众开放。应当看到,此种类型的公共设施基本上为该公共设施的所有人设置和管理,换言之,此时的公共设施所有人和管理人身份重合,管理人责任即为所有人责任,如此便回归到本文阐述的管理人责任同一命题。

举例而言,发生在厦门的肯德基餐厅儿童乐园摔伤案①中,法院认为:首先,该场所的游乐对象是就餐顾客携带的无民事行为能力的儿童,即游乐对象受限。其次,从使用该场所的情况看,绝大多数儿童均是在与父母来餐厅就餐时,才到该园玩耍。从这个意义上讲,该场所是为方便顾客就餐而特意设置的。所以最终判决被告应为其管理上的过失承担相应的赔偿责任。此案形成判例后,即确立了商场、餐厅对其附属游乐设施的管理义务。因为此类设施实际上是商家为自己的利益而非公共利益而设立的,严格其管理责任,也符合罗马法"谁受益,谁负责"的法律大原则。②

综上,对于特殊类型的公共设施瑕疵致害,应根据实际情况确定所有人和管理人身份,继而确定管理人责任。

(本文获2014年上海法院系统学术讨论会优秀论文奖)

财产保全申请错误损害赔偿责任的认定

熊理思　田家俊*

一、案情简介

再审申请人(一审原告、二审被上诉人):上海鹤峰建设工程有限公司。

被申请人(一审被告,二审上诉人):浦菊林。

再审申请人上海鹤峰建设工程有限公司(以下简称"鹤峰公司")与被申请人浦菊林曾因承包经营合同产生争议并引发诉讼。该案中,当事人浦菊林(本案原审被告、上诉人)要求对方支付承包款235万元及相应利息损失,同时提出财产保全

① 尹丽编写:《消费行为导致人身损害赔偿》,中国法制出版社2004年版,第157~164页。

② 黄鸣鹤:"论公共设施管理瑕疵侵权赔偿责任之认定",载《福建法学》1999年第1期。

* 田家俊,上海市黄浦区人民法院立案二庭庭长、审判委员会委员;熊理思,上海市黄浦区人民法院立案二庭审判员。

申请。法院依法冻结对方当事人银行账户内存款 235 万元。经过历时一年多的一审、二审程序,法院对上述请求中的 120 万余元予以支持。浦菊林随即书面申请对被冻结 235 万元中的 104 万元予以解冻。嗣后,对方当事人提起财产损害赔偿诉讼,称其因缺乏流动资金而对外举债并由此遭受利息损失,要求浦菊林赔偿 25 万余元。

一审法院认为,浦菊林在承包经营纠纷中超出胜诉部分的保全为申请错误,应以银行同期企业流动资金贷款利率为标准(同时扣除冻结期间存款利息)进行赔偿。故该院作出(2012)青民一(民)初字第 1450 号判决,判决浦菊林赔偿鹤峰公司财产损失 7 万余元。一审判决生效后,浦菊林不服提起上诉。

二审法院认为,所谓“保全错误”应当理解为“当事人主观上出于恶意诉讼或者刻意抬高诉讼标的之目的,客观上滥用诉讼权利,依据明显不充分的基础事实向人民法院提出诉讼保全申请,或者在诉请未获支持后怠于向法院申请解除诉讼保全措施,导致对方当事人资产被法院保全产生巨大损失”,而浦菊林在前案中提出保全申请时不具此类主观过错,且收到生效判决后及时申请解除部分冻结,故不应承担赔偿责任。据此,该院作出(2012)沪二中民一(民)终字第 2428 号判决,撤销一审判决、驳回鹤峰公司的诉讼请求。鹤峰公司不服二审判决,向上海市高级人民法院申请再审。

上海市高级人民法院再审审查认为,浦菊林是否应向鹤峰公司作出赔偿,应以《民事诉讼法》第 105 条(即 2007 年《民事诉讼法》第 96 条)为法律依据。该条规定:“申请有错误的,申请人应当赔偿被申请人因财产保全所遭受的损失。”据此,保全被申请人赔偿请求权的成立要件包括:对方申请保全的行为,被申请人遭受经济损失,申请保全行为与被申请人经济损失之间存在因果关系,以及申请保全行为的错误属性。对此类财产损害赔偿纠纷而言,该四项要件必须同时成立,缺一不可。本案当中,浦菊林申请行为是否确有错误,是一审判决、二审判决分歧所在,也是鹤峰公司申请再审的主要理由。对于诉讼保全行为中的“申请有错误”,《民事诉讼法》和相关司法解释本身尚无更加具体的规定,故须结合其他法律规定予以界定。由于鹤峰公司主张其财产权益受到损害,而《侵权责任法》第 2 条第 1 款规定:“侵害民事权益,应当依照本法承担侵权责任。”故对本案责任成立要见的理解与把握,应当适用《侵权责任法》相关规定。关于侵权责任的责任构成和归责原则,《侵权责任法》第 6 条规定:“行为人因过错侵害他人民事权益,应当承担侵权责任。根据法律规定推定行为人有过错,行为人不能证明自己没有过错的,应当承担侵权责任。”第 7 条规定:“行为人损害他人民事权益,不论行为人有无过错,法律规定应当承担侵权责任的,依照其规定。”因此,行为人承担侵权损害赔偿责任的,应以主观上存在过错为原则,以主观上无过错为例外。关于后者,又以法律明确规定此种情况下不问是否存在主观过错均应承担责任为前提。法律并未明确规定保全申请人无论主观上是否存在过错均应对保全行为引起的被申请人财产损失予以赔偿,故由此引发的财产损害赔偿纠纷案件应当适用过错原则。换言之,保全申请人主观上存在过错是“保全有错误”的应有之义。当事人为保证将来判决生效后能够得到顺利执行,依法有权在争议标的范围内对对方当事人的财产申请保全。至于法院所作生效判决判令被申请人给付的具体数额,则由双方当事人诉讼行为、对法律法规的认识理解以及法院认定事实和适用法律等诸多因素决定,并非当事人于申请保全时即可准确预见。因此,仅生效判决中相关金额与申请保全金额不一致的事实,并不足以认定申请人主观上存在过错。在鹤峰公司与浦菊林之间进行的另一民事诉讼中,二审法院考虑到双方对大丰新词项目结算方式未予明确,同时结合鹤峰公司二审中提供的《往来账清单》等新证据,才对 85.4 万元承包结算款未予确认。然就浦菊林而言,其对该部分金额予以主张并采取相应保全申请措施,属正常诉讼行为范畴,主观方面难谓过错。对此,二审法院所作认定并无不当。同时,二审法院援引(当时)《民事诉讼法》第 96 条,意在说明鹤峰公司的诉讼请求不符合该条规定的全部成立要件,适用法律也无不当。《最高人民法院关于民事诉讼证据的若干规定》第 2 条规定:“当事人对自己提出的诉讼请求所依据的事实或者反驳对方诉讼请求所依据的事实有责任提供证据加以证明。”鹤峰公司请求浦菊林作出赔偿,又未能举证证明浦菊林在申请保全过程中主观方面存在过错。二审法院因此引用最高人民法院该项规定,亦不存在适用法律错误的情况。至于鹤峰公司反映其他类似案件中存在法院判决支持被申请人赔偿请求的先例,由于不同案件在具体案情和细节等方面存在诸多不同,故不能以此为由否定本案原审法院所作生效判决的正确。据此,上海市高级人民法院作出(2013)沪高民一(民)申字第 254 号裁定,驳回上海鹤峰建设工程有限公司的再审申请。

二、财产保全申请错误属于一般侵权行为

《民事诉讼法》第 105 条规定:“(财产保全)申请有错误的,申请人应当赔偿被申请人因保全遭受的损失。”对于如何准确理解和把握“申请有错误”,尚无统一、权威的解释,对此司法实践中存在一定的执法差异。对于该类纠纷,不仅本案的一审、二审法院观点不一致,其他省市的法院判决之间也存在执法差异。

有的法院采用“客观说”,即以申请人在前诉生效判决中是否胜诉来判断财产保全申请是否有错误,而不看申请人的主观过错。有的法院则采用“主观说”,即认为判决结果与保全损害赔偿责任之间没有必然联系,申请错误应以申请人的主观过错为前提,申请人申请时无故意或过失的就不属于申请错误,不承担损害赔偿责任。那么,在财产保全申请错误损害赔偿责任纠纷中,申请人是否承担损害赔偿责任究竟应如何判断,如何进一步做到司法统一?我们认为,根据《最高人民法院民事案件案由规定理解与适用》一书的规定,“因申请诉前财产保全损害责任纠纷”、“因申请诉中财产保全损害责任纠纷”这两个案由均为侵权责任纠纷之下的子案由,[1]因此我们在判断行为人是否构成财产保全申请错误损害赔偿责任时就应以《侵权责任法》中的侵权行为构成要件为准。

在《侵权责任法》中,因为侵权行为存在两种形式:适用过错责任的一般侵权行为和适用无过错责(严格责任)的特殊侵权行为,两者在构成要件和举证责任分配上均存在明显差异。一般侵权责任的构成要件有四个:损害结果、因果关系、行为违法性、行为人过错。特殊侵权行为的构成要件只有三个,比一般侵权行为少了一个“行为人过错”。笔者认为,财产保全申请错误属于一般侵权行为。理由如下:我国《侵权责任法》在侵权责任认定上采用的是概括式与列举式复合的立法模式。概括式主要体现在《侵权责任法》第6条、第7条,这两条对侵权责任的构成作了一般性规定。其中,第6条规定一般侵权行为以行为人主观过错为构成要件,[2]第7条规定法律另有规定的特殊侵权行为采用无过错责任。[3] 接下来,《侵权责任法》用列举的方法规定产品责任、机动车交通事故责任、环境污染责任、高度危险责任、饲养动物损害责任等属于法律另有规定的特殊侵权责任。也就是说,侵权责任以一般侵权行为的过错责任为原则,以特殊侵权行为的无过错责任原则为例外。除了法律另有规定的这些特殊侵权行为适用无过错责任外,其他侵权行为都是一般侵权行为,均应适用过错责任。法律并未将财产保全申请错误规定为特殊侵权行为,因此对其在认定上应当适用过错原则。保全申请人主观上存在过错是《民事诉讼法》第105条中“申请有错误”的应有之义。

三、财产保全申请错误的侵权责任构成要件

结合一般侵权责任中的四个构成要件,我们认为财产保全申请错误损害赔偿责任的具体认定标准如下:

(一)损害结果

一般侵权中的损害结果是指受害人因他人的加害行为或物的内在危险之实现而遭受的人身或财产方面的不利后果。[4] 具体而言,在判断财产保全申请错误损害赔偿责任纠纷中的损害结果时要注意以下几点:(1)财产保全申请错误损害赔偿责任纠纷中的损害指的是被申请人因错误保全而遭受的物质损失,是可以用金钱的具体数额加以计算的经济损害,不包括精神损失。(2)财产保全申请错误损害赔偿责任纠纷中的损害包括直接损失和间接损失,而不是整个被保全财产的金额或价值。直接损失是指被保全财产的灭失、损坏、贬值等。间接损失主要是由于

---

① 最高人民法院民事案件案由规定课题小组编著:《最高人民法院民事案件案由规定理解与适用》,人民法院出版社2011年版,第522~524页。

② 《侵权责任法》第6条规定:“行为人因过错侵害他人民事权益,应当承担侵权责任。根据法律规定推定行为人有过错,行为人不能证明自己没有过错的,应当承担侵权责任。”

③ 《侵权责任法》第7条规定:“行为人损害他人民事权益,不论行为人有无过错,法律规定应当承担侵权责任的,依照其规定。”

④ 张新宝编著:《侵权行为法》,浙江大学出版社2008年版,第43页。

保全错误所造成的被申请人在被保全物直接损失以外的额外损失,例如“在财产保全错误申请中,申请人通常申请法院对被申请人的资金、实物、房产、股权等进行冻结、查封或扣押,由此必然限制了被申请人对其所有物的占有、使用、收益、处分,会对其造成一定的直接或间接损害。”[①]司法界对申请人对保全错误造成的直接损失应予以赔偿并无争议,但对间接损失如何赔偿存在一定分歧。笔者认为,根据侵权法原理,只能要求申请人在申请时可预见的范围内进行赔偿。

(二)因果关系

侵权法上的因果关系可分为事实上的因果关系和法律上的因果关系,只有两者同时具备才成立侵权法上的因果关系。第一个层次是事实上的因果关系。判断事实上的因果关系时,一般采用“如果没有……就没有……”的标准,即如果没有侵权人的侵权行为,就不会产生被侵权人的损失。但在“多因一果”的情况下,则采用“相当因果关系”标准,即看哪个“因”对“果”的产生起实质作用。第二个层次是法律上的因果关系。判断法律上的因果关系时主要看侵权人对损害结果的发生是否具有可预见性,行为人对超出其可预见范围之外的损害不负侵权责任。[②]

(三)行为违法性

侵权行为与违约行为都是债权行为,两者的本质区别在于,违约行为违反的是双方在合同中约定的义务;而侵权人与被侵权人之间并无约定义务,侵权人违反的是法律预先设定的义务,即其行为具有“违法性”。侵权行为的违法性有形式违法和实质违法两种。法律已经明确规定了财产保全申请的方式、保全的内容等事项,如果违反了这些规定即构成形式上的违法。形式违法的主要类型有:(1)申请财产保全的前提错误。财产保全程序的适用范围应限于具有财产给付内容的诉讼案件,即被申请人申请财产保全所依据的基础权利是金钱请求或者可以转换为金钱请求的请求。[③] 因此在变更抚养权关系纠纷中,就不能申请财产保全。(2)申请财产保全的对象错误。《民事诉讼法》第101条规定,财产保全的范围限于“与本案有关的财物”,因此不能申请保全案外人的财产。(3)申请财产保全超过诉请范围。《民事诉讼法》第101条规定,“保全限于请求的范围”,因此申请保全的财产价值不能超过其诉讼请求中所要求的金额。有时财产保全虽然没有违反法律在形式上的规定,却存在申请人未在法定期间内起诉、被法院驳回起诉或申请人败诉等情形,这些构成实质上的违法。

说到违法性,就不得不说阻却违法性的抗辩事由。根据《侵权责任法》的规定,阻却违法性的抗辩事由有:共同过错、第三人过错、正当防卫、紧急避险等。一旦财产保全申请表面上存在形式违法或实质违法的情形,一般法院会推定行为人

---

① 万发文:“财产保全申请错误的构成及赔偿”,载《人民司法》(案例)2012年第6期。

② 董世忠、赵建主编:《21世纪法律英语》(下册),复旦大学出版社2013年版,第101页。

③ 陈荣宗、林庆苗:《民事诉讼法》(下),三民书局2005年版,第886页。

的行为具有违法性,此时举证责任转移至被告,需要由申请人提出其存在阻却违法性事由的抗辩并举证。若申请人对此无法进行举证或虽举证但法院不予采信的,则申请人的行为具有违法性。

(四)行为人过错

并非所有具备损害结果、因果关系和违法性的行为最终都能被认定为侵权行为,这是因为除了法律另有规定的几种特别侵权行为以外,绝大多数侵权行为均属于一般侵权行为,均需以行为人的主观过错(故意或过失)为构成要件。如何判断行为人过错,理论上有两种观点。一是"主观过错说",又称"行为人标准说",即在认定过错时,应考虑行为人的年龄、知识、经验能力等个性化因素,综合这些因素推断行为人对其行为后果是否能进行预知和判断。二是"客观过错说",又称"一般人标准说",即以一般情况下一个正常成年人对于事物的正常反应为标准来判断侵权人是否有主观过错,而不考虑行为人的个性化因素。① 具体到财产保全申请错误的损害赔偿纠纷中,由于法律未列入特殊侵权行为范围,因此它是一般侵权行为,在归责上采取过错责任原则。财产保全申请人在申请时主观上有过错是认定侵权责任的必备要件。那么,如何判断财产保全申请错误损害赔偿纠纷中的申请人是否存在过错呢?笔者认为,应采用"一般人标准说"。因为,一般人是一个法律拟制的人,它代表的是社会上正常成年人的一般理性,比个性化色彩浓厚的"行为人标准"更为客观,司法实践中也更好掌握。

一般人标准和行为人标准都是对行为人过错的评判方法。但审判实践中,还有观点认为,判断申请人是否构成侵权,不用看申请人主观上是否有过错,只要看申请人在前诉中是否胜诉即可。笔者认为,虽然前诉裁判结果对判断申请人是否侵权具有一定参考价值,但在一般侵权行为适用过错责任的前提之下,前诉生效裁判结果与本诉中申请人损害赔偿责任的承担之间不发生必然联系。前诉生效裁判结果无非有三种类型:一是财产保全申请人在前诉中完全胜诉;二是财产保全申请人在前诉中被驳回起诉或完全败诉;三是财产保全申请人部分败诉。在申请人完全胜诉的情形下,被申请人一般不会提起保全申请错误的损害赔偿之诉,如果提出的,法院也推定申请人无过错,由被申请人承担证明申请人有过错的证明责任。在申请人被驳回起诉或完全败诉的情形下,应采用过错推定原则,②先假设申请人有过错,再由申请人承担证明自己无过错的举证责任。在申请人部分败诉的情况下,由被申请人承担证明申请人有过错的举证责任。这是因为,虽然财产保全申请错

① 李凯:"论我国财产保全救济制度",南昌大学2012年硕士学位论文。

② 过错推定原则也是过错责任中的一种原则。在过错责任中,一般由原告举证被告有过错,但在一些被告过错可能性较大或原告是弱势群体存在举证困难的情况下,适用过错推定原则,此时举证责任倒置,由被告举证自己没有过错。但这仍是一种过错责任,而不是无过错责任,无过错责任根本就不用考虑被告是否有过错。

误是一般侵权,但一般侵权中也有程度等级之分。申请人被驳回起诉或全部败诉的,申请人有主观过错的可能性大,因而实行过错推定,先假设申请人有过错,用举证责任倒置的方法,由申请人负责证明自己无过错,申请人不能证明的,则推定其有过错;申请人部分败诉的,由于法院最终支持了申请人的部分诉请,说明申请人提出保全是有一定依据的,法律不能苛求任何人在判决之前精确预料判决的最终结果,因此在这种情形下申请人有主观过错的可能性较小,故法律先假设申请人没有过错,由被申请人证明申请人有过错,被申请人不能证明的则推定申请人无过错。

在明确财产保全申请错误损害赔偿责任的四个构成要件后,我们再来看本案。本案中,浦菊林(财产保全申请人)在前诉中因请求鹤峰公司(财产保全被申请人)支付235万元承包款而提起诉讼并申请财产保全,后申请人在前诉中部分败诉,仅获120余万元支持。鹤峰公司以浦菊林财产保全申请错误为由,提起财产损害赔偿诉讼,要求浦菊林赔偿其因缺乏流动资金而对外举债遭受的利息损失25万余元。套用以上四个构成要件,我们认为,申请人不须承担财产保全申请错误损害赔偿责任。撇开损害方面、因果关系、违法性这三个要件不说,首先财产保全申请人有过错这一要件就不符合。浦菊林在前诉中虽然部分败诉,但也有部分诉请得到了法院的支持,法律不能苛求任何人精确判断法院判决的最终结果。在这种情况下,我们认为浦菊林有主观过错的可能性较小,应适用一般过错原则,由鹤峰公司承担对浦菊林有过错的举证责任。由于鹤峰公司无法证明浦菊林在申请保全时有过错,因此法院推定浦菊林无过错,驳回了原告的诉讼请求。

(本文发表于《上海法治报》2014年8月13日)

如果乌龙异常交易发生在美国

熊理思*

一、由"8·16"事件引发的争议

2013年8月16日11时05分,光大证券在进行ETF申赎套利交易时,因交易软件程序设计错误,将买入24只股票执行为"买入24组ETF一篮子股票",造成了价值72.7亿元的错误买入,引起沪深300、上证综指等大盘指数和多只权重股短时间大幅波动。光大证券曾申请交易作废,但上交所认为,光大证券虽然在极短时间内报送了大量订单,但每一笔订单都符合交易规则的规定,故根据《证券法》第120条"按照依法制定的交易规则进行的交易,不得改变其交易结果"的规定,裁

* 熊理思,上海市黄浦区人民法院立案二庭审判员。

定当日交易有效。事后,证监会又认定由于光大证券在异常交易事件发生后、信息依法披露前实施了本应戒绝的市场交易行为,故构成证券、期货法律上的内幕交易。证监会表示:行政责任方面,没收光大证券违法所得8700万余元,并处以5倍罚款,总罚没款金额高达5.23亿元;民事责任方面,投资者可就因光大证券内幕交易受到的损失提起民事赔偿之诉。刑事责任方面,证监会并未提及,也未移送相关刑事司法机关。这一事件被证监会定义为"我国资本市场建立以来首次发生的一起因交易软件缺陷引发的极端个别事件,对证券期货市场造成的负面影响很大。"类似因错误引起的异常交易事件在国外也属于偶然低概率事件,因此国际上又将之形象地称为"黑天鹅事件",因为黑天鹅在世界上也非常稀有。然而这种低概率事件一旦发生,对整个证券市场的负面影响却是非常巨大的。事件发生后,人们对交易所及监管部门为什么没有对券商自营席位交易数量和金额进行前端控制、为什么没有对异常交易在盘中作提示性公告、为什么没有取消错误交易、为什么没有将已认定的内幕交易案件移送刑事司法机关、为什么投资者根据证监会意见提起民事诉讼后却遭遇"立案难"等一系列问题提出了质疑。证监会和上交所在答记者问时均表示将在这一领域借鉴境外成熟经验,进行相关创新。美国是当今世界上证券市场最发达、最成熟的国家之一,其繁荣与发展的背后得益于一个强有力的法律监管体系的支撑。要借鉴的话,美国经验是不可忽视的。那么,如果乌龙引发的异常交易发生在美国,会如何处理呢?

二、美国历史上著名的乌龙交易事件及其处置

人会犯错,机器也会犯错,乌龙交易或因人为操作错误产生,或因计算机程序错误导致。但无论何种错误,计算机都是错误与异常交易之间的连接点。特别是随着使用高频率大型计算机的机构不断增加,一个键盘按下去就能根据预设程序产生数以亿计的交易量,其交易速度和由此带来的风险都是传统电脑操作无法比拟的。作为科技强国,美国证券市场在享受科技红利的同时,也饱受其苦。

如2010年5月6日,道琼斯工业平均指数就在不到30分钟的时间内毫无征兆地狂挫近千点,创造其历史最大单日跌幅。据称这与一名交易员在卖出股票时敲错了一个字母,将百万(million)误打成十亿(billion)有关。对此,美国的做法是取消明显错误交易(以偏离参考价格60%为标准)。2012年5月18日,由于纳斯达克的系统瘫痪,社交网络巨头Facebook股票上市当天开盘时间被推迟了30分钟,交易故障给投资者造成了前所未有的困惑和混乱。2012年8月1日,软件故障使骑士资本在一小时之内蒙受了4.4亿美元的损失。对此,美国的做法是在盘中作提示性公告,并取消明显错误交易(以偏离开盘价30%为标准)。2013年8月,就在"8·16"事件发生不久,美国高盛集团亦曾在短短半小时内,错误地向市场报价了上千份股票期权(Option)合约,导致大量期权价格以远低于市场价格的1美元成交,令高盛面临至少1亿美元的交易损失。对此,美国的做法是在盘中作提示性公告,并取消明显错误交易(由各交易所根据相关规则认定)。

在对投资者的民事赔偿方面,为解决个人诉讼中势单力薄的投资者很难对抗资金雄厚的肇事方这一难题,美国采取了“公平基金制度”作为弥补。即在证券民事赔偿诉讼之外,由美国证券交易委员会(SEC)出面协调达成和解协议,并将证券违法行为人判罚的民事罚款、没收的非法所得分配给受害投资者。例如,在纳斯达克搞砸了 2012 年 5 月 18 日 Facebook 的 IPO 交易以后,美国证券交易委员会(SEC)批准了纳斯达克 OMX 集团向受损券商支付 6200 万美元的和解协议,作为该集团在 Facebook 首次公开招股交易中错误操作的赔偿。又如,据路透社近日报道,骑士资本也与 SEC 就 2012 年 8 月由计算机故障引发的异常交易达成了 1200 万美元的和解协议。

在对肇事方的刑事责任方面,由于在美国构成犯罪要求行为人必须具有犯罪心理(mens rea),而单纯乌龙交易事件一般都是由于操作失误、程序设计错误或计算机故障产生的,行为人主观上并没有犯罪心理,因此一般不以犯罪论处。笔者也没有在美国案例发布系统中找到类似的刑事案例。当然,由于“8·16 事件”中,光大证券在乌龙交易后、信息披露前又进行了本应戒绝的交易行为,故与上述单纯的乌龙交易行为在刑事责任承担方面还是所有差别的。

三、美国对乌龙异常交易的最新研究及其启发

对于 2012 年“5·6”异常事件的发生,美国认为除了交易员的“乌龙指”外,由高端计算机技术和新兴金融工具共同衍生的“高频交易”也是主要诱因,并逐渐把目光投向对高频交易领域的监管。高频交易(HFT/High Frequency Trading),是指利用强大的计算机系统,瞬间提交和撤销成千上万次的交易指令,在短时间内完成开平仓交易,且不持有隔夜头寸的交易策略。从事高频交易的主要是对冲基金、私募基金等专业机构,所关注的核心因素是交易费用和交易速度。有些交易机构为了抢夺这一微秒的速度,甚至将自己的“服务器群组”(server farms)安置到了离交易所的计算机很近的地方,以缩短交易指令通过光缆以光速旅行的距离。研究表明,在上述美国乌龙交易案例中,肇事者使用的都是高频交易系统,无怪乎随后产生的错误交易量如滚雪球般巨大。光大证券称,其在“8·16”事件中使用的也是新开发的高频交易系统。据接近光大证券的人士透露:“7 月才上线的高频交易程序当时被触发后,自动下单、自动买卖,停都停不住,最后是拔了电源才终止交易。”

为应对高频交易及其乌龙带来的负面影响,SEC 采取的最新监管举措有:(1)制定综合审计追踪(Consolidated Audit Trail)、市场信息数据分析系统(Market Information Data Analytic System)两项新规则,以获得收集高频交易数据的权限。我们目前还没有对错误异常交易、高频交易等概念进行定义,更谈不上相关数据的收集,这方面需要引起重视。(2)推出监管防范组合拳。一般国家都是在个股涨跌幅限制与大盘熔断机制中“二选一”,同时使用这两种机制的较少。而美国近期同时生效了针对个股的涨跌停板机制(Limit up-Limit down)、针对整个市场有全市场熔断机制(Market-Wide Circuit Breakers)并积极酝酿针对单个公司的断路开关机制(Kill Switches),这种“个股—市场—公司”全覆盖的模式值得我们学习。

此外,在法律制度方面,我们也有需要借鉴与改进的地方:(1)民事赔偿方面可以借鉴美国的“公平基金制度”,以解决投资者个人力量单薄,难以完成相关立案和举证任务,进而难以通过民事诉讼获得赔偿的难题。(2)刑事责任方面,根据《刑法》第180条关于内幕交易罪以及《关于办理内幕交易、泄露内幕信息刑事案件具体应用法律若干问题的解释》的相关规定,实施内幕交易,证券交易成交额在50万元以上或者获利或避免损失数额在15万元以上的就构成内幕交易罪。而根据证监会的调查处理报告,光大证券及相关责任人的内幕交易数额均已构成犯罪,但目前为止证监会并未将这一案件移送司法机关处理。因此,在修订《证券法》和《期货交易管理条例》时还应完善它们与刑事法律的平衡与衔接问题。

[本文发表于《民主与法制》(财经版)2013年总第23期]

(四)房地产篇

涉房产纠纷案件的调解技巧与心得

梅松松*

无论对于自然人还是法律拟制的主体,房屋均攸关其生存利益,对于法人而言,稳定的经营场所本身就是其存在的条件;而安居则是自然人实现人格健全发展的基本需要。由于房产案件涉及利益重大,其调处难度也相应增大,对法官的法律适用能力、沟通协调能力均提出了较高的要求。对于不同类型的房产案件,法官调解的侧重点各有不同。对于法人之间的租赁纠纷案件,如何协调经济利益是主要问题,必要时巧借外力能达到事半功倍的效果;对于亲属之间的房屋权属纠纷案件,利益之外的情理考量也是影响案件调解结果的重要因素,如何动之以情、引导当事人心平气和地处理纠纷往往是该类案件调解的关键。

(一)菜场租金起纷争,倾力调解保民生①

【案情简介】

1999 年,原南市区政府为贯彻马路菜场、集市、交易点入室的总体方案,牵头组建了被告某菜场。1999 年 6 月 25 日,原告某印刷厂将空置的厂房出租给被告用作经营使用,租期自 1999 年 10 月 1 日起至 2014 年 9 月 30 日止。租赁协议约定,租金金额先定 5 年后 10 年另定。1999 年 9 月 23 日,双方共同派人对租赁场地实际丈量后就场地使用、计价订立补充协议。补充协议约定,被告承租原告的房屋底层菜场(面积 2071 平方米)租金前 3 年为每日每平方米 0.6 元,后 2 年为每日每平方米 0.65 元;地下室(面积 113 平方米)以每日每平方米 0.3 元计算;原浴室(面积 124 平方米)以每日每平方米 0.6 元计算。

现租期已至第 9 年,原告要求增加租金,被告要求维持原租金不变。原告向某房地产经纪有限公司咨询租金标准后,诉请法院按照咨询结果判令被告自 2008 年 11 月起,按照每日每平方米 2.2 元支付底层菜场和原浴室租金,按照每日每平方米 0.6 元支付地下室租金。

---

* 梅松松,上海市黄浦区人民法院民四庭审判员。

① 案号:上海市黄浦区人民法院(2008)黄民四(民)初字第 1056 号,合议庭成员:李名坚(审判长、主审)、冯丽娟、王凌冰。

【调解过程】

案件庭审过程中,承办人了解到被告经营的菜场是黄浦区八个菜场之一,涉及民生,即组织双方当事人进行调解。被告于庭审后来信反映:其经营的菜场处于亏损状态,难以接受原告提高租金的要求。菜场租户受周边老城厢马路无证设摊的影响,近几年收入减少,不断要求降低摊位费,租户得知原告要求增加租金、可能导致摊位费增加的情况后,情绪激动,已严重影响了菜场的经营秩序和社会稳定。原承办人再次组织双方当事人进行调解,原告表示愿意将诉请的租金减少两成,但被告表示菜场处于亏损状态,只同意每日每平方米租金增加五分至一毛。后被告向法院提供了 2007 年和 2008 年的财务会计决算报表,证明其利润很低,原告同意将租金调整为每日每平方米 1.3 元,但被告不肯让步。由于双方当事人提出的租金数额相差悬殊,未能达成调解协议。

经过再次协商,承办法官发现原告作为国有企业,愿意承担更多的社会责任,同意在市场租金的基础上做出较大让步;但被告自恃经营的菜场涉及周边稳定、解决了大量"两劳"人员的就业,对租金不肯让步。与同地段租金相比,原租金确实偏低,能否说服被告做出让步是本案能否调解成功的关键。承办法官通过法院联系区经济贸易委员会做双方当事人的工作。经多方努力,该案最终以调解方式结案,原告同意继续履行双方之间的租赁合同,被告自 2009 年 10 月 26 日以每日每平方米 1 元支付底层菜场和原浴室租金,以每日每平方米 0.45 元支付地下室租金。

【调解心得】

租赁合同纠纷的调解,对法官而言是一项高难度的工作。影响较大的租赁案件在诉讼前,一般经过市、区有关部门接访或诉前多家单位调处,引导至诉讼途径。该类案件经过多次调处无效,诉讼中要达成共识难度很大,法官如何用对力、用足力直接影响案件走向。

法官在办案中,应当有一套以调解为轴心的办案法宝,法官的"庭前、庭中、庭后"调解方法,法官的"察颜、观色、搭脉、果断"调解技巧,法官的"寓情、入理、合法"调解风格,为审理租赁合同纠纷案件找到了有效途径。该案进入法院后,承办法官认识到,该案以调解方式结案才能取得较好的社会效果,如果机械地参照市场租金予以调整,被告的经营难以为继,必然会导致职工下岗、周边群众买菜困难等社会问题;同时,由于原告出租的是厂房,出租用途有限,被告无法经营对原告来说也是两败俱伤的结果。为取得"双赢"的结果,原承办人和承办法官先后五次组织双方当事人进行调解。在调解过程中,分析双方心理,承办法官发现原告有调解诚意,心理价位比较合理;而被告认为其经营关系社会稳定,加之其本身盈利也出现问题,有点破罐子破摔的心态,缺乏调解诚意,如何说服被告做出让步是顺利调解的关键。

法官对租赁合同纠纷案件的化解,不能忽视合力的有效功能,也就是要巧借力、借足力,多头并进、分工协作,协力化解矛盾。审判部门不仅要与立案、执行等院内部门通力合作;还要及时与街道、地区、委办局取得联系,召开现场协调会,从中找到化解矛盾的突破口,将矛盾及时化解。该案中,与被告的主管部门区经济贸易委员会取得联系、寻求帮助是成功调解的突破点。作为主管部门,区经济贸易委员会对被告的情况更为了解,同时由于存在业务管理关系,区经济贸易委员会的意见也更能为被告所接受。在区经济贸易委员会的协助下,被告最终做出让步,同意增加租金。

另外,地产增值类租赁案件的调解,要注重价值考量,也就是要采集市场租金的第一手资料,适时为诉讼当事人提供有价值支撑的调解方案。为能有充分的理由说服承、出租双方达成调解,承办法官需要了解同地段同品质的房屋租金标准,同时需要考虑影响租金的各项因素。该案原告起诉时即提供了向某房地产经纪公司咨询的租金标准,但该租金未考虑到出租的房屋性质为厂房、现用于菜场经营等因素,相对较高。其后原告一再同意降低要求的租金,而被告不肯让步,考虑到原告要求的租金确实已低于市场租金,原告的经济利益也需要保障,法院适时提出调解方案,最终双方都予以接受。

看起来不可调和的经济矛盾,只要法院时时把"保民生、促和谐"的大局放在心上,多做调解工作,就可以依靠社会力量之间的互帮互助化解矛盾,有效地促进经济社会和谐发展。

(二)探明诉讼动机,父子重修旧好享天伦①

【案情简介】

1992 年,原告施某私有的本市制造局路房屋动迁,原告一户 5 人,包括原告和妻子、儿子、媳妇、孙子,被安置到本市西藏南路某处房屋。西藏南路房屋承租人为原告。后经原告同意将租赁户名变更为儿子施某某。2000 年,施某某的妻子,即被告李某按 95 方案购买西藏南路房屋产权,购房协议书上盖有原告的私章表明其放弃购买权,西藏南路房屋产权登记于被告李某名下。现原告提出购房协议书上原告的签名系他人代签,私章为被告私自加盖,原告从未放弃过房屋权利,起诉要求确认其为西藏南路房屋的共同共有人。

【调解过程】

承办法官在案件审理中时了解到,原告年过八旬、丧偶、身患绝症,以前一直和儿子居住,2002 年左右因与儿子、媳妇关系恶化在外借房居住,现患喉癌需要照顾。直至第一次庭审结束原告始终未出现,一直由原告的两名女儿代理原告参加诉讼,而原告的女儿与儿子之间存在利益冲突,被告在庭审中也明确表示西藏南路房屋原告有居住权,但不同意确认原告为共有人,主要顾虑就是不希望原告享有份

① 案号:上海市黄浦区人民法院(2009)黄民四(民)初字第772 号,合议庭成员:蔡银寿(审判长)、陶彩英(主审)、胡美星。

额后产生继承问题。

原告此次诉讼是单纯想为自己要回房屋份额还是女儿出于自己的利益怂恿老人进行诉讼,为探明原告真实的诉讼目的,承办法官决定亲自和老人了解情况。原告到法院后表示,被告拿走原告的图章、钱和衣服,原告非常气愤,才要求确认西藏南路房屋份额,并表示要搬回西藏南路房屋居住。承办法官了解到原、被告之间存在的问题后,将原告的意思转告被告。被告夫妇多次上门恳请老人原谅,并把老人接回西藏南路房屋照顾。

第二次庭审中,被告向法庭提供原告的录音材料,证明原告已表示放弃诉讼,要将西藏南路的房子留给孙子。但原告代理人坚称原告神志不清,要求确认原告为西藏南路房屋的共有人。考虑到原告刚接受手术、行动不便,承办法官在庭审结束后立即联系西凌新村第三居委会,在居委会工作人员的协助下,约谈原告。原告表示其已身患绝症,其要求的西藏南路房屋产权份额最终要给孙子,此次诉讼的主要原因是与媳妇之间因日常生活琐事发生摩擦,原告诉讼后被告对原告的态度有所好转,原告的诉讼目的已经达到,当场申请撤诉。

【调解心得】

承办法官在审理父母子女间的房屋权属纠纷案件中发现,大量案件的诉讼起因是子女之间的利益冲突,该类案件中法官应适当考虑老年人的诉讼动机,探明其真实意思,并尽量做出有利于保障老年人晚年生活的处理,避免家庭矛盾激化和转向社会,达到法律效果和社会效果的统一。

1. 设定调解目标。一般来说,房屋权属纠纷案件,由于房屋归属的刚性,虽然可以考虑金钱补偿,但双方可以做出的让步较其他类型案件缺乏弹性,案件调解成功率很低。只有在当事人双方未丧失协商基础、并有强烈调解愿望的情况下,才有可能引导双方做出让步,从而达成合意。

2. 制订调解方案。父母子女间的房屋权属纠纷案件,老人对于子女比较容易做出让步,但由于存在利害关系的子女从中挑唆,可能人为造成处于诉讼对立面的父母和子女之间的冲突加剧,不能形成有效的交流。该类案件,法官应分析各诉讼参加人的利害关系,敏锐地发现冲突的症结,从中调停,促成双方当事人的和解。

3. 确立调解策略。动之以情,从公序良俗、社会道德方面入手,指出父母子女、兄弟姐妹之间诉讼有违人之常情,通过社会上道德典范事例教导当事人,家庭成员之间相互扶助是中华民族的传统美德,为一点利益伤害家庭成员间的感情得不偿失。释之以法,告知诉讼风险,最终判决可能跟双方当事人的心理预期存在差距,且盲目诉讼可能需要承担高额的诉讼费用。

4. 主要调解方法。(1)亲情法。父母子女的房屋权属纠纷案件,一般房屋来源于父母,子女对父母在房屋内享有居住权一般意见不大或经法院做思想工作后都能接受。子女的顾虑主要是担心父母去世后,房屋份额由其他子女继承,影响到其对房屋的占有使用。在此种情况下,要做好双方的思想工作。一方面,子女应认清房屋来源,对父母心存感激,如果老人确实享有份额,如何处理该份额是老人的自由,同时兄弟姐妹之间手足情深、血脉相连,不应斤斤计较;另一方面,可以引导父母对百年后房屋的归属做出安排,消除子女顾虑,父母应尽量做到公正、不偏不倚,维护家庭的和睦。(2)平衡法。要注意平衡当事人的利益,法官应合情合理地提出分配方案供当事人参考,主要考虑子女一方对父母承担了较多的扶养义务,一方存在下岗、病残等困难情形等因素。(3)排除不当干扰。当发现老年人的意志在诉讼中不能充分表达或被其他子女支配的情况下,应单独听取老人意见,并详细分析诉讼结果对其可能产生的影响,让其恢复意志自由,做出真正有利于自身的判断。引导诉讼的直接当事人进行有效的交流、对双方的关系做出改善,必要时可在法院主持下让双方进行沟通。

对于父母子女之间的房屋权属纠纷案件,调解效果远胜于判决。俗话说"清官难断家务事",家庭成员之间因房屋产生矛盾或因矛盾产生房屋纠纷,但彼此之间的亲情纽带无法割断,判决的斩钉截铁对于亲情修复弊大于利,而调解促使当事人之间互谅互惠,重建家庭成员之间的和睦关系。其中一个突出的好处就是解决失房老人的养老问题,父母子女之间可能因一时激愤,恶言相向,导致无法挽回的后果,虽然法院判决可以在经济上适当照顾老年人,但老年人日后的生活需要子女照顾,调解有利于重建亲情关系,修复破损的亲子关系,让老年人回归稳定的家庭关系,生活上、精神上无后顾之忧。

[本文发表于《上海审判实践》(网络增刊)2011 年第 3 期]

对新时期房地产居间合同双方利益博弈焦点的实证考察

金民珍　暨秉恒*

【提要】依房地产居间合同之固有性质,合同双方均存在从利己主义立场出发违背合同义务损害对方利益的可能,具体表现为居间人为获取报酬或节约成本而违背如实告知义务或忠实勤勉义务、委托人为规避支付报酬而"跳单"等。而这一可能在新时期的市场现状下进一步加剧。本文选取了若干案件样本对居间合同双方的利益博弈作了实证考察,进而从交易信息的供给与利用、交易机会的锁定与挣脱、佣金主张的成就与否定、佣金数额的限制与突破四个方面系统地对居间合同履行各阶段出现的博弈焦点的本质及审理思路进行了探讨,以期对探寻房地产居间

* 金民珍:上海市黄浦区人民法院党组成员、副院长、审判委员会委员;暨秉恒:上海市黄浦区人民法院民四庭法官助理。

未来的立法方向以及应持的裁判立场有所进益。

【关键词】房地产居间合同　交易信息　交易机会　佣金

随着我国房地产市场的日益蓬勃,房地产居间合同纠纷也呈现高发态势。以上海市某区人民法院的案件数据为例,一方面,房地产居间合同纠纷的绝对数量有了大幅增长,2013 年该院受理的房地产居间合同纠纷为 94 起,而在十年前,该院受理的房地产居间合同纠纷为 20 起,增幅达 370%;另一方面,房地产居间合同纠纷在与其他居间合同纠纷的数量对比中占据了绝对的优势,自 2011 年以来,该院受理的居间合同纠纷中,有九成以上的纠纷属于房地产居间合同纠纷。(详见表一)本文试图以房地产居间的基本理论和市场现状为基础,从实证层面剖析因居间合同双方在履行中出现的利益博弈焦点,以期为房地产居间合同纠纷的审理提供可资借鉴的思路。

表一　2011 年以来上海市某区居间合同纠纷及房地产居间合同纠纷收案情况

年度	房地产居间合同纠纷	居间合同纠纷	占比
2011	64	67	95. 5%
2012	66	69	95. 7%
2013	94	97	96. 9%
2014 上半年	38	42	90. 5%

一、基于居间合同理论对利益博弈固有战场的分析

居间合同,是指居间人一方为使委托人与第三人订立合同提供机会或进行介绍活动,由委托人向居间人支付约定报酬的协议。① 房地产居间合同,即在房地产领域达成的居间合同,在审判实践中主要涉及买卖和租赁两大类。② 我国立法在法律层面对房地产居间合同的规定主要见于我国《合同法》第二十三章,此外多见于行政规章,例如住建部制定的《房地产经纪管理办法》,上海市物价局制定的《关于规范上海市居住房屋买卖、租赁中介经纪服务收费的通知》(以下简称《上海市中介收费通知》)等。

分析学理和立法对居间合同所作的界定,不难发现居间人主要是通过付出信息或媒介劳务来换取委托人支付的对价。不过,居间人在先履行合同义务,给付信息或劳务的同时,委托人却并不当然负有必须缔约之义务。立法将不能实现合同

① 王利明:《合同法研究》(第 3 卷),中国人民大学出版社 2012 年版,第 765 页。

② 此外,还有少量建设工程居间合同,但比例极低,以上海市某区 2011 年至 2014 年上半年判决的 72 起案件为例,仅有 3 起为建设工程类的居间合同,占比仅约 4%,故本文主要仍着眼于房地产买卖合同及租赁合同进行问题探讨。

效果的风险加诸于居间人,同时又通过居间必要费用这一设计,保证居间人不致因该风险而承受过高的商业成本。至此,居间合同双方的利益似乎在这种天衣无缝的立法构造中达到了一种相对的平衡。然而与立法设计相偏离的是,实践中合同双方天然的利己主义立场往往将居间交易的过程转变成为了一种损人利己的"零和博弈"。

在居间行业发源的早期市场交易中,由于交易双方缺乏对交易信息的了解,无法接触、磋商、缔约,只有借助中介的作用,双方才能知悉彼此缔约之意愿,从而促使合同的订立。[①] 正因如此,居间合同双方利益博弈的固有战场正是围绕交易信息的供给和利用而展开的:就居间人而言,可能为促成交易或节约成本而违背如实告知义务或忠实勤勉义务;就委托人而言,可能在获得信息后为规避报酬支付采取"跳单"等失信行为。

二、基于市场现状对利益博弈新兴变化的再分析

随着信息时代的到来和我国市场经济的进一步发展,居间行为面临着一系列的新形势。一是信息垄断优势的丧失。随着互联网的普及和自媒体时代的到来,信息获取渠道日趋多元化,如今垄断性的信息已难觅影踪。二是居间行业竞争的加剧。我国房地产市场的火爆催生了大量房产中介的出现,也加剧了行业内部竞争。据业内人士透露,当下80%以上的房屋出租方或卖方会在不同的中介公司挂牌。三是国家宏观调控政策的冲击。随着国家通过限购、限贷等政策对房地产市场进行宏观调控,多数委托人囿于自身条件对房地产交易望而却步,压缩了房地产居间人的市场空间。四是报告居间的弱化和媒介居间的勃兴。由于居间人可垄断的非公开信息几已绝迹,信息已非委托人最迫切需要得到的服务,因而报告服务与合同媒介服务一体化成为了当下的主流趋势。五是房地产居间合同义务的扩张。因房地产居间合同标的大、履约技术性强,居间人的义务渐有突破传统义务的趋势,不少居间合同中都将协助办理过户手续、协助办理贷款等义务作为居间人合同义务的一部分加以约定,司法实践中也时有因居间人未妥善履行前述义务酌情调整佣金的判例出现。[②] 六是行政管制事项的影响。行政规章对佣金数额的限制及对房地产买卖合同网签备案的要求使得居间过程中可能出现的争议形式更趋复杂。

在新形势下,居间合同双方的利益博弈也出现了一些新兴变化:一是固有的利益博弈日趋加剧且难以识别。首先,由于限购、限贷政策的出现,居间人为了促成交易违背如实告知义务和忠实勤勉义务的风险进一步增加,实践中多有中介虚假介绍政策情况而致讼的情况发生;其次,基于信息的公开性和市场竞争的充分性,

---

① 史尚宽:《债法各论》,中国政法大学出版社2000年版,第434页。

② 例如北京市朝阳区人民法院(2012)朝民初字第20611号民事判决即是在居间人促成合同订立后,因其在协助办理过户手续中出现的瑕疵酌情减免了佣金。

委托人的“跳单”行为日趋难以识别，如何在居间人权利保护和正常的市场行为之间划分界限成为一个难明的课题。二是利益博弈焦点有了新的发展。首先，由于居间市场竞争日趋激烈，居间人寻找各种手段试图锁定交易机会，主要表现为居间合同中的独家委托条款、意向金条款、反“跳单”条款和违约金条款等。其次，由于房地产居间人的义务的扩张趋势，在其促成合同订立后仍有与委托人发生利益冲突的可能。最后，受部分行政管制事项的影响，在合同成立、佣金数额等问题上，居间人与委托人也频现交锋。

三、基于案件样本对利益博弈现状的实证考察

笔者以上海市某区2011年至2014年上半年以判决方式结案的72起案件为考察样本，并分析这些案件的致讼原因，发现当前居间合同双方的利益博弈焦点可归为以下四个方面：

（一）交易信息的供给与利用

交易信息的供给与利用是居间合同履行的根本要素之一。基于前文陈述的居间合同的特殊性，在诚实的居间人向委托人给付完整有效的信息之后，占据信息优势的一方转而成为了委托人。因此在信息供给与利用的过程中，便存在一种“双边道德风险”：居间人为获得佣金，可能利用其信息优势虚伪地或不充分地向委托人报告信息以促成合同订立；而委托人在从居间人处获得相当的交易信息以后，亦可能利用此优势绕过居间人径行订立合同以规避佣金的支付。前者即居间人对如实报告义务的违反，后者即俗称的“跳单”。在72起判决案件样本中，涉及如实报告义务或“跳单”争议的案件分别有11起和6起，占样本总数的15.2%和8.3%。

1. 如实报告义务和忠实勤勉义务

（1）关于义务内容

如实报告义务本属附随义务，为忠实义务的一部分，但因居间合同的特殊性上升为一种主合同义务，要求居间人在报告及促成交易的过程中向委托人提供真实的信息。忠实勤勉义务仍属附随义务，且与如实报告义务强调的侧面有所不同。忠实义务在别除后者的外延后，表现为居间人不得在促成交易时有所偏倚而损害单方委托人之利益，勤勉义务则表现为居间人应积极调查交易信息，勉力使之不致遗漏。

如实报告义务和忠实勤勉义务的具体内容，实践中并无统一明确的标准供借鉴。结合《上海市中介收费通知》及当前国家房地产政策带来的影响，笔者认为至少应做到以下四项：

①权籍调查及报告。向房地产交易中心调查、征询所交易房屋权利的来源、现状、抵押状况及其他权利限制状况。向公安部门调查，核实所交易房屋在户人员信息。向权利人调查，征询、核实其身份及处分资格。

②使用状况调查及报告。收集、调查、征询房屋坐落环境、使用年限、房屋及其设施有无缺陷等信息；向物业管理单位查询房屋的出租情况、违章搭建、相邻关系、

维修资金交纳和使用情况等信息。

③行情调查及报告。依从业经验合理评估房屋市场价格,引导双方于适当的价位成交,并就委托人签约进行指导。

④委托人购房及贷款资格的核查及报告。根据委托人提供的信息,如实就现行的限购、限贷政策作出解读。

(2)关于违反后果

实践中对违反此类义务的法律后果多是以认定中介服务瑕疵而减免佣金的方式实现的。但应注意此种后果仅在居间人负有过失的前提下得以适用,在居间人故意造成损失的情形下,在不应支持佣金的同时还应判决其赔偿损失。[①] 此外,在居间人未促成合同订立的情况下,笔者认为不应支持其索取居间必要费用。

2.“跳单”问题

(1)关于价值评判

“跳单”行为承载的内涵究竟是中性的,还是负面的?对此,目前学界和实务界的倾向性观点是将“跳单”界定为中性的概念:[②]委托人“跳单”并不意味着必须为此承担违约责任,仅在委托人利用居间人掌握的垄断性信息的情况下,才须承担违约责任。笔者认同该观点,但认为仍有补充之余地:从规制“跳单”的根本目的来看,即便委托人未利用垄断性信息,但可以通过外在行为推断出其有规避佣金支付之意图时,似乎也应当要求其承担责任。

(2)关于后果处断

有学者认为委托人在“跳单”后应视其以默示行为行使任意解除权解除了居间合同,[③]笔者认可该观点。故当委托人无规避佣金支付或利用垄断性信息意图而“跳单”时,后果即向居间人支付必要的居间成本。但委托人有规避佣金支付或利用垄断性信息意图而恶意“跳单”时,应承担何种类型的责任?

有台湾地区的学者认为“委托人虽得随时终止居间合同,然契约之终止,究不应以使居间人丧失报酬请求权为目的而为之,否则仍应支付报酬”,[④]从而将“跳单”后果归结为佣金的支付。其基础在于将居间合同定性为附生效条件的合同,若委托人为自身利益不正当地阻碍佣金支付条件成就,应视为条件成就。对此笔者并不认同,附生效条件合同所附的条件应为意定条件,而居间合同中的佣金支付条件属法定条件,故不能适用前述规则。恶意“跳单”行为违背了委托人依诚实信用原则应负的附随义务,故其应为此承担违约责任。

---

① 详见《合同法》第425条之规定。

② 隋彭生:“居间委托人的任意解除权及‘跳单’——以最高人民法院《指导案例1号》为例”,载《江淮论坛》2012年第4期。

③ 隋彭生:“居间委托人的任意解除权及‘跳单’——以最高人民法院《指导案例1号》为例”,载《江淮论坛》2012年第4期。

④ 黄立主编:《民法债编各论》,中国政法大学出版社2003年版,第561页。

对恶意“跳单”应承担的违约责任内容,应区分两种情况讨论:一是居间合同约定有反“跳单”条款的情况;二是未约定反“跳单”条款的情况。

①合同约定有反“跳单”条款。反“跳单”条款即指居间人为了防止跳单行为的发生而预先拟定的合同条款。根据笔者对案件样本的考察,通常的表述为“委托人承诺如其和相关家庭成员在一定期限内就房屋与居间人所介绍之交易对象自行成交,则视为居间人已履行居间义务,对此委托人须于买卖合同成立时一次性按买卖合同所确定之房屋总价一定比例向居间人支付服务报酬”,其逻辑结构与台湾地区学者的观点相近,但基于前文理由,“支付服务报酬”仍宜解读为一种违约责任。对于反“跳单”条款的效力,笔者认为不能一概而论:在中性“跳单”的情况下应认定其无效,但在恶意“跳单”的情况下应认定其有效。故当合同中有反“跳单”条款时,恶意“跳单”的委托人应依约承担违约责任。

②合同未约定反“跳单”条款。当合同中无反“跳单”条款时,违约责任的形式自然是赔偿实际损失和可得利益。居间人实际损失主要为居间必要成本,这一点并无争议,争议主要在于居间佣金可否解读为可得利益?笔者认为,委托人另行成交的行为本身即说明居间人促成缔约已具有相当的可能性,故居间佣金应纳入可得利益范畴。

(3)关于恶意“跳单”的识别

在以严苛的法律责任对待恶意“跳单”行为的同时,也应注重对正常市场秩序的维护,故须建立一套完善的识别机制,以区分恶意“跳单”行为与中性“跳单”行为。前文笔者将恶意“跳单”的表现界定为规避佣金支付和利用垄断性信息两种形式,后者为客观标准,相对容易识别,在此不作详述;但前者属主观标准,如何审查尚属疑难。依笔者之见,对前者的识别不妨从以下两方面入手判断:

①缔约后居间佣金的支付情况。由于委托人恶意“跳单”的主观意图为规避佣金支付,则其在缔约后的佣金支付情况是判断其主观意图的首要因素。若委托人未支付佣金,或无正当理由地少付佣金,则应推定其有规避佣金支付之意图。

②成交价格与磋商价格的对比情况及居间人的服务瑕疵情况。若委托人最终的成交价格与居间人举证的磋商过程中双方可接受的价格大致相同,居间人服务并无明显瑕疵,同时委托人未合理解释自行成交或选择他家居间人成交之缘由,则可推定其有规避佣金支付之意图。

(二)交易机会的锁定与挣脱

当前,居间人的信息垄断优势日渐丧失,行业竞争也日趋激烈,故其在承受未促成合同订立风险的同时,还承受了委托人另行委托他人的风险。因此,居间人试图通过各种手段,以双方合意的外在形式对委托人予以一定限制,而委托人自然不愿受此类条款拘束,一旦实施了与约定相抵触之行为,则往往采取援引委托合同的任意解除权、格式条款无效、正常市场行为等理由进行抗辩。在72起判决案件样本中,涉及锁定交易机会条款争议的有18件,占25%。主要表现形式如下:(1)独家委托条款。即居间人与委托人约定后者独家委托前者处理缔约事宜,相关案件有2起,占比2.8%。(2)意向金条款。即居间人在接受买方或承租人委托时收取一定款项作为意向金,并约定该款项在居间人促成交易并转交卖方或出租人时转化为定金,相关案件有7起,占比9.7%。(3)反“跳单”条款。即居间人为了防止跳单行为的发生,在合同中预先拟定相应条款,相关案件有3起,占比4.2%。(4)违约金条款。即居间人与委托人在合同中约定“若委托人之间到期不签订合同,则应按一定数额向居间人支付违约金”,此类条款一般在委托人和第三人已就交易达成初步意向时出现,为“委托购买意向书”或“房地产买卖居间协议”等文本①所固定,相关案件有6起,占比8.3%。

1. 独家委托条款

(1)关于条款效力

关于独家委托条款的效力,实践中主要有三种不同的观点:第一种观点认为,无效,因为其排除了委托人选择更优质服务的权利,且与委托人的任意解除权②相斥。第二种观点认为,独家委托条款是为了防范委托人的机会主义倾向,故应在尊重双方当事人意思自治的基础上认定此类条款有效。第三种观点认为,应视其是否为格式条款且居间人是否尽提示义务而定,若为格式条款且居间人未尽提示义务则属无效。

笔者认为,独家委托条款作为居间人锁定交易机会、防范委托人机会主义倾向的工具,确有一定的合理性,对避免当下居间行业的无序竞争可产生一定的积极作用,故不应一概否认其效力。当该条款为格式条款且居间人未尽提示义务时,因为其确有排除竞争、导致合同双方利益失衡之嫌,应认定为无效;但若该条款确系合同双方合意达成,则应认可其效力。独家委托条款并不妨碍委托人行使任意解除权,仅在解除后发生违约责任清算之效果,故前者与后者相斥之说并不成立。

---

① 实践中对于兼具居间和买卖条款的“房地产买卖居间协议”等文本的性质争议很大,有观点认为此类文本可视作已成立的房屋买卖合同。但我们认为,当下的房地产交易涉及利益巨大,司法理应以更谨慎的态度对待合同成立的事实,况且居间人与委托人双方约定违约金条款的事实也充分说明此类文本仅代表双方达成初步意向,并未当然地成为有约束力的买卖合同。因此,将此类文本解读为兼具居间合同性质及预约合同性质的复合合同最为妥帖:在委托人双方之间,该合同发挥预约合同之效果;而在委托人与居间人之间,该合同发挥居间合同之效果。

② 对于居间合同当事人是否享有任意解除权,学界有一定争议。例如,王利明教授认为“因为委托人并没有义务一定要接受居间人提供的信息和服务,所以也就无须享有撤销权”,参见王利明:《合同法研究》(第3卷),中国人民大学出版社2012年版,第788页。又如,隋彭生教授认为,委托合同当事人的任意解除权应准用于居间合同,也更能保障消费者选择最优服务的权利。参见隋彭生:“居间委托人的任意解除权及‘跳单’——以最高人民法院《指导案例1号》为例”,载《江淮论坛》2012年第4期。笔者认为,应肯定居间合同当事人的任意解除权,理由是:第一,居间合同如委托合同一般,其订立有赖于合同双方间的信任基础,当此种信任基础丧失时,要求其继续履约未免强人所难;第二,居间合同的委托事项如委托合同一般存在变化可能,故理应赋予双方以任意解除权。

(2)关于违反后果

在违反有效独家委托条款的后果处断上,应区分情况加以讨论。①条款仅约定了独家委托之要求。依我国《合同法》及相关理论,违约责任的承担形式即赔偿实际损失和可得利益。这里的实际损失一般为居间人为居间活动付出的成本,而居间佣金因为获取具有不确定性,不可归入可得利益之范畴,故居间人最后能取得之赔偿仅相当于居间必要成本,而居间必要成本的获取在委托人解除合同的前提下本身即有法律的支撑。②条款明确约定了独家委托之要求和违约金。此时应当按约处理,不过若委托人提出违约金过高的抗辩,则法院须依民法的填补原则对违约金进行调整,因此即便约定违约金,仍可能陷入情况①所描述的尴尬情境。综上所述,即便居间人与委托人之间存在有效的独家委托条款,其违反后果很可能与无条款约束的法律后果全无二致,此类条款对委托人的约束力微乎其微,起的主要是字面上的震慑作用。事实上,居间人在长期的从业实践中对此情况也心知肚明,故司法实践中因独家委托条款引发的纠纷数量稀少,样本案件中仅出现 2 起,且仅有 1 起系单纯由独家委托条款争议引发。

2. 意向金条款

(1)关于条款效力

在前几年房地产市场火爆之时,媒体上有不少呼声认为诸如“看房费”之类的意向金条款无法律依据,且为委托人增加了不必要之负担,导致居间人与委托人之间利益失衡,应认定无效。但笔者考察后发现,买房时是否要求(居间人)和愿意(委托人)支付意向金,并达成合意,终究是市场选择之结果。综观近年来有关看房意向金的媒体报道,集中出现的时间段与房地产市场的起伏呈正相关关系,2011 年和 2013 年春节后较为频繁,[①]而在 2012 年房市趋冷的情况下,类似报道则难觅影踪。案例样本中,有 7 起系由意向金或定金问题引发纠纷,这些案件中委托人被要求交付意向金的时间段分别为 2010 年 10 月,2011 年 7 月、9 月和 12 月,2012 年 1 月,2013 年 5 月、7 月,同样与房地产市场的热度相关(详见图一)。客观而言,意向金条款并未对委托人的利益造成实质性损害,且一定程度上可以抑制房地产市场过热时部分实际需求并不强烈的投资型委托人的购房冲动。因此笔者认为,司法对此类条款的介入干预尚需谨慎,对其效力宜持肯定态度。

① 这是通过百度以“看房”和“意向金”作为关键字搜索并查询前 20 页结果得出的结论,典型的报道如赵莹莹:“违规‘看房费’变‘意向金’重出江湖:先看房交 1 万”,载新华网财经:http://news.xinhuanet.com/fortune/2013-03/19/c_115084418_2.htm,于 2013 年 3 月 19 日发布,原载《北京晚报》。又如徐运:《要看房先交钱》,载网易新闻中心 http://news.163.com/11/0125/12/6R8BUUJP00014AED.html,于 2011 年 01 月 25 日发布,原载于《新闻晚报》。

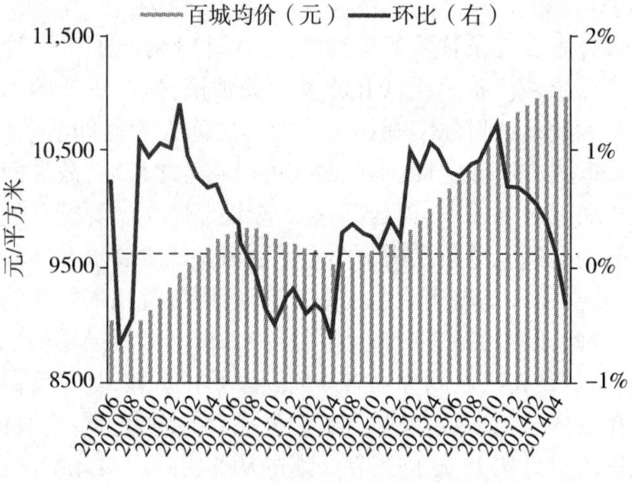

图一　2010 年以来的百城住宅房价走势[①]

(2)关于意向金转定金

意向金条款在实践中的另一个争议焦点是其是否转化为定金的认定。由于定金合同属实践合同,且一般为从合同,故判定意向金转化为定金的标准一般有二:即居间人是否已将意向金转交,及委托人与第三人是否缔约。但实践中多有居间人在未促成买卖双方缔约时即擅自将意向金转交于第三人及居间人虽促成缔约但未及时转交意向金之情形,笔者认为此时法院应在裁判上支持委托人向居间人主张意向金之返还:于法理,若委托人与第三人尚未缔约或居间人未转交意向金,何来定金之说;于情理,这无异于免除了居间人在意向金关系中承受的最主要风险,有失公允。

3. 违约金条款

违约金条款基本出现于居间人促成委托人达成初步意向之时。该初步意向为"委托购买意向书"或"房地产居间协议"等文本所固定,但这些文本又并非正式的房屋买卖合同,居间人为锁定交易机会并获得佣金,故拟定了此类条款。

有观点认为此类条款无效,理由是"居间商不是所促成合同的当事人,不享有所促成合同的合同中的权利,也不负担所促成的合同中的义务"。[②] 笔者认为该观点有失偏颇,误将"委托购买意向书"或"房地产居间协议"等文本之性质解读为了居间人促成之合同。考察此类文本,一般粗略地约定了委托人之间就房地产交易

---

① 图片来源:"百城房价分析报告:信贷与供求关系影响价格,城市分化加剧",载网易财经:http://money.163.com/14/0617/14/9UUSVFNQ00253B0H.html,于 2014 年 6 月 17 日发布。

② 周晓晨:"论房地产居间的法律规制——以《城市房地产管理法》修订为契机",载《中州学刊》2010 年 5 月刊。

达成的标的、价金等事项,同时也兼具涉及居间人权利、义务的条款,如报酬条款等。虽然学理上一般认为买卖合同具备标的和价金的条款一般即告成立。[①] 但由于当下的房地产交易涉及利益巨大,故司法理应以更谨慎的态度对待合同成立的事实,况且居间人与委托人双方约定违约金条款的事实也充分说明此类文本仅代表双方达成初步意向,并未当然地成为有约束力的买卖合同。因此,将此类文本解读为兼具居间合同性质及预约合同性质的复合合同最为妥帖:在委托人双方之间,该合同发挥预约合同之效果;而在委托人与居间人之间,该合同发挥居间合同之效果。

笔者认为,此类条款的效力与独家委托合同条款一般,应视其是否为格式条款而区分效力。若为格式条款且居间人未尽提示之义务,则应认定无效。反之,则应视为委托人在内心就合同之订立达到了相当程度之确信,并甘愿受此条款之约束,应认定为有效。但考虑到实践中约定的违约金数额一般等于佣金,为免利益失衡,法院可在个案中酌情调整。

4. 反"跳单"条款

反"跳单"条款的效力及后果已在前文的"跳单"问题部分作了讨论,在此不再赘述。

(三)佣金主张的成就与否定

传统居间理论将居间人促成合同订立作为其义务履行完毕并获取佣金的依据,然而现代房地产居间行为产生了一定的特殊性。一方面随着现代房地产业的发展,房地产居间服务的内容出现日益拓展的趋势,居间人协助委托人办理贷款、过户等手续已成为一种商业惯例,一些居间合同中甚至作为主合同义务的一部分加以约定。对于此类协助义务,是否可普遍视为居间人的主合同义务,履行情况对居间人的报酬请求权具体产生何种影响,尚有争议。[②] 另一方面,在买卖双方签订的房屋买卖合同之外,尚有对标的和价金作出约定的"房地产买卖居间协议"和行政管理要求的网签备案合同存在,判定居间人促成合同订立的标准出现了分化,司法实践中存在一定的争议。这些针对佣金获取条件的争议,又进一步助长了居间人与委托人在履约过程中的机会主义倾向:居间人可能疏于防范贷款、过户等义务履行过程中潜在的风险,而意图毁约的委托人则可能利用合同成立之争议规避佣金支付。判决案件样本中,涉及合同成立争议的案件有 3 起,占 4.2%;涉及过户、贷款等义务办理瑕疵的案件 2 起,占 2.8%。

---

① 王利明:《民法疑难案例研究》,中国法制出版社 2002 年版,第 35 页。

② 关于此类义务未被约定为主合同义务时性质的解读,目前主要有两种观点:一种观点认为其是基于诚实信用原则推导出的附随义务,另一种观点则认为其是在复合合同构造下产生的一种"委托劳务性"的独立给付义务。参见周峰、李兴:"房屋买卖居间合同纠纷'跳中介'现象的法律问题研究",载《法律适用》2011 年第 10 期。

1. 关于合同成立的争议

前文提到,在买卖双方签订的房屋买卖合同之外,尚有对标的和价金作出约定的"房地产买卖居间协议"和行政管理要求的网签备案合同存在,因此判定居间人促成合同订立的标准出现了分化,审判实践中的主张三者皆有之。

笔者认为,对居间人是否促成合同订立的判断应以委托人与第三人就买卖事项正式达成合意的房屋买卖合同为标准。"房地产买卖居间协议"并非居间人促成订立之合同,而属兼具居间及买卖性质的预约合同,理由前文已述,在此不表。网签备案合同则为行政部门设置的管理手续,与当事人之间的缔约行为并无关联,也不应作为成立依据。

2. 协助办理过户、贷款等事项

传统居间理论认为,居间人之义务于促成双方合同订立时止。但基于现代不动产物权登记制度操作的复杂性,居间人在委托人缔约后协助其办理贷款、过户等手续已成为商业惯例,也是委托人基于对交易流程的不熟悉而委托居间人的重要动因。一般情况下此类事项不会构成司法实践中的争议,但也有例外情形,如居间人在促成合同订立后因与委托人另有纠纷而拒不协助办理过户手续的情形等。

那么在这些事项未被约定的情况下,可否纳入居间合同衍生的居间人义务外延?《合同法》的规定显然已将此类义务排除在外,不过笔者发现一些地方行政规章中设定了此类义务。例如,《上海市中介收费通知》附表备注第二项规定"经纪机构办完产权过户、户口迁移等手续后,方可收取经纪服务费",将该义务作为获取佣金条件的一部分。虽然后者因与前者抵触而无法构成委托人拒付佣金之依据,但也充分说明此类事项在现代房地产居间行为中的重要性在实务中获得了一定的重视。

笔者认为,在现阶段立法缺位的情况下,针对此类案件的处理仍应参照《合同法》之规定,认定居间人无协助过户及办理贷款之强行义务,但在居间人因履行此类事项存在瑕疵而对委托人造成损害时,可以此为由酌情减免租金。另外,将此类事项纳入房地产居间人的合同义务应成为立法未来的取向。

(四)佣金数额的限制与突破

为规范房地产居间市场秩序,《国家计委、建设部关于房地产中介服务收费的通知》中对房地产居间佣金的数额作出了一定的限制,各地基本均依此进一步出台文件,对房地产居间人居间佣金的数额作出了限制规定。如《上海市中介收费通知》中,将上海市居住房屋买卖的居间佣金限制为不超过房屋总价的2%,将居住房屋租赁的居间佣金限制为不超过单月租金的70%。但在实践中,居间人为谋求超限额营利,利用委托人经验不足在合同中约定超限额居间佣金,或是以到手价的名义将居间佣金与房款等其他款项混合等情况时有发生,手段五花八门。而在另一侧面,委托人为拒付或少付佣金也是理由多样,如在交易双方为规避税费支付签订"阴阳合同"时,要求以较低的价格作为佣金计算标准;当居间合同中额外约定了居间人一般服务之外的义务时,仍主张居间佣金应控制于限额之内等。判决案件样本中,涉及佣金数额争议的案件有12起,占16.7%。其中,居间人涉嫌超限额收取居间佣金的有9起,且有8起系纠纷的直接讼因;而委托人要求根据登记价格计算佣金限制的有2起,利用佣金限额规避居间人额外义务部分佣金支付的有1起。

1. 对佣金超限的处理

目前各地都普遍对房地产居间佣金的限额作出了明确限制,但审判中仍经常出现佣金数额超限的情况。对此,有观点认为应依规将佣金调整至限额内,也有观点认为若佣金条款非格式条款时应尊重双方合意,还有观点认为在中介负有额外义务(如促成合同按特定条件订立)的情况下可允许中介费超限。笔者认为最后一种观点较为合理,行政规章是在给出相应服务范围的基础上对佣金数额作出了限制,若居间人与委托人就额外服务另有约定,合理超限并无不可,严格依限处理反而会影响相应的市场需求。

2. 对佣金计算基准的确定

目前居间服务佣金一般以房屋成交价作为基数按比例计算,然而房屋居间实践中多有以阴阳合同做低价格的情况发生,而出现房屋登记交易价格与实际交易价格不一致的情况。对此,有观点认为应以房屋实际交易价格作为佣金数额的计算基准,也有观点认为出于抑制居间方做低价格意愿之需要,应以房屋登记交易价格作为佣金数额的计算基准。笔者认为对此类案件应以符合合同各方真实意思表示的房屋实际交易价格作为佣金数额的计算基准为宜,打击阴阳合同属行政干预事项,非民法调整之范围。

(本文获2014年上海法院系统学术讨论会优秀论文奖)

商业性房屋租赁纠纷相关问题研讨会综述

暨秉恒　焦明静*

当前,楼宇经济已成为上海经济驱动、转型发展的重要元素,商业性房屋租赁作为楼宇经济的法律微观形式,是大多数商事主体取得营业场所的主要途径。为积极主动地应对当前商业性房屋租赁审判实践的疑难问题,集聚理论争鸣,总结实践经验,2014年3月27日,上海市法学会与黄浦区法院联合举办"商业性房屋租赁纠纷相关问题"研讨会,与会专家、学者、行政机关和房地产企业代表就承租权续

* 暨秉恒,上海市黄浦区人民法院民四庭法官助理;焦明静,上海市黄浦区人民法院民四庭助理审判员。

展利益保护、商业性房屋租赁中政府的职能定位、商业性房屋租赁合同终止相关疑难问题进行了广泛而深入的研讨,主要内容如下:

一、法院在审理商业性房屋租赁纠纷中发现的疑难问题

黄浦区法院党组成员、副院长金民珍在开题发言中指出,健康运转的商业性房屋租赁市场是城市商业蓬勃发展的起搏器,黄浦区商业房屋租赁市场发达,多个核心商圈及其对周边区域产生的辐射效应,有效促进了商业市场的繁荣,但同时商业性房屋租赁纠纷也呈现高发态势。近三年黄浦区法院受理的商业性房屋租赁合同纠纷案件呈现出两方面特点:(1)案件数量多、比重大。共受理房屋租赁合同纠纷1139件,其中商业性房屋租赁合同纠纷722件,占比63.39%。(2)案件标的大、疑难多。超过1000万元的大标的额案件有13件,占同期所有涉房产大标的额案件的36.11%,在以判决结案的300件案件中,有189件案件的当事人提起上诉,上诉率达63%,高出黄浦区法院同期的整体上诉率近50%之多,处理难度较大。分析案件样本发现,当前商业性房屋租赁市场存在以下三方面隐患:(1)立法上对商业性房屋租赁续展利益保护不足。国外商事立法将商户的商誉、客户群等视为其基于经营场所建立起的重要无形资产,对商业性房屋租约续展利益给予充分保护,我国合同法对租赁合同的续展采取合同自由原则,虽然《上海市房屋租赁条例》赋予承租人以优先承租权,但因在"同等条件"等的认定上存在操作障碍,司法实践中难获支持。在统计的300件判决案件中,因续约未成引发纠纷的有38件,其中15件案件的承租人明确提出优先承租权,占39.47%,但无一获得法院判决支持。(2)行政上缺乏对商业布局调整的预判和引导。一方面带有行政色彩的区域规划调整对商业性房屋租赁市场秩序形成一定的冲击,如文庙书市整体搬迁以及赛博数码广场调整经营范围等事件因涉及众多中小商户的利益均引发了群体性纠纷;另一方面随着中心商区房屋租金的不断上涨,区域商业发展渐趋呈现同质化风险。部分文创产业、民生行业、老字号企业等承租群体,因负担不起高额租金,面临经验困难的窘境。如何协调政府职能与市场基础作用之间的关系值得深思。另外,如何加大对违法建筑租赁的打击力度,切实发挥行政职责,也有待建立长效机制。(3)司法上合同终止的后果处理存在适法难点。具体表现在:一是合同终止时违约责任的处理,如租赁双方同时约定违约金和逾期支付租金的滞纳金或同时约定违约金和保证金没收条款时,违约金可否与滞纳金或保证金并处,司法实践中的做法不尽一致。以保证金为例,在统计的300件判决案件中,承租人承担违约责任时涉及履约保证金的案件共有97件,其中35件案件的承租人在已支付违约金并赔偿其他损失的情况下仍被没收履约保证金,占到全部涉保证金处理案件的36.08%。二是对房屋交接事实的认定,如租赁一方拒绝配合完成房屋交接的情况下,如何认定完成交接程序的时间节点,对确定租赁期间、清算房屋使用费有重要作用,但司法实践中也未见统一标准。三是因房屋交接发生损失的处理,如出租人因承租人在合同终止后未及时办理工商登记地址变更手续而提出强制迁离并赔偿损失的诉求,在工商地址迁出的执行、出租人损失额认定等问题上也存在疑难。总之,我国立法上并未区分居住租赁和商业租赁,对所有租赁实行一体式民事保护,在相关行政举措和司法救济上亦存在一些阻碍商业性房屋租赁市场发展的隐患,成为商业性房屋租赁市场健康持续发展需要解决的重要课题。

二、商业性房屋租赁纠纷相关问题研讨

(一)承租权续展利益的保护

华东政法大学副教授吴一明①认为,很多国家如法国、英国和美国多个州的法律都对承租人续展权或续展利益进行保护,这些国家和地区的立法认为,在出租人收取租金和租赁物不受损害这两方面核心利益得到保障的基础上,应该限制其选择承租人的自由,而对承租人持续、稳定地使用房屋的利益予以保护。英国对承租人持续使用房屋利益的保护尤其重视,如在租赁过程中即使承租人发生了法定或约定导致解除合同的事由,法律要求出租人须提前通知承租人存在违约行为且欲解除合同,但该通知不必然导致合同解除,承租人如果停止违约或作出相应赔偿,出租人不能以此解除合同,除非承租人存在延付租金或损害房屋的行为。我国未规定法定续租权,也难以通过法解释赋予承租人续租权,但《上海市房屋租赁条例》规定了优先承租权,虽然该权利操作较困难,但在司法裁量中可否通过对"同等条件"的解释来达到保护承租人利益的目的,如出租人与第三人签订的新租赁合同中的租金明显高于同等地段的平均租金,出租人与第三人只签订一份租赁合同而未提供真实的资金来往证明等情况下否定新合同的真实性,通过租赁期限和租金支付方式等标准来判断"同等条件"等。可能有些标准存在违背当事人意思自治的嫌疑,但基于对承租人合理利益的保护,我认为是可行的。

上海市高级人民法院民一庭审判长洪波认为,商业租赁和一般民事租赁存在三方面的明显区别:一是主体方面,商业租赁的主体是商事主体,其交易能力和对风险的控制能力等比一般民事主体强;二是责任承担方面,商事主体基于对风险的控制、其承担风险的能力或在交易方面的注意能力与一般的民事主体相比也存在较大差异;三是法律保护方面,法律对民事租赁侧重于保护,对商事交易则注重商事规则的适用,对资产运作效益最大化的追求和对交易规则的尊重。就承租权的续展问题,虽然《上海市房屋租赁条例》规定了优先承租权,但该制度并无上位法的依据,如何操作也缺乏立法上的解释,主要看双方合同的约定,如果双方仅表示承租人享有优先承租权的话,司法只能停留在"同等条件"的判断上,如果双方明确规定了优先承租权的形式和具体操作,则应尊重当事人的意思自治。这主要涉及优先承租权是缔约自由还是强制缔约的问题。从最高人民法院房屋租赁纠纷司法解释来看,承租人使用租赁物如果有装饰装修的话,对该部分利益是以合同终止

---

① 所有参会专家、领导均为研讨会当时的职务、身份,下同。——编者注

作为合理预期期限的,也就是说租赁期满后,承租人的折旧利益就不存在了。如果存在续租权的话,则需要考虑与该司法解释的协调适用。在立法不明确的情况下,应当尊重当事人的意思表示和商事规则,以保护交易的安全、合理和效率。

华东政法大学教授、上海市黄浦区人民法院院长助理高富平认为,北京市高级人民法院出台的关于房屋租赁合同纠纷适用文件中认为,优先承租权是基于契约而产生的权利,不具有对抗第三人的效力,如果出租人不遵守该约定,只对承租人承担违约责任。上海市第二中级人民法院民二庭庭长马全耀认为,在商事房屋租赁中给予承租人续租权,相比优先承租权更经济,因为优先承租权要等到出租人与第三人签订新租赁合同才能行使,且难以对抗新租赁合同,实际上造成两个纠纷。但是,司法操作一定要依据法律规定,在没有明确规定的情况下,只能通过合同约定探究双方当事人的本意:如果双方订立框架合同,约定分期租赁,则某一期届满后,合同并未到期,应继续由承租人租赁;如果合同是一年一签,但承租人装修等投入不可能在短期内收回,这也需要探究当事人的本意是否是继续由承租人租赁,但资金投入和使用期限的临界点有时很难找,总体上法院应按照等价有偿、诚实信用的原则裁量。上海永业企业(集团)有限公司市场营销部高级经理沈渊认为,地段好的商铺租赁到期后存在承租人不愿离场的情况,虽然出租人有收取租金利益的保障,但政府招商节奏也影响出租人对承租人的选择。上海益民商业投资发展有限公司代表王淑庆认为,优先续租权的约定在实践中没有意义,所有优先续租权的约定都规定了"同等条件",但"同等条件"没有办法比较和操作,即使两个合同租金相同,但有不一样的免租期、交房期、装修要求、业态要求等,都难以比较。

(二)商业性房屋租赁中政府的职能定位

黄浦区政府法制办副主任张中南认为,区属商贸集团在运作过程中,对涉民生行业(如超市、菜场等)给予行政扶持,早期是减免租金、当前是政府补贴,如果没有政府扶持,纯粹的市场经济是难以做到的,但近十年来,涉足民生行业的民营企业和转制企业确实存在租金上涨的压力。关于业态调整,对公有非居住房屋的招租要符合政府规划和定位,不是简单的市场问题,对政策需要引进的业态,政府大力扶持,而对已不符合当前经济文化发展需要的业态,结合政府的需要,在旧区改造中保留商业文化,这需要行政手段和市场手段共同起作用,谁也离不开谁。关于违章搭建的问题,目前拆违在全市范围内都是难题,一是法律不够健全,特别是《行政强制法》出台后,法律与当前拆违形势不匹配,行政机关难以在第一时间制止违法搭建;二是拆违涉及房屋管理部门、规划部门和市政城管部门,三家机关职能如何界定、共同发挥作用,目前还没有强有力的机制支撑;三是区管公房和系统公房管理还是两条线,目前很多违章建筑出现在系统公房,区行政机关没法管。

黄浦区住房保障与房屋管理局市场科鲍树林科长认为,当下商业性房屋租赁市场中,违法建筑租赁占了相当数量,对市场和社会秩序带来消极影响。违法建筑产生的根源在于经济利益的驱动和行政管理的不力,应加强监管,从严惩罚:一是法院在确认违法建筑租赁合同无效的同时,与行政机关联动,对出租人非法所得予以收缴。二是在非法兴建或搭建的第一时间即予制止,不能因怕影响稳定或数量太多而无视违法现象的存在。三是要找准解决违法建筑的关键环节,明确各行政部门的分工和责任,形成完善机制以遏制违建乱象。四是违法建筑多具有长期性、复杂性、顽固性,当前发现、报告、巡查机制仍未理顺,政府要在整治的同时不断吸取经验和教训,充分听取各方意见、营造积极的舆论环境,建立健全相关工作机制。

上海市第二中级人民法院民二庭庭长马全耀认为,由于政府在整治违法建筑职能划分上不清晰,导致整治工作自缚手脚。法院对违法建筑只能从合同角度处理纠纷,在私法上分配出租人和承租人责任,虽然合同确认无效,但一般仍支持出租人要求承租人支付房屋使用费的诉求。违法建筑的拆除与整治依赖于政府积极发挥行政职能,建筑涉及人身安全,政府坚决、尽早地处理违法建筑才是根治违建出租问题的方法。上海市黄浦区人民法院副院长金民珍同意马全耀庭长的观点,认为在违法建筑整治上政府尚未作出正确的示范效应是问题的症结所在。上海益民商业投资发展有限公司代表王淑庆认为,目前国有企业在商业性房屋租赁市场中的角色尴尬,实际承受着来自政府和承租人的两方面压力,政府在行使职能引导商业性房屋租赁市场发展方向的同时,应关注各方利益的对等和平衡。如政府为了保护民生行业、文化产业,机械地要求房地产企业大幅下调承租人租金,实际上单方面牺牲了出租人的利益。另外,政府还应厘清其职权范围,在干预市场时确保合理、适度。在打击违法建筑问题上,针对一些因历史渊源形成的违法建筑应区别对待。

(三)商业性房屋租赁合同终止相关疑难问题

上海市黄浦区人民法院民四庭黄利民庭长发表了其对商业性房屋租赁合同终止后三方面疑难问题的看法:一是关于相关违约责任外延的界定,解约违约金与逾期履行滞纳金一般应予并处,除非法院最终确认履行迟延发生之日前合同已告终止或解除;解约违约金和履约保证金一般不应并处,因为履约保证金的功能在于对合同产生费用的担保和结算,可以抵扣违约金,但不能径行成为违约责任的一部分。若出租人提供的格式合同约定出租人主张解约违约金的同时可没收履约保证金,不妨以不合理加重对方责任为由确认此格式条款无效。二是关于房屋交接事实的认定标准。司法实践中惯常采用承租人是否继续经营、物品是否搬离、钥匙有无归还、撤场有无通知出租人等标准判断,其中不再继续经营及撤场时以直接或间接的方式告知出租人是判断的最重要依据,至于承租人是否将物品搬离、是否归还钥匙是个案判断的辅助依据。三是关于房屋交接发生损失的处理。对出租人基于合同约定在承租人未及时履行搬离义务时径行处置承租人遗留在房屋内的物品从而引发损失,有观点认为合同约定是对承租人财产权的侵犯,属无效,也有观点认为应尊重当事人意思自治,个人倾向在该条款被认定为格式条款时才属无效的观点。另外,关于工商登记未及时迁离承租房屋而引发损失的问题,涉及法院是否应受理诉请迁离工商登记纠纷、如何计算损失、如何执行等操作性问题。实践中部分工商机关在上家工商登记未迁离时为下家先行办理工商登记,但该举措并未常态化和规范化。考虑到大部分未及时迁离工商登记的行为对出租人继续出租房屋有直接影响,法院应按照有约定依约定、无约定自由裁量的方式确定损失计算标准,敦促承租人早日履行义务,在案件的执行中则希望行政机给予配合以降低阻力。

上海市第二中级人民法院民二庭马全耀庭长认为,逾期履行滞纳金和解约违约金并不冲突,可予并处;履约保证金在合同履行中主要起充抵作用,如何充抵应依合同约定,若约定其为解约违约金的担保,则只可充抵解约违约金;若约定可充抵逾期付款,则可充抵逾期租金,并消灭相应滞纳金;若约定不明,则由法官在个案中依通常理解自由裁量。另外,履约保证金的充抵原则上仅发生在解约时,否则其保证金的功能无法实现。关于房屋交接事实判断和遗留物品处理,原则是要保护无过错方的利益,并对个案作灵活处理。以承租人撤场为例,如果遗留物品明显为废弃物,则可认定抛弃;若物品具有一定价值,就不能简单推定抛弃,除非合同中明确约定。处理承租人未迁离工商登记的关键还在于行政执法部门,承租人事实上搬离但未迁离工商登记,新承租人可否注册地址,法规和政策上并无明确规定,行政执法通常只允许一套房屋上登记一个工商地址,不允许新承租人注册,在此情况下前任承租人理应承担责任。然而现实中也有部分工商部门准予新承租人注册,不同的操作口径给法院对此类案件的审理带来难题。当事人在签订租赁合同时最好进行事先约定。

上海市高级人民法院民一庭洪波审判长认为,违约金和保证金能否并处主要看履约保证金和解约违约金的指向,如果指向不同,两者各自转化为不同的违约责任,并处并无问题;如果指向是存在违约金并赔偿实际损失,则违约金和损失之间有重合,没收保证金后应对违约金整体进行调整;如果保证金是“定金”的概念,则不能并处。关于房屋交接,“交钥匙”在事实认定中起关键作用,因为其包含两层含义,一是合同不再继续履行;二是对室内的物品予以放弃。但对承租人违约行为产生的后果要有一定限度的控制,出租人拿到钥匙后,不能以承租人物品仍在室内为由就视其未放弃占有,继续计算租赁费用,出租人应给予承租人合理的搬离期限,并及时寻找下家以弥补相应损失。工商登记迁离属行政管理领域,单纯要求迁离工商登记的请求不具有可诉性;若合同明确约定了未及时迁离的违约责任,则应依约承担;若合同无约定,出租人要求赔偿损失也应支持,损失如何确定确属难题,但从法理上看,因承租人行为的瑕疵导致损失,如出租价格的损失,出租人可以主张相应赔偿。华东政法大学教授、上海市黄浦区人民法院院长助理高富平对洪波审判长关于归还钥匙在判断房屋交接事实上起关键作用的观点表示认可,他进一步指出:虽然交钥匙不能作为说明房屋交接完成的绝对标准,但可以作为主要依据,因为在房屋交接的外观中,只有钥匙交接的时间最易把握,其他交接行为的时间点相对难以把握。对此,上海市黄浦区人民法院民四庭庭长黄利民表示:实践中以交钥匙作为主要判断标准也存在隐患,如承租人将钥匙交至物业公司处,但出租人并不知情;承租人虽然将钥匙归还出租人,但包括财务账册等与经营密切相关的重要物品仍在室内;承租人将钥匙归还,亦不再在系争房屋处经营,但未明确传达终止合同的意思表示,出租人让新租户入场后,承租人又出现并主张出租人违约,因此应全面综合考虑。上海市黄浦区人民法院副院长金民珍表示:交钥匙本身即意味着承租人将对承租房屋占有、使用以及对屋内物品控制的权利交还给出租人,应作为房屋交接时点的判断标准。至于交接后室内还遗留物品,甚至是贵重物品,一般是因承租人的疏忽而发生的例外情形。

三、总结发言

华东政法大学张驰教授指出:此次研讨会的三个专题具有内在的关联性,既涉及宏观,又涉及微观;既涉及立法,又涉及司法;既涉及个体的利益问题,又涉及整体的秩序问题。与会的各领域代表均从不同侧面就既存问题作了深入的展示、分析和探讨,收获颇丰。

在肯定此次研讨会成效后,张驰教授围绕三个研讨专题发表了自己的观点。他认为:关于承租权续展利益的保护,首先要厘清续租权的概念,续租一般发生在租约到期后有其他商家欲承租的情形下,从这个角度分析,“续租权”类似于优先承租权制度,但我国优先承租权缺乏上位法依据,仅为地方性法规所设,而设立之初未作充分的立法考量,导致实践操作中的适用难题。立法在衡量商业房屋承租人和出租人利益的过程中面临两难,故未规定相关续租制度,而是引导当事人自主约定租赁期限。当事人可以通过自主约定优先承租权,增强该权利行使的可操作性。关于商业性房屋租赁中政府的职能定位,涉及政府宏观干预市场时应当依法、公开、透明、符合法定程序,方能使市场对干预形成预期以减少纠纷。若因立法问题导致政府干预职能的实现存在障碍,则须及时修正立法,不能依赖权威者个人决断清除障碍。概言之,政府在干预中应体现法治的要求。关于商业性房屋租赁合同终止相关疑难问题,总体上认同主流观点。首先对于解约违约金与履约保证金能否并处的问题,关键是赋予履约保证金合理的定位。若履约保证金为俗称的“押金”,则属债权意义上的让与担保;若合同明确履约保证金具有定金的含义或性质时,其与违约金就不能并用。其次对于房屋交接时点判断的问题,交钥匙确属较合理的判断标准,但交钥匙并不能推导出承租人放弃了遗留在室内物品,在依交钥匙确定房屋交接时间后,承租人遗留物品未恢复房屋原状属于违反后合同义务,应另行处理。若个案中无交钥匙的外观,则须依意思表示是否到达判断,交钥匙实质上是以行为向相对人作出意思表示的方式。最后对于工商登记未迁离的问题,涉及司法与行政的衔接,工商登记与商事主体资格和商事秩序紧密联系,具有相当的重要性,对此法院与行政机关应通过司法建议书等形式做好协调工作。

经济适用房相关疑难法律问题研讨会综述

暨秉恒*

经济适用房(以下简称经适房)作为列入国家计划,由政府组织房地产开发企业或者集资建房单位建造,以微利价向城镇中低收入家庭出售的住房,系国家在新的历史时期为解决低收入人群住房问题所做出的政策性安排,对群众基本居住权利的实现影响巨大。为有效发现并化解当前经适房在行政层面和司法层面呈现的疑难法律问题,充分实现经适房的居住保障功能,2014 年 3 月 26 日,上海市法学会与黄浦区法院联合举办"经济适用房相关疑难法律问题研讨会",与会专家、学者、行政部门和法院代表就经济适用房的性质及其功能、经济适用房申请资格的救济、经适房的分割以及经适房的强制回购等相关疑难问题进行了广泛而深入的研讨,主要内容如下:

一、研讨经济适用房疑难法律问题的意义

上海市法学会副会长施基雄[①]代表会议主办方在书面致辞中指出:经济适用房制度是我国政府对住房市场进行宏观调控的重要手段之一,对降低住房价格和满足中低收入群体的居住需求有着重要意义,但由于我国住房保障制度仍处于探索阶段,制度和经验尚不成熟,配套设施尚不完善,经适房政策在实施过程中遇到不少的问题,尤其是在经适房保障对象的界定、产权定位、退出机制和权利救济等方面的矛盾较为突出,出现了一些与经济适用房相关的纠纷,同时由于相关规定的缺失或不明晰,导致此类涉经适房纠纷的裁判遭遇困境,也对当事人的权益保护产生了一定的负面影响。为了确保经适房这一惠民政策得以落实,保障公民的居住权益,对经适房实施过程中出现的相关疑难法律问题进行研究探讨殊为必要。可以说,今天的研讨会既是对理论的探究,更是对现实需求的积极回应,对实务操作具有重要的参考价值。

二、法院在审理涉经济适用房纠纷中发现的疑难问题

上海市黄浦区人民法院民四庭庭长黄利民在开题发言中指出,从上海市各级法院近年来受理的一些涉及经适房的典型案例来看,可以将问题集中归纳为以下四方面:(1)经适房性质与功能定位问题,更具体来说集中表现为其与公房的政策

---

* 暨秉恒,上海市黄浦区人民法院民四庭法官助理。

① 所有参会专家、领导均为研讨会当时的职务、身份,下同。——编者注

性冲突问题。经适房与公房皆为特定时期国家为解决百姓居住困难而采取的行政利民措施,公房同住人资格认定中的“他处有房”是否包含经适房、申请人取得经适房后其他公房同住人是否有权要求其迁让均值得探讨。审判中对此有三种观点:观点一认为,同住人他处有经适房将导致其同住人资格的丧失,对系争公房不再享有居住权。观点二认为,经适房不属于同住人资格中提及的福利性房屋,故申请人并不因此丧失公房居住权。观点三认为,当公房同住人于他处有经适房不丧失同住人资格,但应支持公房承租人及其他同住人要求其迁让的诉请。(2)申请资格救济问题。实践中申请资格被侵害的情形主要有伪造个别家庭成员不参加申请的承诺书、因第三人原因导致经适房申请资格被取消等。如何避免此类情形发生、应如何量化被侵害人的损失范围和程度,有何途径从行政管理层面或司法层面消除伴生的申请资格限制、个人信用瑕疵等负面影响,值得探讨。(3)经适房分割问题。在离婚纠纷等案件中涉及的经济适用房分割主要面临了三方面难点:首先是分割价值确定问题,因经适房的定价机制与一般的商品房、公房均不同,在分割时如何确定折价补偿的标准成为难题,尤其是对未满5年而无法转让的经适房;其次是产权变更限制问题,对因分割事由在产权人内部发生的转让应遵循何种原则有待明确,若遵循5年内无法交易之限制,则意味着除非房屋被回购,否则法院将无法对未满5年的经适房进行分割;最后是居住利益保障问题,经适房多为共有人的唯一住房,此时必然有部分共有人无法得房却又因政策限制无法再次申请经适房,如何保障无法得房者分割后的居住利益成为难题。(4)强制回购问题。实践中的《个人经济适用住房抵押借款合同》一般规定经适房未满5年期间,借款人未按借款合同的约定按期归还贷款至一定期数时住房保障机构的强制回购义务,则符合条件时如何实现强制回购,强制回购房屋是否合理,对逾期还贷的行为除强制回购外是否有更合理的解决方式。总之,经济适用房政策性较强而与民生息息相关,故难点多而影响深远,厘清并化解经适房制度中发现的问题,对经适房制度的完善和经适房纠纷的处理均大有助益。

三、经济适用房相关疑难法律问题研讨

(一)经适房的性质与功能

华东政法大学教授金可可认为,国务院《经济适用住房管理办法》给经适房产权性质的定义是有限产权,具体到地方有两种立法模式:一种是有限处分权模式,另一种是共有模式,上海的模式属于后者,即房屋产权为国家和申请人共有,起到了限制其处分房屋的目的。在与公房政策冲突的问题上,若公房同住人另行获得经适房应认定其丧失同住人资格。经适房的立法目的即解决居住困难,由此考量,经适房是国家住房福利政策的一部分,不能给予双重福利。除居住权利外,公房居住权上的财产性权利也应一并丧失,包括购买售后公房、公房承租权继承等权利。

上海市住房保障与房屋管理局法规处处长江丹认为,经济适用房在上海又称“共有产权保障房”,其包含民事关系较复杂:(1)共有关系复杂,首先其与民法意

义上的共有不完全相同,政府完全让渡占有权和使用权,共有权益主要体现为收益分配权和有限的处分权;其次是包含双重共有,即申请人与国家的外部共有按份关系及产权人间的内部共有关系。(2)所有权和使用权一定程度上存在分离,部分产权人不居住于此,部分实际居住人不享有产权,而部分通过继承取得房屋产权的主体可能又不符合原申请家庭成员的范畴。(3)兼具商品房和福利房性质,上海的经适房是通过民法意义上的共有来实现社会保障的功能,申请人付出的钱是房屋总价的百分之六七十,获得的使用权是百分之百的。就经适房和公房的政策性冲突问题,当初制定规则时未充分考虑。目前上海市核定经适房申请仅根据申请人是否符合居住困难等条件,对其是否退出原来住房无强制要求。有部分城市规定申请经适房必须退出原有住房,但上海有其特殊背景,如复合家庭居住的公房,不可能因部分成员申请经适房而要求全体成员退出公房。故目前上海市的制度设计其实是在原有公房福利的基础上增加了经适房的福利。解决该问题的办法是家庭成员在申请时应当充分协商,协商不成则维持现状,政府无对此作出特殊规定的必要。上海市黄浦区人民法院民四庭庭长黄利民对于该解决经适房与公房冲突的想法表示赞同,并进一步提出:行政部门应在经适房申请环节增加程序,要求家庭成员协商并就申请获批后的房屋居住状态提交书面意见,便于法院依约判案。上海市第一中级人民法院专职审委会委员、民二庭庭长陈福民也认可该意见,认为政府管理在前,纵无法面面俱到,也应考虑适当改进,在经适房申请环节应要求申请人及其他同住人员申请意见一致,使用意见一致。

上海市高级人民法院民一庭庭长吴薇认为,从“共有产权保障房”的名称可知经济适用房也属于福利房,但不可与计划经济时代下的公房划等号。经适房申请人仅可获得政府让渡的占有和使用权利,并在满5年出售时获得少量增值收益,公房却是以较小的对价获得了较大的财产利益,不宜轻易褫夺。不过,允许经适房申请人于原公房继续居住亦有失公平。故应采剥夺经适房申请人居住使用权益而保留其财产权益的观点。上海市第一中级人民法院专职审委会委员、民二庭庭长陈福民在该问题上也赞成上海市高级人民法院民一庭庭长吴薇的观点,并表示应统一该问题的裁判思路,由市房地局或市高院出台相关意见对审判予以指导。

上海市第二中级人民法院专职审委会委员、民二庭庭长马全耀认为,虽然经适房与公房的政策性冲突问题在后续可以通过家庭成员协商并提交书面意见的形式予以化解,但对于当前已收案件的处断仍是问题。建议就相关案件先进行调解,若调解不成,在相关部门出台支持判令经适房申请人迁出原公房的正式意见之前,现有规定中尚无充分理由支持公房同住人的迁让诉请。

上海市高级人民法院民一庭审判长洪波认为,经适房申请兼具行政和民事性质,若涉及申请人的资格审查为行政关系,涉及经适房购买合同的签订为民事关系。有部分行政审查环节的漏洞被当事人利用后产生矛盾进而引发民事纠纷,须尽早防范。根据我市政策,公房部分同住人申请获得经适房,将会对其他同住人的后续申请产生影响,故应在核定申请过程中及时告知其他同住人相关影响,或者达成协议,即可避免后续民事纠纷的产生。对此,上海市住房保障与房屋管理局法规处处长江丹指出,申请人以外的家庭确会受一定影响,但仍有可能符合条件,经过一定年限可于下一批次继续申请。上海市黄浦区住房保障与房屋管理局住房保障科副科长谭光华进一步表示,已申请获得经适房的公房同住人无法作为其他公房同住人继续申请经适房时的核定人口,对后续人员申请经适房条件中的人均居住面积是否符合居住困难标准确有一定影响。

上海市法学会副秘书长汤啸天认为,当前经适房相关规定及操作规程厘清了经适房申请人与国家之间的外部共有关系,但却掩盖了申请人内部共有中存在的矛盾,申请环节中的内部协商过于抽象、笼统,需具体化。对此,上海市住房保障与房屋管理局法规处处长江丹表示,行政立法技术的精简化要求和民事关系的复杂性之间存在矛盾,故须视相关情形的发生概率而定,避免过高的立法成本。

上海市黄浦区人民法院"法研社"代表暨秉恒认为,本次研讨的实质是在保障居住利益的根本导向下行政权和司法权协调的问题,经适房政策行政色彩浓重,故主要思路还是应根据房管部门当前的操作现状对其提出改善建议,在改善存有障碍的情况下再由法院另辟蹊径,为经适房制度的运作提供司法保障。就经适房与公房的政策性冲突问题而言,由行政机关在申请环节敦促当事人就居住状态达成书面协议殊为必要,可避免后续纠纷的不断发生。对于已受理案件的处理应先调解,在调解时切实关注经适房申请人拒不迁出原公房背后的利益导向,并对症下药做好释明协调工作:一方面可能是申请人担心因此丧失公房同住人资格,另一方面可能是申请人不愿放弃房屋征收时给予实际居住人的少量补偿费用。对于确实无法调解的案件,似采"剥夺经适房申请人对原公房的居住使用权益而保留其财产权益"的观点为妥。

(二)申请资格救济问题

华东政法大学教授金可可认为,确认经适房申请人有无资格系行政审查范畴,而确认申请资格后签订经适房购房合同的主流观点认为属民事关系。案例中,伪造部分申请人不参加申请的承诺书的行为属侵害姓名权,被伪造人有权要求伪造人停止侵害、赔偿损失,另外在法院的处理上是否可类推适用《上海市经济适用住房管理办法》第22条之规定,认为申请人未达成一致意见而将被伪造人径行认定为经适房的共同共有人,嗣后的过户登记应属更正登记而非变更登记。因第三人原因导致申请资格被取消的行为须考察第三人主观状态,大陆法系侵权法的保护区分对权利和利益的保护,前者只需侵害人负有过失,而后者需侵害人负有故意。申请资格属财产利益而非权利,故于侵害人负故意时可予保护,当然另一前提是要有损失,个案中如何定损实属难点。

上海市住房保障与房屋管理局法规处处长江丹认为,伪造申请材料将不能通过经适房审核,若通过审核公示后发现材料伪造,行政部门应予撤销并将相关情况记入诚信档案。但在符合条件的情况下,建议法院通过调解工作将被伪造人一并列为产权人以简化处理。申请资格被侵害的案件中经济损失的衡量很难确定。因第三人原因导致申请资格被取消的案件中还应关注被侵害人自身是否存在过失。

上海市高级人民法院民一庭庭长吴薇认为,故意伪造申请材料是对权利的侵害,伪造人应当受一定年限不得重新申请经适房之限制。因第三人原因导致申请资格被取消的案件,例如第三人擅自利用申请人账号炒股而导致申请人财产状况不符合条件的案例,申请人毫不知情可能性不大,但若确实完全不知情,应当可以主张损害赔偿,损失标准是否可参照同地段商品房租金的标准进行计算。华东政法大学教授金可可同意该损害赔偿的计算标准,表示损害赔偿认定以差额论,申请人丧失的是居住利益,故可参照租金标准进行计算。

上海市第一中级人民法院专职审委会委员、民二庭庭长陈福民认为,部分申请人被他人伪造承诺书而致丧失申请资格的纠纷宜通过行政复议和行政诉讼解决。对于法律无明确规定或规定有欠具体的案件处断需谨慎,如第三人擅自利用申请人账号炒股而导致申请人财产状况不符合条件的案例,是否构成对申请资格的侵害,及如何认定申请资格丧失的损失,易出现个案认定不一的情况,应通过请示、协调尽可能避免类案不同判现象发生。

上海市第二中级人民法院专职审委会委员、民二庭庭长马全耀也认为部分申请人被他人伪造承诺书而致丧失申请资格的纠纷宜通过行政渠道解决,有虚假行为应及时撤销并予严惩。第三人擅自利用申请人账号炒股而导致申请人财产状况不符合条件的案例仅存在事实上的因果关系,从法律上看行为与损害结果之间的因果关系过远而不能成立,且法院在此类案件的处断上应推定被侵害人知情,认定其对损害发生负有过失。华东政法大学教授金可可同意该观点,表示第三人擅自利用申请人账号炒股而导致申请人财产状况不符合条件的案例中,第三人侵害的客体为利益,且仅对此负有过失,法律上的因果关系亦不能成立,故不应给予保护。并进一步指出,法律上侵权行为的客体必须是可以取得的权益,就北京市的经适房政策而言,在符合条件后仍需摇号,故申请人不可据此索要损害赔偿。

上海市高级人民法院民一庭审判长洪波认为,部分申请人被他人伪造承诺书而致丧失申请资格的纠纷将牵涉经适房购房合同的效力问题。就效力问题只能由作为被欺诈方的行政机关从撤销合同的角度提出,被冒名的申请人之利益虽受影响,但并非合同的相对方,无权就购房合同效力问题提起诉讼。权利的获得和申请资格是两个概念,确定获得权利方有赔偿基础,申请资格仅是一个赋权可能,故对于是否支持侵害申请资格的损害赔偿不宜轻易作出认定。

(三)经适房分割问题

华东政法大学教授金可可认为,经适房 5 年内禁止交易的立法目的是防止经适房申请人非为居住目的的申请购房,并防止经适房在一定期限内流通至不具有申请资格的人手中。但因离婚等情形进行分割后发生的内部转让不违背立法目的,不宜禁止。对于一方得房后另一方的居住问题,非法院而应是政府部门之任务,相关政府部门应向未得房者提供其他居住保障措施。法院在现有制度下,可以通过两条路径适当缓解未得房者短期内出现的居住困难:(1)适用《婚姻法解释(二)》第21条之规定,离婚时双方对尚未取得所有权或者尚未取得完全所有权的房屋有争议且协商不成的,人民法院不宜判决房屋所有权的归属,应当根据实际情况判决由当事人使用。当事人就前款规定的房屋取得完全所有权后,有争议的,可以另行向人民法院提起诉讼。(2)适用《婚姻法》第42条及《婚姻法解释(一)》第27条之规定,在判决中考虑离婚后的居住困难情况而进行裁判,如确认未得房者在离婚后一定期间内在房屋内有居住权。

上海市住房保障与房屋管理局法规处处长江丹认为,当前经适房原则上5年之内严格禁止交易,除非发生死亡后继承等事实行为,离婚等情形不能影响该限制。而且目前政策也无法另行给予离婚后未得房者经适房申请资格。因离婚等情形产生的分割需求可以在5年以后再实现。申请人在满5年以后可随房价上涨取得一定的房屋增值利益,若允许分割后的未得房者重复申请,则是重复给予其增值利益,并不合理。上海市黄浦区人民法院副院长金民珍就此提出,是否可给予离婚后符合一定条件的主体以申请资格,如离婚后又重组家庭的主体。上海市高级人民法院民一庭庭长吴薇也提出,是否可以给予离婚后经过一定年限的未得房者以经适房申请资格。上海市住房保障与房屋管理局法规处处长江丹回应称,现在经适房房源并不充足,给予重复申请资格并不现实,且易出现管理上的混乱,若未来经适房房源充足,可考虑适当放开限制。目前,重组家庭可借家庭中未曾申请经适房者之名义申请经适房。对此,华东政法大学教授金可可认为,离婚后完全禁止未得房者重新申请经适房并不合理,有违行政法意义上的比例原则。

上海市高级人民法院民一庭庭长吴薇认为,经适房转让的限制应当是外部限制,而非内部限制。禁止转让的初衷是为确保居住、防止牟利,离婚等情形不在此列,且离婚后申请人共同生活已存障碍。化解该问题的一种思路是一方在外面居住,待5年后对经适房进行分割,但这只是权宜之计,不宜推广。更合理的方式还是径行判决一人得房,一人得折价款,折价款标准即按同地段商品房市场价格结合国家和各共有人所占产权比例进行计算。当然,经适房申请人可能存在经济困难,得房者拿不出折价款,但这在普通离婚纠纷中也多有出现,可以参照离婚案件的一般处理方式解决。

上海市第一中级人民法院专职审委会委员、民二庭庭长陈福民认为,如果允许离婚后未得房者可再申请经适房,将存在假离婚的可能,不宜轻易给予其重复申请的资格。为了解决未得房者的居住困难问题,是否可与住房保障机构沟通,通过将原房屋置换两套较小套型房屋的方式实现。若分割已进入司法程序,则有约定依约定,无约定可暂缓分割。待5年期满,申请人愿意变价的变卖后分割,不愿变价的则可采取一方居住房屋内,并补偿补贴另一方在外租房费用的形式。

上海市第二中级人民法院专职审委会委员、民二庭庭长马全耀认为,经适房分割后未得房者的居住保障问题并非法院的职权范围。具体的分割形式问题应当依现有的经适房制度框架和离婚案件的一般处理原则处理。

上海市黄浦区人民法院"法研社"代表暨秉恒认为,既然当前房管部门无法放开5年内因离婚等情形分割经适房的内部转让限制,则法院只能遵循相关规定,留待5年后再对房屋进行分割处置。在此期间应视共有状态继续,离婚等情形下确实不适宜共同居住的,可以采取一方在外居住而另一方给予适当补偿的形式过渡。满5年分割的折价补偿款标准即根据《上海市经济适用住房管理办法》按照同地段商品住房的平均价格乘以相关主体有限产权的比例予以确定。因离婚等情形分割而未得房者,住房保障机构应给予其一定的居住保障,纵不能以重复给予经适房申请资格的形式实现,也可考虑提供一些其他的住房保障措施。

(四)强制回购问题

华东政法大学教授金可可认为,通过经济适用房的强制回购实现抵押权应遵循"有约定依约定"的原则,购房合同的强制回购条款需经住房保障机构签字认可。住房保障机构不认可的,当事人不可越权进行约定为第三人设定义务。纵行政规章等文件对此有规定,在民事案件中对经适房购房合同权利义务的判定也不发生作用,仅在行政机关内部发生约束力。同时根据《上海市经济适用住房管理办法》的相关规定,申请人逾期未还贷款不可协议折价,欲变卖拍卖也应当符合前述办法规定的转让条件。上海市高级人民法院民一庭庭长吴薇、上海市第二中级人民法院专职审委会委员、民二庭庭长马全耀也同意强制回购遵循"有约定依约定"原则的观点。

上海市住房保障与房屋管理局法规处处长江丹认为,当初政府出台申请人逾期归还贷款时的强制回购政策是为确保银行方面能够提供贷款,毕竟经适房申请人多为低收入群体,且经适房5年内不得上市转让,银行存在较大的坏账风险,只能由政府提供托底保障。实践中一般都在经适房购房合同中明确约定了现管的权利义务。故强制回购制度其实是为解决贷款问题衍生的政策,并不违背物权法的基本原则。实践中强制回购的实施存在几种情况:一是当事人自愿回购,如当事人丧失劳动能力无法偿还贷款而自愿要求回购;二是当事人既不支付房款又不愿意退房,此时必然要经由司法程序在个案中执行;三是当事人在接到催告函或诉讼文书后即正常支付。上海市住房保障与房屋管理局法规处处长江丹表示,当前上海市即将出台新的经适房管理办法,新办法关注的侧重点将由申请供应转向售后管理和上市规则,希望届时就可能涌现的新问题继续与法院等部门积极沟通化解,例如上市交易时部分共有人不同意转让的情形、物业服务费和维修资金的承担等问题。

上海市第二中级人民法院专职审委会委员、民二庭庭长马全耀认为,强制回购义务条款对住房保障机构来说既是权利也是义务,在对申请人享有回购请求权的同时,对于贷款人也负有作为义务。强制回购问题的难点主要在于如何履行,实务中可能会遇到障碍。

上海市高级人民法院民一庭审判长洪波认为,经适房购房合同是三方协议。其性质是附条件合同,条件成就即依相关条款产生回购义务,具体的程序应先由贷款人向住房保障机构提出回购要求,住房保障机构作出决定后敦促经适房产权人向其履行义务,经适房产权人拒不履行则可能需通过诉讼解决,诉请要求收回房屋并按规定返还购房款及利息。但住房保障机构应重视被回购对象的居住保障问题,经适房产权人多居住困难,若住房保障机构无较好的托底保障方案,法院判决后可能存在执行障碍。上海市高级人民法院民一庭庭长吴薇对此表示同意,主张住房保障机构对强制回购房屋提供托底保障,避免"执行难"问题的出现。上海市第二中级人民法院专职审委会委员、民二庭庭长马全耀提出,经适房"由售改租"或提供廉租房等其他保障措施是可能的解决路径。

四、总结发言

上海市黄浦区人民法院副院长金民珍指出:本次研讨会的主题与民生问题紧密相系,四个研讨主题既鲜明地揭示了目前经适房政策在审判实践中显现出的问题,也通过内在的有机联系很好地串联起了本次研讨会如何完善经适房政策以保障低收入群体的居住利益这一主线思路。与会嘉宾在前面的环节中阐发了诸多富于价值的观点,极大地拓展了看待经适房问题的视野。

在肯定此次研讨会成效后,上海市黄浦区人民法院副院长金民珍围绕四个研讨专题发表了自己的观点。关于经适房性质与功能问题,应认可经适房具有一定的福利性,但不应认定经适房为足以排除公房同住人资格的福利性房屋,为解决经适房与公房的政策性冲突问题,有两种可能思路:一是从经适房申请环节下手,通过在经适房申请表等文件上约定部分同住人得房后的居住状态的方式解决问题;二是从监督环节下手,由主管部门出台意见来扭转固有观念,仅认可经适房申请人对原公房的财产权益而剥夺其居住权益。关于申请资格救济问题,申请资格被侵害应可向侵害人提起民事诉讼寻求救济,但在主观状态、因果关系认定、损失确定等问题上应遵循法律上确定的规则和原则。特定情形下行政机关负有过失的,例如部分申请人被他人伪造承诺书而致丧失申请资格的案例,被侵害人还可提起行政诉讼请求撤销相关决定。至于被侵害人无任何过失情况下蒙受的个人信用瑕疵、申请资格受限等影响,行政机关可视被侵害人举证情况决定是否协助消除影响。关于经适房分割问题。首先,经适房的分割价值按照同地段商品房的市场价值和有限产权比例进行计算较为合理。其次,未满 5 年的内部转让行为,并不违背政策目的,建议取消或调整该限制,对于假离婚等风险可通过法院审查和事后监督加以约束,但若实施确有障碍,可依《婚姻法》及其司法解释等相关规定作变通处理。最后,应通过出台合理的经适房重复申请政策等举措保障一定条件下因离婚等分割而未得房者的居住利益。关于强制回购问题。当住房保障机构怠于履行回购义务时,贷款人可基于合同约定通过民事诉讼等方式敦促其履行强制回购义务,至于强制回购具体的操作程序依住房保障机构的内部操作规程而定,如需经由法院强制执行,也可提起民事诉讼,但住房保障机构应做好托底保障工作,保障案件执行工作的开展。另外《上海市经济适用住房申请、供应和售后管理实施细则》对经适房产权人擅自转让、出租经适房等行为拟定了"书面通知改正、要求支付违约金、在指定媒体通报、记录不良信用、直至收回房屋"等一系列举措,收回房屋已是终局措施,在借款人逾期还贷问题上的处理上是否也可予以借鉴,努力规避强制回购情况的出现。

(本文发表于《上海审判实践》2015 年第 5 期)

公房"共同居住人"享受动迁安置利益的困境与突破

华苏芳　马慧芳*

【提要】有关城市居住房屋在拆迁实践中,"同住人"和"共同居住人"的相关规定存在一定的差异。原上海市房地资源局《关于贯彻实施〈上海市房屋租赁条例〉的意见(二)》规定,公有居住房屋的"共同居住人"是指公有居住房屋的承租人死亡或者变更租赁关系时,在该承租房屋处实际居住生活一年以上(特殊情况除外)而且本市无其他住房或者虽有其他住房但居住困难的人,结婚、出生可以不受上述条件的限制。而原上海市房地资源管理局在沪房地资拆〔2001〕673 号《关于贯彻执行〈上海市城市居住房屋拆迁管理实施细则〉若干意见》中则解释,拆迁过程中的"同住人"的认定,则是指在被拆迁居住房屋处有本市常住户口,拆迁许可证核发之日时在该房屋处已实际居住生活一年以上(特殊情况除外),且本市无其他住房或者虽有其他住房但居住困难的人。结婚、出生可以不受上述居住一年和他处有无住房条件的限制。"共同居住人"与"同住人"规定的冲突导致实践中应当享受动迁安置的"共同居住人"无法享受动迁安置,甚至丧失居住权。本文试从案例入手,分析"共同居住人"在何条件下享受动迁安置,以化解司法实践难题,尝试寻求对符合条件的"共同居住人"予动迁安置的解决途径。

【关键词】公有居住用房　同住人　共同居住人　拆迁补偿安置

* 华苏芳,上海市黄浦区人民法院行政二庭审判员;马慧芳,上海市黄浦区人民法院行政二庭助理审判员。

公有居住房屋拆迁能给房屋的使用人带来巨大的利益。拆迁过程中如何确定拆迁安置人口范围,也出台了并实践着一些规定。但是公房拆迁相关规定与公房租赁相关规定中对享有公房使用权的人口的范围认定不同,名称不同,导致实应认定为应安置人口的公房使用权人,无法享受拆迁利益,甚至丧失居住保障。

一、"共同居住人"享受动迁安置的障碍

我们先由一个案件说起。本市老硝皮弄同济里1号房屋系公房,原承租人谢某1994年死亡注销户口,1999年其妻陈某死亡注销户口。两人育有俩儿女,即户口在此处的女儿谢云某和户口不在此处的儿子谢正某。2002年,谢云某通过诉讼的方式将该处房屋的承租人户名更名为自己。2010年10月,该处房屋纳入动迁范围,2011年5月谢云某与拆迁人签订拆迁安置协议(以下称协议),协议未安置谢正某。协议履行过程中,谢正某以其应当被安置为理由拒不迁出该房屋。2011年8月,谢云某遂以排除妨害为由起诉谢正某,要求其迁出该房屋。法院认为,谢正某户口1964年支援新疆建设迁出该处房屋,1981年其户口调至江苏某农场,1998年其户口迁至上海市某农场场部。1991年谢正某经自己父亲谢某的同意入住该处房屋至今逾20年,在本市未享受过福利分房,且谢云某并未提供谢正某在本市有其他住房的证据,该情况说明谢正某符合上海市公房租赁的有关"共同居住人"的规定,认定谢正某为该处房屋的共同居住人,对该房屋享有居住使用的权利,遂驳回谢云某的诉请,案件随后生效。2013年9月,协议的一方当事人即拆迁人起诉要求谢云某履行搬迁并腾空该处房屋的义务。

案件审理的难点在于:(1)被依法确认的"共同居住人"是否享有拆迁补偿安置的权利;(2)若其应当享有,则其在诉讼中享有什么诉讼地位;(3)若加判其享受的补偿安置利益,适用依据是什么。对此,审理过程中产生了两种观点。

第一种意见认为,根据《上海市城市居住房屋拆迁管理实施细则》(以下简称《实施细则》)及《原上海市房地局关于贯彻执行〈实施细则〉若干意见》(以下简称《若干意见》)的规定,公房拆迁补偿安置人口的范围是承租人和户口在被拆迁房屋处且本市无其他住房或虽有住房但居住困难的"同住人",成为"同住人"的前提条件是在被拆房屋处有本市户口,或者符合有关解释规定的特殊情况。本案中,"共同居住人"显然不符合在被拆迁房屋处有户籍或者符合特殊情况的"同住人"的条件,因此,不属于被安置对象,该案件应该在审理协议是否有效的基础上迳行判决是否履行。

第二种意见认为,虽然《实施细则》规定的"同住人"的概念有别于《原上海市房地资源局关于贯彻实施〈上海市房屋租赁条例〉的意见(二)》"共同居住人"的概念,但从公房租赁制度设立的初衷,时代演变赋予公房使用权是一种准物权的特殊财产性质等因素来看,本案中的"共同居住人"享有必然的补偿安置权。如果说在实践中,所谓的"空挂户口"这种形式上的"同住人"也能得到补偿安置的利益的话,那么,本案中的以该处房屋为生活居住根本的"共同居住人",也即实质意义上的"同住人"享受补偿安置利益应是题中之义。实践中,应当将法律有关"共同居住人"规定的冲突进行缓释。针对本案的情况,该"共同居住人"在该处房屋享受的权利实质意义上就是该处房屋的使用权,即"共同居住人"在诉讼中应该是独立的地位。该案件应当在查明事实的基础上,加判"共同居住人"应当的份额,并判决是否履行。若不考虑"共同居住人"的利益成分,那么该案件将无法执行。但若加判的话,苦于没有依据。

笔者同意第二种观点。

第一种观点虽然坚持相关拆迁规定、依法裁判的做法,但也是生搬硬套相关法律法规规定,忽视公房租赁制度的历史由来、设立的初衷、公房使用权具有特殊的财产性质等因素,是司法实践中的无奈。

第二种观点正视并矫正了第一种观点存在的问题,承认公房使用权的特殊财产性质。在讨论中,支持第二种观点的部分人认为,符合"共同居住人"概念的应当全部纳入被安置补偿范围,这种观点忽视了拆迁补偿安置的地域性和法定性。若按照有关"共同居住人"的概念,即使不具有本市户口,但在拆迁许可合法之日前,在被拆迁房屋实际居住生活一年以上的亦可以享受安置补偿权利的话,那么,只要有一般的证明说在拆迁许可合法之日前,自己在被拆迁房屋中已经居住一年,岂不是均要求安置?显然"共同居住人"均享受安置补偿的权利不符合实际和拆迁补偿安置制度目的。

二、"共同居住人"应该享受动迁安置的原因分析

笔者认为,该案件的"共同居住人"应该享受动迁补偿安置的权利而未享受,主要根源于有关规定对"同住人"和"共同居住人"界定的冲突。而其应当享受则是源于公用居住用房租赁设定的初衷及公用居住用房的使用权的性质及其归属。

(一)"共同居住人"与"同住人"相关界定的冲突及质疑

《上海市房屋租赁条例》(以下简称《新条例》)有关公有住房租赁问题上,较《上海市城镇公有房屋管理条例》(以下简称《旧条例》)有比较大的变化之一,就是将原"同住人"[①]概念演变为"共同居住人"。(1)"共同居住人"与"同住人"是有区别的,且这种区别是人为设置的。《原上海市房地资源管理局关于贯彻实施〈上海市房屋租赁条例〉的意见(二)》第12条中解释:"共同居住人"是指公有居住房屋的承租人死亡或者变更租赁关系时,在该承租房屋处实际居住生活1年以上(特殊情况除外),而且本市无其他住房,或者虽有其他住房但居住困难的人,结婚、出生可以不受上述条件的限制。原上海市房产管理局在沪房(91)公字发第226号关于"有关问题掌握口径"中解释:"同住人"是指本处有常住户口且实际居住3年以上(除特殊情况外)、他处无住房或他处虽有住房而居住困难的。不难看出,"共同居

---

① 王爱珍:"公房使用权纠纷案件若干问题探讨",载《法治论丛》2004年第6期。

住”不受有无本地户口限制,强调实际居住1年以上,“同住人”则需要有“本处”的本市户口,强调实际居住3年以上。(2)拆迁中的“同住人”有自己的特点。《上海市城市房屋拆迁管理实施细则》(以下简称《细则》)第54条规定的“同住人”,原上海市房地资源管理局在沪房地资〔2001〕673号《关于贯彻执行〈上海市城市房屋拆迁管理实施细则〉若干意见的通知》对此进行了解释,《细则》第54条中的“同住人”,是指在被拆迁居住房屋处有本市常住户口,拆迁许可证核发之日时在该房屋处已实际居住生活1年以上(特殊情况除外),且本市无其他住房或者虽有其他住房但居住困难的人。结婚、出生可以不受上述居住1年和他处有无住房条件的限制。由此可见,拆迁中的“同住人”一般要求本处有户口,连续居住1年;既不同于“共同居住人”,亦与《旧条例》中原“同住人”的概念有区别。

针对动拆迁纠纷中“同住人”范围的界定,2004年《上海市高级人民法院关于房屋动拆迁补偿款分割民事案件若干问题的解答》(以下简称《解答》)进一步规定:“与《上海市房屋租赁条例》相关条款规定所指的同住人概念不同,本解答所指的同住人,是指在拆迁许可证核发之日,在被拆迁居住房屋处有本市常住户口,已实际居住一年以上,且本市无其他住房或者虽有其他住房但居住困难的人。他处虽有住房但居住困难的情况,是指在他处房屋内人均居住面积不足法定最低标准的情况。这里所指的他处房屋的性质,仅限于福利性质取得的房屋,包括原承租的公有住房、计划经济下分配的福利房、自己部分出资的福利房,房款的一半以上系用单位的补贴所购买的商品房,公房被拆迁后所得的安置房(包括自己少部分出资的产权安置房),以及按公房出售政策购买的产权房等。”

“有下列情形之一的人,也视为同住人:1. 具有本市常住户口,至拆迁许可证核发之日,因结婚在被拆迁公有住房内居住的,即使居住未满一年,也视为同住人。但其在该处取得拆迁补偿款后一般无权再主张本市其他公房拆迁补偿款的份额。2. 一般情况下,在本市无常住户口,至拆迁许可证核发之日,因结婚在被拆迁公有住房内居住满五年的,也视为同住人,可以分得拆迁补偿款。3. 在被拆迁公有居住房屋处有本市常住户口,因家庭矛盾、居住困难等原因在外借房居住,他处也未取得福利性房屋的。4. 房屋拆迁时,因在服兵役、读大学、服刑等原因,户籍被迁出被拆公有居住房屋,在本市他处也没有福利性房屋的。

有下列情况之一的人,不能被视作同住人,无权分得公有居住房屋拆迁货币补偿款:1. 将本来享有的他处公有住房权利(本解答第二条所列的住房困难的情况除外)予以处分,居住在被拆公有居住房屋的;2. 获得单位购房补贴款后已有能力购房而不购房,仍居住在被拆公有居住房屋的共同居住人;3. 已在本市他处公有房屋拆迁中取得货币补偿款。”

由《解答》可以看出,除了承租人外,成为拆迁补偿安置人口的一般条件是在被拆迁处有本市户口,只有结婚、出生以及房屋拆迁时,因在服兵役、读大学、服刑等原因,户籍被迁出被拆公有居住房屋,在本市他处也没有福利性房屋等几种情况可视为"同住人"享受安置。而本案中的"共同居住人"并不符合此项要求,因此,根据目前的实践操作,其显然不能被安置。

但是,笔者对实践中对该《解释》有关视为"同住人"的第4种情况的适用不太认同。实践中,符合服兵役、读大学、服刑这三种情况的,户口被迁出的情况下,且未在本市享受过福利分房的应该享受动迁安置,但是否仅仅从字面理解是服兵役、读大学、服刑这三种原因,"等"字怎么解释?本案中的"共同居住人"谢正某,因支援边疆建设,户口迁离被拆迁处,后退休回沪,且未享受过任何福利分房,因为家庭矛盾致使户口无法迁入现在居住的动迁房屋,这种情况和《解释》规定的"服兵役、读大学、服刑"没有什么本质的区别,应该属于同一类,为何不属于"等"字无法列举的情况?《解释》出台之初,想必是无法穷尽列举,而采用"等"字加以概括,以防漏举,为何在本案中真正居住在此20余年的被依法确认的"共同居住人"仅仅因为此种情况没有详细列举,就无法寻到依据而享受安置?实践中的做法是否忽视了法律法规和政策无法穷尽所有的情况这一特点?

(二)公有居住用房使用权设立初衷具有家庭色彩①

首先需要明确的是,公有居住房屋调配之初,使用权属于家庭全体成员的色彩很浓。计划经济时代公有住房及公房制度产生,国家统一建设房屋,国家享有房屋所有权,国家授权相关部门及单位对房屋进行统一管理,国家或相关单位将房屋作为福利进行实物分配。以身份、职级、工龄、人口等因素为参考标准,将住房以实物形式分配给职工,供职工及其家庭使用,最常见的是以住房调配单的形式调配给职工房屋,租赁户名为职工,家庭成员栏填写对房屋同样具有居住使用权的职工的家庭成员。其他因素确定的情况下,人口多少成为房屋使用面积大小调配的主要因素,也即家庭成员对公有居住房屋使用权的取得均有贡献。因此,公有房屋虽然租赁人是一人,但其使用权应当是属于家庭成员整体享有。也即公有居住房屋的目的是为了保障承租人及家庭成员的居住权。

随着时代及公房制度、使用权能的演变及公房使用权的福利性,承租人的变更及"同住人"的更替,虽然随着人们物质生活的提高,有经济条件的家庭纷纷选择购买商品房以改善居住条件,但是对于经济能力较差的家庭来说,赖以居住的公房依然发挥着其本来保障居住在此人员居住权的作用。对于本案的"共同居住人"来说,因家庭矛盾户口无法落入被拆迁处,无他处住房,且在此居住20余年,如不能享受安置,则违背了公房制度的根本目的。

(三)公用居住房屋使用权的现有权能近乎所有权权能,②具有可继承性

早期,公用居住用房限制承租人转租或者变相转租,如1990年的《上海市城镇

---

① 沈思晨:"公房使用权性质及同住人范围研究——以上海市公房使用纠纷中的相关问题为视角",华东政法大学2011年硕士学位论文。

② 陈从蓉、李晨:"公房使用权特殊的财产性质",载《人民法院报》2003年6月4日。

公有房屋管理条例》及1991年的《上海市城镇公有房屋管理条例实施细则》明确规定限制承租人转租或者变相转租,并在相关规定中规定了"拆公还公"的原则;随后的几年,上海市逐渐进行了住房制度改革,"拆公还公"的原则逐渐放弃,承租人和同住人可以获得一次性的货币补偿,而非公房使用权,且亦可进行公有房屋权利的买断,满足一定条件后可以在市场上进行出售;对于民间的公房交易等,政府也基本持放任态度。[①] 1997年后逐渐确认了房屋拆迁货币化补偿的方式,并在2000年实施的《上海市房屋租赁条例》及其实施细则中,明确了承租人行使处置公房使用权的相关权利均需户籍在所承租房屋处的共同居住人的同意。另,相关的拆迁补偿安置规定,亦明确拆迁补偿安置权利属于承租人和户籍在被拆迁房屋处的共同居住人,即同住人共有。公有房屋的使用权权能演变至今,其现有权能已经超出了用益物权的含义,甚至几乎涵盖所有权的四项权能。[②] 一是公房使用权人对公房拥有实际控制与支配的权利,即占有。二是公房使用权人"使用"的权利,且一般无租赁期限的限制,甚至,根据相关规定这种"使用"可以发生继承。三是公房使用权限制逐渐打破,公房不但可转租,使用权人可获得差价;如遇拆迁等情况,使用权人将获得直接的财产补偿。例如,在上海,私房遇到拆迁是100%补偿,而公房是80%补偿,而综合考虑到安置人口因素,因公房使用权获得的拆迁补偿利益有时远远大于私房获得的利益。此时,公房使用权是一种直接获得独立财产补偿的权利形式。[③] 四是公房使用权人可以自由地保有、转让等房屋,也与"处分"有几分相同。所以公房使用权是一种独立的财产形式。

前面讲述过,公有居住房屋使用权可以继承,而相关规定也在某种形式上予以了承认,如《上海市房屋租赁条例》的实施细则中,明确规定:《上海市房屋租赁条例》中所称公有居住房屋的"共同居住人"是指……承租人户口迁离本市,其本处有本市常住户口的共同居住人协商一致,要求将承租户名变更为本处有本市常住户口的共同居住人之一的,出租人应当同意。协商不一致的,出租人应当从在本处有本市常住户口的共同居住人中,按照下列顺序书面确定承租人:(1)原承租人的配偶;(2)原承租人的子女(按他处住房情况,本处居住时间长短);(3)原承租人的父母;(4)其他人(按他处住房情况,本处居住时间长短)。承租人死亡的,其生前在本处有本市常住户口的共同居住人协商一致,要求变更承租户名的,出租人应同意。协商不一致的,出租人应当按照上款规定书面确定承租人。结合本案情况,谢云某鉴于政策的规定,其户口在该房屋处而成为被拆房屋名义承租人,拥有公房使用权,而"共同居住人"谢正某通过法院的有效判决,享有该房屋的"共同居住权",某种意义上其行使的也是公房的使用权。鉴于时代赋予公房使用权的财产性意

① 陈从蓉、李晨:"公房使用权特殊的财产性质",载《人民法院报》2003年6月4日。
② 陈从蓉、李晨:"公房使用权特殊的财产性质",载《人民法院报》2003年6月4日。
③ 陈从蓉、李晨:"公房使用权特殊的财产性质",载《人民法院报》2003年6月4日。

义,且基于公房使用权产生的拆迁利益,谢云某、谢正某基于是原承租人的子女,谢云某因为政策性原因成为公房承租人,谢正某也应当有所补偿。

综上,本案中的"共同居住人"应当享受动迁安置以保证其居住权。当然,笔者认为,并非所有的"共同居住人"均可享受动迁安置的权利。

三、"共同居住人"享受动迁安置政策性突破

鉴于公房制度成立的初始目的,动拆迁安置的地域性,以及我国居民生活的事实,"共同居住人"享受拆迁动拆迁安置利益,必须具备一定的条件。

(一)符合一定条件的"共同居住人"才可享受动迁安置

鉴于上述规定对动拆迁过程中"同住人"概念的限制,笔者认为只有符合一定条件的"共同居住人"才可享受动迁安置。(1)具有本市户籍,这是关键性条件,也是体现动拆迁反映地域性的标志。(2)仅被拆迁处房屋一处住处,且在该处长期居住,这是享受动迁安置的事实条件。(3)生平未享受过福利分房。若是"共同居住人"的户口在被拆迁房屋处的,则只要满足本市范围内没有享受过福利分房的条件即可,但是户口在本市,却没有落在居住处的"共同居住人"的原因多种多样,必须要求本人未享受过福利分房,这是其享受动迁安置的前提条件。(4)由于国家政策性原因,户口曾经迁离被拆迁房屋处,因家庭内部矛盾而无法迁回的被拆迁房屋处的"共同居住人"才可享受动迁安置,这也是对"共同居住人"享受动迁安置需满足仅此一处居住处的条件的严格证明和限制,也是目前实务操作中,可以依据《解释》有关视为"同住人"的第四种情况进行实务操作的变通条件性要求。当然,这些条件是"共同居住人"本人无法证明的,需要有关部门主动为之。具体到本案的谢正某而言,在房屋的承租人签订动拆迁协议之前均无法证明自己享有动迁安置的权利,这时候需要动迁政策的执行者要有所作为,主动保障其居住权。

(二)符合条件的"共同居住人"具有独立的诉讼地位

未享受动迁安置的"共同居住人",在实践中是无法参与诉讼的。但事实上符合上述条件的"共同居住人",因为对被拆迁公房享有事实的使用权,对房屋享有事实上的占有等权利,可以拥有自己的独立诉讼请求,可以独立提起诉讼、参与诉讼。在本案件的处理中是独立的第三人地位。

(三)"共同居住人"享受安置需要对有关规定扩大解释

在本案的处理上,若案件采用前文提到的第一种观点,则会导致案件无法执行和"共同居住人"居住权的丧失;若采用第二种观点进行处理,则缺乏进行判决安置的依据。因此,笔者认为,在无法直接改变目前实践做法的情况下,通过上级法院对《解答》关于视为"同住人"的第四种情形进行扩大解释,即对"等"字进行扩大解释,以便在实践中再依据该扩大性解释进行加判。针对本案件的处理,拆迁人同意安置"共同居住人",则可以采取加判的方式处理,但这只是权宜之计,还是希望上级法院的扩大解释以便实现此类案件处理的常态化。

房屋租赁合同中承租人不安抗辩权的行使

暨秉恒*

【提要】基于"先付后用"的交易惯例,房屋承租人的履行抗辩权主要为不安抗辩权。传统民法理论将不安抗辩权的行使限制在狭隘的范围之内,但现代债法的发展为房屋承租人的不安抗辩权提供了必要的理论依托。房屋租赁合同中房屋出租方特别的给付义务使承租人不安抗辩权的行使在范围和时间上均呈现出一定的特殊性。房屋承租人不安抗辩权的效力相较一般的双务合同,亦呈现出一定的差异特征。

【关键词】房屋租赁合同　不安抗辩权　履约能力　给付义务

在一个典型的房屋租赁合同中,出租人承担的主要义务即按照合同约定交付符合租赁用途的出租房屋,并在出租过程中保障承租人的正常使用;而承租人承担的主要义务则是按约支付租金。依双方履行义务顺序的不同,实践中形成了两种做法,即出租方先履行义务的"先用后付"和承租方先履行义务的"先付后用"。其中前者较为罕见,仅在少数承租人具备良好信誉或出租人体恤承租人前期经营资金周转情况的个案中出现,而后者为房屋租赁运作的常态。

相应地,房屋租赁合同中承租人的履行抗辩权包括了后履行抗辩权和不安抗辩权两种,但基于"先付后用"的交易惯例,又以后者为主,故本文探讨范围仅及于承租人不安抗辩权的行使。另外,本文视角将着眼于房屋租赁合同中不安抗辩权的行使相较其他双务合同所呈现的特殊性,故所有探讨均建立在符合行使不安抗辩权一般要件的情形之上,下文对此不再赘述。

一、房屋承租人行使不安抗辩权之理论依托

所谓抗辩权,是指对抗请求权或否定对方权利主张的权利,也称为异议权。[①]而不安抗辩权,是合同法赋予双务合同先履行方在一定条件下拒绝履行的权利,故亦称"先履行抗辩权"。然何为"一定条件"?传统大陆法系将之定义为"当事人一方应向他方先为给付者,如他方的财产于订约后明显减少,有难为对待给付之虞时,在他方未为对待给付或提出担保前,得拒绝自己之给付。"[②]只言及因"财产减少"而致难为"给付",不安抗辩权的行使因此被局限在狭隘的范围之内。如1896年《德国民法典》第321条规定:"在双务合同中约定负有先履行义务的当事人,如

---

* 暨秉恒,上海市黄浦区人民法院民四庭法官助理。

① 王利明、崔建远:《合同法新论·总则》,中国政法大学出版社1996年版,第335页。

② 史尚宽:《债法总论》,中国政法大学出版社2000年版,第588页。

果签订协议后对方当事人的财产有明显减少的状况,并因此对履行对待给付义务的请求权产生威胁时,可以在对方当事人履行对待给付义务或提供相应的担保前,拒绝履行自己的合同义务。”[①]该规定将不安抗辩权的行使局限于对方当事人“财产明显减少”的情形。又如《法国民法典》第1613条规定:“即使出卖人同意延期支付价金,但如买卖成立以后,买受人破产或者无支付能力,使出卖人面临丧失价金之危险时,出卖人亦不再负交付标的物之义务,但如买受人提供到期支付价金的担保,不在此限。”[②]该规定更是将不安抗辩权局限在买卖合同中可能丧失给付金钱能力的范畴。正出于对传统理论的坚守,有学者认为“不安抗辩权仅适用于对方给付金钱的场合,原则上对特定物的交付和劳务提供不适用不安抗辩权”。[③] 因为财产的减少原则上不会影响特定物的交付和劳务的提供。

由于房屋租赁合同中出租方的给付义务实质上为对特定物的交付,那么承租方是否得行使不安抗辩权?“合同法的一项重要功能是确保将来履行承诺的期望得到实现。”[④]考察不安抗辩权制度设立之初的动因,即在于预防合同先履行一方因对方原因无法得到偿付的风险大幅上升的情况下,依然被迫履行义务并承受可能发生的损害,破坏交易公平。事实上,后履行方任何意义上的履行能力的欠缺皆可导致先履行方承受不必要的损害。以房屋租赁为例,即便出租方的财产未有减少,但其对出租房屋享有所有权的灭失或移转,皆可导致出租方履行不能——纵使在买卖不破租赁的情形下,因给付租金的对象不再是原出租方,承租方预先将某段区间的租金支付给原出租方依然会使其承受不必要的风险。由此观之,将不安抗辩权的行使局限于后履行方“财产显著减少”的情形,明显不利于对先履行方利益的保护。或许也正基于此,传统的不安抗辩权理论在近年有了新的突破。2002年《德国债法现代化法》第321条规定:“双务合同中约定的先履行义务人,如果在合同订立后认识到,其请求对方当事人履行合同义务的权利将受到对方当事人丧失履行能力的威胁,可以拒绝履行自己的合同义务。但是如果对方当事人已经履行了合同义务或者提供了相应担保,则应当继续履行合同义务。”[⑤]该规定将不安抗辩权行使的条件由传统的“财产明显减少”扩大到了任何“受到对方当事人丧失履约能力的威胁”的情形,加大了对先履行方的保护力度。我国《合同法》第68条则承继了这一理念,规定“应当先履行债务的当事人,有确切证据证明对方有下列情形之一的,可以中止履行:(一)经营状况严重恶化;(二)转移财产、抽逃资金,以逃避债务;(三)丧失商业信誉;(四)有丧失或者可能丧失履行债务能力的其他情

① 郑冲、贾红梅译:《德国民法典》,法律出版社2000年版,第63页。
② 罗结珍译:《法国民法典》,中国法制出版社1999年版,第374页。
③ 李海鹰:“不安抗辩权之比较研究”,载《华东理工大学学报》2005年第2期。
④ [英]盖斯特:《英国合同法与案例》,张文镇等译,中国大百科全书出版社1998年版,第488页。
⑤ 邵建东、孟翰、牛文怡译:《德国债法现代化法》,中国政法大学出版社2002年版,第5页。

形”,从而扩大了不安抗辩权的行使范围。综上所述,无论是从制度理念抑或是立法实际出发,房屋承租方在特定情形下理应享有不安抗辩权。

二、房屋出租方给付义务的特殊性

(一)给付义务的特殊性

纵使房屋承租人的不安抗辩权得到了理论与立法的支撑,但其权利行使的条件受到了很大的局限,这是由房屋租赁合同中出租方给付义务的特殊性所决定的。在房屋租赁合同中,出租方应当承担的义务包括交付租赁物、维修义务、瑕疵担保义务、返还费用的义务。[①] 总体而言,房屋出租方给付义务的特殊性主要表现在以下几个方面:

1. 标的特定性

在房屋租赁合同中,房屋出租方的给付义务是围绕特定物,即租赁房屋产生的。在房屋租赁合同的履行过程中,出租方交付的标的物实质上在承租方的持续占有之下,出租方交付房屋后,即便其财产显著减少,但只要不因此发生可能导致房屋所有权变动的情形,对其在房屋租赁合同中给付义务的履行均无影响。

2. 给付持续性

由于租赁合同是继续性合同,[②]房屋出租方在交付标的物后仍须承担瑕疵担保等义务,确保承租方持续地对租赁房屋享有符合约定用途的使用权,故出租方的给付义务无法一次性履行完毕,而是持续性的,在区间的任何一个节点丧失履行能力都将构成合同义务的不完全履行,成为承租方行使不安抗辩权之依据。

3. 履行阶段性

“先付后用”是房屋租赁合同履行的惯例,而实践中另一个重要的履行惯例则是合同“分期履行”。一份租赁合同的总租期会被划分成若干个阶段,承租方在每阶段开始前支付租金,出租方则负有在该阶段将房屋交由承租人使用的义务。承租方在租期开始前一次性支付全部租金的情形较为罕见,仅出现在一些租期极短或承租人资金充裕的个案中。

(二)由此衍生之影响概述

出租方给付义务的特殊性,为房屋租赁合同中承租人不安抗辩权的行使带来了范围上和时间上两方面的特殊性,也使得不安抗辩权的效力呈现出一定的特殊性:

首先,这使出租方丧失履约能力的样态呈现出一定的特殊性,从而将承租人不安抗辩权的行使限制在特定范围内。标的特定性使得出租方的履约能力与其财产和信用相脱离,出租方交付房屋后,承租人实际占有并使用房屋的事实决定了其无法再以出租方财产状况和信用上的瑕疵主张不安抗辩权。当然,理论上在房屋租

---

① 王利明:《合同法研究》(第3卷),中国人民大学出版社2012年版,第301~311页。

② 王利明:《合同法研究》(第3卷),中国人民大学出版社2012年版,第279页。

赁合同签订后、承租人支付首期租金前,出租人即因财产状况恶化而致有无法交付房屋之虞时,承租人得依此行使不安抗辩权,但由于实践中合同签订、承租人支付首期租金和出租人交付房屋一般在较短的时间内完成,故该情形基本不会发生,纵使发生,承租人亦有可预期该后果发生之嫌,本文对此不作讨论。

其次,这提高了承租人对出租方丧失履约能力的举证要求,也更强调对行使不安抗辩权时间节点的把握。出租方给付义务的持续性意味着承租人对租期内任何时间节点发生的任何可能导致出租方丧失履行能力的事由均可提起不安抗辩,但合同履行的阶段性却又提高了承租人的举证要求——从权利义务相适应的角度出发,承租人只得拒付该事由发生或预期发生的时间节点所处阶段及此后的租金至该事由消灭或合同终止,而无权在之前阶段即开始拒付租金,因为在此之前,承租人仍可正常地享受其合同权利。故其他双务合同中不安抗辩权人只需就对方丧失履约能力举证,而房屋租赁合同中的承租人举证义务还及于丧失履约能力的时间节点。

最后,这还使承租人不安抗辩权行使的效力呈现出一定的特殊性。无论是不安抗辩权作为延缓型抗辩权所享有的基础效力抑或是由其衍生的出租方再抗辩权、承租人合同解除权,与一般的双务合同相比较,均在某些侧面呈现了一定的差异特征,将在下文详述。

三、房屋承租人不安抗辩权行使的特殊性

(一)出租方丧失履约能力的样态——不安抗辩权行使的空间维度

按履约能力丧失的原因,出租方丧失履约能力可划分为两种情形:主观原因和客观原因。其中,主观原因是否能被纳入不安抗辩权行使中的"丧失履约能力"的范畴,学界向有争议。由于我国不但引入了传统大陆法系的不安抗辩权制度,亦引入了英美法系的预期违约制度,故学界倾向于将英美法全部由默示预期违约制度调整的内容一分为二,主观不履行的由预期违约制度调整,客观不履行的由不安抗辩权制度调整。[①] 故本文探讨的出租方丧失履约能力的情形仅限于因客观原因导致的情形。

房屋租赁中出租方给付义务是围绕特定物即租赁房屋产生的,故其履约能力的丧失并不如其他双务合同一般有赖于财产或信用的减少,而有其特殊的样态。房屋租赁中出租方客观上丧失履行能力的样态可分为两类:因房屋本身瑕疵丧失和因出租方对房屋的权利瑕疵丧失。

1. 房屋瑕疵

承租人以房屋瑕疵为由行使不安抗辩权的前提是该瑕疵并非承租人本身造成。现实中可导致出租方丧失履约能力的房屋本身的瑕疵包括两类:

---

① 王利明、崔建远:《合同法新论·总则》(修订版),中国政法大学出版社2002年版,第359页。

(1)房屋灭失

若作为租赁物的房屋有灭失之虞,承租人自然可以行使不安抗辩权。但并非所有房屋灭失的情形均适用不安抗辩权制度,对于无法预知的自然灾害和意外事件(如地震、台风、火灾等)所引起的房屋灭失,由于承租人事先无法预料,故排除了行使不安抗辩权的可能。而对于可预知的社会因素和人为因素(如房屋拆迁、与出租方有仇隙者扬言要烧毁系争房屋等)带来的房屋灭失的风险,承租人方可行使不安抗辩权。

(2)房屋功能瑕疵

这里提及的房屋功能瑕疵,必须是导致房屋根本无法按照租赁用途正常使用的瑕疵,包括可消除的瑕疵(如房屋承重墙损坏导致无法居住)和不可消除的瑕疵(如商业用房出租方擅自去办理租赁房屋"非改居"的手续)。若房屋瑕疵不影响承租人租赁用途的实现,则不应适用不安抗辩权制度。需要指出的是,对不可消除的瑕疵,应强调其将来性和可预知性:因为若事由业已发生,仍赋予承租人不安抗辩权,则与不安抗辩权制度促成合同继续履行的初衷相悖——因为合同事实上已无法履行,此时可由承租人径行解除合同;而若事由无法预知,则不安抗辩无从谈起。

2. 权利瑕疵

出租方对租赁房屋的权利瑕疵可分为以下几类:

(1)原生权利瑕疵

原生权利瑕疵,是指出租方原本对房屋享有或至少在表象上享有完整的所有权,但在合同履行过程中,出租方出现了丧失所有权的可能,如第三人对房屋主张所有权、房屋将被司法拍卖等。由于出租方对房屋若丧失权利,则承租人支付租金的对象将随之发生变化,继续向原出租方履行合同义务将使承租人承担不必要的风险,故其可行使不安抗辩权至房屋确定产权归属止。

(2)次生权利瑕疵

次生权利瑕疵,是指出租方出租房屋的权利来源于他人(包括转租、行纪等),但在合同履行过程中,出租方可能会丧失该权利基础,如出租方与所有权人签订的租赁或行纪合同将届满、所有权人欲提前收回房屋等。在该情形下,作为次生权利人的出租方与承租人之间的合同存在无法继续履行之虞,承租人自然可行使不安抗辩权。

(二)承租人举证和行使权利的特殊要求——不安抗辩权行使的时间维度

前文提到,房屋租赁合同履行的阶段性提高了承租人的举证要求,在承租人就对方丧失履约能力举证的同时,还对其举证提出了时间维度的要求,且强调对行使不安抗辩权时间节点的把握。述及这一问题需将承租人在行使不安抗辩权时出租方已丧失履约能力与可能丧失履约能力两种情形稍作区分。

1. 出租方已丧失履约能力

承租人行使不安抗辩权时出租方已丧失履约能力只出现在少数履约能力尚有

恢复可能的情况下,如因房屋内部设施出现可被修复的损坏导致一时无法使用。在该情形下,丧失履行能力的发生及其时间节点均已固定,承租人取证难度较低。一般而言,承租人已支付此类事由发生阶段的租金,故已无法就该阶段的给付义务主张不安抗辩,只得从下一履行阶段起主张不安抗辩至事由消灭或合同终止。

2. 出租方可能丧失履约能力

承租人举证的难度主要体现在该情形下。一方面,可能丧失履约能力作为一项尚不确定发生的事实,其举证本就是所有双务合同中不安抗辩权行使的难点;另一方面,基于房屋租赁合同履行的阶段性,即便承租人获得了出租方将丧失履约能力的证据,却无法确定其何时发生,贸然地行使权利拒付租金,依然有承担违约责任的风险。故唯有在承租人同时掌握时间上的证据(如房屋被征收前的拆迁公告、转租人与房屋所有权人签订的合同期限等)的情况下,方有权拒付该时间节点所处阶段及此后的租金,直至事由消灭或合同终止。当然,若事由发生的时间节点在承租人取证后发生了其预料之外的变化,则承租人仍无须为拒付租金承担违约责任。

四、房屋承租人不安抗辩权的效力外延

根据我国《合同法》第 68 条和第 69 条之规定,不安抗辩权的效力包括延缓型抗辩权的基础效力及其衍生的后履行方再抗辩权、合同解除权三方面的内容。故房屋承租人不安抗辩权的效力亦包括该三方面内容。

(一)延缓型抗辩权的基础效力

不安抗辩权作为延缓型抗辩权,“并不能达到使对方请求权消灭的后果,而只是暂时性地中止履行合同义务”,[①]故依其本质具备的基础效力即合同义务的中止履行,阻却了迟延给付的违法性。具体到房屋承租人的不安抗辩权,则是其可暂缓租金的支付而无须承担迟延责任。承租人不安抗辩权基础效力的特殊性表现在特定条件下其部分内涵的转化上。

在一般的双务合同中,合同中止履行后,不安抗辩权人暂时无须承担其已届履行期之义务,且嗣后亦不负违约责任,但若后履行方恢复履约能力或提供相应担保,仍需完全地履行合同义务。故归根到底,一般双务合同的中止履行,其后果仅仅是不安抗辩权人正当地享有了迟延履行之权利,若合同恢复履行,不安抗辩权自然消灭,不安抗辩权人亦需应后履行方之请求完全履行合同义务。

而在房屋租赁合同中,基于出租方给付义务的持续性,在不安抗辩权事由影响了承租人对房屋按租赁用途正常使用的情况下,即便嗣后合同恢复履行,不安抗辩权自然消灭,但不安抗辩权的部分内涵已经转化为永久型抗辩权,以对抗出租方对应部分租金的给付请求权。

(二)后履行方再抗辩权

根据《合同法》第 69 条之规定,若合同的后履行方恢复履行能力或为合同履行

---

① 崔建远、韩世远:《债权保障法律制度研究》,清华大学出版社 2004 年版,第 192 页。

提供了适当担保,则不安抗辩权人应当恢复履行。该条款即后履行方针对不安抗辩权的再抗辩权。

笔者认为,房屋租赁合同中再抗辩权行使的特殊性就在于:在出租方已经丧失履行能力的情况下(如房屋在承租人行使不安抗辩权时已无法正常使用),即便出租方提供履行担保,亦无法行使再抗辩权。其一,出租方给付义务是持续性的,而非将来性的,履约担保的作用无法及于已发生的出租方未给付的事实;其二,房屋租赁双方的给付义务均为可分之债,因出租方在丧失履行能力期间未履行合同义务,如前文所述,承租人拒绝支付该区间租金的抗辩已转化为永久型抗辩,排除了再抗辩权的产生。

房屋租赁合同相较一般双务合同的另一项特殊性在于再抗辩权取得的前提——即"适当"履约担保的意义被强化了。在一般双务合同尤其是后履行方承担的是给付金钱义务的合同中,提供履约担保足以激励后履行方促成合同的正常履行,不安抗辩权人未必须行使担保权寻求救济。但在房屋租赁合同中,基于标的物的特定性,履约担保激励出租方正常履行的作用被诸多客观因素弱化了(如房屋可能灭失的情形),承租人事后行使担保权寻求违约救济的可能性大大增加。故何为"适当"履约担保问题的探讨对房屋承租人的权利保护更具意义。

(三)合同解除权

传统的民法理论认为,抗辩权的作用在于"对抗"、"反对",阻止他人行使权利,是一种不带任何攻击性的防御性权利。[①] 作为一项带有攻击性质的权利,合同解除权可否被纳入不安抗辩权的效力范畴历来存有争议。但为了避免抗辩权行使导致合同履行长期停滞,无论是我国《合同法》或是代表大陆法系债法发展新成果的《德国债法现代化法》均将合同解除权纳入了不安抗辩权制度,[②]将合同解除权作为不安抗辩权人的终极武器,若后履行方在合理期限内未能取得再抗辩权,则其可径行解除合同。

不安抗辩衍生的合同解除权在房屋承租人不安抗辩权行使过程中体现的特殊性,主要在合同解除的法律后果上。以买卖合同为代表的双务合同,合同的解除是有溯及力的,解除后双方须恢复至合同成立前的状态;而对房屋租赁合同而言,基于出租方给付义务的持续性和履行义务的阶段性,合同解除并无溯及力。承租人无权要求出租方返还其已支付的租金,在行使不安抗辩权后仍得正常使用租赁房屋的,还须支付租金至合同解除日止,再依合同结算和清理条款确定违约责任。

---

① 刘影:"不安抗辩权与预期违约制度论述",载《理论前沿》2006 年第 23 期。

② 德国新债法中规定:"先给付义务人可以确定一个合理的期限,作为其给付的交换,另一方须在该期限内选择为对待给付或者提供担保,期限届满而无效果的,先给付义务方可以解除合同。"参见邵建东、孟翰、牛文怡译:《德国债法现代化法》,中国政法大学出版社 2002 年版,第 58 页。

“房屋使用费”的形而上之辨

——从语义学的视角解读“房屋使用费”概念的异化与复归

暨秉恒*

【提要】虽然未曾被立法创设,但“房屋使用费”一词在我国的司法实践中应用已久,属于为判决援引的高频词汇。笔者在剖析围绕“房屋使用费”产生的若干争议时却发现,这些争议共享着相同的发生根源。由于“房屋使用费”概念在司法的实践应用中为顺应需求发生了一定的形变,法官在解读时出现了多元化的视角,进而陷入了“语义学之刺”的困境。最后笔者仍依循语义学上的线索,提出了一些可能的化解争议的解决方案。

【关键词】房屋使用费　房屋租赁合同　语义学

对于我国的法院而言,“房屋使用费”是一个熟悉而陌生的词汇。说熟悉,是因为该词汇在审判实践中的使用之频繁;说陌生,则是因为该词汇在审判实践中的理解之驳杂。笔者在查找与“房屋使用费”相关的文献时发现,虽多有援引此概念作为陈述工具者,但却全无一例试图深入剖析解构其概念。或是由于未作考究,或是由于考究者暗觉概念解析并非必要,在此笔者愿抛砖引玉,就我国司法实践应用已久的“房屋使用费”之概念提出一些浅陋的看法。

一、无中生有——“房屋使用费”概念的由来

在民法的理论体系中,“房屋使用费”一词从来都不是固有概念。遍览我国立法,亦并无法律明确创制这样的一个术语。但不知从何时起,“房屋使用费”这一用语开始在我国房产类案件的司法判决中遍地开花,①在房产类案件的责任认定上发挥着举足轻重的作用。

那么从严格的语义角度解读,“房屋使用费”一词应当具有怎样的意义?司法实践创设该词又是基于何样的现实需求?司法实践中的“房屋使用费”概念与其应然之义相比,又产生了何样的“形变”?这无疑是几个值得探究的有趣命题。

(一)“房屋使用费”概念应然的逻辑构造

虽然笔者始终未曾于成文的法条中觅得“房屋使用费”的影踪,不过从一些规

---

* 暨秉恒,上海市黄浦区人民法院民四庭法官助理。

① 在中国法院裁判文书库中以“房屋使用费”作为全文关键词检索,可搜到法律文书共计3695篇,其中甚至有检索标题中即标示为“房屋使用费纠纷”的案件,如上海市第一中级人民法院审理的上海健隆餐饮娱乐总汇与上海南方企业(集团)公司房屋使用费纠纷案、广东省广州市中级人民法院审理的梅文康与罗耀桂房屋使用费纠纷上诉案等。

章和司法解释中可见与之相仿的一些概念,如财政部印发的《物业管理企业财务管理规定》第6条[①]及《最高人民法院关于审理城镇房屋租赁合同纠纷案件具体应用法律若干问题的解释》第5条规定[②]等。其中,前者运用的近似表述是"房屋有偿使用费",而后者运用的表述则是"房屋占有使用费"。结合这些略显零散的规定,兼从严格的语义角度考量,我们不难梳理出"房屋使用费"这一概念应有的逻辑构造。

1."房屋使用费"="房屋"+"使用费"

所谓使用费,是物之使用人基于对物天然的使用价值[③]的摄取而应向物之权利人或占有人支付的对价,而"房屋使用费",则是发生于"房屋"这一特定标的物之上的使用费,是房屋之上抽象的使用利益的现实转化。

2."房屋使用费"的占有性

"房屋使用费"的发生有赖于房屋使用人对于房屋的现实占有,对房屋使用价值的摄取应当是通过占有而实现的。故房屋因侵权等因素而空置产生的损失并不属"房屋使用费"概念的调整范畴。

3."房屋使用费"的有偿性

"房屋使用费"是房屋天然的使用价值在货币尺度上的转化,是使用人在使用房屋后应当支付的对价。故使用人无偿借用、看管房屋等行为均不会产生"房屋使用费"。

(二)"房屋使用费"产生的现实需求

既然从严格的语义角度考量,"房屋使用费"一词即为发生于"房屋"这一特定标的物之上的使用费,那么基于租赁合同发生的固有的"房屋租金"的概念亦是房屋使用费的一种,且属其下位概念。然而,房屋租金的概念仅可调整那些基于双方当事人合意发生的房屋使用费,司法实践中仍存在房屋租金概念无法调整的领域,即并无有效合同作为基础的区间发生的使用费。也正是基于此,目前的司法实践希望通过对"房屋使用费"概念的使用来填补上述以租金之概念无法规制的空白领域。

(三)"房屋使用费"概念在司法领域的"形变"

考察涉及"房屋使用费"的判决书样本,笔者发现,司法实践在创设"房屋使用

---

① 《物业管理企业财务管理规定》第6条规定:"企业支付的管理用房和商业用房有偿使用费,经业主管理委员会或者物业产权人、使用人认可后转作企业代管的房屋共用部位维修基金;企业支付的共用设施设备有偿使用费,经业主管理委员会或者物业产权人、使用人认可后转作企业代管的共用设施设备维修基金。"

② 《最高人民法院关于审理城镇房屋租赁合同纠纷案件具体应用法律若干问题的解释》第6条规定:"房屋租赁合同无效,当事人请求参照合同约定的租金标准支付房屋占有使用费的,人民法院一般应予支持。当事人请求赔偿因合同无效受到的损失,人民法院依照合同法的有关规定和本司法解释第九条、第十三条、第十四条的规定处理。"

③ 之所以采用马克思政治经济学上使用价值的概念作为定义的基点,而非法律意义上的物的使用、收益权能,是为了在概念中更好地收容违法建筑等所有权制度的弃儿。

费”概念的同时,还希望通过对其语义的再发现促使其更进一步地适应司法的现实需求。这也导致了“房屋使用费”的应有之义在司法领域发生了一定的“形变”:一方面,“房屋使用费”的元语境被人为地压缩了。司法实践褫夺了“房屋使用费”依其元语义拥有的大片疆土,将其拘束在一个更为狭隘的语境中,使之与租金的概念并驾齐驱,调整范围仅及于房屋租金概念丧失功能的领域。但另一方面,“房屋使用费”的内涵却有所扩张。我国司法试图以“房屋使用费”一词为无有效合同作为基础的区间内所有可能发生与房屋使用权益相关的主张提供一种统一化的司法用语策略,这也为房屋使用费语义的异化埋下了伏笔。这种统一化倾向在合同领域表现得尤为明显:在超期租赁的案件中,法院关于超期费用的判决几乎清一色地使用了“房屋使用费”的概念,而非要求承租方为其逾期搬离的行为承担相应数额的违约责任。在侵权领域,这种统一化的倾向则相对谦抑:这主要是由于“房屋使用费”概念的占有性使因侵权导致房屋空置的案件中移植“房屋使用费”概念存在语义上的障碍,故在此情形下,司法转而创设了“房屋租金损失”、“房屋空置损失”等概念。不过,在使用人侵权并使用房屋的情形下,仍可见“房屋使用费”概念发挥着重要功能。①

二、争议的表象——若干有关“房屋使用费”的争议实例

在对“房屋使用费”概念的产生脉络和内涵作初步探讨后,为揭示“房屋使用费”在实践应用中出现的问题,笔者谨列举几个涉及“房屋使用费”的典型案例②中呈现的争议。

案例1:关于诉讼时效

甲与乙签订房屋租赁合同,乙延付租金,后合同到期,乙仍在使用租赁房屋。甲在合同到期后2年向乙主张租金及合同期满后发生的房屋使用费,乙提出诉讼时效抗辩。就房屋使用费的诉讼时效期间是否应等同于租金,审判实践中发生了争议。第一种观点认为,房屋使用费应当参照适用租金诉讼时效一年的规定,因为两者的法律性质一致,都是房屋承租人占有使用房屋应向出租人支付的对价,两者的差异仅是因房屋租赁合同效力问题而导致的称谓不同,如果适用不同的诉讼时效,有违民事活动的诚实信用及公平原则。第二种观点认为,房屋使用费不适用租金诉讼时效一年的规定,因为诉讼时效需由国家法律明确规定,上述司法解释未明确规定房屋使用费是否适用租金诉讼时效,因此房屋使用费的诉讼时效期间应适用一般诉讼时效2年的规定。

---

① 例如北京市第一中级人民法院审理的(2013)一中民终字第14311号周建敏与全三龙占有保护纠纷上诉案中,全三龙非法侵占并使用周建敏房屋,一审、二审法院均判决要求全三龙向周建敏支付房屋使用费。

② 案例1、案例2、案例3分别改编自上海市浦东新区人民法院、上海市黄浦区人民法院、上海市第二中级人民法院审理的案件,所列争议亦确有其实。为更好地服务本文主题,对于具体案情稍有改动。

案例2:关于责任竞合

甲与乙签订房屋租赁合同。后甲因乙拖欠租金,单方行使解除权解除了合同。在合同解除一段期间后,乙与丙发生了经济纠纷,丙向法院起诉并将乙遗留在租赁房屋处的固定装饰物查封。甲向法院起诉请求确认双方合同解除,并请求判决乙支付至丙申请查封之日止所欠的房屋租金及房屋使用费。法院下判后,甲又向法院提起诉讼,以乙、丙共同侵犯其对系争房屋享有的物权为由向法院提起诉讼,要求乙、丙连带赔偿其自丙查封之日起至乙将物品全部搬离房屋之日止的房屋租金损失。针对该案件,第一种观点认为,甲在后案起诉的房屋租金损失的实质即为乙逾期搬离产生的房屋使用费,既然甲在前案中已选择了要求乙承担违约责任,则理应在前案房屋租赁合同纠纷中一并诉请处理,但甲并未主张,故根据侵权责任与违约责任竞合以及一事不再理的原则,不应支持甲在后案中的诉请。第二种观点则认为,甲在后案中主张的"房屋租金损失"固然是房屋使用费的一部分,但其在两个案件中主张的是不同阶段的权益,时间维度的天然分离使得本案并不涉及侵权责任与违约责任竞合的问题。甲针对两个阶段的损失均有权选择更有利于其权益实现的方案分别起诉。

案例3:关于债的给付

甲将房屋出租于乙,乙转租于丙,后甲、乙双方合同到期终止,乙、丙之间的合同亦随之终止,对于自甲、乙和乙、丙双方合同终止之日起至丙实际返还房屋之日的房屋使用费,丙应向何人支付的问题,实践中形成了几种观点。第一种观点认为合同终止后,若甲未基于物上请求权向次承租人丙直接主张有关权益,而是仍然依据租赁合同关系向承租人乙主张返还租赁物并支付使用费,则乙可基于与丙之间的转租关系、丙继续占有租赁物的状态等进而要求丙迁让,乙仍可按约定的转租租金标准向丙收取使用费。[1] 另一种观点则认为,乙在解除合同后于系争房屋已无任何权益可言,故无权要求丙向其支付房屋使用费,而乙并未实际使用房屋,故甲不能要求乙支付房屋使用费,而应当直接要求丙支付房屋使用费,费用标准参照上海市高级人民法院发布的《关于处理房屋租赁纠纷若干法律适用问题的解答(一)》第二部分第10条规定[2],可以是租赁合同租金、转租合同租金或市场租金三个标准。

三、争议的实质——一个语义学上的幻象

(一)概念异化:不同视角下呈现的"房屋使用费"

在笔者看来,上述几个案例中的争议主题看似风马牛不相及,实则分享着相同

---

① 王怡红:"转租合同终止后次承租人占有房屋使用费的处理",载《人民司法》2012年第6期。

② 根据《关于处理房屋租赁纠纷若干法律适用问题的解答(一)》规定,次承租人逾期返还房屋的使用费一般有租赁合同的租金、转租合同的租金、市场租金三个标准,出租人任选其一,应当支持,似乎是支持了该案争议中的第二种观点,即由丙直接向甲支付房屋使用费。

的发生机理。虽然我国司法试图以“房屋使用费”一词为无有效合同作为基础的区间内所有可能发生的主张提供一种统一的司法用语策略。但与初衷相悖的是,这一看似美好的统一策略却直接导致了实践中法官在解读和应用“房屋使用费”一词时,出现了多元化的视角:一方面,“房屋使用费”一词应然的元语义在法官的心中仍占有一席之地;另一方面,“房屋使用费”实然的调整区间亦是违约之债、侵权之债与不当得利之债角逐的战场,法院判决认定的“房屋使用费”的性质往往带上了这三者的影子。

1. 元语义视角

元语义视角即是从前文所探讨的房屋使用费的元语义出发,将房屋使用费界定为房屋之使用人基于对房屋天然的使用价值的摄取而应向房屋权利人或占有人支付的对价,并将之视为房屋租金的上位概念。元语义视角实际上已经突破了司法实践中对“房屋使用费”使用语境的限制,在笔者看来,此种视角的产生是司法对“房屋使用费”的应然语义作限缩解读后必然会发生的反弹现象。

2. “违约之债”视角

“违约之债”视角即在房屋使用费的发生有前置的有效合同作为基础时,将司法上作限缩使用的“房屋使用费”解读为一种违约之债,认为在有效合同终止后产生的“房屋使用费”的实质是房屋承租人未及时履行迁离义务而应承担的违约责任。

3. “侵权之债”视角

“侵权之债”视角即将房屋使用人无因的使用行为视为一种侵权行为,继而将司法上作限缩使用的“房屋使用费”界定为一种侵权责任。但该视角需以房屋使用人存在主观上的过错为前提。

4. “不当得利之债”视角

“不当得利之债”即将司法上作限缩使用的“房屋使用费”视为一种不当得利,使用人的无因使用行为使其获得了一定的利益,又使得房屋的权利人或占有人享有的利益受到了削减,符合不当得利的构成要件。由于不当得利无须考量前置合同的因素,亦无须考量侵权法意义上的主观过错要件,故其似乎最能包容司法上作限缩使用后的“房屋使用费”概念的内涵。不过,依我国学界通说,不当得利请求权具有辅助性,仅限于当事人不能依其他请求权得到完全满足时,始能行使。① 在不当得利之债与违约之债、侵权之债发生竞合时,当以违约之债与侵权之债为优先。因而,“不当得利之债”的视角不但未在与另两者交锋中取得优势,反而在实践中相对罕见。

(二)“语义学之刺”:一个绝妙的隐喻

法律的语义学理论认为,判断法律命题的真假时应存在一个为争议者所接受

① 王利明:《民商法研究第4辑》(修订本),法律出版社2001年版,第600页。

的共同标准,倘若该共同标准事实上并不存在,或者人们可能对其本身即存有争议,则所有关于法律命题真假的争议都是毫无意义的,就如同当两个人谈到“bank”这个词时,一个人想到的是银行,而另一个人想到的则是河岸一样。正基于此,美国学者德沃金提出了“语义学之刺”的概念,他认为“法律上的争论是人们赋予同一语词以不同意义的愚蠢状态”。[①] 且不深究德氏的理论是否经得起推敲,但其对“语义学之刺”的表述正是本文所阐述的问题的绝妙隐喻。因为在笔者看来,前文列举的关于“房屋使用费”一词的争论均是无意义的。正是司法实践对“房屋使用费”所作的泛化解读,塑造了这样的一个语义学上的幻象,为争议的滋生提供了丰饶的土壤。

(三)语义学幻象的现实投影:针对三个案例的简要评析

本文所列三个案例实际上均缘起于对“房屋使用费”性质的不同解读,部分法官将其“房屋使用费”的元语义与其实现功能的不同语境杂糅在一起,才最终导致了不必要争议的发生。

1. 关于案例1

第一种观点实质上是依元语义视角对“房屋使用费”进行解读的,认为“房屋使用费”是包容租金的一个概念,并由此认为房屋使用费和租金的法律性质一致,应参照使用租金关于诉讼时效的规定。第二种观点则是立足于司法实践而否认了“房屋使用费”的元语义,将其作为与租金并列的迥异概念,故认为法律无明文规定的情况下应适用一般的诉讼时效规则。

2. 关于案例2

两种观点均将后案中甲诉请的“房屋租金损失”纳入了“房屋使用费”概念的调整范畴,认为房屋租金损失的实质即为乙逾期搬离产生的房屋使用费。第一种观点以甲在前案已选择提起违约之诉为由将两案中的“房屋使用费”和“房屋租金损失”均界定为一种违约责任。而第二种观点则先站在元语义视角割裂了“房屋租金损失”部分与合同之间的联系,认为“房屋使用费”作为租金的上位概念,并不依赖于合同发生,自不能以“违约之债”的视角全然盖之,随后站在“侵权之债”视角认可甲以侵权责任的形式另行主张“房屋租金损失”。

3. 关于案例3

第一种观点是站在“违约之债”的视角将“房屋使用费”与合同相联系并界定为一种违约责任,故依据合同的相对性,合同终止后逾期归还房屋产生的损失应由

---

① 德沃金提出“语义学之刺”理论的初衷是对法律实证主义一贯坚持的法律判准模式提出挑战,哈特等学者对德氏的回应主要在于认为其混淆了概念的意义和适用概念的标准,人们可以在共享确定的法律概念体系的前提下根据不同的法律意义去探讨适用概念的标准。但后者也不可否认,一个确定的法律概念体系是一项言之有物的法律争议发生的前提。参见李锦:“语义学之刺及其解决方案”,载《北方法学》2009年第3期。

乙、丙各向合同相对方承担。第二种观点则是站在“侵权之债”的视角,认为“房屋使用费”是甲的房屋被与其无合同关系的丙侵占而产生的损失,故应由侵占人丙直接向权利人甲为给付。两种观点中关于房屋使用费标准的差异也印证了这一点:前者认为乙应按租赁合同租金标准向甲支付房屋使用费,而按转租合同租金标准向丙收取房屋使用费;后者则认为甲可以择租赁合同租金、转租合同租金或市场租金之一向丙收取房屋使用费。

4. 小结

从深层探究以上三个案例争议的发生机理,我们可以发现对“房屋使用费”所作的异化解读如幽灵般贯穿始终。可以说,如果司法实践并未尝试以“房屋使用费”这一概念实现一种统一的司法用语策略,或者对于“房屋使用费”的概念有一个更为清晰的界定,这些争议就不会发生。

四、破而后立——“房屋使用费”功能的再实现

那么该如何化解“房屋使用费”概念异化带来的争议?在此笔者欲在题外提及法律在语义学上存在的一个固有问题:语言天然的开放结构及其可能带来的规则的模糊性问题。日常语言总是充满了模糊和歧义,一个语词可以与不同的具体指称发生联系,而相关语词被法律所吸纳时,即可能产生一定的争议。例如,法律规定“禁止所有车辆驶入步行街”时,将一般的机动车和非机动车包括在内并无多大争议,但对于儿童骑行的玩具车或带有动力装置可高速行驶的轮椅是否应包含在内,则可能出现分歧解读。为了化解语言开放结构带来的模糊性问题,大致有三种方案可供选择:一是精确界定法律术语内涵的“法律术语方案”;二是寻找正确法律解释规则的“语法与解释规则方案”;三是基于克里普克与普特南发展的“直接指称理论”而提出的“指称理论方案”。①

回观本文所揭示的“房屋使用费”概念异化问题,不难发现其与语言的开放结构问题有着高度的共性,两者均会导致概念化争议的发生,所衍生争议的发生机理亦同,区别不过在于后者为天然形成,而前者却由人为引致。由此,笔者认为可以参考前述三种方案来解决本文的问题。

(一)三种可能的方案

1. 法律术语的重构

第一种方案即通过更妥帖的法律修辞来化解概念的不确定性,寻找一个更合适的法律术语来取代“房屋使用费”的地位以消除歧义。

2. 语法解释系统的完善

第二种方案即是寻找到一套完善的语法解释系统,以促使法官在不同个案的探讨中对“房屋使用费”概念包容的不同含义作切合实际的解释。

---

① 陈坤:“法律、语言与司法判决的确定性——请义学能给我们提供什么?”,载《法制与社会发展》(双月刊)2010 年第 4 期。

3. 概念指称的再定位

第三种方案即摒弃“房屋使用费”这一统一的司法用语策略，将“房屋使用费”调整区间内的所有指称与相关概念一一对应以消除歧见，换言之即直接将相关案件中的“房屋使用费”径行以违约责任、侵权责任或不当得利盖之。

（二）“房屋使用费”概念功能的再检视

在考察上述三种方案的合理性之前，首先要做的事无疑是对当前“房屋使用费”概念在司法实践中发挥的作用形成一个清晰的认识。

结合前文的线索，不难发现“房屋使用费”的功能不外乎有二：一是“补漏”，即为了填补房屋租金概念无法调整的领域——并无有效合同作为基础的区间产生的使用费这一空白；二是“偷懒”，以“房屋使用费”作为上述区间产生费用的通用语词，法官就不必再费神去思考该笔费用是何性质，径行以“房屋使用费”的名目判决即可。

1. “补漏”功能

我们真的需要“补漏”吗？合同解除或到期终止，立法上有违约责任或侵权责任的概念发挥功能；合同无效，立法上有不当得利的概念发挥功能；无合同，立法上又有侵权责任或不当得利的概念发挥功能。由此观之，所谓的房屋租金概念无法调整的领域，未必是一片空白。

2. “偷懒”功能

在消除歧见的现实需求下，我们还能“偷懒”吗？“偷懒”功能本就是在不去深究“房屋使用费”实然的深层含义的前提下实现的。但若争议发生，法官们仍需从不同的视角去探究“房屋使用费”的深层含义，此时“偷懒”功能似乎也就失去功用了。

（三）对第一、二种方案的评价

先看前文提及的前两种方案。第一种方案固然能消弭“房屋使用费”元语义带来的干扰，但仍无法解决“房屋使用费”实然调整区间语义的多元化这一根源问题，司法实践选择的“房屋使用费”不能实现功能，即便绞尽脑汁替换一个全新的傀儡，亦属“治标不治本”、“换汤不换药”。第二种方案有一定的合理性，但如此一来，在个案中法官均须探究“房屋使用费”的深层含义以作出合理解释，“偷懒”功能便无法实现，那么为何还要固守“房屋使用费”这一个空架子？如此一来，无异于人为地先刻意制造维度性的差异，然后想方设法地从语用学角度寻求消弭差异的方案，赋予不同视角下的语言以共识性的解读，因此倒不如采用第三种方案。当然，如果考虑到司法实践此前长期使用“房屋使用费”形成的惯习，采用第二种方案也未尝不可。

（四）概念指称的再定位——一个合理的选择

如前所述，既然“房屋使用费”的“补漏”功能与“偷懒”功能皆属虚妄，那么第三种方案无疑是合理的选择。

且让我们依此方案对前文列举的三个案例作出最终的判断。在案例 1 中,倘使法官意识到“房屋使用费”在该案中应用的实质并非租金的上位概念,而属违约责任之债时,自会毫不迟疑地认定其应适用一般请求权 2 年的诉讼时效。在案例 2 和案例 3 中,倘使不存在“房屋使用费”这样一个概念,则法官必会依一般的责任竞合原则处断案件,权利人可以选择提起违约之诉或侵权之诉,而一旦提起,则不得任意变更或重复起诉。故案例 2 中甲既已在前案就合同履行提起违约之诉,自不能就违约之诉所涵盖的部分损失另行提起侵权之诉,而案例 3 中出租人甲可选择依合同向乙提起逾期交还房屋的违约之诉,亦可径行向丙提起侵权之诉,若甲选择向乙提起违约之诉,则乙应有向丙追偿之权利,根本并不存在甲在乙未使用房屋的情况下就不能向其主张“房屋使用费”之说。

由此可见,当我们破开“房屋使用费”概念的枷锁,径行在个案中以违约责任、侵权责任或不当得利的视角看待其中的“房屋使用费”,前文列举的“房屋使用费”领域出现的概念化的争议均可一一得到妥善的化解。

五、结语

“房屋使用费”一词属房产类案件判决援用的高频词汇,由之引发的争议或也不仅仅局限于笔者搜集并罗列的这些争议,但被笔者发现的争议无一不可归入概念化争议的范畴。笔者撰文的主要目的在于指出此类争议的存在及其实质并提出可能的解决思路。不过,从整体来看,因“房屋使用费”而发生争议的案件仍属少数,其在众多未出现争议的案件中的应用也确为司法实践带来了一定的便利,故本文揭示的微瑕究竟是否掩瑜,乃至“房屋使用费”概念应存或应废,是一个更为宏大的命题,仍须作进一步的探讨。

(五)婚姻家庭篇

子女最佳利益的判断标准

——以离婚案件中子女抚养关系的确定为研究视角

金民珍　张　莹*

【提要】目前,我国婚姻家庭立法存在立法理念滞后、法律规定笼统、陈旧、缺失等法律困境。我国立法应借鉴发达国家的立法经验,尽快确立"子女最佳利益"原则,综合考量主要照顾者、尊重未成年子女意愿以及精神因素为主的原则,在立法中直接规定判断子女最佳利益需考量的父母、子女、环境等因素,同时从反面规定父或母不宜与子女共同生活的情形,并根据不同年龄阶段未成年子女的特性来确定最佳利益的具体判断标准,为法官的司法裁量提供客观的、可操作性的依据。此外,还需将离婚案件中父母双方无争议的子女抚养问题,纳入司法审查范畴,以确保未成年子女最佳利益的实现。本文对确定抚养关系的案件审理中集中争议焦点,约束法院自由裁量权的行使等方面也提供了一定的借鉴。

【关键词】离婚案件子女抚养　最佳利益

从家族本位到子女本位、从家长决定子女命运到子女最大利益原则,始于20世纪下半叶的亲子关系立法改革已带动了世界各国在此领域的立法变革。反观我国婚姻家庭法律制度,我国虽已加入《儿童权利公约》,但受传统法律观念和立法理念的影响,相关立法仍是以父母权利为视角,并没有真正确立"子女最佳利益原则",极不利于未成年人权益的保护。本文试图从离婚案件中子女抚养关系的判断标准切入,对如何在父母离婚时实现子女最佳利益谈一点粗浅的看法。

一、举步维艰:实现子女最佳利益的法律困境

(一)法律理念滞后,无法充分地保障子女权益

我国《婚姻法》以及《最高人民法院关于人民法院审理离婚案件处理子女抚养问题的若干具体意见》(以下简称《意见》)等相关法律、司法解释中均体现了对未成年人权益保护的理念,但也仅仅是给予一般保护,并未体现子女最佳利益。2006

* 金民珍,上海市黄浦区人民法院党组成员、副院长、审判委员会委员;张莹,原上海市黄浦区人民法院政治部审判员。

年12月修订的《未成年人保护法》第3条规定“未成年人享有生存权、发展权、受保护权、参与权等权利,国家根据未成年人身心发展特点给予特殊、优先保护,保障未成年人的合法权益不受侵犯”,以立法的形式确认了对未成年人的合法权益予以优先保护的原则。但“权益优先”并不等同于“权益最佳”,该种方式的保护实质上依然是在父母本位的立法框架内,并未超出父母权利的规制,且该原则也尚未正式引入我国婚姻家庭法领域。综上所述,我国采取的仍是“父母本位”的立法理念,在这种立法理念下,未成年子女的合法权益无法得到完善的保护。

(二)法律规定笼统,忽视子女最佳利益的实现

我国《婚姻法》第36条第3款规定:“离婚后,哺乳期内的子女,以随哺乳的母亲抚养为原则。哺乳期后的子女,如双方因抚养问题发生争执不能达成协议时,由人民法院根据子女的权益和双方的具体情况判决。”《意见》进一步规定:“两周岁以下的子女,一般随母方生活。母方有下列情形之一的,可随父方生活:(1)患有久治不愈的传染性疾病或其他严重疾病,子女不宜与其共同生活的;(2)有抚养条件不尽抚养义务,而父方要求子女随其生活的;(3)因其他原因,子女确无法随母方生活的。”从上述规定中可看出,对2周岁以下的子女,以随母方生活为原则,在特定情况下,才可随父方生活。该规定虽然在司法实践中极具操作性,但却未从正面规定判断或评估子女最佳利益的客观标准,忽视了子女最佳利益的实现。再如,《意见》中仅规定2周岁以上未成年子女抚养关系确定中法院应优先考虑的情形,但却同样未予规定确定抚养关系时需考量的因素及具体标准,导致法官在案件中无法客观、全面衡量子女最佳利益。

(三)法律规定陈旧,无法满足时代的发展需求

《意见》第3条关于已做绝育手术或因其他原因丧失生育能力的,以及无其他子女,而另一方有其他子女的情况下,对2周岁以上未成年的子女抚养关系确定可予优先考虑的规定,以及《意见》第5条关于父母双方对10周岁以上的未成年子女随父或随母生活发生争执时,才考虑该子女意见的规定,充分体现了父母利益的重要性,上述规定均是“父母本位”立法理念的体现。显然,在父母离婚自由与未成年子女权益保护的价值衡量中,我国相关法律规定选择的是前者。在司法实践中同样存在类似情形,对于子女抚养关系无争议的离婚案件,法官一般不对父母双方的抚养能力进行审查,亦不征求子女的意愿,即在子女抚养问题无争议时,对子女的利益持放任态度。上述司法实践中的操作方法导致子女利益在此类离婚案件中往往被忽略。使某些父母为了尽快离婚而在一定程度上牺牲子女权益的情形无法受到监管和规制。

此外,相关立法中未直接规定判断子女最佳利益的具体标准,导致法官在裁判时自由裁量空间过大,也为同类案件执法标准、结果不一埋下隐患。

二、综合考量:判断子女最大利益遵循的原则

(一)主要照顾者原则

主要照顾者原则是美国学理和司法实践中发展出的推定原则,所谓的“主要照顾者”是指“曾经对子女日常生活中的事实上需要提供最多关心注意的父或母,这些日常生活中的事实上需要包括:吃饭、洗澡、穿衣、睡觉,开车接送上下学或往返朋友家,健康上的照顾及生病时送医诊疗,与子女的朋友及老师联络接触……”[①]主要照顾者原则认为子女由日常生活中的主要照顾者抚养,才能实现“子女最佳利益”。该原则准确地反映了在日常生活中子女身心所主要依赖的对象,能够体现对子女抚养的稳定性和持续性,应当成为判断子女最佳利益的主要依据。但该原则亦存在局限性,在父母双方对子女进行分工照顾,或均未直接对子女进行照顾的情况下,法官无法判断主要照顾者,亦无从适用该原则,此时仍需结合其他原则来判断子女最佳利益。

(二)尊重未成年子女意愿原则

在确定抚养关系时,应当充分考虑有识别能力的未成年子女的意愿和情感。我国《民法通则》第12条第1款规定:“十周岁以上的未成年人是限制民事行为能力人,可以进行与他的年龄、智力相适应的民事活动。”《意见》第5条规定:“父母双方对10周岁以上的未成年子女随父或随母生活发生争执的,应考虑该子女的意见。”结合上述规定,我们认为,十周岁以上的未成年子女具有部分民事行为能力。他们具有一定的智力水平,对事物有一定的识别和判断能力,因此10周岁以上的未成年子女对于和父母何方共同生活,有自己的意愿和情感,对确定有利于自己的生长环境有一定的认知能力。故在抚养关系的确定中,从有利于子女健康成长的角度出发,法官应当充分尊重10周岁以上未成年子女的意见,使其能得到更好的关怀和照顾,以减少父母离异对子女心灵造成的伤害。

(三)精神因素为主原则

物质与精神同为子女成长所必需的因素,但在未成年子女的成长过程中,诸如父母对子女的关爱度,父母的道德品质,子女的意愿、性格等精神因素在子女性格的形成过程中至关重要,应当占据主导地位。即在判断子女最佳利益时,应当以能促进子女健康成长的精神因素为主要判断依据,物质条件仅是衡量父母双方抚养能力的标准之一。即使物质条件相对较差,但能够较好地在精神上、心理上给予子女关爱,依然应当被确定成为抚养者。

三、现实路径:子女最佳利益的具体判断标准

(一)子女最佳利益判断标准的比较法考察

1. 美国

1973年《统一结婚离婚法》第402条规定了法院在判断子女最大利益时应考

---

① 转引自王洪:“论子女最佳利益原则”,载《现代法学》2003年第6期。

虑的因素,包括:(1)子女的双亲或其中一方对于担任监护的意愿;(2)子女本身对于由谁担任其监护的意愿;(3)子女与父母、兄弟姊妹或其他任何可能重大影响其最佳利益之人间的互动与彼此关系;(4)子女对于家庭、学校及社区之适应;(5)所有牵涉在本事件内之利害关系人之心理及身体健康状况;(6)其他相关因素。①

2. 英国

1996 年颁布的《英国家庭法》第 11 条第(4)款规定:"法院在作出离婚或分居的指令应根据所悉证据特别注意以下事项:子女因其年龄和理解力而可能具有的意愿和感受,以及其表达的情形;当事人双方抚养子女的行为;以下一般原则若无相反证据,子女获取最佳利益的方式为:经常接触对其负有父母责任的人或家庭其他成员;与其父母尽可能保持一种持续的良好关系;任何因以下情形引起对子女的利益不利;与子女共同居住的人住在或打算住在何处;或与子女抚养相关的其他安排。"②

3. 德国

在确定子女最佳利益时,须考虑如下标准:(1)支持原则:行使未成年子女监护权的离婚父母一方,必须就其个人品格、能力、职业状况及其与子女间关系而言,能较好地照顾子女(尤其对年幼子女最好能亲自照顾),促其身心健康发展。对物质条件与精神支持而言,更应强调对子女在心灵上、精神上的支持。而父母经济之优劣则非考虑的因素。(2)继续性利益:子女监护权的归属,应使子女目前以及未来的教育、发展获得一致性。并注意子女与父母及兄弟姐妹的连续关系,子女上学受教育的环境、朋友关系及与祖父母关系等。(3)子女之意愿、年龄及性别,而子女的意愿则应考虑子女的年龄及动机等。(4)另有学者主张斟酌上述因素仍无法作出符合子女利益的决定时,可考虑婚姻破裂的原因(即有无过错)及离婚程序进行的状态等,如殴打妻子之丈夫,其教育子女的适格性受到怀疑。③

(二)子女最佳利益判断标准的本土化思考

如前所述,在发达国家的婚姻家庭立法中,大都遵循子女最佳利益原则,且为了使法官在判断时有客观化的标准,均直接规定判断子女最佳利益时需考量的具体因素,这些因素在一定程度上限制了法官自由裁量权的扩张,可将其归纳为以下四个方面:(1)父母的因素。包括生理状态、经济能力、对子女的关爱程度、违法犯罪行为、道德上的不当行为、对子女的不当行为等。(2)子女的因素。包括子女的年龄、性别、性格、意愿等。(3)环境的因素。包括受养育环境的稳定性、继续性,以及子女对家庭、学校、社区的适应情况。(4)其他因素。包括兄弟姐妹的相处情况,祖父母、外祖父母等近亲属对子女的照顾情况等。

---

① 王洪:"论子女最佳利益原则",载《现代法学》2003 年第 6 期。

② 李忠芳主编:《外国婚姻家庭法汇编》,群众出版社 2000 年版,第 111 页。

③ 陈惠馨:"比较研究中、德有关父母离婚后子女间法律关系",载《亲属法诸问题研究》,台北月旦出版公司 1999 年版,第 277 ~ 278 页。

诚然,要解决我国目前在子女最佳利益判断和子女权益保护上的困境,彻底转变“父母本位”的思想,完全确立“子女本位”的立法理念,我国立法还有相当长的路要走。通过近几年的司法实践,我们认为,我国一方面要借鉴其他国家成熟的立法和经验,另一方面也要结合我国婚姻家庭的传统,以及相关立法的实际情况进行综合考量。在婚姻家庭立法中增加如下规定:离婚案件中,人民法院在确定抚养关系时,应根据子女最佳利益原则,综合考虑以下情形:(1)子女的年龄、性别、性格;(2)10周岁以上有识别能力子女的意愿;(3)变更环境对子女的影响;(4)父母在抚养子女上的愿望;(5)父母的健康状况、对子女的感情以及经济条件;(6)子女与兄弟姊妹或其他任何可能重大影响其最佳利益之人间的互动与彼此关系。并同时从反面规定父或母不宜与子女共同生活的情形,包括:(1)患有久治不愈的传染性疾病或其他严重疾病,子女不宜与其共同生活的;(2)对子女有不当行为的;(3)有故意犯罪行为,并造成严重后果的;(4)有吸毒、酗酒、赌博等不良行为,不利于子女健康成长的;(5)其他不适宜与子女共同生活的情形。

此外,在涉及子女抚养问题时,父母的离婚自由在一定程度上要让位于子女利益,要将离婚案件中无争议的子女抚养问题纳入司法审查范畴,由人民法院审查确认子女抚养协议是否对子女利益造成严重损害。根据不同年龄阶段未成年子女的特性,界定具体标准如下:

1. 对子女抚养问题有争议的情形

(1)对于2周岁以下的子女,从有利于子女成长的角度出发,根据“幼年原则”,从保障妇女权益的角度出发,宜判决由母亲抚养,但同时要兼顾子女最佳利益。如果有下列情形的,可以随父方生活:①有抚养条件不尽抚养义务,而父方要求子女随其生活的;②因其他原因,子女确无法随母方生活的。

(2)对于2周岁以上、10周岁以下的子女,除考虑子女的意愿外,法官应根据前述具体标准来判断子女最佳利益。由于此年龄阶段的子女心智尚未成熟,对父母的依赖性较强,故在确定抚养关系时,除父母有不宜与子女共同生活的情形外,应遵循主要照顾者原则,以保证子女心理上的适应性以及成长的稳定性。

(3)对于10周岁以上的子女,法官亦应根据前述具体标准来判断子女最佳利益。由于此年龄阶段的子女已具有一定的识别能力和判断能力,因此子女的意愿在确定抚养关系时应当得到尊重。除父母有不宜与子女共同生活的情形外,如子女选择随生活困难的父或母共同生活,法官一般应当尊重子女的选择,但应当充分考虑子女成长过程中的各项合理需求,在法律规定的范围内,适当增加对方抚养费的给付数额。

2. 对子女抚养问题无争议的情形

在离婚案件中,一般情况下法院不对当事人无争议的问题进行司法干预。但在涉及子女抚养问题的离婚案件中,为保障未成年子女的合法权益,对于无争议的子女抚养问题,亦应纳入司法审查范畴。由人民法院审查确认父母双方达成的抚养协议是否存在严重危害子女利益的情形,即是否存在法律禁止的父或母不宜与子女共同生活的情形。如果人民法院在审查中发现上述情形,应对离婚双方当事人进行释明,并要求双方重新达成抚养协议。如果双方拒绝达成新的抚养协议,或者经磋商无法达成新的抚养协议,则抚养关系由人民法院审查确认。

四、结语

父母离婚时,对于未成年子女而言,其往往处于弱势地位,法官的判断可以说是维系其权益的最后一道屏障。我国要尽快在婚姻家庭立法中确立子女最佳利益原则,并规定判断子女最佳利益的具体标准,为司法裁判提供可操作性的、客观的依据,同时将离婚案件中无争议的子女抚养问题纳入司法审查范畴,以最大限度地保障未成年子女的合法权益。

(本文获2008~2010年度上海妇女儿童发展研究课题调研成果优秀奖)

困境儿童监护权暂时转移制度研究

金民珍　王婷钰　孙　琼*

强化对特殊儿童的援助是上海儿童发展"十二五"规划中的优先领域和目标策略。研究探索儿童监护权暂时转移制度,为遭受家庭暴力、事实上无人抚养等特殊情况下的儿童提供照料和保护又是强化对特殊儿童援助的工作重点。

近年来,我国对于监护制度的研究越来越多,监护的性质作为监护制度的核心问题也受到了广泛的关注。尽管对于监护的概念表述不同,但实质内容基本趋于一致,即现代监护制度越来越强调监护的义务性和职责性,监护权的性质已由"权力性"向"权利性"、"权责性"转变,监护已经演变为国家、社会、监护人的共同责任。

虽然,我国《未成年人保护法》规定,"对于父母或者其他监护人不履行监护职责或者侵害被监护的未成年人的合法权益,经教育不改的,人民法院可以根据有关人员或者有关单位的申请,撤销其监护人的资格;依法另行确定监护人。"但是,现实生活中对于事实上处于无人监护或者监护不当的儿童缺乏统一、有效的管理机构,没有确定专门负责未成年人监护的管理、监督、执行的政府及司法机构。

本课题组拟研究的对象为事实上无人监护或者监护不当的儿童。从监护权的性质出发,首先探讨监护权暂时转移的重要性及必要性,尤其是对于事实上无人监护或者监护不当的儿童尽快建立社会监护制度的紧迫性。随后,以我国现行的法律法规及实践操作作为出发点,探讨现行法律对于落实困境儿童监护权暂时转移不足的原

---

* 金民珍,上海市黄浦区人民法院党组成员、副院长、审判委员会委员;王婷钰,上海市黄浦区人民法院民一庭助理审判员;孙琼,上海市黄浦区人民法院民一庭法官助理。

因,即国家与社会监护没有完善的法律规范、缺乏监督主体及相应的资金支持、实践经验不丰富等。不难发现,我国的监护权法律规范尚不完善、监护制度较为原则,操作具有一定随意性、缺乏相关标准。最后,针对我国现有监护制度的不足,借鉴其他国家及地区的优秀经验并结合我国本土的实际情况,制定相关的政策及法律规范,完善困境儿童暂时转移制度,构筑监护人、社会、国家三位一体的监护制度。

一、监护权概述

(一)监护权概念

监护制度源自古罗马法中的"监护和保佐"制度。现代意义上监护制度对其进行了继承和完善,其核心内涵是通过监护人的力量对行为能力有缺陷的人获得利益能力的弥补。监护的概念可以分为广义和狭义,狭义的监护是将亲权排除在外,主要针对父母丧失了亲权甚至是失去了父母的未成年人而言的。广义的监护概念是将亲权和监护制度均包含在内,即另外增加了除了父母以外的人甚至是组织对未成年人的管理教养。我国《民法通则》中对未成年人的监护的规定采取了广义的概念。

(二)监护权之性质

监护究竟是监护人的权利还是监护人的义务?我国《民法通则》第18条第2款规定:"监护人依法履行监护的权利,受法律保护。"这一规定表明了监护的权利属性,即监护权即为亲属权,这种权利的产生是基于身份关系,对未成年人的监护制度其实是对亲属权的延伸和补充。但监护同时也应是一种社会职务,随着社会发展出现的新情况更多体现出社会责任的性质。正如梁慧星教授认为:"监护并不是一种权利,而是一种职责,且监护之内容转载保护被监护人的身体和财产,与身份权之内容在对人的支配上,无一致之处。"[①]可见,监护权的性质已由"权力性"向"权利性"、"权责性"转变,监护已经演变为国家、社会、监护人的共同责任。

(三)困境儿童的监护权

困境儿童,是指因各种原因暂时失去生活依靠的未成年人,包括事实无人抚养的儿童,父母服刑或戒毒期间的儿童、贫困家庭患重病儿童以及农村留守儿童。[②]"南京饿死女童事件"、"贵州毕节5名男童死在街头垃圾箱"、"贵州金沙父亲虐童",一件件触目惊心的事件将困境儿童的监护问题披露在社会面前,引起了社会各界的广泛关注与思考。本文研究的困境儿童范围主要包括父母服刑或吸毒期间的儿童、农村留守儿童以及长期滞留医院的病童。

二、现行监护权制度保护效能评析

基于父母与未成年人这一特定的身份关系,父母天然就是未成年子女的监护人。如父母健在,但其无力监护或者不愿履行监护职责时,其他个人或者组织对未

---

① 梁慧星:《民法总论》,法律出版社2001年版,第102页。

② 引自网络百度百科。

成年人的监护必须依据法律的规定及授权。现阶段,我国对于孤儿主要采取的养育模式有公民收养、家庭寄养、社会福利院集中养育等。但是,对于那些父母健在但实际上无人监护或者有监护能力但监护不当、侵害未成年人权益的,也就是前文所述的困境儿童,在收养、寄养或者福利院集中养育中存在各种制度及法律困境。

(一)监护人资格规定不甚合理

困境儿童之所以会陷入困境,主要原因就是监护人不适格,严重威胁到了未成年人的生活和成长。我国《民法通则》第16条规定:"未成年人的父母是未成年人的监护人。未成年人的父母已经死亡或者没有监护能力的,由下列人员中有监护能力的人担任监护人:(一)祖父母、外祖父母;(二)兄、姐;(三)关系密切的其他亲属、朋友愿意承担监护责任,经未成年人的父、母的所在单位或者未成年人住所地的居民委员会、村民委员会同意的。对担任监护人有争议的,由未成年人的父、母的所在单位或者未成年人住所地的居民委员会、村民委员会在近亲属中指定。对指定不服提起诉讼的,由人民法院裁决。没有第一款、第二款规定的监护人的,由未成年人的父、母的所在单位或者未成年人住所地的居民委员会、村民委员会或者民政部门担任监护人。"这条规定仅仅笼统地规定了监护人不适格情况出现时的应对方法,但是对监护人监护能力丧失的考量要件并没有作出具体的规定。《最高人民法院关于贯彻执行〈中华人民共和国民法通则〉若干问题的意见(试行)》(以下简称《民通意见》)第11条规定:"认定监护人的监护能力,应当根据监护人的身体健康状况、经济条件,以及与被监护人在生活上的联系状况等因素确定。"但这条规定并没有把监护人的生活背景、道德品质、文化素质、心理素质、不良嗜好等因素考虑在内。

困境儿童的处境往往是监护人没有监护能力。服刑或吸毒人员子女、农村留守儿童、滞留医院无人看护的病患儿童,他们的父母作为天然的监护人都是有监护资格的,从表面来看,他们的监护能力并没有丧失。以农村留守儿童为例,父母双方共同外出务工的情况增多,空巢老人帮忙照看孩子的热情及能力在下降,寄托在叔舅姑姨等亲戚家的情况增多,甚至邻居、学校老师也成为留守儿童被寄托的对象。但事实上,这种委托亲戚甚至是邻居、学校老师的行为,给留守儿童的安全带来诸多隐患。《未成年人保护法》第16条规定,父母因外出务工或者其他原因不能履行对未成年人监护职责的,应当委托有监护能力的其他成年人代为监护。《民通意见》第22条规定,监护人可以将监护职责部分或者全部委托给他人。因被监护人的侵权行为需要承担民事责任的,应当由监护人承担,但另有约定的除外;被委托人确有过错的,负连带责任。根据上述法律规定,受托人接受法定监护人委托后,成为留守儿童的受委托监护人,将承担监护人相应的权利和义务。但是在现实中,因为委托对象是亲戚或者学校的老师,这种委托监护都是无偿的,而无偿委托只要没有重大过错在发生侵权等行为时就可以免责。这就造成了留守儿童实际上无人监护,也成为困境儿童。同样的道理,"南京饿死女童"事件中,吸毒的父母均具有监护人的主体资格,但是怠于行使,甚至是蓄意制造险境,对未成年人的成长是危害极大的。但是现行监护制度的相关规定中,并没有相关规定可以强制剥夺父母的监护权,并将监护权进行转移。父母健在但无能力抚养或者不愿抚养的未成年人是存在的,但是监督监护人履行监护职能主体的缺失及监护权转移制度上缺乏具体可操作的规范流程。如"南京饿死儿童"事件中,孩子居住地的社区民警、邻居实际都了解孩子及其父母的情况,社区民警、邻居以及小孩的亲属也提供了一些帮助,但因无任何可操作的具体流程及法律依据,亦无对母亲是否已尽监护义务的专业认定,在孩子父母不愿意放弃监护权的情况下,民政部门或当地居委会亦不能强行将孩子送入儿童福利院抚养。

(二)困境儿童进入救助途径存在困难

《未成年人保护法》第43条规定,对孤儿、无法查明其父母或者其他监护人的以及其他生活无着的三类未成年人,民政部门设立的儿童福利机构应收留抚养。上述儿童福利院抚养的未成年人并不包括父母健在亦有监护能力但不愿履行监护职责的未成年人,也不包括父母侵害子女权益的情况(在父母带领下行乞的流浪儿童),亦不包括有监护能力的个人或者组织未尽监护职责的情况。处于困境之中的儿童,自我救助的能力是有限的,在监护人出现虐待等情况下,一般无法自救。困境认同进入救助的途径目前并无相关具体规定,即使其他亲属、居委会、社区民警等发现不利情况,除了定期走访、对监护人进行说服教育等方式,并没有其他可以将困境儿童送入儿童福利院的途径。监护人不适格的情况下,监护权是否能够转移以及如何转移,缺乏可操作的流程。

在上海市某区法院受理的一起居委会起诉要求变更监护人的案件①中,一名限制行为能力人的监护人拒不履行监护职责,拒绝办理接收限制行为能力人的手续,将其长期留置在部队。限制行为能力人户籍所在地的居委会向法院提起诉讼,要求撤销监护人的监护资格,将监护人变更为居委会。法院经过审理认为,从有利于被监护人合法权益的角度考量,由居委会担任限制行为能力人的监护人较为妥当,故支持了申请人的申请。该案例说明,在监护人不履行监护职责或者侵害被监护人合法权益的,有关人员或者单位可以申请法院撤销监护人资格。法律规定了相关的救济途径。《未成年人保护法》第53条规定,父母或者其他监护人不履行监护职责或者侵害被监护的未成年人的合法权益,经教育不改的,人民法院可以根据有关人员或者有关单位的申请,撤销其监护人的资格,依法另行指定监护人。被撤销监护资格的父母应当依法继续负担抚养费用。但对前述案件来说,由于限制行为能力人是在部队服役期间发病,在部队与市、区两级民政局、街道民政科多方协商的情况下,才得以转移监护权,实属特例。困境儿童所处的情况具有隐蔽性及私密性的特点,一般不易被外人察觉,即使有关亲属、居委会、社区民警等发现,也没

① (2014)黄浦民一民特字第80号。

有相应的评判机构对监护人是否具有监护能力作出判断。

(三)社会组织作为监护人缺乏可行性

即使困境儿童的监护权因为监护人的不适格,通过诉讼程序得以转移,但根据现行法律的规定,由未成年人的父、母的所在单位或者未成年人住所地的居民委员会、村民委员会或者民政部门担任监护人的这种情况在实际中缺乏可行性。这项规定既缺乏科学性和现实可行性,也与社会经济状况不符。单位充当监护人,显然是计划经济体制下的产物。在市场经济条件下,企业自身要生存,设置专职机构或专职人员来履行监护职责必然会增加企业的负担,增减企业的运营承办,单位充当监护人必然成为虚设。此外,村委会、居委会和民政部门作为监护人也缺乏现实可行性。村民委员会和居民委员会是基层群众自治组织,其自身没有独立的经费,也没有专职的工作人员,客观上不具有履行监护职责的能力。而民政部门作为国家行政机关,在监护等方面负担的只是宏观和政策指导上的。这些都将导致即使监护权转移给了单位或者部门,也不能有效地履行应有的职责。

三、监护权暂时转移制度的可行性

(一)制度的借鉴

1. 德国

根据《德国民法典》的规定,在监护涉及未成年人而又遇到无人监护的情形时,监护法官可将负担责任交给国家。涉及未成年人的,社会儿童援助部门应加以负责。

2. 美国

美国干预未成年人监护问题的制度与措施主要围绕以下三个方面:(1)美国政府实施了强制执行父母的抚养义务、救助困难家庭计划以及增进家庭安全和稳定的措施来帮助生活与困难家庭之中的未成年人;(2)政府和社会加强父母对如何教育子女方面的指导,以此来保障未成年人在家庭生活中的福利;(3)政府制定和实施了各种措施,建立收养、寄养等制度以帮助收到忽略和虐待的未成年人,如设立儿童局,并在其下设立了儿童忽略和虐待司,负责对遇有苦难的儿童承担起监护职责,专门解决儿童问题。

3. 我国台湾地区

在台湾地区,提起选定或者改定监护人的主题范围较广,包括未成年人、检察官、当地社会福利主管机关或者其他利害关系人。设置临时监护形式,在选定监护人确定之前,明确由当地社会福利主管机关为其监护人。此外,明确规定了监护人的不适格条件和接触资格的情形。

4. 我国香港地区

在香港,未成年人的当然监护人是其父母,当父母不能履行监护职责时,应当依法定的程序和条件选择他人为监护人。除父母外的任何人担任未成年人的监护人时,监护人可以通过法院的授权而取得适当的报酬。①

---

① 李澄路:"国家责任视野下未成年人监护权转移研究",西南交通大学 2012 年硕士学位论文。

（二）制度的展望

他山之石，可以攻玉。我们在建立具有中国特色的监护权暂时转移制度时，应当从我国本土实际出发，并借鉴一些国家及地区的优秀经验。

1. 尽快建立监护能力评估制度及细则

父母是否履行了监护职责是监护权是否需要转移的起点，所以应当尽快建立监护能力评估制度以及相关细则。本课题组认为应当以民政部门为主，结合相关研究机构尽快建立监护能力评估实施细则及标准。培养与发展具有专业化水平的监护能力、家庭环境评估的社工团队。明确能够做出监护能力评估的主体、评估所需时间、评估所需考虑的各项参数以及专业的评估报告。未成年人居住地的居民委员会或者村民委员会以及其他未成年人的其他近亲属有证据证明未成年人的父母监护不力时，可以向当地的民政部门提出监护能力评估申请。如评估报告认为未成年人的父母监护不力时，则父母对未成年人的监护权发生转移。

2. 尽快建立监护权撤销制度

明确由县级以上的民政部门作为监护权行使的监督主体。当监护能力评估认定父母监护不力时，由县级以上民政部门作为撤销父母作为监护人诉讼的申请主体，向人民法院提出诉讼。在撤销诉讼中，根据《民法通则》第 16 条规定的除父母外的其他监护人可以作为未成年人的临时监护人。在诉讼中，该临时监护人可以与法院指定的法律援助律师或者专业社工一起担任未成年人的法定代理人，帮助未成年人表达观点、缓解未成年人的紧张情绪，实现未成年人利益最大化。法院撤销未成年人父母的监护资格后，该未成年人除父母外的其他监护人可以依据《民法通则》第 16 条的规定担任其监护人。如未成年人无第 16 条规定的除父母外的其他人员担任未成年人的监护人的，在专业评估部门认定该未成年人的父母监护不力时，直接由该未成年人居住地或者户籍所在地的儿童福利机构作为其临时监护人，在法院撤销未成年人父母监护资格后，由该儿童福利机构担任其监护人。

3. 探索新型接受模式

对于成长在问题家庭环境中的未成年人，如何使其得到更好的照顾？特别是那些住进福利院的未成年人，如何让他们感受到家庭的温暖使其更好地融入社会生活？这些都是现实生活中必须解决的问题。我国现在正探索家庭寄养的方式，即将未成年人寄养到无血缘关系的正常家庭。这样能够使未成年人得到来自家庭的温暖，又能够使其更快地融入社会。当然，民政部门更应当给予这些家庭中的父母专业的指导及经济方面的补贴。

（本文获 2014 年上海市妇联妇女儿童理论研究优秀成果评比三等奖，
上海市黄浦区妇儿发展课题研究成果三等奖）

浅析审判实践中夫妻共同债务的认定

徐婷姿*

【提要】我国关于夫妻共同债务的法律规定散见于不同层级的法律条文和司法解释中,未相互印证,容易引发理解上的分歧,一定程度上影响了审判实务的执法统一。本文从梳理法条入手,以案例分析为辅,提出从立法至司法等各个层面完善我国夫妻共同债务制度的建议,以真正实现债权人利益和非举债方配偶利益的平衡。

【关键词】夫妻共同债务　认定规则　法律适用

一、立法审思:我国夫妻共同债务认定规则解读

夫妻共同债务的认定不仅涉及夫妻之间财产的调整,也涉及夫妻双方之外的债权人财产利益的保护。我国婚姻法律制度中并没有构建夫妻共同债务制度,只是在处理离婚财产分割问题时,提出了夫妻共同债务的推定规则。这些规则包括用途推定规则、合意推定规则和身份推定规则,①其中又有以下几种不同观点:

观点一,我国法律采取的是身份推定规则,即只要借贷发生于婚姻关系存续期间,就当然推定为夫妻共同债务,除非能证明债权人与债务人明确约定为个人债务,或者夫妻实行约定财产制且债权人知道。理由是:(1)婚姻关系的特殊性带来夫妻财政的混合而非独立,既然夫妻关系存续期间所得财产为共同财产,那债务(消极财产)也自然是共同债务,这样的认定也一目了然,有利于维护交易安全。(2)符合信息不对称的现状。夫妻共同生活、生产、经营的内部信息对作为局外人的债权人来说难以掌握,债权人与债务人双方处于信息极不对称的状态。基于此,法律才设计推定原则,免除债权人的举证责任。(3)《最高人民法院关于适用〈中华人民共和国婚姻法〉若干问题的解释(二)》(以下简称《婚姻法解释(二)》)第24条规定:"债权人就婚姻关系存续期间夫妻一方以个人名义所负债务主张权利的,应当按夫妻共同债务处理。但夫妻一方能够证明债权人与债务人明确约定为个人债务,或者能够证明属于婚姻法第十九条第三款②规定情形的除外。"该条取消了对"共同生活需要"的要件。

---

* 徐婷姿,上海市黄浦区人民法院民一庭审判员。

① 毛坚儿:"夫妻共同债务推定规则的应用",载《人民法院报》2013年8月28日。

② 该款规定:"夫妻对婚姻关系存续期间所得的财产约定归各自所有的,夫或妻一方对外所负的债务,第三人知道该约定的,以夫或妻一方所有的财产清偿。"

观点二,[①]身份推定规则是在夫妻共同生活需要大前提下的推定,即认定共同债务,除了债务发生时间在婚姻关系存续期间外,尚需用于夫妻共同生活。理由是:(1)《婚姻法解释(二)》第 24 条是对《婚姻法》第 41 条的进一步解释。《婚姻法》第 41 条明确规定:“离婚时,原为夫妻共同生活所负的债务,应当共同偿还。共同财产不足清偿的,或财产归各自所有的,由双方协议清偿;协议不成时,由人民法院判决。”可见,共同生活需要是认定夫妻共同债务的前提,否则会造成一方虚假债务、赌博等违法债务也被认定为夫妻共同债务的不公正后果。(2)从体系解释角度来看,《婚姻法解释(二)》第 23 条规定:“债权人就一方婚前所负个人债务向债务人的配偶主张权利的,人民法院不予支持。但债权人能够证明所负债务用于婚后家庭共同生活的除外。”该规定基于家庭共同生活需要的立法目的很明显,并无摒弃这一条件。(3)从利益平衡角度来看,仅凭夫妻身份就直接推定共同债务,容易滋生离婚分割夫妻共同财产时一方通过伪造债务损害另一方利益的情形,也违反了现代民法人格独立和自己责任的基本原则,对不参与法律行为负债的另一方来说极不公平,也违反了夫妻之间和睦信任的诚信基础。

观点三,[②]在夫妻关系存续期间,因“夫妻共同生活”、“夫妻合意”、“夫妻一方委托代理”三种情况引起的债务,应认定为夫妻共同债务。举债方应对“为夫妻共同生活”承担举证责任;[③]债权人应对举债方构成代理行为承担举证责任。此外,夫妻非举债方应对夫妻共同债务的两种例外情形(对债权人明知夫妻间约定财产独立,或者夫妻一方与债权人约定为个人债务)及非法债务(如赌资、进行非法经营等)承担举证责任。

笔者认为,观点一过于孤立机械地理解《婚姻法解释(二)》第 24 条,这种理解过于保护债权人利益,如观点二理由中所述,会在司法实践中带来大量的冲突与矛盾。同时,该观点将夫妻共同财产置于以夫妻一方名义所负债务的责任财产中,实质上切割了夫妻对共同财产的平等处理权,其合法性同样值得质疑。观点二从体系解释、目的解释、价值解释等角度出发,得出的观点更为合理,然而该观点不够全面。观点三在观点二的基础上进一步全面化、明确化,该观点除了将《婚姻法解释(二)》第 24 条与《婚姻法》第 41 条综合起来理解夫妻共同债务最通常的一种情形(同观点二)外,尚补充了夫妻合意及夫妻一方委托代理两种情形。1993 年《最高人民法院关于人民法院审理离婚案件处理财产分割问题的若干具体意见》第 17 条

---

① 蔡伟强:“论夫妻共同债务承担连带责任的民法学原理——兼评《最高院婚姻法司法解释二》第二十四条”,载《现代商贸工业》2014 年第 4 期;宋婧:“浅议民间借贷中涉及夫妻共同债务的认定”,载《法制博览》2014 年第 1 期。

② 许东劲、张剑文:“夫妻共同债务如何认定——郭 × × 诉潘 × 、杨 × × 民间借贷纠纷案”,载《法治论坛》2013 年第 4 期。

③ 审判实践中,婚姻关系存续这一事实大大弱化了举债方的举证责任,在许多案件中,非举债方往往为了证明该债务系举债方虚构或者用于个人挥霍而绞尽脑汁。

规定,凡夫妻双方名义所欠债务,或者虽以夫妻一方名义所欠债务但经过对方同意的,应当视为夫妻共同债务。该条规定包含了夫妻合意的规则,这种合意囊括了事前同意和事后追认两种情形。至于夫妻一方委托代理更为复杂,要区分日常生活需要和非日常生活需要,前者适用家事代理的有关规定,所产生的债务当然属于夫妻共同债务;后者所形成的债务符合民法上授权代理、表见代理规定的话,则构成夫妻共同债务。如《婚姻法解释(一)》第17条"他人有理由相信其为夫妻双方共同意思表示的,另一方不得以不同意或不知道为由对抗善意第三人"规定就体现了表见代理的内涵。观点三列举的三种情形在某些案件中可能会重合,但各自也有不同的适用范围,只要满足三者之一,就能构成夫妻共同债务。[①] 在审判实践具体认定时,可以采取顺位认定法,即首先看是否存在"夫妻合意",其次看是否满足"夫妻共同生活",最后看是否符合"夫妻一方委托代理",之所以采取这种顺位,是因为从举证难度来看,是依次递增的。当然,此处有必要对共同生活进行界定,"通常因居屋之租赁及修缮,庭园之整理栽植,夫妻及子女衣物之购买及修补,生活物资、药物及日常家用品之购置,报纸杂志之订阅,住室之装修,仆役之雇佣,疾病之医疗,家用车辆之维持"[②]属家庭共同生活的范畴,但对于一方经营需要所负之债,我们认为也不能一概排除于共同债务之外,因为夫妻关系存续期间,在正常情况下,一方经营所得属于夫妻共同财产,相应地,为经营所负之债也属于共同债务。[③]

二、案例出发进一步解读夫妻共同债务的认定

案例一:

原告:华徐芬。

被告:华徐龙。

被告:陆炯。

原告与华徐龙系姐弟关系,华徐龙与陆炯系夫妻关系。华徐龙曾向原告出具借条,载明:"今向华徐芬借款人民币壹拾伍万元整(已收到),年息壹万元,如不归回,由卢湾法院诉讼解决。立此为据华徐龙 2009.10.31."。

2009年10月30日,原告通过工商银行向陆炯账户中转账10万元。该笔钱款于同年11月27日买入申银万国中国中期股票2800股,该股票于2012年12月17

---

① 《最高人民法院关于人民法院审理离婚案件处理财产分割问题的若干具体意见》第17条第2款规定:"下列债务不能认定为夫妻共同债务:……(3)一方未经对方同意,独自筹资从事经营活动,其收入确未用于共同生活所负的债务。"该条从反面角度证明了只有既不存在共同生活,也不存在双方合意的基础上,债务才非共同债务。尽管该规定并未提及委托代理的问题,然而从条文我们可以分析,一方从事经营活动,显然不属于日常生活需要的家事代理权范畴,而若符合表见代理规定,如非举债方也曾与债权人进行举债磋商等情节,使债权人有理由相信举债为夫妻共同意思表示,则依然能根据表见代理规则认定为夫妻共同债务。

② 史尚宽:《亲属法论》,中国政法大学出版社2000年版,第414页。

③ 史尚宽先生认为,因配偶一方职业或营业所成立之债务,如补助人之雇佣、营业车辆之维持,则应排除在为家庭共同生活所生债务之外。参见史尚宽:《亲属法论》,中国政法大学出版社2000年版,第414页。笔者不赞成该观点,从权利义务相一致的角度来看,关键要审查一方经营是否为了夫妻共同生活这一要件。

日全部卖出,所得钱款36,973.86元目前尚在陆炯的上述工商银行账户内。原告和华徐龙并诉称其余5万元借款系现金给付,已经用于夫妻共同生活。

华徐龙、陆炯自2011年9月起因感情不和分居;2012年5月19日,二人签订《股票分割协议》,约定“因夫妻双方感情不和,故愿意协商离婚,同意签订该协议:1. 男方三姐借用女方股东账号合伙买入中国中期,男方三姐现有中国中期2800股,经协商同意将股票复牌后卖出,将所得资金移出。……”

华徐龙于2007年买断工龄后在家炒股,无固定收入来源。陆炯在2009年时有固定工作和收入。华徐龙和陆炯平日用陆炯名下的工商银行账户进行炒股,具体股票买卖由华徐龙操作管理。

分析:该案焦点在于夫妻一方在婚姻存续期间向己方的姐姐出具的借条如何认定?原告和举债方都认定该借款系夫妻共同借款,而非举债方予以否定。应该说,这笔所谓借款是由原告打入非举债方账户的10万元和原告称现金交付举债方的5万元两笔组成。对10万元借款,夫妻是否存在举债合意,各有不同说法,然而从在案证据看,非举债方提供了夫妻双方签署的《股票分割协议》,其中有“男方三姐借用女方股东账号合伙买入中国中期”内容,故非举债方已举证证明了自己并无举债合意。且从案情可以看出,该款项系用于炒股,并非日常的共同开销,同时,也没有表见代理适用的余地,故该10万元不应作为夫妻共同债务。对于另外5万元,举债方主张该笔现金已用于夫妻共同生活,本来夫妻关系存续期间一方所得财产用于夫妻共同生活的盖然性很大,然而本案存在特殊性:首先,该借条系夫妻一方向其姐姐出具,且涉诉时正处于夫妻起诉离婚这一特殊阶段,存在虚构债务的可能;其次,从经济实力看,原告及举债方都无固定收入来源,原告也无法说明5万元的资金来源,相较而言,非举债方经济状况更优;最后,诉讼中非举债方要求进行测谎,而原告和举债方都不同意。最终,法院认定该15万元系举债方的个人债务。

案例二:

原告:孙长连。

被告:周国卿。

原告诉称:孙虹与被告系夫妻关系,因经营快递公司急需资金,孙虹于2012年8月15日、8月18日、10月8日分别向原告借款人民币3万元、4万元、1.7万元。原告催讨借款,曾与孙虹协商约定,要求孙虹将其所有的位于本市闸北区三泉路房屋以出租形式借给原告居住,以抵借款。但未履行,孙虹也未还款。2013年1月1日孙虹死亡。孙虹生前所借款项属于孙虹和被告婚姻存续期间的夫妻共同债务,故要求被告归还借款8.7万元。

被告辩称:被告对于孙虹借款事实和金额均不清楚,在孙虹死亡后才得知情况。孙虹所借款项未用于双方共同生活和经营活动,其有吸毒、赌博情况,所借钱款均系个人挥霍,系个人债务,不属于共同债务。原告应向孙虹的继承人进行追偿,由被继承人遗产清偿。

经查明,孙虹与被告于2001年4月23日登记结婚,2012年11月27日协议离婚,离婚协议载明:无共同子女,名下财产归男方所有,双方无债务。后孙虹于2013年1月1日死亡,上海市公安局长宁分局出具的居民死亡确认书记载的死亡原因为药物过量。

2012年8月15日孙虹向原告出具借条,载明:今本人借到孙长连现金3万元,于2012年10月14日前还清。2012年8月18日孙虹向原告出具借条,载明:今本人因生意需要借到孙长连现金4万元,于2012年10月14日前全部还清。2012年10月8日孙虹向原告出具借条,载明:今借孙长连17,000元,于2012年10月12日归还。同日,孙虹与原告还签订协议书和租赁合同各一份,就以房租抵借款进行了约定:孙虹将其拥有的本市三泉路999弄15号603室房屋出租给原告使用,租期2年,月租金为2000元。租赁合同中手写的补充条款载明:因本人孙虹和丈夫投资快递公司急需资金向孙长连借款57,000元,以将本人夫妇居住的房屋以承租形式给孙长连使用,用以抵债。但租赁合同未实际履行。孙虹死亡前曾通过快递寄送被告信件一封,信件中确认向原告借款本金为4万元,其他款项均为高利贷。

审理中原告称孙虹借款理由为快递公司经营所需、被告父亲去世时需丧葬费等。对此,被告提供了居委会证明、发票、注销材料等证据,证明被告原经营的快递公司早已注销,孙虹与被告也分居生活,而被告父亲的丧葬费均由他人承担。原告表示孙虹借款的理由,原告没有义务核实,借款没有用于夫妻共同生活需被告举证。

分析:对共同债务,应做广义理解,不但包括生活性债务,也包括经营性债务。前者是指夫妻关系存续期间,双方因维持基本生活需要所欠债务,其中包含诸多内容,如赡养老人、抚养儿女、建房、医疗、添置家具等多种债务状况;后者是指夫妻关系正常持续期间,夫妻双方中某一方为了双方共同生活而从事经营性活动产生的债务。本案债权人所称举债人是为快递公司经营所需举债,由于婚姻存续期间一方经营收入归夫妻共同所有,相应地,因经营产生的债务一般也归于共同债务范畴。当然,对经营性债务应作更为严格的认定,即夫妻关系正常,如果有明确证据证明夫妻生活分开、财务分开,则可能作不同认定。本案中非举债方虽列举快递公司已注销,用于证明该借款不可能用于经营需要;又有居委会证明说明双方分开生活。然而,被告提供的证据仅证明孙虹借款理由不成立,但并不能证明上述借款未用于夫妻共同生活或共同经营活动,且从举债人生前写给非举债人的信件来看,也未说明该债务用于个人挥霍。债权人确实无义务审核借款用途真实与否,在平衡债权人利益和非举债配偶一方利益的天平上,法院最终倾向于债权人,故认定该债务系夫妻共同债务。

三、完善我国夫妻共同债务制度的建议

由以上的观点综述和案例分析可以看出,我国关于夫妻共同债务的法条规定散见于不同层级的法律、司法解释中,相互之间也不够协调,容易引发理解上的分

歧,这也是近年来,夫妻共同债务判断上执法不统一的根源之一。因此,应从立法、司法以及配套层面上统一思路,真正做好债权人利益和非举债方配偶利益的平衡。

(一)以日常家事代理制度重构夫妻共同债务制度

我国并未建立日常家事代理制度,根据法条解读,“夫妻共同生活”、“夫妻合意”、“夫妻一方委托代理”三种情况引起的债务,应认定为夫妻共同债务,然而,非举债方往往承担较重的举证责任,特别是在举债的配偶一方串通他人虚构债务、举债方用于个人挥霍或者举债方死亡的情况下,举债方或债权人往往会声称债务系用于“夫妻共同生活”,非举债方往往很难举证予以推翻,故常常被迫卷入严苛的夫妻共同债务制度中,如前述案例二即为典型。夫妻共同债务制度完善的前提是建立日常家事代理制度,明确日常家事代理范围,家庭事务可分为一般事务与重大事务,一般事务归入日常家庭事务中,夫妻只有在一般事务的范围内才能相互享有代理权,否则,超出了一般事务的其他事务所产生的法律效果不应及于另一方,除非另一方授权。如果法律预设日常家庭事务的标准,对债权人而言,只要超出该标准的事务,可以通过要求非举债方签字等方式(证明夫妻合意),这样既可以有效防止因夫妻一方的“恣意妄为”而进行的有损另外一方的利益的后果发生,又不至于过分影响债权人利益和交易安全,可谓较为折中的平衡方案。

较大金额的家庭重大事务借款(如购房、房屋装修等)及经营性债务,则须由举债方或债权人举证证明用于夫妻共同生活,否则视为举债方的个人债务。特别需要说明,经营性债务要认定为用于夫妻共同生活,需要结合经营财产来源、责任财产范围、经营获益流向等综合判断。

(二)科学分配举证责任

关于夫妻债务方面,法律无非是想规制两个方面的内容,一是规制夫妻之间恶意串通逃债损害债权人的利益;二是规制夫妻一方恶意举债损害非举债配偶一方的利益。我们应该根据不同的情况设定不同的举债责任,而非“一刀切”。在司法实践中,应本着公平原则结合多种因素综合考虑举证责任的分配问题,如举债方与非举债方的利益相关性、法律利益等合理分配举证责任。法律应秉持公平原则,平衡当事人之间的利益,当一方被迫承受法律上的不利因素时,理应由另外一方承担举债责任。在这种情形下,债务由夫妻一方以个人名义负担,夫妻另一方事先没有同意该债务,事后也没有追认,在这样的情形下应把举证责任分配给加重了对方责任的一方当事人,也就是对外举债的夫妻一方。

(三)建立夫妻分别财产制的登记公示制度①

夫妻实行分别财产制且债权人知道的,是法定的不构成夫妻共同债务的抗辩事由。然而由于我国现行《婚姻法》没有规定夫妻财产制的登记公示制度,夫妻很

① 李义军:“夫妻共同债务推定规则的配套制度”,载《江苏法制报》2012年8月7日。

难证明债权人知晓夫妻财产约定的情况。因此有必要引入登记公示制度,结合我国实际,这种分别财产登记公示制度应采取自愿式登记方式,因为夫妻财产约定涉及双方当事人身份、居住、财产状况等隐私内容,如果登记公示,会给夫妻双方的人身和财产带来不利影响,如果不登记,则不能依据公示效力产生对抗善意第三人的效果。夫妻财产约定如未履行登记手续,也可在与第三人订立的契约声明或者告知实行了分别财产制使得第三人明知该约定,从而起到对抗第三人的效力。

(四)构建婚内分居制度

尽管从理论上来说,夫妻分居期间,夫妻一方所负的债务除非用于抚养子女、赡养老人等履行法定扶养义务的,都应属于个人债务。然而,如案例二所反映出来的情况,居委会已证明双方未共同生活,但我国并无明确的分居程序,也缺乏对分居的公示,因此难以直接适用分居的后果。建议确立分居程序,通过公权(行政、司法)确认分居起到公示作用,由此分居产生的法律效果才能正当地及于他人,使他们不因不知道婚姻关系的变化而作出失当的决策。由此,分居的法律效果也能进一步明确,如分居期间适用分别财产制,分居期间一方所负债务通常属于个人债务等。

离婚损害赔偿案件中证据的认定

赵　霏*

【提要】《婚姻法》第46条将有配偶者与他人同居列为离婚损害赔偿制度的情形之一,意在维护无过错方的合法权益。但是由于同居行为具有隐蔽性、持续性的特征,导致审判实践当事人举证难度较大。为免立法条款成为一纸空文,人民法院在认定相关证据时,宜采用较高盖然性证明标准,准确区分认定不同证据类型的证据力,谨慎排除私人取证的合法性,必要时借鉴举证责任推定的特殊规定。

【关键词】离婚损害赔偿案件　举证责任　证明标准

一、有配偶者与他人同居问题的举证困境分析

有配偶者与他人同居,是指有配偶者与婚外的异性不以夫妻名义,持续、稳定的共同居住的行为,也就是我们在现实生活中提到的"包二奶"问题。有配偶者与他人同居属于一种侵害配偶权的侵权行为,主要是对夫妻之间相互忠实义务和同居义务的违反,因此是婚姻法中离婚损害赔偿制度的情形之一。《婚姻法》第46条规定,在因有配偶者与他人同居的情形下导致离婚的,无过错方有权请求损害赔

---

* 赵霏,上海市黄浦区人民法院民一庭助理审判员。

偿。这项制度使得婚姻的无过错方在因另一方的不忠导致婚姻破裂的情况下,能够得到适当救济,充分体现了法律惩恶扬善的公正性。但是美好的设计蓝图并没有带来理想的社会效果,该项制度自建立至今已经8年有余,而事实上因配偶与他人同居而获得损害赔偿的案例少之又少。无过错方在维权的道路上步履维艰,根本原因在于举证难。结合有配偶者与他人同居的行为特点来看,同居事实的举证难主要基于以下几方面原因。

(一)同居行为的连续性导致举证难

根据《最高人民法院关于适用〈中华人民共和国婚姻法〉若干问题的解释(一)》(以下简称《婚姻法解释(一)》),有配偶者与他人同居必须是"持续、稳定的共同居住",即同居者之间的同居关系必须是长期的非偶然的、持续的非间断的。这意味着婚姻期间偶尔的不忠、不正当的两性关系不构成法律上的同居。因而只言片语的信件、E-mail、照片往往只能证明单独的事实,证人证言、录音录像甚至"捉奸在床",也只能证明偶然的行为,不足以证明"长期性"、"稳定性"。而至于多长时间为持续,何种程度为稳定,法律并未作出具体的量化,这决定了无过错方采集证据必须经过一个长期的锲而不舍的过程,且收集的证据也必须证明力强且形式多样,各种证据之间相互印证,形成一条严密的证据链,这对于凭一己之力收集证据的无过错方而言,无疑是难上加难。

(二)同居行为的隐蔽性导致举证难

根据《婚姻法解释(一)》,有配偶者与他人同居还须是"不以夫妻名义的共同居住",这体现了同居者之间的同居关系具有一定的隐蔽性,这也是有同居行为与重婚行为的最大区别。有配偶者与他人发生及保持不正当的两性关系,一般都会避人耳目,刻意掩盖,选择隐蔽的场所,尽量不为熟悉的人所知晓,同时由于现代生活已经脱离了传统的熟人社会,邻里关系淡薄生疏,邻居之间对他人的私生活不加关注,即便知晓同居的事实,也往往基于"事不关己"的观念和怕惹是生非的心态而选择缄默。这两方面的原因导致了有配偶者与他人同居行为具有隐私性、不易被外界查知的特征。故无过错方即便知晓配偶与他人有同居关系,也因难以从同居者或者他人处获取证据而不能获得支持。

(三)非法证据排除规则导致举证难

《最高人民法院关于民事诉讼证据的若干规定》第68条规定:"以侵害他人合法权益或者违反法律禁止性规定的方法取得的证据,不能作为认定案件事实的依据。"该条为有配偶者与他人同居的举证设置了一个几乎不可能逾越的障碍。无过错方往往只能通过窃听、偷拍、跟踪、捉奸等"非法"途径取证,而这些手段稍不留神就会触及侵害他人名誉权、隐私权的雷池,当"配偶权"与"隐私权"产生价值冲突时,法律规定配偶权的维护必须在不侵犯他人隐私权的前提下进行,但是现实是,没有哪一个出轨者会自主公开其非法同居的事实,因而也没有哪一项对不忠行为的取证可以经过当事人的同意在光天化日之下进行。这两者之间的矛盾使有配偶者与他人同居的举证陷入举步维艰的窘境。

二、有配偶者与他人同居问题的举证类型认定

(一)照片

从民事证据的分类来看,照片属于原始证据,它直接来源于案件事实,能够比较客观地反映事实原貌;它也属于间接证据,是查明案件事实的向导和发现直接证据的媒介。因此,真实的照片对于证明通奸、姘居行为具有重要作用。但同时,照片也因其自身的硬伤导致很难单独使用:(1)收集难度较大。同居行为多为隐秘的生活,发现证据本身就不易,加之未雨绸缪的准备用相机抓拍某个稍纵即逝的场景,更是难上加难。(2)证明内容片面。同居的事实必须是持续的、长期的,而照片只能反映出某个瞬间的片段,因此单凭几张照片容易断章取义,不足以认定整个事实。(3)易被伪造、变造、毁损。现代社会发达的科技已经有能力篡改、伪造照片,电脑的普及又使得对照片进行变造的可能性及变造的逼真度越来越大。因此,法官在分析证据时,应对照片的来源、拍摄时间、地点、由何人拍摄、有无伪造、变造嫌疑进行调查,同时结合其他证据构成一个完整的证据链,方可作为定案的根据。

(二)书信、处分决定

在审判实践中,无过错方有时会提交对方的情书、忏悔信、承诺书,其中载明通奸、姘居的事实经过。信件、承诺书往往由过错方本人所写,可以视作过错方对自身行为的如实供述,具有较强的证明力,但是实践中过错方矢口否认书信为自己所写的情形也时有发生,这时法官通常需要从两方面考察其真实性:(1)是否本人真实的意思表示。书信必须在本人自愿的情形下才具有证据效力,如通过限制他人人身自由,暴力、胁迫或其他非法手段强迫他人作出违背自身真实意思表示的承诺,则不具有证明力。(2)是否本人笔迹。法官需要询问当事人是否申请鉴定,并收集检材和样本委托专业的司法鉴定机构进行笔迹鉴定。如过错方既否认其为自身笔迹,又无正当理由拒不鉴定,法官应从不利于其的方面进行推断。

无过错方有时还会提交过错方单位出具的处分决定,以证明因过错方与其他异性存在不正当关系而受到纪律处分。该处分决定由有资质的用人单位出具,加盖了单位公章,具有较强的公信力,因此对于此种证据,可以直接认定其真实性。

(三)录像

录像属于视听资料的一种,是通过运用光电效应和电磁转换的原理将一定的活动影响如实地记录下来。录像资料在收集的过程中依赖了先进的科技,具有高度的准确性和逼真性。较之于照片而言,录像的优势在于,录像具有更高的连续性,能够反映一段时间内持续的事实经过,且在形成过程中一般不会受到录制人、操纵者主观因素的影响而造成对案件事实的歪曲,即便有篡改、拼接的成分,也往往能够通过肉眼鉴别出来。对于已经发生的事实,录像能够予以还原,这是其他种类的证据难以企及的,因此这类证据在审判中最受法官的青睐。在实践中,这类证据的运用应遵循以下两点:(1)当事人应以合法途径取得,不得通过私闯民宅等方

式取证或者将合法取得的录像恶意传播侵害他人名誉、隐私权;(2)法官应仔细鉴定、甄别有疑点的录像资料,分析其是否被改动,有无收集程序上的违法。

(四)证人证言

证人证言是指证人(主要是邻居)就所了解的案件事实向法庭所作的陈述,包括口头陈述和书面陈述。此类证据往往不能单独使用,必须配合其他种类的证据才能认定,这是因为:(1)有配偶者与他人同居行为具有隐秘性,这使得邻居所了解的情况可能仅是一段时期中较小的生活细节,具有片面性和偶然性。(2)证人证言是证人对自己耳闻目睹的案件情况进行陈述,很可能因时过境迁或记忆错位而导致证言与真实情况有偏差。(3)证人证言很可能受到证人的主观评价、个人喜恶、价值观念的影响,在进行陈述时也难免加入个人见解而降低其可信度。(4)证人常因碍于情面不愿出庭作证,因而无法接受当庭询问和交叉质证,法官亦无法从证人的语气、神情、逻辑中判断其是否撒谎。这无疑会降低证言的可信度。

同时,在双方当事人均提供证人证言的情形下,两边的证言在内容上可能完全矛盾,这时法官在判断证言效力的时候应该注意以下几点:(1)如一方当事人的证人系其亲属或与其有密切关系,而另一方当事人的证人无此种关系,则前者的证明力低于后者。(2)如一方当事人的证人在年龄、心智、品德、经验上明显高于另一方当事人的证人,则前者的证明力高于后者。(3)如一方当事人的证人证言距离事发的时间远远早于另一方当事人的证人证言,则前者的证明力低于后者。

三、有配偶者与他人同居问题的举证责任建议

(一)较高盖然性证明标准的采用

高度盖然性标准在美国法上称为证据优势,是指“某一事实的证据分量和证明力比反对其事实存在的证据更有说服力,或者比反对证明其真实性的证据的可靠性更高”。[①] 法官基于盖然性认定案件事实时,应当能够从证据中获得事实极有可能如此的心证,法官虽然还不能够完全排除其他可能性,但已经能够得出待证事实十之八九是如此的结论。高度盖然性的证明标准只能适用于一般情形,但是对于少数举证特别困难的案件,如仍然适用高度盖然性的证明标准,则会因举证标准过于严苛而导致无一事实可以认定,使当事人的诉求成为镜花水月,法律法规成为一纸空文。故对于此类举证难度高的案件,应适当降低其证据要求,以保护当事人的合法权益,这时宜适用较高盖然性的证明标准。较高盖然性标准是指若法官从证据中获得的心证为待证事实有可能存在,虽然该可能性具有压倒性优势,但是其存在的可能性大于不存在的可能性,该心证就满足了较高盖然性的要求。有配偶者与他人同居就属于取证特别困难的案件,为了平衡举证阶段的难度,在认定证据时应采用较高盖然性的证明标准,即只要无过错方提供的证据符合较高盖然性标准,

① [美]摩根:《证据法之基本问题》,李学灯译,世界书局1983年版,第49页。

就应予以认定,支持其损害赔偿的诉请。

(二)谨慎排除无过错方私人取证的违法性

非法证据排除规则为很多私人取证中的跟踪、偷拍等“非法”行为设置了取证障碍。那么如何界定合法手段和非法手段呢?《最高人民法院关于民事诉讼证据的若干规定》第68条规定:“以侵害他人合法权益或者违反法律禁止性规定的方法取得的证据,不能作为认定案件事实的依据。”也就是说,只有“侵害他人合法权益或者违反法律禁止性规定的方法”才是非法手段。私人取证并不必然侵犯他人的合法权益如隐私权、名誉权,这是因为:

(1)从隐私权的保护对象上看,隐私与隐私权不同,隐私是指“不受他人非法干扰的安宁的私生活或不受他人非法收集、刺探公开保密的私人信息”,[①]隐私权是法律上的一项具体的人格权,所保护的对象为法律所认可的个人隐私。[②] 因此,并不是所有的隐私都能够成为法律所保护的对象,只有不违背伦理道德、法律规定、公序良俗的隐私才能成为受法律保护的“隐私权”。有配偶者与他人同居的行为违背了夫妻的忠诚义务,违反了法律的强制规定,侵害了夫妻间的配偶权,危害了社会的公共秩序,属于违法行为,根本无“合法权益”可言,由此产生的隐私权也就丧失了合法性基础。

(2)从隐私权的侵害手段上看,侵害隐私权的行为主要是指未经他人同意,擅自公布他人的隐私材料或以书面、口头形式宣扬他人隐私,致他人名誉受到损害。因此,不能认为只要未经同意拍下隐私照片就构成侵犯隐私权,而要考察主观上是否有恶意中伤的目的,客观上是否有恶意散播的行为。[③] 如果当事人在自家拍录的照片或录像,或者小区物业安装的摄像头拍摄的视频,并且秘而不宣,只作为出庭时的证据,不应认定为对隐私权的侵犯。

因此,在诉讼中,无过错方通过雇用私家侦探或自行跟踪、偷拍的方式取得的证据,在不宣扬他人隐私、中伤他人名誉、不危害社会公共秩序、仅作为庭审时的证据材料加以使用的时候,应确认其合法性。目前,这一取证方式已被我国一些司法机关在审判实践中予以认可并采用。

(三)借鉴举证责任倒置的特殊规定

民事诉讼法一般的举证责任分配原则是“谁主张,谁举证”。但是随着现代社会的发展和科技的进步,各种事故发生的原因错综复杂、技术性强,在某些事故中受害人常常处于无证据状态,而行为人则处于证据垄断状态。此时如按照一般的举证责任分配原则,会导致无过错方投诉无门,而过错方却逍遥法外,婚姻法惩恶扬善的美好初衷便成为镜花水月。当有证据证明一方当事人持有证据却无正当理

---

① 张新宝:《隐私权的法律保护》,群众出版社1997年版,第16、17页。

② 李哲:“质疑有配偶者与他人同居的隐私权问题”,载《民事法学论文选粹》,第135页。

③ 杨遂全主编:《第三人侵害婚姻家庭的认定与处理》,法律出版社2001年版,第146页。

由拒不提供的，且对方当事人主张该证据的内容不利于证据持有人，可以依据《最高人民法院关于民事诉讼证据的若干规定》第75条的规定，推定该主张成立。有配偶者与他人同居案件中，本应由主张损害赔偿的一方，即婚姻关系中的无过错方举证对方存在“与他人同居”这一事实，但鉴于该类案件举证较为困难，此时如果无过错方有证据证明对方持有与他人同居的证据，如以过错方名义租用的用于双方居住的房屋合同等，即可适用上述第75条规定，在过错方拒不提供证据的情况下，推定无过错方的主张成立。

（四）增强人民法院及有关单位的参与度

人民法院中立、被动的地位决定了其不宜主动调取对某一方有利的证据，但是在有配偶者与他人同居案件中，无过错方通过一己之力，往往难以搜集到充足的证据。《最高人民法院关于民事经济审判方式改革问题的若干规定》明确了由法院收集的证据：(1)当事人及其诉讼代理人因客观原因不能自行收集并已提出调取证据的申请和该证据线索的。如申请法院赴银行调查对方账户的资金流水明细、申请法院至公安机关调取相关证据。(2)应由人民法院勘验或者委托鉴定的。如过错方对自己曾写下的情书、忏悔信、承诺书矢口否认的，法院可委托专业的司法鉴定机构进行笔迹鉴定。(3)当事人双方提出的影响查明案件主要事实的证据材料相互矛盾，经过庭审质证无法认定其效力的。如双方当事人提供内容相互矛盾的居委会证明，法院应到相关的居委会进行调查、排疑。(4)人民法院认为需要自行调查收集的其他证据。

与此同时，居委会、村委会、公安机关等有关部门和组织应按照《婚姻法》第43条至第45条的规定，积极维护婚姻纠纷中无过错方的合法权益，配合法院取证，必要时为无过错方出具有利于其的证据。如居委会、物业可以提供相关的居住人员信息或小区录像资料，公安机关可以提供报警记录、调查笔录等资料。

(六)劳动争议篇

试析竞业限制协议纠纷的处理

——以请求权竞合为视角

金民珍*

【提要】实践中,用人单位通过与劳动者签订竞业限制协议以保护其商业秘密的情况较为常见,但在劳动者违反竞业限制协议时,因其行为既符合《劳动合同法》关于违反竞业限制约定的构成要件,也符合《反不正当竞争法》关于侵犯商业秘密的构成要件,故构成违约请求权与侵权请求权的竞合。相互竞合的该两项请求权由于其目的和对象相同,因此只能择一行使,一诉解决。考虑到该两项请求权在救济途径、责任构成要件及归责原则、责任主体、赔偿范围及标准、免责事由等诸多方面存在较大差异,用人单位须慎重选择行使。审判实践中,法官须准确判断案由,悉心引导当事人正确行使选择权,并依法适度把握好协议双方的利益平衡,准确适用违约、赔偿损失等违约责任的具体承担方式。

【关键词】竞业限制协议　商业秘密　请求权竞合

一、竞业限制协议:保密协议的升级版

在知识经济时代,人才流动会给社会带来进步与活力,然人才流动的背后有时也涌动着危害商业秘密的暗流,并常见于用人单位就劳动者违反保密协议或者竞业限制协议而进行维权的纠纷中。商业秘密是企业乃至社会的重要财富。对于商业秘密之拥有者而言,其可资保护的民事手段主要有两种:一是当侵犯其商业秘密之行为出现时,要求行为人承担侵权的民事责任;二是与所有可能接触或了解其商业秘密的雇员签订保密协议,要求雇员承担保密义务。随着商业秘密保护重要性的增加,保密协议的升级版、一种更积极更全面地保护商业秘密的竞业限制协议应运而生。继《劳动法》第22条规定了"劳动合同当事人可以在劳动合同中约定保守用人单位商业秘密的有关事项"后,2007年颁布实施的《劳动合同法》在第23条、第24条就竞业限制协议的有关事项进一步作了相应规定。竞业限制协议是用人单位与劳动者双方约定劳动者不得为与本单位业务相竞争之行为的协议,其实

---

* 金民珍,上海市黄浦区人民法院党组成员、副院长、审判委员会委员。

质是禁止劳动者在本单位任职期间和离职后与本单位业务竞争,特别是要禁止劳动者离职后从业于或创建与本单位业务范围相同的企事业。①

之所以说竞业限制协议是保密协议的升级版,是因为保密义务是从消极意义上禁止相对人泄露、使用或允许他人使用商业秘密,并不禁止相对人设立竞争企业或到竞争企业工作。如果相对人有合法取得商业秘密的途径,权利人就无权要求其承担保密义务。而竞业限制则是全面封杀雇员利用其在职期间获得的一切信息和技能(包括商业秘密和未作为商业秘密但对竞争对手有利的信息)的机会,是一种积极意义上保护商业秘密的方法。同时,竞业限制的用途不仅限于保护商业秘密,它还有诸如避免离职职工因过于熟悉原雇主情况而在竞争上给原雇主造成其他不利等作用。

当前的司法实践应如何在保护商业秘密和促进人才流动的冲突中寻找平衡点,是我们须要审慎考虑的问题。本文仅以劳动者违反竞业限制协议时用人单位所拥有的请求权及其行使为基点展开讨论。

二、劳动者违反竞业限制协议时用人单位的请求权竞合

通常一套完整的法律构成要件,产生一个请求权,复数的法律构成要件则产生复数的请求权,当同一违法行为具有多重属性即符合复数的法律构成要件时,就产生了复数的请求权,而复数请求权的目的、对象又具有同一性,便产生了请求权竞合。如因劳动者违反竞业限制协议而引发的纠纷中就往往存在这样的请求权竞合的情形:劳动者违反竞业限制协议在同业从业或创业的这一自然事实,符合了多个法律构成要件,即《劳动合同法》关于违反竞业限制约定的构成要件、《反不正当竞争法》关于侵害商业秘密的构成要件,从而产生多个请求权,即用人单位根据《劳动合同法》拥有对劳动者的违约请求权、根据《反不正当竞争法》又拥有对劳动者侵害商业秘密的侵权请求权,这些请求权的对象均指向劳动者,目的也相同,即弥补用人单位因劳动者从事竞业限制行为而造成的损失,保护用人单位的商业秘密等利益,从而构成了用人单位的违约请求权与侵权请求权的竞合。

用人单位对于其拥有的两种请求权,应如何行使,抑或如何选择行使、选择的后果又如何,这涉及请求权竞合的处理模式问题。我国学术界对于请求权竞合的讨论,存在四种处理模式,即请求权自由竞合模式、选择性合并模式、请求权相互影响模式和有限制的请求权竞合模式。其中"有限制的请求权竞合模式"系为我国法律确认并为司法实务通行的模式,即请求权人只能在基于违约的请求权和基于侵权的请求权之中选择其一,而不能同时主张,亦不能先后主张,更不能以两诉分别主张,或者在前诉终了之后再行起诉主张。也就是说,相互竞合的该两项请求权,由于其目的和对象相同,因此只能择一行使,一诉解决,不能同时或者先后实现,否则对责任人而言是承担了双重责任,对受害人而言是获得了双重受偿,造成

---

① 方龙华:"商业秘密竞业限制若干问题研讨",载《法商研究》1996年第6期。

利益失衡。因而,用人单位只能在违约请求权和侵权请求权中选择一项行使。

实践中应当注意的是,在复数请求权中,各请求权的存在目的不同,指向对象也不同时,复数的请求权可以同时存在,请求权人可以同时实现多个请求权,这种情形构成的是请求权并合。比如,因用人单位以外的第三人侵权造成劳动者人身损害,构成工伤的,劳动者既是工伤事故中的受伤职工,又是侵权行为的受害人,拥有工伤保险待遇给付请求权与侵权损害赔偿请求权,前者是因劳动者发生工伤事故而获得的社会保险利益,后者是因第三人侵权而产生的赔偿责任,两项请求权可以同时行使、实现(当然,我们现阶段采用的是部分兼得模式,并非完全的双重受偿)。再如,偷窃行为可能同时触犯民法和刑法,行为人要承担相应的民事责任和刑事责任,两种责任制裁的目的不同,民事责任是直接针对受损个人的,而刑事责任是对社会大众的,两种责任由于目的不同而可以同时并存。

三、用人单位的两项请求权的差异性分析

当用人单位面临同时拥有两项请求权但又不能同时得以实现而只能选择其一的局面时,当如何选择?在回答这个问题之前,我们有必要先行分析该两项请求权的差异。其差异性主要表现在以下几个方面:

(一)救济途径不同

如果用人单位以违反竞业限制协议为由起诉,属于劳动争议纠纷,须要先经过劳动争议仲裁程序,否则法院应不予受理。

如果用人单位以侵害商业秘密为由起诉,则属于知识产权纠纷,可以由法院直接受理。在时效上,以劳动争议诉至法院,受劳动争议仲裁时效(1 年)的约束,而以知识产权纠纷诉至法院,诉讼时效为 2 年。

(二)责任主体不同

违反竞业限制协议的违约责任受合同相对性影响,责任主体只能是劳动者。

侵害商业秘密的侵权责任主体包括劳动者和有关的共同侵权人(比如,劳动者离职后新的从业单位、利用劳动者所掌握商业秘密进行营利活动的单位等)。

(三)责任构成要件不同

违反竞业限制协议的违约责任的构成要件为:作为原告的用人单位与被告劳动者之间存在有效的竞业限制约定、被告有违反该约定的行为、原告存在损失(仅在协议未约定违约金而用人单位要求因劳动者违约而造成其经济损失的情况下)。

侵害商业秘密的侵权责任构成要件包括:用人单位的有关信息符合商业秘密的法定条件可以构成商业秘密,被告获得并使用的信息与用人单位的信息相同或者实质相同,被告(劳动者)将其知晓并掌握的用人单位的商业秘密归本人不当使用、披露或允许他人使用,或者被告(通常为劳动者新的从业单位)采用不正当手段获取并使用,由于被告的侵害行为导致用人单位遭受经济利益的损失。

(四)归责原则和证明责任不同

侵害商业秘密的侵权责任为一般侵权责任,适用过错责任原则。故用人单位在侵权之诉中,以劳动者为被告时,须要证明劳动者知晓其掌握的信息等系商业秘密并有不当使用、披露或允许他人使用的情形;在以劳动者新的从业单位为被告时,须证明该单位有以不正当手段获取商业秘密的侵权行为等事实,从而证明该单位有过错。用人单位的证明责任较重,涉及商业秘密的认定、被告过错的认定、因果关系的确认、原告损失的存在等。

违反竞业限制协议的违约责任因为是合同责任,适用无过错责任原则,即不论劳动者是否有过错,用人单位只需证明双方之间存在竞业限制约定(包括保密义务)且劳动者违反约定,在竞业限制有效期内实施了相关竞业限制行为即可。例如,劳动者到与本单位生产或者经营同类产品、从事同类业务的有竞争关系的其他用人单位工作,或者自己开业生产、经营同类产品或从事同类业务等。用人单位在商业秘密等事项上的证明责任要小于侵权案件的相关证明责任。

(五)赔偿范围、标准不同

被告被认定侵害商业秘密而需要赔偿侵权损失时,损失难以计算的,赔偿额为侵权人在侵权期间因侵权获得的利润,并承担被侵权人为调查侵权事实所支付的合理费用;均无法确定时,法院可酌情确定法定赔偿额50万元以下的损害赔偿额。侵害商业秘密造成重大损失的,则构成犯罪。

被告违反竞业限制协议的违约责任,主要是按照协议向原告支付违约金。《劳动合同法》允许用人单位与劳动者就竞业限制问题约定违约金,当约定明确而劳动者又违约时,用人单位自然可以索取违约金。违约金过分高于或者低于实际损失,当事人还可以请求调整违约金数额(2011年6月全国民事审判工作会议纪要)。

(六)免责事由不同

与责任构成要件相对应,侵害商业秘密的免责要件为:所涉信息非商业秘密;所涉信息为商业秘密,但使用人是通过法律允许的拆卸、测绘、分析,实施反向工程等手段掌握该商业秘密。

违反竞业限制协议的违约责任免责事由为:商业秘密并不存在、经权利人允许而从事竞业限制业务、竞业限制义务已消灭(如限制期已满、商业秘密已公开)、竞业限制活动不在合理限制的地域或行为范围内等。除上述事由外,应无其他免责事由,如不可抗力免责的问题,因为不竞业义务是一种消极的不作为义务。

综上所述,用人单位可在充分明确自己诉讼目的的基础上,根据自己掌握的相关证据,权衡诉讼风险后,慎重选择行使请求权。

四、审判实践中法官应当注意的几个问题

(一)准确判断案由,悉心引导当事人正确行使选择权

最高人民法院(2008)民三终字第9号民事裁定书[①]指出,对于因劳动者与用

① 《最高人民法院知识产权案件年度报告(2009)》。

人单位之间的竞业限制约定引发的纠纷,如果当事人以违约为由主张权利,则属于劳动争议,依法应当通过劳动争议处理程序解决;如果当事人以侵害商业秘密为由主张权利,则属于不正当竞争纠纷,人民法院可以依法直接受理。因此,当用人单位因劳动者违反竞业限制协议而诉至法院时,其选择行使的是哪一项请求权,对于法官而言是比较容易判断的。如用人单位是通过劳动争议仲裁进入法院,即选择了违约请求权,如用人单位通过侵害商业秘密之诉进入法院,即选择了侵权请求权。同时,也可以从当事人起诉的对象上加以判断。如用人单位所诉的被告不但包括劳动者,还包括其他相关的当事人,则应认定为侵权之诉。

在明确由用人单位选择行使何项请求权的基础上,法官应发挥司法能动性,给予当事人如何选择请求权的正确释明。法官正确行使释明权既是对原告诉讼权利的保障,引导当事人作出更为理性的选择,保证其不会因为提出的诉讼主张与法律关系基础不一致导致其诉讼主张不能得到支持,同时也是对被告诉讼权利的保障,保证其沿着正确的方向行使抗辩权,充分提交相关证据。反之,法官若疏于行使释明权,即使案件的实体判决结果是正确的,但程序上的瑕疵会使当事人对案件审理的程序公正性提出质疑,最终会影响当事人对案件实体判决结果的认可。释明时还应当注意把握以下两点:(1)把握好释明的时机。请求权基础的确定对于案件中明确当事人的请求范围、举证责任的分配等有很大影响,是保证案件诉讼程序正常进行的条件之一。根据《民事诉讼法》及司法解释的有关规定,当事人若须变更诉讼请求,通常最迟于法庭辩论终结前提出,故为提高庭审的效率和质量,法官最好在开庭前或开庭后择机适时对当事人就请求权基础及请求权竞合予以释明。(2)清楚告知当事人两种请求权基础及请求权竞合带来的不同后果和诉讼风险,由当事人自己选择行使请求权。即告知当事人选择的风险,当其明确选择一种请求权后,如果败诉,将不能再行使另一请求权。"也就是说,原告只有一次选择的机会,也只有一次起诉的机会。"[①]需要注意的是,在存有共同侵权人的情形下,用人单位选择了违约之诉起诉劳动者后,应可以再以侵权之诉起诉相关单位。这种情形不属于请求权竞合,因为两种请求权针对对象不同,一为劳动者,一为侵权单位;两种请求权基础也不同,一为劳动者违约事实,一为侵权单位不当利用商业秘密事实。用人单位同时实现两种请求权并不会让同一主体承担双份责任。但如果用人单位先选择追究劳动者与侵权单位的共同侵权责任的(这种选择的诉讼风险较高,据统计,在2006年至2010年的5年间,某地全省法院审结的69件侵害商业秘密纠纷案件中,判决支持或者部分支持原告诉讼请求的案件仅有8件),不论该侵权之诉最终胜诉与否,用人单位都将不能再单独起诉追究劳动者的违约责任,因为,针对劳动者而言,在侵权责任和违约责任之间,用人单位的请求权发生竞合,只能选择一次。

---

① 段厚省:"请求权竞合研究",载 http://www.civillaw.com.cn/weizhang/default.asp?id=16795,最后访问时间:2011年9月15日。

(二)依法适度把握好协议双方的利益平衡

由于竞业限制协议客观上限制了劳动者的就业权,进而影响其生存权,故法律对竞业限制协议的生效设置了严格要件:(1)竞业限制协议的义务主体:竞业限制的人员限于用人单位的高级管理人员、高级技术人员和其他负有保密义务的人员。只有企业花费大量人力、物力所开发的商业秘密、商誉、经营效益、业务关系等,才是竞业限制的动因,也只有能掌握这些信息的人员,才有竞业限制的必要。(2)竞业期限不得超过2年。若协议约定的期限超过2年,则超过部分无效。(3)竞业限制的范围要合理,应以能够与用人单位形成实际竞争关系的地域为限。(4)约定竞业限制必须是保护合法权益所必需。竞业限制的实施必须以正当利益的存在为前提,且是保护正当利益所必需的。其中,很重要的是确定保密义务中"密"的内容范围,应包括商业秘密和与知识产权相关的信息。在此需要特别注意两点:一是要在区分劳动者学习掌握的技能与商业秘密的基础上把握商业秘密的范围。避免把劳动者所掌握的技能都列入雇主的商业秘密范畴内,否则势必会损害劳动者的劳动权甚至生存权。二是无论是劳动争议案件还是知识产权案件,认定商业秘密的判断标准均应当以《反不正当竞争法》的规定为准。(5)用人单位与劳动者约定在劳动合同终止或者解除后向劳动者按月支付经济补偿并实际支付该补偿。适当的补偿在用人单位保护自身商业秘密和知识产权的同时,有利于劳动者在具备一定经济条件的基础上保护相关信息,这体现了对劳动者劳动权与用人单位经济利益之间的平衡。

(三)违约金并非违约责任的唯一承担方式

若竞业限制协议约定的违约金不足以弥补用人单位损失的,是否可以要求劳动者支付赔偿金?又若用人单位与劳动者未约定违约金时,用人单位如何要求劳动者承担违约责任?笔者认为,违约金并非违约责任的唯一承担方式。在劳动争议案件中,用人单位与劳动者约定了竞业限制情形的违约金及违约金具体标准的,这样的约定并不违反《劳动法》的强制性规定,只要不存在可撤销或者显失公平的情形,从契约自由、意思自治角度出发,即使用人单位无实际损失,也应予确认。如果用人单位存在实际损失,约定的违约金不足以弥补其损失或者没有约定违约金具体标准的,按照民法原理和上文述及的最高人民法院有关会议精神,用人单位有权要求合理调高违约金金额,或者要求赔偿损失,但应能够举证证明,否则不予赔偿。应当注意的是,从劳动法倾斜保护劳动者利益的角度出发,法院不宜在用人单位无法举证损失的情况下,按《反不正当竞争法》的相关规定酌定赔偿额。

这里还须探讨一个问题,即劳动者承担支付违约金等违约责任后,是否可以免除其竞业限制义务,笔者认为不可。因为违约责任的承担方式还包括继续履行,即劳动者支付违约金抑或赔偿损失仅是针对其已发生的违约行为所承担的民事责任,此后,如果竞业限制协议约定的有效履行期尚未届满的,劳动者依然负有竞业限制义务,如其仍继续实施竞业限制行为的,则用人单位可基于新的违约事实行使新的请求权。

(本文发表于《上海审判实践》2012年第10期)

隐蔽用工劳动关系之司法确认

方　遴*

"隐蔽用工"①是劳动力市场上非正常的用工方式。此类用工方式一旦发生纠纷,劳动者往往提出多项诉讼请求,而用人单位却一概否认劳动关系,辩称与劳动者之间系其他法律关系而非劳动关系,或辩称系案外人与劳动者建立劳动关系。尽管法官基于职业经验对用人单位隐蔽用工形成内心确信,但受制于现有的法律规定,在劳动者举证不能的情况下,对用人单位的违法行为有时束手无策。因此,如何准确认定劳动关系,对保护劳动者的合法权益至关重要。

一、隐蔽用工的发现与思考

隐蔽用工纠纷隐藏于普通劳动争议案件中,以其特有的表现形式存在,这需要法官在裁判中予以识别和发现。

(一)隐蔽用工的表现形式

1. 招聘主体与用工主体错位。有的用人单位在招聘劳动者之后未签订书面劳动合同即将其派至关联企业、合作企业、下设办事机构或股东、高管等特殊个体在异地开设的公司或个体工商户工作。这些实际用工主体不仅在经济实力和经营规模上无法与招聘企业相比,有的甚至并不符合《劳动合同法》规定的用人单位主体资格。

2. 薪酬支付主体与用工主体错位。有的用人单位以现金方式支付工资,有的甚至借用公司无关人员的个人银行账户向劳动者转账支付工资;有的用人单位在招聘劳动者之初即表明将通过非正规就业组织或挂靠于其他企业的方式为劳动者缴纳社保费。从常理来看,支付工资或缴纳社保费是用人单位认可劳动者最直观的表现,但用人单位有意转移这些义务掩盖用工事实,导致劳动者难以提供证明劳动关系存在的有力证据。

3. 管理主体与用工主体错位。有的用人单位对劳动者从不考勤,仅对电脑进行设密管理;有的劳动者被派到外地,在工作中仅受某一主管的指挥,劳动者对主管的真实身份、具体职务不尽了解,对异地企业更无从知晓,导致纠纷产生后劳动者往往无法准确陈述管理者和企业的情况。

---

* 方遴,原上海市黄浦区人民法院诉调对接中心审判员。

① 限于篇幅,本文仅探讨标准劳动关系模式下的隐蔽用工。当前我国劳动立法对"隐蔽用工"并无明文规定,对此可借鉴2003年国际劳工大会第91届会议对"隐蔽雇佣关系"的界定,其核心是"制造一种与事实劳动关系不同的假象来扭曲或掩盖真正的劳动关系。"参见袁婷:"隐蔽用工成劳动合同法新隐患",载http://www.sina.com.cn,最后访问时间:2012年5月25日。

(二)隐蔽用工的成因分析

作为一种不正常的用工方式,隐蔽用工并不是偶然的,背后有其存在的深层次原因:一是日益严峻的就业环境迫使劳动者无奈接受隐蔽用工。在激烈的就业竞争环境中,不少劳动者为获取就业机会而自愿放弃合法权益,客观上为隐蔽用工创造了条件。二是劳动者与用人单位之间的地位失衡促成隐蔽用工。劳动关系的特殊性决定了劳动者天然处于弱势地位,不少用人单位滥用优势地位,在招聘之初即向劳动者明确表示不签书面劳动合同或不缴纳社会保险费,否则将不予录用,劳动者只能无奈接受。三是不断上升的用工成本导致用人单位铤而走险隐蔽用工。社会经济的发展促使劳动力价格水涨船高,不少用人单位为压缩开支、追求利益最大化,不惜损害劳动者的合法权益,这是隐蔽用工产生的主要原因。四是过低的违法成本导致用人单位以身试法隐蔽用工。虽然隐蔽用工具有恶意损害劳动者合法权益的违法性,但实践中,只有劳动者证明劳动关系存在,用人单位才承担"双倍工资"的赔偿责任。这种或然性的违法成本显然不足以产生威慑力,客观上纵容了用人单位的违法行为。

(三)隐蔽用工的法律后果

《劳动合同法》第10条规定:"建立劳动关系,应当订立书面劳动合同。"然而,书面劳动合同是建立劳动关系的法定要件,但并非判断劳动关系成立与否的唯一要件。尽管隐蔽用工缺失了书面劳动合同这一外在表征,但只要劳动者与用人单位之间存在劳动法上的权利义务关系,即无法抹杀双方存在劳动关系的本质。鉴于未签订书面劳动合同是产生事实劳动关系的原因之一,隐蔽用工可按事实劳动关系处理。因为劳动给付是不可逆转的,若因未签订合同而视劳动关系无效,用人单位将会因无法返还劳动而不当得利,劳动者则因付出劳动却没有回报而利益受损。因此,隐蔽用工的劳动关系一经确认,用人单位不仅应向劳动者给付薪酬,还应支付未签订书面劳动合同的双倍工资。

二、确认隐蔽用工劳动关系之司法困境

认定事实与适用法律是审理案件的两大步骤,确认隐蔽用工劳动关系的最大审理难点在于事实认定难。劳动者往往因举证能力有限只能提供一些零散的证据,如何认定这些证据的效力,并运用劳动关系的确认标准准确认定案件事实,是此类案件最大的审理难点。

(一)举证责任分配难

《最高人民法院关于民事诉讼证据的若干规定》(以下简称《证据规定》)第6条规定:"在劳动争议纠纷案件中,因用人单位作出开除、除名、辞退、解除劳动合同、减少劳动报酬、计算劳动者工作年限等决定而发生劳动争议的,由用人单位负举证责任。"然而,该规定的适用前提是双方认可劳动关系存在,并不适用于确认劳动关系案件。在用人单位否认劳动关系的情形下,根据"谁主张,谁举证"的基本原则,劳动者仍应对劳动关系这一基础事实承担举证责任。对照2005年劳动和社会保障部颁布的《关于确立劳动关系有关事项的通知》(以下简称《通知》)第2条的规定,用人单位对工资记录、招聘记录、考勤记录三类凭证应承担举证责任。然而,无论是法律位阶还是法律效力,《通知》均远不及《民事诉讼法》,这导致对如何分配劳动者与用人单位的举证责任在审判实践中颇有争议,也成为审理难点之一。

(二)证明标准确立难

如何认定劳动者所提供的证据已经达到足以证明劳动关系存在的证明标准,并合理地将举证责任转移至用人单位,这是审理的难点之二。比如,劳动者仅能提供某一证据复印件,既不能提供该证据的原件,也无法提供其他证据材料。根据《证据规定》,无法与原件核对的复印件不能单独作为认定案件事实的依据。据此,劳动者将陷入举证不能的境地。然而劳动者所处的弱势地位决定了其举证能力极为有限,即使仅提供复印件也实属不易。在无法提供其他证据的前提下,若完全忽略该复印件,显然对劳动者过于严苛。因此,如何确立隐蔽用工劳动关系的证明标准,是判断举证责任转移的关键,会影响审理结果。

(三)待证事实认定难

隐蔽劳动关系纠纷往往发生在劳动关系解除或终止之后,劳动者大多已按要求办理了离职手续,并退还了工作服、工作证等那些原本由其掌握的有力证据,而仅能提供一些零散的间接证据。如用人单位支付工资的转账凭证、印有用人单位抬头的名片、空白的授权委托书、洽谈业务的电子邮件及其他劳动者的证人证言。这些证据虽然能起到一定的证明作用,但常常未能达到《证据规定》第73条高度盖然性的证明标准,可能导致案件出现真伪不明的状态。因此,法官如何对照劳动关系的确认标准,对劳动关系作出事实认定,是审理的难点之三。

三、隐蔽用工劳动关系之甄别

要有效甄别隐蔽用工劳动关系,前提是准确把握劳动关系的内涵和特征,并深刻理解劳动关系确认标准的构成要素。

(一)劳动关系确认标准的司法运用

1. 劳动关系的确认标准

《通知》第1条规定:"(一)用人单位和劳动者符合法律、法规规定的主体资格;(二)用人单位依法制定的各项劳动规章制度适用于劳动者,劳动者受用人单位的劳动管理,从事用人单位安排的有报酬的劳动;(三)劳动者提供的劳动是用人单位业务的组成部分。"这三类情形共同构成劳动关系的确认标准,不仅成为《劳动合同法》实施前确认劳动关系的主要依据,更在《劳动合同法》实施后得到沿用。

2. 确认劳动关系应考量的三大要素

从劳动关系的确认标准可引申出劳动法律关系的三大要素——主体、内容和客体,这些成为确认劳动关系的重要考量。

(1)主体:劳动关系的主体具有特定性,主体的变化导致法律关系的性质随之发生变化,因此,明确主体是确认劳动关系的前提。根据《通知》第1条第1项,在确认劳动关系时,首先应审核主体是否符合劳动关系的形式要件,是否具备法律规定的主体资格。(2)内容:权利义务是法律关系的核心内容,也是决定法律关系性质的根本。权利和义务是相辅相成的,一方享有的权利是另一方承担的义务;反之亦然。根据《通知》第1条第2项,劳动者服从用人单位的管理、按照要求提供劳动,这既是劳动者的义务,也是用人单位的权利;用人单位支付报酬、提供劳动条件等,既是用人单位的义务,也是劳动者的权利。这些彼此相对的权利义务成为劳动关系的核心内容,使之与其他法律关系相区分。(3)客体:法律关系的客体是主体之间权利义务所指向的对象。在劳动关系中,劳动者和用人单位之间权利义务所指向的对象就是劳动。《通知》第1条第3项反映了劳动者与用人单位之间个体与整体、局部与全局的关系,是由劳动关系的从属性决定的。作为劳动关系的客体,"劳动"是确认法律关系的重要标准,如果缺少这一客体,劳动者与用人单位之间可能演变成为其他法律关系。

(二)运用劳动关系确认标准甄别隐蔽用工劳动关系

1. 审查原、被告双方的主体资格以排除非劳动关系

建立劳动关系的双方必然一方是劳动者,另一方是用人单位。"劳动关系不可能产生于两个自然人之间。"①虽然劳动立法未对"劳动者"加以界定,但结合《民法通则》第11条的规定,可将"16周岁以上、从事职业劳动、以自己的劳动收入为主要生活来源的自然人"视为劳动者。若一方尚未满16周岁或是已依法享受养老保险待遇、领取退休金的人员或是在校兼职大学生,则并非劳动关系意义上的劳动者。至于用人单位,《劳动合同法》第2条规定为"中华人民共和国境内的企业、个体经济组织、民办非企业单位等组织"。若劳动者起诉的是自然人、家庭或农村承包经营户等,则不可能成立劳动关系。

2. 判断双方是否具有建立劳动关系的意思合意

用人单位与劳动者之间存在多重法律关系的,法官应从探求两者之间是否存在"雇佣"与"受雇"的意思表示出发,对是否存在劳动关系加以甄别,以便与其他法律关系相区分。比如,在"石某诉某汽车销售公司一案"②中,石某在甲公司担任汽车销售员数月后至乙公司从事同一车型的汽车销售工作,期间仍由甲公司对其进行考勤。石某辞职后起诉甲公司支付经济补偿金等。经查,甲乙公司在同一地点办公,法定代表人系同一人,乙的管理人与甲的法定代表人系夫妻关系。据此,法院认定甲乙实为关联企业,经营管理不分家,甲虽以乙为屏障掩盖劳动关系,但存在雇用石某的意思表示,最终认定石某与甲公司存在劳动关系。

---

① 王春英:"刍议劳动关系的界定及其法律特征",载《人才资源开发》2010年第4期。

② 案例来源:"因'一套班子两块牌子'单位拒认劳动关系法院判决劳动者与用人单位劳动关系成立",载《上海法治报》2011年6月1日第6版。

3. 判断双方的权利义务是否具备劳动关系的基本特征

(1)劳动者对用人单位是否具有经济依附性。劳动者所提供的劳动是用人单位整体业务的组成部分,用人单位可排他性地使用劳动,并据此向劳动者支付工资,这体现了劳动者对用人单位的经济依附性。若某人仅借助单位提供的平台自主开展经营活动,单位不仅未向其支付报酬,反而向其收取费用,那么两者之间不可能存在劳动关系。(2)劳动者对用人单位是否具有人身从属性。劳动者与用人单位虽然通过自愿协商建立劳动关系,但劳动关系一旦形成,劳动者将融入用人单位的组织体系中,接受用人单位的管理,在其指定的场所、规定的时间内按照要求从事劳动,并遵守各项规章制度,"外在地表现为对雇主构建的生产组织的依赖"。[①] 因此,若劳动者对用人单位不具有人身从属性,也不可能成立劳动关系。

四、隐蔽用工劳动关系之事实认定

查明案件事实一般遵循"举证责任的分配、证明标准的衡量、举证责任的转移、真伪不明时案件事实的查明及败诉后果的承担"这一过程。下面从以下四个方面探讨隐蔽用工劳动关系的审理思路。

(一)根据"谁主张,谁举证"原则劳动者应承担初步举证责任

虽然《通知》明确用人单位负有相应的举证责任,但根据"谁主张,谁举证"的基本原则,劳动者仍应对劳动关系这一基础事实承担举证责任。由于劳动者往往难以掌握能证明劳动关系的直接证据,若要求其承担全部举证责任,显然有违公平。因此,劳动者应对"已提供劳动、获取报酬、接受管理"中的任何一项承担初步举证责任。

(二)以盖然性标准判断劳动者是否完成举证责任

用人单位的优势地位不仅体现在对利己证据的掌握上,更体现在可阻止对劳动者有利的证据产生,因此,对劳动者是否完成举证责任的判断,可适当放宽到"证明与用人单位存在一定联系",[②]即从高度盖然性的证明标准降低为优势证据的盖然性证明标准。

1. 可提供直接证据证明"给付劳动并接受报酬"的

无论是劳动者诉请确认劳动关系还是要求用人单位承担相应的义务,根本前提是劳动者为用人单位付出了劳动。只要劳动者能提供工资存折及用人单位为其缴纳社保费的凭证,即足以证明用人单位受领并认可了劳动者在某一时期给付的劳动。此时,可视劳动者完成了对劳动关系这一待证事实的初步举证责任。

---

① 王容天:"试论我国劳动关系界定问题",载《当代经济》2009 年第 8 期。

② 缪婷婷:"谈劳动关系确认争议的举证规则",载《中国劳动》2008 年第 10 期。

2. 能提供间接证据证明与用人单位存在一定业务关系的

对于用人单位故意掩盖劳动关系的做法，劳动者不仅纠纷防范意识差，而且保存证据的意识和能力也不足，提供的证据往往是间接而零散的，比如空白且过期的业务授权委托书、名片、工作证、开展业务的资料等，这些证据综合起来只能间接证明劳动者与用人单位之间曾存在一定的关系。若经法官的释明和指导，劳动者穷尽能力确实无法提供证据的，可认定劳动者完成初步举证责任。

3. 仅能提供部分证据材料证明与用人单位存在一定联系的

不少劳动者所提供的证据材料在真实性、合法性上受到质疑，导致证据的证明力大打折扣。比如，用人单位以现金支付报酬，劳动者能提供工资签收单复印件实属不易，但却因无法提供原件而使证据的真实性受到质疑；又如，劳动者提供用人单位在职员工作为证人，但证人迫于压力仅出具书面证词而不愿出庭作证，该证据的效力也受到质疑。为此，劳动者还须进一步补强证据，才可视为完成初步举证责任。

（三）合理推进举证责任的转移

1. 用人单位一概否认劳动关系的

用人单位否认劳动关系是隐蔽用工纠纷中极为普遍的应诉表现。尽管如此，用人单位仍不能免除《通知》所规定的举证责任，即应提供工资记录、招用记录和考勤记录。（1）若用人单位掌握证据，但主观上不愿提供的，可根据《证据规定》第75条的规定，作出不利于用人单位的推定。（2）若用人单位提供的证据足以反驳劳动者主张的，法院应将举证责任转移给劳动者，由其补强证据。（3）若用人单位提供的证据不足以否定劳动者提供的证据，而劳动者提供的证据也不足以证明劳动关系的，案件将陷入真伪不明的状态（如何处理后文详述）。

2. 用人单位提出新抗辩主张的

不少用人单位在否认劳动关系时，往往提出新的抗辩主张。（1）抗辩与劳动者之间并非劳动关系，而是其他法律关系。比如，劳动者虽可证明定期收到用人单位的银行转账，若用人单位抗辩给付的钱款基于投资回报、合作分成、居间佣金或业务提成的，则应对新的抗辩承担举证责任。（2）抗辩与劳动者建立劳动关系的是案外人。不少用人单位有意转移薪酬支付义务，造成招聘主体、管理主体与用工主体的错位，导致劳动者陷于"三角关系"却不知为谁工作。若用人单位主张与劳动者建立劳动关系的是案外人，则须提供相应的证据。

（四）真伪不明状态下案件事实的查明及认定

1. 法官应主动调查取证尽可能查明案件事实

（1）劳动者因客观原因难以收集证据的：劳动者以用人单位的名义对外从事活动，相关证据可能由案外人掌握，劳动者难以收集。对此，法院有必要主动向案外人调取证据，了解劳动者是否受用人单位的指派开展业务。（2）劳动者已穷尽举证能力、但证据仍不符合"三性"要求的：劳动者提供的部分证据因不符合证据的"三性"要求而受到质疑。例如,提供在职员工的证人证言,但他们迫于压力仅愿出具书面意见而不愿出庭。基于劳动者已经穷尽了举证能力,法官可依据《证据规定》第56条的规定,认定"证人出庭确有困难",并在开庭之前通知证人来院接受调查,以笔录的形式将其意见加以固定,并辅之以录音录像等载体,庭审时向双方当事人宣读笔录并进行质证,以弥补证人未能出庭的瑕疵。(3)用人单位因客观原因无法提供证据的:用人单位提出因客观原因无法提供证据的,若客观原因确实存在,法院可主动向用人单位的工会、部分劳动者或上级机关、监管部门等调查用工情况,进一步查明案件事实。(4)对用人单位提供的证据有合理怀疑的:若用人单位抗辩劳动者与案外人存在劳动关系并提供相关证据,劳动者提出合理怀疑但无证据反驳的,鉴于用人单位与案外人之间可能存在千丝万缕的联系,法院应严格审核用人单位提供的证据,并主动到工商行政管理部门等第三方权威机构加以核实,全面了解用人单位与案外人的关系。

2. 借助社会经验法则考量权利义务的履行情况

若经法官主动调查取证仍无法认定劳动关系,可借助社会经验法则对劳动者与用人单位权利义务的实际履行情况加以考量,判断劳动者对用人单位是否存在经济依附性和人身从属性。比如,劳动者仅能证明用人单位给付钱款的事实,但无法证明接受用人单位的管理,而用人单位抗辩基于业务提成给付钱款,法院可着重分析给付钱款的事实。从常理判断,劳动报酬的给付具有稳定性和持续性,若用人单位给付的钱款在金额上相对稳定,周期上相对固定且持续的时间与劳动者主张的劳动关系期间相吻合,而用人单位无法对业务提成的计算和构成作出合理解释,则可认定用人单位支付的是劳动报酬而非业务提成,据此认定双方存在劳动关系。

(本文发表于《上海审判实践》2012年第9期)

派遣员工从事非法金融活动背景下金融机构责任承担探析

——以用人者责任与共同侵权为视角

谢琴铮*

【提要】金融稳定事关经济社会大局,而在外部全球金融危机尚未完全消除,内部金融开放程度更加深化、金融产品更趋复杂、市场主体更呈多样、金融市场更显活跃的大背景下,金融机构运营的安全性成为金融市场的一大难题,因此不论是

* 谢琴铮,上海市黄浦区人民法院民五庭助理审判员。

国家各个监管层面,抑或金融机构内部,十分强调对于各个环节的风险控制。但在金融机构内部人员实施犯罪的情况下,各种管控风险的制度形同虚设,当事人蒙受巨额损失,在此情形下金融机构应否承担责任成为司法实践中亟待解决的难题。

【关键词】金融机构　内部人员　犯罪　责任承担

有如下案例:某甲在某银行遇着该银行制服的业务员某乙介绍业务,称该业务有高额回报,某甲心动之余与某乙至该银行贵宾服务室签约,因某乙称办理该项业务需要办理该银行的存折,于是某甲将本人身份证件交给某乙,某乙持该身份证件到柜面办理了存折,并在未告知某甲的情况下同时办理了与该存折挂钩的银行借记卡。之后某乙将存折交给了某甲,自己留下了借记卡,同时留下了某甲的身份证复印件。待某甲按约将资金打入该存折后,某乙持借记卡和私自复印的某甲身份证,至该银行柜面将资金全部提取。事发后,某乙因犯诈骗罪被追究刑事责任。某甲诉至法院,要求银行承担赔偿责任。此类银行内部人员利用银行工作的便利,擅自从事非法金融活动的案件在司法实践中屡有发生,这种情况下金融机构应当承担何种责任正是本文需要探讨的问题。

一、金融机构使用派遣员工承担的用人者责任

一般认为,某乙在为某甲"办理业务"过程中,使用的是某银行的名义,办理业务的地点也是银行网点,可以认为某乙的行为是一种职务行为,按照《侵权责任法》第34条"用人者责任"之规定,其行为造成的后果应由银行承担。但在案件审理过程中某银行抗辩称,某乙并非该银行的正式员工,而是银行通过劳务派遣公司雇用的聘任制员工,工作内容是在该银行网点代理销售保险产品,因此一则某乙不属于银行职员,二则其行为已超出授权范围,属于其个人行为,银行不应承担用人者责任。银行关于使用派遣之员工即不应承担用人者责任的观点是否成立呢?

(一)劳务派遣法律关系简介

随着经济社会的发展和企业用工需求的多样性,劳务派遣作为一种新型的劳动法律关系而得以广泛的运用,具体是指"由劳务派遣单位与被派遣劳动者签订劳动合同,然后向用工单位派出该员工,使其在用工单位的工作场所内劳动,接受用工单位的指挥、监督,以完成劳动力和生产资料结合的一种特殊用工方式"。[①] 劳务派遣与传统的雇佣劳动关系最大的区别在于,传统的雇佣关系只存在雇主(用人单位)和雇员(劳动者)两方主体,而劳务派遣关系则存在三方主体:劳务派遣单位、劳动者和实际用工单位,其最大特点是实现了劳动力雇用与使用的分离,被派遣劳动者与劳务派遣单位签订劳动合同,建立劳动关系,但是其实际提供劳务的场所在实际用工单位,而与实际用工单位又不形成劳动关系,从而形成一种"有关系

① 董保华主编:《劳动力派遣》,中国劳动社会保障出版社2007年版,第18页。

没劳动,有劳动没关系”的特殊形态。劳务派遣存在两个法律关系:一是劳务派遣单位与劳动者之间的劳动关系,二是劳务派遣单位与实际用工单位之间的合同关系。本案中某乙是由劳务派遣公司以劳务派遣的形式在银行从事规定内容的职业,因此从法律意义上来讲,某乙是与劳务派遣公司建立了劳动合同关系,但其具体工作由银行安排,而某乙与银行之间不存在劳动合同关系。由此,银行关于使用派遣员工即不为其任何行为承担责任的观点似乎可以成立。但事实上,对于劳务派遣这一有别于传统用工形式的劳动法律关系以及相应的责任承担,法律亦是有相关规定的。

(二)劳务派遣条件下单位承担责任的条件

《侵权责任法》第34条首次明确规定了“用人者责任”,第34条第1款规定了用人单位责任,在第2款则特别规定了用人单位使用的劳务人员为劳务派遣单位人员时的侵权责任:“劳务派遣期间,被派遣的工作人员因执行工作任务造成他人损害的,由接受劳务派遣的用工单位承担侵权责任;劳务派遣单位有过错的,承担相应的补充责任”。构成劳务派遣责任,应当具备以下要件:

1. 在当事人之间存在劳务派遣的劳动关系。具体是指在劳务派遣单位与劳动者之间存在劳动合同关系,劳务派遣单位与用工单位之间存在劳务派遣合同关系,根据这两个合同,劳动者在实际用工单位提供劳动。

2. 劳动者在执行劳务派遣工作任务中造成他人损害。劳务派遣责任中的损害事实要件是致人损害,包括人身损害和财产损害。这个损害事实应当发生在被派遣的工作人员执行派遣的工作任务中,也就是被派遣的工作人员因执行工作任务造成他人损害的客观事实。如果不是在执行派遣的工作任务中造成损害,则不构成劳务派遣责任。

3. 损害事实的发生与被派遣的工作人员的执行工作任务行为有因果关系。造成他人损害的行为,应当是被派遣的工作人员执行派遣工作的任务行为所致,两者之间有因果关系。在接受派遣劳务之后,被派遣的工作人员在执行工作任务中,造成他人损害的,就构成劳务派遣责任。

4. 接受派遣单位在指挥监督工作人员工作中有过失。构成劳务派遣责任,接受劳务派遣单位需有过失。过失的表现,是接受派遣单位在指挥、监督工作人员执行职务行为中,应当注意而未尽注意义务。

(三)派遣单位责任承担的关键问题:是否是职务行为

1. 一般规定

目前理论界对于劳务派遣责任的研究主要集中在劳务派遣单位和实际用工单位的责任分配问题。而本案中虽然也是劳务派遣员工实施侵权行为而引发的赔偿问题,但是通过上述劳务派遣下实际用工单位责任承担要件的对比分析,本案的关键问题在于劳务派遣员工实施的违法犯罪活动是否属于工作任务,亦即劳务派遣员工实施的行为是否是职务行为。关于此问题,因有学者认为“劳务派遣单位与劳务用工单位责任是用人单位责任中的一种特殊形态”,[1]基于此,劳务派遣形式下的职务行为与一般的用人单位责任无异,故本文的分析理论均基于一般的用人单位责任。

2. 职务行为的界定标准

对雇员职务行为的界定,是对用人者责任界定的关键,如果员工是因自己独立的私人行为造成他人损害的,则用人者不承担责任。这样将会把用人者赔偿责任限制在一个合理的、雇主的活动能够扩张到的范围内,避免用人者承担不合理的过重责任。

在多数情况下,很容易判断雇员的行为是不是属于执行职务的行为,然而在本案中,却存在认定职务行为的困境:从实际用工单位,即银行方面来讲,某乙的行为明显超出了授权范围,是某乙单独实施的犯罪行为,并且已经为生效的刑事判决所确认;但从受害人某甲的角度分析,其在办理业务时,某乙身着银行制服、使用银行办公地点,完全是因相信其是办理银行员工而进行交易。那么,这两方的意见应以何为准?

从司法实践来看,虽然《侵权责任法》明确了用人者责任这项法律制度,但对于职务行为的界定没有进一步细化的规定。而由于在《侵权责任法》出台之前,我国对于用人者责任仅散见于《最高人民法院关于审理人身损害赔偿案件适用法律若干问题的解释》等法律规定中,对于职务行为的判断,更是缺乏一个统一的固定标准,学界对此也是众说纷纭,长期以来存在“主观说”、“客观说”和“综合标准说”三种理论:

(1)主观说。该学说主张采用主观标准,即以行为人的主观意思表示来判断行为的性质。至于以何人的意思表示为判断的标准,又有两种不同的观点。①雇主意志说,这种学说产生较早,持此观点的人认为,判断某一行为是否为职务行为,应当以雇主的意思表示为准,即以雇主委托受雇人办理的事项为标准来判定执行职务的行为,如果超出这一范围就不是执行职务的行为。②雇员意志说,又称为利益说,持这种学说的人主张,判断某一行为是否为职务行为,应当以雇员的意思表示为准,执行职务的范围应以受雇人的行为是为了雇主的利益所为为标准,凡不是为雇主的利益所为的行为就不是执行职务的行为。只要实施该行为的目的是为了雇主的利益,那么,该行为就属于职务行为。如果雇员是为了自己的利益而实施的行为,就不属于职务行为。

(2)客观说。此说又称外形标准说,持此观点的人认为,造成侵权的执行职务的行为,只需认为在“形式”上认定即可。也就是说,只需在“外观”上以及“社会一般观念或认定”足以认为是在执行职务即可,不必探查实质上雇员的行为是否为执行职务。应该以受雇人的行为外观为标准,而不考虑雇主与受雇人的主观意思,如果行为在客观上表现为与依雇主指示办事的事件要求相一致,就应当认为属于执

---

① 郭明瑞:“关于劳动派遣单位与劳务用工单位的侵权责任——兼论《侵权责任法》第34条第2款的适用”,载《法学论坛》2012年第2期。

行职务的范围。

(3)综合标准说。这种学说实际上可以看作是前两种学说的某种综合,也可以看作是对外形标准说的具体化,即在认定执行职务的范围应考虑各种综合因素,我国内地、台湾地区和日本均有学者持此种观点。但是各国、各地区的学者所考虑的因素之组成及如何考虑的认识并不一致。

笔者认为,采用"客观说"较为合适。首先,单纯以"主观说"来确定雇员执行事务范围是不可取的。主观说包括雇主意志说和雇员意志说。如果采用雇主意志说,在现实生活中,雇主对雇员行为的指示不可能做到面面俱到,因此单纯采用这种标准来确定雇员执行事务的范围,将会使那些对雇员选任不当、监督不力和未尽相当注意义务的雇主,有机会以雇员行为不是其明令指示的行为或不符合其主观意思等为由提出抗辩。其结果是既加重了雇员的负担,也不利于保护受害人的合法权益。而雇员意志说,强调以雇员的主观意思为标准,当雇员致人损害时,他很可能将其行为说成是为雇主办理事务或为雇主利益而为,使指示事务的范围任意扩大,从而会导致雇主承担不可预料的风险,同时还会放纵雇员的懈怠和不负责任的心态,所以也不宜单独采用。其次,"综合标准说"是在综合"主观说"和"客观说"两种学说基础上提出的,实质上更偏重于对于"客观说"内容的强化,并且此类学说对于考虑的因素之组成及如何考虑的认识,目前还未形成统一的认识,这与司法要求确定性和相对固定性的要求是违背的,也是不可取。而"客观说"具有可执行性,更能体现雇主责任的确立宗旨:一方面是增加被害人求偿的机会,另一方面也要避免过多加重企业经营者的负担。

在"客观说"标准下,下列行为是排除在职务范围之外的:一是超越职责行为,雇员执行职务行为包括为了实现其职能的一切行为在内,但超越了其职责范围而实施的行为,用人单位不承担责任。二是擅自委托行为,雇员未经授权而擅自将自己应做的事委托他人去办,用人单位对于该人所为的侵权行为不负责任。三是违反禁止行为,用人单位明令禁止的行为雇员而为之,不属于执行职务行为。四是借用机会行为,雇员利用职务提供的机会,处理私事而发生的损害,如果该行为与执行职务没有关联,不属于执行职务范围。

在银行工作人员利用工作机会,擅自以金融机构名义从事非法金融行为的情况下,工作人员明显已经超越金融机构对其职责的规定范围,按照职务行为认定的排除范围,属于超越职责行为,依法不应由金融机构承担责任。在这一前提下,不论该工作人员是银行职工,抑或是银行通过劳务派遣公司使用的劳动者,都不应由金融机构承担用人者责任。

二、个人责任与银行责任的分配问题

如上文所述,在金融机构内部人员利用工作机会,擅自利用金融机构名义从事非法金融活动的情形下,因其行为超出金融机构允许其从事的职权范围,金融机构不应承担用人者责任。那么,在侵权行为已经实施、损害后果已经形成的情况下,由行为人独立承担责任似乎是顺理成章的。但细究整个侵权行为发生的过程,行为人私自办理受害人名下的银行卡,并复印身份证件用于取款,在取款过程中金融机构在未验看身份证原件的情况下即予以放款,在这一节事实中金融机构存在相应的过错。那么,这种责任是何种责任呢?

审判实践中有观点认为,在整起事件中,银行事实上也是受害者,因为侵权人表面上看是侵害了受害者的财产权利,但因其利用的是银行的名义,侵害了金融管理的正常秩序,危害银行资产安全。另有观点认为,虽然银行未验看身份证原件即予放款也是形成受害人损失的一个原因,但这仅是具体工作人员的工作失误,并不构成过错,也不能因此要求银行承担侵权责任,而应由行为人独自承担全部责任。笔者以为,上述两种观点都不合适。

首先,对于银行也是受害者的观点。行为人的行为确实侵害了正常的金融管理秩序,但是侵权领域所要求的损害是实际发生的损害,包括人身损害和财产损害,并不包括抽象意义的金融管理秩序,因此,银行所称的受害利益并不能形成为民事诉讼所能确认的损害。事实上,被侵害的金融管理秩序是刑法所保护的范围,而行为人也因此承担了刑事责任,因此银行也是受害者的观点在民事诉讼阶段不能成立。

其次,关于应由行为人个人承担全部责任的观点。本文讨论的资金损失,从流程上看,首先是行为人私自办卡并复印受害人身份证,其次是持受害人卡和身份证复印件至柜面提款成功。在前一行为中,可以认为是行为人的个人行为,但后一行为之所以提款成功,与银行柜面人员未验看身份证原件存在直接的因果关系。虽然该柜面人员是否与行为人有事前沟通,目前无法查实,但其行为至少构成过失,因其过失才导致了巨额的财产损失,银行应承担相应的责任。因此,由行为人承担全部责任的观点亦是不成立的。

那么,在此类案件中,行为人与银行之间承担何种形式的责任,以及各自的责任大小如何?笔者认为,应成立成共同侵权。

关于共同侵权的法律规定较早的见于《民法通则》第 130 条规定:“二人以上共同侵权造成他人损害的,应当承担连带责任。”《侵权责任法》第 8 条的行文略有差异,但内容相同:“二人以上共同实施侵权行为,造成他人损害的,应当承担连带责任。”但理论界对于共同侵权行为的本质属性存在较大的争议,也就是对于“共同”含义的理解存在分歧,概括而言主要分为以下两种观点:一是认为共同侵权行为的本质在于主观方面,具体有“意思联络说”认为共同侵权人之间必须有意思联络始能构成,“共同过错说”认为“共同侵权行为的本质特征在于数个行为人对损害后果具有共同故意或者共同过失,因而共同侵权人应当共同承担责任”;①二是认为共同侵权行为的本质为客观方面,具体有“共同行为说”,认为“共同行为是共

① 王利明主编:《民法·侵权行为法》,中国人民大学出版社 1993 年版,第 354 页;杨立新:《侵权损害赔偿》,吉林人民出版社 1990 年版,第 135 ~ 137 页。

同侵权人承担连带责任的基础,共同损害结果的发生,总是同共同加害行为紧密联系,不可分割",①"共同关联说"认为"共同侵权行为以各个侵权行为所引起的结果,有客观的关联共同行为已足,各行为人间不必有意思联络;数人为侵权行为的时间或地点,虽无须为统一,但损害则必须不可分离,始成立关联共同"。② 目前,多数学者的意见认为,将共同侵权行为适当扩大,对保护被侵权人的利益是有益的,因此,共同侵权行为的本质特征可以适当向客观标准扩大。③ 这一观点也得到了立法机关的认可,由全国人民代表大会常务委员会法制工作委员会编的《中华人民共和国侵权责任法释义》中对"共同"的观点认为主要包括三层含义:"其一,共同故意。……其二,共同过失。'共同过失'主要是数个行为人共同从事某种行为,基于共同的疏忽大意,造成他人损害。其三,故意行为与过失行为相结合。"④

本文所讨论的案例正是上述第三种"共同",即故意行为与过失行为相结合,具体而言,行为人故意擅自办卡、复印身份证件的行为与银行在取款过程中未验看身份证原件的过失行为,共同导致了财产损害的后果。按照共同侵权的一般原理,行为人与金融机构应当承担连带责任。

三、金融机构在连带责任中的份额确定

连带责任的确定是对整体责任的固定,是表明对于受害人责任承担的范围大小;在承担连带责任主体的内部,亦存在责任大小之分,《侵权责任法》第 14 条对此作了明确规定:"连带责任人根据各自责任大小确定相应的赔偿数额;难以确定责任大小的,平均承担赔偿责任。"在本文所讨论的案例即存在应当如何确定行为人与金融机构之间的责任比例问题,这种做法并没有否认连带责任的整体性,而在于公平地确定各共同侵权人自己应承担的份额,也就是确定连带责任的最终责任。

确定连带责任人各自责任份额的基本原则,是按各连带责任人过错程度和行为原因力综合判断,从而确定各共同侵权人各自的份额。具体方法和步骤如下:(1)确定整体责任大小和赔偿数额。(2)确定各行为人主观过错在整体过错中的百分比,按照故意重于重大过失,重大过失重于主观轻过失和客观轻过失,主观轻过失和客观轻过失重于一般过失的标准,分别确定各行为人各自所占过错比例的百分比。(3)确定各行为人的行为对损害发生的原因力所占比例。(4)综合主观过错比例和对损害发生原因力比例,计算出最终的责任承担比例。具体到本案,主要是对行为人和银行的过错程度与损害结果原因力大小的判断。首先,关于双方对于损害结果的主观过错程度,行为人的行为具有故意,而银行仅仅存在一般的过失,因此行为人的主观过错远重于银行的过错;其次,关于对财产损害结果的原因

① 邓大榜:"共同侵权人的民事责任初探",载《法学季刊》1982 年第 3 期。

② 欧阳宇经:《民法债编通则实用》,汉林出版社 1978 年版,第 78 页。

③ 杨立新:《侵权责任法》,法律出版社 2010 年版,第 93 页。

④ 王利明主编:《中华人民共和国侵权责任法释义》,法律出版社 2010 年版,第 57~58 页。

力大小,行为人伪造证件并且欺骗受害人将巨额钱款存入账户,是造成最终损害的直接原因,而银行方面在放款过程中疏于管理,存在间接原因力,因此在原因力考量上,行为人对于损害发生的占比较大。综合上述分析,本案中应由行为人承担大部分赔偿责任,而银行承担责任所占比例较小。

四、防范金融机构内部人员利用金融机构名义为非法金融活动的几点建议

在本文提及的案例中,银行使用的派遣制员工利用了银行工作机会的便利,骗取当事人资金,虽然银行并不承担其职务所引起的用人者责任,但因在取款环节上的管理疏漏,仍然要承担部分责任,这对金融机构的安全运营起到了警示性的作用,应加强防范内部人员利用银行职务便利从事非法金融活动,维护安全有序的金融秩序,笔者认为可以从以下几方面着手:

(一)加强人员管理和场所管理

金融机构应加强对工作人员,包括正式职工和劳务派遣员工,工作内容规范性、合规性的监督检查,尤其是对于劳务派遣形式使用的员工,这一类员工因工作职责内容的限定性、人员流动性强,与正式员工相比,相对地对其监管的力度不大。金融机构工作的特殊性和严肃性,要求银行对此类人员加强管理,首先在工作形式上与正式员工要有所区分,如本案中劳务派遣的员工主要在银行从事保险产品销售,则应在制服着装上有所区分;其次,要严格各种办公场所的使用,特别是对于贵宾服务室等会议室,不应对所有人都开放,而应设定相应权限,否则易成为犯罪分子利用的对象。

(二)规范业务流程

英国历史显赫的老牌巴林银行因一名交易员的行为,而使享有盛誉的银行一夕之间宣告破产,此事件虽然已过去20多年,但却时时警示银行等金融机构对于内部管理的重要性。本案的影响虽不至于如此之大,但"千里之堤毁于蚁穴"的古语说明了忽视小问题可能造成的大后果,银行方面要将各项合规措施落实到位,不能忽视对于小细节的规范。

(三)加强公众金融安全意识教育

要防范金融机构内部人员作案的问题,仅靠银行内部加强管理总是有防不胜防之感,也因此各国加大了对于金融消费者[①]的教育,以期通过提高金融消费者自身对于风险的评估意识、对于合规的初步意识,进一步维护金融交易的安全和稳定。我国目前对于公众的金融安全意识教育有所起步,如银监会在其官方网站上有"公众教育服务网",[②]但是在各金融机构层面还没有形成制度化和广泛适用性,建议各机构加强对于客户的教育,以期共同防范内部人员作案的问题。

---

① 金融消费者这一概念目前在我国还未受到立法的正式确认,故在讨论我国的情况时不适用。

② 银监会公众教育服务网:http://pub - edu. cbrc. gov. cn/pesw/info/jsp/index. jsp,最后访问时间:2012年7月27日。

知识产权篇

上海法院知识产权审判促进文化创意产业发展的路径思考

本院课题组*

【提要】知识产权是文化创意产业发展的重要元素,知识产权审判与文化创意产业发展息息相关。上海法院如何能动司法,创新社会管理职能,为文化创意产业发展营造良好的知识产权司法环境,便成为各级法院亟须思考和应对的问题。课题组以经济学中的"供给需求理论"为基本分析工具,紧紧围绕文化创意产业的知识产权保护需求,在充分了解上海市文化创意产业知识产权保护的现状以及司法需求的基础上,分析了上海法院知识产权司法供给存在的问题与不足。在此基础上,课题组提出当前上海法院知识产权审判供给与文化创意产业司法需求之间存在五个基本供求矛盾,即完善的法律规定尚无法转化为文化创意企业的保护自觉;有限的知识产权审判力量无法满足日益广泛的司法需求;单一的知识产权审判机制无法满足灵活多样的司法需求;丰富的知识产权审判资源无法为文化创意企业所利用;多元的知识产权保护方式尚无法形成保护合力。为此,上海法院知识产权审判促进文化创意产业发展的总体指导思想应当是:维持好知识产权权利人与文化创意产业发展以及社会公众的利益平衡,实现知识产权保护的同时,为文化创意产业留足发展空间,为知识产权司法实践留足探索空间。具体而言,可以在审判质效、延伸服务和沟通协同方面进行改进和提高。一要立足本职,实现审判机制的多元化。进一步加强知识产权审判力量;进一步扩展知识产权审判载体,形成知识产权审判庭、巡回法庭、园区法官三位一体的网格化审判载体;进一步丰富知识产权审判程序;进一步加大知识产权保护力度;进一步统一知识产权裁判标准。二要延伸服务,实现审判资源的公共化。借助园区法官,建立知识产权云服务机制;借助微博平台,建立知识产权预警机制;借助典型案例,建立行业案例汇编发布机制。三要加强沟通,实现知识产权保护的协同化。以三合一审判机制为依托,加强法院与公安、检察机关的协同;以知识产权联席会议为平台,加强知识产权司法保护与行政保护的协同;以多元解纷机制为契机,加强法院与行业协会的协同。

【关键词】知识产权审判　文化创意产业　促进发展　路径

随着国家"推动文化大发展大繁荣、建设社会主义文化强国"战略目标的提

---

* 课题组主持人:许伟基,原上海市黄浦区人民法院党组书记、院长、审判委员会委员。课题组成员:金民珍,上海市黄浦区人民法院党组成员、副院长、审判委员会委员;凌崧,原上海市黄浦区人民法院民三庭庭长;凌宗亮,原上海市黄浦区人民法院民三庭助理审判员。

出,文化创意产业在社会经济发展中的作用和地位日益凸显。就上海而言,尤其如此。2011 年上海文化创意产业的增加值已占全市生产总值的 10.02%。《上海市文化创意产业发展十二五规划》明确提出:“推动上海文化创意产业发展,是加快‘四个中心’建设和提升城市软实力的内在要求,是积极落实创新驱动,转型发展的重要推力,也是加快建设国际文化大都市和‘设计之都’的重要保障,有利于转变经济发展方式和促进经济结构调整升级,加快形成服务经济为主的产业结构。”而知识产权是文化创意产业发展的重要元素,知识产权审判与文化创意产业发展息息相关。为此,在推动上海文化创意产业发展过程中,上海法院知识产权审判亦应有所作为,而且大有可为。上海法院如何能动司法,创新社会管理职能,为文化创意产业发展营造良好的知识产权司法环境,便成为各级法院亟须思考和应对的问题。

在这样的背景下,课题组紧紧围绕文化创意产业的知识产权保护需求,先后走访了上海市文化创意产业协会、上海市田子坊创意产业园以及东方文创网,向上海市 200 家文化创意企业发送了调查问卷,组织园区企业召开了“上海市文化创意企业座谈会”,并召集相关专家、学者、法官等就知识产权审判如何促进文化创意产业发展共同进行研讨。在充分了解上海市文化创意产业知识产权保护的现状以及司法需求的基础上,本课题分析了上海法院知识产权司法供给存在的问题与不足,进而探寻出上海法院知识产权审判服务文化创意产业发展的有效路径,希望对上海法院知识产权审判更好地开展社会管理创新,推动文化创意产业发展有所裨益。

一、知识产权审判与文化创意产业发展间的辩证关联

文化创意产业的核心在于知识产权的创造、运用、管理及保护,无论哪一环节都可能出现争议或者纠纷,自然也需要知识产权审判的保驾护航,因此,知识产权审判与文化创意产业发展息息相关。

(一)文化创意产业的发展离不开知识产权保护

何为文化创意产业,基于不同的视角和立场会得出不同的界定。《英国创意产业路径文件》将文化创意产业表述为“源于个体创意、技巧和才华通过知识产权的开发和利用,具有创造财富和增加就业潜力的产业”。① 有“创意产业之父”之称的英国经济学家约翰·霍金斯则从知识产权的角度拓展了创意产业的范畴:版权、专利、商标和外观设计,知识产权法的每一部分都有相对应的产业,所有这些产业的总和就组成了创意产业。②《上海市文化创意产业发展“十二五”规划》则指出:“文化创意产业是文化产业与创意产业融合发展的结果,是综合文化、创意、科技、资本、制造等要素的一种新业态。”从上述对文化创意产业的界定可以看出,文化创意

① 颜士鹏、张丽艳:“创意产业知识产权保护研究综述”,载《科技与法律》2011 年第 2 期。

② 转引自李殿伟、王宏达:“创意产业知识产权保护的内在机理与对策”,载《科技进步与对策》2009 年第 15 期。

产业的发展离不开知识产权，其核心或关键在于知识产权的创造、运用、管理及保护。“创意产业之所以能成为创造财富的产业，必须通过知识产权的开发利用。其路径就是文化创意、知识产权、创造财富。”①

文化创意产业的产业链可以分为创意构思阶段、创意作品阶段、创意产品阶段以及交易流转阶段。在创意构思阶段，创意表现为一种创新的想法，是一种尚未表现于外的思想。在创意作品阶段，创意已经诉诸文字、图案、设计等，成为固定在某种载体上，可以进行复制、传播的作品。创意产品阶段则是对创意作品的进一步商业开发、设计、包装，实现对作品的商业化利用。例如，将具有独创性、新颖性的某种设计应用于产品的形状、包装等，进而提升产品的整体竞争力。交易流转阶段则是指通过知识产权许可、转让等方式进行产权的流转，实现知识产权的贸易化，这是文化创意产业发展的高级阶段。例如，近阶段国内很多电视台都从国外购买具有独创性的电视节目模式，这其实也是一种对创意进行交易的形式。从创意构思到最终形成产品进入市场，进而实现产权的交易，都离不开知识产权的保驾护航。毕竟创意作为一种智力创造性成果，并不具有天然的稀缺性和排他性，可以轻易地被复制和传播。只有借助知识产权对这些智力成果的保护，企业的投入才能获得最终的回报，进而做大做强。否则，即使产生了好的创意，如果没有合理有效的商业秘密保护制度和措施，随着员工的流动或跳槽，企业辛辛苦苦开发的创意可能也不会形成抢占市场的先机；如果没有及时有效的专利或商标申请制度，即使企业将创意形成产品推向市场，假冒仿冒侵权产品也会大量滋生。这都将会使文化创意企业的前期投入面临巨大的回收风险。因此，知识产权保护应贯穿于文化创意产业链的始终。具体而言，在创意构思阶段，企业应充分运用商业秘密制度保护好的构思不被他人窃取或公开；在创意作品阶段，企业应做好著作权权属的约定，并积极进行著作权登记；在创意产品阶段，企业应通过申请商标、专利等方式，对投入市场的产品进行全方位的知识产权保护，最大限度地借助知识产权获取市场竞争的优势。在交易流转阶段，则应认真做好相关合同的登记或备案工作，最大限度地提高产权交易的稳定性和安全性。

（二）知识产权审判与文化创意产业息息相关

文化创意产业的发展离不开知识产权，而有知识产权保护需求，必然也会伴随知识产权纠纷，离不开知识产权的司法保护。由于文化创意产业涵盖的行业广泛，包括广播电视、新闻出版、电影、动漫、信息网络、计算机软件等，涉文化创意产业的知识产权纠纷已成为上海法院所受理案件的重要来源。从受理案件的类型来看，现阶段涉文化创意产业知识产权纠纷的案件类型主要以著作权为主，少量案件也会涉及商标权、商业秘密等。2009 年，上海法院共受理一审知识产权民事案件

① 姚志峰：“实施版权保护推动文化创意产业发展”，载《中华新闻报》2009 年 5 月 23 日。

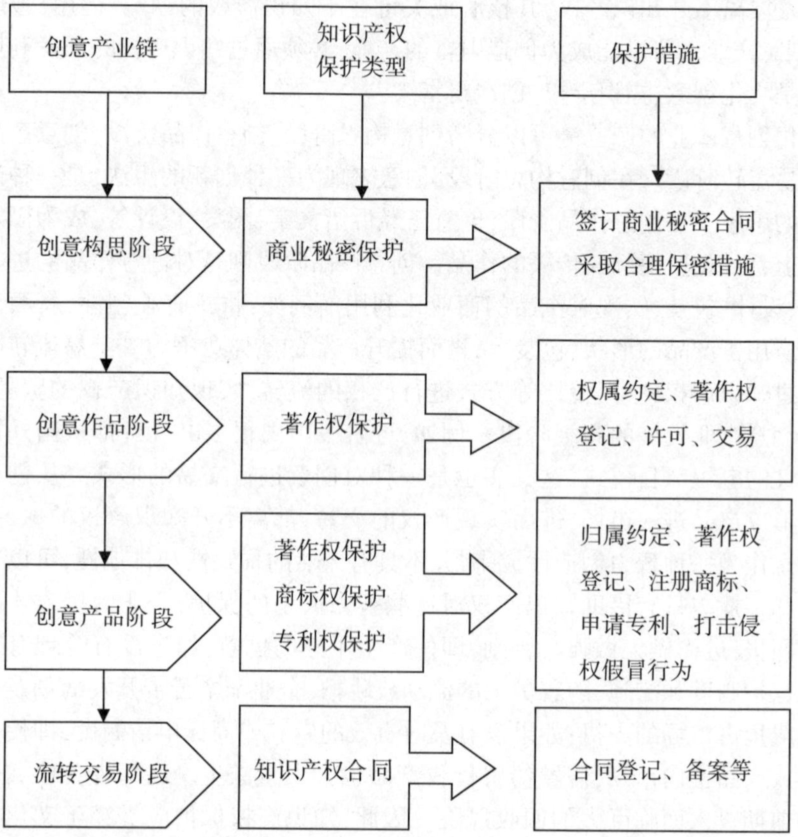

图一　基于创意产业价值链的知识产权保护

1706件,其中著作权案件占58%;2010年,共受理2131件,其中著作权案件占60%;2011年,共受理2485件,其中著作权案件占63%。这些著作权案件涉及影视、音乐、互联网络、计算机软件、新闻出版、广播电视等,基本涵盖了文化创意产业的主要行业领域。以2010年所受理的一审网络著作权民事案件为例,这些案件所涉作品类型中,影视作品、音乐作品、计算机软件所占比例高达76%。之所以文化创意产业领域发生的纠纷主要以著作权为主,原因在于现阶段文化创意产业的发展阶段更多的停留在上文所述的“创意作品”阶段,主要涉及著作权的保护。但随着文化创意产业的发展,产业链条必将进一步向更高的阶段延伸,即延伸到创意产品阶段,伴随创意作品的商业化开发利用,文化创意企业会产生更多的商标权、外观设计专利等方面的保护需求,相关的知识产权纠纷也会随之增加。

知识产权审判不仅是解决涉文化创意企业的个案纠纷,很多裁判的结果往往对相关行业,特别是战略性新兴行业的整体发展也会产生重要影响。当前,电子商务、影视平台等互联网产业正处于飞速发展阶段,相关的知识产权纠纷也不断产

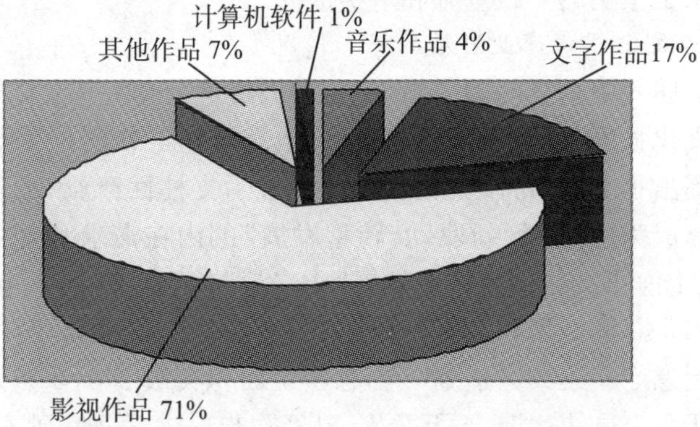

图二　2010 年上海市法院一审网络著作权民事案件所涉作品类型分布

生,知识产权审判坚持何种裁判理念和尺度,将直接影响相关行业的发展或者某种商业模式的形成。例如,电子商务中,对淘宝网等第三方交易平台在知识产权侵权纠纷中的地位的认定,将直接影响电子商务企业今后的经营策略和经营模式。鉴于知识产权审判在促进文化创意产业发展中的重要作用,相关的司法政策、发展规划都对知识产权司法保护提出了明确要求。最高人民法院专门制定了《关于充分发挥知识产权审判职能作用推动社会主义文化大发展大繁荣和促进经济自主协调发展若干问题的意见》,明确要求:“高度重视涉文化类知识产权案件的审判,依法加强文化类知识产权的保护。……涉文化类知识产权案件的审判已成为知识产权审判的重要方面。要认真贯彻落实中央关于大力发展公益性文化事业、加快发展文化产业的政策措施,制定和完善有关司法解释和司法政策,充分发挥知识产权审判对文化建设的规范、引导、促进和保障作用。”上海市高级人民法院结合上海法院的工作实际,也制定了《上海法院服务和保障文化大发展大繁荣的若干意见》。此外,《上海市文化创意产业发展“十二五”规划》也对加强知识产权司法保护提出了要求,即“加大知识产权保护和违法侵权执法力度,严厉打击各种侵权行为”。这都印证了知识产权审判与文化创意产业发展息息相关,知识产权司法保护水平的高低将对文化创意产业的健康有序发展产生重要影响,两者存在紧密的内在关联。

二、上海市文化创意产业知识产权保护的现状分析

知识产权审判促进文化创意产业发展,是当前人民法院能动司法、加强社会管理创新的重要内容。但对司法能动路径的探寻不应囿于法院内部,而应立足文化创意产业发展的实际,站在产业、企业实际发展需要的角度,探求文化创意产业知识产权保护的现状和需求,进而提高人民法院社会管理创新的有效性和针对性。为此,课题组向文化创意产业园区的200 家企业发送了《文化创意企业知识产权保护需求调查问卷》,收回有效问卷 180 份,并组织 20 余家重点企业召开了座谈会,为课题研究提供了坚实的实践基础和事实依据。

(一)上海市文化创意产业发展的基本情况

在党的十七届六中全会明确提出“坚持中国特色社会主义文化发展道路,努力建设社会主义文化强国”的重要战略目标后,上海市九届市委十六次全会和市十次党代会进一步提出了上海“推动文化创意产业成为支柱性产业”的目标举措,发展文化创意产业已成为上海“创新驱动、转型发展”的内在需求和客观必然。为此,上海市制订了《上海市文化创意产业发展“十二五”规划》,对上海市今后文化创意产业的发展作出了总体规划和部署。截至2010年年底,上海市经认定的文化产业园区有15个,创意产业集聚区达80个,总建筑面积突破270万平方米,入驻企业超过8200家,从业人员约达15.5万余人,已经初步形成“一轴(延安高架主轴)、两河(黄浦江、苏州河)”的布局。[①] 2011年,上海文化创意产业从业人员118.02万人;实现总产出6429.18亿元,比上年增长16.9%;实现增加值1923.75亿元,比上年增长13%;对上海经济增长的贡献率达到15.5%。[②] 目前,上海已经形成以工业设计业、建筑设计业、软件与计算机服务业、广告及会展服务业和咨询服务业五大产业为主体的发展格局,涌现出一批产业特色鲜明的文化创意产业园区。如动漫领域的以东方梦工厂为龙头的徐汇滨江国际文化创意产业园以及张江文化创意产业基地,工业设计领域的上海国家工业设计中心,网络视听领域的中国(上海)网络视听产业基地,音乐产业领域的国家音乐产业基地。此外,经过多年的发展,上海文化创意产业也推生了一批富有活力的龙头企业,如盛大网络、淘米网、上海东方传媒集团、上海世纪出版集团等。

(二)上海市文化创意产业知识产权保护的基本情况

课题组调查的企业涉及咨询服务、展会、计算机软件研发、多媒体、工业设计、电子商务等多个行业,从调查问卷反馈的情况看,当前上海市文化创意企业正处于发展壮大阶段。从企业员工的数量看,文化创意企业平均员工数量为52人,其中10人以下的企业占26.67%,10人至100人的企业占63.33%,100人以上的企业仅占10%。因此,文化创意企业主要以中小企业为主,良好的知识产权保护环境和高效多样的知识产权司法服务,对于这些企业的发展具有重要的影响。而企业的规模和发展阶段也决定了文化创意企业的知识产权保护具有如下问题:

1.知识产权保护意识有待提高。前文已经指出知识产权保护与文化创意产业发展息息相关,从调查情况看,虽然60%的企业认为知识产权保护对于公司的发展具有非常重要的意义,但仍有13.33%的企业认为知识产权保护对于企业的发展没有影响。而从企业对知识产权法律法规的理解看,当前虽然我们已经制定了包括《著作权法》、《商标法》、《专利法》、《反不正当竞争法》等比较完善的知识产权

---

① 参见《上海市文化创意产业发展“十二五”规划》。

② 参见上海市文化创意产业推进领导小组办公室:《2012年上海文化创意产业发展报告》,第3页。

法律体系,但仅有13.33%的企业对知识产权法律法规比较了解,53.33%的企业有一般了解,33.33%的企业基本不太了解。如果文化创意企业对基本的知识产权法律法规都不甚了解,企业的知识产权保护自然不会理想,仍有较大的提高和改进空间。

2. 知识产权管理机制有待完善。完善的知识产权管理制度是将企业的创新成果转化为知识产权资产,进而转化为企业市场竞争力的前提和保障。总体上,企业的知识产权管理包括硬件(管理机构)和软件(管理制度)两大方面。从管理机构看,可能由于企业规模以及经营成本的限制,60%的企业没有设立专门的知识产权管理机构或者专、兼职的知识产权管理人员。从管理制度看,首先,相当部分企业没有建立知识产权获取制度。其中46.67%的企业或者由于不方便,或者由于不知道如何注册申请,没有积极地对产品或服务申请商标注册,没有对研发的成果申请专利;56.67%的企业没有对创作的作品进行著作权登记。其次,在开展知识产权培训方面,56.67%的企业未建立知识产权培训机制,没有对企业员工进行知识产权培训。最后,在职务作品或职务发明的归属约定方面,仅有46.67%的企业明确通过合同约定相关知识产权的归属,有23.33%的企业没有这方面的合同约定,而有30%的企业认为不需要通过合同对知识产权的归属进行约定。文化创意企业在知识产权管理方面存在的诸多问题和不足,很有可能会在企业今后的发展过程中埋下隐患,影响企业的可持续发展。

3. 知识产权维权诉讼有待重视。由于当前大多数文化创意企业为中小企业,在生产经营过程中发生或遇到知识产权侵权等纠纷的情况相对较少,从调查情况看,仅有20%的企业在经营过程中会遇到知识产权侵权的情况,但这并不意味着相关企业无须重视知识产权维权。在知识产权保护与市场竞争紧密关联的背景下,知识产权诉讼已经不仅仅在于权利人合法权益的保护或个案争议的裁决,而是更多的成为企业开展竞争的工具,抢占市场的利器。因此,文化创意企业即使在现阶段遇到的知识产权纠纷还不是很多,但仍应未雨绸缪,积极做好准备。在发生知识产权侵权等纠纷后,不要置之不理,而要积极通过诉讼等方式维护自身的合法权益。目前,只有50%的企业在遇到知识产权纠纷时会选择诉讼的方式,表明文化创意企业对知识产权维权诉讼的重视程度还有待提高。

(三)文化创意产业的知识产权需求分析

从上海市文化创意企业知识产权保护的基本情况可以看出,虽然当前文化创意企业在知识产权保护方面做的还不甚理想,但这并不意味着这些企业没有知识产权保护方面的需求。事实上,现阶段,文化创意企业之所以缺乏有效的知识产权保护,更多的是囿于经营成本的约束,无论是知识产权管理还是维权,都需要大量的成本,相当部分企业还无力承担。为此,课题组也通过调查问卷对文化创意企业的知识产权保护需求进行了调查。

1. 对同行业的典型案例的司法需求。有56.67%的企业认为同行业发生的知识产权纠纷、案例对企业自身的生产经营具有借鉴意义,在日常经营过程中,对这些案例比较关注。63.33%的企业选择通过互联网络获得知识产权保护方面的信息、案例;33.33%的企业选择通过报纸获得知识产权保护方面的信息、案例。上述调查结果可以反映出文化创意企业对于知识产权审判案例存在着较大的司法需求,知识产权审判在促进文化创意产业发展过程中,如何充分发掘和利用相关的案例资源,为文化创意企业提供预警、借鉴和参考,需要认真的研究和思考。

2.对法院审判质效的司法需求。关于文化创意企业在遇到知识产权纠纷时不愿选择到法院诉讼的原因,26.67%的企业认为到法院起诉不太方便,43.33%的企业对知识产权诉讼不熟悉,6.67%的企业认为知识产权诉讼周期过长。无论是在知识产权诉讼的便捷度,还是在诉讼周期以及诉讼程序的指引方面,文化创意企业都对知识产权审判提出了更高的要求和期待,有待人民法院在促进文化创意产业发展过程中加以完善和改进。

3.对法院延伸服务的司法需求。在文化创意企业加强和改进知识产权保护方面,文化创意企业大多认为应建立或完善知识产权管理制度,增加对知识产权管理的投入,建立灵活、高效的工作机制,配备专职或兼职知识产权管理人员。反映到知识产权司法需求方面,大多数企业都希望上海法院知识产权审判在以下方面提供专业的指导或服务:提供知识产权管理方面的指导,如规章制度建设、合同文本等;提供知识产权保护方面的资讯,如新的法律政策、案例等;提供对打击侵权的帮助和指导;提供知识产权申请方面的咨询和指导;提供行业知识产权预警机制等。这些都为上海法院能动司法,加强社会管理创新提供了工作方向和工作思路。

三、文化创意产业知识产权司法保护的供求矛盾

虽然近年来上海法院知识产权审判无论是在审判质效,还是延伸服务方面都取得了优异的成绩,但在上海大力推动文化创意产业发展的背景下,涉文化创意产业的知识产权司法供给与司法需求之间还存在一定的供求矛盾,知识产权审判在审判力量、审判质效、延伸服务等方面,尚无法满足文化创意产业日益增长的知识产权保护诉求。

(一)完善的法律规定尚无法转化为文化创意企业的保护自觉

目前,我们已经形成了由《著作权法》、《商标法》、《专利法》、《反不正当竞争法》等法律组成的完善的知识产权法律体系,用十多年的时间走完了国外发达国家上百年的知识产权法制化之路。但随之产生的问题是知识产权法律的规定与社会公众朴素的公平正义观念尚存在较大的差距,知识产权立法的高水准与社会公众的无意识形成了鲜明的反差。在文化创意产业领域尤其明显。文化创意产业的核心在于创新,但创新成果是否能够受到知识产权保护,哪些成果能够受到保护,受到何种保护,很多文化创意企业都没有形成正确的认识,甚至很多专业人士也还存在争论。例如,电视节目是否可以得到著作权的保护,体育赛事转播是否需要取得许可,某个具有创新性的策划方案应当如何保护等,保护与自由模仿之间、侵权与正当竞争之间的界限都远远谈不上清晰可见,也成为困扰文化创意企业的难题。

而司法实践对涉文化创意产业知识产权纠纷的裁判标准也并不统一,部分原因在于案件事实不同,但更多的还在于司法实践对创意的保护也未形成统一的认识。从“女子十二乐坊”版权侵权案,到“西湖十景”形象造型版权纠纷看,都引起了理论及司法实践的广泛讨论。一方面,司法实践对相关案件尚未形成统一的裁判标准和认识;另一方面,相关企业对陷入知识产权纠纷也存在极大的不理解。随着知识产权与日常生活的联系日益紧密,知识产权保护不再仅仅是大企业的事情,而是已经“飞入寻常百姓家”,对于以中小企业为主的文化创意行业而言,如何将知识产权法律规定转化为企业的行动自觉,如何将知识产权保护的不确定性最大限度的确定化,为相关企业提供尽可能清晰的行为指引和预期,成为知识产权审判促进文化创意产业发展的一大难题。

(二)有限的知识产权审判力量无法满足日益广泛的司法需求

近年来,上海文化创意产业呈现持续增长态势,产业规模不断扩大。鉴于文化创意产业与知识产权保护息息相关,文化创意产业的健康有序发展必然会产生日益广泛的知识产权保护需求,必然也会对知识产权审判提出更高的要求。2008年制定的《上海市加快创意产业发展的指导意见》便提出:“要加强知识产权保护,营造创意产业发展环境。”该意见对知识产权司法保护也提出明确要求,即“加强行政执法与刑事司法相衔接的工作措施,严厉打击各种侵犯创意产品知识产权的行为”。2012年7月颁布的《上海知识产权战略纲要(2011~2020年)》在指导思想中亦明确规定:“以建设亚洲太平洋地区知识产权中心为目标,以战略性新兴产业、文化创意产业为重点,以培育、服务企业为基础,聚焦知识产权的质量,促进知识产权的转化运用,加强知识产权保护……”由此可见,无论是文化创意产业自身发展,还是相关政策,都对知识产权司法保护提出了更高的要求。

然而,反思当前上海知识产权审判的现状,因此,无论是在审判机构的数量,还是知识产权审判人员的数量,有限的知识产权审判力量尚无法满足文化创意产业进一步发展而产生的日益广泛的司法需求。一方面,从审判力量看,目前上海法院知识产权审判机构共包括高级法院、中级法院、基层法院三级9家知识产权审判庭,共管辖全市18个区县的知识产权案件。截至2012年6月,上海法院从事知识产权审判的法官共有70人左右,这些法官虽然均具有较高的学历,但普遍较为年轻,从事知识产权审判的经验平均不足5年。另一方面,从受理案件数量看,2011年上海各级法院共受理知识产权民事、刑事、行政案件3274件,相较于2010年上涨27%。随着知识产权保护意识的不断提高,文化创意产业的不断发展,知识产权案件将继续增加,知识产权司法保护案多人少的矛盾将更加突出,如何在确保案件审判质效的基础上,更好地满足8200家文化创意企业的司法需求,无疑成为摆在上海法院知识产权审判面前的严峻课题。从课题组调查的情况也可以看到当前上海知识产权的整体司法环境还有进一步完善的空间,仅有30%的企业认为上海知识产权司法环境很好,70%的企业认为司法环境一般。

(三)单一的知识产权审判机制无法满足灵活多样的司法需求

文化创意产业涉及的行业广泛,涉及的企业类型多样,而且大多为中小企业,与创新具有灵活性、多样性的特点相一致,文化创意产业的知识产权司法需求同样具有灵活多样的特点,但上海法院的知识产权审判在审判载体以及审判程序方面略显单一,尚无法满足文化创意产业灵活多样的司法需求。一方面,审判载体的单一无法满足文化创意产业灵活性的司法需求。目前,上海的文化创意产业在各个区县均有分布,均存在知识产权保护方面的司法需求。但限于审判资源的不足,只有6个区设立知识产权审判庭,实行划片集中管辖,每个审判庭除管辖所在区的知识产权案件,还要管辖3~4个其他区县的知识产权案件。这种管辖设置无疑是审判资源有限情况下的一种明智选择。但对于很多中小型创意企业而言,面对知识产权纠纷,他们更希望能够在园区就地解决。有的企业可能考虑到诉讼的成本问题,即使遇到知识产权侵权,也不愿意到相应的审判庭寻求诉讼解决。特别是如果路途较远,一个知识产权诉讼往往需要来回往返多次,给相关企业的维权带来极大的不便。

另一方面,单一的诉讼程序设置无法满足文化创意产业多样性的司法需求。目前,按照上海高院的相关规定,所有的知识产权案件均按照普通程序进行审理。而普通程序审理的期限为6个月,如果对方当事人上诉的话,还有3个月的二审期限。而文化创意产业中发生的知识产权纠纷往往具有多样性,有的可能案情复杂,诉讼标的额较高;有的可能法律关系清楚、诉讼标的也不高,还有的企业诉讼的目的就是为了及时制止对方的侵权行为。而且文化创意产业对创新的时效性要求较高。“速度是创新效用性的生命线,只有及时而迅速的创新才可能抢先占领市场,才有效用,也才会有生命力。”①为此,迟来的正义就是非正义,对诉讼效率的关注往往成为大多数创意企业开展知识产权维权的重要考量因素。但现有单一的诉讼程序设置很有可能会影响文化创意产业知识产权保护的效果,无法体现司法保护在文化创意产业发展中本应发挥的作用。

(四)丰富的知识产权审判资源无法为文化创意企业利用

文化创意产业的知识产权司法需求不仅体现为相关的知识产权纠纷得到公正高效的解决,还表现为知识产权审判应立足自身丰富的审判资源,积极延伸司法职能,创新人民法院参与文化创意产业发展的机制和形式,零距离服务文化创意企业的知识产权创造、运用、管理和保护等活动。然而,虽然上海法院知识产权审判在能动司法方面采取了诸多的举措,但与其拥有的丰富的知识产权审判资源相比,这些举措尚无法充分实现审判资源的“外溢效应”。一方面,上海法院拥有丰富的知

① 朱明贤:“当代创新的五个特征”,载《华北航天工业学院学报》2000年第3期。

识产权审判资源。这些资源主要表现为:(1)智识资源。上海法院的知识产权法官普遍具有较高的学历,专业功底扎实,在从事知识产权审判过程中,也积累了一定的知识产权创造、运用、管理和保护方面的知识和经验,对于相关行业在知识产权保护方面存在的风险和不足也具有相当的洞见。(2)案例资源。上海法院知识产权审判积累了丰富的知识产权案例资源,其中不乏全国首例等新类型、典型性案例,这些案例中存在的问题在相关行业中往往具有极强的代表性,对相关产业的健康发展亦具有启示性,借助这些案例的“前车之鉴”,相关企业完全可以亡羊补牢,避免重蹈覆辙。

另一方面,由于相当比例的文化创意企业属于中小型企业,这些企业在知识产权创造、运用、管理和保护方面还存在诸多不足。(1)知识产权保护意识不强,侵权现象时有发生。这些企业对知识产权法律法规尚缺乏了解,不尊重他人的知识产权,也忽视自身的知识产权保护。(2)企业的知识产权占有状况不容乐观。很多企业投入大量的精力进行创新,但很多创新成果并没有知识产权化,不进行版权登记,也不申请商标或者专利。(3)企业的知识产权管理还不完善。基于节约经营成本的考虑,很多企业没有知识产权管理机构或管理人员,就知识产权而言,基本处于无管理的状态。在出现知识产权纠纷时,也无力或不愿应对。

在丰富的知识产权审判资源和文化创意企业知识产权保护缺位之间,如何通过对审判资源的有效利用,为文化创意企业的知识产权保护进行补位,实现知识产权审判资源的公共化和外部化,无疑需要知识产权审判进一步创新和拓展社会管理的载体和形式,使得知识产权审判不再是被动的争议解决者,而成为能动的服务提供者。

(五)多元的知识产权保护方式尚无法形成保护合力

文化创意产业的知识产权保护需求不仅仅体现在知识产权诉讼层面的司法保护,更多的还体现在诉讼外的行政保护以及行业协会的协调化解。知识产权司法保护具有诉讼周期长、诉讼成本高、损害赔偿低的特点,在大多数文化创意企业为中小企业,且对知识产权保护的时效性要求较高的情况下,行政保护、行业协会协调化解基于纠纷解决效率高等特点,往往更受企业、权利人的青睐。《著作权法》、《商标法》等知识产权法也都为权利人选择行政保护等进行了规定。例如,《著作权法》第48条便规定,对于特定的知识产权侵权行为,权利人可以请求著作权行政管理部门责令停止侵权行为,没收违法所得,销毁侵权复制品,并可以处以罚款。因此,虽然司法保护在文化创意产业知识产权保护中应发挥主导作用,但司法保护仍须要加强与行政保护、行业协会等的沟通协调,进而形成保护合力。

但从知识产权司法保护的实践和现状来看,一方面,在打击知识产权侵权犯罪方面,司法保护与行政保护之间尚缺乏有效的沟通协调机制。虽然近年来,上海法院各知识产权庭在加强与行政机关的沟通合作方面,借助知识产权联席会议机制开展了一些工作,但在常态化机制建设方面还需要进一步加强和完善。另一方面,在多元化解知识产权纠纷方面,知识产权司法与行业协会之间在诉前调解、诉中调解以及诉后矛盾化解方面,都存在较大的探索空间。特别是文化创意产业涵盖的行业范围广泛,不同行业都具有较强的专业性,行业协会基于专业优势在纠纷化解方面往往可以起到事半功倍的效果。

四、知识产权审判促进文化创意产业发展的完善路径

上海法院的知识产权审判应紧紧围绕文化创意产业的知识产权保护需求,严格遵守利益平衡的裁判理念,正确处理好保护创新与促进产业发展之间的关系。一是要把握好知识产权权利人、文化创意产业以及社会公众之间的利益平衡关系。既要依法保护知识产权权利人的合法权益,又要兼顾其他竞争者乃至产业整体的发展,还要尽可能满足社会公众对相关文化创意产品的需求。这就要求司法审判正确处理创新与模仿、抄袭之间的界限。文化创意产业的关键在于创新,但创新并不等同于原创,更多的是在前人的基础上进行借鉴、吸收和再利用。这就要求人民法院在保护权利人创新成果过程中,要处理好自由竞争与公平竞争之间的关系,既要切实保护权利人的创新成果,又不能窒息了其他竞争者进行自由竞争的创新空间;既要严厉打击借创新之名行抄袭之实的侵权行为,又要防止借保护创新之名行不正当竞争之实的恶意诉讼行为。二是要为产业发展留足空间,为司法实践的探索留足空间。正确处理知识产权保护与促进新兴产业发展之间的关系。在文化创意产业发展过程中,必然会产生诸多知识产权保护方面的新问题、新情况,知识产权审判在化解纠纷过程中,应准确界定裁判尺度,统一裁判标准,在保护知识产权的同时,注重促进新兴产业的发展,为培育新型文化业态,扩展文化产业新领域营造良好的知识产权保护环境。同时,对于知识产权司法保护领域的新问题、新现象,要敢于进行探索和司法创新,为产业发展提供指引,为知识产权立法提供借鉴。具体而言,上海法院的知识产权审判应立足本职,实现审判机制的多元化;延伸服务,实现审判资源的公共化;加强沟通,实现审判力量的协同化。

(一)立足本职,实现审判机制的多元化

就知识产权审判而言,公正高效地化解涉文化创意产业的各类纠纷是人民法院服务文化创意产业发展的第一要务。为回应文化创意产业日益增长的、灵活多样的司法需求,上海法院可以在以下几个方面加以改进和完善:

1. 进一步加强知识产权审判力量。首先,增加知识产权审判庭的数量。目前,北京市共有9个基层法院具有一般民事案件管辖权。深圳市6个辖区基层法院均有一般民事案件管辖权。与此相比,上海法院的知识产权审判庭在数量上还有待增加,可以考虑在文化创意产业发展较好的区设立知识产权审判庭,更好地为创意产业园区的发展提供知识产权司法保障。其次,充实知识产权法官队伍。进一步招收、引进一批具有知识产权专业背景的人才,特别是将具有法院外知识产权管理、诉讼经验的人才吸收进法院队伍,在提高知识产权法官数量的同时,增强法官队伍的综合素质和能力。

2. 进一步扩展知识产权审判载体。当前，为更好地为基层群众提供更加贴心、便捷的司法服务，很多地方都进行了卓有成效的探索和实践。例如，广东省东莞市第一人民法院探索的社区法官制度，将司法工作的关口适当前移，将法庭的司法职能延伸到基层社区，以达到有效解决纠纷、维护社会和谐稳定的最终目标。① 南通家纺城探索的巡回法庭制度也取得了良好的社会效果。上述机制探索可以为文化创意产业的知识产权司法保护提供有益借鉴。为回应文化创意产业灵活多样的司法需求，课题组认为，在单一的审判庭的基础上，我们可以在较大的创意产业园区探索巡回审判、园区法官机制，从而形成知识产权审判庭、巡回法庭、园区法官三位一体的网格化审判载体。根据纠纷的类型、特点，相关企业可以灵活选择不同的审判载体。

3. 进一步丰富知识产权审判程序。上海法院关于知识产权案件均按照普通程序审理的规定，是在知识产权审判初期制定的，当时案件相对较少，法官的审判经验尚不丰富，普通程序可以确保知识产权案件的审判质量。但随着知识产权案件的不断增加，知识产权案件难易程度出现了分化，仍然不分案件类型，统一适用普通程序已经不适应当前的审判形式和审判任务。新颁布的《民事诉讼法》为提高诉讼效率，在审判程序方面也进行了丰富，包括普通程序、简易程序、小额诉讼程序、公益诉讼程序等，其中小额诉讼程序实行一审终审。在文化创意产业领域，根据不同的案件类型，实行不同的诉讼程序，完全可行，而且十分必要。北京法院就部分知识产权案件适用简易程序审理已经实行多年，相关的经验完全可以为我们所借鉴。

4. 进一步加大知识产权保护力度。在我国，文化创意产业是一个新兴的产业，也是充满生机活力的产业。良好的知识产权保护环境对于文化创意产业的发展尤为重要，鉴于文化创意企业大多为中小企业，在打击侵权行为方面往往存在举证能力欠缺等问题，可以在诉讼程序方面降低证据保全、财产保全以及诉前禁令的申请门槛，在提供担保金的前提下，最大限度通过上述措施帮助文化创意企业固定侵权证据，及时制止侵权行为。同时，根据案件的具体情况，适时地转移举证责任，如果有证据表明相关侵权证据确实由被告掌握，但被告拒不提供的，可以推定原告的主张成立。鉴于文化创意产业存在创新投入大、风险大，而侵权成本低的特点，可以在损害赔偿方面进一步加大涉文化创意产业知识产权纠纷的损害赔偿力度，积极探索惩罚性赔偿制度。对于重复侵权、恶意侵权等侵权情节比较恶劣的行为人，要通过惩罚性赔偿，加大侵权的成本，提高法律的威慑力。对于涉嫌构成知识产权犯罪的，要充分发挥三合一审判机制的作用，及时移送侦查机关立案侦查，通过刑事制裁的方式，提高对知识产权侵权犯罪行为的打击力度。

---

① 高一飞、梁振彪："能动与协同：社区法官制度的东莞模式"，载《现代法学》2011 年第 6 期。

5. 进一步统一知识产权裁判标准。文化创意产业涵盖的范围极广,在发展过程中必然会产生大量新问题,进而给司法审判带来大量新类型、疑难复杂案件。特别是当前对于文化创意产业的核心要素"创意"应当如何保护尚未形成统一认识的情况下,司法实践应当积极探索,勇于创新,正确处理好保护与不予保护之间的关系,寻找恰当的平衡点。对于虽然没有明确法律规定,但与知识产权立法精神、宗旨相一致的创新成果,要充分运用司法裁量权,选取最佳的保护模式对文化创意企业的创新成果进行保护。对于那些明显与知识产权保护的精神相违背的创新成果,司法实践应不予保护。在有所为和有所不为之间,最大限度地统一裁判标准,发挥司法保护对于文化创意产业发展的指引功能,为文化创意产业的发展提供明确的、确定的预期。

(二)延伸服务,实现审判资源的公共化

文化创意企业大多为中小企业,要求这些企业建立知识产权管理机构或者管理人员,完善知识产权管理制度,固然是知识产权保护的需要。但加强和完善知识产权管理并不是口号,具体的落实则需要相关企业付出大量的成本,在当前的条件下,很多文化创意企业根本无力承担,而且同一园区的大量企业分别设立知识产权管理机构,也可能造成资源的重复和浪费。与其如此,我们可以将法院拥有的丰富知识产权审判资源公共化,通过统一的平台和载体,为文化创意企业提供"知识产权云服务",解决相关企业在经营过程中遇到的知识产权保护困惑、知识产权管理方面的风险。

1. 借助园区法官,建立知识产权云服务机制。考虑到现阶段文化创意企业多为中小企业,根本无力负担设立知识产权管理机构或管理人员的经营成本,而且在企业规模不大的情况下,让大量的文化创意企业分别设立知识产权管理机构或人员,也会造成资源利用的重复和浪费,为此,可以借鉴"云计算"的理念,在较大的园区建立知识产权云服务机制。所谓知识产权云服务,是指利用集中的载体、平台统一为园区提供企业生产经营过程中遇到的各种知识产权服务。这些载体可以是法官信箱、法官热线、网站互动、知识产权讲堂等方式。上文提出的园区法官制度也属于云服务的载体之一,其职能不仅在于就地化解创意产业园区的知识产权纠纷,更在于为园区内的企业提供知识产权咨询、诉讼指导等服务,帮助企业在经营过程中完善各种知识产权规制制度,降低知识产权经营风险。通过选取经验丰富的知识产权法官担任园区法官,可以将法官多年来积累的知识产权创造、运用、管理及保护方面的经验、知识为相关企业所用,节约企业知识产权保护成本的同时,将法官丰富的智识经验转化为企业的生产力和竞争力。

2. 借助微博平台,建立知识产权预警机制。近年来,上海法院在知识产权宣传方面开展了大量的工作,知识产权审判白皮书、典型案例评选、4·26 知识产权保护日系列宣传等活动已经成为上海法院知识产权法律宣传的长效化机制。结合文化创意产业的产业特点,我们还可以进一步创新宣传的形式和内容,提高知识产权法律宣传对企业发展的影响和促进作用。为此,上海法院可以借助日益普及的微博平台,开通上海法院知识产权审判微博,针对案件审理中发现的行业普遍性问题、受理案件的新动态,建立行业知识产权预警机制,及时为相关企业完善知识产权保护,避免侵权风险发布预警信息。例如,针对权利人针对网吧提出的批量诉讼,相关审判部门便可以及时分析案件特点,向网吧行业发出预警信息。

3. 借助典型案例,建立行业案例汇编发布机制。知识产权案例承载的不仅是个案的法律争议,更承载的是企业在经营发展过程中存在的风险、碰到的教训。这些鲜活的教训对于同行业其他企业而言,往往是宝贵的财富,可以让这些企业避免重蹈案例中的覆辙,及早亡羊补牢,从而最大限度地降低经营风险。为此,我们可以建立行业性案例汇编发布机制,定期对新闻出版、互联网络、软件设计等行业发生的典型案件进行汇编整理,并对其中存在的问题加以分析,进而提出有针对性的改进建议。

(三)加强沟通,实现知识产权保护的协同化

知识产权审判服务文化创意产业发展,是人民法院参与社会管理的重要组成部分。而现代社会的管理,离不开社会协同。"协同治理能够充分发挥政府、民间组织、企业、公民个人等社会组织和行为者各自资源、知识、技术等优势,实现对社会公共事务'整体大于部分之和'的治理功效,因而是治理社会公共事务的理想模式。"①上海法院知识产权审判虽然是文化创意产业知识产权保护的主导力量,但为营造更好的知识产权保护氛围,人民法院同样应加强与其他行政组织、司法机关及行业协会的沟通,实现对文化创意产业知识产权保护的协同治理。

1. 以三合一审判机制为依托,加强法院与公安、检察机关的协同。目前,上海法院已经全面开展知识产权民事、刑事、行政三合一审判,这对于加大文化创意产业知识产权保护力度,提高知识产权刑事制裁的威慑力无疑具有重要的意义。但三合一审判机制功效的充分发挥,有赖于法院与公安、检察机关的有效沟通和协同。今后,我们应该以三合一审判机制为依托,与公安、检察机关建立信息共享、案件移送、联合执法等方面的协作机制,最大限度地实现三合一审判的制度功能。

2. 以知识产权联席会议为平台,加强知识产权司法保护与行政保护的协同。我国的知识产权保护制度实行双轨制,即行政保护和司法保护并行。针对知识产权侵权违法行为,权利人可以通过相关文化执法部门采取行政处罚、调解等救济途径,也可以选择到人民法院提起知识产权诉讼。这种保护机制为权利人提供了更多的救济渠道,对于及时有效地打击各种侵权违法行为发挥着重要的作用。但实践中,行政保护与司法保护在相互沟通、协同执法方面略显不足,相当部分的侵权违法行为即使情节严重,构成犯罪,行政机关在进行行政处罚后,并没有及时移送

① 郑恒峰:"协同治理:我国公共服务供给机制创新的有效选择",载《行政与法》2009 年第 10 期。

司法机关进行处理。这使大量的违法行为得不到刑事制裁,一定程度上纵容了侵权违法行为的滋生。因此,为充分实现行政保护与司法保护的制度功效,人民法院应充分利用知识产权联席会议制度,与行政执法部门建立信息互通、定期会商等机制,加强与文化创意产业相关执法部门的沟通,实现司法保护与行政保护的协同治理。

3. 以多元解纷机制为契机,加强法院与行业协会的协同。文化创意产业涉及众多的行业,不同行业均具有行业自身的特点,囿于专业的局限性,人民法院在参与相关行业的社会管理过程中,很有可能会出现"水土不服"的现象。对此,我们可以以完善多元纠纷解决机制为契机,与相关的行业协会建立全面的协同治理机制,除了在化解纠纷方面,委托相关行业协会进行诉前调解、诉中调解,还可以在知识产权法律宣传、巡回审判、案例发布、预警机制等方面,充分吸收行业协会在行业管理方面的专业优势,共同开展各类知识产权保护和服务工作。

[本文系 2012 年上海市高级人民法院重点调研课题,荣获第十一届(2012 年)上海市民主法治建设课题研究成果评比实务研究类三等奖]

特许经营发展中知识产权保护问题研究

本院课题组*

【提要】特许经营作为一种商业模式,并不是企业发展、品牌培育的万能药,而是需要稳定的知识产权经营资源、合理的知识产权保护策略以及良好的知识产权保护环境相支撑。从近年来不断增长的特许经营纠纷案件看,特许经营迅速发展背后却存在着知识产权保护不足的隐忧。实践中侵犯特许经营知识产权的现象不断发生,严重影响特许经营体系的健康稳定发展。通过对已有案例的梳理、召开特许经营企业座谈会等方式,课题组发现现有的知识产权立法并不能为丰富的特许经营资源提供周延的保护,大多数特许经营企业对于知识产权保护的重要性以及特许经营发展中的知识产权保护策略均缺乏明确的认识,而特许经营中的知识产权保护也给司法实践提出了诸多需要解决的难题,急需统一法律适用的标准。为提高特许经营资源的知识产权保护水平,促进特许经营司法实践的适法统一,进而为特许经营发展营造良好的知识产权保护环境,课题组认为,在立法方面,应允许商业外观注册为商标,获得商标法的强保护;取消对字号、商品名称、包装、装潢等

* 课题组主持人:金民珍,上海市黄浦区人民法院党组成员、副院长、审判委员会委员。课题组成员:凌崧,原上海市黄浦区人民法院民三庭庭长;戚继敏,上海市黄浦区人民法院民三庭副庭长;凌宗亮,原上海市黄浦区人民法院民三庭助理审判员。

知名度的保护要求;规定未注册商标的继续使用权。在司法层面,以特许人与被特许人独立承担责任为原则,以特许人承担过错责任为例外;在产品销售型特许经营中,除合同有明确约定并且告知被特许人,特许人无权限制被特许人在特许经营合同终止后对剩余商品的处理,在其他类型的特许经营中,特许人应允许被特许人在合理期限内处理剩余商品;在《商标法》未修改前,在导致消费者混淆误认的情况下,在先使用并不能成为不侵权的抗辩理由。在实践层面,特许经营企业应扩大特许经营资源知识产权保护的覆盖面,加强对被特许人知识产权使用情况的监管力度,提高特许经营资源知识产权保护的稳定性。

【关键词】特许经营　经营资源合理化建议

特许经营的核心是对各种知识产权经营资源的综合许可使用,知识产权保护对于特许经营的发展发挥着至关重要的作用。一方面,知识产权可以助力特许经营企业迅速实现扩张,土掉渣烧饼一夜间便可风靡全国;另一方面,知识产权保护不当也可能使已经建立的特许经营体系瞬间瓦解。内蒙小肥羊、永和豆浆、上岛咖啡等迅速发展背后的商标权权属之争,土掉渣烧饼、馋嘴鸭、荣华鸡等由风光亮相到草草收场的昙花一现,无不折射出特许经营发展中的知识产权保护之困。特许经营作为一种商业模式,并不是企业发展、品牌培育的万能药,而是需要稳定的知识产权经营资源、合理的知识产权保护策略以及良好的知识产权保护环境相支撑。截至 2010 年,我国特许经营体系已超过 4500 个,加盟店总数有 400 万家以上,覆盖的行业超过 70 个,特许经营企业直接创造的就业岗位超过 500 万个。在特许经营已经成为社会经济重要组成部分的大背景下,对特许经营发展中的知识产权保护状况进行系统的分析研究,查找特许经营企业、司法实践以及立法规范在知识产权保护方面存在的问题并提出相应的完善建议,无论是对于特许经营行业的健康有序发展,还是对社会经济秩序的稳定,均具有重要的理论意义及实践价值。

一、特许经营发展中知识产权保护资源的类型化分析

2007 年 5 月 1 日起施行的《商业特许经营管理条例》(以下简称《条例》)第 3 条第 1 款规定:“本条例所称商业特许经营,是指拥有注册商标、企业标志、专利、专有技术等经营资源的企业,以合同形式将其拥有的经营资源许可其他经营者使用,被特许人按照合同约定在同一的经营模式下开展经营,并向特许人支付特许经营费用的经营活动。”可见,《条例》对可以进行特许经营的经营资源进行了列举,包括注册商标、企业标志、专利、专有技术等,实践中的特许经营经营资源远不限于此,按照现有的知识产权法律保护体系,这些经营资源可以做如下分类:

(一)著作权法保护的特许经营资源

1. 特许经营操作手册、业务培训资料

《条例》第 14 条规定,特许人应当向被特许人提供特许经营操作手册,并按照约定的内容和方式为被特许人持续提供经营指导、技术支持、业务培训等服务。这

些经营手册、培训资料通常包括特许人过去开展特许经营活动获得成功的经验介绍、对具体商业模式细节的详细描述,是特许人投入大量时间、精力的智力创作成果,对于被特许人迅速建立自己的经营体系具有重要的作用。麦当劳的经营手册自推出起修改过多次,现在已经达到4000多页。这些都是可以受到著作权法保护的经营资源,特许人有权禁止被特许人未经允许擅自复制并提供给他人使用,或者在特许经营合同到期后仍然继续复制使用。

2. 广告用语、各种宣传资料

具有独创性的广告用语、宣传图片等宣传资料都可以作为文字作品、美术作品等受到著作权法的保护,在成都市皇城老妈酒店诉北京黄蓉老妈火锅店侵犯著作权案中,法院即认定原告的广告宣传作为整体是受到著作权法保护的。

3. 装修设计图、店面设计

为了维护统一的特许经营商业形象,特许经营体系大都要求被特许人在店面设计、装潢等方面满足特许人的统一要求,为此,特许人也都为被特许人提供装修、设计方面的指导,其中的装修设计图、店面装潢设计等很有可能满足著作权法中设计图、建筑作品等的保护条件而受到保护。

4. 计算机软件

特许经营体系大都拥有自己统一的计算机信息系统,而且随着计算机技术的不断发展,越来越多的特许经营企业开始将计算机技术运用到企业的经营中。日本最大的连锁店7 – eleven超市研发出的营销网络使得消费者在家中就能购买超市里的物品。这些计算机软件无疑属于我国著作权法保护的客体。

(二)商标法保护的特许经营资源

1. 注册商标

注册商标是特许经营体系最为重要的特许经营资源,也是目前特许经营企业最为重视的经营资源。很多商标品牌基于特许经营迅速成长为知名商标,甚至驰名商标,成为特许经营企业的宝贵财富。

2. 未注册驰名商标(老字号)

很多传统的老字号企业为了适应市场经济的发展,也开始采取特许经营的商业模式。这些老字号如果未取得商标注册,在满足驰名商标保护的条件下,可以作为未注册驰名商标受到保护。按照我国《商标法》第13条的规定,就相同或者类似商品申请注册的商标是复制、模仿或者翻译他人未在中国注册的驰名商标,容易导致混淆的,不予注册并禁止使用。

3. 未注册但有一定影响的商标

特许经营企业的商标虽然尚未注册,但如果经过长期的使用已经在相关公众中建立了一定的影响,也可以受到商标法有限的保护。即他人申请注册的商标不得损害他人现有的在先权利,也不得以不正当手段抢先注册他人已经使用并有一定影响的商标。

(三)专利法保护的特许经营资源

专利权也是特许经营中的一项重要内容,常发生在产品特许经营中。对于符合发明专利、实用新型专利以及外观设计专利的产品,特许人可以及时将其申请为专利,优质合格的专利将是企业开展特许经营更为可靠的根基。北京市知名的“金三元”餐饮特许经营体系,将其最有名的一道菜申请了专利——“金三元扒猪脸”。“金三元扒猪脸”成为金三元的招牌菜,对于其特许经营体系的发展起到了重要的作用。

(四)反不正当竞争法保护的特许经营资源

1. 知名商品特有名称、包装、装潢

我国《反不正当竞争法》第 5 条规定,擅自使用知名商品特有的名称、包装、装潢,或者使用与知名商品近似的名称、包装、装潢,造成和他人的知名商品相混淆,使购买者误认为是该知名商品的,构成不正当竞争。因此,特许人提供的商品如果满足“知名商品”和“特有名称、包装、装潢”的要求,可以受到《反不正当竞争法》的保护,禁止他人的混淆性使用。

2. 具有一定市场知名度的字号或商号

特许经营中,将自己拥有的商号作为经营资源开展特许经营的也比较普遍。字号作为企业名称中最具识别性的部分,具有人身权和财产权双重属性。一方面,它代表着商事主体,与商事主体密不可分,并具有区别不同商事主体的功能,具有很强的人身属性;另一方面,它作为商誉的直接载体,是商事主体重要的资产之一,蕴含了巨大的经济价值,可以进入流通领域创造财富。按照《最高人民法院关于审理不正当竞争民事案件应用法律若干问题的解释》(以下简称《不正当竞争解释》)的规定,具有一定市场知名度的企业字号,可以作为企业名称受到保护。

3. 商业外观

商业外观是指由产品的设计和外形与其他诸如店面装潢、营业人员服饰、营业工具摆设等所有因素共同构成的用于识别企业及其产品的整体形象。目前,很多特许经营企业为了增强所提供产品或服务的识别性,都设计了统一的企业识别系统,包括统一的店面装潢、统一的营业人员服饰、统一的经营场所摆设等,这种表现给消费者的整体外在形象同样可以作为特许经营的经营资源。在我国,符合条件的商业外观可以受到《反不正当竞争法》的保护。《不正当竞争解释》第 3 条规定:“由经营者营业场所的装饰、营业用具的式样、营业人员的服饰等构成的具有独特风格的整体营业形象,可以认定为反不正当竞争法第五条第(二)项规定的‘装潢’。”

4. 商业秘密

商业秘密是一种特殊的知识产权,是指不为公众所知悉,能为权利人带来经济利益,具有实用性并经权利人采取保密措施的技术信息和经营信息。商业秘密的内容十分丰富,在特许经营中显得尤为重要,包括经营方式、经营技巧、设计程序、工艺方法、产品配方、管理诀窍、客户名单、资源情报、产品策略等经营资源都可以纳入商业秘密保护。

二、特许经营发展中知识产权保护困境的多元化解读

(一)从立法层面看,法律保护不周延

1. 商业外观无法得到法律的充分保护

商业外观具有整体性,即商业外观是被作为一个整体来看待,是外部的总体形象在消费者心目中所唤起的全部印象,并不是孤立的每个元素的简单相加,这是商业外观不同于其他商业标识的根本特征。传统的商业标识借助于显著的文字、图案、色彩等标志来表明产品的来源,它所体现的仅仅是产品的部分要素,消费者仅需识别这部分要素就足以区分商品来源;而商业外观所要体现的是一种由产品形状、色彩、图案等各种要素构成的整体性视觉形象。商业外观包括产品外包装、产品设计,如商品的外形、图案或色彩等,以及企业或者商店的整体外观,如服务业所广泛采用的独特色彩、装饰及室内布置、人员服饰等。产品外包装、产品设计在符合条件的情况下可以通过申请注册立体商标而获得商标法的保护,或者申请外观设计专利而获得专利法的保护,但是对于企业的整体外观却只能通过反不正当竞争法知名商品或服务特有装潢的方式获得反不正当竞争法的保护。这对于特许经营企业而言,保护力度明显不够。为了保持特许经营体系的一致性和统一性,大多数特许经营企业都设计了比较独特的整体形象,如麦当劳、肯德基等的整体形象,这些整体的外观经过长期地使用已经在消费者心目中形成了稳定的识别性,理应获得商标法或者外观设计专利等的更强保护,但现有的反不正当竞争法保护属于弱保护,不利于特许经营体系整体形象的保护。

2. 某些经营资源要满足知名度的保护要求

从立法规定的保护门槛来看,现有规定对诸如字号、商品名称、包装、装潢的保护设定了相较于注册商标更高的保护门槛,不利于中小型特许经营企业的品牌培育以及企业发展。按照现有的规定,字号、商品名称、包装、装潢只有满足知名度的要求才能获得反不正当竞争法的保护。例如,《反不正当竞争法》第 5 条第 2 项的规定,只有擅自使用知名商品特有的名称、包装、装潢,或者使用与知名商品近似的名称、包装、装潢,造成和他人的知名商品相混淆,使购买者误认为是该知名商品的,才构成不正当竞争行为。而按照《不正当竞争解释》的规定,在中国境内具有一定的市场知名度,为相关公众所知悉的商品,应当认定为《反不正当竞争法》规定的知名商品。对于中小企业而言,现有标准无法使他们形成字号培育的良好预期,不能为他们进行字号、商品名称、包装、装潢等经营资源的培育提供法律保障。这严重影响特许经营体系的发展和稳定,也不利于特许经营形成知名品牌或资源。

3. 未注册商标只能得到极有限的保护

我国《商标法》施行注册取得模式,未注册的商标只能获得极为有限的保护。一方面,首先,对于在先使用并有一定影响的商标,《商标法》只赋予在先使用人撤销在后通过不正当手段注册商标的权利;其次,对于未注册的驰名商标,在先使用人也仅有权禁止他人使用,要求在后注册人承担停止侵害的民事责任,无权要求赔偿损失;最后,对于普通的未注册商标,《商标法》中并没有规定给予保护。另一方面,如果他人通过正当方式申请注册了他人在先使用的商标,那么在后商标注册人能否禁止在先使用人继续使用,《商标法》缺乏相应的规定,司法实践中也存在不同的做法。特许经营实践中,法律并不禁止未注册商标开展特许经营,很多特许经营企业事实上也在利用未注册商标进行特许经营,但在第三人将该商标申请注册后,特许经营企业便面临能否继续使用的问题,一定程度上影响了特许经营体系的稳定性。小肥羊品牌之争就面临上述问题,起初商标局并未核准"小肥羊"的注册,但经过长期的加盟、使用,小肥羊逐渐取得知名度后,内蒙古小肥羊率先申请注册商标,注册成功后为了维护"小肥羊"品牌,先后在石家庄、重庆、西安等地与各地小肥羊对簿公堂。

(二)从司法层面看,司法保护不统一

1. 特许人与被特许人对外侵权责任如何分担

特许经营法律关系中,特许人和被特许人之间是相互独立但又存在密切联系的法律主体。一方面,特许人和被特许人是相互独立的法律主体,被特许人并不是特许人的分公司或者分支机构;另一方面,被特许人与特许人之间对外具有共同的外部形象。被特许人借助特许人的商标、商号、服务标记、招牌风格和广告出售商品或服务。一般情况下,第三人无法从外部判断被特许人与特许人的关系是特许经营关系还是合资关系,抑或被特许人就是特许人本身。因此,在被特许人提供的产品或服务侵害第三方权益的时候,被害人往往将特许人和被特许人作为共同被告起诉,有的仅起诉特许人,为此,如何确定无过错第三方的利益,如何确定特许人和被特许人之间的责任分担,司法实践中存在不同的观点。第一种是自己责任说。认为特许人和被特许人本质上是相互分离的主体,按照"谁经营,谁受益,谁负责"的观点,被特许人应独立承担因自己行为给他人造成的损失。第二种是代理说。特许人和被特许人相同的企业外观非常容易使消费者产生"加盟店、总部就是同一企业"或"加盟店得到总部授权的确信",这完全符合表见代理的规定,可以视特许人为合同当事人而要求其承担责任。第三种是连带责任说。特许人既然向被特许人提供了财产(无形财产),就应承担相应的瑕疵担保责任。

2. 合同解除后未销售商品处理条款的效力如何认定

特许经营合同中通常存在未销售商品如何处理的条款,这些条款或者规定为"被特许人在特许经营合同到期后不能再继续销售带有特许人商标的商品",或者为"被特许人应当按照特定的价格销售给特许人指定的第三方"。然而,实践中这种约定很容易产生争议。被特许人在合同到期后往往继续销售或自行处置剩余的商品,特许人便以被特许人侵犯商标专用权为由起诉到法院。为此,存在两方面问题需要明确。一是实践中特许经营合同大都是格式条款,那么如果被特许人抗辩称合同中对未销售商品的上述约定为格式条款,应该无效,司法实践中应当如何认定;二是在合同条款有效的情况下,被特许人违反合同约定继续销售带有特许人商标的商品,是构成违约还是构成侵权,抑或构成违约和侵权的竞合。后者在司法实践中比较普遍,被特许人在合同到期后继续使用特许人的商标、字号等,特许人有的主张违约,要求停止使用,支付使用费;有的主张构成侵权,要求赔偿损失。

3. 在先使用未注册商标与在后注册商标冲突如何化解

目前司法实践以及理论研究大多认为,《条例》规定的特许经营资源并不限于注册商标,未注册商标也可以进行特许经营,由此签订的特许经营合同属于有效合同。但存在的问题是,如果特许人基于未注册商标开展特许经营过程中,第三方善意注册了特许人在先使用商标的情况下,该商标注册人能否要求特许人及加盟商停止使用其注册商标,司法实践中存在不同的认识。一种观点认为应当承认注册商标的绝对效力,即商标一旦注册,他人在相同或类似商品上使用与注册商标相同或者近似的商标的,均构成侵犯注册商标专用权。另一种观点是无条件地承认在先商标的对抗效力,只要构成在先商标权,就可以对抗在相同或者类似商品上的相同或相似的注册商标,在先使用人不构成侵权。还有观点认为在限定使用范围或者附加区别性标识的情况下,应允许在先使用人的继续使用。

(三)从实践层面看,知识产权保护不规范

1. 特许人知识产权保护意识有待提高

从当前特许经营实践看,注册商标是特许经营中的重要经营资源,因此,大多数特许经营企业比较重视注册商标的保护,但整体而言知识产权保护意识仍有待提高。首先,知识产权综合化保护意识不强。如前文所述,特许经营中受到知识产权保护的经营资源十分丰富,企业的经营手册、店面装潢、字号、商业秘密等都是特许经营企业的重要资源,但许多特许经营企业对此缺乏明确的认识,特许经营合同中普遍缺乏对经营资源进行著作权保护、反不正当竞争法保护的约定。特别是商业秘密的保护,很多特许经营合同中都缺乏对保密义务的约定。其次,特许经营中经营资源一体化保护意识较弱。特许经营中商标、商号、装潢等在保护机理和功能上都是一致的,即识别商品和服务的来源,但很多企业的商标、商号并不相同,导致企业形象识别的分散化,也容易产生权利冲突。有的企业在企业形象、产品包装装潢中并不突出使用自己的商标,影响宣传的效果。最后,维权意识及规则不熟悉。很多特许人对于侵犯知识产权的救济措施及保护规则不熟悉,特别是对于知识产权权利冲突应如何处理比较困惑。例如,对于商标权与商号权冲突的处理,行政途径还是司法途径之间应如何选择?

2. 被特许人侵犯知识产权现象比较普遍

被特许人侵犯知识产权的现象大致有如下几种情况:(1)在特许经营合同存续期间,超越授权范围、授权地域使用特许人的商标。(2)特许经营合同终止后,仍然使用特许人的商标、商号等商业标识。(3)未经许可,在第三方处购买商品自行贴上特许人的商标对外销售,“以假乱真”。(4)被特许人未获得分许可权的情况下,未经许可将获得的特许经营权再次许可他人使用。

3. 知识产权权利冲突现象十分突出

由于特许经营涉及众多的经营资源,不同的经营资源可以受到《著作权法》、《商标法》或《反不正当竞争法》的分别或同时保护,导致权利冲突的现象比较突出。首先,未注册商标与注册商标的冲突。主要是特许人起初并未申请进行商标注册便开展特许加盟,结果被第三人抢先注册为商标,在后商标注册人要求特许人及被特许人停止侵权。小肥羊争议即属于此种情形。其次,注册商标与著作权等在先权利的冲突。主要是特许人据以开展特许经营的注册商标侵犯了他人的著作权等在先权利,在先权利人主张撤销注册商标,或者向人民法院起诉要求特许人停止使用注册商标。在著名的“上岛咖啡”案中,上海上岛咖啡食品有限公司在全国的加盟店已近400家,然而却因侵犯了他人的著作权而被国家工商总局商标评审委员会裁定撤销,致使整个特许经营体系面临崩溃的危险。最后,注册商标与在后商号的冲突。主要表现为在特许经营过程中,特许人允许被特许人在企业名称中使用特许人的商标,但在特许经营合同终止后,被特许人不同意变更企业名称,导致注册商标与商号的冲突。

三、特许经营发展中知识产权保护措施的合理化建议

(一)立法层面

1. 关于商业外观的商标法保护

商业外观之所以受到保护在于其来源识别功能,具有与商标保护相同的法理基础和制度机理。从国际上的保护情况看,通过商标法保护商业外观已成为国际立法的主要方式。美国起初也是通过反不正当竞争法保护商业外观,1988 年《兰哈姆法》颁布后,由于商标的定义足够将商业外观纳入,商业外观便进入商标法的保护范畴。该法第 45 条规定:“商标一词包括制造商或者商家所采纳的和使用的,用来标识他们的货物以及将他们的货物与其他人制造或者销售的货物相区别的任何文字、名称、标志或者设计以及它们的组合。”美国最高法院认为《兰哈姆法》中的“设计”已经可以包括任何形式的商业外观。《法国知识产权法典》规定的可以注册为商标的标记有:各种形式的文字、图形标记、外形,尤其是商品及其包装的外形或表示服务特征的外形、颜色的排列、组合或色调。《英国商标法》认为凡是任何能够以图示表示的、能够将某一企业的商品或服务与其他企业的商品或服务区分开来的标记都可以作为商标。因此,为使商业外观得到更强的法律保护,从而给特许人提供更强的投资信心,维护特许经营体系的稳定性,只要特定的商业外观具备显著性和非功能性,商标法即应允许能够以图示表示的商业外观注册为商标。《商标法》在修改时,可以将第 8 条和第 12 条中的“三维标志”修改为“商业外观”,从而使商标的概念更具包容性。

2. 关于字号等标识资源知名度的要求

现有对字号、商品名称、包装、装潢等标识资源知名度的保护要求,只注重标识培育的结果,而忽视了更需要保护的培育标识的过程,不利于对大量尚未知名、正在培育发展过程的中小型特许经营企业标识资源的保护。其症结在于错置了字号等的保护门槛。作为未上升为权利的法益,字号等标识资源的保护应坚持权益保护与其他竞争者行动自由的有效平衡。现有规定也注意到了权益人与其他竞争者之间进行利益平衡的必要性。“字号保护的知名度要件的确可以在一定程度上保护其他竞争者的行为自由,因为字号在特定的市场范围内具有了知名度,实际上便取得了类似于商标注册的公示效应,其他竞争者可以相对容易地确定自己的行为界限,不至于对自己可能承担责任的行为没有起码的‘期待可能性’。”但这种平衡选择过多地考虑了其他竞争者的行动自由,无法为字号等提供周延、平等的保护。事实上,反不正当竞争法对不正当竞争者主观恶意的要求已经体现了利益平衡的考虑。如果行为人明知某个字号是他人在先使用的而擅自使用,并且造成了消费者混淆,即使该字号尚不具有一定的知名度,此时对该行为人课以民事责任并不会不适当地限制他的行为自由。《德国民法典》正是区分绝对权利和权益对侵权者主观状态作了不同的规定,以实现利益保护与行动自由的平衡。因此,反不正当竞争法对字号、商品名称、包装、装潢的保护无须设定知名度的保护要求,只要特定的字号、商品名称、包装、装潢经过实际使用,具有识别商品或服务的来源,即应受到法律的保护。

3. 关于未注册商标的保护

不管《商标法》施行何种取得模式,未注册商标都是客观存在的,而且有其现实存在的基础。有的使用人生产经营尚未确定,商品或服务尚未定型,无法申请商标;有的使用人尚未确定合适的商标;也有的使用人商标法律意识不够。《商标法》虽然施行注册取得,不允许使用取得商标权,但是《商标法》不能因为注册取得而改变之前已经使用而未注册或者不注册商标人的状态,甚至让这些在先使用人的状态变得更糟,这不符合法律的公平正义的价值诉求,也与法不溯及既往的理念相悖。而且未注册商标经过使用已经承载了使用人的商誉,具备了区别商品或服务来源的能力,即使在保护力度和强度上要弱于注册商标,但起码应受到保护并且有权继续使用,这是保护未注册商标所有人利益的需要,也是维护消费者利益的需要,更是维护公平竞争秩序的需要。因此,建议《商标法》在修改时增加如下规定:(1)在先使用商标继续使用权。在注册商标的申请日之前,就已经在该商标注册核定使用的相同或类似商品或服务上连续使用与注册商标相同或近似商标的,该商标使用人有权继续在原商品或者服务上使用该商标。(2)未注册商标损害赔偿权。故意在相同或类似商品、服务上使用与他人在先使用的未注册商标相同或者近似的商标,给商标在先使用人造成损失的,应当承担赔偿责任。

（二）司法层面

1. 关于特许人与被特许人对外民事责任的分担

特许人与被特许人对外民事责任的分担实际上涉及特许人、被特许人及消费者三方的利益平衡。无论是自己责任说、代理说，还是连带责任说，都无法充分兼顾三方的利益。为此，在司法实践中，认定特许人与被特许人的对外责任承担应以“特许人与被特许人独立承担民事责任为一般原则，以双方共同承担责任为例外”为标准。一方面，在特许经营法律关系中，特许人和被特许人都是独立承担民事责任的主体，两者只是因为特许经营合同而联系起来。这是特许经营模式的根基和前提；另一方面，出于维护特许经营体系健康发展的需要，特许人需要而且应当对被特许人进行一定程度的控制，包括人员培训、日常管理、产品质量等方面，因此，被特许人对外的行为在某种程度上与特许人又存在着密切的联系。如果特许人的控制行为在被特许人对第三人的侵权行为中具有过错，特许人应该承担相应的法律责任。具体而言，首先，在产品销售型特许经营中，被特许人销售的产品是特许人提供或生产的，因为产品质量而产生的责任，按照《产品质量法》第43条的规定，生产者和销售者应承担连带责任。其次，在其他经营模式中，特许经营的重要内容是商标使用许可，按照《商标法》第40条第1款的规定，商标注册人可以通过签订商标使用许可合同，许可他人使用其注册商标。许可人应当监督被许可人使用其注册商标的商品质量。被许可人应当保证使用该注册商标的商品质量。因此，如果特许人不对被特许人的产品质量进行监督，导致产品质量责任的，特许人也应在其过错范围内承担相应的民事责任。最后，如果特许人按照特许经营合同以及商标法等法律规定对被特许人进行了监督、管理、控制，但特许人的管理制度、方法等存在瑕疵或者安全隐患，导致被特许人在经营过程中造成侵权的，特许人同样应在其过错范围内承担相应的民事责任。

2. 关于合同终止后未销售商品处理条款的认定

首先，在产品销售型特许经营中，由于特许产品是特许人生产提供给被特许人，在合同终止后，被特许人能否继续销售剩余的商品，实际涉及商标权与所有权冲突的处理。一方面，特许产品上使用了特许人的商标，特许人享有商标权；另一方面，特许产品是被特许人从特许人处合法购买的，对这些商品享有所有权。按照商标法权利用尽理论，此时特许人的商标权应受到限制。所谓权利用尽也称权利穷竭，是指商标所有人或其本人同意将带有商标的产品投放市场后，对于任何人使用或销售该产品，商标权人无权禁止。因此，当特许商品基于特许人的自由意志合法投放市场后，特许人就不应再对这些商品的流通施加限制。因此，特许经营合同中特许人并没有权利禁止被特许人继续销售剩余的特许商品，特许人不应进行限制，否则此类约定应属无效。当然，如果特许人能够证明签订特许经营合同时已经向被特许人进行了充分的提示和说明，被特许人同意合同的约定，则合同的约定优先，被特许人违反约定应承担相应的法律责任。其次，在其他类型的特许经营中，特许产品是由被特许人自己生产制造,在合同终止后,被特许人自然无权继续生产、销售带有特许人商标的产品。当然,特许人应允许被特许人在合理期限内对这些商品进行处理。至于被特许人违反约定时应当承担违约责任,还是侵权责任,抑或违约与侵权的竞合,本文认为应构成违约与侵权的竞合。一方面,特许经营合同约定了明确的合同期限,合同终止后被特许人继续使用特许人商标的行为明显违反了特许经营合同关于使用期限的约定,应承担违约责任;另一方面,被特许人合同终止后继续使用特许人商标的行为,既缺乏法律根据,也没有合同根据,构成侵权。此时特许人有权选择追究被特许人的违约责任或侵权责任。

3. 关于未注册商标与注册商标冲突的处理

关于善意的在后商标注册人能否主张在先使用人构成商标侵权,《商标法》并未作出明确的规定,在《商标法》未进行修改赋予在先使用人继续使用权之前,本文认为在先使用人的善意使用不能构成不侵权的抗辩理由。按照《商标法》的现有规定,只要未经商标注册人的许可,在同一种商品或者类似商品上使用与其注册商标相同或者近似的商标的,就构成商标侵权。究竟是善意还是恶意,并不影响侵权行为的成立,只是影响损害赔偿责任的承担。在先使用人使用他人注册商标的行为,主观上并不存在过错,无须承担侵权责任。而且,这也符合商标注册取得的立法精神,即鼓励权利人进行商标注册。立法机关在阐释《反不正当竞争法》第5条的精神时指出:"从发展看,应当引导和鼓励经营者将其商标申请注册,以增强自我保护手段,避免发生纠纷或者发生纠纷后也易于处理。"

(三)实践层面

1. 扩大特许经营资源知识产权保护的覆盖面

特许经营过程中涉及诸多需要知识产权保护的经营资源,特许人在开展特许经营过程中应实现特许经营资源知识产权保护的全覆盖。首先,加强对特许经营资源的著作权保护。特许人应提高对特许经营资源的著作权保护的意识,对经营手册、宣传资料、装修图纸等经营资源及时进行著作权登记,并在合同中对经营资源的使用方式、使用范围、使用期限以及合同终止后的处理进行明确的约定。其次,加强对特许经营资源的商标法保护。商业标识是特许经营体系的重要经营资源,特许人应该对符合条件的字号、商品名称、包装、装潢等及时申请注册商标,符合条件的产品设计、包装、装潢及时注册为立体商标,从而获得商标法的强保护。同时,注重防御商标、联合商标的注册,防止他人通过申请近似商标实现搭便车的不正当竞争目的。最后,加强对特许经营资源的反不正当竞争法保护。按照规定,特许人必须向被特许人进行信息披露,而商业秘密若要受到保护必须满足秘密性、实用性并且采取保密措施的要求,因此特许人在进行信息披露的过程中应当注重对商业秘密的保护。一方面,与被特许人签订保密协议,不管最终是否签订特许经营合同,被特许人都不能泄露其知悉的商业秘密;另一方面,与被特许人的负责人、高级管理人员等签订竞业禁止协议,在特许经营合同终止后一定期限内禁止上述人员从事与特许人相竞争的业务。

2. 加强对被特许人知识产权使用情况的监管力

对被特许人知识产权使用情况的监管,一方面,要在合同中进行详尽明确的约定。除了在特许经营合同中对知识产权的使用进行概括约定,特许人最好再与被特许人签订著作权使用许可合同、商标权使用许可合同,对相关经营资源的使用进行特别约定,特别是使用的方式、地域范围、期限以及合同终止后立即停止使用等。另一方面,要建立常态化的知识产权使用监管制度。落实专人对被特许人的知识产权使用情况进行监督,发现违规违法情况及时予以纠正,认真学习知识产权行政保护与司法保护的途径和特点,积极借助行政保护、司法保护手段及时打击被特许人的侵权行为。此外,为防止不必要的对外责任承担,特许人还要重点监督被特许人在使用统一的知识产权资源时,是否在显著位置通过显著方式向消费者告知其仅是加盟商,不是特许人,从而让消费者明确与之进行商品或服务交易的主体。

3. 提高特许经营资源知识产权保护的稳定性

特许经营的本质在于各种知识产权资源的集中授权许可,通过经营模式的复制实现品牌的培育及企业规模的扩张,但其前提在于知识产权资源必须是稳定的、没有权利瑕疵的资源。因此,特许人应最大限度地减少特许经营资源发生侵犯他人在先权利等知识产权冲突的现象。首先,实行经营资源知识产权保护的一体化。如果特许人的注册商标是可以受到著作权法保护的图形等,则在设计选用商标时应注重商标权、著作权、知名商品特有包装、装潢权的一体化保护。如果注册商标是文字、字母等,则要注意商标权、字号权以及域名的一体化保护,将商标及时登记为企业名称中的字号,及时申请域名,防止他人抢注的发生。其次,实行被特许人企业名称与特许人注册商标的分离化。特许人一般不应允许被特许人将自己的商标登记为企业名称中的字号。商标权和企业名称实行不同的法律保护体系,实践中经常发生被特许人以自己的企业名称是经合法登记为由,在合同到期后不予变更企业名称,从而达到变相使用特许人商标的目的。因此,在实践中,特许人应尽量避免此种冲突的发生。

(本文系2011年上海市高级人民法院优秀报批调研课题)

审理特许经营合同案件需要注意的几个问题

陈亚男*

《商业特许经营管理条例》第3条规定:商业特许经营是指拥有注册商标、企业

---

* 陈亚男,原上海市黄浦区人民法院民三庭助理审判员。

标志、专利、专有技术等经营资源的企业,以合同形式将其拥有的经营资源许可其他经营者使用,被特许人按照合同约定在统一的经营模式下开展经营,并向特许人支付特许经营费用的经营活动。在特许经营的模式下,被特许人能够依靠特许人的经营指导、技术支持、业务培训以及已有一定知名度的商标、商号等在较短的时间内顺利开展商业经营,特许人亦能通过对外特许、吸收加盟商的方式实现资本、规模扩张与品牌宣传,故特许经营已成为经济生活中一种越来越受青睐的商业模式。但在目前市场尚不十分规范的情况下,特许经营行业的发展亦存在鱼龙混杂的现象,特许加盟经营的成功率往往不高,加盟过程中出现的诚信缺失和陷阱也越来越多,[①]大量的特许经营合同纠纷涌入法院。但与日益蓬勃发展的商业特许经营行业相比,调整特许经营合同法律关系的法律、法规、规章十分有限,目前主要包括国务院颁布的《商业特许经营管理条例》、商务部出台的《商业特许经营管理办法》、《商业特许经营备案管理办法》、《商业特许经营信息披露管理办法》以及《民法通则》、《合同法》、《商标法》、《专利法》、《反不正当竞争法》等法律中的一般性规定。法律规范的欠缺导致司法实践认识不统一、做法不一致,损害了司法的权威性,影响了案件的公正审理。本文针对特许经营合同案件审理过程中的几个常见问题进行分析,希冀对司法实践有所裨益。

一、被特许商标为未注册商标是否影响合同效力

从《商业特许经营管理条例》第3条对商业特许经营的定义来看,能够进行特许经营的商标应当是注册商标。笔者认为,此种规定主要是考虑到我国《商标法》实行的是商标专用权注册产生制,即只有经过商标局核准注册的商标才享有商标专用权,能够借助法律的强制力予以保护,排除他人妨害。而对于未注册商标,法律除了对未注册驰名商标有特别保护以外,仅赋予商标的在先使用人对于他人以不正当手段抢注的已有一定影响的商标享有请求撤销权,并未规定在商标已被他人注册的情况下,在先使用人有权继续使用。[②] 因此,为了避免他人在相似或类似的商品或服务上注册或使用相似或类似商标损害被特许人的合法商业利益,进行特许经营的商标应以获得法律强制力保护的注册商标为宜。但笔者认为,允许进行特许经营的商标不应以注册商标为限,亦可包括未注册商标。特许经营合同虽然因具有商标、企业标志等知识产权因素而被归于知识产权纠纷,但其本质上仍属合同的一种类型,是基于双方当事人意思自治而形成的协议。若在特许经营合同签订之时被特许人已明确知晓被特许经营的商标为未注册商标,而其自愿以未注册商标进行特许经营,自愿承担因该商标或类似商标可能被他人抢先注册或为他

① 董炳和、谭筱清等:《商标法体系化判解研究》,武汉大学出版社2008年版,第83页。

② 也有观点提出,在此种情形下,应当给予被抢注商标的在先使用人一定保护,允许其在原先使用的范围内继续使用。但即便如此,也应当在个案中具体考察在先使用人的商标使用情况以最终作出判断,如是否持续使用、为商标使用而做的投入、商标的知名度等。

人使用带来的经营风险,法律理应尊重当事人的此种自由选择,不能仅因被特许商标为未注册商标而认定合同无效。当然,若订立合同之时特许人向被特许人有意隐瞒商标未注册事宜,且该事宜足以影响到被特许人决定是否订立合同,则特许经营合同可能因合同订立之时存在欺诈行为而成为可撤销合同,被特许人亦可依《商业特许经营管理条例》第 23 条第 3 款的规定主张解除合同。

二、合同提前解除后,加盟费是否应当部分返还①

被特许人为获得特许经营权需要向特许人支付相关费用,主要包括加盟费、使用费以及其他费用,如软件使用费、会员统一服务费等。其中,加盟费是被特许人为获得特许经营权而向特许人支付的一次性费用,在特许经营合同中通常约定为“(任何条件下)不予返还”。在实践中,涉及特许经营合同解除的,在因被特许人的违约行为导致合同解除的情况下,人民法院一般亦依合同约定认定加盟费无须返还。但在因特许人的违约行为导致合同解除或双方均有违约行为或双方均无违约行为的情况下,若被特许人主张加盟费不予返还的条款有失公允,应按照实际经营时间占合同期限的比例予以部分返还的,人民法院是否应当支持呢?笔者认为,从加盟费的性质来看,其是为获得特许经营权而支付的费用,即被特许人支付加盟费后仅仅获得了使用特许人的商标、企业标志、专利、专有技术、经营模式等资源开展特许经营的权利,获得了要求被特许人提供经营指导、技术支持、业务培训的正当性基础,但并不涉及开展特许经营业务本身,其应属于合同生效后被特许人获得权利的对价而非合同履行过程中特许人应为义务的对价,故其与特许经营合同实际存续时间的长短并无直接关联。此种“为获得权利而支付加盟费”的正当性基础在于,体现特许人为自身商标、企业标志、专利、专有技术、经营模式、培训机制的形成、建立、经营、维护等所付出的成本。此种正当性基础也决定了加盟费本身并未承载着防止违约、通过加盟费数额实现违约方与非违约方利益均衡的法意。况且,通过合同约定或法律规定的违约责任已足以对违约行为进行规制。故加盟费是否应当返还亦不应因合同双方是否存在违约行为而有所不同。正是基于此,《商业特许经营管理办法》将加盟费定义为一次性费用,且依行业惯例,特许经营合同中通常约定该笔费用在任何条件下均不予返还。综上笔者认为,一般而言,无论特许经营合同是否因被特许人的违约行为而提前解除,加盟费都不予返还。

但实践中亦存在一种极端情形,即特许经营合同订立后被特许人正式开展特许经营前,因特许人的违约行为或不可抗力导致合同解除的,加盟费是否应(部分)退还给被特许人呢?笔者认为,在此种情形下,被特许人期待通过特许经营获得商业利益的目的完全落空,在合同解除前被特许人虽然因支付加盟费获得了进行特许经营的权利,但该权利并未以任何方式、在任何程度上得以实现,且被特许

① 本文仅讨论“特许经营合同约定加盟费(任何条件下)不予返还”的情况。若特许经营合同约定加盟费在合同解除后的一定条件下可以部分返还的,人民法院应尊重当事人的意思自治。

人对此种后果的发生不存在任何过错,此时若仍坚持认为加盟费不应予以返还将有失公允。此时,人民法院可具体考察特许人的主观恶意、违约程度、合同的履行情况(如特许人是否已进行开业前的选址、装修指导)等酌情判决加盟费全部或部分返还。

三、特许经营合同终止后,被特许人继续使用特许人的注册商标等经营资源开展经营的,是作为违约行为处理还是视为侵权行为或不正当竞争行为起诉

特许经营合同中通常约定,在特许经营合同终止后,被特许人不得再继续使用特许人的注册商标、商号或其他标志开展经营(以下简称不得使用义务)。但在实践中,被特许人在特许经营合同期限届满后或特许经营合同解除后继续使用特许人的注册商标等经营资源开展经营的情形较为常见。此时,有观点认为应将被特许人的上述行为视为违约行为在特许经营合同纠纷中一并予以处理,也有观点认为对被特许人的上述行为应由特许人依侵权行为或不正当竞争行为另行起诉,还有观点认为此时属于违约责任与侵权责任的竞合,特许人可自行选择起诉。笔者认为,被特许人违反此不得使用义务不属于违约范畴,应从侵权或不正当竞争的角度追究被特许人的法律责任。理由在于:

1. 虽然被特许人不得使用义务的内容可以约定于特许经营合同中,但该义务实为法定义务,而非约定义务,违反此义务构成《商标法》、《反不正当竞争法》等禁止的侵权行为或不正当竞争行为;即便合同中并未有此约定,被特许人亦当然承担合同终止后不得使用特许人的注册商标等资源开展经营之义务;合同中对此专门予以约定实为对法定义务的一种强调,违反此法定义务应构成违法行为而非违约行为。

2. 违约行为发生于合同存续期间,而不得使用义务产生于特许经营合同终止之后。将"违反了'约'终止之后产生的义务之行为"定性为"违反该已终止之约"的行为,有欠妥当。虽然有学者指出,被特许人的此种义务类似于合同法理论中的后合同义务,均是产生于合同终止之后,都属于法定义务,而合同法学界通说认为违反后合同义务应按照违约责任处理,故对被特许人违反上述义务的行为,亦可适用违约责任予以追究。笔者认为上述观点有失偏颇。首先,将违反后合同义务的行为视为违反合同中的债务履行义务并适用违约责任进行处理,是在《合同法》未规定违反后合同义务应承担何种责任的情况下,学界在现有责任体系中进行有限选择的无奈之举,并不具有法定性。况且已有学者提出,违反后合同义务应承担后合同责任,该责任是不同于违约责任、缔约过失责任和侵权责任的独立责任形式。由此可见,违反后合同义务究竟适用何种责任仍存争议。其次,本文讨论的被特许人的不得使用义务亦并非后合同义务。两者的主要区别在于:(1)后合同义务基于诚实信用原则而产生;不得使用义务属于法律规定的不得侵害他人财产的一般性义务。(2)后合同义务附随于原合同而存在;被特许人的不得使用义务与特许经营合同本身并不存在依附关系,不管当事人双方是否签订过特许经营合同,被特许人作为非权利方均担负着不得在未获授权(包括从未获得过授权以及授权已终止)的情况下使用特许人的注册商标等经营资源进行经营之义务。(3)后合同义务作为法定义务的目的在于维护给付效果或协助对方处理合同终止的善后事宜;不得使用义务与维护特许经营合同的给付效果以及协助特许人处理合同终止后的善后事宜无任何关联,该义务的法定性来源于法律对注册商标专有权等权利给予的强制力保护。综合上述分析,不得使用义务既非合同约定义务,亦非法定后合同义务,实质属于法律直接规定的、不得侵害他人财产的一般性义务。特许经营合同终止后,被特许人继续使用特许人的注册商标等经营资源开展经营的,应直接根据法律规定将其认定为侵权行为或不正当竞争行为追究法律责任。

(本文发表于《上海审判实践》2012 年第 2 期,《人民司法》2012 年第 21 期)

商品交易市场知识产权保护问题研究

金民珍*

近年来,涉商品交易市场的侵权纠纷不断增多,以上海市黄浦区人民法院为例,2003 年以来共受理涉及商品交易市场的诉讼 32 件,其中 2003 年 3 件,2005 年 3 件,2007 年 1 件,2008 年 2 件,2009 年 11 件,2010 年 12 件,近两年案件数量上升十分明显。但司法实践对此类案件的审理并没有形成较为一致的认识。市场管理公司的法律性质如何界定,其是否应对市场内侵犯知识产权的行为承担民事责任,如果承担责任,判断其承担民事责任的标准又应如何把握等问题都有待明确。为了促进商品交易市场的健康发展,促进良性社会管理秩序的形成,进而推进社会管理创新,以上述问题为指引,以立法部门完善相关法律的制定、司法部门主动延伸服务职能、商品交易市场自身加强和规范管理为导向,本文对商品交易市场内的知识产权保护进行了全面的调查研究。

一、商品交易市场知识产权保护的误区与困境

(一)商品交易市场知识产权保护的认识误区

1. 市场管理公司没有直接销售侵权商品,不应作为被告。在具体的诉讼中,市场管理公司大多会抗辩称其作为被告主体不适格,认为侵权商品系场内的经营户销售而并非由其直接销售,其只是为这些经营户提供经营场地,即使市场管理公司统一为经营户开具发票,也是应税务机关的要求代开代缴。市场管理公司既没有销售,也没有生产侵权产品,故不应成为此类案件的被告。

2. 市场管理公司即使作为被告,也无须承担赔偿责任。由于市场内存在成千

* 金民珍,上海市黄浦区人民法院党组成员、副院长、审判委员会委员。

上万种商品,市场管理公司没有能力对每种商品都一一检查、辨认,因此,市场管理公司主观上不可能知晓市场内侵犯知识产权的行为,并不存在过错,故不应承担实体意义上的赔偿责任。

(二)商品交易市场知识产权保护的司法困境

在路易威登诉北京市秀水豪森服装市场有限公司等侵犯注册商标专用权案(以下简称秀水街案)中,一审、二审法院均认为,被告作为场所提供者在收到原告的致函之后,没有对出售侵权商品的摊位经营者采取任何防治措施制止其侵权行为的继续,使得其能够在一段时间内继续实施销售侵权商品的行为,属于主观上存在故意,客观上为其特定商户的侵权行为提供便利。[①]

在路易威登诉北京朝外门购物商场案(以下简称朝外门案)中,法院经审理认为,被告对于市场内销售的产品负有监督商户、杜绝侵权行为的义务,现原告在市场中买到了侵权商品,说明被告没有尽到其应负的经营管理及监督责任,主观上存在过错,构成侵权。[②]

上述两案中的裁判标准代表了司法实践中两种不同的观点。秀水街案中,法院认为商品交易市场并没有积极制止侵权行为的义务,因此,并不是对市场内所有的侵权行为都承担侵权责任。朝外门案中,法院则认为商品交易市场具有制止侵权行为的义务,市场内出现侵权行为便说明其具有主观过错,至于权利人在致函后仍能在众多商户买到侵权商品的事实说明被告的主观过错程度比较严重而已。可见,不同的认定标准对于商品交易市场的侵权责任认定将产生极大的影响,而之所以产生上述两种不同认识,源于司法实践对商品交易市场经营者的法律地位、归责基础等缺乏明确认识。

二、市场管理公司承担侵权责任的归责基础

(一)市场管理公司的法律性质

一种观点认为市场管理公司是销售者。首先,侵犯知识产权的销售行为是在市场管理公司管理的市场内发生的;其次,经营者在销售产品期间是以市场名义开具发票和电脑购物小票,经营款项也由市场统一收取。因此,市场管理公司应当视为侵权产品的销售者。对此,司法实践的看法基本一致,并不能根据侵权行为发生在商品交易市场内就推定市场管理公司是销售者,实际销售侵权产品的应是租用市场内经营场地的经营户。市场管理公司代开发票或者电脑小票的行为是基于税务部门税收管理或者市场统一管理的需要,也不能据此认定其为销售者。

另一种观点认为市场管理公司是场地出租人。该观点认为"场地出租人"与

---

① 参见北京市第二中级人民法院(2006)二中初字第13594号民事判决书、北京市高级人民法院(2006)高民终字第335号民事判决书。

② 参见北京市第二中级人民法院(2006)二中初字第2140号民事判决书。

"销售者"是两个不同性质的概念。"场地出租人"以出租、物业管理等为其经营主业,不包括批发、零售商品。对于一般消费者来说,其也不具有公示意义的销售者身份。各地许多小商品批发市场、服装批发市场都是由场地管理公司将场地租赁给场内商贩进行经营,直接销售产品的是承租场地的商贩,管理公司的地位像"房东"。[①] 该观点看到了市场管理公司与销售者的不同性质,但将市场管理公司仅仅视为"场地出租人"却忽视了市场管理公司的其他职能。

事实上,市场管理公司并不是"实际销售者",也并不仅仅是提供经营场地的"房东",而是一类特殊的提供综合性服务的经营者,是通过提供场地、相关设施、物业服务以及其他服务,以市场经营管理为主营业务的企业法人。如果说市场内的经营户经营的业务是商品销售,那么市场管理公司的经营业务则是服务。

(二)市场管理公司的作为义务

市场管理公司基于开办商品交易市场的先行行为而负有制止市场内侵犯知识产权行为的作为义务。

首先,市场管理公司负有作为义务符合危险责任理论的要求。基于先行行为产生作为义务的重要原因之一,就是将危险责任的思想移植到过错责任中。德国据此便发展出一般注意义务,即行为人因特定危险的先行为,对一般人负有以特定行为防止危险发生的义务。德国实务界也倾向于认为一般注意义务存在的根据是行为人的交易行为或社会活动对他人引发了一定的危险。[②] 市场管理公司通过筹建商品交易市场,为经营者提供经营场地以及其他各种配套服务,使经营者及消费者获得极大便利的同时,也使他人的知识产权受到侵犯的危险性增大,对知识产权人的利益构成严重威胁。因此,市场管理公司的先行行为介入了"他人生活资源的变动",使权利人的利益面临持续性的侵权危险之中,理应负有合理的注意义务。

其次,市场管理公司负有作为义务符合公平正义的要求。市场管理公司了解市场的实际情况,具有更大的力量和相关方面的专业知识与专业能力,更能预见可能发生的危险和损害,更有可能采取必要的措施(如警示、说明、劝告、救助),防止损害的发生或减轻损害。[③] 况且,市场管理公司为经营户提供商品交易服务并不是无偿的,而是以获得租金及其他管理费用为对价。在此种意义上,市场管理公司在经营户销售商品过程中也是可以获得收益的。因此,对更有能力、从中可以获得利益的市场管理公司附加作为义务,系公平正义的要求使然。

---

① 马宁、杨晖:"场地出租人的商标侵权责任——评北京市新秀水市场商标侵权案",载《中华商标》2006年第2期。

② 杨根红:"一般注意义务研究",载《厦门大学法律评论》2005年第2期。

③ 张新宝:《侵权责任法原理》,中国人民大学出版社2005年版,第274页。

最后,市场管理公司负有作为义务也是企业应负的社会责任。社会责任是一个组织对社会应负的责任。任何企业或者组织不仅要按照自己的目标进行经营和管理,还要以一种有利于社会的方式进行经营和管理。因为任何企业或者组织都不是孤立的,而是存于社会共同体中。同理,市场管理公司与消费者、知识产权人等也不仅仅是陌生人,而是一个更广泛共同体的成员,作为经营者,市场管理公司除了要按照自己的目标进行经营,还应负有保护其他社会公众免予受到侵害的"救助"义务,其中就包括保护知识产权人的利益免予受到侵害的义务,从而以有利于社会的方式进行经营。

具体言之,市场管理公司的作为义务包括:

1. 市场准入前的审查义务。首先,在经营户进入市场经营前,市场管理公司要及时审查经营户的经营主体资格、商业信誉以及违法记录等情况,并建立入场经营户的经营资料档案。其次,与经营户签订入场经营合同,明确告知经营户应当在法律规定范围内进行经营,不得侵犯他人的知识产权等合法权益。

2. 日常管理中的巡查义务。市场管理公司应当对市场内经营户的销售活动进行定期以及不定期的巡查,最大可能的发现市场内侵犯他人知识产权的行为,并及时予以制止。

3. 明知侵权后的补救义务。在市场管理公司明知市场内存在侵犯他人知识产权的情况下,市场管理公司应及时采取措施避免侵权后果的进一步扩大。

三、市场管理公司违反作为义务的司法认定

市场管理公司违反市场准入前的审查义务的认定并不难,只要市场管理公司无法提供或拒绝提供商户的资料即可。但对市场管理公司违反巡查义务以及补救义务的认定却十分棘手,认定标准很难把握,这需要法官在对知识产权人利益与商品交易市场发展以及商户经营自由之间进行有效平衡的基础上,结合个案进行裁量。

(一)认定市场管理公司违反作为义务的裁判标准

1. 违反日常管理中巡查义务的认定:红旗标准

司法实践中,红旗标准较多地用来判断网络服务提供商的侵权责任。美国《千禧年数字版权法》和欧盟《电子商务指令》用几乎完全相同的措辞规定:即使提供主机服务的网络服务提供商并不实际知晓侵权行为,只要其知道能够明显推出侵权行为的事实或情况而不采取相应措施,就应当为损害后果承担责任。美国国会将这条规则解释为"红旗标准"。[①] 在判断市场管理公司是否违反注意义务时,红旗标准同样可以适用。商品交易市场内的侵权行为如果十分明显,像一面鲜亮的红旗在市场管理公司面前公然飘扬,以至于一个相同情况下合理的人都能够意识

---

① 王迁:《网络版权法》,中国人民大学出版社2008年版,第140页。

到侵权行为的存在,即使权利人没有就侵权的事实告知市场管理公司,市场管理公司也可能因违反日常管理中的巡查义务而承担责任。

至于如何判断侵权行为是否十分明显,可以从以下几个因素判断:

(1)侵权行为所使用知识产权的知名度。如果侵权人使用的商标或者作品知名度很高,如使用了他人的驰名商标或者热播影片中的知名形象,市场管理公司只要履行了日常管理中的巡查义务,就应该发现侵权行为。否则市场管理公司便违反了注意义务,应当承担相应的责任。

(2)侵权行为发生的具体场所。一般情况下,侵权行为都发生在经营户租用的柜台或者商铺内,侵权商品不易被发现。但如果经营户为推广自己的产品,在商品交易市场内诸如电梯、走廊等公共区域非法使用他人作品或者商标,那么侵权行为同样十分明显。

(3)侵权行为的持续时间。如果侵权行为存续的时间很短暂,如仅仅几天,市场管理公司未能发现侵权行为并不能据此认定其违反注意义务;但如果侵权行为长时间持续存在,很多消费者甚至"慕名而来",此时侵权行为同样也应认定为十分明显。

2. 违反明知侵权后补救义务的认定:明知加必要措施标准

对于市场管理公司明知的认定,可以通过权利人发出的确有侵权证据的通知、工商行政管理部门的处罚通知、消费者的投诉等方式确定;对于必要措施的认定,司法实践中对市场管理公司是否必须与实施侵权行为的经营户解除合同尚存争议。笔者认为,基于平衡知识产权人利益保护与经营户经营自由的需要,市场管理公司采取的补救措施并不是一定要求场地出租人终止与实施侵权活动的经营户的合同,将其赶出自己的场地。如果通过采取其他措施,如警告、控制侵权产品的进一步销售、及时向有关部门举报等措施能够达到制止侵权的目的,市场管理公司无须终止与经营户的合同。

(二)市场管理公司违反作为义务的责任承担

1. 违反市场准入前审查义务之责任承担

此种注意义务的违反表现为市场管理公司虽然不知道市场内存在侵权行为,但无法提供或者拒绝提供直接销售侵权产品的经营户的资料。由于市场管理公司存在过失,导致权利人无法追究直接销售者的侵权责任,因此,市场管理公司应承担相应的责任。对于此种民事责任的性质,笔者认为市场管理公司承担的责任应为补充责任,即在监管不力的范围内承担相应的补充赔偿责任,市场管理公司承担赔偿责任后,可以向直接侵权人追偿。首先,市场管理公司对于市场内的侵权行为主观上并不明知,也不应知,与直接侵权人并不存在共同过错,不应与直接侵权人承担连带责任;其次,市场管理公司的过错只是无法提供侵权人的信息,进而使权利人无法追究直接侵权人的民事责任,让市场管理公司为整个侵权行为"埋单",责任明显过重。

2. 违反日常管理中巡查义务之责任承担

此种作为义务的违反表现为市场管理公司只要尽到日常管理的注意义务,就应当知道市场内存在侵权行为,但因为没有进行日常的巡查管理,导致未能发现侵权行为的存在,即市场管理公司应当发现但未发现。例如,权利人的商标具有极高的知名度时,市场管理公司主观上应当知道市场内经营户存在销售侵犯他人知识产权产品的行为,仍然为其提供场地等实质性帮助,构成间接侵权,应当与直接侵权人承担连带责任。

3. 违反明知侵权后补救义务之责任承担

此种作为义务的违反表现为市场管理公司通过权利人发出的通知等方式明知市场内存在侵权行为,但并未采取必要措施及时制止,从而使侵权后果进一步扩大。此时,市场管理公司明知市场内经营户存在侵权行为,仍然为其提供场地等实质性帮助,构成间接侵权,应当对损害的扩大部分与直接销售者承担连带责任。

四、商品交易市场知识产权保护的完善建议

(一)建立健全法律体系,营造良好立法环境

1. 加快统一化立法进程。我国拥有世界上最多的商品交易市场,但至今我们还没有一部统一的《商品交易市场法》或者《批发交易市场法》。虽然国务院及各地均出台过相关的市场法规、标准,如上海市制定的《上海市商品交易市场管理办法》,但这些规定层级不高,可操作性不强,不同规范之间缺乏系统协调,不利于充分发挥法律规范对商品交易市场的规范、引导等功能,一定程度上也影响了商品交易市场内的知识产权保护。因此,制定一部统一的规范商品交易市场的法律,极为必要。其中,对商品交易市场及市场管理公司的主体资格、法律性质、市场准入、权利义务、法律责任等进行明确的规定,从而为商品交易市场的规范有序发展提供有利的法律保障。

2. 完善系统化责任规定。对于帮助或者教唆他人实施侵犯知识产权行为的,除了《商标法》第52条作了具体规定,其他知识产权法律都没有涉及。虽然《民法通则》、《侵权责任法》对此作了一般规定,但知识产权各法作为特殊法,其中的民事责任规定应该体现出应有的系统性和完整性,从而适应现实生活中侵权形态日益多元的现实。因此,在修改知识产权各法时,应该增加帮助、教唆侵犯知识产权行为的法定情形、归责原则、构成要件、免责条款等的规定,增强法律规范的适应性和系统性。

(二)能动延伸审判职能,营造良好司法环境

1. 开展类型化司法调研。针对司法实践中涉及商品交易市场知识产权保护案件中存在的难题、困境,人民法院应当开展有针对性的调研,在调查研究的基础上,对市场管理公司负有的作为义务以及责任认定形成切实可行的裁判标准,以便于市场管理公司形成确定的行为预期,在今后的经营过程中采取有针对性的改进

措施。

2. 推动延伸化审判效果。人民法院应将知识产权保护宣传与司法审判紧密结合起来,将法制宣传贯穿于审判的各个阶段;同时,积极延伸司法服务职能,注重司法审判的延伸效果,通过电视专题片、宣传版面、法制讲座、法律咨询、司法建议书、召开研讨会等形式,帮助市场堵漏建制,建立长效管理机制,规范行业行为,力争使全社会特别是市场管理公司的知识产权意识得到整体提高,将知识产权保护深入人心,并初步形成知识产权保护的文化氛围。

3. 丰富多元化解纷机制。在审理涉及商品交易市场案件时,一方面,不断加大诉讼调解力度。以审前调解为主、随机调解为辅,将调解工作贯穿于诉讼的全部过程,最大限度地提高调解效率,节约诉讼成本。另一方面,努力探索多元纠纷解决机制,推动知识产权纠纷解决的适度社会化,将纠纷解决向诉讼外延伸,充分整合司法资源和社会资源,充分发挥专家、人民陪审员、行业协会、知识产权行政部门在纠纷解决中的作用。

(三)加强市场自身管理,营造良好市场环境

1. 筑牢专门化组织保障。商品交易市场的组织架构中应当视市场规模的大小,设立专门负责知识产权保护的部门或者在现有部门中增加保护知识产权的职能,主要负责知识产权保护的宣传、市场内经营户的知识产权培训、日常经营中知识产权巡查、商场促销活动中侵犯知识产权的风险防范以及有关侵犯知识产权的投诉处理等工作。中小型的商品交易市场可以设立专人负责知识产权工作,规模较大的商品交易市场应当设立知识产权部,专门负责知识产权保护工作,从而为商品交易市场的知识产权保护提供有效的组织保障。

2. 健全常态化制度建设。首先,在市场准入环节,商品交易市场应当建立健全合同管理以及经营户档案管理制度。在进入市场前,应与每个经营户签订入场合同,为每一个经营户建立经营档案,包括基本信息、不良记录等情况,并对不良记录较多的经营户实行重点监督管理。其次,在日常经营环节,应当建立市场定期与不定期巡查制度、宣传促销备案以及品牌商品备案等制度。最后,在投诉处理环节,应当建立投诉受理、审查、反馈机制。

3. 营造自觉化保护氛围。首先,通过多元化的知识产权宣传培训活动,提高场内经营户的知识产权保护意识。例如,在市场内张贴宣传画、定期不定期分发知识产权保护手册、集中组织进行知识产权培训、观摩相关案件的庭审等。其次,对于规模较大、实力较强的经营户,应积极鼓励、扶持其打造自有品牌,进行自主创新,如积极申请注册商标、申请专利等。最后,建立知识产权保护激励与惩罚机制,鼓励经营户诚信守法经营。

(本文发表于《上海审判实践》2011 年第 9 期)

知识产权被许可人诉讼地位的理论审视与制度完善

——缘起于被许可人提起侵权之诉的司法困惑

金民珍　凌宗亮*

【提要】司法解释虽然规定了被许可人的诉讼地位,但实践中仍然存在诸多困惑,如侵权人侵犯的是知识产权还是许可使用权,许可人的诉权与被许可人诉权之间的关系,许可使用的地域范围对被许可人的诉权有无影响,损害赔偿的计算范围等。而之所以存在困惑,源于对被许可人提起侵权之诉的理论基础存在不同认识,有的认为是基于债权,有的认为是基于绝对权,有的则区分许可使用权的性质,认为独占、排他许可使用权为绝对权,但各种观点均不具有充分的解释力,在现有法律框架下,许可使用权是基于合同的约定,而非法律的明确规定,将许可使用权视为绝对权并没有法律和理论依据;而债权人亦无法对合同以外的第三人提起侵权之诉,因此,赋予被许可人诉权的基础是诉讼担当,即被许可人为了自己的利益或者代表权利人的利益,以自己的名义提起的对权利人产生约束力的诉讼。在诉讼担当理论下,现有对被许可人诉讼地位的规定只解决了权利人不起诉时被许可人的权益救济,但没有明确权利人与被许可人之间是否可以进行诉权约定,也没有明确在权利人已经自行起诉时被许可人的诉讼参加权。因此,在比较借鉴的基础上,司法解释中规定的被许可人诉讼地位可以做如下完善:知识产权人可以与被许可人约定诉权行使、侵权损害赔偿额的分享以及诉讼风险负担等事项。在无相反约定且知识产权人经催告在合理期限内不起诉的情况下,独占被许可人、排他被许可人可以向人民法院起诉;普通被许可人经知识产权人明确授权,可以提起诉讼。知识产权人已经向人民法院起诉的,被许可人可以向人民法院申请参加该诉讼。被许可人提起的诉讼对知识产权人具有约束力。

【关键词】知识产权　许可使用权　诉权

《最高人民法院关于审理商标民事纠纷案件适用法律若干问题的解释》(以下简称《解释》)等司法解释①规定了被许可人的诉讼地位,即对于侵犯知识产权的行为,独占使用许可合同的被许可人可以向人民法院起诉;排他使用许可合同的被许

* 金民珍,上海市黄浦区人民法院党组成员、副院长、审判委员会委员;凌宗亮,原上海市黄浦区人民法院民三庭助理审判员。

① 《最高人民法院关于审理侵犯植物新品种权纠纷案件具体应用法律问题的若干规定》(法释〔2007〕1号)第1条、《最高人民法院关于审理不正当竞争民事案件应用法律若干问题的解释》(法释〔2007〕2号)第15条对知识产权被许可人的诉权也有类似规定。

可人可以和知识产权人共同起诉,也可以在知识产权人不起诉的情况下自行起诉;普通使用许可合同的被许可人经知识产权人明确授权,可以提起诉讼。但是被许可人的诉讼地位是一项具有丰富内涵的制度,其不仅需要回答被许可人为什么有权提起侵权之诉,而且需要明确被许可人单独起诉时判决的既判力以及损害赔偿的确定标准等程序和实体问题。对此,现有规定并没有给司法实践以明确的指引,司法实践亟须澄清面临的诸多困惑,统一理论认识,明确制度内涵,以公正高效地保护知识产权人和被许可人的合法权益。

一、问题缘起:被许可人提起侵权之诉的司法困惑

第一,判决书中对停止侵权如何表述并不统一。在独占被许可人单独提起的诉讼中,有的表述为“被告停止侵犯原告享有的独占许可使用权”,也有的表述为“被告停止侵犯原告的商标专有权”,还有的判决书则避开了被许可人,直接表述为“被告停止侵犯专利号为××的外观设计专利权”。在知识产权人和被许可人共同提起的诉讼中,有的判决书表述为“被告停止侵犯原告1的实用新型专利权和原告2对该专利享有的排他许可使用权”,有的判决书则表述为“被告停止侵犯原告的注册商标专用权”,并不包含被许可人的许可使用权,只是在赔偿部分表述为被告赔偿知识产权人和被许可人的经济损失。判决书中上述的不同表述反映出司法实践对被许可人诉讼地位的理论基础存在不同的认识。①

第二,许可人诉权和被许可人诉权之间的关系有待明确。一方面,被许可人单独起诉时,人民法院作出的生效判决对许可人是否具有既判力,许可人是否仍有权另行提起诉讼?在许可人自行起诉时,被许可人是否可以申请参加许可人的诉讼,此时,被许可人是作为共同原告还是作为第三人参加诉讼?另一方面,在许可人违反独占许可合同约定,自己另行使用其知识产权时,独占被许可人能否起诉许可人构成侵权同样存在疑问。实践中有判例认为独占被许可人有权对许可人提起侵权之诉,并判令许可人停止对被许可人享有的独占许可使用权的侵犯。

第三,许可合同约定的地域范围对被许可人诉权有无影响缺乏规定。知识产权具有分地域取得和分地域行使的特点,同一知识产权可以由不同的主体在不同的地域范围内分别行使,而许可合同约定的地域范围可以是全国范围内,也可以是各个省市范围内。但现有规定并没有考虑地域范围对被许可人诉讼地位的影响。如果独占许可使用合同约定的地域范围仅限于山东省境内,那么独占被许可人是否有权就山东省范围以外的侵权行为单独提起诉讼,此时,许可人可否授权被许可人就许可地域范围以外的侵权行为起诉并不明确。

第四,损害赔偿应当如何确定需要明确。在独占被许可人提起的诉讼中,由于

---

① 参见广东省佛山市中级人民法院(2004)佛中法民三初字第98号民事判决书;上海市第一中级人民法院(2005)沪一中民五(知)初字第365号民事判决书;北京市昌平区人民法院(2010)昌民初字第15067号民事判决书等。

在约定的地域范围内,只有独占被许可人有权使用特定的知识产权,因此,损害赔偿的确定只需要以被许可人的损失为准。但在排他被许可人单独提起诉讼或者普通被许可人基于许可人的授权提起诉讼时,损害赔偿的确定是仅以被许可人的损失为准还是以许可人的损失为准,或者以被许可人和许可人的共同损失为准,司法实践中并不统一。

二、现状审视:被许可人提起侵权之诉的观点质评

对于被许可人提起的侵权诉讼,司法实践之所以存在诸多困惑,其症结在于立法并没有明确赋予被许可人诉权的正当性基础,而理论界对此也众说纷纭,尚无法形成一致的认识。

(一)赋予被许可人诉权的理论观点争鸣

1. 债权说语境下的解读

该观点认为知识产权许可使用权是被许可人通过许可使用合同获得的,在现有的法律框架下,这种基于合同取得的使用权不可能上升为一种类似于用益物权的权利,只能是一种债权。现行法律允许被许可人向侵权第三人提出侵权之诉并不是基于许可使用权,而是基于被许可人根据许可使用合同应当享有的利益。在许可范围内发生第三人侵权时,侵权人必然侵占了被许可人的市场份额,导致被许可人市场份额的减少、竞争优势的丧失。在绝大部分情况下,还直接表现为被许可人的经济收入积极减少。因此,第三人侵权时,被许可人的利益直接受损,是直接利害关系人。[①] 此外,还有观点用“债权不可侵性”来解释被许可人的诉权问题,即被许可人通过与许可人签订合同获得了债权,第三人对该债权也必须予以尊重,不可随意侵害。[②]

2. 绝对权说语境下的解读

该观点认为知识产权许可使用权的性质属于用益性知识产权,类似于物权中的用益物权。债权说与许可使用权的特征不符。许可使用权属于支配权,其可以通过自己直接实施该专利而行使权利,其权利的实现无须经过他人的行为,并且独占被许可人在许可范围内取得相当于原权利人的地位,可以对抗任何第三人。即使普通许可使用权也不例外。[③] 而且,在发生专利侵权时,受专利侵权之害最重的是被许可人,侵权人侵害的是被许可人的市场,而不是至少不完全是专利权人的市场,况且专利权人已经通过专利许可费用得到部分回报。[④] 为此,第三人实施的侵权行为不仅侵犯了许可人的知识产权,还侵犯了被许可人的许可使用权,被许可人

---

① 董美根:“论专利被许可人的诉权”,载《科技与法律》2008 年第 4 期。

② 郑春玉:“知识产权用益权初探”,载《知识产权》2006 年第 6 期。

③ 林广海、邱永清:“专利权、专利许可使用权与专利许可合同——以物权法原理借鉴为视点”,载《法律适用》2008 年第 6 期。

④ 林秀芹、刘铁光:“论专利许可使用权的性质——兼评《专利法事实条例修订草案》第 15 条与第 99 条”,载《电子知识产权》2010 年第 1 期。

之所以可以提起侵权之诉,是因为其本身享有许可使用权这一实体权利。

3. 区分说语境下的解读

该观点认为知识产权被许可人诉权的来源各不相同:独占被许可人、排他被许可人基于实体权利而成为适格的当事人。由于独占、排他被许可人诉讼实施权源于其实体权利,因而,独占、排他被许可人不能请求侵权人赔偿因侵权行为给权利人造成的损失。普通被许可人本不具备直接起诉的资格,然而,由于其在特定的地域范围内实施该权利,对该地域内侵权行为有更为清晰的了解,对证据收集也更为便捷,因此,普通被许可人是基于任意诉讼担当制度而成为适格当事人。当然,这种情况下侵权诉讼的赔偿额应以权利人的损失,而不是普通被许可人的损失来计算。①

(二)赋予被许可人诉权的理论观点评析

在现有的法律框架下,知识产权许可使用合同不同于转让合同,被许可人获得的仅仅是合同项下的使用权能,其享有的也只是针对合同相对方的债权。而债权说语境下对被许可人诉权的论证亦经不起推敲。

1. 许可使用权为相对权,而非绝对权

绝对权说隐含的前提是许可使用权为绝对权,区分说亦认为独占许可使用权和排他许可使用权为绝对权,但许可使用权为绝对权的观点既缺乏法律依据,也没有理论支撑。

首先,许可使用权为绝对权的观点缺乏法律依据。知识产权作为一种绝对权,应遵循权利法定原则。知识产权各法及相关的司法解释虽然都对使用许可合同进行了规定,但对许可使用权的性质及内容并没有明确的界定,"许可使用权"仅仅是被许可人依据合同享有的权利,而非法律明确规定的权利类型。即使是独占许可使用权,其"独占"的属性并不是基于法律的规定,而是基于合同的约定,其约束力指向的是合同的另一方当事人,而非不特定第三人。而且最高人民法院《民事案件案由规定》中并没有侵犯许可使用权或者侵犯独占许可使用权的规定。

其次,许可使用权为绝对权的观点缺乏理论支撑。一方面,许可使用合同并不需要进行登记公示,而公示制度是绝对权获得对世效力的正当性基础,也是绝对权和相对权的本质区别,无公示即无排他。虽然《商标法》等规定知识产权许可使用合同需要进行备案,而且《解释》第 19 条规定:"商标使用许可合同未在商标局备案的,不得对抗善意第三人。"但此处的备案并不是强制性的对权利变动的公示,而仅仅是为了满足行政管理机关管理知识产权的需要,以便于了解和掌握知识产权许可领域的信息和总体状况,为管理决策提供信息支持。而且备案产生的对抗效力并不是指许可使用权具有了排他力和对抗力,而是指权利人"一女二嫁"时,经

---

① 肖建国、黄忠顺:"任意诉讼担当的类型化分析",载《北京科技大学学报》(社会科学版)2009 年第 1 期。

过备案的合同优于未经备案的合同。另一方面,被许可人不能自行为分许可或者转许可等处分行为,许可使用权不具有处分力。合同法上的专利许可乃是一种协议,是“一种允许被许可人使用专利,而不是专利权人转让专利上的任何权利的协议”。而且“许可合同要求被许可人亲自利用其商业手段及技巧实施专利,正是因为被许可人的实施或商业化专利的个人能力才是许可人选择将其作为被许可人进而授权的原因,并且这一原因是非常明显的。”①可见,使用许可是以人身信任为基础的,而人身信任正是债权发生的基础。

2. 债权说语境下的解读经不起推敲

当然,承认许可使用权的法律性质为债权,并不意味着债权说语境下对被许可人享有诉权的正当性解释就是站得住脚的。

首先,认为被许可人的诉权是基于许可使用合同而享有利益的观点并不可取。《布莱克法律词典》对权利的解释是:“权利常常包括有形财产或无形财产上的权益、请求和所有权。”在无相反约定的情况下,知识产权人表面上授予被许可人以权利,然而这一授权的真正对象却是特定知识产权之下的利益,并不包括请求。不包含请求权的法益享有人自然无法提起诉讼。

其次,债权不可侵性理论同样不具有理论解释的自洽性。所谓不特定人不得侵犯债权,实际上是不特定人不得侵犯债权人的人身自由权。所谓第三人侵犯了债权,实际上是第三人妨碍了债权人依法支配自己的人身以行使债权的行动,所侵犯的不是债权,而是人身自由权。② 即使承认债权具有不可侵性,由于债权无公示,要求善意妨碍人承担侵权责任不公平,因此,第三人只有在恶意时才应对妨碍债权承担侵权责任。而这与侵犯知识产权行为不要求具有主观过错相矛盾;而且债权不可侵性理论也无法解释为什么普通被许可人必须经许可人授权才可以起诉。

三、理论求解:被许可人提起侵权之诉的正当基础

现有关于知识产权被许可人享有诉权的论证,遵循的逻辑前提是“民事诉讼当事人与民事实体上的权利义务主体相一致”,但该逻辑前提并非颠扑不破,诉讼担当、诉讼承担等诉权与实体权利相分离的现象亦比较常见。知识产权被许可人之所以享有诉权,即是基于诉讼担当而产生的诉权与实体权利相分离的实例。

(一)赋予被许可人诉权的理论基础为诉讼担当

所谓诉讼担当,是指实体法上的权利主体以外的第三人,以自己的名义,为了他自己的利益或代表他人的利益,以正当当事人的地位提起诉讼,主张一项他人享

---

① 109 US 75,27 L ed 862,3 S Ct 61. 转引自董美根:“论专利被许可使用权之债权属性”,载《电子知识产权》2008 年第 8 期。

② 李锡鹤:“对债权不可侵性和债权物权化的思考——兼论物权与债权之区别”,载《华东政法学院学报》2003 年第 3 期。

有的权利或诉求解决他人间法律关系所生之争议,法律判决的效力及于原来的权利主体。原来不是民事权利主体或法律关系主体的第三人是诉讼担当人,原来的权利主体则是被担当人。① 按照诉讼担当人诉权来源的不同,诉讼担当可以分为法定的诉讼担当和任意的诉讼担当。前者是指基于实体法或者诉讼法上的规定,第三人对他人的权利可以以自己的名义进行诉讼。任意的诉讼担当是权利主体通过自己的意思表示,赋予他人诉讼实施权。诉讼担当在德国获得了比较广泛的承认。罗森贝克甚至主张,只要有权利人的授权就足以构成诉讼担当。但为防止因广泛地承认任意诉讼担当而给被告造成诉讼上的不利,后来,任意诉讼担当的适用范围适当缩小,认为诉讼担当人必须就所实施的诉讼有法律上的利益,从而缩小了任意诉讼担当的适用范围。日本的民事诉讼认为只要担当者有自己的固有利益,并被授予诉讼实施权,就可以为他人利益担当诉讼。②

就侵犯知识产权法律关系而言,第三人侵犯的仍然是著作权、商标专用权、专利权等实体权利,法律关系的主体仍然是侵权人和知识产权许可人,作为侵权法律关系以外的被许可人,由于其对受到侵犯的知识产权享有使用、收益的权利,对制止侵权行为享有"法律上的利益"或"自己的固有利益",在权利人不起诉的情况下,可以担当权利人以其自己的名义起诉,因此,被许可人享有侵权之诉诉权的理论基础应为诉讼担当。具体言之,现有法律规定下,独占被许可人、排他被许可人的诉权是基于法定的诉讼担当,普通被许可人的诉权是基于任意的诉讼担当。

(二)诉讼担当制度符合民事诉讼的发展趋势

无论是从当事人理论的演变,还是从诉讼契约的发展,将知识产权被许可人提起侵权之诉的理论基础确立为诉讼担当,都与民事诉讼的发展趋势相一致。

首先,从当事人理论的演变看,被许可人可以作为适格的当事人参加诉讼。传统的当事人理论认为,当事人必须是直接利害关系人。但对"直接利害关系"的狭窄理解,导致了理论和实务上许多的困惑。由此学者将当事人的概念扩大到权利保护人,对直接利害关系进行扩大解释,即认为民事诉讼中无论是保护自己的权利还是保护他人权利的人,只要以自己的名义进行诉讼,引起民事诉讼程序发生、变更或消灭,都是民事诉讼的当事人。③ 为此,虽然被许可人并非实体法上的权利或者法律关系的主体,但基于对被侵犯的知识产权享有利益,也可以成为正当的当事人。在德国,通常将被许可人享有的诉权称为"程序的诉讼权能"。无论实体的诉讼权能还是程序的诉讼权能,在诉讼法上均属于诉讼实施权,具有这两种权能之一

① 王甲乙:"当事人适格之扩张与界限",载《法学丛刊》1995 年第 1 期。

② [日]福有永利:"任意诉讼担当之容许性",载《民事诉讼的理论》(上),第 75 ~ 77 页。转引自肖建华:"诉权与实体权利主体相分离的类型化分析",载《法学评论》2002 年第 1 期。

③ 柴发邦主编:《民事诉讼法学新编》,法律出版社 1992 年版,第 167 页。

的,都是适格当事人。[①] 英美法学者承认,依法管理自己财产的人和管理他人财产(如使用权、受信托的财产权)、依人身关系管理他人财产(如监护权)的人、代位权人等,都属于真正有利害关系之人。[②] 我国《商标法》、《专利法》等也对"直接利害关系"进行了扩大解释。例如,《商标法》第53条规定:"有本法第五十二条所列侵犯注册商标专用权行为之一,引起纠纷,由当事人协商解决;不愿协商或者协商不成的,商标注册人或者利害关系人可以向人民法院起诉……"

其次,从诉讼契约的发展来看,诉讼担当是私法自治在民事诉讼中的自然延伸。民事诉讼的契约化是转型后民事诉讼制度再建构过程中必须植入的一种"基本元素",如果没有这种"基本元素",民事诉讼法就不可能成为与市场经济相契合的现代民事诉讼法,因为诉讼契约化内在地反映了市场经济的基本要素——契约自由与私法自治。[③] 从宪政的角度视之,尽管诉权是宪法性权利,而且民事诉讼法是公法,但在不违反法律强制禁止之情形下,当事人原则上对其权利行使与否,有处分之自由,法律并无任意干涉之必要。只要当事人之间具体约定的内容、目的不违背民事诉讼制度原有的机能和目的,即使其约定法无明文,也无解释为法律必然禁止之必要。[④] 因此,在不会给对方当事人造成不必要负担的情况下,知识产权权利人将特定的诉权授予被许可人行使符合诉讼契约的理念,是私法自治在民事诉讼中的自然延伸。

四、完善建议:被许可人提起侵权之诉的制度完善

基于诉讼担当理论重新审视现有关于知识产权被许可人诉讼地位的规定,可以发现现有规定虽然解决了权利人不起诉的情况下,被许可人可以通过诉讼担当保护自身合法权益,但没有涉及在权利人已经自行起诉的情况下,被许可人的利益保护问题。而且在权利人不起诉的情况下,现有规定没有尊重当事人之间诉权约定的优先性。为此,现有规定可以在以下方面加以完善:

(一)完善被许可人起诉权的规定

1. 建立许可人和被许可人的诉权约定制度

现有司法解释虽然规定权利人可以授权普通被许可人提起诉讼,但在许可人和被许可人之间并没有建立普遍的诉权约定制度。事实上,无论是独占许可还是排他许可、普通许可,无论许可使用的地域范围是全国性的还是区域性的,对制止侵权行为都具有固有的利益,都应允许并尊重权利人对自身诉权的处分,认可权利人与被许可人之间对诉权的约定。许可合同中可以约定被许可人就授权使用地域以外的侵权行为提起诉讼,独占许可合同中也可以约定被许可人不享有独立的诉

---

① [日]雉本郎造:"民事诉讼法的诸问题",第35页。转引自李龙:《民事诉讼当事人适格刍论》,载《现代法学》2000年第4期。

② 肖建华:《中国民事诉讼法判解与法理——当事人问题研析》,中国法制出版社2001年版,第88页。

③ 张卫平:"论民事诉讼的契约化——完善我国民事诉讼法的基本作业",载《中国法学》2004年第3期。

④ 陈荣宗:《民事程序法与诉讼标的理论》,台湾大学法学丛书编辑委员会1984年版,第267页。转引自张嘉军:《民事诉讼契约研究》,法律出版社2010年版,第31页。

权。只要这种约定不损害国家利益和社会公共利益,不具有合同无效或可撤销的其他情形,就应当承认其法律效力。国外有关立法例亦认可被许可人的诉权约定制度,并且规定当事人的约定优先。按照《法国知识产权法典》的规定,除合同另有规定外,民事侵权诉讼由商标所有人提起,但是,如果在催告之后商标所有人仍未行使此种权利,专有使用权人可提起侵权诉讼。《巴西工业产权法》并没有区分许可使用的性质,其第61条规定:“专利权持有人可以赋予被许可人提起诉讼的全权以保护专利。”英国《商标法》第30条第2款规定:“除非被许可人的许可中另有约定,或通过任何许可,对其利益的产生另有约定,否则,一个被许可人有权要求该注册商标的所有人就有关影响到他利益的任何事务提起侵权诉讼。”[①]在我国审判实践中已经出现了认可约定取得诉权的判例。在艾个格福(天津)有限公司诉四川省富顺县生物化工厂侵犯“敌杀死”商标权纠纷案中,四川省高级人民法院认为,原告虽是普通被许可人,但根据商标使用许可协议中有关原告有权独立起诉的约定取得了诉讼主体资格,从而判决原告胜诉。因此,对于被许可人的诉权,有约定的,按照许可使用合同的约定,没有约定的,适用司法解释的规定。

2. 建立被许可人参加诉讼制度

按照诉讼担当理论,许可人的诉权应当优于被许可人的诉权,即使规定独占被许可人可以单独起诉,其前提应是许可人不起诉。在许可人自己提起侵权诉讼时,被许可人无须再担当权利人进行诉讼。但被许可人应有权申请加入到许可人提起的诉讼中。即使是普通被许可人,虽然侵权行为对其造成的影响不如独占被许可人、排他被许可人严重,但其也会受到影响,也应允许其参加到许可人的诉讼中。这与国外的立法实践也是一致的。按照《法国知识产权法典》的规定,被许可人只有在权利人经催告后未提起诉讼的,可提起诉讼;在权利人已经起诉时,所有被许可人可以参加权利人提起的侵权诉讼,以获得应有损害赔偿。《德国商标法》第30条第3款、第4款规定:“对于侵害商标的行为,许可受让人只有经所有人同意方可提出起诉。任何一个许可受让人均可参加商标所有人提出的侵害之诉。”英国《商标法》、《发展中国家保护发明示范法》等立法均作出了类似的规定。[②] 至于被许可

① 张体锐:“商标普通被许可人独立诉权的合理性”,载《电子知识产权》2011年第5期。

② 英国《商标法》规定:一个许可证持有人,除非他的许可证有不同的规定,或他的利益是从任何一张许可证派生出来的,而这一许可证也有不同的规定,他有权因为自己的利益受损害的任何事件而要求注册商标所有人提起该商标权被侵犯的诉讼程序。如果注册商标所有人拒绝该注册商标所有权使用证持有人的要求或在上述要求被提出之后的2个月内没有为此提起诉讼,则许可证持有人可以用自己的名义提起诉讼程序就如同他自己就是该注册商标所有人。《发展中国家保护发明示范法》在第52节“许可证领取人的法律诉讼”中规定:(1)当专利权受到侵犯时,合同许可证或强制许可证或当然许可证的任何领取人,可用挂号信件要求发证人对侵犯行为取得必要的民事或刑事制裁而采取法律行为;(2)如因发证人拒绝或忽略在其提出要求的3个月内未采取该项法律行为,则领证人可根据其登记许可证以自己的名义采取法律行为,但发证人的参加诉讼权不因此而受损害。参见林秀芹、刘铁光:“论专利许可使用权的性质”,载《电子知识产权》2010年第1期。

人是作为共同原告还是作为第三人参加诉讼,按照现行的审判实践和司法解释规定,独占被许可人、排他被许可人是作为共同原告参加诉讼。但对系争的知识产权,被许可人和许可人并非共同共有关系,而只是对审理结果具有利害关系,因此,被许可人作为第三人参加诉讼更为妥当。

(二)增加被许可人担当诉讼既判力的规定

由于许可人和被许可人对于制止第三人的侵权行为具有利益上的一致性,属于利益吸收性诉讼担当,对于被许可人单独提起的侵权之诉,人民法院作出的生效判决,无论是否利于许可人,都应对许可人产生既判力,许可人不能另行提起诉讼。否则将会造成一事再理,让法院将已审理判断的事项多次系属于诉讼,不符合诉讼经济原则,也容易发生裁判矛盾,使裁判的公信力受损。日本和我国台湾地区学者一般都认为,法院对诉讼担当人的诉讼判决,对被担当人有效。虽然被担当人没有直接参加诉讼,但是因为被担当人所享有的接受裁判权、程序保障权都通过担当人获得了满足,所以法院对担当人作出的判决效力及于被担当人。除非被担当人举证证明:(1)不是诉讼担当;(2)担当人没有尽职履行担当人的职责。① 例如,《日本民事诉讼法》第201条第2项规定:"对于为了他人的利益而担当原告或被告的确定判决,对于该他人也有效力。"

(三)其他需要澄清的问题

对于停止侵权的表述,无论是被许可人单独起诉还是和许可人共同诉讼,由于被许可人是担当许可人参加诉讼,判决书中都应表述为仅"侵犯了权利人的知识产权",不应表述为"侵犯了许可使用权"。至于赔偿额的确定,不论是哪一方提起诉讼,应以侵权行为给许可人和被许可人造成的损失为准。在许可人违反合同约定"一女多嫁"时,被许可人无权对许可人提起侵权之诉,只能提起违约之诉。按照《英国商标法》的规定,在由注册商标所有权人提起的诉讼程序中,许可证持有人为此遭受的任何损害或可能遭受的损害都应当得到计算。如果许可证中有明确约定允许被许可人就侵权行为起诉,许可证持有人就有权对除了注册商标权所有人以外的人以自己的名义提起诉讼程序。

五、结语

知识产权被许可人之所以有权提起侵权之诉的理论基础为诉讼担当,在诉讼担当理论视角下,现有关于被许可人诉讼地位的规定并没有充分体现该理论的制度内涵,结合上文的完善建议以及制度借鉴,《解释》规定的被许可人诉讼地位可以做如下修改:"知识产权人可以与被许可人约定诉权行使、侵权损害赔偿额的分享以及诉讼风险负担等事项。在无相反约定且知识产权人经催告在合理期限内不起诉的情况下,独占被许可人、排他被许可人可以向人民法院起诉;普通被许可人

① 李德飞:"我国诉讼担当制度中既判力主观范围的扩张",载《司法改革论评》(第9辑),第296页。

经知识产权人明确授权,可以提起诉讼。知识产权人已经向人民法院起诉的,被许可人可以向人民法院申请参加该诉讼。被许可人提起的诉讼对知识产权人具有约束力。”

（本文获2011年上海法院系统学术讨论会优秀奖）

论小说角色的著作权保护

戚继敏　刘晶明*

【提要】小说角色是创作者自身思想的表达,受著作权法保护。著作权法对小说角色的保护不应一概而论,而应当加以限制,以防止权利滥用,损害社会公共利益。只有符合小说角色构成要素与判断标准的小说角色,才具有保护价值。

【关键词】小说角色　著作权保护　判断标准

著作权法的立法目的是促进文学艺术领域的发展,鼓励文学艺术创新。版权理论中通过“思想与表达二分法”明确了著作权保护客体是作品的外在表现形式而不是作品背后所蕴含的思想,这一原则符合立法本意。然而,随着版权制度与社会的飞速发展,新的问题层出不穷,从而对思想与表达的界限判定提出了更精确的要求。

畅游公司诉玩蟹公司一案中,畅游公司认为玩蟹公司未经授权擅自大量使用了金庸作品情节、人物名称、武功或装备名称等内容,严重侵犯了畅游公司获得的11部金庸作品独家游戏改编权构成著作权侵权。① 小说中的情节、角色、物品名称、独创概念是否属于著作权法所保护的作品范围？擅自使用他人小说作品中的角色行为是否构成侵权？这一系列问题都有待我们今后进行研究和论证,因篇幅所限本文仅讨论小说角色的版权保护问题。

一、小说角色的法律保护现状

小说角色是作者虚构出的人物,本质上是作者抽象思维与想象力相结合的表达,而这种表达在具体作品中又常常通过多种方式综合塑造。小说创作中作者通常会对小说中出现的人物角色进行预先的构思,对主要角色的姓名、性别、年龄、出身、所处的年代和社会环境等信息进行整理,最终作出的一系列人物构想就是人物设定,简称人设。小说人设的产生本质上都是源自作者个人人生体验、知识、认知,

---

* 戚继敏,上海市黄浦区人民法院民三庭副庭长;刘晶明,上海市黄浦区人民法院民三庭书记员。

① “畅游诉玩蟹《大掌门》侵权:法院已受理”,载 http://game.yesky.com/mbgame/42/35357042.shtml。

加以一定的想象力糅合而成,角色本身便蕴含着作者的性格、爱好等思想。从这个意义上,作者将自身的人生观、价值观、世界观等思想,以小说角色的形式传递给读者。简而言之,小说角色是创作者自身思想的表达。

在上述论述成立的前提下,如果我们对小说角色适用“思想表达二分法”的理论,会理所当然地得出小说角色应当受到著作权法保护的结论。但是,对所有的小说角色一概进行保护,显然赋予著作权人过大的权利,违背了公平正义。因此,对于小说角色的保护应当加以限制,以防止权利滥用,损害社会公共利益。

目前,对于小说角色的法律保护,主要有以下几种做法:(1)虚构角色,典型的国家即为美国;(2)商品化权,典型的国家即为日本;(3)形象权,国内学者借鉴商品化权后提出的一种权利,比较有代表性的是吴汉东《形象的商品权与商品化的形象权》、李明德《美国形象权》等。

发达国家由于其版权市场的高速发展,通常会将小说角色保护单列为一种权利加以保护,而我国著作权法产生的时间并不算长,虽然有一些学者提出学习国外的做法,构建角色商品化权或形象权,但是,我认为考虑到我国国情,立刻开始构建角色商品化权或形象权为时尚早,应尽量在已有的司法框架内解决问题。

二、我国小说角色版权保护思路

我国小说角色版权保护可以将小说角色视为小说作品的一部分,但应提高小说角色的保护门槛,小说作品本身具有独创性的同时,对小说角色本身也要求具有独创性,具体适用的版权权利可采取如下两种思路:

一种是将小说角色视为小说作品的一部分,侵权作品侵犯的是小说作品的权利,一般而言,该种保护思路可从如下几种权利入手:

1. 复制权,即以印刷、复印、拓印、录音、录像、翻录、翻拍等方式将作品制作一份或多份的权利。① 复制权是自著作权法产生以来,作者或者权利人所享有的一项基本权利。从复制行为所涉及的载体类型,可将复制行为分为:从平面到平面的复制;从平面到立体的复制;从立体到平面的复制;从立体到立体的复制;从无载体到有载体的复制。② 从复制固定的时间长短而言,可分为:永久复制、暂时复制、瞬时复制。③ 小说角色作为小说作品的重要部分,对小说作品复制权的保护包含了对作品角色的保护。笔者认为,从复制权角度考量,对小说角色进行利用就是对小说角色进行广义概念上的复制,未经授权复制小说角色就会侵犯小说作品著作权。

2. 保护作品完整权,即保护作品不受歪曲、篡改的权利。④《伯尔尼公约》第6条之二规定,作者享有反对对作品进行任何歪曲、割裂或者其他更改,或有损于其

① 吴汉东主编:《知识产权法学》(第5版),北京大学出版社2011年版,第69页。
② 王迁主编:《著作权法学》(第1版),北京大学出版社2007年版,第89~98页。
③ 李扬主编:《知识产权法总论》(第1版),中国人民大学出版社2008年版,第82页。
④ 吴汉东主编:《知识产权法学》(第5版),北京大学出版社2011年版,第69页。

声誉的其他一切损害的权利。按照该条规定可以推知,歪曲、篡改作品往往涉及作品的思想或情感倾向。著作权法的保护只及于思想或情感的表现形式,而不延及其思想和情感本身,故著作权的保护原则是贯穿始终的。① 可见,小说角色作为小说作品的重要组成部分,是作者思想或情感的表现形式,歪曲、篡改小说角色明显侵害保护作品完整权,所以保护作品完整权与保护作品角色具有一定关联性。

3. 改编权。改编,就是改变现有作品,创作出具有独创性的新作品。② 未经许可将金庸小说改编为网络游戏,运用小说中的角色,侵犯的即为该项权利另一种思路,是将小说角色作为著作权人的其他权利、与著作权有关的权益。尽管我国《著作权法》中,并未对角色商品化权有明确规定,现有的作品种类中也并无小说角色这一作品类型,但根据2010年颁布的《著作权法》第10条第17款和第47条第11款,可以将小说角色认定为"应当由著作权人享有的其他权利",侵权行为认定为"其他侵犯著作权以及与著作权有关的权益的行为"。这种方式同样只对符合上述小说角色构成要素和判断标准的小说角色加以保护,同时暂时搁置角色商品化权和形象权之争,将其全部归入著作权有关权益的范畴,我认为也不失为一种稳妥的处理方法。

三、小说角色的判断标准

无论通过上述哪种方式进行保护,确定小说角色的判定标准,界定保护理论的适用范围,是对小说角色保护的前提,同时,也只有符合上述小说角色构成要素和判断标准的小说角色,才具有保护价值。

(一)小说角色应满足独创性原则

小说角色作为作品的重要组成部分,其首先应该满足独创性原则,但是我国《著作权法》对独创性的定义和界限并无详细规定,仅在《著作权法实施条例》第2条中使用了"独创性"一词来界定作品,该条规定:"著作权法所称作品,是指文学、艺术和科学领域内具有独创性并能以某种有形形式复制的智力成果。"学界普遍认为独创性包括两方面内容:独,即独立完成;创,创造性劳动。该种解释方法比"思维表达二分法"更进一步,在司法审判中受到了一定的认可,但是仍未能解释何为创造性劳动,所以,对于小说角色的保护问题,我们需要在此基础上深入讨论作者对小说角色的创造性劳动在何处体现。

我们可以从读者角度考虑,读者如何区分同本小说中的不同角色或不同小说中的相似角色?读者区分不同小说角色所依据的特质,正是作者对小说角色创造性劳动的体现。不同于其他类型的角色,小说角色不能像影视作品中的角色给人以视觉外观印象,也不能带有声音特质以区别于其他角色,小说角色的塑造依靠作者对角色的描述和小说中与角色相关的故事情节,因此,小说角色的创造性指的是

---

① 刘春田主编:《知识产权法》(第2版),高等教育出版社2003年版,第65页。

② 吴汉东主编:《知识产权法学》(第5版),北京大学出版社2011年版,第74页。

小说角色的名字、特征或个性化的描述。

（二）小说角色创造性之判定标准

考虑到保护社会公共利益，并非所有的小说角色的个性化描述，都能受到著作权法的保护。小说角色的个性化描述常常与小说情节、专有名词紧密联系在一起。以案例中的金庸小说为例，“段誉”这一小说角色的个性化描述是小说中跌宕起伏的故事情节、作者虚构出的六脉神剑这一现实中不存在的武功招式等内容综合勾勒形成。与其相比，金庸小说中还存在许多配角的名字，其个性化描述明显弱于主要角色。同为一本小说中的角色，因其个性化程度不同，很可能会导致受著作权法保护的程度不同。这就为我们提出了新的问题：受保护的小说角色的判定标准是什么？

目前，学界主要存在清晰描绘标准、被讲述的故事标准、可预见性标准三种受著作权法保护的小说角色判定标准。清晰描绘标准是指如果文学角色被清晰地描述，其可以独立于情节单独受版权法保护；被讲述的故事标准是指如果角色仅是讲述故事之游戏中的棋子，它并不处于版权赋予的保护范围之内，那么这些角色是讲述故事的工具，这些工具并不随着故事的出卖而出卖；可预见性标准是指当一个角色被置于新的情节或者环境之中，他将会以一种可预见的方式作为，这个角色变得足够具体以至于能够获得版权保护。①

上述三种标准尽管对受保护的小说角色判定问题进行了阐释，极力避免对思想保护同时又维护著作权人的利益，但是，三标准本质上对小说角色版权保护的司法实践未能作出指导，对可保护的小说角色的界定仍然是非常模糊的，是否构成个性化描述需要依靠法官本人判定，法官成为了文学作品的评论家。可以想象，承担了文学评论职责的法官在适用标准时，将无法避免发生错误，使小说角色的可版性标准设定得过高或过低，偏离了公平正义的实现。

为了规避三种标准过于依赖法官本身的判断，减少司法审判的模糊地带，我认为，在考虑小说角色判定问题时，不应从角色是否被充分表达能够具有实质性特点角度切入，这样做只会人为地增加思考难度，不断通过循环论证解释上一个疑问，对于问题的解决没有任何实践价值。从实务操作层面分析，应将所涉案的原作中的小说角色与疑似侵权的小说角色进行对比，论证两者之间是否存在实质性相似。在角色判断理论未能达到高度抽象、准确、概括时，仅仅通过已有的理论进行抽象判断，不但无助于问题的解决，反而会由于原、被告的角色之间的模糊与相似之处，使问题更加复杂。

（本文发表于《上海审判实践》2014 年第 1 期）

① 卢海君：“论角色的版权保护———以美国的角色保护为研究视角”，载《知识产权》2008 年 11 月。

知识产权商业化诉讼问题初探

本院课题组*

一、知识产权商业化诉讼产生的原因与分类

近年来,知识产权商业化维权引起了诸多的关注。以“华盖创意”为代表的知识产权原相关权利人或其代理律师等在全国各地开展维权工作,由于这些维权均需要通过诉讼的方式进行且操作、运营方式日趋商业化。因此,本课题组认为将商业化维权称为商业化诉讼更为妥帖。

由于民事诉讼中没有商业化诉讼这一概念,因此,本课题组仅从形式上对知识产权商业化诉讼进行一个简单的定义。本文所涉知识产权商业化诉讼是指原告以谋取一定经济利益为目标,知识产权原权利人、转授权的相关权利人及其律师等专业机构,通过前期集中调查、批量取证以固定侵权证据,并通过后期“经营”诉讼获取利润一种诉讼操作模式。

(一)商业化诉讼产生的原因

审判实践中对于知识产权商业化诉讼原因的探讨,归纳起来多为知识产权无形性导致其易受侵害;案件类型简单、取证模式成熟;案件运作易“批量化”、“规模化”;投入少、产出多等。本课题组认为,除上述原因外,我国知识产权司法保护的政策变迁是产生知识产权商业化诉讼的深层次原因。

众所周知,我国的知识产权保护经历了“自外部施压到内部需求”的发展过程,知识产权的司法保护同样经历了由法律法规不甚健全、保护力度较小的“萌芽”时期,到法律法规逐步建立,保护力度一般的“探索”期,再到法律法规较为完善,保护水平较强的“稳定”期,最后到现在考虑因素较为周全,保护水平适度的“成熟”时期。考察知识产权商业化诉讼的发展轨迹,其正是在司法保护政策“萌芽”、“探索”时期为迎合权利人提起维权诉讼之需要而产生,在“稳定”时期,由于侵权公证取证简单、易批量化,诉讼运行易商业化操作,诉讼收益高而得以快速发展。

知识产权的无形性特征导致其易受到他人的不法侵害,且随着互联网的普及与运用,侵害知识产权相关权利尤其是信息网络传播权的情况就更为严重。如以著作权侵权为例,侵权的媒介已经从传统纸质媒介向互联网蔓延。在保护力度不足、法律法规不健全的时期,由于缺乏保护传统、权利人维权意识不强和知识产权

---

* 课题组主持人:金民珍,上海市黄浦区人民法院党组成员、副院长、审判委员会委员。课题组成员:凌崧,原上海市黄浦区人民法院民三庭庭长;戚继敏,上海市黄浦区人民法院民三庭副庭长;王婷钰,上海市黄浦区人民法院民一庭助理审判员。

保护文化不够发达的背景下,权利人通过诉讼维护自己权益,尚不足以弥补其损失。因此,权利人没有足够的动力维权。随着知识产权保护进入了“稳定期”,法院对知识产权侵权案件的判决初步树立了知识产权保护的氛围。

通过媒体的宣传,知识产权司法保护的影响在不断扩大。知识产权侵权案件的高额判赔同样激发了权利人维权的意识。在知识产权商业化诉讼兴起的初期,权利人通常聘请律师参与诉讼。由于律师的调查取证较为规范且权利来源、侵权事实清晰,被告也愿意在法院的主持下进行调解,权利人在维护了自身权利的同时,亦较为轻松地获得了满意的经济赔偿。

虽然,知识产权保护的意识初步形成,但是,侵犯知识产权的行为仍然较为严重且侵权行为的隐蔽性不高,侵权取证较为简单。因此,在权利人、律师及相关代理机构的操作下,知识产权维权诉讼中的商机被不断发酵,最终形成了知识产权商业化诉讼的批量化、产业化。

此外,随着我国知识产权司法保护政策的不断变迁,对于权利人的保护力度也在不断加强。面对涌入各地法院知识产权庭的批量商业化诉讼案件,法院一般会争取调解。对于无法达成调解协议的案件,在各案侵权事实清楚且大都相同的情况下,各地法院的判赔金额也经历了同案不同判到形成判赔行情的过程。审判实践中,大多数法官将这些判赔行情作为劝说原告、被告进行调解的重要依据。由此,原告及其代理人对于不同类别的权利可能获得的判赔金额都心知肚明。由于该类案件诉讼风险较低,且收益相对固定,成为个别代理商及权利人稳赚不赔的生意。在这短短几十年的时间内就形成了一个稳定的商业化维权诉讼链条。

(二)商业化诉讼的分类

为了明确勾勒商业化诉讼的轮廓,本课题组拟对知识产权商业化诉讼做一个简单的分类。

以诉讼主体为划分标注,可分为原始权利人诉讼和继受权利人诉讼。原始权利人诉讼,即指知识产权的最初权利人所发起的诉讼;继受权利人诉讼,即指以权利受让,被许可方式取得诉权的主体所发起的诉讼。①

以诉讼标的不同,可将其分为著作权商业化诉讼、专利权商业化诉讼、商标权商业化诉讼等。

以维权性质不同,可将其分为以获取利益而诉讼、以商业经营而诉讼。以获取利益为目的的商业化诉讼中,其权利客体一般为图片、卡拉 OK 歌曲、过热映期的影视作品、知名度不高的注册商标等商业价值不高的诉讼标的。原告大多为转授权人及其代理人。原告及其代理人的最终目的仅在于获得赔偿。因此,案件的侵权事实清楚、类型简单,争议焦点相对集中。此类案件的原告大多希望案件审理的

---

① 张雁:“知识产权商业维权诉讼辨析”,载《人民司法》(应用)2013 年第 5 期。

周期越短越好,以便尽快收回维权成本。本课题组将以获利为目的的商业化诉讼作为本文研究的主要对象。以商业经营为目的的商业化诉讼中,其权利客体一般为计算机软件、具有较高创作水平的作品等。原告大多为原始权利人,原告或其代理人提起侵权诉讼的目的在于通过诉讼促成商业经营。在有些案件中,原被告之间因合作产生矛盾,原权利人继而提起维权诉讼。因此,这些案件的侵权事实存在争议、较为复杂。与获取利益的商业化诉讼不同,以商业经营为目的的商业化诉讼的原告以确认侵权为最终目的,而侵权赔偿的数额并非其关注的重点。

二、知识产权商业化诉讼的困惑与重读

(一)知识产权商业化诉讼引发的价值冲突

在知识产权侵权诉讼产生的初期,面对侵权事实清晰的侵权诉讼,被告大多承认侵权并承担赔偿责任。随着大量涌入法院的知识产权侵权案件,涉嫌侵权的被告虽然承认侵权事实,但是认为原告通过诉讼赚取超额利润,被告情绪对立,不愿接受法院的调解。

法院内部对于知识产权商业化诉讼的诟病大多集中于权利人利用诉讼获得超额利润偏离了知识产权立法的目标,且知识产权维权诉讼不应当成为某些权利人敛财的工具。的确,知识产权商业化诉讼的逐利化易导致法官的价值混乱、原告及其代理人的逐利模式易引发道德风险并最终违背知识产权立法的目标。

1. 法官的价值认同混乱

知识产权商业化诉讼中最为人诟病的问题集中于诉讼成为了原告获取商业利益的一个重要环节、法官成为了原告获取赔偿的帮手。当知识产权商业化诉讼批量进入法院后,法官、原告代理人似乎形成了这样的默契,即由法官尽一切努力劝服被告支付一定的赔偿额,争取双方调解结案。长此以往,法官在审判工作中的居中裁判的地位不复存在,价值认同混乱。①

2. 诉讼本身的价值冲突

知识产权诉讼,作为公立救济的民事诉讼类型之一,是基于国家许可的、由国家设立的救济途径;知识产权诉讼在实质上是在国家提供的第三者及强制性规范的指示下实现的纠纷解决。然而,在知识产权商业化诉讼中,诉讼的最终目标不再是纠纷解决,而是权利人及其代理人获得高额利润的环节之一。追逐利润最大化是商业化维权的特征,对于专业维权人而言,多一个侵权人,就等于多一份赔偿。因此,绝大多数知识产权商业化诉讼的原告只愿意追究终端经营者与使用者。利益的驱使可能导致不规范的诉讼行为,更可能引发社会的道德风险。有学者指出"利益的驱使使得权利人或权利人授权的人不惜设置陷进或诱饵故意放纵侵权,待

---

① 何震、杨元新:"商业化维权对著作权侵权案件审理的挑战与应对",载《法律适用》2012 年第 7 期。

成一定气候后再予以‘收拾’。”①

3. 知识产权立法的价值冲突

知识产权的立法初衷一直被寄予诸如激励知识创新、维护公平竞争、促进科技进步、推动经济发展等崇高的目标。我国的知识产权制度设计,同样肩负着上述崇高目标和神圣使命。然而,在知识经济全球化、一体化的大背景下,随着知产保护意识的增强,知识产权商业化诉讼也日益升温。在知识产权商业化诉讼中,法庭是市场的延伸,司法是权利人获取利益、占据市场份额的有效工具。显然,知识产权商业化诉讼违背了知识产权的立法初衷。

(二)知识产权商业化诉讼的法律价值分析

1. 与滥用诉权、恶意诉讼存在本质区别

知识产权商业化诉讼的产业化模式容易使人将其与恶意诉讼或滥用诉权联系在一起,并对其诉讼的正当性产生质疑。然而,三者之间存在本质的差别。

恶意诉讼的概念来源于英美法,是英美法中侵权行为的一种类型。我国对于恶意诉讼并没有一个统一的概念,相较于国内理论界对于恶意诉讼的定义,英美法中有关恶意诉讼的概念比较全面,是指行为人为了达到诉讼以外的非法目的,在明知缺乏实体权利或者无事实、法律根据和正当理由的情形下提起刑事诉讼、民事诉讼或滥用诉讼程序,给相对人造成损害的侵权行为。②

依据二元诉权论,诉权分为程序意义上的诉权和实体意义上的诉权。程序意义上的诉权包括起诉权、反诉权、上诉权和申请再审权;实体意义上的诉权包括胜诉期待权和申请执行权。滥用诉权包括对程序意义上和实体意义上两方面的滥用,是以诉权的存在为前提的。滥用诉权的行为人在主观上并非都是恶意,还包括善意的过失。

典型的知识产权商业化诉讼特点在于:(1)原告权利的正当性,即权利行使不具有法律障碍,虽然被告通常就原告的诉讼主体资格进行抗辩,认为原告并不享有相关知识产权。但是,原告一般都能够提供受让相关权利的文件及提起诉讼、维权的证明。原告行使其知识产权相关权利具有正当性。(2)被告行为的可苛责性,在大多数商业化维权案件中,原告提供的证据可以比较清晰地证明被告侵权行为的存在,被告对此亦不否认。根据《著作权法》、《商标法》的相关规定,被告的侵权行为应当承担侵权赔偿的责任。(3)批量案件的同质性,商业化诉讼大多是依靠流水化、规模化赚取利润的,是一种规模经济。一般先由专人与公证人员对侵权行为进行批量公证,然后由专人在特定区域内进行批量诉讼。因此,一个法院在同一时期受理的商业化诉讼案件的侵权情况均具有同质性。本课题组认为,知识产权

① 吴学知、香玉霞:“知识产权商业化维权背景下的司法应对——以东莞市第一人民法院司法实践为论点”,载《法制与经济》2012 年第 6 期。

② 郝岚:“知识产权恶意诉讼的法律规制”,华南理工大学法律硕士学位论文。

商业化诉讼的逐利性并不能否定其诉讼的正当性。

2. 符合加强司法保护的基本要求

《国家知识产权战略纲要》将“发挥司法保护知识产权的主导地位”作为完善知识产权制度的一项内容。我国知识产权保护的执法体系始终是行政与司法保护双轨并行。但是,知识产权毕竟属于私权,对于知识产权的保护必须符合私权保护的特点与性质。作为一项财产权利,主要通过民事赔偿损失等途径满足其保护要求。《最高人民法院关于当前经济形势下知识产权审判服务大局若干问题的意见》(2009 年 4 月 21 日印发,法发〔2009〕23 号)指出:“当前经济形势对于知识产权审判提出了更新更高的要求和期待。知识产权司法保护职能只能加强和提升,不能削弱和放松。”加强保护,是我国当前知识产权司法保护的基本定位和政策取向。加强保护就是要在法律存在裁量空间或者法律适用存在多种可能时,行使司法裁量权应以有利于加强保护为出发点,作出有利于加强保护的选择。在法律范围内,要采取有效措施,加大司法惩处力度和降低维权成本,切实实现加强保护的效果。①

在知识产权商业化诉讼中,被告实施侵权行为,原告通过民事诉讼的方式要求司法保护无可厚非。法院通过司法保护,维护权利人的正当权益亦是符合“加强保护,发挥司法保护知识产权的主导作用”的要求。从某种程度上说,通过全国范围内的批量化诉讼也有利于形成尊重知识产权意识的形成。

因此,知识产权商业化诉讼虽大多以经济利益作为最终目标,但是,其权利的行使具有正当性且符合发挥司法保护知识产权主导作用的政策要求。

三、司法实践中的突出问题

审判实践中,准确认定瑕疵网络公证效力、合理分配双方举证责任往往是著作权商业化诉讼中最具争议的问题。

(一)瑕疵网络公证效力问题

在著作权商业化诉讼案件中,批量网络公证往往成为权利人固定被告侵权证据的重要工具。然而,在审判实践中,网络证据保全公证中出现的程序甚至实体瑕疵,一直为被控侵权行为的当事人诟病。因而,在著作权商业化维权案件中,瑕疵网络公证的效力问题往往成为了双方当事人争议的焦点。

法院认定网络保全公证的效力,应当以证据的“三性”为标准。然而,在网络保全公证过程中,保全步骤瑕疵、保全内容瑕疵会影响公证的完整性,软、硬件环境瑕疵、公证地点、电脑选择瑕疵等均会影响到公证的真实性。

有观点认为,法院在认定网络保全公证的效力时,应当对网络证据保全公证的效力从严掌握。但是,本课题组认为对于瑕疵网络公证证据的效力应采取谨慎态

---

① 孔祥俊:《知识产权法律适用的基本问题:司法哲学、司法政策与裁判方法》,中国法制出版社 2013 年版,第 33 页。

度。一方面,根据《公证法》、《民事诉讼法》等相关法律规定,公证证据的效力优于一般的证据效力。另一方面,在著作权商业化诉讼中,原告一般采取一次性或者分批进行批量公证。特别是对大量的侵权网站进行一次公证,并在公证后分案起诉的网络。如果仅以公证存在瑕疵而否认其证明效力,将严重影响权利人合法权益的保护。

(二)合理分配举证责任

大多数商业化诉讼案件中,双方当事人在举证能力、专业知识方面均存在较大差异,权利人具有优势地位。如仅以"谁主张,谁举证"的原则分担举证责任,则可能无法进一步查明案件事实,影响案件公正判决。因此,课题组认为在举证责任分配的问题上,法院首先应当根据《民事诉讼法》及相关司法解释的规定,在诉讼中坚持"谁主张,谁举证"的原则。其次,在一定条件下运用举证责任的移转尽可能查明案件事实。

所谓的举证责任转移,是指承担提供证据责任的当事人提供本证并对要件事实予以证明后,应由对方当事人对使该项证明发生动摇的事实举证的法律责任。在判断举证责任是否转移时,应当考虑如下三个因素:(1)举证妨碍,即一方当事人应对其主张的某一事实负举证责任,而证明该事实的证据如恰好掌握在对方当事人手中,如果对方当事人妨害举证的,则应将举证责任转移于故意妨害举证的一方。(2)证据距离,是指在可能负担举证责任的当事人之间,哪方距离证据更近或更易于取得证据,哪方当事人应承担举证责任。(3)举证能力,即根据公平原则,对于同一待证事实一方手机证据的能力明显强于另一方时,举证责任发生转移。①

比如著作权商业化诉讼中的原告主体资格问题。根据《著作权法》第 11 条第 4 项的规定,如无相反证明,在作品上署名的人、法人或者其他组织为作者。然而,在司法实践中,原告经过几次的转授权获得相关权利,被告认为原告的诉权来源并不清晰,其是否享有诉权成为双方争议的焦点。依据"谁主张,谁举证"的原则,此时应当由被告举证证明原告并不享有诉权。由于举证能力、专业知识的限制,被告经常无法提供相应证据。而与被告相比,原告对其获得授权的情况则应当十分清楚。因此,原被告双方无论是在举证能力还是在证据距离方面均存在较大差距。此时,如被告提出的反证使法官对原告是否享有相关权利产生疑问时,可以通过举证责任的转移尽可能查明原告获得授权的情况。

四、知识产权商业化诉讼的对策

虽然,著作权商业化诉讼与滥用诉权、恶意诉讼具有本质的区别,且在一定程度上打击了侵权、盗版行为。但是,大多数著作权商业化诉讼以经济利益为最终目标,并可能会引发一定的道德风险。如放任其肆意长期发展,同样也不利于激发智

① 山东省高级人民法院民三庭:"知识产权诉讼证据规则专题研究",载《山东审判》2005 年第 6 期。

力创新的活力。因此,遏制侵犯知识产权的行为、确保社会创新活力是法院审理著作权商业化诉讼案件时需要兼顾的两个方面。为此,本课题组认为,法院在审理著作权商业化诉讼过程中,仍应当以“加强保护,分门别类,宽严适度”这一基本政策为契机,规范著作权商业化诉讼行为,打击侵犯知识产权行为。

(一)社会层面

1. 延伸职能,提高知识产权保护意识

虽然,近年来,上海法院在知识产权宣传方面开展了大量的工作,知识产权审判白皮书、典型案例评选、“4·26”知识产权保护日系列宣传等活动已经成为上海法院知识产权法律宣传的长效化机制,取得了积极的作用。然而,一些中小企业,个体工商户的知产保护意识不强,中小型企业、个体工商户的侵权行为大量存在,法律意识不强。现在,商业化诉讼的被告主要是这些中小型企业、个体工商户。只有提高他们的知产保护意识才能从根本上有效缓和著作权商业化诉讼。

以侵害信息网络传播权纠纷案件为例,大多数商业化诉讼的被告均是在一些中小型企业。针对这些中小企业提出的批量诉讼,相关审判部门在案件审理过程中应当及时分析案件特点,并向相关部门发出预警信息,要求他们加强相关培训与教育、及时发现可能存在的侵权行为,将侵权扼杀在摇篮中。

2. 双轨保护,拓宽知产纠纷解决途径

我国的知识产权保护是行政与司法的双轨保护,近年来,发挥司法保护知识产权的主导地位是完善知识产权制度的一项重要内容。在加强知识产权司法保护的同时,仍然应当发挥相关行政主管机构的知识产权保护职责。法院与相关行政主管部门共同搭建诉讼外的纠纷调解平台,拓宽知识产权纠纷的社会化解决途径。必要时,法院可以积极发挥行业协会的作用,邀请其参与案件的调解工作并建立长效的合作调解机制。

(二)司法层面

1. 宽严相济,挤出赔偿的利润水分

著作权商业化诉讼的最终目的是以高额的赔偿金。对于侵权损害赔偿原则,有补偿性原则和惩罚性原则。正在修订的《著作权法》将惩罚性赔偿纳入其中。那么在赔偿数额的问题上,法院应当如何确定赔偿金额?是否需要对一般权利人和商业化诉讼的权利人加以区别对待呢?

本课题认为,法院在确定著作权商业化诉讼赔偿数额的问题上,应当正确处理权利保护与利益平衡之间的关系。利益平衡是知识产权保护制度的基本原则,也是知识产权司法审判的基本理念。因此,需要注意以下两个方面:一是注重权利保护与行业生存、发展间的平衡。要充分发挥司法保护在促进行业生存、发展间的主导作用,既要打击侵权违法行为,又要为行业的生存、发展留足空间。以利益平衡、宽严相济作为确定赔偿数额的原则,特别是对于中小企业、个体工商户的发展留足空间,对于那些缺乏法律常识的中小企业、个体工商户,以教育、填平损失为主。法院的判决要体现司法的柔情。二是要严厉打击重复侵权行为。课题组认为应当利用上海法院现有的审判管理系统,建立"知识产权重复侵权黑名单",定期公布重复侵权人员名单。对于重复侵权行为予以严厉打击,以维护权利人的合法权利,提升我国打击侵犯知识产权行为的力度。对于那些重复侵权的被告人,即使是商业化诉讼中也应当适用惩罚性赔偿。

2. 繁简分流,均衡法院的资源配置

上海法院知识产权案件均按照普通程序进行审理,对于绝大多数案情简单的著作权商业化诉讼案件,统一适用普通程序既不适应当前的审判形式,又可能导致审判资源设置的失衡,最终影响审判质效。

对于与日俱增的知识产权商业化诉讼,在条件成熟的基础上,可以在案情相对简单、侵权事实清晰的同质化商业化诉讼案件中适用简易程序。

在条件尚未成熟的阶段,其他兄弟法院所做的探索可以为我们提供参考。为应对数量激增的知识产权案件,北京市海淀区法院推出了"类案速裁"机制,就案情简单的知产案件对性质相近,主体集中,事实及适用法律相对清楚的类型案件进行集中审理,快速审结,取得了一定的成效。虽然专门成立知识产权"速裁组"可能会产生人员配给上的不经济,但是主要由同一个合议庭成员主审性质相同、主体集中的商业化诉讼案件也是解决当前司法资源失衡的一种途径。

(本文发表于《上海审判实践》2014 年第 4 期)

论服装的知识产权保护

王婷钰*

【提要】在理论与司法实务中,服装样板、成衣的著作权保护问题均存在争议。我国《著作权法》也并未明确将服装样板、成衣纳入其保护的范畴。理论与实务的争议、立法的不明确常常使服装生产者在维权时陷入尴尬之地。在我国大力打造以设计为核心竞争力之服装产业的前提下,对于服装及其设计的知识产权保护问题不可回避。

一般认为成衣只有符合实用艺术品的要求,才受著作权法的保护。但是,实用艺术品著作权保护问题在理论上极为复杂。实用艺术品同时兼具了实用性和艺术性价值,这两项价值呈现出相互渗透的趋势。由此,根据分离原则抽象地分离实用艺术品的实用性与艺术性时常让人无从下手。分离原则作为判断实用艺术品著作权保护的方法,最终目的在于隐去实用艺术品上的功能性因素后考察其是否具有

* 王婷钰,上海市黄浦区人民法院民一庭助理审判员。

艺术价值。那么,在具体判断时,可以尝试无视其功能性价值而着重考察市场对其艺术性特征的认可程度。因此,笔者认为,应当将美感作为判断服装成衣受著作权法保护的首要标准。因为,美感可以通过外部感知而获得。如果,一般公众仅仅因衣服的美丽而非保暖的需求而购买该服饰,那么该服装成衣应当受著作权法保护。

虽然,服装样板、成衣在一定条件下可获得外观设计专利。但是,综观我国服装产业的现状、发展趋势,著作权法在保护服装行业的发展上更具有制度优越性,更符合服装生产行业的发展特征。

服装样板是制版师所创作的一项智力成果,被用于商业用途。因此,制版师、服装生产厂家的利益需要法律予以保护。然而,我国著作权法的原则是不保护功能性作品。在不违反著作权的基本原则的基础上,应当创设一类新的邻接权,将服装样板纳入著作权保护的范畴。

【关键词】服装　知识产权　著作权

服装的生产过程大致是先由设计师绘制设计图,随后由制版师按照设计图形成服装样板,最终形成服装成衣。服装设计图表达了服装设计者对于美的理解,是设计师对于美的理解之表达。服装样板是制作服装过程中必不可少的工序。在制作成衣之前,专业制版师需要依据设计图纸制成由领、袖、袋、上衣片、腰、裤片等分离的平面图块组成的样板。该样板源于设计图或者示意图,但又不同于设计图,体现了专业制版师对设计图的理解和认知。

理论上对于服装样板、成衣是否应当受著作权法的保护认识不一,我国《著作权法》中也并未明确将服装样板、成衣纳入其保护的范畴。此外,司法实务中,服装样板、成衣的著作权保护同样存在争议。服装样板是否属于著作权保护之范畴?怎样的服装才应当受到法律的保护?在我国大力打造以设计为核心竞争力之服装产业的前提下,对于服装及其设计的知识产权保护问题不可回避。

一、服装及其设计的著作权保护

著作权有广义与狭义之分。狭义的著作权仅指作品所享有的一系列专用权利。广义的著作权还包括邻接权,即作品之外的客体享有的一系列专有权利。邻接权在我国依《著作权法》的规定特指表演者对其表演、录音录像制品制作者对其制作的录音录像制品、广播组织对其播出的节目信号和出版者对其设计的版式享有的专有权利。① 只有著作权法意义上的"作品"才能享有狭义著作权。

(一)服装设计图、样板、服装成衣是否是著作权法上所称的作品

1. 服装设计图

服装设计图作为产品设计图是著作权法明文规定的作品形式,受著作权法的

① 王迁:《知识产权法教程》(第2版),中国人民大学出版社2009年版,第23页。

保护。

2. 服装样板

我国《著作权法》第3条列举了9类作品形式,其中并不包含服装样板及服装,只有在第9项中规定了兜底性条款,即"法律、行政法规规定的其他作品"。我国《著作权法实施条例》第2条规定:"著作权法所称的作品,是指文学、艺术和科学领域内具有独创性并能以某种有形形式复制的智力成果。"从这一概念中我们不难看出,"独创性"是作品区别于其他人类劳动成果的关键。

服装样板只有具有"独创性"的特征才可能符合著作权法中对作品的要求。有人认为,服装样板汇聚了设计人员和专业制版师具有独创性的智力劳动,是专为工业化生产成衣而制作的图形作品,应受著作权法的保护。[①] 笔者认为,这一观点值得商榷。

上文已经提及,服装样板是专业制版师依据设计图纸制成由领、袖、袋、上衣片、腰、裤片等分离的平面图块组成的样板,体现了专业制版师对设计图的理解和认知。虽然,制作服装样板的过程需要制版师一定的创造性劳动。但是,制版师并不能超越设计图纸的要求而自己创作。一名优秀的制版师,需要在理解设计师的意图后创造出忠于设计图纸的服装样板。因此,服装样板的独创性低于著作权对作品独创性的最低要求。

此外,著作权法的基本原则是不保护任何技术方案和实用性功能。我国著作权法之所以保护这类设计图等图形作品是因为其所具有的美感,与其设计图及其相应的工程和产品的技术实用性毫无关系。服装样板是制版师根据设计图纸由领、袖、袋、上衣片、腰、裤片等分离的平面图块组成的样板,样板本身并不具有美感可言。

因此,服装样板并不符合著作权法所要保护的作品的要求,不是著作权法所称的作品范畴。

3. 服装成衣

著作权法仅是保护服装设计者的思想、情感中具有艺术性的独特表达方式。服装成衣是具有艺术性的独特表达方式。因此,著作权法应当保护那些具有艺术欣赏性的服装。

一般认为成衣只有符合实用艺术品的要求,才归属于美术作品的范畴。所谓实用艺术品,就是某些物品既具有实用功能,又具有艺术美感。我国《著作权法》虽未明确将实用艺术品列为保护的客体,但是,只要实用艺术品中的美感能够与实用功能在物理或观念上分离,从而可以独立存在,就可以作为美术作品受到我国《著作权法》的保护。

---

① 徐俊:"服装样板图形作品受著作权法保护",载《山西经济日报》2007年6月24日。

(二)实用艺术品受著作权保护的判断标准

实用艺术品是既具有物质实用功能,又具有审美功能的艺术品。一般而言,它具有实用性、艺术性、独创性和可复制性特征。

1. 实用艺术品与外观设计之间的联系与区别

我国《专利法》规定,外观设计是指关于产品的形状、图案、色彩或其结合所提出的富有美感并适于工业上应用的新设计。有学者认为,外观设计与实用艺术品可以划上等号。的确,从实用功能与艺术结合角度,外观设计与实用艺术品具有相同的性质,都是艺术价值与实用价值的统一。但是,通过仔细观察我们不难发现,两者之间存在明显的差异。一项外观设计必须具备三个条件:"富于美感"、"应用于工业"、"新颖性";一件实用艺术品也需要具备三个要件:"艺术性"、"独创性"、"实用性"。两者比较,"新颖性"与"独创性"存在差异,不能等同。"新颖性"要求不能雷同,而"独创性"并不排除独立创作所产生的雷同。①

实用艺术品内在性质的特殊性决定它必然属于外观设计法和版权法的共同保护范围。

当然,不是所有的外观设计都受著作权法的保护。美国在讨论外观设计的版权保护问题上,提出了"分离特性和独立存在"的原则(分离原则)。该原则的主要功能在于划定外观设计之版权保护的范围,即实用艺术品的艺术性在实体或者观念上能够与其实用性功能相分离时,才受版权保护。

2. 实用艺术品受著作权保护的判断标准

理论界对于实用艺术品著作权保护问题争议不断,多集中于实用艺术品著作权保护的评判标准。我国的一些学者认为,实用艺术品在实用功能的基础上,其艺术性方面必须达到一定标准。在实用艺术品中,艺术性的创作程度至少同美术作品的创作程序是相当的,才能受到著作权法的保护。著作权法保护的是作品的艺术性及美感。虽然,实用艺术品集艺术性与实用功能于一身,但其自身的艺术性,使人们能够轻易地在实用价值之外,体味到艺术价值的独立存在。这是实用艺术品的艺术性独立于其实用性而存在的根本原因,同时也是其能够获得著作权法保护的基础。② 我国的司法实践中,法院一直要求实用品具有一定的艺术性,否则拒绝将其作为"实用艺术作品"加以保护。③

有学者更进一步提出艺术创作高度理论,该理论认为对于艺术创作高度的界定应当区分不同的实用艺术品类型进行讨论。第一种为实用成分和艺术成分可以在实体上分离的实用艺术品。对其艺术性标准的界定可以等同于美术作品,即只需具有一定审美意义即可视为满足艺术性这一要件从而受著作权保护。第二种为

---

① 何炼红:《工业版权研究》,中国法制出版社2007年版,第69页。

② 吴晓梅:"实用艺术作品的界定与保护"载《人民司法》2005年第4期。

③ 详见北京市高级人民法院(2002)高民终字第279号终审判决。

实用成分和艺术成分可以在观念上分离的实用艺术品,对其艺术性标准的界定可以略高于普通的美术作品,即要求必须达到一定程度的独创性、个性才能视为满足了艺术性这一要件从而受到著作权保护。[①]该理论为实用艺术品著作权保护提供了一套标准。

但是,有学者对该理论提出质疑,理由为:(1)《著作权法》并没有对美术作品设置更高的艺术性要求。(2)对作品艺术性的认定依赖主观判断。[②] 在具体案例中,由法官判断涉讼实用艺术品的艺术性特征较为困难,缺乏统一的标准。

笔者认为,独创性与分离原则是实用艺术品著作权保护中两个平行的原则。实用艺术品在同时满足这两个条件时才能被称为作品从而受著作权法的保护。虽然,艺术创作高度理论为实用艺术品著作权保护提供了一套标准,但是,该标准仍然存在不足之处。正如质疑该理论的学者指出的,我国《著作权法》只要求美术作品的艺术性达到最低要求。如果提高实用艺术品艺术创作高度,无疑在美术作品的认定方面采取了双重标准。实践中,法国早在200年前就试图通过艺术创作高度解决实用艺术品版权保护问题。然而,20世纪初,法国在立法中就曾公开承认这种努力以失败而告终。显然,艺术创作高度标准并不能作为实用艺术品著作权保护的判断标准。

在审理外观设计的版权保护案件中,美国法院同样也遭遇了难题,学者们对于"观念上的分离"有着诸多不同的理解。其中包括:(1)受版权保护的实用艺术品,其艺术性特征必须为首要的,实用性特征为辅助性的。(2)如果实用艺术品中艺术性的设计是出于其功能性考虑的,那么就不能受版权保护。(3)如果仅仅从艺术性角度出发仍然有一定的市场,那么该实用艺术品就受版权保护。(4)如果外观设计的因素体现了美学和功能考虑的混合,作品的艺术部分就不能被认为可以与实用因素在概念上分离。相反,如果外观设计的因素可以被认为体现了设计者的艺术判断,并且设计者在进行艺术判断时未受功能性因素的影响,则存在概念上的分离特征。

根据分离原则的规定,如果实用艺术品的艺术性与功能性能够在实体或者概念上分离并独立存在,那么该实用艺术品就受版权保护。分离原则的方法在于隐去实用艺术品上的功能性因素后考察其艺术价值,将其所包含的艺术性特征独立地表现出来。然而,在美观和艺术效果成为实用艺术品的主要功能之后,我们应当如何在实用艺术品保护中具体运用"分离原则"呢?

笔者认为,现有的分离方法都试图彻底分离实用艺术品中的艺术性与实用性。然而,实用艺术品同时兼具了实用性和艺术性价值,这两项价值呈现着相互渗透的

---

① 胡宓:"实用艺术品的艺术性需达到一定标准",载《人民法院报》2006年4月22日。

② 林华:"实用艺术品的法律保护探讨",载《上海知识产权论坛》(第3辑),上海大学出版社2006年版,第293页。

趋势,抽象地分离实用艺术品的实用性与艺术性时常让人无从下手。既然,分离原则的方法在于隐去实用艺术品上的功能性因素后考察其是否具有艺术价值。如果答案是肯定的,就应当受著作权法保护。反之,则不受保护。那么,在具体判断时,可以尝试无视其功能性价值而着重考察市场对其艺术性特征的认可程度。如果,实用艺术品在没有了实际用途之后仍能够仅因其艺术性被市场所认可,那么就应当确定其艺术性与实用性在观念上可以分离而受著作权保护。

在讨论服装外观设计的版权法保护问题时,Nimmer 教授将服装外观设计分为两类。一是纺织品外观设计,二是服装的外观设计。纺织品外观设计包括样式、压印在纺织品上的图案。因为任何人都可将这些图案所体现的艺术性与一般穿着的衣服的实用性功能相区别,所以这些图案受版权法保护。而仅详细地列明形状、尺寸、风格等剪裁必需的服装外观设计一般很难与衣服的实用功能相区别,所以不受版权法保护。[①] 因此,在美国,除了印在服装上的图案之外,成衣本身,除非不是为了穿着,无论设计多么成功,都不可能受到版权法的保护。

笔者认为,美国将成衣排除版权法保护的模式并不适合我国的服装产业。首先,设计目的属于设计师内心活动的范畴,第三人很难从外部进行判断。因此,对设计目的很难有客观的评判标准。其次,中、美两国的服装产业存在巨大的差别。与美国相比,我国的服装产业、生产厂商正处于发展起步阶段,法律应当从鼓励、保护创意出发,对成衣给予适度的保护。

我们在讨论服装成衣的著作权保护问题上,应当将美感作为判断服装成衣受著作权法保护的首要标准。因为,美感可以通过外部感知而获得。服装作为日常生活用品,产生之初起着驱寒的功用。随着经济与技术的快速发展,美感与艺术性逐渐成为了服装的主要功能。如果,一般公众仅仅因衣服的美丽而非保暖的需求而购买该服饰,那么该服装成衣应当受著作权法保护。

(三)服装及其设计著作权保护的困境

著作权法的基本原则是不保护任何技术方案和实用性功能。服装样板及成衣的著作权保护存在一定的理论"瓶颈"。

1. 复制权

复制行为分为"从平面到平面"、"从平面到立体"、"从立体到平面"、"从立体到立体"、"从无载体到有载体的复制"。著作权法意义上的平面到立体的复制仅仅指按照平面设计图去建筑和生产受著作权法保护的三维艺术品。如果三维的实物不是著作权法意义上的作品,则按照平面设计图进行的建筑和生产就不是著作权法意义上的复制行为。

服装只有构成实用艺术作品,才是著作权法所称的作品。抄袭他人服装设计

---

① 416 F. 3d 411,2005 Cop. L. Dec. p. 29,031,75 U. S. P. Q. 2d 1281.

图所制作的服装。可能因该服装并不构成著作权法中的作品,而不是著作权法意义上的复制行为。

2. 功能性作品无法获得著作权法的保护

著作权法的基本原则是不保护任何技术方案和实用性功能。没有任何美感,或者与其实用功能在物理或者观念上无法分离的功能性作品不受著作权法的保护。上文已经述及,服装样板不是著作权法所称的作品范畴,不属于狭义著作权所保护的客体。此外,邻接权在我国依《著作权法》的规定特指表演者对其表演、录音录像制品制作者对其制作的录音录像制品、广播组织对其播出的节目信号和出版者对其设计的版式享有的专有权利。因此,功能性作品在现有的著作权框架内无法获得法律保护。

二、服装及其设计的专利保护

实用艺术品内在性质的特殊性决定它必然属于著作权法和专利法的共同保护范围。服装样板、成衣只要符合新颖性的要求,就可以受专利法的保护。然而,我国专利法在保护服装及其设计方面同样存在诸多困境。

(一)外观设计专利保护

我国《专利法》规定,外观设计是指关于产品的形状、图案、色彩或其结合所提出的富有美感并适于工业上应用的新设计。当一款服装及其设计实用性强、设计新颖,同申请日以前在国内外出版物上公开发表过或者国内公开使用过的外观设计不相同或者不相似,且适于通过工业方法批量生产时,就可以申请并获得外观设计专利以此予以保护。外观设计获得专利权的实质条件为"新颖性"。只要服装设计符合新颖性的要求,就能够通过申请获得外观设计专利权。

(二)《专利法》对服装样板保护的困境

专利对新颖性的要求较高,我国现有的服装生产者可能难以达到要求。此外,外观设计的申请、审查及保护模式不利于我国服装产业的发展。

1. 我国《专利法》规定,外观设计获得专利权的实质条件为"新颖性"。为获得外观设计专利,服装生产商需要在申请前做好保密工作,防止丧失新颖性。严密的保密措施,会增加服装生产商的制造成本。此外,专利的新颖性标准要求较高,我国现有的服装生产厂家较难达到该标准。

2. 外观设计专利,需要经过申请和审查阶段。外观设计较长的申请周期客观上延长了服装从图纸到样板再到成衣的服装生产周期。

3. 专利法的严格保护不利于服装产业的发展。服装产业则是一个不断更新、瞬息万变的行业。专利法较为严格的保护模式可能导致垄断、限制竞争,不利于整个服装产业的发展。

三、重构服装及其设计的法律保护制度

各国对于服装行业所提供的法律保护都与其国家利益、行业发展趋势息息相关。然而,我国法律保护的现状,不利于整个产业的发展与壮大。为更好地发展我国服装行业、参与国际竞争,我国亟待形成一套完善的法律保护体系。

(一)必要性

1. 行业发展的迫切需要

出于降低服装消费价格、提高服装行业的整体竞争力的考虑,美国对于服装设计采取了基本不保护的模式。美国学者认为,服装行业的盈利方法是设立一些潮流指标,然后引领消费者跟从这些指标购买衣服。因此服装就成为一种需要跟随潮流和审美标准的变换而不断更换的商品而不是直到扣子掉落才更换的耐用品。而服装企业要设立潮流指标就依托于服装设计师是否拥有复制的自由——对概念复制的自由。如果由设计师个人垄断,既不利于整个服装行业的发展,也无法平衡个人利益与社会公共利益之间的关系。与美国不同,法国则对服装设计采取了高水平的保护模式。法国的服装奢侈品行业为其提供了大量的税收和外汇,为保证其自身的利益,法国严格保护这个行业,尤其是它的设计师和作品。① 由此可见,各国对于服装行业所提供的法律保护都与其国家利益、行业发展息息相关。我国的服装生产行业是以加工、贴牌为主,自主品牌多为中低档的服装。而且这些企业的盈利低,品牌知名度不高。因此,我国对服装产业所提供的法律保护必须根据现实经济生活的需要,形成一套符合我国服装行业发展又有利于企业参与国际竞争的法律保护体系。

2. 法律保护的相对不足

首先,著作权法并不保护功能性作品且在服装从二维到三维的生产过程中,如何界定从平面到立体的复制行为非常困难。

其次,服装及其设计只要符合外观设计的要求,就能够通过申请获得外观设计专利权。然而,我国的服装产业大多是以加工、贴牌为主的低端生产厂商。法律规定专利的申请程序、申请费用、专利保护方式等都不符合我国服装产业的规律。我国的服装生产行业正努力从"中国制造"向"中国品牌"转变。众所周知,一个品牌的培养是建立在吸收与借鉴的基础上的。专利法较为严格的保护不利于生产者之间的互相借鉴与吸收。同时,国产服装知名商标严重匮乏,难以通过《商标法》给予国内服装生产厂商法律保护。

综上所述,笔者认为我国现行的知识产权法律法规对服装及其设计的保护问题上有待完善。

(二)构建完善的服装法律保护机制

服装设计图属于图形作品,必然受到著作权法的保护。对于服装成衣而言,在除去其御寒等实用性功能后仍能够为普通大众视为艺术品的应归于实用艺术品的范畴,受著作权法的保护。那么,服装样板是否应当受法律保护呢?

---

① 庄臻:"服装设计的法律保护模式",载《法治论坛》2008 年第 2 期。

笔者认为,现阶段应当给予其法律保护。原因在于:

1. 服装样板是制版师所创作的一项智力成果。在制作服装样板的过程需要制版师付出一定的创造性劳动。

2. 服装样板被用于商业用途。服装生产厂家在打版试制期间,需要投入大量的时间、精力。制版师、服装生产厂家的利益需要法律予以保护。

3. 打版试制是服装从设计图纸到成衣的重要环节,亟待法律保护。我国的服装产业正在从低端代工向中、高端的服装设计转型。保护服装生产厂家、制版师的智力成果更有利于整个服装行业的培育、发展。

因此,将服装样板纳入法律保护的范畴既保护了智力成果,又服务于我国的服装行业发展。

综观我国服装产业的发展趋势,著作权法在保护服装行业的发展上更具有制度优越性,更符合服装生产行业的发展特征。首先,成本相对较低。著作权的保护从作品完成之日起自动开始,不需要申请、审批等程序。其次,利用著作权法对服装设计实行适度保护符合我国服装生产行业的要求。我国正处于行业发展的初级阶段。这是一个不断借鉴、学习的过程。著作权的保护没有专利那么严格周密,其并不排斥在模仿基础上的再创作。因此,将服装样板纳入著作权法的保护的框架较为适宜。

然而,我国著作权法的原则是不保护功能性作品。那么怎样在不违背著作权基本原则的基础上对服装样板进行保护呢?

笔者认为,可以适度扩大我国《著作权法》中邻接权的客体。广义的邻接权是指把一切传播作品的媒介所享有的专有权统统归入其中,或把那些与作者的作品尚有一定区别的产品、制品或其他既含有“思想的表达形式”,又不能称为“作品”的内容归入其中。

我国邻接权所保护的范围过于狭窄是一个不争的事实。在意大利,邻接权包括独创性程度不高的摄影作品、戏剧的布景作品、个人的书信及肖像、工程项目的设计等作品的专有权。随着科技的快速发展,应当将不构成作品但又需要用财产权加以保护的智力成果纳入邻接权的保护范围。

当然,对于服装样板的保护也应当具有严格的限制。服装样板保护的意义在于保护制版师的智力成果而非权力的垄断与滥用。对于服装样板的保护应当限定在简单的复制行为,应当对抄袭与汲取灵感进行严格区分。

现阶段给予适度法律保护的目的在于支持服装产业的飞速发展。当然,时装等流行产品更新换代速度极快,产业界长期基本是依靠不断推陈出新与“仿冒”赛跑。这一产业规律可能足以起到促进创新和避免仿冒影响的自然调节作用。为平衡社会利益、进一步鼓励服装产业的创新与发展,在服装产业进入成熟发展期后,可以充分发挥经济规律的作用。

(本文荣获最高人民法院知识产权审判庭、人民法院报社、中国知识产权法学研究会共同举办的“知识产权法律应用征文大赛”三等奖)

中小企业普通字号的保护

金民珍*

【提要】反不正当竞争法仅仅对具有一定知名度的字号提供反混淆保护,错置了字号的保护门槛,不利于中小企业形成字号培育的良好预期。作为未上升为权利的法益,字号在反不正当竞争法中的保护应当实现权益保护与行动自由的利益平衡,但利益平衡的路径选择不应规定只对具有一定知名度的字号才给予保护,而应规定行为人只有在明知的主观状态下才可能构成不正当竞争。在利益平衡视角下,反不正当竞争法应当回归保护字号识别性的本质,立足于防止混淆的基本功能,为字号提供周延的、富有层次的保护。

【关键字】知名度　识别性　利益平衡　混淆

一、问题的缘起

甲、乙均为某地生产调味品的小企业,甲的产品专门供应附近的几个集贸批发市场,生意红火。乙见己产品在市场中竞争不过甲,便擅自将甲的字号印在己产品的包装上并供应市场。消费者误以为乙的产品为甲的产品而购买后,发现产品质量较以往有很大差别,便向甲投诉。甲在调查中发现乙仿冒自己字号的行为,遂向法院提起不正当竞争诉讼。法院经审理认为,甲企业由于规模较小,几乎没有对外的广告宣传,行业内没有知名度,因此,其字号不能满足反不正当竞争法对知名度的要求,即使存在消费者误认的情况,也不应给予保护。

按照《反不正当竞争法》及相关司法解释的规定,反不正当竞争法仅对具有一定知名度的字号提供保护,上述案例的审判结果不可谓不合法,但能否实现最佳的法律效果和社会效果却不无疑问。在市场竞争日益激烈特别是后金融危机的经济形势下,广大中小企业的字号可能尚不具有一定的知名度,但其对于中小企业自身的发展仍然至关重要。如果反不正当竞争法任由竞争者对尚未知名的普通字号进行仿冒,对案例中诸如乙的行为不加以制止,甲的发展壮大将举步维艰,中小企业的字号可能将永远无法由"普通"成长为"知名"。显然,反不正当竞争法对普通不知名字号的保护存在立法空白。作为未上升为权利的法益,字号的反不正当竞争法保护应当实现权益人的利益保护与其他竞争者的行为自由之间的有效平衡。但何为利益平衡的合理路径,利益平衡之下的字号又应如何进行保护,在对字号的保护现状进行反思的基础上,本文对此进行了全面的分析和探讨,并提出相关的立法建议,希望对字号的有效保护有所裨益。

---

* 金民珍,上海市黄浦区人民法院党组成员、副院长、审判委员会委员。

二、字号反不正当竞争法保护的现状审视

企业名称通常由行政区划、字号、行业或经营特点以及组织形式诸元素构成,其中字号最具识别意义,司法实践中涉及企业名称的仿冒行为大多都是因为使用企业名称中的字号引起。但是在现有的法律体系下,字号并不是法律明确规定的民事权利,只能通过《最高人民法院关于审理不正当竞争民事案件应用法律若干问题的解释》(以下简称《不正当竞争解释》)拟制为企业名称进行保护。《反不正当竞争法》第5条第3项规定:“经营者不得采用下列不正当手段从事市场交易,损害竞争对手:……(三)擅自使用他人的企业名称或姓名,引人误认为是他人的商品……”《不正当竞争解释》第6条第1款规定,具有一定的市场知名度、为相关公众所知悉的企业名称中的字号,可以认定为《反不正当竞争法》第5条第3项规定的“企业名称”。因此,并不是所有的字号都能受到保护,企业名称中的字号要受到法律保护,必须具有一定的市场知名度并为相关公众所知悉。《反不正当竞争法》仅仅保护“具有一定知名度”的字号。笔者称之为字号法律保护的“知名度+混淆”标准。

对于是否造成消费者混淆误认,司法实践已经形成了基本一致的判断标准,但由于《不正当竞争解释》并没有对字号的知名度如何认定作出进一步的解释,如何认定字号具有一定的知名度,司法实践中存在着两种有代表性的观点。

(一)知名度认定的证明规则

该观点主张举证证明知名,既然“具有一定知名度”是侵犯字号不正当竞争行为的构成要件,按照“谁主张,谁举证”的原则,原告需要就所主张的字号是否知名负举证责任。人民法院对知名字号的认定,可以参照知名商品的认定方式,即应当考虑该字号的使用时间、使用区域,进行任何宣传的持续时间和程度,企业的规模、盈利情况以及相关商品的销售额和销售对象等因素综合认定。

按照证明知名的观点,字号之所以受保护,乃是因为其经使用而具有将不同企业区分开来的识别意义,而这种识别性是由其知名度而产生的。因此,“具有一定知名度”是字号获得法律保护的门槛,其目的就是将不具有知名度的字号排除在外,防止不适当地垄断商业标识资源。但是知名度在司法实践中却是极为捉摸不定的概念。首先,知名度应当以特定地域范围为参照。但是从地域范围的大小来看,字号可以是县级知名、地市级知名、省级甚至国家级知名,也可以仅仅在某几个特定市场知名,司法实践并没有明确的标准。其次,知名度应当是以相关公众为参照,虽然并不要求相关公众中的任何人均知悉特定字号,但是为多大比例的相关公众知悉才能认定为知名,是很难量化的。这都给司法实践中对字号的有效保护带来了极大的不便,一方面权益人面临证明字号知名的难题;另一方面法官面临如何认定字号知名的困惑,极大地影响了对字号司法保护标准的统一。

(二)知名度认定的推定规则

鉴于知名度举证证明的难度,有观点主张推定知名,即只要字号被他人擅自使

用,就推定其具有一定的知名度。否则,侵权人不会去搭乘该字号的"便车"。国家工商行政管理局《关于禁止仿冒知名商品特有的名称、包装、装潢的不正当竞争行为的若干规定》第4条第1款便是对推定知名的运用,其规定:"商品的名称、包装、装潢被他人擅自作相同或者近似使用,足以造成购买者误认的,该商品即可认定为知名商品。"

这种观点对字号知名度的认定采取了较低的标准,减轻了权益人的举证负担,有利于对字号司法保护标准的统一,但是使用推定规则的直接结果是,《不正当竞争解释》对字号保护的"知名度"要求形同虚设。从概率上说,被他人仿冒的标识大多是知名标识,仿冒者因其知名才去仿冒它,因而反推规则有其合理性。但是这毕竟只是大多数情况下如此,也不排除少数情况不如此。① 因此,推定规则虽然增强了实践可操作性,但却可能与《不正当竞争解释》规定的原意不符。

司法实践中,虽然有的法院曾经采取了推定规则认定字号的知名度,但是主流观点和做法并不是简单地采取"反推",而是根据个案情况要求权益人进行举证证明。然而,司法实践中观点和做法的趋同并非意味着字号的法律标准是合理的,恰恰相反,反不正当竞争法对字号保护采取的现有标准存在诸多不足。

三、字号反不正当竞争法保护的效果反思

反不正当竞争法对字号保护采取的现有标准没有立足于反不正当竞争的立法本旨,错置了字号的法律保护门槛,只保护了培育字号的结果,而忽视了更需要保护的培育字号的过程,不利于中小企业形成字号培育的良好预期,其司法适用无法取得良好的法律效果和社会效果。

(一)现有标准混淆了字号是否应受保护与如何保护字号之间的关系,错置了字号的保护门槛

企业名称或者商号②作为商业标识,是生产经营主体将其自身与其他企业区别开来的表征。世界知识产权组织在其教材中指出:"商号与商标在发挥识别功能上具有共同性。但是,与商标和服务商标不同,商号在企业销售或者提供的商品或者服务之外,在很大程度上独立地将此企业与其他企业区别开来。"③虽然此处的商号指的是我们通常所说的企业名称,但字号作为企业名称中最为核心的组成部分,其对于企业的价值或者意义同样在于其识别性。实际生活中,字号单独使用的情况日益普遍,人们可能并不知晓企业名称的全貌,但一提到该企业的字号,则耳熟能详,如"吴良才"眼镜、"亨得利"钟表等。因此,字号之所以应受到法律保护,

① 孔祥俊:《商标与不正当竞争法原理和判例》,法律出版社2009年版,第706页。

② 商号的英文法律用语通常是 trade name 或者 commercial name,《保护工业产权巴黎公约》(以下简称《巴黎公约》)将其作为受保护的一种商业标识而进行了规定。在《巴黎公约》的中文译本中将其译为"厂商名称",也就是我们所说的企业名称,本文采用商号即企业名称的观点。

③ WIPO, Intellectual Property Reading Material, 2ed. 1998, p. 89.

在于其将不同企业区分开来的识别性。只要字号已经过实际使用,使消费者能够将市场中不同的经营主体区别开,就应当受到法律保护;而具有知名度的字号自然同样在保护之列,故知名度不应是决定字号受保护的条件,而应是其受多大程度保护的考量因素。字号的知名度越高,其为消费者所知悉的地域范围就越大,其受保护的程度就越强。综上,字号是否应受保护与应如何保护字号不是同一逻辑层面上的问题,前者解决的是保护对象的问题,后者解决的是保护程度的问题。因此,决定字号是否应受保护的门槛在于字号的识别性,而非其知名度,否则大量具有识别性的普通字号将无法受到保护。

(二)现有标准将鼓励仿冒或者抢注他人字号的不正当竞争行为,不利于企业,特别是中小企业形成培育字号的良好预期

字号并不是一经使用便能具有知名度,字号由普通到具有一定知名度,再到驰名或者老字号,往往需要企业投入大量的人力、物力资源,甚至需要企业几代人的不懈努力。例如,我们耳熟能详的"雷允上"、"张小泉"等老字号无不经历了上百年的精心打造与培育。现有标准只看到了字号培育的结果,而忽视了更值得保护的培育字号的过程。一方面,大量不具有知名度的普通字号将面临被仿冒或者抢注的危险。实践中,不正当竞争者仿冒或者抢注他人字号的动机大多是为了"搭便车"、傍名牌,但不排除有些竞争者看中的是他人字号的独特设计或者恶意排挤竞争对手。由于新颖、独特的字号更能吸引消费者的眼球,从而可以更快地积累知名度,将很容易被其他竞争者实行"拿来主义",因为字号的识别性不论多强,是否已经在消费者心中建立了联系,在其达到具有一定知名度之前,是不受保护的。另一方面,对于企业,特别是中小企业而言,现有标准无法使他们形成字号培育的良好预期,不能为他们进行字号培育提供法律保障。毕竟在字号具有一定知名度之前,他们的投入和心血是得不到保护的,而且很有可能是为他人做"嫁衣"。

四、字号反不正当竞争法保护的利益裁量

作为未上升为权利的法益,字号的反不正当竞争法保护应当实现字号所有人权益保护与其他竞争者行动自由之间的有效平衡,但合理的路径选择不应依赖抬高字号的保护门槛,而应是严格把握认定侵犯字号不正当竞争行为的归责原则。

(一)字号法律保护背后的利益平衡

侵权行为法对民事权益的保护涉及两个基本利益:一是受害人民事权益的保护,二是加害人行为自由的维护。两者处于一种矛盾关系中。整个侵权行为法的历史就在于如何平衡"行动自由"和"权益保护"。[①] 不正当竞争行为本质上也是一种侵权行为,因此,不正当竞争法对字号的保护同样要协调好"行动自由"和"权益保护"之间的关系。一方面,字号之所以受到法律保护在于其识别性,因此,对于具

① 王泽鉴:《侵权行为法》(第1册),中国政法大学出版社2001年版,第76页。

有识别性的字号,法律都应一视同仁地给予保护,不能为了减少对其他经营者行动自由的影响,只保护其中比较知名的字号。这对普通字号而言是不公平的。另一方面,按照现有的法律规定,字号的保护并不需要像商标权等绝对权那样在全国范围内进行注册并进行公示,其他竞争者无从得知或者难以轻易地获知某个字号是否属于他人的在先权益。因此,法律不能因为要对字号进行保护,而不加区分地规定所有使用他人字号导致消费者混淆的行为都属于不正当竞争。否则,其他竞争者将无法对自己的行为是否侵害他人权益产生合理的预期,从而阻碍行为人的行动自由,而行为自由的缺失,将会使个人的积极性、主动性与创造性丧失殆尽,以此为源动力的社会活力将不再现,以此为基石的社会进步也将停滞不前。[①] 综上,反不正当竞争法既要看到字号作为识别性商业标识应当受到保护的必要性,同时也要看到对字号保护加以合理限制的重要性,寻求一条平衡各方利益的合理路径。

(二)利益平衡的合理路径选择

反不正当竞争法对字号的现有保护已经意识到在权益人与其他竞争者之间进行利益平衡的必要性,但其选择的路径是抬高字号保护的门槛,只有满足"具有一定知名度,为相关公众所知悉"的字号才可以受到保护。字号保护的知名度要件的确可以在一定程度上保护其他竞争者的行为自由,因为字号在特定的市场范围内具有了知名度,实际上便取得了类似于商标注册的公示效应,其他竞争者可以相对容易地确定自己的行为界限,不至于对自己可能承担责任的行为没有起码的"期待可能性"。毕竟"私人间追究责任者从'期待可能性'着眼,只有对加害于人的结果有预见可能者要求其防免,而对未防免者课以责任,才有意义。"[②]但是,现有的途径选择在保护其他竞争者行动自由的同时,却无法为字号提供平等、周延的保护,将一部分应当受到保护的字号阻隔在法律规范之外,存在上文所述的诸多不足。因此,反不正当竞争法应当重新寻找利益平衡的"黄金分割点"。对此,侵权行为法中归责原则的变迁可以为我们提供有益的启示。无论是过错责任、过错推定还是无过错责任,都体现了侵权行为法寻找"黄金分割点"的努力。反不正当竞争法对字号的保护同样可以在不正当竞争者的主观状态方面寻求合理限制。因绝对权利具有公示性,所以无论故意还是过失一般皆可构成侵权;而字号乃未上升为权利的法益,行为人一般只有在故意侵害他人情况下方承担责任。如果行为人明知某个字号是他人在先使用的而擅自使用,并且造成了消费者的混淆,即使该字号尚不具有一定的知名度,此时对该行为人课以民事责任并不会不适当地限制他的行为自由,因为行为人在主观上对此完全具有"期待可能性"。《德国民法典》正是区分绝对权利和法益对侵权者的主观状态作了不同的规定。《德国民法典》第 823 条第 1 款规定:"因故意或过失不法侵害他人生命、身体、健康、自由、所有权或者其他权

---

① 曹险峰:"在权利与法益之间——对侵权行为客体的解读",载《当代法学》2005 年第 4 期。

② 苏永钦:《走入新世纪的私法自治》,中国政法大学出版社 2002 年版,第 304 页。

利的,对给他人造成的损害负赔偿责任。”第 826 条规定:“故意以违背善良风俗的方法损害他人利益的,应当承担损害赔偿责任。”

事实上,按照现行《反不正当竞争法》,行为人只有在主观上为故意才能构成不正当竞争,因此,对字号保护的知名度要求不仅存在诸多不足,而且实属没有必要。对不正当竞争者主观状态的要求已经可以为行为人留下足够的行为空间,从而有效地实现权益保护与行为自由的利益平衡。

五、字号反不正当竞争法保护的制度完善

反不正当竞争法应当回归保护字号识别性的本质,立足于防止混淆的反不正当竞争法基本功能,重新设置字号的法律保护门槛,不仅对具有一定知名度的字号提供保护,而且也对中小企业的普通不知名字号提供保护。

(一)字号的反不正当竞争法保护条件

否定字号的现有保护标准并不是意味着字号的法律保护不需要设置门槛,而是要在利益平衡的原则下重新设置。为此,字号要获得反不正当竞争法的保护必须满足以下条件:

1. 字号具有识别性。识别性或者显著性是所有商业标志受到法律保护的基本前提。字号的识别性是指字号将特定的企业与其他市场主体区别开的能力,包括固有识别性和获得识别性。固有识别性是指字号先天即具有识别性;获得识别性是指字号本身并不具有识别性,但是经过长期的使用而在消费者心中建立起稳定的联系,从而获得了识别性。

2. 字号经过实际使用。字号不论具有多强的显著性,只有实际经过使用才能为消费者所认知,才能在消费者心中建立联系,也才能使字号具有可保护性的实践基础。同时,字号的实际使用对于其他竞争者而言,也是一种公示,从而使其他竞争者明确自己行为的界限。此处的使用首先应当是企业在生产或者销售活动中对外的公开使用;其次,字号的使用应当是在市场上持续使用一段时间,足以使消费者达到认知的程度,不能是为了获得保护而进行的偶尔使用。

(二)防止混淆视角下侵犯字号不正当竞争行为的认定

反不正当竞争法保护字号的基本功能在于防止混淆,这也是各国立法保护字号等商业标识的基本理论基础。防止识别性标识混淆,一般意义而言,在于维护标识的“识别”功能,确保识别性标识具有可辨识、可确认、可区别于其他标志的显著性特色,阻止他人在竞争或非竞争领域使用相同或者类似的符号,以避免混同、欺骗或讹误。[①] 在防止混淆视角下,行为人擅自使用他人字号构成不正当竞争行为的构成要件为:(1)行为人擅自使用了他人的字号。(2)行为人主观上存在故意。行为人只有在主观上明知字号已经为他人在先使用,而仍然擅自使用的情况下,才

① 谢晓尧:“论识别性标示的竞争法保护”,载《法学评论》2000 年第 3 期。

应为自己的行为承担民事责任。(3)消费者足以产生混淆。行为人擅自使用他人字号的后果必须是足以造成消费者的混淆或误认,可以是直接混淆,即消费者将此企业误认为彼企业;也可以是间接混淆,即消费者认为两个企业之间存在投资、控股等关联关系。

需要指出的是,对主观故意的强调,并不是说对于主观上不存在故意,却导致消费者混淆的情形,行为人无需对自己的擅自使用行为履行任何的义务。为了消除消费者的混淆状态,也为了保护字号在先使用人的利益,法律不应放任上述情形的存在,而是应当赋予字号的在先使用人对行为人享有附加区别性标识的请求权。由于行为人并不存在故意,其擅自使用行为并不构成不正当竞争,因此,附加区别性标识并不是民事责任,而是法律上的负担。

综上所述,笔者建议,反不正当竞争法对字号的法律保护应当改"知名度 + 混淆"标准为"识别性 + 混淆",具体文字可表述如下:

故意使用与他人在先使用且具有识别性的字号相同或者相似的标志,足以导致消费者发生混淆的,构成不正当竞争;在后使用者能够证明不存在故意的,不构成不正当竞争,但在先使用人可以请求在后使用者附加足以区别商品来源的其他标识。

(本文发表于《人民司法》2011 年第 1 期)

化解注册商标间权利冲突的合理模式分析

凌宗亮*

【提要】按照现有规定,对于注册商标之间的权利冲突,权利人应向行政机关申请解决,人民法院不予受理。但此种模式不符合民事诉讼效益目标,不利于消费者利益的保护,不具有纠纷解决的周延性。与现有模式相比,人民法院受理注册商标间的权利冲突纠纷后,并不判令在后商标权人停止侵权,而是要求相关权利人附加区别性标识的做法,正视了注册商标之间的权利冲突仍然属于民事纠纷的事实,具有明显的制度优势,是化解注册商标间权利冲突的合理模式。

【关键词】权利冲突　注册商标　附加区别性标识

注册商标间的权利冲突是指不同权利人正当行使自己的商标权导致消费者混淆而产生的权利抵触状态。《最高人民法院关于审理注册商标、企业名称与在先权利冲突的民事纠纷案件若干问题的规定》(以下简称《规定》)对注册商标间的权利

* 凌宗亮,原上海市黄浦区人民法院民三庭助理审判员。

冲突作出了有别于其他知识产权权利冲突的化解模式,即注册商标之间的权利冲突应当按照行政程序优先的原则进行处理。行政程序优先的模式充分考虑到注册商标授权取得方式的特点,缓解了司法权与行政权之间的张力,但却存在极大的制度成本和缺陷。与现有模式相比,人民法院受理注册商标间的权利冲突纠纷后,并不判令在后商标权人停止侵权,而是要求相关权利人附加区别性标识的做法具有明显的制度优势,是化解注册商标间权利冲突的合理模式。

一、注册商标间权利冲突的构成要件及类型

理论及司法实践对于注册商标间权利冲突的构成要件存在诸多不同的认识,其争议的焦点在于注册商标专用权的产生或行使是否需要具有违法性。有人指出,在不同的权利人分别对相同或近似的商标享有权利时,如果注册商标专用权的产生过程没有违反法律,或者不同的权利人都依法行使权利的话,那么,不同的商标权就可以和平共处;反之,如果注册商标专用权的产生过程具有违法性或权利人违法行使权利的话,就会产生权利冲突。① 笔者认为注册商标专用权的产生具有违法性是造成注册商标之间权利冲突的充分条件,但不是必要条件;而权利人违法行使权利造成注册商标之间的权利冲突,并非本文所指的注册商标之间的权利冲突。如果权利人违法或者不正当地行使自己的注册商标权,其便可能侵犯其他权利人的商标权。《规定》对此已经明确作出规定,即对权利人以他人超出核定商品的范围或者以改变显著特征、拆分、组合等方式使用的注册商标,与其注册商标相同或者近似为由提起诉讼的,人民法院应当受理。因此,本文所指的注册商标间的权利冲突是指不同权利人正当行使自己的注册商标权引起消费者混淆而产生的权利抵触状态。

构成注册商标之间的权利冲突应当满足以下要件:(1)不同权利人分别取得相同或者类似商标的注册商标权。由于驰名商标存在跨类保护的问题,因此构成注册商标之间权利冲突的前提并不需要权利人必须在相同或者相似商品上取得商标权。(2)权利人正当行使各自的注册商标权,即权利人均是按照商标法的规定在核定使用的商品上使用核准注册的商标。(3)权利人分别使用自己的注册商标可能引起消费者混淆。注册商标间权利冲突的本质在于商标的使用会引起消费者混淆。商标的功能在于识别不同商品或服务的来源,即使权利人注册取得的商标相同或者相似,但如果公众并不会因此而产生误导,注册商标之间便不会产生抵触状态。

注册商标之间的权利冲突按照不同的标准可以划分为不同的类型。② 但笔者

---

① 朱姝、刘平:"解析商标权与商标权之间的权利冲突",载《现代法学》2004 年第 1 期。

② 有学者按照不同的标准,将知识产权权利冲突划分为:(1)无瑕疵的权利冲突和有瑕疵的权利冲突;(2)确定性的权利冲突和非确定性的权利冲突;(3)具有现实经济利益的权利冲突和具有潜在经济利益的权利冲突;(4)持续型权利冲突和非持续型权利冲突;(5)恶意的权利冲突和善意的权利冲突;(6)现实存在的权利冲突和想象的权利冲突。注册商标之间的权利冲突类型可以参照上述划分。参见周详:"知识产权权利冲突若干问题研究",载《电子知识产权》2004 年第 7 期。

认为类型的划分应以有利于解决问题为依归，为此，笔者以有利于化解注册商标之间的权利冲突为目标，将注册商标之间的权利冲突分为尚在商标争议期间[①]的权利冲突和超过商标争议期间的权利冲突。尚在商标争议期间的权利冲突又可以进一步划分为有瑕疵的权利冲突和没有瑕疵的权利冲突，前者是指在商标申请人主观上明知或应知自己申请注册的商标与他人在先注册商标相同或相似，有可能误导消费者时，仍然积极进行商标申请，并最终由于商标局的过失等原因予以注册，这种权利冲突也可以说是"先天性"冲突；[②]后者是指商标的注册和使用均是严格按照法律规定，只是正当行使商标权时，客观上引起消费者混淆的发生。例如，在先商标或者在后商标经过长时间的使用被认定为驰名商标，可以进行跨类保护，使得原先在不同类别商品上注册取得的相同或相似商标在使用时产生了误导公众的结果。这种权利冲突也可以说是"后天性"冲突。

二、化解注册商标之间权利冲突的现有模式及其不足

《规定》第1条第2款规定："原告以他人使用在核定商品上的注册商标与其在先的注册商标相同或者近似为由提起诉讼的，人民法院应当根据民事诉讼法第一百一十一条第(三)项的规定，告知原告向有关行政主管机关申请解决。……"对此，有人不免会提出质疑，既然注册商标与著作权、企业名称权等在先权利的冲突都属于民事诉讼受理范围，为什么对于注册商标之间的权利冲突却不能一视同仁？而且从法理或逻辑上分析，注册商标间权利冲突的本质仍然是平等主体之间的民事权利冲突，仍然属于民事争议，应当可以纳入民事诉讼的受理范围。面对上述基于法理与逻辑的诘问，有学者指出："注册商标之间的权利冲突不作为民事案件受理，更多的是一种政策上的考虑和选择，而不是法理上的必然选择。所谓政策上的考量，乃是着重于效果上的考虑，即注册商标数量多，判断标准有一定的弹性，倘若将注册商标之间的权利冲突作为侵权案件而纳入民事诉讼受理范围，在目前的情况下是否会引起注册和使用秩序的混乱，没有太大的把握。为最大限度地维护商标的全国集中授权制度，在客观条件不是非常成熟的情况下，不予受理较为稳妥。"[③]但该种政策考虑和选择却并非想象中的"稳妥"，而是存在诸多不足。

1. 现有模式不符合民事诉讼效益目标。在现代社会，正义不仅要以看得见的

---

① 商标争议期间是指《商标法》规定的5年期间。即我国《商标法》第41条第2款、第3款规定："已经注册的商标，违反本法第十三条、第十五条、第十六条、第三十一条规定的，自商标注册之日起五年内，商标所有人或者利害关系人可以请求商标评审委员会裁定撤销该注册商标。对恶意注册的，驰名商标所有人不受五年的时间限制。除前两款规定的情形外，对已经注册的商标有争议的，可以自该商标经核准注册之日起五年内，向商品评审委员会申请裁定。"

② 此种情形不包括我国《商标法》第41条第1款规定的情形，即已经注册的商标，违反本法第10条、第11条、第12条规定的，或者是以欺骗手段或者其他不正当手段取得注册的，由商标局撤销该注册商标；其他单位或者个人可以请求商标评审委员会裁定撤销该注册商标。该款规定没有5年的期限限定。

③ 孔祥俊：《商标与不正当竞争法原理和判例》，法律出版社2009年版，第527页。

方式实现,而且要以高效的方式实现,否则迟来的正义便是非正义。因此,诉讼效益是任何诉讼制度、任何诉讼类型都必须高度重视的问题。按照现有模式,在先注册商标权人若想保护自己的民事权益,首先应按照《商标法》的规定向商标评审委员会请求撤销在后注册商标,而当事人对商标评审委员会的裁定不服的,还需要进行二审终审制的行政诉讼程序,这相较于法院直接受理权利人之间的争议而言,无疑是十分漫长的。权利人要最终解决注册商标之间的权利冲突很有可能要经过4~5年的漫长等待。其间大量的行政资源、审判资源和当事人的时间、物质成本被耗费在漫无止境的诉讼程序中,商标权人即使最终胜诉也是一种迟到的正义。①

2. 现有模式不利于消费者利益的保护。我国《商标法》第1条规定:"为了加强商标管理,保护商标专用权,促使生产、经营者保证商品和服务质量,维护商标信誉,以保障消费者和生产、经营者的利益,促进社会主义市场经济的发展,特制定本法。"从商标法的立法目的可以看出,保护消费者利益是我国《商标法》的重要立法宗旨之一。因此,消费者利益不仅应在有关商标权的实体规范中有所体现,在处理商标争议的程序规定中同样应该有所体现。反观现有处理注册商标之间权利冲突的程序规定,我们却找寻不到消费者利益的身影。注册商标之间权利冲突的根源在于相同或相似商标的使用会导致消费者混淆,否则冲突也不会产生,但现有模式却有放任消费者混淆之嫌。一方面,行政程序解决注册商标之间的争议往往需要几年的时间,在注册商标最终被撤销前,权利人都有权使用自己的商标,从而使消费者混淆的状态一直持续,直到行政程序终结。另一方面,漫长的行政程序得出的结论还有一种可能,即在后注册商标继续维持有效。在这种情况下,消费者混淆的状况将面临无法获得救济的尴尬。因为人民法院不会受理注册商标之间的争议。因此,无论是在后注册商标最终被撤销还是维持,在现有模式下,消费者的利益都无法获得及时、应有的保护。

3. 现有模式不具有解决权利冲突的周延性。任何纠纷解决程序的设计都应考虑到可能发生纠纷的所有情况,使各种可能发生纠纷的情形都可以寻找到救济的途径。但现有冲突化解模式存在极大的不周延性。根据上文对注册商标间权利冲突的分类,首先,现有模式无法解决已经超过商标争议期限的权利冲突。根据《商标法》第41条的相关规定,行政程序处理注册商标之间的争议是有期限的,即除恶意注册的,驰名商标所有人不受5年时间的限制,对其他注册商标之间的争议,在先注册商标权人必须在5年内向商标评审委员会提出撤销的请求,否则在后注册商标便成为不可争议商标。在先注册商标权人无法再通过行政程序解决与在后注册商标间的冲突。其次,现有模式无法解决没有瑕疵的注册商标间的冲突。例如,两个注册商标在注册当时并不会导致权利冲突,但是随着其中某个商标的使用、宣

---

① 张耕:"商标权无效程序的重构——以诉讼效益为视域",载《知识产权战略与商标法修改国际论坛》论文集。

传等,知名度逐渐提高,进而导致消费者发生混淆而产生注册商标间的权利冲突。由于此种冲突属于“后天性”冲突,在后商标注册时申请人并不存在主观恶意或者不正当行为,因此,即使进入行政程序,商标局或者商标评审委员会也无法撤销在后商标。最后,对在先注册商标权人已经通过商标异议程序对在后注册商标提出异议但被驳回,进而无法通过商标争议程序请求撤销的情形,现有模式同样缺乏预见。根据《商标法》第42条①之规定,针对在后注册商标,如果在先注册商标权人在其核准注册前已经提出异议并经裁定的商标,不得再以相同的事实和理由申请注册商标争议的裁定。此外,即使对于有瑕疵的“先天性”权利冲突,基于各种考虑,行政程序最终也可能维持在后注册商标的效力。例如,基于历史原因而产生的商标权共有状态,或者各使用人对商标的知名度均有实质性贡献,商标归属哪一方都有失公平。

由此可见,行政程序优先,民事司法程序不予介入的化解模式并不能充分、有效、及时地化解注册商标之间的权利冲突,我们需要探寻真正契合化解注册商标之间权利冲突的全新模式。

三、化解注册商标之间权利冲突的合理模式分析

人民法院解决纠纷、化解矛盾应当充分考虑其中所涉的不同利益诉求,从中找寻最有利于平衡各方利益的解决模式。注册商标之间权利冲突涉及三个层面的利益考量,即司法权与行政权之间的协调、权利冲突中在先权利与在后权利的保护以及消费者利益的维护。现有模式采取人民法院不予受理、行政程序优先的做法顾及了司法权与行政权的协调,但却忽视了权利人及消费者利益的保护,存在诸多弊端,因此,人民法院应当受理注册商标之间的权利冲突。而这并不必然会破坏商标集中授权制度,引起商标注册和使用的混乱,关键是人民法院立足何种裁判思维,采取何种裁判策略。笔者认为,处理注册商标间的权利冲突不应采取非此即彼的裁判思维,简单判令在后商标停止侵权,而应采取权利共存的裁判思维,采取要求在后权利人附加区别性标识的策略,以消除消费者的混淆状态,进而化解注册商标间的权利冲突。

(一)判令停止侵权模式不是可行的替代选择

司法实践中处理其他知识产权权利冲突,往往按照保护在先权利的原则,在认定在后权利构成侵权的前提下,判令在后权利人停止侵权以消除权利冲突状态。但是,对于化解注册商标间的权利冲突,此种模式并非可行的替代选择,其虽然充分考虑了在先权利人的利益保护,也可以消除注册商标间的冲突状态,但却无法充分兼顾司法权与行政权的协调以及在后权利人及消费者利益的保护,存在一定的制度成本。

---

① 我国《商标法》第42条规定:“对核准注册前已经提出异议并经裁定的商标,不得再以相同的事实和理由申请裁定。”

1. 停止侵权模式可能会导致商标注册和使用秩序的混乱,不符合政策上的考虑和选择。由于商标采取全国集中授权的注册取得模式,商标专用权的获得、撤销以及注册商标间的争议都有相对比较完善的行政程序规定,如果人民法院也可以通过司法程序解决两个注册商标间的争议,判令在后商标构成侵权,应当停止使用,将有可能会造成现有的商标全国集中授权制度的混乱。这也正是《规定》采取行政程序优先的原因所在。因此,停止侵权模式没有顾及司法权与行政权的协调。

2. 停止侵权模式同样具有冲突解决的不周延性。对于已经超过商标争议期限的注册商标权利冲突,按照《商标法》第 41 条的相关规定,在后商标此时已成为不可争议商标,其效力已经具有了确定力。该规定的初衷在于鼓励在先权利人积极行使权利,维护现有权利秩序的稳定性和可预测性。如果人民法院仍然可以判令已经变得无可争议的商标构成侵权,应当停止使用,那么《商标法》第 41 条的规定将变得形同虚设,有违商标法的初衷。对于没有瑕疵的权利冲突,由于在后商标的注册并不存在不正当行为,因而并没有侵犯在先注册商标人的权利,人民法院无法适用停止侵权的方式解决其间的冲突。鉴于此,日本和加拿大的司法实践通过权利平衡原则,对法官停止侵权的裁判方式进行限制。例如,其规定在以下情况下,法官不能判令在后权利人停止侵权:(1)双方在不同区域,几乎同时注册,对商标和商号的宣传均作了大量的投入,而且在初期二者都无知名度,但后来某一方的知名度提升的情况下,不能笼统地保护在先权利;(2)双方在不同区域,一方注册在先,另一方善意注册在后,且后一方经过努力提高知名度后,不能只保护在先权利。[①]

3. 停止侵权模式可能不利于权利冲突中在后权利人及消费者利益的保护。即使在后商标注册时的确存在不正当行为,侵犯了在先注册商标人的权利,但在后商标如果已经经过大量宣传获得了较高知名度,此时简单采取停止侵权的模式纵然合法,但却不合理,无法实现法律效果与社会效果的统一。一方面,权利冲突往往具有相互性。科斯在分析“公害”及诸如此类的侵权案件时便指出:“人们一般将该问题视为甲给乙造成损害,因而所要决定的是:如何制止甲?但这是错误的。我们正在分析的问题具有相互性,即避免对乙的损害将会使甲遭受损害,必须决定的真正问题是:是允许甲损害乙,还是允许乙损害甲?”[②]江苏省高级人民法院民三庭在一份调研报告中也指出:“对于被告经过长期经营努力与广告宣传,其侵权标识有了相当的知名度,原告诉讼请求其停止使用相关商业标识的,是否应予支持?目前的做法是,调解不成的,均依法判决被告停止侵权,但是,不少同志认为这种一刀

---

① 胡充寒、肖启明:“权利冲突案件中停止侵权判决方式的选择及限制”,载《法律适用》2008 年第 10 期。

② [美]罗纳德·哈里·科斯:“社会成本问题”,载《论生产的制度结构》,盛洪、陈郁译校,上海三联书店 1994 年版,第 142 页。

切的裁判方式不妥，可以规定变通的救济方式，使法律效果与社会效果有机统一。”①

另一方面，对消费者来说，停止侵权模式虽然消除了权利冲突给消费者造成的混淆，但一个他们认可的具有较大知名度的商标也因此消失，一个联系被割断了，对消费者造成的不便同样是显而易见的。如果该商标被停止使用后，在先权利人又许可给其他竞争者，这时商标的标识作用不再是积极的指引，而是误导消费者了。② 可见，如果在后商标已经具有较高知名度，采取停止侵权的裁判方式将会切断消费者选购商品时的“路径依赖”，其不得不重新花费大量的时间、金钱去体验新的品牌，这对消费者的生活将带来极大的不便。

（二）附加区别性标识模式是合理的裁判选择

附加区别性标识模式是指人民法院受理注册商标间的权利冲突后，并不是通过判令在后权利人停止使用其注册商标的方式来消除权利冲突状态，而是要求在后权利人使用其注册商标时必须附加区别性标识，以避免消费者发生混淆，从而消除权利冲突状态。例如，在使用自己的注册商标时另外附加区别性的文字、图形等。与行政程序优先模式以及停止侵权模式相比，附加区别性标识模式兼顾了各方的利益平衡，存在明显的制度优势。

首先，附加区别性标识模式并不审查在后注册商标是否构成侵权，并不会判令权利人停止使用在后注册商标，从而避免了商标虽然经过商标局合法注册但是不能正常使用的尴尬，有效维护了商标的全国集中授权制度，符合现有行政程序优先模式所负载的“政策上的考量”。

其次，附加区别性标识策略能够解决所有注册商标间的权利冲突。注册商标间的权利冲突的本质是不同注册商标的同时使用造成消费者的混淆，因此，如果通过附加区别性标识能够消除消费者的混淆状态，注册商标间的权利冲突自然也就迎刃而解。由于并不涉及在后商标停止侵权的问题，无论是已经经过争议期限的，还是尚在争议期限的权利冲突，无论是有瑕疵的，还是没有瑕疵的权利冲突，附加区别性标识模式都可以适用。

最后，附加区别性标识模式在解决注册商标间权利冲突的同时，并不会影响在后权利人及消费者的利益，可以实现各方利益的共赢。一方面，该模式可以消除消费者的混淆状态，化解注册商标间的权利冲突，达到定分止争的效果；另一方面，该模式又不会对现有的秩序造成影响。在后权利人仍然可以继续使用自己的注册商标，消费者仍然可以基于先前的购物体验进行认牌购物，无须担心陷入上文所述的“新的混淆”。

实际上，附加区别性标识模式已经在国内外立法中有所体现。例如，《最高人

① 江苏省高级人民法院民三庭：“依法保护在先权利”，载《人民司法》2005 年第 1 期。

② 刘红：“基于衡平理念探析知识产权权利冲突”，载《中华商标》2004 年第 4 期。

民法院关于审理不正当竞争民事案件应用法律若干问题的解释》第2条第2款作出了类似的规定:“因后来的经营活动进入相同地域范围而使其商品来源足以产生混淆,在先使用者请求责令在后使用者附加足以区别商品来源的其他标识的,人民法院应当予以支持。”《日本商标法》第24条第4项规定:“不同商标注册权人之间认为对方对商标的使用存在混同危险、可能危害自己的利益时,有权请求对方在自己的商品或服务上附加适当的区别性标记。”

四、结语

注册商标间权利冲突的确涉及商标集中授权制度等政策上的考量,这需要由商标局等行政机关处理,但“上帝的归上帝,凯撒的归凯撒”,人民法院完全可以在受理注册商标间权利冲突之后,仅仅对权利冲突中的民事争议进行处理,即解决消费者的混淆状态,而不触及其中的“政策”因素。附加区别性标识模式正是抓住了注册商标间权利冲突的实质,不仅充分平衡了冲突各方的利益,也兼顾了其中的政策考量,在维护商标全国集中授权制度的前提下,使注册商标间的权利冲突得到有效解决,应是解决注册商标间权利冲突的合理裁判选择。

(本文发表于《上海政法学院学报》2011年第6期)

商标独占许可使用人对专用权人的诉讼路径

——以请求权基础为视角

凌宗亮*

一、问题的缘起

2008年10月,被告朱某与原告王某签订《商标独占使用许可合同》,约定朱某将其注册的商标“蜻蜓图形”许可王某在中国大陆独占性使用,商品范围为裤类系列,使用期从2008年10月起3年,并对该合同进行了备案。同年12月,被告朱某开始在自己生产的男休闲裤、西裤等商品上使用上述商标,主要经营范围为山东省。原告发现被告的使用行为后,向法院提起诉讼,要求被告停止侵犯其对“蜻蜓图形”商标享有的独占许可使用权的行为,并赔偿经济损失。

对于本案的处理,司法实践中存在不同的观点。一种观点认为,商标独占使用许可是指商标注册人在约定的期间、地域以约定的方式,将该注册商标仅许可一个被许可人使用,商标注册人依约定不得使用该注册商标。因此,在被许可的地域和期限内,商标独占许可使用人有权禁止包括商标专用权人在内的任何人使用特定

* 凌宗亮,原上海市黄浦区人民法院民三庭助理审判员。

的商标,本案中原告可以要求商标专用权人停止侵权,并赔偿损失。另一种观点认为,虽然商标独占许可使用人有权禁止包括商标专用权人在内的任何人使用特定的商标,并且在商标专用权被侵害时,有权向人民法院提起诉讼,但商标专用权人违反约定在许可的地域和期限范围内使用了自己的商标,并不构成侵权行为,而是违约行为,商标独占许可使用人只能提起违约之诉。还有观点认为本案中商标专用权人的行为构成侵权行为和违约行为的竞合,原告可以选择其中一个案由进行诉讼。

笔者同意第二种观点。在商标专用权人违反商标独占使用许可合同的约定,自己又擅自使用涉案商标的情形下,商标专用权人的擅自使用行为并不构成侵权,而是构成违约。商标独占许可使用人无权对商标专用权人提起侵权之诉,只能提起违约之诉。实践中之所以会出现如上的分歧,在于实践中对商标独占许可使用权以及被许可人享有诉权的理论基础存在错误的认识。

二、现有法律体系下商标独占许可使用权为相对权而非绝对权

由于独占许可使用人在特定的地域和期限范围内可以独占性地使用特定的商标,包括商标权人在内的不特定第三人都无权使用,因此,人们大多认为独占许可使用权为绝对权,在很多判决书中也都有"被告侵犯了原告享有的独占许可使用权"的表述,但此种认识既没有法律依据,也缺乏理论支撑。

1. 独占使用许可权为绝对权的观点没有明确的法律依据。首先,由于绝对权具有对抗不特定第三人的效力,基于维护市场交易、避免过分干涉不特定第三人行为自由的考虑,许多国家对绝对权均实行权利法定原则,即绝对权的性质、种类、内容、效力等均由法律明确规定,行为人不能基于意思自治自行设定绝对权或者改变绝对权的内容。我们国家立法也不例外。例如,《物权法》第 4 条规定:"物权的种类和内容,由法律规定。"我国《商标法》虽然没有明确规定商标权的种类和内容由法律规定,但是作为绝对权,其同样应遵循权利法定原则。然而《商标法》及相关的司法解释虽然都对商标使用许可进行了规定,但对独占许可使用权的性质及内容并没有明确的界定。仅仅依据商标使用许可合同并不能产生具有排他力、对抗力的绝对权。例如,按照现行《物权法》的规定,承租人基于房屋租赁合同获得的房屋使用权并不是具有排他力的绝对权,而是一种债权。因此,独占许可使用人依据商标独占使用许可合同获得的商标使用权同样不是绝对权,其"独占"的属性并不是基于法律的规定,而是基于合同的约定,其约束力指向的是合同的另一方当事人,即商标专用权人不能继续许可第三人使用其商标,也不能自行使用其商标;而并非指向不特定的第三人,第三人未经许可使用被许可的商标侵犯的仍然是商标专用权,而不是商标独占许可使用权。其次,从《民事案件案由规定》也可以看出独占许可使用权并非绝对权。《民事案件案由规定》中"商标权属、侵权纠纷案由"项下只有"商标专用权权属纠纷"和"侵犯商标专用权纠纷"两个子案由,并没有侵犯商标独占许可使用权的案由规定。基于商标独占许可使用合同产生的纠纷,其案由应定为“商标合同纠纷”项下的“商标使用许可合同纠纷”。

2. 独占许可使用权为绝对权的观点缺乏理论支撑。德国学者海因·克茨曾指出:“民法区分绝对权与相对权的意义在于实现法律的调整,法律对绝对关系必须采取权利法定原则,这一限制原则与绝对权可以对抗一切人的事实相联系。所有的绝对权必须公示,使得每个社会成员(在民事活动中)考虑到这些权利关系,避免侵犯他人权利。但这对于相对关系来说却是不必要的,因为其效力仅限于当事人之间。”可见,公示制度是绝对权获得对世效力的正当性基础,也是绝对权和相对权的本质区别,无公示即无排他。绝对权为相对人设定了普遍的不作为义务,但是在人们朴素的伦理观念中又普遍存在着“不知者不为过”的信条,法律不能为相对人施加不合理的注意义务。因此,我们需要在绝对权的对世效力和相对人的注意义务间寻求一种相对的平衡,权利公示制度无疑是使二者达致平衡的最佳方式,通过权利公示,权利状态获得了客观的可以识别的外在表征,同时亦合理地设置了相对人的注意义务,使绝对权的排他性获得了正当基础。而按照《商标法》第40条的规定,商标使用许可合同仅仅需要进行备案,并不需要像商标转让那样进行公示。虽然《最高人民法院关于审理商标民事纠纷案件适用法律若干问题的解释》(以下简称《解释》)第19条规定:“商标使用许可合同未在商标局备案的,不得对抗善意第三人。”但备案产生的对抗力并不是指商标被许可人获得的独占使用许可权具有对抗力,而是指商标专用权人重复许可时,经过备案的合同优先于未经备案的合同。因此,商标独占许可使用权并没有进行公示,也不需要进行公示,赋予其绝对权的对世效力将会对不特定的第三人苛加过高的注意义务,不具有正当性基础。

三、《解释》赋予独占许可使用人诉权的理论基础为诉讼担当

也许有人会提出这样的反驳,既然独占许可使用权不是绝对权,为什么《解释》第4条还赋予独占许可使用人针对侵权行为向法院起诉的权利?因为按照“无实体权利即无诉权”的观点,商标独占许可使用人应该没有诉权。笔者认为商标独占许可使用人之所以享有诉权,并不是因为其享有的是绝对权,而是因为其对实体权利的行使或者保护享有利益,即对提起诉讼具有诉的利益。

(一)诉权主体与实体权利主体并非绝对同一

由实体权利主体享有诉权是诉权行使的常态,但这并非意味着实体权利主体必然是诉权的主体。随着民事诉讼理论及实务的不断发展,人们逐渐意识到诉权与实体权利虽然存在密切的联系,但并非浑然一体,而是相互具有独立性。我国司法实践中诉权与实体权利之间关系的认识也经历了一个变迁的过程。起初,按照《民事诉讼法》第108条关于起诉条件的规定,原告必须是与本案具有直接利害关系的公民、法人和其他组织,因此,当事人被严格限定于实体的直接利害关系人,只有实体权利的主体才有权向法院提起诉讼。然而,基于民事诉讼实践发展的需要,“与本案有直接利害关系”的含义被解释得越来越宽泛,司法实践开始承认为保障自己合法利益或依法保护他人的利益,可以依法提起民事诉讼,即任一对诉讼标的有法律上“利益”的人都可以成为民事诉讼当事人。于是,诉权主体与实体权利主体分离的现象日益普遍,也逐渐开始为立法所认可,如破产清算人、遗产管理人等便可以以自己的名义起诉。我国《商标法》第53条也规定:“有本法第五十二条所列侵犯注册商标专用权行为之一,引起纠纷的,由当事人协商解决;不愿协商或者协商不成的,商标注册人或者利害关系人可以向人民法院起诉……”可见,针对侵权行为,可以起诉的主体已经不仅仅限于商标注册人,而是扩大到利害关系人。

(二)独占许可使用人的诉权是源于其对商标专用权享有诉的利益

虽然《解释》第4条第2款规定,在发生注册商标专用权被侵害时,独占使用许可合同的被许可人可以向人民法院提起诉讼。但独占许可使用人提起诉讼的基础不在于其享有的独占使用许可权为具有对世性的实体权利,而是其对商标专用权享有诉的利益,是上述所称的商标注册人的“利害关系人”。因为在许可合同约定的地域和时间范围内,只有独占许可使用人可以使用许可的商标,侵犯商标专用权行为的存在不仅会对商标专用权人的利益造成损害,同时也会直接影响独占许可使用人对商标的正常使用,特别是侵权商品存在质量低劣等情形时,如果不及时制止侵权行为,消费者将会因为购买到侵权商品而对独占许可使用人许可使用的商标产生负面的影响,进而影响独占许可使用人的生产经营。因此,在注册商标专用权被侵害时,独占许可使用人对制止侵权行为享有诉的利益,可以以自己的名义向人民法院提起诉讼。这就是民事诉讼中的诉讼担当理论。所谓诉讼担当,即实体法上的权利主体或法律关系以外的第三人,以自己的名义,为了他的利益或代表他人的利益,以正当当事人的地位提起诉讼,主张一项他人享有的权利或他人法律关系所生争议,法院判决的效力及于原来的权利主体。原来不是民事权利或法律关系主体的第三人是诉讼担当人,原来的权利主体是被担当人。因此,独占许可使用人享有诉权的实体权利基础仍然是商标专用权,其提起诉讼的前提是商标专用权受到侵犯,而不是独占许可使用权受到侵犯。在商标专用权人违反独占许可使用合同的约定自行使用其注册商标时,并不存在第三人侵犯商标专用权的行为,独占许可使用人无权提起侵权之诉。

综上,独占许可使用人之所以有权提起诉讼,并不是因为其享有独占许可使用权这一绝对权,而是因为其对保护商标专用权享有固有的利益,进而对提起诉讼具有诉的利益。现有法律体系下,被许可人依据商标使用许可合同获得的独占许可使用权并不是具有对世效力的绝对权。本案中,商标专用权人违反独占许可使用合同的约定自行使用注册商标的行为,并不构成对独占许可使用权的侵权,独占许可使用人只能对商标专用权人提起违约之诉。

(本文发表于《人民法院报》2001年2月23日;
《上海审判实践》2011年第5期)

商标被动使用的证伪与公众使用商标的提出

——也评“索爱”等商标俗称的法律保护

凌宗亮*

【提要】现行司法实践对“索爱”等商标俗称的保护,或者缺乏明确的法律依据,或者存在合法但不合理的困境,无法实现经营者与社会公众利益的有效平衡。而商标被动使用的应对并不是合理的制度选择。被动使用不仅混淆了商誉与商标的关系,而且误读了消费者在商标法中的核心地位,不利于与商标法其他制度的体系协调。事实上,商标使用是一项具有丰富内涵的制度,在商标生成、商标维持、商标侵权等不同阶段,商标使用的内涵也是不同的。就商标的生成而言,商标使用应注重结果,而不是目的或过程,不管是否以销售商品为目的,只要能够使特定的标识产生识别功能,这种使用就是一种商标的使用。为此,社会公众亦可以基于对特定标志的长期使用而使这些标志产生商标的功能,商标俗称即是社会公众使用的结果,相关权益自然应归社会公众享有。对于第三人恶意抢注公众使用商标的,任何人可以依据《商标法》第41条的规定请求撤销,或者以利害关系人的名义提起公益诉讼;公众使用商标所识别的相关经营者也可以基于公众使用商标与自己享有的注册商标、企业名称等商业标志构成相似为由,请求撤销第三人抢注的商标或者提起民事诉讼,保护自己商誉的同时,也可以实现对公众使用商标的间接保护。

【关键词】注册商标　商标俗称　被动使用

商标俗称是指此类商标之所以具有识别性或者与特定的经营者建立起联系,并不是由于特定经营者对商标进行了使用,而是基于社会公众的使用行为。例如“索爱”并不是索尼爱立信公司使用的商标,但其却基于公众的不断使用而指向了索尼爱立信公司。随着“索爱”商标纠纷案再审申请的被驳回,“索爱”、“伟哥”等商标俗称的法律保护引起了理论及司法实践的极大争论。鉴于现有立法、司法实践对商标俗称及相关消费者利益保护的不足,有学者及法官提出应当在商标法中引入商标被动使用的概念,[①]将社会公众对商标的宣传、报道和评论等使用行为界定为经营者的被动使用,进而为经营者及时制止第三人恶意抢注商标俗称的行为

---

* 凌宗亮,原上海市黄浦区人民法院民三庭助理审判员。

① 主要参见邓宏光:“为商标被动使用行为正名”,载《知识产权》2011年第7期。王东勇、仪军:“抢注未注册商标之在先使用的司法认定——评索爱商标案”,载《电子知识产权》2011年第7期。董慧娟:“澳大利亚Barefoot案对商标使用含义的突破及引发的思考”,载《电子知识产权》2011年第5期。杨敏:“粗话库背后的新思考”,载《中华商标》2010年第8期。

提供正当性基础,也为人民法院的司法裁判提供法律依据。但商标被动使用理论忽视了社会公众亦可以基于实际使用行为成为商标专用权人的事实,使本属于商标法公共领域的财产划归相关经营者私人享有,并不是保护商标俗称的合理制度选择。按照"谁使用谁享有商标权"的正义理念,本文提出,商标法应当确立公众使用商标制度,以期为商标俗称的法律保护提供一种新的思路。

一、缘起:商标被动使用何以产生

之所以有人主张商标法应当引入被动使用概念,源于近年来商标评审及司法实践对"索爱"、"伟哥"、"陆虎"等商标纠纷案的裁决结果无法为这些商标俗称提供充分的保护,纵容商标恶意抢注的同时,也将放任消费者混淆误认状态的发生。

(一)商标俗称司法保护的困境

在第三人抢注并使用"索爱"商标俗称案中,一审法院认为,"索爱"已被广大消费者和媒体认可并使用,具有了区分不同商品来源、表彰产品质量的作用,这些实际使用效果、影响自然及于索尼爱立信通讯公司和索尼爱立信公司,其实质等同于他们的使用。因此,尽管索尼爱立信公司认可其没有将"索爱"作为其未注册商标进行宣传,但消费者和媒体长期的宣传使用,已经达到了索尼爱立信公司自己使用"索爱"商标的实际效果,故"索爱"实质上已经成为该公司在中国使用的商标。①

二审法院则认为,被抢注的商标是指他人已经使用并有一定影响的商标。商标的使用,包括将商标用于商品、商品包装或者容器以及商品交易文书上,或者将商标用于广告宣传、展览以及其他商业活动中。因此,被抢注的商标应当由被抢注人自己在商业活动中予以了使用。由于索尼爱立信公司未将"索爱"作为商标进行商业性的使用,一审法院的认定缺乏法律依据。② 最高人民法院亦认为,在争议商标申请日前,索尼爱立信公司并无将争议商标用作其商业标识的意图和行为,相关媒体对其手机产品的相关报道不能为其创设受法律保护的民事权益。③

从中可见,尽管法院已经查明抢注人明知"索爱"已经在相关公众中建立了较高的知名度,并且指向索尼爱立信公司的产品,其仍然在相同商品上将"索爱"注册为商标,主观恶意是十分明显的。但由于索尼爱立信公司并没有实际使用"索爱"商标,一审法院的判决虽对抢注商标的行为予以规制,但却缺乏明确的法律依据。而二审法院的判决遵循了《商标法》的相关规定,却有纵容商标抢注行为、导致消费者利益受损之嫌。

(二)商标被动使用的应对及其理由

为解决"索爱"等商标俗称保护的不足,有人提出:"对《商标法》第三十一条关于'不得以不正当手段抢先注册他人已经使用并有一定影响的商标'的理解不宜

---

① 参见北京市第一中级人民法院(2008)一中行初字第196号行政判决书。

② 参见北京市高级人民法院(2008)高行终字第717号行政判决书。

③ 参见最高人民法院(2010)知行字第48号民事裁定书。

过于僵化、严格。法官可以结合商标法的基本原则,在考察商标法立法本意的基础上,结合市场实际情况,根据在先使用主体的不同,将在先使用分为被动使用和主动使用两种不同的情形。所谓被动使用,即消费者或者相关公众主动地用某一标志指称特定商品或服务的某一生产者或者服务者,从而使该标志实际发挥商标作用的行为。与其对应的即为主动使用,生产者或者服务者主动地将某一标志作为商标进行宣传等使用行为,从而使该标识实际发挥了商标作用的行为"。① 有学者甚至认为:"只有以消费者为核心的社会公众,将特定标志视为识别特定经营者商品或服务的标记,该标志才真正成为商标。这种结果只有通过商标被动使用行为才能达致。因此,商标被动使用行为不仅是商标使用行为,而且在商标使用体系中居于绝对的核心地位:它不仅能够实现特定标志转化为商标,而且是特定标志转化为商标的必经途径;它不仅不需要转化为商标主动使用行为,相反,后者需要依赖它才能发挥作用;它既可能符合商标权人的内在意思,也可以违背其意志而独立成立。"②综观各种关于被动使用的论述,支持被动使用的理由主要有以下两点:

1. 商标被动使用符合商标权劳动取得理论。商标之所以有价值,在于它代表了经营者的商誉。商标权使用取得学说强调的是商标权人通过劳动获得了商标背后的商业信誉,而不是通过劳动建立商标与经营者之间的联系。在商标被动使用行为中,虽然特定商标与经营者之间的联系并不是经营者通过自己的劳动建立的,但商标背后所体现的经营者的商业信誉,则是经营者自己辛勤劳动的结果。

2. 商标被动使用符合商标权保护的基本理念。商标被动使用行为在商标与特定经营者之间建立了联系,使该商标已经成为经营者商誉的象征。如果不赋予经营者对这种联系一定的排他性权利,任由其他人对该商标加以利用,将可能导致消费者发生混淆和误认。相反,如果承认经营者对商标被动使用行为所建立的稳定联系享有相应的权益,则有助于制止可能导致消费者混淆的商标使用行为,与商标权保护的基本原理一脉相承。

二、质疑:商标被动使用是否正当

无论是从商誉与商标的关系,还是消费者的核心地位以及商标法的体系协调等视角,商标被动使用都缺乏应有的正当性和解释力。

(一)基于商誉与商标关系的分析

被动使用论者的主要理由是认为社会公众对商标使用的结果是使该商标承载了经营者的商誉,而商标之所以受到保护并不在于商标与经营者的联系,而在于商标承载的商誉,因此经营者应享有社会公众使用商标而产生的利益。这种观点实际上混淆了商标与商誉的关系。商标由"标记或标记组合"构成,其最本质的特征

① 王东勇、仪军:"抢注未注册商标之在先使用的司法认定——评索爱商标案",载《电子知识产权》2011年第7期。

② 邓宏光:"为商标被动使用行为正名",载《知识产权》2011年第7期。

在于显著性或者识别性,即识别商品或服务来源的能力。而商品和服务提供者作为市场上的经营性主体,必定会在市场上留下"痕迹"。这种痕迹就是市场其他主体(包括消费性主体和其他经营性主体)对特定经营性主体综合品质的认知,可以概括为对特定经营性主体综合品质的市场评价。其中对特定经营性主体综合品质的肯定性认知或者说积极的市场评价就是商誉。[①] 商标既然能够识别商品或服务的来源,与商品或服务的提供者建立联系,必然也会承载或表征商品或服务提供者包括商誉在内的综合品质,如商品或服务提供者的技术水平、资金实力、质量标准、经营理念、管理能力等信息。但商标与商誉之间所呈现的是一种虽相互影响但彼此独立的关系。

一方面,商标与商誉之间的确存在密切的联系。在商标可以表征或承载经营者商誉的意义上,赋予经营者商标专用权,在保护商标识别性的同时,也可以保护经营者的商誉,防止第三人搭便车、傍名牌的行为。而商誉的提高也有助于商标知名度的提高,从而使商标获得更强的保护。另一方面,商标与商誉之间又是彼此独立的。首先,从二者的形成过程看,商标的形成并不以商誉的存在为前提。即使某企业刚刚设立,其注册的商标也并未实际使用,但只要特定的标记具备识别商品或服务来源的能力,该标记对经营者就具有独立的价值,可以被评估、转让、许可。但此时该企业可能并不具有商誉。在沸沸扬扬的"三聚氰胺"奶粉事件中,声名狼藉并最终破产的"三鹿"公司可谓商誉全无,但其拥有的"三鹿"商标以及相关保护性商标却仍以730万元的价格得以拍卖成功,即可以很好地说明商标与商誉之间的独立性。其次,从表征与被表征的关系看,商标可以表征经营者的商誉,但也可以表征经营者的负面的信息或评价;而商标也并非表征商誉的唯一载体,除此之外,企业名称、字号、经营场所的装潢设计、产品包装等企业的识别系统或符号均可以表征经营者的商誉。因此,商标与商誉并非一一对应的关系。经营者的商誉受到侵害并不必然意味着其商标专用权也受到侵害,也有可能是经营者的企业名称、知名商品特有名称等反不正当竞争法保护的标识资源受到侵害。因此,就商标被动使用而言,社会公众对"索爱"等商标俗称的使用行为虽然客观上使这些商标指向了特定的经营者,承载了经营者的商誉,但鉴于商标与商誉的独立性,享有商誉的经营者并不必然也应对该商标享有权利,特别是这些商标指向的经营者尚没有建立起商誉时,被动使用论者的观点显然更经不起推敲。

(二)基于消费者地位的分析

被动使用论者的另一个理由是,只有以消费者为核心的社会公众,将标志视为识别经营者或服务的标记,该标志才真正成为商标,这种结果只有通过商标被动使用行为才能达致。因此,以消费者为代表的社会公众才是商标制度预设的使用主

---

① 朱谢群:"商标、商誉与知识产权——兼谈反不正当竞争法之归类",载《当代法学》2003年第5期。

体。该理由看到了消费者在商标法体系中的核心地位,但却存在偷换“使用”概念之嫌。诚然,以消费者为代表的社会公众是商标的决定者、评判者和缔造者。“只有当消费者而不是其他人将商标视为表示商品或服务来源的标志时,商标才开始存在。只有通过消费者的认知,商标的功能才能够发挥。只有当消费者因商标而可能发生混淆时,才存在商标侵权。”①但无论是商标实际获得显著性,还是商标知名度的提高,都是经营者实际进行使用宣传的结果,消费者在这一过程中不需要付出任何的劳动,更无需任何的商标使用行为。商标与消费者之间的联系或者作用并不是通过表现于外的、看得见摸得着的行为而实现的,而是发生在消费者的心理过程中。有学者甚至认为,作为最“善于思维”的知识财产,商标纯粹存在于消费者脑海中。商标法的原理也是“建立在主要是虚构的‘消费者概念’的基础之上”的。② 具体而言,作为建立在消费者心理认知基础上的财产,商标显著性、混淆和淡化等基本范畴都是对消费者特定认知状态的抽象概括,它们均表现为某种心理联想。显著性是指商标能使消费者产生有关商品出处的联想,混淆意味着侵权商标让消费者产生有关商品出处的错误联想,弱化和丑化则分别对应着削弱驰名商标显著性和损害其声誉的联想。③

因此,虽然消费者在商标法中发挥着重要的作用,消费者也确实在使用商标进行认牌购物,但这些都是消费者看到商标时的一种心理认知和反应,与商标法意义上的“使用”并不是同一个概念。虽然各国对商标使用的界定在内涵和外延上存在一定的差异,但都认为商标使用必须存在将特定标志使用在特定商品或服务上的行为。《现代汉语词典》对行为的解释是:“受思想支配而表现出来的活动。”因此,商标法意义上的使用应当是表现于外的、可感知的。对消费者而言,如果说消费者的认牌购物是对商标的一种使用,这种“使用”也仅仅是其内心的一种心理活动,无法表现于外,更无法被直接感知。为此,消费者之于商标的关系并不是一种使用关系,而是一种心理作用。作为商标能否受到保护、受到何种保护的评判者,消费者不需要对商标进行任何的使用行为。经营者对商标的使用只要能够被消费者感知,对消费者的心理认知产生影响,就可以实现商标的功能,无须转化为消费者的被动使用。

(三)基于商标法体系的分析

任何一项解释或者制度的提出不应是“头痛医头、脚痛医脚”,而应立足整个制度体系,不仅应能解释现实的问题,而且应与现有的其他制度相协调。商标被动使用的提出虽然在一定程度上能够解决商标俗称的保护问题,实现禁止第三人的

---

① 王太平:“论商标法中消费者的地位”,载《知识产权》2011 年第 5 期。

② Barton Beebe: Search and Persuasion in Trademark Law, 103 Michigan L. Rev. 2020 – 2023(2005);转引自王太平:“论商标法中消费者的地位”,载《知识产权》2011 年第 5 期。

③ 彭学龙:“商标法基本范畴的心理学分析”,载《法学研究》2008 年第 2 期。

恶意抢注的目的,但却与现有的商标侵权及三年不使用撤销制度相冲突,使经营者可以轻易地借助商标被动使用而规避上述制度价值的实现。按照被动使用论者的观点,商标被动使用行为既可能符合商标权人的内在意思,也可以违背其意志而独立成立。那么随之产生的问题是:首先,侵权行为人可以以"未经许可在相同或类似商品上使用与他人注册商标相同或相似商标的行为构成对商标的被动使用"为由进行抗辩;其次,对于商标权人三年不使用而被撤销的情形,权利人同样可以以第三人违背自己意志的侵权使用行为构成对自己商标的被动使用为由,辩称自己的商标并不构成三年未使用。

事实上,尽管侵权使用人对商标的使用确实可能符合商业使用的要求,但侵权人的使用是违背商标权人意志的使用,社会公众基于该商标使用所获得的信息也并非该商标本应携带的真实内容,因此这种情况不能认定为系商标权人的商标使用。否则,商标侵权行为的性质将变得"飘忽不定",将完全取决于商标权人的意志。商标权人可以主张第三人未经许可的使用行为构成侵权,也可以主张该行为构成对自己商标的被动使用,严重破坏了法律适用的严肃性。对此,《意见》的规定很明确,即商标使用限于"自行使用、许可他人使用以及其他不违背商标权人意志的使用"。在美国"爱克森"(Exxon)案中法官对这种行为也已经有结论性的陈述,即受争议的侵权使用不是商标使用行为。按照美国的商标理论,商标所有人长期不使用商标的行为已经构成了对商标使用义务的懈怠,尽管无权使用人对商标的使用可能让商标本身在商业上仍有价值,但商标所有人的消极行为已经视为对商标价值的放弃,若因侵权使用人对商标的使用而维持商标所有人对商标的控制并将商标价值归于商标所有人,这一逻辑本身就是不成立的。因此,有效的商标使用必须有商标所有人意志的主动参与。①

三、出路:公众使用商标的提出及法律保护

商标被动使用论者看到了商标俗称承载的社会公众利益,但其论证的前提是商标法中的商标使用主体或者商标权人只能是特定的经营者,即特定的公民、法人或者其他组织。但这一前提并不成立,商标法中的商标权人一般表现为特定的经营者,但社会公众亦可以基于对特定标志的长期使用而使这些标志产生商标的功能,商标俗称的识别性正是社会公众使用的结果。这些基于社会公众的使用而产生识别性的标识可以称为公众使用商标。

(一)公众使用商标的正当性基础

首先,公众使用商标制度符合正义的价值诉求。追根溯源,正义(justice)一词的词源是"dike",其意思是"应得"(desert)。② 因此,法的正义价值要求每个人的所得都必须与其所应得和功绩相符。洛克的财产权劳动理论对知识产权合理性的

---

① 朱凡、刘书琼、张今:"商标撤销制度中商标使用的认定",载《中华商标》2010 年第 12 期。

② 参见《西方哲学英汉对照词典》,人民出版社 2001 年版,第 530 页。

解释虽然受到一定的质疑,但其蕴含的"每个人得其所应得"的朴素的正义理念仍是值得肯定的。就"索爱"等商标俗称而言,社会公众对这些名称进行了长期的使用,使之能够区别商品或服务的来源,与特定的经营者建立了固定联系。同时,社会公众的使用并不会妨碍相关经营者正常使用其他标志标识自己的商品或服务,从而为相关经营者留下了"足够多、足够好"的符号资源。因此,社会公众理应享有因自己劳动而获得的商标利益。有人可能会对社会公众能否作为商标使用的主体提出质疑,毕竟商标法中的商标使用,应当是为销售商品为目的而在商业中使用。例如,我国《商标法实施条例》第 2 条规定:"商标法和本条例所称商标的使用,包括将商标用于商品、商品包装或者容器以及商品交易文书上,或者将商标用于广告宣传、展览以及其他商业活动中。"但商标使用是一项具有丰富内涵的制度,在商标生成、商标维持、商标侵权等不同阶段,其内涵也是不同的。就商标的生成或获得而言,商标使用应注重结果,而不是目的或过程,不管是否以销售商品为目的,只要能够使特定的标识产生识别功能,这种使用就是一种商标的使用。虽然社会公众没有以销售商品为目的使用"索爱"标志,但"索爱"事实上已经具有商标的功能却是不争的事实。因此,只要能够使特定的标志产生商标的功能,这种使用都应得到商标法的认可和保护。而商标侵权判断中,商标使用不仅应强调使用的结果,还要看使用的目的。只有以商品行销为目的的商标使用行为,才可能属于商标侵权意义上的商标使用。因此,我们不应笼统地讨论商标使用的内涵,而应结合商标使用的语境。是否以商品销售为目的,只对商标侵权判断产生影响,但对商标的生成并没有影响。就商标俗称的生成而言,社会公众在宣传报道中对特定标志的使用,由于不是以商品营销为目的,这种使用并不会构成商标侵权,但这种使用却会对相关标志的识别功能产生影响。"索爱"等商标俗称的形成即是社会公众长期使用的结果。

其次,公众使用商标制度有利于商标法公共领域的保护。公共领域是知识产权法的重要内容,与著作权法、专利法禁止权利人直接将公共领域中的资源占为己有不同,商标法原则上并不禁止权利人直接将公共领域中的符号资源申请注册为商标,除了臆造商标,描述性商标等都是公共领域中本来就存在的符号。之所以如此,在于权利人在公共领域中掘取资源并不会减损反而会丰富商标法的公共领域。因为权利人申请商标注册,不但不会妨碍社会公众在原有意义上使用本属于公共领域中符号,而且会丰富这些符号的含义,使其增加识别商品的功能。相反,如果权利人的商标注册申请会减损商标法的公共领域,侵害社会公众的利益,商标法对此也会加以禁止。通用名称、描述性标记以及行政区划名称之所以不允许注册为商标,就是为了保护社会公众利益的需要;商标注册的显著性、非功能性要求也是为了让某些符号资源保留在公共领域中。但商标法公共领域中的符号资源并不仅限于那些不能注册为商标或者不能作为商标使用的符号,某些事实上已经建立起识别性的商标也可能保留在公共领域中,公众使用商标即属其中之一。承认社会公众也可以成为商标使用的主体,进而保有相关商标的权益,事实上是对商标法公共领域再生功能的确认和保护。特别是在当下的网络环境下,大量新名词、新符号不断涌现,这些往往不是单个的经营者造就的,而是社会公众共同使用的结果。虽然商标法并不禁止经营者使用公共领域中的资源,但如果第三人将这些已经产生特定含义或者建立特定指向的符号抢注为商标,极有可能会导致社会公众的混淆,那么这种使用便会侵害社会公众的利益,对公共领域造成减损,因此,应当将这类商标保留在公共领域之中。

事实上,不特定社会公众作为某种知识产权权利或权益的主体已经得到现有制度的认可。地理标志在某种意义上就属于特定区域的公众使用商标。一个地理标志的产生是基于自然因素或历史因素的作用,历经产品到商品到市场的漫长过程。虽然一定地理区域内某种产品生产商、贸易商等的个体行为,是该地理标志产生和发展的基础,但不同经营者对该地理标志的贡献及贡献大小是难以区分的,特别是,在漫长的市场化过程中,可能老的贸易商和生产商已经消亡,新的生产商和贸易商又继续从事该地理标志产品的生产经营活动。因此,地理标志品牌价值的形成是特定区域内不特定公众长期使用的结果,不应由第三人所专有或独占。著作权法领域的传统知识或民间文学艺术也是如此,这些作品往往是经过几代人的不断传承、修改而完成,在某种意义上也属于一种公众创作作品,相关的社会公众应享有其中的利益。

(二)公众使用商标的法律保护

在公众使用商标制度下,第三人恶意抢注"索爱"等商标俗称的行为使本该属于商标法公共领域的资源占为己有,侵犯了社会公众对此类商标享有的使用利益。此时,公众使用商标可以通过商标撤销程序或者民事诉讼程序获得保护。

1. 商标注册程序对公众使用商标的保护

公众使用商标是社会公众使用的结果,是否允许经营者将这些商标申请注册,关键看第三人的申请是否会侵害社会公众利益。如果是公众商标识别的经营者进行申请,由于相关经营者的使用并不会导致消费者混淆,也不会妨碍社会公众的正当使用,因此,应当允许公众商标所识别的经营者进行申请注册。但是对于相关经营者以外的第三人,由于其对公众商标的独占会导致消费者混淆,进而侵害社会公众的利益,因而可以对《商标法》第 10 条第 8 项"有其他不良影响"进行扩大解释,使之包括第三人抢注公众商标的情形。对于已经抢注成功的,国家商标局可以依据社会公众利益受到侵害为由,依职权主动撤销该注册商标;其他单位或个人也可以随时向商标评审委员会撤销该注册商标。"索爱"商标纠纷案中,系争商标之所以没有被撤销,是由于索尼爱立信公司提出撤销的理由并非社会公众商标被侵害,而是自己享有的在先权利受到侵害。而索尼爱立信公司并不能证明其在先使用了"索爱"商标。

2. 知识产权公益诉讼对公众使用商标的保护

按照我国《民事诉讼法》第 108 条的相关规定,有权提起民事诉讼程序的原告必须是与本案有直接利害关系的公民、法人和其他组织,而公众使用商标的权益主体是不特定的社会公众。对于第三人在相同或类似商品上使用与公众使用商标相同或相似商标进而导致消费者混淆、误认的行为,相关社会公众并无权提起民事诉讼。因此,为了保护社会公众的利益,捍卫商标法以及整个知识产权法的公共领域,民事诉讼法应建立知识产权公益诉讼制度。在社会公众或相关消费者利益受到侵害,没有直接利害关系人或者直接利害关系人不愿起诉或怠于起诉时,任何公民、法人或其他组织都可以向人民法院提起公益诉讼,要求侵权人停止侵害。在现有法律规定下,可以对我国《商标法》第 53 条规定的"利害关系人"作扩大解释,使之包括公众使用商标情形下的不特定社会公众,从而获得提起诉讼的法律依据。

3. 相关经营者对公众使用商标的间接保护

公众使用商标指向的是特定经营者的商品或服务,而且大多承载了特定经营者的商誉,而对公众使用商标的承认并不意味着相关经营者的利益得不到保护。相反,对于侵犯公众使用商标的行为,一方面,相关经营者作为社会公众的一员,可以以社会公众利益受到侵害为由请求行政撤销或提起公益诉讼,从而间接保护自己的商誉;另一方面,上文已述,经营者的商誉在商标、企业名称、产品包装装潢等载体上均可以得到体现,因此,相关经营者还可基于侵权人抢注的公众使用商标与自己已经注册的商标、企业名称等构成相似为由寻求救济,要求侵权人停止侵害。这不但保护了相关经营者的商誉,也使公众使用商标得到了间接保护。

(2012 年上海法院系统学术讨论会优秀论文)

商标权与姓名权权利冲突之简析

——以名人姓名权保护为视角

邱冬梅*

近几年,名人姓名被抢注商标的现象愈演愈烈,姓名权与商标权的冲突纠纷在司法实践中也屡见不鲜,对我国现行法律制度提出了挑战。

案例一:2011 年 5 月,中国篮球的标志性人物、NBA 巨星姚明起诉武汉云鹤大鲨鱼体育用品有限公司,称该公司在没有任何授权的情况下,在其经营活动中不正当使用"姚明"、"姚明一代"作为商业标识,并在其产品和商业宣传中使用姚明签

* 邱冬梅,原上海市黄浦区人民法院研究室助理审判员。

名和肖像,侵害了姚明的姓名权、肖像权且构成不正当竞争。而武汉云鹤大鲨鱼体育用品有限公司辩称,其早在2001年就注册了“姚明一代”的产品商标,享有商标专有权。

案例二:2012年2月,国际篮球巨星迈克尔·乔丹,向中国法院起诉福建乔丹体育股份有限公司,称该公司未经授权,在商号及生产的产品和商业推广活动中使用其姓名,严重侵害其姓名权。迈克尔·乔丹称其从未代言过“中国乔丹”品牌,甚至和“中国乔丹”一点关系都没有。消息一出,舆论哗然。福建乔丹体育股份有限公司辩称,其自2000年注册使用“乔丹”商标,公司依法对企业名称享有专用权,对中文“乔丹”等注册商标享有商标专用权。

姓名权与商标权缘何出现冲突?现行法律规定和制度涉及存在哪些不足?如何保护屡屡被商标权侵犯的名人姓名权?本文针对上述问题作简要分析,并提出完善建议,以期对减少和有效化解此类纠纷有所帮助。

一、姓名权和商标权的含义与现行法律规定

(一)姓名权

姓名权是公民依法享有的决定、使用、变更自己的姓名并要求他人尊重自己姓名的一种人格权利。姓名权是最基本的人格权之一,在我国《民法通则》第五章第四节关于人身权规定中有所体现。传统民法理论认为人格权的客体即人格利益是非财产性的,人格权不以一定的财产利益为内容。人格权具有专属性,只能为权利主体本人享有,不能转让和继承。因此,姓名权作为人格权之一,是一项旨在维护主体人身专有标识的安全,与主体联系密切的一项不可转让、不可继承的非财产性权利。

姓名权的内容包括姓名的决定权、使用权和更改权。《民法通则》第99条规定,公民享有姓名权,有权决定、使用和依照规定改变自己的姓名,禁止他人干涉、盗用、冒用。第120条规定,公民的姓名权、肖像权、名誉权、荣誉权受到侵害的,有权要求停止侵害、恢复名誉、消除影响、赔礼道歉,并可以要求赔偿损失。除此之外,《最高人民法院关于确定民事侵权精神损害赔偿责任若干问题的解释》第1条规定,自然人因姓名权等遭受非法侵害,可以向人民法院提起精神损害赔偿;第3条规定,以侮辱、诽谤、贬损、丑化或违反社会公共利益、社会公德的其他方式,侵害死者姓名权,其近亲属因侵权行为遭受精神痛苦的,可向人民法院提起精神损害赔偿。

(二)商标权

商标,俗称“牌子”,是用来区别一个经营者的商品或服务与其他经营者的商品或服务的标记。世界知识产权组织(WIPO)认为,商标是将某商品或服务标明是某具体个人或企业所生产或提供的商品或服务的显著标志。我国《商标法》第8条规定,任何能够将自然人、法人或者其他组织的商品与他人的商品区别开的可视性标志,包括文字、图形、字母、数字、三维标志和颜色组合,以及上述要素的组合,均可以作为商标申请注册。注册商标持有人享有商标专用权。

产品和服务上特有的商标标识,可以帮助消费者识别和购买符合他们需求的产品或服务。商标权是知识产权的一种,是一种无形的财产权,具有专有性、时间性、地域性等特点。专有性,即排他性、独占性,注册商标所有人对其注册商标享有专有使用权,其他任何单位及个人非经注册商标所有人的许可,不得使用该注册商标,否则将承担侵权责任。《商标法》第 54 条规定,对侵犯注册商标专用权的行为,工商行政管理部门有权依法查处;涉嫌犯罪的,应当及时移送司法机关依法处理。《刑法》第 213 条规定,未经注册商标所有人许可,在同一种商品上使用与其注册商标相同的商标,情节严重的,处三年以下有期徒刑或者拘役,并处或者单处罚金;情节特别严重的,处三年以上七年以下有期徒刑,并处罚金。

二、名人姓名权与商标权冲突的表现形式与原因分析

(一)冲突的表现形式

1. 以名人的真实姓名注册商标。主要是指未经姓名本人许可,将名人姓名申请注册为商标;或者在名人已经使用自己姓名作商标,抢先在其他商品或服务类别上申请注册商标。我国《商标法》对未经姓名权人许可,使用他人姓名注册商标没有任何规定。但未经姓名权人同意而擅自使用即盗用。利用他人姓名申请注册商标实际是对他人姓名使用权的一种侵犯,自然产生姓名权与商标权的冲突问题。

2. 以名人的艺名、笔名、姓名拼音等注册商标。广义的姓名除姓名本名以外,还包括字、号、艺名、别名、笔名等,可以区别自然人人身特征的文字符号。这些名字有时比本名更为人所熟知,如鲁迅、三毛、方舟子等。将名人本名以外,其他为公众熟知的名字注册商标,同样可以将该商标直接与商标指示的名人联系起来。民法上虽没有对这种姓名权制度进行明确规定,但在司法实践中一般比照姓名权保护制度进行处理。

3. 以名人姓名的谐音或变更笔画等注册商标。实践中,有人为规避法律,使用名人姓名的谐音或变更姓名笔画来注册商标,如“王小鸭”(王小丫)牌羽绒服、“赵本衫”(赵本山)牌衬衫、“泻停封”(谢霆锋)牌止泻药等。对此种商标能否获准注册,商标局的处理不尽一致。很显然模仿名人姓名注册,一定程度上侵害了名人的权益,但也很难被认定为侵犯名人姓名权,因为传统民法保护的是姓名权人的真实姓名。此种情形只能从名誉权及《商标法》第 10 条第 1 款第 8 项有关申请注册商标不得有害于社会主义道德风尚或者有其他不良影响的规定进行保护。

4. 与名人重名者以真实姓名注册商标。重名也叫姓名平行,与名人重名的权利人,有使用自身姓名的权利,其姓名权亦应受到法律保护。但如果重名者故意利用重名之便利,制造与名人姓名混同的局面,则对名人姓名权亦构成侵害。依据民法的理论,“假如利用重名及姓名之平行而故意混同,亦为侵害姓名权。而事实上无虞者不可认为姓名之侵害”。如果重名者对其姓名的使用在外观上没有造成混同之危险,则不认为对名人姓名造成侵害。所以,是否对名人姓名权造成侵害关键看主观上是否为故意,且该使用能否使人注意到其同名人有实质差异,否则为侵权。

5. 以具有其他含义的名人姓名注册商标。有很多人的名字除了表示名字以外还有其他明确的特殊含义,如"黎明"、"朝阳"等。这些名字的使用,由于有多种意思,如果商标注册人善意使用,消费者是不会直接对应的,客观上也不会造成混淆,禁止申请人注册显失公平。曾经有地产公司将"黎明"作为商标注册,歌星黎明对此提出异议。商标局认为"黎明"是现代汉语中的常用词,冠以"黎明"商标的商品在流通中,没有使消费者误以为与某人有关。因此异议人所提的异议不成立,被异议商标准予注册。

(二)冲突产生的原因

姓名权作为公民基本的人格权,是与自然人相伴而生的民事权利。按照我国法律规定,姓名权所体现的是精神利益。而商标权作为知识产权的一种,是无形的财产权。两者似乎扯不上任何关系。但事实是,随着经济社会的发展,商标权与姓名权冲突的情形越来越多,由此而引发的纠纷诉讼也层出不穷。主要原因分析如下:

1. 名人姓名的商业价值逐渐显现。在现代社会,经济活动已经成为人类社会生活中极为重要的一部分,传统的被认为不含财产利益的姓名权与财产的联系日益紧密,其人格因素也被卷入商业化的浪潮之中,如著名影星、歌星或体育明星同意或授权他人将其姓名使用于商品或广告上,并以此获得使用许可费等。名人姓名权中蕴含的经济利益已经超出了传统民法上精神利益的范围,并且逐渐得到市场甚至学术界的认可。

2. 以名人姓名注册商标提升企业知名度。一般来说,名人是指在某一时期、某一地区、某一领域有重大影响或有重要贡献的人物。他们可以是国家政要也可以是影视明星,可以是知名企业家也可以是著名科学家,总之他们是公众和传媒关注的焦点。以名人姓名作为商标,消费者更容易将该产品或服务与知名人物直接联系起来,进而缩短商品或服务被公众接受的时间,提高企业产品或服务的知名度和声誉,从而使产品或服务的提供者获得更多的交易机会和经济效益。于是在激烈的市场竞争中,企业为获得较高知名度的商标,就产生注册名人姓名作为商标的"搭便车"行为。

3. 姓名与商标构成要素存在重合可能。商标是识别商品或服务来源的标志。我国《商标法》规定,任何能够将自然人、法人或者其他组织的商品与他人的商品区别开的可视性标志,包括文字、图形、字母、数字、三维标志和颜色组合,以及上述要素的组合,均可以作为商标申请注册。《与贸易有关的知识产权协议》(以下简称《TRIPS 协议》)第 15 条第 1 款规定,任何能够将一个企业的商品和服务与另一企业的商品和服务区分开的标志或标志组合,均应能够构成商标。此种标志,尤其是包含有个人姓名的词、字母、数目字、图形要素和色彩组合,以及诸如此类的标志组合,应有资格注册为商标。姓名本身就是识别自然人身份的标志。因此,商标构成要素中的文字、图形与自然人姓名、姓名拼音等存在重合的可能性。

4. 注册商标的低成本高收益具有投机性。在我国注册商标不以实际使用为前提,加之2001年修订后的《商标法》规定自然人也可成为注册商标的申请人,这就让不以实际生产经营需要,单纯注册商标投机盈利成为可能。我国商标注册成本低廉,而以名人姓名注册的商标却市场价值不菲,以抢注名人姓名商标并转让从中获取差价收益者不在少数。如2012年年初,NBA球星林书豪的出色表现引发社会广泛关注,但“林书豪”商标早在2011年8月被注册,注册费用仅4460元,而买家预期出售价已经超过500万元。

三、现有法律制度对名人姓名权保护的问题与不足

(一)对姓名权财产利益的保护存在法律空白

按照现行《民法通则》的有关规定,姓名权归属于人格权范畴,不具有财产性利益。但随着商品经济的发展,很多人格因素逐渐商品化,在生产、经营、销售中发挥重要作用,展示出巨大的经济价值。名人姓名权因其具有的商业价值,成为趋之若鹜的对象。而传统民法理论对姓名权中蕴含的经济利益的保护处于法律空白的尴尬状态,现有相关法律制度对姓名权的保护不能适应当前社会发展的需要。对姓名权因商业利用而产生的财产权益,是否适用财产权规则、在何种程度上适用财产权规则,现行的有关财产方面的法律同样没有规定。姓名权受到侵害,诉至法院也只能请求精神损害赔偿,而精神损害赔偿非常有限,与名人遭受的经济利益损失相差甚远。另外,因侵权成本低,也间接导致侵害名人姓名权的情况屡屡发生。

(二)商标法对以名人姓名注册商标没有限制规定

基于我国民法对姓名权保护的不周延、不全面,在经济利益的驱使下,使用名人姓名申请商标注册的情况时有发生,而《商标法》对注册名人姓名商标没有明确限制,使得注册名人姓名商标,侵害姓名权人利益的行为愈演愈烈。我国《商标法》规定,任何自然人、单位或其他组织均可提出商标注册申请。第10条规定,不得作为商标注册使用的标识中也并不包含知名人士姓名。《商标法》中更没有设定经过姓名权人许可才能注册使用他人姓名权的限制性规定。

(三)姓名权是否属于“在先权利”尚不明确

《商标法》第9条第1款规定,申请注册的商标,应当有显著特征,便于识别,并不得与他人在先取得的合法权利相冲突。第31条规定,申请注册商标不得损害他人现有的在先权利,也不得以不正当手段抢先注册他人已经使用并有一定影响的商标。但是,对于“在先权利”的种类、范围,姓名权是否属于《商标法》保护的“在先权利”没有明确规定,实践中对此理解也存在争议。

(四)对于变相使用名人姓名注册商标的行为较难规制

对于以名人姓名的谐音或变更笔画等注册商标的行为,虽然对姓名权人造成伤害,但《民法通则》和《商标法》均无法予以规制。《反不正当竞争法》第5条第3

项规定,经营者不得采取的不正当竞争行为中,涉及“擅自使用他人的企业名称或者姓名,引人误认为是他人的产品”的行为。但是《反不正当竞争法》初衷是为了鼓励和保护公平竞争,保障市场经济健康发展,作为一种市场秩序维护法,在民事权利保护方面明显不足。

四、解决商标权与名人姓名权冲突的建议

(一)立法保护名人姓名中蕴含的商事利益

我国民法对名人姓名权的保护仍停留在精神层面,对名人姓名蕴含的商事利益的保护还属于空白地带。名人姓名之所以蕴含巨大的经济价值,是其通过自身努力、突出贡献,乃至牺牲自身隐私,逐步在其姓名与自身形象之间确立的直观、稳定的内在关系,使其姓名成为有价可循的财富。如果对名人姓名中蕴含的商事利益不加以保护,使其对自身姓名的使用没有控制权和失去因控制而从中获益的权利,那么其姓名权就大打折扣,其人格的独立性也将被削弱,从而可能会导致其成为被他人利用和奴役的对象,成为他人借以生财的工具。这对于辛勤经营自身声誉的名人来说有失公平。罗斯科·庞德说“法律必须是稳定的,但不可一成不变。”承认并保护姓名权在商业利用中的经济价值,符合社会发展的需要,符合市场经济有序运行的需要。因此,笔者建议立法完善我国姓名、肖像等人格因素所蕴含经济利益的保护制度。美国在其判例法发展过程中逐步确立了保护人格中商事利益的形象公开权。形象公开权是指每个人对于自己的姓名、肖像和声音等具有商业价值的人格利益进行控制的权利,任何人非经许可而擅自利用他人人格标识的,将构成侵权行为。我国可以将形象公开权作为无形财产权在知识产权法中予以规定,使公民能够更大限度地利用和保护自己的人身标记。而从保护消费者权益的角度,确立形象公开权还能防止商业上的欺骗性利用行为,利于商品经济的健康发展。

(二)名人姓名可注册商标但需经权利人许可

我国《商标法》对名人姓名可否作为商标注册,需要满足何种条件没有规定,为了从源头上减少姓名权与商标权的冲突,有必要增补完善我国《商标法》在此方面的规定。《俄罗斯联邦商品商标、服务商标和商品原产地名称法》第 7 条第 2 项规定,未经本人、其继承人、相应主管机关或俄罗斯联邦最高苏维埃同意,属于俄罗斯历史和文化财富的著名人物的姓、名、笔名及其派生名、其肖像或临摹作品的复制标志不得作为商标注册。我国台湾地区“商标法”第 23 条不得注册商标的情形之十五:“有他人之肖像或者著名姓名、艺名、笔名、字号者。但得其同意申请注册者,不在此限。”我国实践操作中,默认了名人姓名注册为商标的做法,结合其他国家和地区的相关规定,笔者建议在我国《商标法》中明确规定,名人姓名(姓名应作扩大解释,包括艺名、笔名、别名等)可以作为商标使用、注册,但必须经本人或权利人同意,否则不得申请商标注册。必须指出的是,对名人姓名的保护应有合理限度,不能损害其他姓名权人的利益。如果名人没有使用其姓名注册商标,重名者未经允许申请注册姓名商标时不应一律禁止。原则上应以该注册申请是否存在恶意,会否引起社会公众混淆为考量,平衡保护姓名权人的利益。

(三)明确"在先权利"范围及与"在先权利"冲突的后果

《商标法》第9条、第31条规定商标注册不得与他人合法取得的在先权利相冲突,不得损害他人现有的在先权利。但对姓名权是否属于在先权利没有明确。笔者认为,《商标法》规定的"在先权利"应该是指他人在注册商标申请人提出注册商标申请以前,已经依法取得或者依法享有并受法律保护的所有权利。姓名权亦包含其中。正如《TRIPS协议》第16条第1款规定,商标专用权不得妨碍任何现行的优先权,也不应影响各成员方以使用为条件获得注册权的可能性。因此名人在先取得的姓名权等应该受到商标法的保护,不因侵权人的抢注行为而受到损害。同时,为减少商标权与包括姓名权在内的在先权利的冲突,商标局在核准注册时要加强审查,对侵害在先权利的商标注册申请要予以驳回、不予注册。如审查时未发现权利冲突或审查不能,当事人积极主张,向商标局提出撤销申请时,商标评审委员会要认真核查及时撤销侵犯在先权利的注册商标。

(四)明确商标权侵害名人姓名权的认定标准

法律的修改、制度的完善是一个长期的过程,在现有的法律框架下,面对当下不断涌现的商标权与姓名权冲突的纠纷,商标复审机关和司法机关当务之急是统一、明确商标权侵害名人姓名权的认定标准,便于统一执法。笔者认为主要从以下方面加以判断:(1)名人的知名度和注册商标使用范围是否重合。名人的知名度受地域、行业等因素限制,不是所有名人姓名在任何领域的使用都能引起公众的关注。因此,要看该商标注册是否搭名人知名度的"便车"。(2)注册商标中含有名人姓名、笔名、艺名等字符,且足以从该商标联想到相关名人,注册商标使用的名人姓名或模仿名人姓名的字符,应该具有明确的指示性。(3)是否经姓名权人或者相应权利人许可。若申请商标注册者与名人姓名平行,则不以许可为必要,而要看该注册商标使用的种类和范围能否引起社会公众混同。如没有混淆公众之后果,则不以许可为必要。(4)行为人主观上是否存在利用名人的社会知名度谋取非法利益的恶意。(5)是否造成不良后果。不良后果可以是对姓名权人造成的精神损害、消费者对商品来源的混同、对名人使用自身姓名的障碍等。上述因素综合考量,如果商标权构成对名人姓名权的侵犯,则应承担不予注册、撤销注册、侵犯姓名权责任等后果。

(五)加大宣传力度不断增强商标意识

在现行的法律框架下,一方面,名人及其经纪团队要有较强的商标保护意识,及早进行知识产权布局,未雨绸缪、预先防范。随着自身知名度的提高,要及时注册姓名商标、域名等,基于商标保护的地域性,要注意在其他国家和地区及时申请注册商标。在申请注册商标可以扩大适用的商品和服务的类别,并将与自身相关的明显的指示性标志一并申请注册。如Facebook,自2006年至2011年,先后在中国申请注册了包括“飞书博”、“飞思簿”、“菲丝博克”、“脸谱”、“面书”、“脸书”等在内的60余项商标,涵盖多个门类,将在中国市场的商标纠纷可能性降到最低。另一方面,商标注册和管理部门,要加强商标保护的宣传。《商标法》虽然规定初步审定的商标,任何人均可在初审公告之日起3个月内提出异议;已经注册的商标,自商标注册之日起5年内,商标所有人或者利害关系人可以申请评审委员会裁定撤销该注册商标。但《商标公告》的受众范围较窄,有关部门要加大宣传力度、拓宽公示渠道,让社会公众通过便捷的方式、丰富的渠道获得公示信息,提高商标注册的透明度。

(本文发表于《上海审判实践》2012年第5期)

论新《商标法》法定赔偿适用疑难问题

刘晶明*

【提要】商标法法定赔偿自TRIPS协议规定后,各国理解各不相同,直接体现在法定赔偿制度的设计中,对于赔偿范围、考量因素的设定存在差异。为完善我国知识产权保护模式,探索符合中国国情的商标法法定赔偿制度,本文首先介绍了学界对法定赔偿概念的三方面争议,并结合新《商标法》修订的内容,比较我国大陆地区与我国台湾地区法定赔偿制度立法规则,归纳我国现有立法的不足之处,继而提出完善我国商标法法定赔偿制度的几点建议。

【关键词】商标法　法定赔偿　考量因素

一、商标法法定赔偿制度概述

(一)法定赔偿含义

法定赔偿中的“法定”一词,与合同法中的“约定”相对应,即只有在法律明文规定的情况下才可以适用法定赔偿,其赔偿数额的计算方式也由法律明文规定。我国学界对法定赔偿含义存在争议,主要在法官自由裁量权、赔偿数额确定方式、赔偿确定顺序三个方面,具体而言,存在如下几种观点:

1. 从法官自由裁量权大小角度考虑,有狭义法定赔偿和广义法定赔偿。从狭义上讲,法定赔偿是指法律直接规定确定的赔偿数额,法官没有丝毫自由裁量的余地。广义上的法定赔偿,法官可以按法律规定在赔偿数额幅度范围内确定赔偿数额。

2. 从赔偿数额采用方法角度考虑,有幅度式、限额式、基数式三种方法。幅度

* 刘晶明,原上海市黄浦区人民法院民三庭书记员。

式法定赔偿,是指人民法院根据案件的具体情况,在法律规定的幅度内自由裁定赔偿数额的赔偿方法。限额式法定赔偿,是指"知识产权法律明文规定的,就不法侵害知识产权造成的损害,根据一定因素所确立的有法定上(下)限的赔偿。"①基数式法定赔偿,是指"法律预先规定一个赔偿数额(或一定幅度的金额或份数),在难以查明被侵权人的实际损害或者侵权人的侵权获益时,由法院根据侵权人的过错性质、侵权情节等因素,在法定赔偿幅度内确定具体的赔偿数额的一种赔偿方法。"②

3. 从赔偿确定顺序角度考虑,有补充式、平等式。补充式法定赔偿,强调法定赔偿只是赔偿方式的一种补充,只有在无法使用其他赔偿方式时才能选择的兜底条款。平等式法定赔偿,则认为在赔偿方式的确认上,应当赋予权利人自由选择权,由权利人选择对自己最有利的补偿方式。

(二)法定赔偿司法原则

1. 全面赔偿、部分赔偿

(1)我国商标法中以权利人因侵权所受损失或侵权人获利为标准来确定具体损害赔偿数额,是全面赔偿原则在知识产权损害赔偿制度中的体现。侵权人以权利人的全部损失为限,对其进行全面赔偿。其性质是要填补权利人的实际损失。③侵权行为造成的实际损失,应当是损害赔偿计算的中心。任何一种方法都不能脱离实际损失或者损害事实而单独存在,否则就成了无源之水、无本之木。④ 因此,法定赔偿同样应当遵循全面赔偿原则,法定赔偿确定的金额应当是对权利人因侵权所受损失或侵权人因侵权所获利益的推定,并尽可能接近于实际损失或侵权获利。

(2)对于能够查明的实际损失或侵权获益部分,应当明确予以保护,对于不能查明的部分,另行适用法定赔偿,但赔偿总额不宜超过法定赔偿的上限。如果实际损失或者侵权获益虽然不能完全确定,但能够查明的部分已经超过法定赔偿幅度上限的,不应局限于法定赔偿幅度,而应根据证据所能证明的情况,确定相应的赔偿数额。

2. 补偿性、惩罚性

新《商标法》明确规定了惩罚性赔偿制度,那么,法定赔偿与惩罚性赔偿的关系应当如何界定?笔者认为,从新《商标法》的条文体例及逻辑关系分析,法定赔偿不能与惩罚性赔偿并用,即不能在确定法定赔偿金额后再施以1倍以上3倍以下的惩罚性赔偿。但是,在法定赔偿中应当考虑侵权人的主观过错,对于恶意侵

---

① 秦艳慧:"知识产权法定赔偿及其适用",载《甘肃政法成人教育学院学报》2004年第3期。

② 李永明、应振芳:"法定赔偿制度研究",载《浙江社会科学》2003年第3期。

③ 梅雪芳:"论法定赔偿在知识产权案件中的适用",载《山东审判》2005年第6期。

④ 蒋志培:"论知识产权侵权损害的赔偿(下)",载《电子知识产权》1998年第2期。

权、情节严重的,可以在确定赔偿金额时体现一定的惩罚性,但总的赔偿金额不能超过法定的300万元上限。

（三）新《商标法》针对法定赔偿相关内容修订

1. 赔偿方式增加许可费合理倍数

旧法未规定许可费合理倍数的赔偿方式,新《商标法》第63条规定:"侵犯商标专用权的赔偿数额,按照权利人因被侵权所受到的实际损失确定;实际损失难以确定的,可以按照侵权人因侵权所获得的利益确定;权利人的损失或者侵权人获得的利益难以确定的,参照该商标许可使用费的倍数合理确定。"鉴于以前《著作权法》、《专利法》、《商标法》对许可费的方式规定各不相同,司法解释互相矛盾,此次新《商标法》修订借鉴了《专利法》中的规定,可以预见,《著作权法》修订时,许可使用费方式极可能也被借鉴其中,从而结束司法界、学界对法定赔偿中的许可使用费之争议。

2. 确立赔偿数额计算方法适用顺序

旧法未明确实际损失及侵权获利的适用顺序,只是在司法解释中提到了"商标使用许可费的数额"等考虑因素。而新《商标法》确定了侵犯商标专用权赔偿数额的四种计算方法及其适用顺序:(1)权利人实际损失;(2)侵权人侵权获利;(3)该注册商标许可费合理倍数;(4)法定赔偿。此条修改,表明我国商标法领域对法定赔偿认识的变化,已经从之前的平等式法定赔偿转变为补充式法定赔偿,收回了权利人赔偿数额计算方式的选择权。

3. 法定赔偿上下限

新《商标法》将法定赔偿的限额从50万元提高至了300万元。修改幅度较大,体现了我国对知识产权保护的高度重视。我国台湾地区未采用明确数字的方式确定法定赔偿限额,而是通过以侵权产品商品零售单价为基础,以单价倍数规定法定赔偿上下限,但所查获商品超过1500件时,以其总价定赔偿金额。"前项赔偿金额显不相当者,法院得予酌减之。商标专用权人之业务上信誉,因侵害而致减损时,并得另请求赔偿相当之金额。"相比较而言,我国台湾地区"商标法"在规定法定赔偿限额时,就已经对商品进行了个性化考量,其优势不言自明。

二、新《商标法》法定赔偿适用的问题

（一）法定赔偿所补偿的侵权损失范围不确定

一般而言,民事赔偿包括直接损害赔偿和间接损害赔偿,商标侵权法定赔偿中间接损害是否需要考量无明确规定,间接损害法定赔偿中损害的关联度也未达成统一共识。尽管本次修订中,对于商标许可使用费首次作出了惩罚性赔偿的规定,但我国对于损害赔偿的态度一直是以填补损失为目的,在平衡权利人与社会公共利益时,也通常反对商标权滥用,反对商标诉讼商业化。填补损失的前提是确定侵权损失的范围,而商标权利人在遭受侵权时,受到的损失是多方面的,这些损失可能是因侵权人"搭顺风车"借助注册商标的商誉,提升自身商品的销售量所必然导致的实际商标权利人商品销售数量的减少的直接经济损失,也可能是侵权人销售假冒注册商标的商品降低社会公众对注册商标信誉评价的商誉损失,甚至也可能因为商誉减少而导致商标权人产品销售数量减少的间接损失。因此,对于商标权人由于遭受侵权而受到的实际损失如何认定,侵权人的侵权行为与损失的关联性要达到何种程度才属于法定赔偿的补偿范围,需要新《商标法》作出进一步规定。

(二)考量因素规定过于宽泛

根据司法解释规定,法院在审理商标侵权案件时,应当依侵权行为的情节等因素来决定法定赔偿金额,但是,对于确定赔偿金额因素究竟包括哪些,各因素所占多少比例,并无统一规范性的说明。新《商标法》第63条对于法定赔偿的考量因素仅作简单、原则之规定,实践中难以操作。对此仍要追溯到《商标法》修订前,当时最高人民法院发布的司法解释《最高人民法院关于审理商标民事纠纷案件适用法律若干问题的解释》第16条中规定,“人民法院在确定赔偿数额时,应当考虑侵权行为的性质、期间、后果,商标的声誉,商标使用许可费的数额,商标使用许可的种类、时间、范围及制止侵权行为的合理开支等因素综合确定”。同时,针对合理开支,又在第17条中规定,“商标法第五十六条第一款规定的制止侵权行为所支付的合理开支,包括权利人或者委托代理人对侵权行为进行调查、取证的合理费用”。因此,相比较《商标法》之条文,该司法解释对侵权行为的情节列举了一些考量因素,但各因素在计算法定赔偿数额时所占的比例则无原则可供遵循。相较而言,我国台湾地区并未采用列举式的方式罗列考量因素,在确定法定赔偿数额时,主要从商标专用权商品零售单价、查获侵权商品件数两个方面予以考量,当赔偿金额明显过高之时,法院可以酌情减少。需要特别指出的是,对于商标背后所蕴含的业务信誉损害之赔偿可以另请求赔偿,较我国大陆地区通盘纳入法定赔偿中予以考虑的做法似乎更有裨益。

(三)权利人侵权证据

确定一个合理的法定赔偿数额,关键问题还是证据。新《商标法》虽规定“人民法院为确定赔偿数额,在权利人已经尽力举证,而与侵权行为相关的账簿、资料主要由侵权人掌握的情况下,可以责令侵权人提供与侵权行为相关的账簿、资料;侵权人不提供或者提供虚假的账簿、资料的,人民法院可以参考权利人的主张和提供的证据判定赔偿数额。”在一定程度上确实降低了权利人在赔偿数额方面的证据压力,但是,部分商标侵权案件中权利人对于基本的侵权事实都难以举证,赔偿问题更是无从谈起。

(四)法定赔偿金缺乏规范的计算方法

对于法定赔偿金具体计算方法,并没有规范性的条款进行约束,大多为原则性规定,这就导致在司法实践中,不同省市之间、同一市的不同区之间,对于法定赔偿计算存在很大差异,削弱了商标法的确定性、可预见性,不利于权利人对自身商标权的保护。此外,赔偿上限提升至300万元后,引发了新的问题:一方面,法条适用时可以理解为只有综合侵权情况超过旧法适用50万元法定赔偿的情形时，才可以突破50万元的界限；从另一个角度考虑，也可以理解为根据旧法适用时确定法定赔偿的方法，等比例的提升法定赔偿数额。

三、规范与完善法定赔偿适用的建议

在商标侵权诉讼中，法院应当尽量引导当事人对可以确认或评估损失的证据进行举证，减少法定赔偿的简单适用，公平合理地确定赔偿金额，使其最大限度地接近实际损失或者侵权获利。

（一）赔偿范围

（1）法定赔偿应以权利人的损失为基础，进行全面赔偿，赔偿因侵权行为引起的权利人的直接损失。（2）间接损失。对于间接损失的赔偿范围，应根据商标侵权损害法定赔偿的赔偿原则，通过司法解释建立统一的关联度认定规则。

（二）考量因素

1. 商标的知名度、商誉及市场价值。商标背后的商誉是商标经济价值中最重要的因素，侵权人行为会使得商标的知名度、商誉及市场价值遭受减损。我国台湾"商标法"中，未将商誉的贬损包含在法定赔偿的范围内，而是可以另行要求赔偿，使得法定赔偿、商标商誉赔偿两项赔偿方式并存，加强了对商标权利人的保护。并行细分的赔偿制度使法官裁判时必须说理更加充分，逻辑更加严密，当然，也对法官的业务素质提出了更高的要求。笔者认为，商誉损害另行赔偿制度，我国可以根据实际情况，调研后再作决定是否适用，但是，在作出判决时，如适用法定赔偿，应在判决书中写明商标商誉因素在法定赔偿中所占比重。

2. 权利人可能的损失、侵权人可能的获益。可能的损失与可能获益，由于具体数字无法实际确定，所以在认定时，应当参考该商品产品价格、利润等因素综合考量。笔者认为，应当从如下五个方面判定：（1）权利人产品的价格。（2）市场上同类产品或服务通常的利润。当权利人证明自己的损失时，可能需要证明自己产品的利润或侵权产品的利润，如果无法查清，可以参照市场上同类产品或服务通常的利润来确定赔偿数额。（3）同类产品在同类条件下合理的许可使用费。如何界定同类产品、同类条件、是否合理等得由法院来审查，其可以对使用许可的种类、时间、范围，许可合同的真实性、合理性、可靠性、可比性等进行审查和比对，综合确定之。（4）侵权产品的价格、数量。侵权产品价格和查获的侵权商品数量，是非常重要的因素。但是，通常情况下，侵权人会拒不提供账簿等会计资料，此时，应当不再考虑侵权产品价格，而应认定商标专用权商品价格为侵权产品价格。本次《商标法》修订中，拒不提供账簿材料，则"人民法院可以参考权利人的主张和提供的证据判定赔偿数额"。这种修订方式仍不够具体，笔者认为应当修改为"人民法院可以认定商标专用权商品价格为侵权产品价格，判定赔偿数额"。（5）侵权产品的广告宣传情况。侵权产品的广告宣传时间、范围、内容在一定程度上能够反映出侵权人的侵权获益或预期获益。

3. 侵权行为情节

判定法定赔偿适用时,对于侵权行为情节之认定,包括侵权人的主观过错程度、使用的侵权手段、方式、侵权行为持续的时间、对权利人造成的损害程度等内容,具体而言,笔者认为应当考虑:(1)侵权行为的方式;(2)侵权行为持续时间和影响范围;(3)侵权行为造成的后果;(4)侵权人的主观过错;(5)被告的经营规模。

(三)证据规则

1. 权利人就其主张的赔偿金额的举证责任不能免除。

2. 有条件地适用证据披露及举证妨碍制度。

3. 引导当事人借助审计、会计等专业人员帮助计算、说明和质证,发挥专业人员辅助确定损害赔偿的作用。

(四)量化标准

1. 根据商标的专用权商品零售单价确定法定赔偿的基数

根据驰名商标与否来确定商标侵权赔偿基数的方式并不可取,因为在立法时很难体现不同驰名商标、不同非驰名商标之间的市场价值差异。而通过以商标专用权商品零售单价为法定赔偿基数,能够区分出不同商标商业价值高低的细微分别。

2. 根据侵权人主观过错、侵权行为的情节确定法定赔偿的系数

例如,重复侵权应按照基准的2倍确定赔偿额;故意侵权,按照基准的1倍至2倍以下确定赔偿额;重大过失侵权,按照基准的0.5倍确定赔偿额。而这些系数的确定,需要在立法前,进行大量的司法统计和分析,使得上述系数能够真实地反映商标案件审理时法官对各个因素的认知,使这些观点、理念、做法能够严密化、数据化。

(本文发表于《上海审判实践》2015年第3期)

中国(上海)自由贸易试验区内知识产权保护的价值抉择

——以区内商标平行进口的司法应对为视角

徐文进 姚竞燕*

【提要】中国(上海)自由贸易试验区内知识产权的保护应秉持怎样的价值理念是法院在审理区内知识产权案件面临的首要问题。自贸区内"先行先试"的要求并不会改变法院管辖、程序法的普适性适用。知识产权实体法律,尤其是对侵权

* 徐文进,上海市第一中级人民法院研究室法官助理;姚竞燕,上海市黄浦区人民法院民五庭助理审判员。

行为的实体评判尺度也应得到普适的适用。我们也不应为便利贸易的自由化而放松对知识产权的管理和保护。在维护区内外适法统一的前提下,我们应当以已经加入、待加入的多边或双边条约为目标,进一步优化知识产权保护的措施手段,在实体评判尺度上,可结合国内的政策需要谨慎做出统一的适法性安排。

【关键词】平行进口　知识产权保护　价值抉择

目前中国(上海)自由贸易试验区(以下简称上海自贸区)正一步步地走上正轨,相关管理制度的配套革新正在逐步推进,其中对知识产权的保护制度成为重要的组成部分。欧盟、美国等贸易伙伴均对上海自贸区内的知识产权保护表达了相当的关切。

随着上海自贸区改革的深化,基于对消费的拉动及政策敏感度较低,零售业将可能成为优先开放的选项。奢侈品等境外产品的入区将会兴起新一轮的消费热潮。同时,随着上海航运中心的发展,自贸区内的中转、集拼业务和国际中转货运航班方兴未艾,进入自贸区的境外货物将会进一步增加。境外货物的大量进入将会导致一系列的问题,其中包括过境贸易等环节知识产权的保护,诸如商标平行进口的执法问题也将集中凸显。

本文以对区内商标平行进口保护的司法应对为视角,从商标平行进口中知识产权保护与自由贸易的博弈出发,对目前中国平行进口问题的处理现状作简要介绍,再结合上海自贸区触发平行进口案件激增的前景判断,详细分析商标平行进口过程中各执法选项所代表的价值理念。最后从上海自贸区设立的背景和目的出发,对知识产权保护的价值理念做粗浅的阐述,以期能抛砖引玉,给接下来上海自贸区在知识产权司法些许借鉴。

一、商标平行进口问题的成因及上海自贸区应对现状

(一)商标平行进口的一般现状

商标平行进口是指商标权人只许可将带有其商标的商品投放某一国或地区市场进行销售,而有人则将该商品进口至另一国或地区进行销售。[①] 主要争议问题是平行进口的商标商品是否侵犯了进口国的合法商标独占使用权。产生平行进口现象主要是由于同样的商品在不同国家和地区的销售价格往往因为生产销售成本高低、差异化市场策略等而存在区别。

平行进口问题则更是知识产权保护与贸易自由化之间矛盾的典型产物。一方面进口国的商标权需要得到保护,另一方面原本经合法授权的境外商标商品希望自由的流动到进口国。这其实是国际贸易自由化的市场对生产要素自然配置的结果。基于各成员方对平行进口的观点迥异,使得《TRIPS 协定》第 6 条明确将知识

---

① 王迁:《知识产权法教程》,中国人民大学出版社 2011 年版,第 426 页。

产权的权利用尽也即平行进口问题交给各成员方自行决定。这不仅是国际知识产权保护策略,还涉及国际贸易策略,更多的是国际贸易问题。[①] 美国和欧盟等知识产权发达国家也因此成为国际贸易谈判中对知识产权保护的重要推动力量。

我国《商标法》对平行进口或权利用尽并无特别规定,仅在《商标法》第 57 条第 1 项简单规定:"未经商标注册人的许可,在同一种商品上使用与其注册商标相同的商标的"。目前理论和实务界对商标权国内权利用尽基本不存在争议,但对商标权国际用尽则存在较大争议。换言之,商标平行进口的合法性目前缺乏统一观点。[②]

国内因涉及商标平行进口而进入司法程序的案件主要有著名的"力士香皂案"、"AN'GE 牌服装案"及"米其林轮胎案"。其中,力士香皂案中法院的判决并未对平行进口问题作出正面的回应,而是绕开这一问题,从进口商不能证明进口货物系真品这一角度作出裁判,即按照进口假冒商标产品判决被告侵权。AN'GE 牌服装案中原告选择反不正当竞争为诉由,而没有选择商标侵权起诉,回避了平行进口问题。真正意义上是长沙中级人民法院审理的两件米其林轮胎商标侵权案。[③]

在这两个案件中,长沙中院支持米其林公司诉请更多是因为该案中对商品要素的更改危及了商标的安全指引功能。所以我们尚不能将本案视作完全对平行进口的否定。并且,迄今为止没有一个平行进口案件上诉至最高人民法院,最高人民法院亦尚未以复函或司法解释的方式作系统阐述。况且,中国实行的是成文法而非判例法,虽然最高人民法院或上级法院的指导案例会产生相当的指引作用,但作为地方法院的长沙市中级人民法院,其对平行进口的零碎判断是否代表着中国司法机关乃至中国政府的全盘认知尚有待进一步观察。

(二)上海自贸区知识产权保护的特殊性考量

鉴于上海自贸区实施"境内关外"即所谓"一线放开、二线管住"的监管模式,远期目标更是一线彻底放开。这固然将使区内与境外之间的国际贸易最大程度的便利化和自由化,在大大促进国际贸易发展的同时,也会伴生区内知识产权保护乏力的问题。国际商会(ICC)于 2013 年 5 月发布的名为《对自贸区的监控:平衡便利和监控以打击在各国自贸区的非法贸易》的报告指出:自贸区中对知识产权的侵权行为越发肆虐。假冒者越来越多地通过多个不同地域的自贸区来进行货物运输或转运,以"抢座位"(musical chairs)的方式掩盖假冒产品的非法来源,令执法机构

① 严桂珍:"我国平行进口法律规制情况——以商标平行进口为视角",载《中国知识产权》2010 年第 8 期。

② 聂世海:"商标平行进口在我国的实践与争议",载《今日财富》(中国知识产权)2010 年第 8 期。

③ 案号分别为(2009)长中民三初字第 0072 号、(2009)长中民三初字第 0073 号。

查获假冒货物的能力受到限制。①

对进入上海自贸区内货物的知识产权保护问题不仅有着外在的政治压力,也具有其管理复杂的内在特点。对于在上海自贸区内知识产权保护具有何种特殊性以及应如何应对是目前要解决的重要议题。

《海关法》及《知识产权海关保护条例》均明确规定海关是对“进出关境”的“进出口货物”实施监管的部门。严格意义上来说,上海自贸区的商品处于关境之外,并不属于“进出关境”的“进出口货物”。因此有学者得出海关对关境以外的自贸区没有执法权。并举出2001年瑞柏公司诉云南瑞丽市质监局案,法院将特殊区域视为境内关外,认为质量监督部门未有相应的权利。② 那是否真的意味着上海自贸区的特殊性足以阻却中国知识产权法律在区内的适用呢?

这个问题对于上海自贸区而言,在目前的理论实务界似乎是一个免证的命题。有学者认为,从国家主权的角度来看,一国的法律当然适用于其管辖的全境,故上海自贸区当然属于中国法律的效力范围。③ 立法、行政及司法机构的做法似乎也印证了上述观点,为了投资管理的需要全国人大常委会暂停实施的法规仅限于外商投资领域,对于其他法律法规在上海自贸区内施行未作限制。上海市政府出台的《中国(上海)自由贸易试验区管理办法》(以下简称《管理办法》),对自贸区内知识产权管理机关的权责做出了划分,并行使有效的事权管辖。上海市知识产权局主管官员的观点也认为应当适用中国已经加入的知识产权国际公约及中国现有的知识产权法律法规和相关政策。④ 上海法院和上海检察院均在自贸区内设立了派出机构。但是,这是否真的就意味着我们可以在上海自贸区内对知识产权的保护与境内其他区域毫无差异的必要呢?

二、上海自贸区的应对与知识产权保护的价值导向

具体而言,在当前上海自贸区的建设过程中,法院审理平行进口案件过程中应该秉持怎样的价值导向呢?

---

① 参见 Controlling the Zone: Balancing facilitation and control to combat illicit trade in the world's Free Trade Zones, 载 http://www.iccwbo.org/News/Articles/2013/New-report-calls-for-actions-to-stop-counterfeiting-and-piracy-in-Free-Trade-Zones/,最后访问时间:2014年4月13日。

② 晏凌煜、唐春:“中国(上海)自由贸易试验区内涵及其涉及的知识产权保护问题初析”,载《电子知识产权》2014年第2期。

③ 上海市浦东新区法院“自贸区建设司法保障”课题组:“自贸区对知识产权保护的影响与司法对策”,载《人民法院报》2014年1月8日;张伟君:“在促进自由贸易与加强知识产权保护间取得平衡”,载《东方早报》2013年11月12日;杜颖:“中国(上海)自由贸易试验区知识产权保护的构想”,载《法学》2014年第1期;蒋正龙:“上海自贸区的知识产权保护应先行先试”,载《中国知识产权报》2013年8月30日;尹锋林、张嘉荣:“上海自贸区知识产权保护:挑战与对策”,载《电子知识产权》2014年第2期。

④ “上海自贸区:知识产权保护与管理体系轮廓初现”,载 http://ip.people.com.cn/n/2013/1218/c136655-23871761.html,最后访问时间:2014年4月13日。

(一)先行先试与法律普适性适用的抉择

首先,我们需要回应商标保护法律在上海自贸区内是否具有普适的管辖效力,或者从更大范围上来说,中国法律是否在上海自贸区内具有当然的、普适的管辖效力。这是有权机关行使管理事权的先决法源依据,于法院而言,就是要解决上海法院审理自贸区内案件的两个先决问题——管辖权与法律适用。

依照国家主权原则,一国之法律具有地域性。法律的主权地域性包括两个方面:一是指法律效力边界仅止于其领土边界,除非得到其他主权当局的权利让渡方具有域外效力;二是法律在该国领土范围内具有当然的管辖效力,除非该国有权机关排除该法在特定地域的适用或授权特定当局做变通处理。依据当前的法律现状,中国是实行中央集权制的单一制国家,上海自贸区实际上与上海其他区域、中国大陆其他区域属于同一个法域,当然应适用统一的法律,上海法院亦享有自贸区内案件的当然管辖权。

《关于简化和协调海关业务制度的国际公约》(《京都条约》)在F.1附件前言中亦印证了上述观点:虽然运入自由区的货物,就有关的进口各税而言,一般都认为处在关境以外,然而,有关国家所订立的某些规定,如国内法令所规定的禁止和限制"仍属有效"。海关也可以在自由区内实行某种监管,以保证自由区内的各项作业均能按照"既定"的规章进行。

但前述认为知识产权管理法律应当在上海自贸区内适用的学者又大多主张,对于自由贸易区内的知识产权不应提供保护,或只应做最低限度的监管,对自贸区内诸如过境货物的知识产权保护应做区分对待,不宜径直依据《商标法》等作出违法判定等。① 这种观点的直接依据就是《中国(上海)自由贸易试验区总体方案》(以下简称《总体方案》)中对上海自贸区"先行先试"的要求。方案中提出的先行先试的主张,是否意味着所有的行政、司法部门均有权就法律的适用做相应突破呢?上海法院在审理自贸区知识产权案件时是否就可以"先行先试"地突破现有法律规定而借鉴国际公约、外国法律等自由裁量呢?

首先,我们充分认识到作为上海自贸区法律渊源的《总体方案》是由商务部和上海市人民政府联合上报经国务院批准。因此它并非国务院制定的规范性文件,而仅仅只是国务院批准的规范性文件,在法律位阶上的效力本就有值得推敲之处。《总体方案》内容实际有超越国务院的事权范围,在尚未取得全国人大和国务院双授权之前,其效力是存在一定争议的。② 因为它既不同于经济特区的授权立法,内

---

① 上海市浦东新区法院"自贸区建设司法保障"课题组:"自贸区对知识产权保护的影响与司法对策",载《人民法院报》2014年1月8日;张伟君:"在促进自由贸易与加强知识产权保护间取得平衡",载《东方早报》2013年11月12日;杜颖:"中国(上海)自由贸易试验区知识产权保护的构想",载《法学》2014年第1期;蒋正龙:"上海自贸区的知识产权保护应先行先试",载《中国知识产权报》2013年8月30日;尹锋林、张嘉荣:"上海自贸区知识产权保护:挑战与对策",载《电子知识产权》2014年第2期。

② 丁伟:"中国(上海)自由贸易试验区法制保障的探索与实践",载《法学》2013年第11期。

容也不仅限于《宪法》第89条赋予国务院的事权范畴之列。其中,对于全国人大常委会制定的《商标法》之适用并不仅仅属于国务院的事权范围,而对于法院管辖及程序法律适用等更属于《立法法》第8条规定专属于全国人大及常委会之立法权限的“诉讼和仲裁制度”。因此,除全国人大授权暂停实施的外商投资法律之外,对于法院管辖权、程序法适用、商标法适用等均不属于《总体方案》要求“先行先试”效力范畴。

其次,纵览《总体方案》及《管理办法》,对知识产权的“先行先试”仅限于对知识产权监管效率性的提升和对建立知识产权纠纷调解、援助等解决机制的构建。加强对知识产权的保护应着重在管理方式上的创新而非在保护评判尺度上的突破。[①] 也就是说发布《总体方案》和《管理办法》的国务院与上海市政府近期均无意在上海自贸区内营造知识产权监管评判尺度的低谷或者高地。

最后,法律具有滞后性。法院作为司法机关,所司之法作为上层建筑本就受制于经济基础,阶段性和滞后性是法律的固有特征。因此,通常而言,司法通常是无法做到所谓的先行先试。因为未获有效授权的先行先试即意味着违法。从法律上来说,作为司法机关的法院,应严格地执行和解释法律,自然在一定程度上丧失了对法律适用先行先试的客观可能性。

简言之,在有权机关没有做出明确排除或变通适用的前提下,包括《商标法》在内的知识产权保护法律在上海自贸区内具有当然、普适的管辖效力。就法院而言,无论是管辖等司法程序应用,还是审理案件的实体法律识别,都应遵从中国现行的法律规定。这也是当前在上海自贸区内保护知识产权的先决前提,即在知识产权保护的行政管理及司法应对过程中应坚持“区内外一致”的思路。[②] 在案件审理过程中,法院不应、也不能因相关案件发生在上海自贸区内而自行随意创设知识产权的法律适用。

(二)知识产权保护与贸易自由化的抉择

监管与自由自古就是矛盾的两个方面。毫无疑问,对知识产权的保护无疑可能会对贸易自由化造成影响。这也是即使以保护知识产权为首要目的的《与贸易有关的知识产权协议》(TRIPS)和《反假冒贸易协议》(ACTA)在不断强化知识产权保护的同时,仍不厌其烦地对知识产权保护的程序性操作进行详细规范的原因,并反复强调“确保知识产权的执法措施和程序不会对合法贸易构成障碍”。[③]

法院为了更好地为经济保驾护航、更好地服务经济建设大局,对于知识产权保护与贸易自由化的价值抉择乃至对上海自贸区知识产权保护的价值导向之设定应

---

① 蒋正龙:“上海自贸区的知识产权保护应先行先试”,载《中国知识产权报》2013年8月30日。

② 孙益武:“自贸区知识产权执法的国际协调”,载《WTO经济导刊》2014年第1期。

③ 《反假冒贸易协议》(ACTA)前言。

站在更本源的起点去对待分析,我们应对设立上海自贸区的背景有着充分的认知——《总体方案》开宗明义地对上海自贸区的总体要求作出部署。这正是中国政府对内和对外两种需求的驱动所导致。试验田的目标分为两部分:对内是指通过负面清单的管理模式加快政府职能转变,深化体制改革;对外是指探索开放新途径,促进贸易和投资的便利化和自由化。①

这与我国目前遭遇的"二次入世"的现状是分不开的。目前美国主导的《跨太平洋伙伴关系协定》(TPP)、美国和欧盟主导的《跨大西洋贸易与投资伙伴协议》(TTIP)均未邀请我国参与谈判。这两个自由贸易协定基本涵盖了目前世界上除中国之外的主要经济体。如果真的被排除在如此庞大的自由贸易区之外,哪怕是被排除在谈判之外以致丧失规则制定的话语权,我国将可能在新一轮全球化进程中被边缘化,后续发展堪忧。有学者直接断定美国将中国排除在TPP协定与TTIP协定的谈判进程之外就是因为中国对知识产权执法保护不力。② 当然,笔者并不认为中国被排除在谈判进程之外就主要是因为中国对知识产权保护不力。但作为知识产权的优势方,知识产权保护已成为美欧国际贸易的多边谈判中日益关注的议题。在TPP协定草案中对知识产权的某些保护甚至超过了目前号称对知识产权保护最严格的《反假冒贸易协议》(ACTA)。例如TPP协定草案明确将知识产权边境措施的实施范围扩大至出口、转口货物或保税区。而之前的TRIPS协议第51条项下注释13明确述明不强制成员对过境货物采取边境措施,这将对平行进口的监管产生直接的影响。

"促进贸易和投资便利化"是上海自贸区重要的追求目标,但如果基于贸易自由化的目标设定就理所当然地认为应当倾向于贸易自由化、弱化知识产权的保护,进而对平行进口做出否定性评价,笔者认为这种判断逻辑是本末倒置的。因为顺应对知识产权的保护措施,尽早加入TPP和TTIP,反而会大大推动我国贸易自由化的进程。

因此,我们不能因存在阻碍贸易自由化的可能性而惮于对知识产权的保护。如同前述所言,对于今天的上海自贸区而言,优化的、合理知识产权保护只会从宏观上有利于我们更进一步融入经济全球化的潮流,更有利于我们的贸易自由化。因此,对于商标平行进口的态度也应基于我们应加强对知识产权保护这个大前提。

(三)优化保护措施与提升实体评判尺度的抉择

既然我们加强知识产权保护不仅不会实质上阻碍贸易自由化,还会从长远上、宏观上促进贸易自由化。那我们又当如何加强知识产权的保护?是否又意味着我们当然地应当在上海自贸区内实行更严格的侵权判定标准呢?

---

① 杨静:"基于内生需求与外向视野的上海自贸区知识产权保护构想",载《电子知识产权》2014年第2期。

② 杜颖:"中国(上海)自由贸易试验区知识产权保护的构想",载《法学》2014年第1期。

我们需要以加入 TPP 和 TTIP 为大前提来思考这个问题,我们应该顺应、趋同我们的知识产权保护措施,比如 TRIPS 协议并不强制要求成员方在自由贸易区内行使普适的管辖权,我们可以超越这种规定,参照 TPP 的要求将在关境内适用的边境措施扩大至保税区、自由贸易区内。需要特别说明的是,这种做法本身并不违反 TRIPS 的规定,因为在 TRIPS 协议第 51 条项下注释 13 明确是各成员方“无义务”对于过境货物采取中止放行程序。换言之,各成员方有权中止放行程序。这与 ACTA 协议也不冲突,因为该协议第 16 条第 2 款规定各缔约方“可以”采取边境措施。

以上的论述是从知识产权保护措施的角度而言,无论是被动制定“枪口下的法律”,[①]还是我们对于融入新一轮经济全球化浪潮的主动求变,我们对知识产权保护措施的趋同化已经成为必然的选择。但是,对于知识产权侵权行为的认定则具有相当的复杂性。例如 TRIPS 协议、ACTA 协议多是对知识产权的执法措施作出规定,但执法措施又属于程序法范畴。而对于确定货物是否侵权则更多是要适用特定国国内实体法的规定。TRIPS 协议第 52 条规定,知识产权权利所有人在向海关申请发起执法程序时,应提供证据证明根据进口国的法律,知识产权侵权情况已经存在。ACTA 协议第 17 条规定,海关主管机关可以要求提出启动海关程序申请的知识产权权利所有人根据制定该程序的缔约方本国法律证明知识产权被侵犯。

由此可见,若我们将对上海自贸区内知识产权保护之评判尺度提升,一方面会在自贸区内外造成同一法域内适用法律的不统一,另一方面也会在没有国际条约的现实义务、不存在未来迫切需要的情形下不必要地褫夺国内产业的利益。因此,我们应更多的着眼于以新技术、新理念为抓手,优化管理方法,以加强上海自贸区内知识产权保护的效率。

换句话说,对于上海自贸区内知识产权的保护,从措施手段上我们应当与当前美欧的严格保护要求逐步趋同化,实现更有效的管理和保护。但对于具体涉嫌侵权案件的实体评判尺度也就是案件审理过程中的实体法律适用上,则不宜机械地提升至欧美的保护标准。若相关国际公约或区域性的协议安排中对于此类保护标准未作限定,国内实体法亦未有明确规定,则法院在具体案件审理的过程中,可依据我国的政策实际并参照国际上的做法作出适当的裁量安排。[②]

三、对商标平行进口的司法应对及展望

司法机关应以谨守法律为前提。法院应当严格依据现行程序法律及知识产权实体法律来审理相关案件。那是否就意味着上海法院在服务自贸区、推动自

---

① 李雨峰:《枪口下的法律:中国版权史研究》,知识产权出版社 1998 年版。

② 对于平行进口,海关总署主管官员认为基于保护国内的产业和市场应当对平行进口予以限制。参见聂世海:“商标平行进口在我国的实践与争议”,载《今日财富》(中国知识产权)2010 年第 8 期。

贸区的知识产权保护就毫无建树了呢？答案很显然是否定的。上海自贸区不仅会使原本非常稀缺而没有形成规范性意见的个案成为普遍现象，如过境贸易中的平行进口问题，还会催生大量知识产权类型的新类型案件。法院在处理上述知识产权纠纷的过程中不仅会起到定纷止争的作用，还会清晰地引导知识产权相关产业的发展方向，进而会对上海自贸区的国际贸易乃至整个发展环境的改善起到良好的促进作用。这就让上海法院在处理自贸区知识产权纠纷中的价值理念抉择的重要性得到充分凸显。对于当前的知识产权审判活动，我们可以得出如下几点：

1. 应坚持普适的管辖权和法律适用，更好服务于管理体制的先行先试。虽然上海自贸区的设立有肩负“先行先试”的改革任务，对于司法程序法律的选择和实体法的识别均不应属于先行先试的范畴，应坚持中国当前法律的普适性适用。并且作为自由区不同于其他诸如北美贸易区等区域性的协议安排，我们并未因为多边或双边协议被动让渡区内的部分管辖权。结合目前上海自贸区的制度现状，知识产权保护应侧重于管理效率的提升，法院对上海自贸区内的案件应享有当然的、排他的管辖权，司法程序及实体法的识别适用上均应适用当前国内普适有效的法律。

2. 应坚定对知识产权保护，更好地实现贸易自由化。诚如前文所述，是否需要在知识产权保护与贸易自由化之间作出抉择，这其实是一个相当吊诡的伪命题。于近期而言，固然不当的知识产权监管会阻碍贸易的自由化进程，然而，结合上海自贸区设立的背景和目的，以融入新一轮全球化为出发点，当然地加强对知识产权保护，是目前知识产权审判过程中应当坚持的重要价值理念。不能短视地因为惮于对贸易自由化造成困扰或阻碍而放松对知识产权的保护。

3. 应着眼于对保护措施的优化，慎于对实体评判尺度的提升。对于知识产权加强保护不应局限于涉嫌侵权的实体评判尺度提升。实体评判尺度的区内提升容易导致区内外适法的不统一，在目前缺乏法律依据。我们应当着眼于知识产权监管保护措施的优化，顺应当前知识产权保护的国际潮流，趋同化我们的保护手段，但对具体评判尺度可基于国内政策实际，在满足国际条约要求下对法律体系作出统一的、系统性的提升和安排。但须指出，在对具体的实体评判尺度缺乏明文规定的情形下，在裁量提升过程中应当注重区内外的适法统一，法院可以通过司法解释、适用意见的方式形成相应的统一司法指引。

（本文发表于《中华商标》2014 年第 6 期）

论法治社会中公共政策对法律类作品著作权的制约

——以中美法律比较为视角

熊理思*

【提要】在法治社会背景下,人们的一切行为都自觉或不自觉地受到法律的约束,因此与其他作品相比,法律类作品的作者权利应受到更多的公共政策制约。如果这些作品的作者动辄以著作权人自居,利用著作权垄断法律表达,必将损害社会的整体利益。目前我国立法上仅对法律法规和裁判文书的著作权予以排除,尚未涉及对其他法律类作品的著作权限制。司法实践中对法律类作品的创造性(私权利)与功能性(公权利)矛盾如何平衡等问题一直存在分歧,理论研究亦有限。美国在这方面有较为成熟的经验,值得我们借鉴。

【关键词】公共政策　法律类作品　著作权　制约

一、问题的提出:法律类作品的著作权问题成近期焦点

事件一:由裁判文书上网引发的对裁判文书著作权问题的争论。根据《最高人民法院关于人民法院在互联网公布裁判文书的规定》,2014 年 1 月 1 日起,各级人民法院的裁判文书,除涉密等极少数情况外,必须全部在最高人民法院设立的“中国裁判文书网”①上进行统一公布,由此开启了裁判文书全面上网的新时代。大家发现,每点开一份判决书,都会随即会跳出一个小窗口,上面写着 4 条公告内容,其中第 4 条是:“未经许可,任何商业性网站不得建立与裁判文书库及其内容的链接,不得建立本裁判文书库的镜像(包括全部和局部镜像),不得拷贝或传播本裁判文书库信息”。这则公告仿佛是在向众人宣示网站所有人对该裁判文书库及其内容拥有著作权。由此引发的争论是:网站对裁判文书库中的内容(即裁判文书本身)能否拥有著作权?

事件二:由广州万唯案引发的对合同文本著作权问题的争论。原告广州万唯公司起诉被告交建投公司的《专用条款》抄袭了其有版权登记的合同文本作品,且公证显示抄袭内容达 92.9%。一审判决被告构成侵权,并赔偿损失 5 万元,后被二审改判。二审认为,如果允许“写得好”的合同文本享有著作权,则意味着其他人在碰到相同法律问题时不能使用这种表达方式,这实质是对思想形成垄断,违背了

---

* 熊理思,上海市黄浦区人民法院立案二庭审判员。

① “中国裁判文书网”:http://www.court.gov.cn/zgcpwsw/。

著作权法的本意。① 由此引发的争论是,这一判决是否会不利于今后对法律类作品的著作权保护?

这里就涉及公共政策对著作权人权利的限制与制约问题。著作权保护是一把双刃剑,对著作权人权利的保护往往意味着对公众权利的限制与剥夺。例如,对著作权保护的范围过宽必然会限制公众对作品的学习和利用;反之亦然。因此平衡个人利益与公共利益是著作权领域的一个永恒话题。法院裁判文书、标准化合同文本等法律作品与其他作品相比,与公共秩序和公众生活的联系更加紧密,因此在公共政策调控上也应有所区别。美国是著作权法最发达的国家之一,它的许多法律原则都已得到国际条约的认可与采纳,中美两国又都是相关国际条约的缔约国,因此对上述问题进行中美比较,有助于我们更好地对法律类作品的著作权问题作出分析判断。

二、我国公共政策对法律类作品著作权的限制

我国公共政策对法律类作品著作权的限制主要体现在以下三个方面:

1. 法律法规不受著作权保护。这主要是根据我国 2010 年《著作权法》第 5 条第 1 项的规定:"本法不适用于法律、法规,国家机关的决议、决定、命令和其他具有立法、行政、司法性质的文件,及其官方正式译文。"

2. 法院裁判文书不受著作权保护。我国是成文法国家,裁判文书是法院司法活动的书面反映,虽然法院裁判不能像判例法国家一样等同于法律本身,但其作为法律适用的结果对公民有约束力,应当属于《著作权法》第 5 条第 1 项中的"具有司法性质的文件"。因此,法院裁判文书也不受著作权保护。但对于裁判文书不受著作权法保护的深层次原因,我国的学术研究中少有论述,实践中也几乎没有相关判例可供参考。

3. 标准化法律文本的著作权保护也在很大程度上受到公共政策的制约。为了交易便利和保护自身权益,律师和公司法务都会制作一些标准化法律文本供类似项目多次使用。本文开头提到的"广州万唯公司起诉交建投著作权侵权纠纷"案的二审宣判,无疑对这类标准化法律文本的著作权问题起到标杆性的指引作用。2011 年 12 月,广州市南沙区人民法院一审判决交建投公司构成侵权,并要赔偿损失 5 万元。判决理由是:原告万唯公司结合建设工程施工过程中可能遇到的问题,有针对性地重新选择、编辑、修改及完善后形成的新作品,整体上体现了独立的创作思路、结构编排等,是有别于其他在先的作品而独立存在的新作品。该公司为此也付出了辛勤的智力劳动。交建投公司使用的被控侵权作品与万唯公司的合同文本作品内容高度近似,构成侵权。但广州市中级人民法院于 2013 年 11 月撤销了原审判决,驳回了万唯公司的诉讼请求。二审的理由是:虽然万唯公司向省版权局

① 董柳、钟言:"合同'写得好'被克隆法官最终改判不侵权",载《羊城晚报》2013 年 12 月 11 日。

申请了《作品著作权登记证》,可以作为其主张权利的证据,作品类型为文字作品,但该证据本身并不能够从法律上直接对万唯公司所主张的著作权进行确认。从万唯公司提供的关于涉案合同文件的使用情况来看,该文件发挥的是实用技术功能,是为了解决经济生活中的施工承包中产生的法律问题,是针对不同情况设计的具有一定普适性的条款,具有相关人员根据实际需要增删、修改后进行使用的功能。合同文本的条款本身是根据合同法、其他法律、相关部门规章及工程承包施工的实际情况而制作,约定的是当事人之间的权利义务,法律的表达方式较为有限,且准确而优化的表达方式尤为有限。如果允许“写得好”的合同文本享有著作权,则意味着其他人在碰到相同法律问题时不能使用这种表达方式,这实质是对思想形成垄断,违背了著作权法的本意。[①] 对于案件改判后引发的争议,笔者认为,该案的判决过程恰恰反映出了法官对作者个人利益与社会公共利益进行反复权衡的心理历程。一审判决原告胜诉是因为法官较多地考虑了作品的创造性及作者的个人利益;二审判决原告败诉是因为法官较多地考虑了作品的功能性及公共利益。对于著作权法的立法本意,我国《著作权法》第 1 条将其定义为“保护文学、艺术和科学作品作者的著作权,以及与著作权有关的权益,鼓励有益于社会主义精神文明、物质文明建设的作品的创作和传播,促进社会主义文化和科学事业的发展与繁荣”。由此可见,著作权人个人利益与社会公共利益都可以在我国著作权的立法本意上找到依据。那么,当个人利益与公共利益存在冲突时,如何对二者进行平衡?笔者认为,在这个问题上不能搞“一刀切”,对不同类型的作品应适用不同的标准。对法律类作品而言,应更多地考虑公共利益。因此,笔者更赞同该案二审法官的裁判观点。

总的来说,我国公共政策对法律类作品著作权的限制还是比较小的,立法上仅对法律法规和裁判文书的著作权予以排除,对其他法律类作品的公权利限制问题没有涉及。司法实践中,对法律类作品的创造性(私权利)与功能性(公权利)矛盾如何平衡一直存在分歧,广州万唯案中的一审、二审差异即是典型代表。笔者认为,在法治社会背景下,人们的一切行为都自觉或不自觉地受到法律的约束,因此与其他作品相比,法律类作品的作者权利应受到更多的公共政策制约。目前,我们著作权界对该问题的研究较少,相比之下,美国已经形成较为成熟的经验,值得我们借鉴。

三、美国公共政策对法律类作品著作权的限制

美国公共政策对法律类作品著作权的限制主要遵循以下规则:

规则一,职责范围内的官方法律类作品无著作权保护。根据美国现行的 1976

---

① 董柳、钟言:“合同‘写得好’被克隆法官最终改判不侵权”,载《羊城晚报》2013 年 12 月 11 日。

年《著作权法》的规定,版权保护不适用于任何美国政府作品,①即不适用于由美国政府官员或雇员在其职务范围内制作的作品。② 值得注意的是,该法对“政府作品”中“政府”一词用的是“the United States Government”,由于美国是联邦制国家,其英文释义仅指向联邦政府(federal government),而不包括州政府和地方政府(state and local government)。因此,可以肯定的是,在美国联邦法院的裁判文书系美国政府作品,不受著作权保护,这基本上传承了1873年《著作权法》和1909年《著作权法》中的相关规定。争议比较大的是各州法院裁判文书的著作权问题。由于美国著作权法对州政府及地方政府的作品并无类似的禁止性规定,这就给各州留下了自由发挥的空间,州与州之间甚至出现了截然相反的立法。例如,肯塔基州法律规定,“州最高院的法院判决意见没有著作权”;③而佐治亚州法律规定,“法院文书受著作权保护且著作权归该州所有”。④ 司法上,大多数法院的意见比较一致,即出于公共政策的考虑,认为州法院裁判文书和联邦法院裁判文书一样不受著作权保护。比较著名的判例有1886年马萨诸塞州最高法院审理的Nash v. Lathrop案和1888年联邦最高法院审理的Banks v. Manchester案。在Nash v. Lathrop案中,马萨诸塞州最高法院认为,经授权出版马萨诸塞州报告的出版商无权阻止其他人复制该州法院意见书,法官的裁判作为对法律的权威说明与解释对所有公民具有约束力,应允许公众自由获取。⑤ 在Banks v. Manchester案中,俄亥俄州报告的出版社请求禁止未经授权出版俄亥俄州最高法院和俄亥俄州最高法院委员会裁判的行为。联邦最高法院维持了俄亥俄州联邦巡回法院的判决,认为无论是俄亥俄州还是出版社都无权声称对法院裁判意见享有著作权;根据公共政策原则,法官的所有工作形成了对法律的权威说明与解释,约束着每个公民,应向所有人免费公布;法官不能因他们的裁判获得经济利益,因为各州已对他们的工作支付了薪酬。⑥ 联邦最高法院的这一判决,对联邦法院和州法院裁判意见均不受著

① 17 U.S.C. § 105(Supp. 2000). “Copyright protection under this article is not available for any work of the United States Government, but the United States Government is not precluded from receiving and holding copyrights transferred to it by assignment, bequest, or otherwise.”(本法规定的版权保护不适用于任何美国政府的作品,但美国政府仍可接受并拥有通过让与、遗赠或其他方式转移给它的版权。)

② 17 U.S.C. § 101(Supp. 2000). “A ‘work of the United States Government’ is a work prepared by an officer or employee of the United States Government as part of that person's official duties.”(“美国政府的作品”是由美国政府的官员或雇员在其公务范围内制作的作品。)

③ Ky. Rev. Stat. Ann. § 21A.070 (4) (1992). “there shall be no copyright of the Supreme Court opinions.”(“court opinions”,是指由作出判决的法庭或法官就其审理的案件所作的阐释其如何达成该判决的书面意见,内容通常包括案件事实、本案所适用的法律及判决基于的理由、附带意见等,类似我们通常说的裁判文书。)

④ Ga. Code Ann. § 50-18-34 (1998). “[court] reports shall be copyrighted and the copyright shall belong to the state.”

⑤ 6 N.E. 559-561(Mass. 1886).

⑥ 128 U.S. 244-253 (1888).

作权保护的观点予以了澄清。在学术研究上,也有不少学者就美国著作权法中未明确的州法院裁判文书著作权问题作出了论述。例如,Melville Nimmer 在其权威著作中写道,长久以来版权不得适用州法院裁判意见领域,因为公众享有知晓法律的正当权利,否则被控违法之人可以不知晓法律规定为由进行抗辩。[①] 又如,William Patry 认为公共政策禁止对州法典、裁判意见及其他法令进行版权保护。[②] Paul Goldstein 也认为,官方法律文件,如裁判意见和成文法,都没有著作权。在一个运行有效的法律程序中,公众必须拥有自由获得官方法律材料的权利。不允许政府将著作权作为审查出版物是否含有政府文件中的令人尴尬信息的工具。而且政府拥有其出版物的著作权,会使政府与其他市场经济实体相比获得更多的不正当竞争优势。[③]

因此,美国的联邦和州立法与裁判文书都不受著作权保护。这个结论与我国《著作权法》第5条是一致的,但美国用的是我国尚未建立的"政府作品"的概念。美国用"政府作品"的概念排除了包括法律法规、裁判文书等官方法律作品受著作权保护的正当性。理由是:(1)官方法律类作品一般对社会关系具有调整功能,对公民个人行为具有强制力,必须无条件允许公民自由获取与使用。根据《宪法修正案》第5条规定:"任何人,不经正当法律程序不得被剥夺生命、自由或财产。"[④]如果赋予官方法律作品著作权,则会使这些文件的复制与传播造成障碍,从而使公民在不知法的情况下违法,这样就违反了《宪法修正案》第5条中的"正当程序条款"。(2)立法者和裁判者虽然为创作法律法规和裁判文书所付出了辛勤劳动,但这些劳动均在其职责范围之内,公民已经通过纳税的形式向他们支付薪酬,已对其劳动作出了经济补偿,因此官方法律类作品的著作权理应为全体美国公民所有。(3)根据美国《宪法》第1条第8款规定,"国会有权保障作家和发明家对各自著作和发明在限定期限内的专有权利,以促进科学和工艺的进步"。[⑤] 因此,他们认为著作权法的立法目的之一是为作者的创作活动提供经济动力,而官方法律类文件的创作者并不需要这种经济刺激,即使无法成为著作权人,他们仍需要继续制定法律或作出判决,这是他们的职责所在。

规则二,已被立法或判例法吸收的非官方法律类作品在很大程度上丧失著作

---

① Melville Nimmer, Nimmer on Copyright § 5.06[c] (Matthew Bender 2000).

② See William F. Patry, Copyright Law and Practice Vol. 1, ch. 3 (BNA 1994).

③ Paul Goldstein, Stella W. & Ira S. Lillick, Copyright: Principles, Law and Practice Vol. 1, § 2.5.2, 87 – 98 (Little, Brown and Co. 1989).

④ U.S. Const., amend. v. "No person shall[...] be deprived of life, liberty, or property, without due process of law."

⑤ U.S. Const., art. I, § 8, cl. 8. "The Congress shall have power[...] To promote the Progress of Science and useful Arts, by securing for limited Times to Authors and Inventors the exclusive Right to their respective Writings and Discoveries."

权保护。该原则在近年的标杆性案件 Veeck v. Southern Building Code Congress International 案中有比较详细的阐述。原告 SBCCI 是一个有着 1.45 万成员的非营利性组织,它的主要活动是发展与推动标准化建筑法典的创立,因此它允许政府将其创作的标准化建筑法典中的内容纳入法律且不用支付费用或达成许可协议。原告通过向非成员出售这些示范文本或向成员打折出售这些示范文本来筹集每年 900 万美元的经费预算。被告 Peter Veeck 是一家非营利性网站的经营者,该网站上张贴了一些德州当地的建筑法律文本,其中包括由原告 SBCCI 制作的示范文本。载有该示范文本的光盘是被告与原告达成协议后付费取得的,原告在著作权声明中禁止复制与传播该示范文本。被告在张贴这些示范文本时未注明出处。原告诉诸法院要求被告停止侵权行为,被告则认为由于该示范文本已被并入法律因而原告丧失著作权保护。联邦第五巡回法院认为,被告没有侵犯原告的著作权,理由是虽然原告对其示范文本拥有合法有效的著作权,但一模一样的文字已被立法所采纳。① 而根据以往的判例,法律的权威来自公众经民主程序的认可,因此州立法和法院裁判均无著作权。② 该案表明,对于已被立法或判例法吸收的非政府法律类作品而言,法院在裁判时会更多地考虑公共政策的因素,此时原作者的著作权虽然继续有效,但不得排除公众对其作品中已并入法律的那部分内容的自由使用,从这一点上说原作者的著作权已没有实质意义。

规则三,未被立法或判例法吸收的非官方法律类作品也有可能因为公共政策而无法得到著作权保护。这在 American Family Life Ins. Co. of Columbus v. Assurant, Inc. 案中有所体现。原告 American Family Life 是一家附加险保险公司,被告 Assurant 是它的竞争对手,原告认为被告侵犯其 4 份保单(癌症保单、事故保单、医院保单、疾病保单)的著作权,要求法院作出禁止被告继续侵权的临时禁令,法院对原告的诉请作出了部分支持、部分驳回的判决结果。法院首先肯定了原告的 4 份保单具有创新性,是受著作权保护的汇编作品。但法院认为根据"并入原则"(merger doctrine),当可供使用的表达因功能局限而变得有限时(如保险单中的法律用语),作者只能在非常有限范围内选择词语表达自己的思想,此时"类似的表达可能会不得不因等同于逐字逐句的复制或者与事实作品非常近似而被认定为侵权"。③ 因此,法院认为被告没有侵犯原告在定义、限制和免责条款中的可受保护的权益,因为被告的定义、限制和免责条款虽然与原告使用的表达惊人相似,但同时也与整个行业中所使用表达相似。但对被告是否侵犯原告保单中保险金条

---

① Veeck v. S. Bldg. Code Cong. Int'l, 293 F. 3d 817, 791, 793 - 794 (5th Cir. 2002) (en banc).

② Building Code Officials & Code Administration v. Code Tech., 628 F. 2d 734 - 735 (1st Cir. 1980). 该案发生在 Veeck 案之前,案情与之相似,法院以被私人作品一旦被立法采纳即落入公共领域为由将其发回重审。

③ 法官在此引用了另一个案例:BellSouth Adver. & Publ'g Corp. v. Donnelly Info. Publ'g, Inc., 999 F. 2d 1436, 1444 n. 18 (lth Cir. 1993)。

款的著作权,法院却得出了不同的结论。法院拒绝了被告用“并入原则”作出的辩解,因为“与定义、限制和免责条款不同,有证据显示并非所有附加险市场内的竞争者都使用相同的语言来描述他们的保险金”。法院还认为,被告每次在更新保单时都以原告的癌症保单和事故保单为范本进行复制,被告依赖的是原告方精算师的劳动成果。另外,虽然被告在医院保单和疾病保单中也提供与原告相同的保险金,但其采用了不同的语言表达,原告对此未达到证明被告侵权的证明要求。因此,法院签发了禁止被告复制原告癌症保单和事故保单的临时禁止令,却拒绝签发关于医院保单和疾病保单的临时禁止令。[①] 该案与上文中我国广州那个案例的观点类似,认为即使是非官方的法律类作品,若可供选择的表达非常有限,基于公共政策的考虑,著作权人也不得依据著作权对该表达进行垄断。值得注意的是,美国这个案例在对作品功能性的界定上更加明确,即以行业内是否有人采用不同表达来进行判断;而且它对原告作品享有著作权是予以肯定的,只是出于公共政策的考虑对其著作权进行了一定的限制。而在我们的广州万唯案中,法官似乎对原告作品著作权进行的是100%的否定,笔者认为这一点不妥。在万唯案中,原告的著作权只是因为公共政策使其著作权受限而败诉,而不是因为他完全没有著作权而败诉。反之,倘若采用美国 Am. Family Life Ins 案例中的论述,就可以解释为什么原告在其制作的合同文本取得版权登记的情况下仍然败诉,否则难以自圆其说。

四、建议我国加强公共政策对法律类作品著作权的制约

著作权个人利益与社会公众利益平衡是著作权领域的一个永恒话题。中美两国相比,美国公共政策对法律类作品著作权的限制力度明显比我们强悍许多。从某种程度上说,我国公共政策对作品著作权的影响力较弱。其实,这是近些年来才有的现象,从文化传统上说,我国一直是一个公共政策为上的国家。

对我国来说,著作权是近代西方文明的舶来品,我国历史传统上并无类似的理念。中国儒家思想主张重义轻利,孔子的“君子喻于义,小人喻于利”,被一代又一代中国知识分子所认同。宋代以来的统治者,更是把贵义贱利、重农轻商作为维护统治的道德规范,致使中国知识分子习惯于主动将个人创作为大众所有,耻于言及其商业价值;习惯于将知识、艺术的原创活动游离于商业活动之外,将一切以智力成果为表现形式的权利置于财产权之外。应当承认,这种重义轻利的儒家思想对中华民族奉献社会、牺牲个人的传统美德的形成起到了重要作用,但在一定程度上也阻碍了国人商业精神、商业道德的确立,为后世的知识产权不被重视、易受侵害埋下了种子。[②] 正是欧洲工业革命导致了世界知识产权的萌芽。知识产权的私有

---

① Am. Family Life Ins. Co. v. Assurant, Inc., Civ. Action No. 1:05 - CV - 1462 - BBM, 2006 WL 4017651, (N. D. Ga. Jan. 11, 2006).

② 宫毅:“知识产权犯罪的文化因素分析”,载《中州学刊》2003 年第 4 期。

不仅促进了欧洲工业化的社会大生产,也使美国因信息技术上的不断创新成为引领世界经济的后起之秀。因此,基于历史与现实的需要,美国认为只有采取产权私有的形式,才能对抗"搭便车"行为,使知识产权生产者得到成本补偿,从而刺激其生产知识产品的积极性。但这并不代表美国只关注著作权人个人利益,事实上美国对公共利益的关注在很多方面都是超前的,不仅著作权中的合理使用规则、强制许可制度为其首创,其政府作品、法定许可、公共秩序保留、法定免费使用等著作权限制制度也在一定程度上约束了著作权人的专有权利,使公众得以接触和使用作品,促进了人类科学文化的发展。①

与我们过去的著作权弱保护形成强烈对比的是,近年来随着市场经济的蓬勃发展、国际交流日益增多,人们的自我意识和个人财产保护意识迅速膨胀,著作权保护中逐渐呈现出"个人本位"的趋势,这在一定程度上影响了公众的合理使用。在建设法治社会的时代背景下,法律无时无刻不与每个人发生着千丝万缕的联系。与其他作品相比,法律类作品与社会秩序及公共福祉的联系更加密切,如果这些作品的作者动辄以著作权人自居,利用著作权垄断这些法律表达,必将损害社会的整体利益。因此,在平衡法律类作品的个人利益和公共利益时,笔者认为应更多地考虑公共利益。借用美国学者的一句话:"著作权不应成为限制思想和公共表达的囚笼,虽然有人为编排这些实用性的产品付出了汗水与金钱。"②这句话虽然说的是汇编作品,但同样适用于整个著作权领域。尤其是在法律类作品领域,公共政策应成为判断作品是否受著作权保护以及保护范围与力度的重要考量。

[本文获第二届(2014 年)立格联盟研究生"英特尔杯"论文竞赛二等奖]

论裁判文书与裁判文书库的著作权保护

——以"裁判文书上网"为切入点

熊理思*

【摘要】随着《最高人民法院关于人民法院在互联网公布裁判文书的规定》的实施,今后各级法院的裁判文书都将在"中国裁判文书网"上统一发布,且要以上网为原则,以不上网为例外。"中国裁判文书网"的创立,引发了大家对裁判文书与裁判文书库著作权的思考。本文结合美国著作权制度的立法与司法动态对裁判文书、裁判文书库能否受著作权保护以及若受著作权保护,其作品属性与保护标准

① 胡开忠:"著作权限制与反限制的法哲学基础研究",载《法商研究》1996 年第 1 期。

② Ray Patterson & Craig Joyce, supra n. 22, 808.

* 熊理思,上海市黄浦区人民法院立案二庭审判员。

如何确定等问题进行评析。

【关键词】裁判文书　裁判文书库　著作权保护

"中国裁判文书网"创立后,吸引了大量的目光。每点开一份判决书,都随即会跳出一个小窗口,上面写着 4 条公告内容,其中第 4 条是:"未经许可,任何商业性网站不得建立与裁判文书库及其内容的链接,不得建立本裁判文书库的镜像(包括全部和局部镜像),不得拷贝或传播本裁判文书库信息"。这则公告仿佛是在向众人宣示该裁判文书库及其内容受著作权法保护,由此引发了大家对裁判文书与裁判文书库著作权问题的思考。例如,裁判文书本身能否受著作权保护?汇集裁判文书的裁判文书库能否受著作权保护?如果它们受著作权保护,其作品属性与保护标准如何确定?国外是怎么做的?众所周知,美国是世界上著作权制度最为发达的国家之一,中、美两国又同为相关国际条约的缔约国,因此本文将结合美国的立法和司法动态对上述问题加以评析。

一、法院裁判文书能否受著作权保护

根据我国 2010 年《著作权法》第 5 条第 1 项的规定:"本法不适用于法律、法规,国家机关的决议、决定、命令和其他具有立法、行政、司法性质的文件,及其官方正式译文。"我国是成文法国家,裁判文书是法院司法活动的书面反映,虽然法院裁判不能像判例法国家一样等同于法律本身,但其作为法律适用的结果对公民有约束力,应当属于著作权法上所规定的"具有司法性质的文件"。基于此,笔者认为,裁判文书本身不受著作权保护。

在这一问题上,美国的结论与我们基本一致。根据美国现行的 1976 年《著作权法》的规定,版权保护不适用于任何美国政府作品,[①]即不适用于由美国政府官员或雇员在其职务范围内制作的作品。[②] 值得注意的是,该法对"政府作品"中"政府"一词用的是"the United States Government",由于美国是联邦制国家,其英文释义仅指向联邦政府(federal government),而不包括州政府和地方政府(state and local government)。因此,可以肯定的是,在美国联邦法院的裁判文书系美国政府作品,不受著作权保护,这基本上传承了 1873 年《著作权法》和 1909 年《著作权法》中的相关规定。争议比较大的是各州法院裁判文书的著作权问题。由于美国著作权法对州政府及地方政府的作品并无类似的禁止性规定,这就给各州留下了

---

① 17 U. S. C. § 105(Supp. 2000). "Copyright protection under this article is not available for any work of the United States Government, but the United States Government is not precluded from receiving and holding copyrights transferred to it by assignment, bequest, or otherwise. "(本法规定的版权保护不适用于任何美国政府的作品,但美国政府仍可接受并拥有通过让与、遗赠或其他方式转移给它的版权。)

② 17 U. S. C. § 101(Supp. 2000). "A 'work of the United States Government' is a work prepared by an officer or employee of the United States Government as part of that person's official duties. "("美国政府的作品"是由美国政府的官员或雇员在其公务范围内制作的作品。)

自由发挥的空间,州与州之间甚至出现了截然相反的立法。例如,肯塔基州法律规定,“州最高院的法院判决意见没有著作权”;[①]而佐治亚州法律规定,“法院文书受著作权保护且著作权归该州所有”。[②] 司法上,大多数法院的意见比较一致,即出于公共政策的考虑,认为州法院裁判文书和联邦法院裁判文书一样不受著作权保护。比较著名的判例有 1886 年马萨诸塞州最高法院审理的 Nash v. Lathrop 案和 1888 年联邦最高法院审理的 Banks v. Manchester 案。在 Nash v. Lathrop 案中,马萨诸塞州最高法院认为,经授权出版马萨诸塞州报告的出版商无权阻止其他人复制该州法院意见书,法官的裁判作为对法律的权威说明与解释对所有公民具有约束力,应允许公众自由获取。[③] 在 Banks v. Manchester 案中,俄亥俄州报告的出版社请求禁止未经授权出版俄亥俄州最高法院和俄亥俄州最高法院委员会裁判的行为。联邦最高法院维持了俄亥俄州联邦巡回法院的判决,认为无论是俄亥俄州还是出版社都无权声称对法院裁判意见享有著作权;根据公共政策原则,法官的所有工作形成了对法律的权威说明与解释,约束着每个公民,应向所有人免费公布;法官不能因他们的裁判获得经济利益,因为各州已对他们的工作支付了薪酬。[④] 联邦最高法院的这一判决,对联邦法院和州法院裁判意见均不受著作权保护的观点予以了澄清。

由此可见,中、美两国在立法上对法院裁判文书是否受著作权保护这一问题均观点明确,虽然起点有所差异——我国将其归在“具有司法性质的文件”之中,美国将其归在“联邦政府作品”之中,但最终得出的结论都是法院裁判文书不受著作权保护。接下来的问题是,裁判文书本身无著作权是否意味着汇集这些裁判文书的文书库也因此丧失著作权保护?

二、裁判文书库能否受著作权保护

笔者认为,裁判文书本身无著作权并不必然导致裁判文书库丧失著作权。根据我国现行《著作权法》规定,汇编不构成作品的数据或材料也可能成为受著作权保护的汇编作品。其实,对这一问题,我国的立法态度也经历了一个逐渐发展与成熟的过程。1990 年《著作权法》第 14 条规定,“编辑作品由编辑人享有著作权”;1991 年《著作权法实施条例》第 5 条第 11 款规定,“编辑,指根据特定要求选择若干作品或作品的片断汇集编排成为一部作品”。由此可见,这两个条文将数据库认

---

① Ky. Rev. Stat. Ann. § 21A. 070 (4) (1992). “there shall be no copyright of the Supreme Court opinions.” (“court opinions”,是指由作出判决的法庭或法官就其审理的案件所作的阐释其如何达成该判决的书面意见,内容通常包括案件事实、本案所适用的法律及判决基于的理由、附带意见等,其实就是我们通常说的裁判文书。)

② Ga. Code Ann. § 50 - 18 - 34 (1998). “[court] reports shall be copyrighted and the copyright shall belong to the state.”

③ 6 N. E. 559 - 561(Mass. 1886).

④ 128 U. S. 244 - 253 (1888).

定为由作品或作品的片断编排而成的编辑作品，进而作为一项独立的作品受著作权法保护。这种认定存在一个漏洞，即当数据库存储的信息是有著作权的作品时，可作为编辑作品予以保护；但当数据库汇编的是没有著作权的作品、数据或者其他材料（如法律法规数据库或本文所讨论的裁判文书数据库）时，就无法作为编辑作品进行保护。因此，在后来的2001年《著作权法》和现行的2010年《著作权法》中，对1990年《著作权法》第14条进行了修改，将“编辑作品”改称为“汇编作品”，并将条文修改为“汇编若干作品、作品的片段或者不构成作品的数据或者其他材料，对其内容的选择或者编排体现独创性的作品，为汇编作品，其著作权由汇编人享有，但行使著作权时，不得侵犯原作品的著作权”。这样，无论数据库内的信息本身是否受著作权保护，只要数据库在内容选择或编排上具有独创性即可作为汇编作品受到著作权法的保护。美国1976年《著作权法》中的第101条、[①]第103条[②]也有类似的规定，认为符合要求的汇编物属于汇编作品，受著作权法保护。那么，什么才算符合要求呢，如何界定这一标准？

三、裁判文书库受著作权保护的判断标准

我国《著作权法》第14条规定：“对其内容的选择或者编排体现独创性的作品，为汇编作品，其著作权由汇编人享有，但行使著作权时，不得侵犯原作品的著作权。”因此，对我国而言，某一裁判文书库是否受著作权保护要看该裁判文书库是否具有独创性。

对于独创性标准的具体判断，我国司法上已有案例阐述。例如，在2012年“你好汇众科技发展（北京）有限责任公司诉河南分众教育发展有限公司等侵害著作权纠纷案”中，北京市朝阳区人民法院认为，“网页内容的选择和编排具有独创性的，可以作为汇编作品受到我国著作权法的保护。本案中，你好汇众公司经营的你好网全球院校库栏目由不同院校的网页所组成，各个网页包括相应院校所在的城市、性质、建校年代、人数、网址等基本信息以及专业设置情况、申请指南等简介信息，并附有院校图片，且上述内容以相应的纵横方式排列和布局。你好汇众公司对于你好网全球院校库栏目各个页面的设置即文字、图片以及栏目设置等的排列组合形成了一种特定的表达方式，该表达方式具有一定的独创性，符合著作权法意义上作品的构成要件，应当受到著作权法保护”。[③] 又如，在2013年“央视国际网络有限公司诉北京时越网络技术有限公司著作权权属、侵权纠纷案”中，北京市东城区人民法院认为，“涉案节目系由多种类型的作品组成，包含音乐、舞蹈、戏曲、曲

---

① 17 U.S.C. § 101(Supp. 2000)对汇编作品的定义是：“通过收集和汇编原有的材料或经过选择、整理或安排的资料，使由此产生的作品作为整体构成作者的独创作品。”

② 17 U.S.C. § 103规定，汇编作品受著作权法保护，但汇编人只对汇编作品这个整体享有著作权，对汇编中的原作品或原材料不享有著作权，汇编作品也不影响或扩大原有材料的版权保护的范围、期限、所有权或存在。

③ 参见北京市朝阳区人民法院(2012)朝民初字第20255号民事判决书。

艺、杂技等多种作品形式,中央电视台对上述作品的选择和编排上体现了其独创性,并具有一定的艺术性,故涉案节目性质为汇编作品,中央电视台系涉案节目的著作权人,其有权许可将涉案节目的相关权利许可他人使用”。[①]

以上两则案例虽从正面论述了数据库独创性的标准,但这种论述还是比较笼统,推广作用有限。那么美国的大法官们对这一问题是如何判断的呢?美国联邦最高法院早在1888年的Callaghan v. Myers案中就对裁判文书汇编的著作权问题作出了论述。联邦最高法院首先重申了法官裁判意见不具有著作权,但同时认为,出版人对原裁判意见文本进行加工而成的汇编作品享有著作权。据此,联邦最高法院对被告未经授权复制若干卷伊利诺伊州报告中的眉批、索引、案件编排、案件目录,甚至错误之处的行为予以禁止,同时指出原告因对将法院报告分册立卷、为各卷编页、编排案件目录和小标题等脑力劳动而享有该法律汇编的著作权。[②] 此案之后的很长一段时间内,美国判例法上都采用“血汗主义”标准来判断汇编物的著作权问题,即由于汇编人在收集汇编材料时投入了大量的时间、脑力与经济成本,因此其汇编物受著作权保护。这与大陆法系对汇编作品的判断标准是不同的,大陆法系采用的是“创造性”标准,即汇编人仅投入血汗还不够,其汇编物还必须体现出创造性。[③] 大陆法系的这一观点对美国产生了不小的影响,美国联邦最高法院最终在1991年的Feist Publications Inc. v. Rural Telephone Serv. Co.案中,对汇编物的判断标准予以了澄清。该案原告是一家名为Rural的电话服务公司,它将自己所在地区的非商业性电话号码收集起来,制成白页电话簿出版。被告Feist是一家出版公司,也出版了一个电话号码簿,其中含有未经Rural公司许可直接从Rural公司白页电话簿上复制下来的1300个电话号码,其中还包括Rural公司为了防止他人擅自复制编造的4个号码。联邦最高法院最后认定原告制作的白页电话簿不受著作权保护,被告不构成侵权。理由是:原告的白页电话簿按字母顺序排列姓名,是一种普遍而价值甚微的做法,不值得用著作权进行保护。满足独创性标准的汇编作品必须具备最低限度的创造性。[④] Feist案建立了判断汇编作品著作权保护与否的“最低创造性”。此后,又有学者对该标准进行了补充,并列出了不合要求的负面清单。例如学者Tussey认为,根据Feist案,那些按字母、年代或地理顺序进行编排的汇编因缺乏独创性而不受著作权保护;但按主题编排的法律材料应受到更多的保护。[⑤] 学者Ray Patterson 和 Craig Joyce也认为,汇编中价值不高的

---

① 参见北京市东城区人民法院(2013)东民初字第09641号民事判决书。

② 128 U. S. 617 - 6479(1888).

③ 董文燕:“数据库的法律保护问题研究”,郑州大学2011年硕士学位论文。

④ 499 U. S. 340 (1991).

⑤ See Deborah Tussey, Owning the Law: Intellectual Property Rights in Primary Law, 9 Fordham Intell. Prop., Media & Ent. L. J. 221 (1998).

部分不值得著作权保护,如法院报告中的页码和法典中的段落标题。①

相比之下,虽然立法上中美两国都将裁判文书数据库等汇编物的著作权保护标准抽象为"具有独创性",但司法实践中我们的标准依旧笼统,且多从正面进行论证,个案色彩较浓,不易推广;而美国经历100多年的司法实践后,除了将汇编作品的著作权判断标准从"血汗主义"转变为"最低创造性",还形成了从反面入手,将页码、按字母顺序编排等创新价值低的汇编排除在著作权保护之外的负面清单法,这一思路值得我们借鉴。笔者认为,我们可以在自己已有的正面论述的基础上,结合美国的负面清单法,通过一系列个案不断总结与积累我们自己的负面清单,进而从正反两个方面更完善地评价与判断汇编作品的独创性标准。

四、小结

对本文开头提到的"中国裁判文书网"的著作权问题,笔者认为:(1)虽然法院裁判文书本身不具有著作权,但不能因此否定裁判文书库的著作权。只要裁判文书库符合《著作权法》中的独创性标准,该文书库就属于汇编作品,受到著作权法保护。(2)该文书库的多种编排方式中,虽然有些是价值较低的日期、地域编排法,但也有价值较高的关键词、案由以及综合搜索法。这些价值较高的编排法不仅与我国已有案例的论证观点一致,也与美国现行的"最低创造性"标准一致,应理解为具有著作权法意义上的独创性。综上,笔者认为"中国裁判文书网"可以认定为汇编作品,应受到著作权法的保护。

国际视野下的我国著作权刑法保护完善

熊理思*

【提要】加入WTO后,国际社会对我国著作权保护的期待与要求日益提高;同时中国本土著作权市场的繁荣也呼吁更加完备的著作权保护。刑事保护作为保障著作权的最后一关,更加备受关注。一方面,为了履行国际义务和保护国内市场,需要加大著作权刑法保护的力度;另一方面,作为发展中国家,又要结合自身实际,量力而行。在复杂的利益平衡面前,我国著作权刑法保护面临异常艰难的抉择与考验,需要对国内外的著作权保护现状和存在的问题予以充分调研,才能在知己知彼的基础上沉着应对。

【关键词】中外比较　著作权　刑法保护

---

① Ray Patterson & Craig Joyce, Monopolizing the Law: The Scope of Copyright Protection for Law Reports and Statutory Compilations, 36 UCLA L. Rev. 719 (1989).

* 熊理思,上海市黄浦区人民法院立案二庭审判员。

一、问题的提出:我国著作权刑法保护面临时代考验

20世纪70年代以前,除侵犯文学艺术作品的著作权案件外,其他类型的著作权侵权犯罪活动并不突出。因而知识产权的国际保护尽管很早就开始了,但著作权的国际刑法保护却是20世纪70年代以后出现的新生事物。随着影像工业和计算机技术的发展,侵犯著作权的违法犯罪活动变得猖獗起来,并以自己的方式形成了一种世界性的犯罪活动。在这种情况下,各国纷纷要求在相关的国际公约中设置刑事条款,通过刑事手段的运用,加大对侵犯著作权违法犯罪活动的打击力度。国际上与著作权有关的公约主要有:《保护文学和艺术作品伯尔尼公约》、《保护表演者、录音制品录制者与广播组织公约》、《录音制品日内瓦公约》、《TRIPS协议》等。[①] 其中《TRIPS协议》即《与贸易有关的知识产权协议》,作为WTO规则的重要组成部分已成为世界贸易组织框架的三大支柱之一,已被国际社会广泛接受。随着全球经济一体化进程的加速,越来越多的国家加入到WTO之中,因此《TRIPS协议》对国际著作权刑法保护的影响也越来越重要。《TRIPS协议》在第61条中对各缔约国著作权刑法保护的"最低标准"是:"(1)在以商业规模蓄意地剽窃著作权的案件中,应规定适用刑事诉讼程序和刑事处罚。(2)适用的法律补救措施应包括足以起到惩罚作用的监禁和/或罚款,其处罚程序应与具有相应严重性的罪行法律补救措施的处罚程度相一致。在适当的案件中,可采用的措施还包括充公、没收或者销毁侵权复制品以及任何其主要用途是用来进行上述犯罪行为的材料和设备。"

我国是WTO成员国,因此必须遵守WTO的游戏规则,履行应尽的义务,将刑法引入对知识产权的保护,使国内知识产权保护的要求与WTO规定的标准相一致。但同时我们作为发展中国家,对发达国家技术的依赖,使得我们必然要为保护知识产权付出相当的经济代价。因此,中国在著作权刑法保护方面正面临着异常艰难的抉择与挑战。

二、中外著作权刑法保护法律现状之比较

(一) 罪状比较

罪状方面比较多的争论集中在著作权犯罪的罪过形式问题。各国著作权法对于著作权犯罪的罪过形式的规定有以下几种情况:(1)"故意"说。将"故意"作为著作权侵权刑事责任的主观归责条件,应当说在各国著作权刑法保护理论上并无争议。只不过有的国家在著作权法中直接使用"故意"一词,如印度尼西亚;有的国家不使用"故意",而使用"知道或有理由认为"(如英国)或"擅自"(如意大利)等词语;有的国家甚至在法律条文中不予表明,如法国、德国等。美国对于版权犯罪过去要求必须"出于商业利益或个人经济利益目的",但1994年发生的United

---

① 赵秉志、田宏杰:《侵犯知识产权犯罪比较研究》,法律出版社2004年版,第211页。

States v. Lamacchia 一案从根本上改变了美国版权犯罪的这一规定,修正后的美国版权犯罪刑事条款对于主观目的已不作要求,只要行为人"故意"侵犯他人版权,即可成立犯罪。[①] (2)"故意并以营利为目的"说。有的国家规定著作权犯罪由故意构成,但是必须具有商业营利目的或其他目的,从而将著作权犯罪界定为目的犯罪。此种规定有两种情况:一种情况是规定所有著作权犯罪都必须具有犯罪目的。《意大利著作权法》强调必须得以任何目的实施侵权行为。另一种情况是针对特定的行为规定犯罪目的,而不将犯罪目的规定为所有著作权犯罪必须具备的要件。如《加拿大著作权法》规定对"二次"侵权行为必须具有"主观故意"且有以营利为目的的推销。《意大利刑法》强调侵犯邻接权的行为必须具有营利之目的。(3)"故意或过失"说。有的国家规定故意或过失都能构成侵犯著作权的犯罪。如《意大利著作权法》规定:在一定条件下过失犯罪人也要受到刑事处罚。《澳大利亚著作权法》规定:被告人出于故意或过失侵犯著作权人利益的都应当承担刑事责任。[②] 我国属于上述分类的第二种。我国《刑法》规定侵犯著作权罪和销售侵权复制品罪主观上都必须具备营利目的,该目的是犯罪构成主观方面的必备条件。

通过以上比较可以看出,多数国家的做法是,尽可能放宽侵犯著作权犯罪的构成要件,减少限制性要求,以严密侵犯著作权犯罪的刑事法网,扩大侵犯著作权犯罪的刑法规制范围。对于侵犯著作权犯罪的主观要件,仅要求行为人具有故意,至于是否具有营利目的,于犯罪的成立不发生影响,已成为世界各国惩治侵犯著作权犯罪的发展趋势。相比之下,我国对于侵犯著作权犯罪的目的犯立法模式,显然已远远滞后于侵犯著作权犯罪的国际发展趋势,且与司法实践中的著作权违法犯罪实际情况严重脱节,致使相当一部分社会危害严重、需要运用刑罚手段进行制裁的严重的著作权侵权行为不能受到应有的刑事追究,进而导致了著作权违法犯罪在现实生活中的猖獗与受到刑事追究的侵犯著作权犯罪案件很少的怪现象。[③]

(二) 刑罚比较

1. 刑罚严厉程度

如果将有期徒刑以五年作为长期与短期的临界限,可以将侵犯著作权的犯罪刑罚分为长期徒刑与短期徒刑两种,即五年以上为长期徒刑和五年以下为短期徒刑。除了美国根据 1992 年布什总统签署的有关修改侵犯版权刑事处罚的修正案对重犯或再犯的侵犯版权行为,监禁最高可达 10 年以及我国法定最高刑为七年以外,其余各国法定最高刑都在五年以下。其中英国、法国、日本的法定最高刑甚至低于三年。[④]

---

① 杜瑞芳:"试析著作权侵权刑事责任的归责条件",载《法学评论》2003 年第 1 期。

② 邸瑛琪:"著作权刑法保护的比较研究",载《河南大学学报》(社会科学版)2002 年第 4 期。

③ 李文燕、田宏杰:"著作权刑事立法保护比较研究",载《山东公安专科学校学报》2004 年第 3 期。

④ 赵秉志、田宏杰:《侵犯知识产权犯罪比较研究》,法律出版社 2004 年版,第 222 ~ 241 页。

由此可见,对侵犯著作权犯罪处以短期徒刑或监禁的国家占多数。我国《刑法》对侵犯著作权犯罪规定的处罚与西方各国相比较重,体现了我国政府对侵犯著作权犯罪行为的刑事打击力度较大。

但在我国,著作权犯罪的危害性与刑罚的对应幅度不均衡。根据最高人民法院、最高人民检察院《关于办理侵犯知识产权刑事案件具体应用法律若干问题的解释》(2004 年)的规定,个人侵犯著作权违法所得 3 万元以上的,可处三年以下有期徒刑或者拘役,并处或单处罚金;个人违法所得 15 万元以上,属"违法所得数额巨大",应处三年以上七年以下有期徒刑,并处罚金。抛开其他量刑因素的考虑,从本规定所反映出的违法所得数额与刑罚之间的关系看,存在两个对应的幅度:当违法所得在 15 万元以下时,最多 5 万元就要对应一年的有期徒刑;当违法所得为 15 万元以上的任意数额时,都只能对应在三年到七年有期徒刑这个区间里。

2. 刑种

各国对著作权犯罪适用的刑罚种类大致相同,多为自由刑、财产刑。《美国著作权法》规定了三种刑罚:监禁、没收财产、罚金。《英国著作权法》规定监禁、罚金。加拿大规定监禁和罚金。法国刑事救济的手段多样,有短期徒刑、罚金、没收全部或部分收入,及没收侵权设备四种。意大利规定为监禁或罚金。日本规定为短期徒刑、罚金。《俄罗斯刑法》除了规定短期徒刑和罚金外,还规定有强制性工作、拘役。我国《刑法》对侵犯著作权罪及销售侵权复制品罪规定了三种刑罚方法:有期徒刑、拘役和罚金。

各国著作权法或刑法中对刑种的适用模式大致有如下几种:(1)选择性适用,即自由刑或罚金刑二者选用其一,不同时使用,如德国、意大利。(2)自由刑与罚金刑并用,如法国、西班牙。(3)自由刑与罚金刑并用或者单独适用罚金刑或自由刑,如英国、加拿大。(4)单独适用罚金刑或自由刑,如日本。①

我国实践中以"有期徒刑 + 罚金"为主要刑罚适用模式。"有期徒刑 + 罚金"的刑罚适用模式,也有两种不同的具体模型,即"重有期徒刑 + 轻罚金"和"轻有期徒刑 + 重罚金"。须知有期徒刑的执行成本要高于罚金的执行成本。抛开罚金的执行要受到罪犯的支付能力限制的条件,这两种具体模型相比之下,前者成本高,后者成本低。在不得不适用监禁刑的情况下,最有效的威慑要求较轻的惩罚结合较高的逮捕定罪概率,刑罚手段应当为尽可能短的有期徒刑。而在强调适用罚金刑的情况下,最有效的威慑要求采用高额罚金结合较低的逮捕定罪概率。在维持同等程度有效威慑的前提下,较短期的有期徒刑与较高的逮捕定罪概率的组合,或者高额的罚金与较低的逮捕定罪概率的组合,是维持较低社会成本的资源分配准则。但司法实践中所表现出来的是:较长期的有期徒刑 + 少量的罚金。这里的罚

① 邸瑛琪:"著作权刑法保护的比较研究",载《河南大学学报》(社会科学版)2002 年第 4 期。

金,实际上已经成了象征性的,或者说是法院不得不判的刑罚。而较长的刑期虽然加重了对个案的打击力度,但必然缩小打击的面。

三、我国著作权刑法保护的完善

针对现实中存在的诸种问题,笔者认为我国著作权的刑法保护在坚持"最低限度保护"原则的基础上,将来应从以下几方面加以完善。

(一)取消"以营利为目的"的规定

对于是否要保留"以营利为目的"的规定,理论界颇有争议。当初立法者可能是出于促进经济发展的考虑,故用"目的说"来限制打击面。但随着时代的发展,"以营利为目的"的规定已出现了以下弊端:(1)与《TRIPS 协议》第 61 条规定的成员义务不一致,《TRIPS 协议》并未规定入罪要"以营利为目的"。因而我国的这一规定,从一定意义上说,违反了国际义务。(2)犯著作权的犯罪多数具有贪利的目的,但在现实生活中也存在着大量的出于其他目的侵犯他人著作权的行为,如为提高自己的声誉等。将"以营利为目的"作为侵犯著作权刑事责任的主观归责条件,必将使大量非"以营利为目的"的侵害著作权的行为失去受到刑事制裁的可能。(3)犯著作权犯罪不要求具备"以营利为目的"的主观要件已经成为刑事立法的发展趋势。如上所述,在国外刑事立法中,许多国家(如日本、法国、意大利等)的著作权犯罪都没有"以营利为目的"的规定。一些已经把"以营利为目的"作为侵犯著作权犯罪主观归责条件的国家,也逐步取消了这一做法,如美国。(4)我国《刑法》对其他侵犯知识产权犯罪的规定不协调。在我国《刑法》中,侵犯商标权、专利权的犯罪与侵犯著作权犯罪同属于侵犯知识产权犯罪,又都具有贪利性的特点,但《刑法》并未规定这两类犯罪必须"以营利为目的",却只对侵犯著作权犯罪作此规定,显然有失平衡。(5)我国修订后的《著作权法》相冲突。《著作权法》规定的侵犯著作权的行为均取消了"以营利为目的"的规定,《刑法》与《著作权法》的冲突已经凸显。①

当然,也有学者建议不必将"以营利为目的"删除,而仅将其规定为部分侵犯著作权犯罪的一种主观构成要件,比如,仅规定于《刑法》第 217 条第 1 项和第 2 项之中。这样既不会混淆著作权侵权的刑事责任与民事责任的界限,又不会使刑事犯罪的打击面失之过窄,从而有利于充分发挥著作权刑法保护的作用。②

笔者认为在刑事领域中,一方面,应可以彻底取消"以营利为目的"的规定,即只要行为人有犯罪故意即可;另一方面,对于网络侵权行为还可参照《著作权法》的规定,实行过错推定和举证责任倒置原则。由于与商标权、专利权的取得方式不同,著作权的侵权行为,特别是某些计算机软件、网络侵权行为的证明,十分困难,因此我国《著作权法》规定由复制发行人等涉嫌侵权的犯罪嫌疑人负责举证侵权

---

① 竹怀军:"论我国著作权刑法保护的缺陷与重构",载《求索》2004 年第 9 期。

② 杜瑞芳:"试析著作权侵权刑事责任的归责条件",载《法学评论》2003 年第 1 期。

复制品的合法来源或者是经过合法授权取得,如果不能证明,就要承担民事责任。这点在刑事诉讼中可以借鉴。

(二)完善刑罚结构保护被害人利益

1. 缩短自由刑刑期

有人认为,我国目前知识产权犯罪日渐猖獗,打击不力的根本原因在于刑事处罚不具备应有的力度,而建议应当提高刑度,使刑法更具有威慑力。加强知识产权保护是当今知识经济社会发展的必然趋势,但是,加强保护是否就意味着必须提高自由刑的刑期,使法律具有更强的威慑力呢?

笔者认为加强保护并不意味着必须提高刑罚的力度,刑罚的威慑力不是来自于它的严厉性,而是来自它的不可避免性,所以应实行“严而不厉”的刑事政策,一方面严密刑事法网,另一方面轻缓自由刑。这是我们在完善刑事政策的时候所要认真考虑的出发点,即“广织网,低量刑”。而且,处罚时必须遵守经济、有效原则,遵守罪刑相适应的原则,不得一味地抬高自由刑。尽管自由刑的适用可以对罪犯产生较财产刑更为强大的威慑作用,从而在预防、阻止犯罪方面产生更为明显的社会效果,但是,与财产刑相比,自由刑无疑是占用社会资源更多的一种刑罚方法,而司法资源的有限性决定了刑罚的适用必须要考虑刑罚的效益问题。对于侵犯著作权等知识产权的犯罪而言,自由刑和财产刑的配合适用,甚至侧重适用财产刑,不仅可以在一定程度上节约刑罚成本,还将会产生更为有利的社会效果。[①] 因此,针对知识产权犯罪的特点设计多样化的、更具有针对性的刑罚措施,比单纯的提高刑罚力度更能有效地遏制著作权犯罪。具体来说,我们可以将著作权法定最高刑规定为五年,同时增加财产刑适用的范围和力度,并在非刑罚处罚措施中增加资格刑。

2. 完善非刑罚处罚措施及设立资格刑

刑罚的一个主要目的即是剥夺犯罪人的犯罪能力。资格刑可以以相对较小的司法成本,在相当时间内使犯罪人丧失继续犯罪的能力,而且由于刑事处罚表明了社会对此人的否定性评价,非常不利于犯罪人将来在该行业内继续经营,对因经济利益驱动的知识产权犯罪,资格刑的适用具有相当大的威慑力。资格刑对于侵犯著作权犯罪中利用特定技术(如部分修改源程序后复制销售盗版软件)或利用特定社会关系(如利用身份取得录音录像制品进行复制发行)进行犯罪的单位或个人具有明显的威慑作用,受到资格刑处罚的罪犯将无法再凭借自身的联系网络和工作安排获得经济收入,而且其获得相关领域信息的能力也会因此迅速下降。设立剥夺特定从业资格的刑罚,适用于侵犯著作权犯罪中的单位犯罪或直接责任人员,可以防止其利用从业条件再实施同类犯罪。笔者认为,我国可在知识产权犯罪

---

① 曹盛、郭理蓉:“侵犯著作权犯罪比较研究”,载《山西师大学报》2005 年第 6 期。

的刑法规范中增设资格刑的规定,如增加“主刑执行完毕后5年内禁止从事相关职业”的内容,以剥夺其再犯可能性。

3. 重视对被害人的实质性补偿

著作权的刑法救济手段不注重对被害人的实质补偿是著作权人不愿求助于刑法救济手段的经济原因。因此,在对著作权实施刑法保护时,要充分满足被害人要求得到实质补偿的愿望,才能使被害人积极主动地采用刑事救济手段来维护自己的合法权益。而这一点,在英国著作权法中已有充分体现。英国著作权法中规定侵权复制品应该由法院命令交付给正当著作权所有人或法院指定的其他人。这种规定充分体现了对著作权的合法利益的尊重,即在侵权人无法赔偿或无法合理赔偿的情况下,著作权人可以通过出售侵权复制品或把侵权复制品交付其他有能力合法发行此类复制品的人予以出售,所得利润作为对著作权人的损害赔偿。这种做法值得我国借鉴。① 笔者建议,我国在今后对《著作权法》进行修改时,有必要借鉴英国著作权法在这一问题上的有关规定,明确允许被害人有权向法院申请没收、销毁或以其他方法处置侵权复制品或制作设备,并可要求将没收的复制品或设备转归其所有,以避免造成社会物质的浪费,尽可能补偿被害人所遭受的经济损失,使法律在惩治侵犯著作权犯罪的同时,切实关注被害人的合法权益,实现法律的公平与正义。②

(本文发表于《上海法学研究》2014年第4期)

---

① 赵秉志主编:《侵犯知识产权犯罪研究》,中国方正出版社1999年版,第231页。

② 李文燕、田宏杰:“著作权刑事立法保护比较研究”,载《山东公安专科学校学报》2004年第3期。

商 事 篇

(一)商事合同篇

外商投资企业股权转让中的审批问题研究

——外资审批对合同效力的影响

卞爱生　许剑飞*

【提要】外商投资企业股权转让纠纷的争议焦点往往集中在未经行政部门审批的股权转让合同的效力上。本文从个案出发,分析了外资审批对股权转让合同效力的影响,寻求未经审批股权转让合同的司法救济,并指出现行的外资审批制度已经不再符合当前的外商投资现状,在新的历史条件下,应当实现由逐一审批向审批与备案相结合的转变。

【关键词】外商投资企业　转让　审批

上海某管道公司系原告香港某实业公司和境内公司合资经营的中外合资经营企业。2009 年 1 月 8 日,原、被告签订了一份《股权转让合同》,约定:原告将其所持有的上海某管道公司 26% 的股权全部转让给被告,被告以 650 万元购买上述股权;合同签订 3 日内,被告支付 390 万元,2010 年 1 月 10 日前,被告支付 130 万元,2010 年 6 月 10 日前,被告支付 130 万元;最后一笔余款由被告付清后,再进行相应的工商变更登记。嗣后,被告只支付了第一期股权转让款 390 万元,余款至今未付。原告诉至法院,请求判令被告支付股权转让款人民币 260 万元。

关于上述案件,存在三种不同的观点:

第一种观点认为,外商投资企业股权转让应报行政机关审批,未经审批的合同尚未生效,对合同双方均无约束力,故应驳回原告关于支付转让款的诉讼请求。

第二种观点认为,外商投资企业股权转让合同未经审批为未生效,合同处于效力不确定状态,此时法院应当作出释明,要求当事人及时履行报批手续,待合同通过审批后,合同开始生效,此时可以判决被告支付股权转让款。

第三种观点认为,外商投资企业股权转让合同因未经批准被认定为未生效,但不影响合同中当事人履行报批义务条款及因该报批义务而设定的相关条款的效力,故原、被告所约定的"先付款后报批"条款有效,原告有权在履行报批义务之前

---

* 卞爱生,上海市黄浦区人民法院专职审委会委员;许剑飞,上海市黄浦区人民法院民二庭助理审判员。

请求被告支付股权转让款。

上述案例属于外商投资企业股权转让纠纷案件,此类纠纷的争议焦点往往集中在未经行政部门审批的股权转让合同的效力上,在审判实践中具有一定的典型性。笔者试图从该案出发,分析外资审批对股权转让合同效力的影响,寻求未经审批股权转让合同的司法救济,最后对外资股权转让审批制度的重构提出几点建议。

一、外资股权转让审批制度

上述案例中,原告作为中外合资经营企业的外方投资者将其股权全部转让给了被告内资有限责任公司,按照我国相关法律规定,此类股权转让需要经过行政部门的审批方能生效。

(一)外资股权转让审批的有关规定

相比于《公司法》对内资有限责任公司实行的登记制,我国对外商投资企业实行的是审批制,即外商投资企业不仅在设立时需要经过行政主管部门的严格审批,企业在成立后发生某些重大变化或实质性变更时,也必须报原审批机构批准,股东的出资转让也不例外。如《中外合资经营企业法实施条例》第20条规定,合营一方向第三者转让其全部或者部分股权的,须经合营他方同意,并报审批机构批准,向登记管理机构办理变更登记手续。违反上述规定的,其转让无效。《中外合作经营企业法实施细则》第11条规定,合作企业协议、合同、章程自审查批准机关颁发批准证书之日起生效。在合作期限内,合作企业协议、合同、章程有重大变更的,须经审查批准机关批准。《外资企业法》第10条规定,外资企业分离、合并或者其他重要事项变更,应当报审查批准机关批准,并向工商行政管理机关办理变更登记手续。此外,原对外经济贸易部等1997年发布的《外商投资企业投资者股权变更的若干规定》(以下简称《股权变更规定》)第3条规定,企业投资者股权变更应遵守中国有关法律、法规,并按照本规定经审批机关批准和登记机关变更登记。未经审批机关批准的股权变更无效。从以上规定可知,与内资有限责任公司股权转让合同一经成立立即生效不同,外商投资企业股权转让合同必须经过审批机关的批准才能生效。由于外商投资企业具有独特性质,如果中方或外方的投资发生结构上的变化,将会导致企业性质的变化,因此,无论是企业的设立还是成立后的变更,都应当经过行政部门的审批,并办理相关的变更登记手续。

(二)外资审批制度的目的

目前,世界上大多数国家实行“内外有别、内松外紧”的投资政策,即对国内投资兴办企业实行较为宽松的登记制度,而对外国投资则普遍采用审批制度,[①]我国也不例外。之所以对外商投资企业实行审批制度,主要是出于外资管理、产业政策和经济安全的需要,即通过审批,一方面,保证外商投资企业的设立符合我国法律、

① 肖冰:“外资审批制度的法律问题研究”,载《现代法学》1997年5月。

法规的要求，适合我国国民经济的需要；另一方面，避免外国投资过分集中于少数经济部门，造成我国经济畸形发展；还可以禁止或限制外资进入有关国家安全、国计民生以及重大利益的国民经济关键行业和部门，防止外国资本对我国政治与经济命脉的控制和渗透等。[①] 除此以外，外商审批还可以优先引进先进技术、避免重复引进等，促进我国整体技术水平和经济水平的提高。因此，我国的外资审批制度有它存在的合理性和必要性。

二、外资审批对股权转让合同效力的影响

在上述案例中，股权转让合同已经成立并且部分履行，但由于还没有履行审批手续，该合同的效力受到一定程度的影响。

（一）未审批股权转让合同的效力

关于未审批外资股权转让合同的效力，共有三种观点：第一种观点认为未经行政审批的股权转让合同无效；[②]第二种观点认为可以根据补办审批情况效力待定；[③]第三种观点认为已经实际履行了的可以认定有效，然后要求其补办变更审批和登记。

笔者认为，合同有效或者无效是因为合同符合或者不符合法律的规定而自始具有或者不具有约束力，它们的效力都是确定的，不会因为相关事项的变化而变化。而效力待定的合同处于效力不确定状态，可能通过一定的补救措施成为有效合同，也可能因为一些条件的不成就无法生效。笔者认为，未经审批的外资股权转让合同已成立未生效，其效力取决于合同审批的结果，处于待定状态：如果审批通过，则该合同自始有效；如果未通过审批，则合同确定没有效力。最高人民法院于2010年8月5日颁布的《关于审理外商投资企业纠纷案件若干问题的规定（一）》（以下简称《若干规定》）第1条就明确规定，当事人在外商投资企业设立、变更等过程中订立的合同，依法律、行政法规的规定应当经外商投资企业审批机关批准后才生效的，自批准之日起生效；未经批准的，人民法院应当认定该合同未生效。笔者认为，这里的未生效就是效力待定的意思，可以通过补救成为有效合同，在股权转让场合，其补救措施就是报批。

因此，在上述案例中，股权转让合同没有经过审批，其效力应属待定状态。此时法院应当作出释明，要求当事人及时履行报批手续，如果合同通过审批，则合同

① 李梅："当前中国外资审批机构中存在的问题及立法思考"，载《广州市经济管理干部学院学报》2005年第3期。

② 《中外合资经营企业法实施条例》第20条、《外商投资企业投资者股权变更的若干规定》第3条明确规定了外商投资企业股权转让合同未经行政审批的无效。

③ 《最高人民法院关于适用〈中华人民共和国合同法〉若干问题的解释（一）》第9条规定："依照合同法第四十四条第二款的规定，法律、行政法规规定合同应当办理批准手续，或者办理批准、登记等手续才生效，在一审法庭辩论终结前当事人仍未办理批准手续的，或者仍未办理批准、登记等手续的，人民法院应当认定该合同未生效。"

有效,可以判决被告支付股权转让款;如果合同未通过审批,则合同无效,应当驳回原告诉讼请求。

(二)报批条款的效力

未经审批股权转让合同处于未生效状态,既然没有生效,那么对当事人就没有产生法律约束力,此时如果一方当事人怠于履行报批义务,另一方当事人是否可以依据合同中的报批条款请求法院判决对方履行报批义务?对此,《若干规定》第1条第2款规定,合同因未批准而被认定未生效的,不影响合同中当事人履行报批义务条款及因该报批义务而设定的相关条款的效力。这一规定将报批条款与整个合同独立开来,合同本身未生效并不会影响到报批条款的效力。

之所以能将报批条款和合同本身独立开来,是由该条款自身的性质决定的。与《合同法》第57条规定的在合同无效、被撤销或者终止时有关争议解决条款仍然有效一样,报批条款不同于当事人想要通过合同实现交易目的、享受权利承担义务的其他合同条款,而是合同生效的前提,是手段性条款,可以独立于合同条款而事先生效。所不同的是,争议解决条款针对的是"事后",而报批条款针对的是"事前",但都是独立于合同权利义务的条款。[①] 如果不能将报批条款与合同效力独立开来,不仅无助于缔约目的的实现,而且容易为怠于履行报批义务的违约当事人提供逃避法律责任的借口,守约当事人因为合同尚未生效不能请求强制执行,处于束手无策的境地,这显然不利于诚实信用原则的维护。

(三)"先付款后报批"条款的效力

上述案例的特殊之处在于,股权转让合同中存在"先付款后报批"的条款,转让人在没有履行报批义务之前,根据约定直接请求受让人先履行付款义务,此时法院如果直接判决被告支付转让款,则存在法律上的障碍。因为股权转让是否符合外资管理的规定,是否符合我国产业政策,需要行政主管机关作出判断。如果法院直接判决被告支付转让款,而嗣后该合同在主管部门审批中未获通过,股权转让合同归于无效,此时原告又得重新返还其所取得的转让款,而法院的判决也失去了依据。故笔者认为,尽管报批条款具有一定的独立性,但对于"先付款后报批"的约定,由于涉及是否应当支付股权转让款这一主合同义务,不宜在履行审批程序之前直接确认该条款的效力。值得注意的是,《若干规定》第8条规定,外商投资企业股权转让合同约定受让方支付转让款后转让方才办理报批手续,受让方未支付股权转让款,经转让方催告后在合理的期限内仍未履行,转让方可以请求解除合同。这一条款赋予了约定"先付款后报批"情形下转让方的合同解除权,但并未确认其享有付款请求权,笔者认为,就是因为存在法律上的上述障碍。

三、未审批股权转让合同的司法救济

股权转让合同签订后,如果转让方怠于履行报批义务,受让方在合同尚未生效

---

① 刘贵祥:"外商投资企业纠纷若干疑难问题研究",载《法律适用》2010年第1期。

的情况下可以获得哪些救济手段?

(一)判决报批

股权转让合同签订后,转让方怠于履行报批义务,此时受让方如果选择请求转让方继续履行合同,进行股权变更,法院在合同尚未生效的情况下难以支持受让方的诉讼请求。此时,受让方可以直接请求法院判决报批义务人履行报批义务。这里的报批义务人包括转让方和外商投资企业。

1. 关于转让方。如前所述,在当事人对报批义务进行明确约定时,受让方可以依据报批条款请求转让方履行报批手续。如果当事人对报批义务没有约定,可否请求判决报批?答案是肯定的。我们可以将报批义务视作股权转让方的从给付义务,该义务源于诚实信用原则,属于合同的默示条款。[①] 同样的道理,报批义务作为促成合同生效的一项义务,具有一定的独立性,即便未审批的合同属于未生效的合同,也不影响该义务的成立,受让方可以请求法院强制执行以促成合同的生效。

2. 关于外商投资企业。虽然根据合同相对性,受让方只能根据股权转让合同向转让方请求其完成报批手续,但根据行政主管部门的相关规定,股权变更的报批人应当是相应的外商投资企业。这样,法律法规便赋予了外商投资企业的报批义务,受让方有权基于法律的规定请求受让方和外商投资企业共同履行报批义务。

(二)解除合同

股权转让合同成立后,转让方不履行报批义务,经受让方催告后在合理期限内仍未履行的,受让方还可以主张解除合同,并要求转让方赔偿损失。值得注意的是,股权转让合同尚未生效,因此这里解除的是已成立未生效的合同。有人认为,合同解除仅仅针对生效合同,合同尚未生效,不应该解除。笔者认为,合同一旦成立,对双方当事人便具有一定的约束力。非经法定或约定事项,任何一方当事人不得随意解除,否则应当承担法律责任。在这里,《若干规定》赋予了受让方合同解除权,就是在转让方怠于履行义务时,赋予受让方脱离合同约束力的选择权。否则,合同不解除,长期处于效力待定状态,转让方随时可以通过审批使合同生效,受让方的权利处于不稳定状态,不利于诚实信用原则的维护。

合同解除并不能免除转让方的赔偿责任,转让方不仅应当返还受让方支付的转让款,还应当赔偿受让方造成的实际损失。关于这里赔偿责任的性质,笔者认为,应该是违约责任。虽然股权转让合同尚未生效,但这里的违约责任针对的是报批义务人对于报批义务的违反,而非股权转让合同本身。如前所述,报批义务人包括转让方和外商投资企业,故笔者认为,受让方不仅可以请求转让方承担违约赔偿责任,还可以同时请求外商投资企业对此承担连带赔偿责任。

四、外资股权转让审批制度之重构

从上述案例可以看出,尽管外资审批制度的存在有其必要性和合理性,但同时

---

① 刘贵祥:“外商投资企业纠纷若干疑难问题研究”,载《法律适用》2010 年第 1 期。

又不可避免地带来手续繁杂、效率低下等弊端,一定程度上阻碍了当事人自由意志的表达和缔约的自由,容易导致更多纠纷的出现。随着外商投资企业股权转让纠纷的不断增加,审批制度在该类案件审理中的困境也日益体现,外商投资企业股权转让审批制度亟待重构。

(一)外资股权转让审批的司法困境

从外商投资企业相关法律规定我们可以看出,我国目前对外资实行的是逐一审批制度,也就是说,外资进入中国之后的几乎任何一步活动都需要审批机关的审批,无论投资领域如何、规模大小,都应经过审批,而且一旦审批内容有所变更,又必须报原审批机构重新审查批准,这在客观上造成了对自由投资协议和出资转让协议等私法行为的过度干预,导致了行政成本的增加和外资投资领域的效率低下。

除了成本增加和效率低下以外,将审批作为外资股权转让合同的特别生效要件,还将造成民事自治行为与对外公示行为的脱节,进而滋生大量的规避法律行为,这成为法院审理外商投资企业股权转让纠纷的一大困境。现实生活中,许多当事人在签订外资股权转让合同后怠于履行报批义务或者拒绝配合报批,他们待价而沽,视行情而作出是否报批的决定:觉得报批对自己有利的,就去报批;反之,则不去报批。[①] 即使守约一方诉至法院,法院最终判决报批义务人履行报批义务,在实践中也难以强制执行。根据《股权变更规定》的相关规定,申请变更股权的,需要向审批机关报送董事会决议、股权转让协议等一系列文件,如果转让方、企业乃至其他股东不予积极配合,单凭受让人自身的努力根本无法完成报批手续。如此一来,法院判决便成了一纸空文,陷入无法执行的尴尬境地。

因此,在我国现行的外商审批制度下,不仅费时费事的审批程序和层层重叠的审批机构容易令外商投资者望而生畏,而且外商投资合同签订后效力的不确定也纵容了违约当事人利用行政审批逃避民事责任,守约方对此却无可奈何,不利于良好的外商投资环境的形成。

(二)从逐一审批到审批与备案相结合

如前所述,我国目前对外资实行逐一审批制度,这一制度形成于利用外资之初,在当时的历史条件下具有一定的合理性。但随着改革开放的不断深入和我国利用外资经验的不断积累,现行的外资审批制度已经不再符合当前的外商投资现状,在新的历史条件下,外资审批制度应当作出适时调整,摒弃现行的逐一审批制,实行审批与备案相结合制,以更加充分发挥利用外国投资的经济效益。笔者认为,至少应当从以下三方面进行重构:

1. 实行严进宽出,对外资的股权转让由审批制改为备案制。所谓严进宽出,也就是对于外资的引进,如设立新的外商投资企业或者外资受让内资有限责任公司

① 张凤翔:《中外合资企业公司法纠纷难点与审判分析》,法律出版社2010年版,第150页。

的股权时,应当按照相关法律规定进行严格审批;但对于外资的退出,如上述案例中的外资将其股权全部转让给内资公司,应当允许其自由退出,不再将审批作为合同的特别生效要件,仅仅要求其到相关行政主管部门进行备案,并进行登记。

2. 实行有选择的审批,将一定限额以下以及国家鼓励和允许投资范围内的外商投资项目由审批制改为备案制。对于适用审批制度的范围,笔者认为,较好的方法是采用投资额度和投资方向相结合。也就是说,只有较大额度的投资项目以及国家限制投资项目才须经过审批,对于一定限额以下以及属于国家鼓励和允许投资范围内的外资项目则只需要进行备案,无须审批。

3. 取消地区差异,将我国港澳台地区的投资项目由审批制改为备案制。近年来,我国港澳台地区与内陆的经济交往日趋频繁,许多港澳台地区的投资者在内地投资设立企业,尽管目前我国法律仍然将这类企业作为外商投资企业而统一适用,但笔者认为,应当将来自我国港澳台地区的投资与真正的外国投资区别开来,取消审批制,改为备案制,让他们在享受到国民待遇的同时,也能受到相关行政主管部门的监管。

(本文发表于《人民司法》2012 年第 7 期)

(二)公司篇

我国公司股东除名之诉相关问题研究

陈建伟 顾文凯*

【提要】作为一种快速解决公司内部结构性矛盾的冲突解决机制,有限责任公司股东的除名是指股东因其个人原因而被公司剥夺股东资格的情形。我国《最高人民法院关于适用〈中华人民共和国公司法〉若干问题的规定(三)》(以下简称《公司法解释(三)》)规定了有限责任公司的股东除名制度。然而,与其他发达国家的股东除名制度相比,我国在立法和司法中仍有不足,亟待完善。除了完善除名事由、除名程序的立法规定外,在实践中还应结合司法裁判的实际情况,严格对除名的实体事项和程序事项的司法审查。

【关键词】有限责任公司　股东除名之诉　司法审查

引言

我国新出台的《公司法解释(三)》出于维护公司资本制度,解决公司内部僵局的需要,规定了有限责任公司的股东除名制度,赋予了公司对拒不履行出资义务及抽逃全部出资的股东通过股东会的表决予以除名的权利,使公司及公司股东在诉请股东补足出资及申请解散公司之外,多了一项高效、快捷解决公司僵局的措施。然而,《公司法解释(三)》第18条中对股东除名制度的规定仍不完善,集中表现为法定除名事由过于单一,没有赋予公司章程设置除名事由的权利,对于除名中所涉具体程序性事项规定模糊。由此,导致的后果就是法院在面临公司提起的除名股东诉讼,及被除名股东提起的除名救济之诉时,因为法律的缺失及法官商事裁判思维的"不习惯",常常面临难以裁判的困境。

然而,"法官不得拒绝裁判"。在以上制度缺失的尴尬境地下,司法实践中有关的股东除名诉讼主要有哪几类?相应的司法裁判情况如何?法院遵循什么样的裁判路径?其裁判又存在哪些问题?对此,商事裁判的法官应当遵循什么裁判思念及采取何种应对之策?对这些问题的回答正是本文的写作意义和目的所在。

---

* 陈建伟,上海市黄浦区人民法院党组成员、副院长、审判委员会委员;顾文凯,上海市黄浦区人民法院民二庭庭长、审判委员会委员。

一、股东除名制度及其价值分析

(一)股东除名制度的内涵

目前学界对于股东除名尚未有权威的统一定义。有的学者认为,股东除名即强制退股,是指股东在一定情形下(如不履行出资义务,违反股东义务,有对公司不利的行为),得由其他全体股东决议予以除名。[①] 有的学者认为,股东除名是指股东不履行股东义务,出现法律规定的情形时,公司依照法律规定的程序,将该股东从股东名册中删除,强制其退出公司的法律制度。[②] 还有的学者认为,股东除名是指基于法定事由,将有限责任公司某一股东开除出公司,它是被除名股东以外的公司股东作为一个整体作出的强制性决定。[③]

笔者认为,以上定义虽表述不同,但含义差别不大,大体可以认为股东除名是指,公司基于特定事由,依公司意志,通过法定程序强行处置(注销、购买、转让)某股东的股权,从而将其排除出公司的行为。而股东除名制度,正是调整股东除名这一法律行为过程中权利义务关系的一系列法律规范的总称。

(二)股东除名制度的价值

作为一种快速解决公司内部结构性矛盾的冲突解决机制,股东除名制度的设置存在以下几方面的制度价值,因而具有现实必要性。

1. 股东除名制度可以高效、快捷地解决公司内僵局。我国《公司法》出于维持公司资本制度的考虑,规定股东应当按期足额缴纳公司章程中规定的各自所认缴的出资额。股东不缴纳出资的,除应当向公司足额缴纳外,还应当向已按期足额缴纳出资的股东承担违约责任。但尽管如此,当股东无出资的财产能力却又不愿意转让股权的时候,其股权如何处置,极易形成公司欲活无路、欲死不能的状态,形成公司僵局。又或者,对于已出资股东的其他重大违反公司章程、协议的行为,虽公司仍可正常经营,但公司其他股东对该股东的合作信任关系已不存在,公司如果仅因为该名股东之原因而申请解散,无异于对公司内的其他股东不公,也是对社会财富的巨大浪费。这时,将未尽职股东除名便是可有效替代公司解散的一种明智的制度选择。

2. 股东除名制度可以有效平衡公司内诚信股东的利益。除名股东对公司的不利行为不仅直接给公司造成损害,也会直接侵害诚信股东的利益。面对这种不利侵害时,根据现有《公司法》规定,诚信股东往往存在以下四种解决方式:(1)把股权转让给他人离开公司。但是,这当中存在他人是否愿意受让股份及转让的股价是否公允的不确定性问题。(2)以股东的侵害公司行为造成公司的经营困难为由,申请解散公司或出让股权离开公司。但解散公司和转让股权退出公司对股东

---

① 谢怀拭:《外国民商法精要》,法律出版社 2002 年版,第 256 页。

② 王保树主编:《实践中的公司法》,社会科学文献出版社 2008 年版,第 53 ~ 72 页。

③ 吴德成:"有限责任公司股东的除名",载《西南民族大学学报》(人文社科版)2005 年第 9 期。

来说都是一种最无奈的救济措施,其代价也是巨大的。(3)通过代表诉讼要求股东履行出资义务,间接维护自己的利益。但这当中同样可能面对的问题是被除名股东无可供补足出资的财产,以及公司内其他股东不愿冒险的“理性冷漠”和“搭便车”的行为。(4)要求侵害其利益的股东直接承担赔偿责任,包括公司成立时根据发起人协议,或公司设立协议衍生的违约责任和公司成立后的侵权责任。但这同样存在一个举证能否到位问题。而股东除名制度则不同,通过股东会表决的方式,将侵害股东直接予以除名,从而一劳永逸地解决了公司内的纷争,有效地维护了诚信股东的利益。

3. 股东除名制度能够为司法提供明确的裁判准则。以可否除名未完成出资股东为例,在《公司法解释(三)》出台之前,有直接否定股东资格的判例和意见,也有肯定股东资格的判例和意见。① 有的观点从保护债权人的利益出发,认为股东一旦完成了出资,即完成了对公司的所有义务,不管今后实施了何种行为,都不能剥夺其股东资格,至多只是承担相应的民事责任和行政责任,如补充出资、承担对已出资股东的违约责任等;②有的观点则从权利与义务相一致原则和保护其他股东的利益出发,认为如果不能除名是对违法行为的纵容,在为了维护其他不知情股东、公司及债权人的合法利益,从根本上制止或防止抽逃出资情况发生的情形下,可以对其进行除名。③

(三)《公司法解释(三)》规定的股东除名制度

2011年1月27日,最高人民法院发布的《关于适用〈中华人民共和国公司法〉若干问题的规定(三)》第18条规定了有限责任公司股东除名制度。④

按照《公司法解释(三)》第18条的规定,我国的股东除名制度包含以下内容:

1. 股东除名适用的实体条件。有限责任公司的股东存在未履行出资义务,或虽出资但后来抽逃全部出资,经公司催告仍未缴纳或者返还出资的情形。这是适用股东除名的前提条件,一般学理上称之为“除名事由”。

2. 股东除名的操作程序。对股东除名须经公司催告前置程序,且给予被除名股东一定的合理期限,以缴纳出资或者返还抽逃的出资。另外,除名权的行使主体是公司,而不是由公司股东行使。

---

① 陈耀权:“缴纳出资与股东资格原始取得”,载《天同法律资讯》2004年春季号。

② 江苏省高级人民法院民二庭:“有限责任公司股东资格认定”,载《人民司法》2003年第2期。

③ 齐海华、吴兴国:“出资抽逃者不应享有股权——兼及抽逃者‘股东’资格之否定”,载《华东经济管理》2003年第5期。

④ 第18条规定:“有限责任公司的股东未履行出资义务或者抽逃全部出资,经公司催告缴纳或者返还,其在合理期间内仍未缴纳或者返还出资,公司以股东会决议解除该股东的股东资格,该股东请求确认该解除行为无效的,人民法院不予支持。在前款规定的情形下,人民法院在判决时应当释明,公司应当及时办理法定减资程序或者由其他股东或者第三人缴纳相应的出资。在办理法定减资程序或者其他股东或者第三人缴纳相应的出资之前,公司债权人依照本规定第十三条或者第十四条请求相关当事人承担相应责任的,人民法院应予支持。”

3. 股东除名的法律后果。股东除名后，被除名股东的股份由公司办理法定减资程序，或由公司内的其他股东或公司外的第三人购买；被除名股东对公司股东会的除名决议不服的，可以向法院提起确认之诉，要求确认股东会决议无效；公司债权人亦可提起相应诉讼。

二、股东除名立法的比较法考察

通过对若干典型国家有限责任公司除名制度进行梳理，对比我国《公司法解释（三）》中规定的有限责任公司股东除名制度，对我国公司股东除名制度的完善，不无裨益。

（一）德、美、日三国的股东除名制度

德国法上的股东除名制度是通过司法判例建立起来的。德国最初的《有限责任公司法》中并未规定股东除名制度，只是赋予了有限公司股东通过司法途径解散公司的权利，但由于解决公司这种救济方式的弊端，以及现实中对股东除名制度的需要，德国法院最终通过判决的方式建立起了股东除名制度。20 世纪 50 年代，德国联邦法院通过判例指出：即使公司章程无类似规定，股东仍可以因存在于其自身的重大事由而被公司通过诉讼途径除名，除非被除名股东让公司在判决确定的适当期限内，取得司法判决所确定的出资额的现实价值。从而最终确立了德国有限责任公司股东除名制度的基本规则，即除名股东必须是出现了“重大事由”，并且没有其他方式能够克服这个情况。德国的《有限责任公司法》和《股份有限公司法》中均建立了股东除名制度。①

美国一直奉行的是授权资本制和股东本位的思想，对公司资本的要求并不如大陆法系的德国那么严格，公司成立时只需认足并缴纳资本总额的一部分即可成立。因此，对于公司股东强制除名，美国立法与司法实践一直没有接受。在 20 世纪 60 年代以前，美国的公司立法和司法认为股东要通过司法途径退出公司只有提请解散公司。后来，为了实践需要，越来越多的州法院倾向于衡平裁决在一定条件下以股份购买的形式代替公司的强制解散，给予股东退出的权利，从而默认了股东的主动退出。② 随着美国法学理论和司法实践对股份购买制度的研究和广泛运

---

① 《德国有限责任公司法》第 21 条至第 25 条规定了延迟出资股东的除名制度：(1) 股东迟延缴付出资时，公司可催告其在至少为一个月的宽限期内缴付，并警告可能没收其已缴的股份；(2) 宽限期届满股东仍不缴付时，公司即可以声明将其股份及其已缴款项没收；(3) 对于公司因此受到损失时，被除名的股东仍应对负责。参见杜景林、卢湛译：《德国商法典》，中国政法大学出版社 2000 年版，第 5 页。《德国股份有限公司法》第 64 条规定：公司可以指定一个宽限期间让延迟缴付出资的股东缴纳出资，并警告若其宽限期满仍未缴纳，公司将在公报上以公告的方式宣告其丧失股权和已支付的股款，并发行新的股权证书。该宽限期间必须在公司公报上公告 3 次，各次公告之间至少存在 3 周的期间。参见杜景林等译：《德国股份公司法 · 德国有限责任公司法 · 德国公司改组法 · 德国参与决定法》，中国政法大学出版社 2000 年版，第 26 页。

② 如美国的《示范商业公司法》中对于股东的主动退出逐渐采取了许可的立场，但对于股东被迫的退出则仍是持反对态度。参见赵旭东主编：《新公司法制度设计》，法律出版社 2006 年版，第 300 页。

用,1996 年美国《统一有限责任公司法》首次明确提出了股东有除名的权利。①

日本并没有完全遵循"资本三原则"进行立法。日本新颁布的《日本商法典》,对其公司法律制度进行了较大的改变,创设了持份公司的概念,采用了股份公司和持份公司(持份公司包括无限责任公司、两合公司、合同公司)的公司分类,并在持份公司中规定了股东除名制度。② 最新的《日本公司法》中,规定了持份公司股东除名之诉。③

(二)异同之比较

通过比较,我们发现四国的股东除名制度基本上都经历了从最初的禁止到实践需要下的司法默认,再到通过立法明确认可的历程,立法规定的目的总体而言都是为了解决公司非诚信股东的诸如不履行出资义务、抽逃出资、违法行为等有违公司章程和法律规定的不正当行为,在具体程序上一般都设置了催告的前置程序和相应的宽限期。

各国秉承的公司资本制度不同,导致了具体制度设计和程序安排上的较大差异:我国仅通过公司法或者商法等立法明确规定股东除名制度,而美国还授权公司章程对股东失权进行规定;德国与我国规定除名事由主要集中股东出资方面的不履行出资义务方面,而美国与日本则除名事由相对广泛,不仅包括出资方面,还包括众多其他侵害公司利益的不正当行为;日本和美国均明确规定了股东会决议的有效表决数是被除名股东之外过半数股东表决通过,而我国对此则无规定,造成了

---

① 该法第 602 条明确规定有限责任公司可以除名股东的几种情况:1. 股东可以根据经营协议被除名。2. 如符合下列条件,经其他股东投票一致同意可以将股东除名:(1)继续与该成员一起经营公司构成不合法;(2)股东实质上的全部分配权利已经被转让,但为担保目的所作的转让或全部分配利益被置于扣押令之下而未丧失赎回权者不在此列;(3)在法人股东已注册申报了解散证书或类似文件,或其特许证已经被撤销,又或者法人成立地的司法机关已经中止其从事商业经营权利的情况下,公司向该股东发出将其除名的通知之日起 90 日内,该法人股东仍未撤回解散证书,或者未能获新的许可证,又或者未能重新获得从事商业经营的授权;(4)股东已经被解散并处于清算之中。3. 如符合下列条件,经公司或其股东申请,股东可以被法院裁定除名:(1)股东实施了对公司商业不利并具有实质性影响的不正当行为;(2)股东持续、故意地严重违反了经营协议或本法规定的股东对公司或其他成员的义务;(3)股东作出了一项与公司商业相关的行为,使继续与该股东共同经营商业在情理上已经不可行。参见虞政平:《美国公司法规选粹》,商务印书馆 2004 年版,第 202 页。

② 崔延花译:《日本公司法典》,中国政法大学出版社 2006 年版,代序部分。

③ 《日本公司法》第 859 条规定:持份公司的股东(以下本条及第 861 条第 1 项中称"对象股东")有下列事由时,该持份公司的股东可基于对象股东以外的过半数的决议,以诉讼请求将对象股东除名。(1)不履行出资义务。(2)违反第 594 条第 1 款(含第 5% 条第 2 款中准用的情形)的规定。(3)执行业务时实施不正行为,或没有执行业务的权利却参与了业务的执行。(4)代表持份公司时实施不正行为,或没有代表权却代表持份公司实施了行为。(5)前各项所列者外,未尽重要义务的情况。(持份公司执行业务股东的业务执行权或代表权的消灭之诉。)第 860 条规定:持份公司执行业务股东(以下本条及下一条第 2 款中称"对象业务执行股东")有下列事由时,该持份公司可基于对象业务执行股东以外的股东的过半数的决议,以诉讼请求对象业务执行股东执行业务的权利或代表权的消灭。(1)发生前条各项所列事由时。(2)执行持份公司的业务,或在代表持份公司上明显不适合任职时(被告)。第 862 条规定:持份股东除名之诉及持份公司执行业务股东的业务执行权或代表权的消灭之诉,为管辖该持份公司总公司所在地的地方法院的专属管辖。参见于敏、杨条译:《最新日本商法典》,法律出版社 2006 年版,第 462、463 页。

实践中的较大争议。

(三)对我国的启示

通过上述比较不难发现,我国的股东除名制度立法还有许多需要进一步完善的空间。其中较为重要的包括:

1. 通过立法授权公司章程拥有立法规定之外的除名事由决定权。与英美国家公司自治理论比较深入的国家不同,我国的司法一贯以来习惯于公权力对商事私领域的强力干预,对于法律没有明确规定的,实践中许多法官仍不敢放手支持公司的“自治”。对此,有必要通过立法明确公司章程可规定立法之外的除名事由,以便司法实践中有法可依。

2. 立法中扩大股东除名制度的适用范围。美国和日本等国家公司实践中发生的股东非法经营公司、股东实施了对公司商业严重不利的不正当行为、股东持续故意地严重违反公司章程或股东对公司或其他成员的义务、股东执行公司业务时实施不正当行为或未尽重要义务等行为,在我国许多公司当中也比较常见,由此引发的诉讼不胜枚举,故我国除了关注股东出资义务确保公司资本之外,还应借鉴美国、日本等国的做法,扩大股东除名适用的事由类型。

3. 扩大股东除名的方式,《公司法解释(三)》第 18 条仅规定了通过股东会决议对股东除名,未规定公司根据公司章程除名和法院判决除名这两种实务中亦较常见的重要除名方式,对这两类除名方式其他国家的公司法一般都是认可的,对此我国亦可借鉴。

4. 进一步明确除名程序的相关问题。如对于公司召开股东会表决除名股东,出席股东会的股东人数要达到多少方为有效?是否要通知被除名股东参加?被除名股东参加后是否享有表决权?股东会表决是资本多数决还是人头多数决?需有多少表决通过方为有效?除名是否通知被除名股东即生效,还是工商变更后生效?等相关问题,均需要立法的进一步明确。

三、我国股东除名之诉的司法实证研究

(一)股东除名之诉的案件类型

本文所称股东除名之诉,是指有限责任公司的当事人因股东除名争议向法院提起的诉讼,包含公司除名股东之诉和被除名股东救济之诉。其中,被除名股东救济之诉,参照最高人民法院 2011 年颁布的《民事案件案由规定》,又包括以下四种形式:(1)被除名股东以作出除名决议的公司股东会、董事会会议的召集程序、表决方式违反法律、行政法规或者公司章程,或者决议内容违反公司章程为由,诉请撤销公司决议的诉讼,可称之为被除名股东撤销公司决议之诉;(2)被除名股东以作出除名决议的公司股东会、董事会的决议内容违反法律、行政法规为由,诉请确认公司除名决议无效的诉讼,可称之为被除名股东诉请公司决议无效之诉;(3)被除名股东以公司除名股东的公司章程、细则、内容文件等除名条款无效为由,诉请撤销章程条款之诉;(4)被除名股东因不满公司回购其股份的价格,而提起的诉讼,可称之为被除名股东股份回购之诉。[①]

(二)股东除名之诉的案件特点

为了解我国有限责任公司股东除名之诉的司法实践情况,笔者通过登录北大法律信息网——"北大法宝——中国法律检索系统——网络版 2012_2"数据库,[②]点击"裁判文书"栏,然后在"案由分类"栏中选择"民商经济","与公司、证券、票据等有关的民事纠纷","全文关键字"一栏中输入"除名",一共查询到检索系统内 1998 年至 2011 年全国法院的 126 个案例判决。经过笔者对该 126 个案例进行详细的整理,一共找到了 70 个涉及股东除名的案例,其中 44 个为股份合作制企业的股东除名案例,26 个为有限责任公司的股东除名案例。

以这 26 个案例为样本进行分析,我国有限责任公司股东除名案件总体呈现以下"三多"、"三少"的特点:

1. 多数为被除名股东救济之诉,公司除名股东之诉案件很少。在 26 个案例中,有 25 个是被除名股东救济之诉,只有 1 个是公司除名股东之诉,样本非常少。究其原因,在于我国《公司法》、《公司法解释(三)》中并未直接对公司通过诉讼除名股东作出规定。而且,实践当中,相对于被除名的股东而言,公司通常是强势的一方,直接通过公司内决议,或直接根据公司章程中的除名条款除名股东,不需要通过法院除名。由此,便造成了公司除名股东案例的畸少。

2. 多数公司除名股东选择以公司股东会决议形式,少数通过董事会决议除名。除 2 起被除名股份回购之诉之外的 24 起除名案例中,13 起案例是公司通过股东会决议形式除名,占案件总数的 54%;有 9 件是公司直接根据章程、公司文件[③]中的除名条款等不经除名程序,不认可被除名股东的股权、分红权,甚至直接转让给他人;只有 2 件是公司通过董事会决议,不经股东会决议的方式除名。

3. 多数公司内部章程设定有除名条款,少数公司未设置除名条款。在 24 起除名案例中,有 22 起除名案例的公司内部文件中设置有除名规则,只有 2 起案例的公司是直接通过除名决定文件、董事会决议的方式除名。而在 22 起设置有除名规则的案例中,通过公司章程、章程修正案设置除名规则的案例有 20 件,另有 2 件是通过公司的内部细则、[④]公司改制的文件[⑤]设置除名规则。

---

① 比较遗憾的是,《民事案件案由规定》中并无"被除名股东股份回购之诉"的案由,由此导致实践当中,这类案件的案由使用混乱,对此本文下文有详细介绍。

② http://172.18.1.68/,最后访问时间:2012 年 11 月 2 日。

③ 如景谷傣族彝族自治县林涛木业有限责任公司等与方建股东权纠纷上诉案[案号为(2010)云高民二终字第 124 号],林涛木业有限责任公司直接以林涛字(2003)01 号《关于方建挪用公款牟私利的处理决定》的形式发文将股东除名。

④ 如陈聂春诉福建省永安轴承有限责任公司股权案[福建省永安市人民法院(2001)永经初字第 147 号]中的福建省永安轴承有限责任公司持股会制定的《内部职工股实施细则》。

⑤ 如李玉龙与成都罗兰商贸有限责任公司与公司有关的纠纷上诉案[案号为(2009)成民终字第 4301 号]中的《评估后资产量化方案》。

与之相对的是,上述案例中法院的裁决结果也呈现出"三高"、"三低"的特点:

1. 案件判决结案率高,调解撤诉率低。在24起除名案例中,有20起案例是判决结案,调解结案和撤诉结案的案例分别只有2例。判决结案率高达83%,只有少数案例通过调解、撤诉结案,当事人之间争议比较突出。

2. 案件上诉率高,当事人一审服判息诉率低。与案件判决结案率高相适应的是这类案件的二审上诉率也较高,在20起判决结案的案例中,不服一审判决提起上诉的有15例,案件上诉率高达75%,平均每4起案件中就有3件提起上诉。尽管如此,二审改判的案例却只有2例,绝大多数案件仍是维持原判。

3. 公司胜诉率高,被除名股东胜诉率低。在20起判决结案的案例中,法院确认公司除名股东合法有效的案例为14件,公司胜诉率高达70%,只有6起案例中的股东胜诉,没有被公司除名。

(三)我国司法裁判中存在的问题

通过对上述案例的分析,我国司法实践中针对股东除名之诉的案件,亦存在一些问题:

1. 章程除名条款理解各异,导致执法不统一。因为我国《公司法》及其司法解释并未赋予公司章程对公司除名事项的决定权,从而实践中关于公司章程可否规定某种情形下,直接强制剥夺股东的股东资格将其从公司中除名的理解不一。直接影响着公司是否有权除名股东,最终结果容易产生同案不同判,影响司法公信力。

2. 立法规定不健全,造成司法的无法可依。《公司法解释(三)》第18条规规定的是股东除名的总体性框架,能够应对实践中的一些问题,但其在许多方面仍然不健全,对具体的操作性事项规定不够,导致司法实践中法官裁判常陷入无法可依的尴尬境地。如第18条对除名事由的规定过于单一,何为"不履行出资义务"和"抽逃全部出资",履行部分了出资义务,或抽逃了部分出资是否仍然可适用股东除名?除名所需的出资的比例如何界定?是否全由法官自由裁量?这些均规定不明,极易引发纠纷。

3. 案由使用比较混乱,案件定性难以把握。最高人民法院2001年的《民事案件案由规定》中规定的案由没有"股东除名"案由,从而导致实践中案由使用的比较混乱。就拿前面分析的26起股东除名案例来说,其中的案由可谓是五花八门,随意定性,除了股东会决议、董事会决议撤销纠纷、公司章程条款无效纠纷等比较准确的案由之外,更多的是笼统地采用股权确认纠纷、股东权纠纷、其他股东权纠纷等案由。案由使用的混乱,一方面增加了对股东除名之诉这一问题立案统计和审判流程管理的困难,另一方面也对准确把握案件的性质,正确地适用法律规定,造成了不便。

4. 我国法官商事裁判思维的"不习惯"。一直以来,对传统民事裁判驾轻就熟的法官,在先天商事知识匮乏的背景下,并不擅长商事审判。在裁判过程中,传统民事法官往往面临着以下两方面的不习惯:(1)裁判思维的不习惯。不同于民法侧重的民事主体个别利益的一般保护,商法更侧重于对商事主体的营利利益保护。[①] 如何尊重商事审判自身的客观规律,坚持符合商事审判要求的裁判理念,是每个商事法官必须认真思考的现实问题。(2)商事裁判规则的不习惯。随着新《公司法》及其司法解释的颁布,公司法律关系的可诉性大大增强,由此带来公司类纠纷不断增多,同时呈现新类型纠纷不断,法律关系复杂、法律定性更难等特点。[②] 由此,商事审判的法官们掌握商事裁判的规则的难度可想而知。

四、我国股东除名之诉的司法审查

有限责任公司除名股东,直接后果是剥夺股东的股东资格以及该资格所附管理公司、收取分红的一系列权利,同时也将造成公司持股情况变更,甚至公司控制权变动的重大后果。因此,严格对股东除名之诉的司法审查,殊为重要。

(一)对除名实体事项的审查

1. 除名依据的审查。通常来说,公司除名股东的依据来源于两方面:一是国家法律规定,如我国《公司法解释(三)》第18条中规定的股东除名制度;二是公司内部意思自治形成的被除名股东的行为符合某种情形下,对其股东资格予以剥夺,这主要体现在公司章程、公司决议文件及其他全体股东一致同意设置除名条款的协议约定。前一种除名依据是国家法定的,无须审查。司法实践中,需要审查的是对公司内部的章程、决议文件、协议等除名依据的审查。对此,应以程序性审查为主,主要审查除名依据的形成是否合法,是否代表了公司股东的真实意志。例如,对于书面形成的章程、文件等,是否得到了法定股权数的股东同意;对于会议形成的章程、决议文件,则是否应当出席会议的股东达到法定人数,表决同意的表决权数是否达到了法定或公司章程中约定的有效数等。

2. 法定除名事由的审查。《公司法解释(三)》第18条中规定了两种法定的除名事由,即"股东不履行出资义务"、"股东抽逃全部出资"。其中,"不缴纳出资"是仅指股东不缴纳全部出资?还是包括不缴纳全部出资及不缴纳部分出资两种情形,只要股东未缴纳出资便可被除名?毫无疑问的是,股东不缴纳全部出资,肯定可以适用除名制度。问题是股东缴纳了部分出资后,不缴纳剩余部分的出资,是否可以适用第18条的规定对其除名?笔者认为,出资救济的本质是要充实公司资本而不是驱逐股东。因此,对于部分出资的股东除名,应当依据"穷尽内部救济"的原则,结合公司内部的实际情况,判断股东未缴纳的出资是否会影响公司的正常运作而决定是否适用除名规则,还是通过《公司法》中的其他规则予以救济。同样,值得检讨的是股东抽逃部分出资的行为,是否可以适用股东除名规则?笔者认为,

---

① 李后龙:"商法思维与商事审判",载《南京社会科学》2004年第11期。

② 李昊、赵蕾:"比较与借鉴:公司非讼程序的可行性分析",载《云南大学学报》(法学版)2011年第2期。

应当对第18条中的"抽逃全部出资"进行扩大性解释,适用股东除名规则,对其未履行出资的部分予以除名。这也符合完成出资义务与享有配套股权的公平性原则。

3. 对约定除名事项的审查。也即公司内部约定的,被除名股东如果有哪些行为,那么公司将有权对其股东资格予以剥夺的情形,主要体现在公司章程等内部文件中。笔者认为,对约定除名事由的审查,实践中应主要围绕除名事由的合法性、合理性。合法性审查是指除名事由是否违反了普通法和公司法等法律的基本原则和法理,如不得违背一般民法的公序良俗原则和诚实信用原则的基本原则。[①] 合理性审查是指对于公司全体股东达成一致设置在公司章程和内部文件中的股东除名规则,应充分尊重公司和股东正常的商业判断,经过合法性审查没问题的就应该认定其有效性,避免司法权不恰当介入。从根本意义上说,尊重公司的商业判断,就是尊重公司的自主经营。[②] 而对于公司章程中没有事先约定除名事由的公司除名股东行为,则应当持严格的限制态度。

(二)对除名程序事项的审查

1. "催告"前置程序的审查。《公司法解释(三)》第18条规定了公司除名股东的前置性程序,只有经过合理的期限仍不缴纳或者明确表示不缴纳出资的,才可以直接剥夺其股东资格。对催告前置程序的审查,主要是指审查公司在除名前,是否对股东进行过催告,是否将相应的通知送达到了被除名股东。同时,被除名股东对公司的通知,以书面或行动表明不会缴纳出资。对此,公司进行了催告的举证责任应由公司证明。

2. "合理期限"的审查。什么是合理的期限,笔者认为,应当根据股东欠缴的数额和公司的实际经营需要,结合股东的主观恶意程度而定。如果股东所欠缴的出资数额占公司资本比较大,会对公司的生产经营造成重要影响,而欠缴的股东拒不缴纳的恶意又比较明显,那么应当给予其的时间不需要很长,参照《中外合资经营企业合营各方出资的若干规定》[③]中认缴出资的股东关于补足出资的规定,以不超过一个月为宜。相反,如果股东所欠缴的出资数额比例小,对公司的生产经营不会产生多大影响,而愿意缴纳的主观恶意较轻,那么应当考虑给予其半年以上的较长的期限。

---

① 如德国司法实务及学理通说认为,章程所记载之除名条款,如属滥用除名事由或股份收买价格远低于市价者,应视为有违善良风俗而无效。参见杨君仁:《有限公司股东退股与除名》,神州图书出版有限公司2000年版,第122页。

② 山东省高级人民法院民二庭:"商事审判理念与方法若干问题研究",载《人民法院报》2010年5月5日第007版。

③ 《中外合资经营企业合营各方出资的若干规定》第7条规定:"合营一方未按照合营合同的规定如期缴付或者缴清其出资的,即构成违约。守约方应当催告违约方在1个月内缴付或者缴清出资。逾期仍未缴付或者缴清的,视同违约方放弃在合营合同中的一切权利,自动退出合营企业。"

(三)股东会除名决议的程序审查

我国《公司法解释(三)》规定公司的股东会表决是除名股东的必经途径,即使公司章程、内部文件中设置有除名条款,仍应当通过股东会的除名决议,方能除名股东。因此,对股东会除名决议的程序审查,非常重要。①

1. 关于股东会的通知及召集程序。股东会的通知及召集程序应当完全按照《公司法》中的相关规定操作,否则可以因通知、召集程序违反法律规定而被撤销。值得注意的是,股东会的召集通知中应当将除名的事项事先列入股东会的表决事项,不能"搞临时通知"。②

2. 关于被除名股东的表决权。笔者认为,根据一般法理原则,"当某一股东与股东会讨论的决议事项有特别利害关系时,该股东或其代理人均不得就其持有的股权行使表决权,或代理其他股东行使表决权"。③ 因此,应当适用表决权回避规则,被除名股东在公司除名表决时适用表决权回避规则,不得享有表决权。④

3. 关于股东会表决规则。对于股东会除名股东的表决,笔者赞同大多数学者主张的"股东多数决"原则。⑤ 理由在于,根据我国《公司法》的相关规定,股东会在涉及身份资格的时候,则采用"股东多数决"的做法。⑥ 股东除名直接针对的就是股东的身份资格,因此应当采用"股东多数决"的原则。还有一个值得讨论的问题是"股东多数",是采过半数标准,还是2/3以上的多数?笔者认为,鉴于我国《公司法》的立法习惯,关于"股东多数决"均采用的是"过半数标准"。因此,对于股东除名也应以"过半数标准"为宜。

4. 关于除名决议的生效时间。除名决议经股东多数决通过并不当然生效,而

---

① 尽管司法实践中,对公司除名股东通常有股东会除名、董事会除名两种做法,但显然除非公司章程对董事会除名有授权,在立法并未赋予董事会除名股东权利的情形下,董事会并不是除名的有效主体,故未授权情形下董事会无权除名股东。

② 例如,前述广州益寿医院与邝福源股东权纠纷上诉案[案号:(2006)穗中法民二终字第164号]中,法院判决书中便以益寿医院召开的股东大会的《开会通知》中,在会议要审议的事项中没有股东除名的议题,也没有写明会务常设联系人姓名、电话号码为由,认定股东会议的召集程序违反了《章程》的规定,剥夺了邝福源作为这次会议被除名股东的知情权和申辩权,侵害了邝福源的合法权益而显失公平,判决除名决议被撤销。

③ 王义松:《私人有限公司视野中的股东理论与实证分析》,中国检察出版社2006年版,第268页。

④ 这一点在一些国家的立法中已有明确的规定。如《葡萄牙商法典》第251条规定,有限责任公司股东会对于与公司有利益冲突的事项进行决议时,任何股东不得亲自或通过代理人或其他股东行使表决权。这里的事项就包括了股东除名的情形。转引自郝磊:"公司股东除名制度适用中的法律问题研究",载《法律适用》2012年第8期。

⑤ 刘炳荣:"论有限责任公司股东除名",载《厦门大学法律评论》(第8辑),厦门大学出版社2004年版;吴德成:"有限责任公司股东的除名",载《西南民族大学学报》(人文社科版)2005年第9期;齐爽:"有限责任公司股东除名权制度研究",中国政法大学2007年硕士学位论文。以上文章均持此观点。

⑥ 如《公司法》第72条规定:股东向股东以外的人转让股权,应当经其他股东过半数同意。又如第110条规定:董事长和副董事长由董事会以全体董事的过半数选举产生。第118条规定:监事会设主席一人,由全体监事过半数选举产生。

应当以除名决议送达被除名股东时生效。对于被除名股东拒绝签收,可参考《民事诉讼法》留置送达的做法;如果被除名股东地址不详或者下落不明,可参考《民事诉讼法》公告送达的做法。[①]

五、结语

由于各国的公司资本制度及理念的不同,对有限责任公司股东除名制度的规定也各有不同。我国《公司法解释(三)》尽管新设了股东除名制度,但是也存在事由规定过窄、具体操作规范规定不明等问题。如何在有效解决公司内部僵局,保护公司与诚信股东利益的同时,兼顾被除名股东的合法权益,仍然是一项非常重要的研究课题。

一项制度及规则的建立和完善并非易事。深入考察股东除名制度的精神内涵,我们看到的是司法公权力对公司意思自治的有限干预。我国的商事裁判者不仅要在裁判过程中借鉴和学习国外的司法裁判规则,更重要的是要深刻体会公司自治与有限干预合理平衡的司法裁判理念,真正树立起"商人是自己利益的法官"的信念,也只有这样才能赋予我们的公司法以生命活力。美国著名法官卡多佐曾经指出:"法学发展的真正源泉,法律真知的真正来源,必定是法律的实践和社会现实。"[②]相信随着学界、司法实务界研究的越来越深入,我国公司股东除名机制会不断得到完善,司法实践也会越来越规范,由此,在推动我国有限责任公司的公司治理和健康发展中不断发挥着重要作用。

(本文系2013年上海市高级人民法院优秀报批调研课题)

管理人指定在实务中的若干问题探讨

邵宁宁*

【提要】《企业破产法》引入国际通行的管理人制度,取代了以往的清算组制度,设专章对管理人进行规定,是我国《企业破产法》中的一大亮点。但在实务操作中,管理人制度中关于管理人指定的相关规定仍有待商榷和进一步细化、完善。

【关键词】管理人　指定　报酬

管理人是指破产案件受理后依法成立的,在法院指导和监督下全面接管债务

① 顾晓慧:"有限责任公司股东除名法律制度研究",中国政法大学2010年硕士学位论文。

② [美]本杰明·卡多佐:《司法过程的性质》,苏力译,商务印书馆1998年版,第5页。

* 邵宁宁,上海市黄浦区人民法院民二庭审判员。

人企业并负责债务人财产的保管、清理、估价、处理和分配等事务的专门机构。[①]2006年8月27日出台的《企业破产法》引入国际通行的管理人制度,取代了以往的清算组制度,是我国《企业破产法》中的一项全新制度。

管理人制度明晰了管理人与法院之间的关系,即由管理人在法律规定的范围内独立从事破产程序的各项工作,推进破产程序依法、有效进行,而法院则超脱于烦冗具体的破产事务,仅依法对管理人的工作进行监督和指导,从而确保破产程序顺利、高效的进行,该制度系《企业破产法》的一大亮点。作为一项新的制度,管理人制度的创设是我国破产法走向规范化、市场化、国际化的重大制度革新,对于法院及时、高效、公正审理企业破产案件将会产生积极作用。

但是,管理人制度中关于管理人指定的相关规定在实施中,也产生一些困惑需要进一步明晰,出现一些新的问题需要进一步研究解决。下面主要结合破产案件审判实践,就管理人指定中一些问题进行探讨,并提出笔者一些粗浅的建议。

一、指定清算组担任管理人的情形探讨

《企业破产法》第22条规定,管理人由人民法院指定。管理人的选任范围包括:社会中介机构、社会中介机构中具备相关专业知识并取得执业资格的个人、由有关部门、机构人员组成的清算组。对于管理人的指定方式,《最高人民法院关于审理企业破产案件指定管理人的规定》(以下简称《指定管理人规定》)具体规定了随机指定、指定清算组、邀请竞争以及推荐等四种方式。《指定管理人规定》第18条明确规定了破产案件中法院可以指定清算组担任管理人的几种情形,[②]其第4项规定"法院认为可以指定清算组为管理人的其他情形",赋予法院在指定清算组担任管理人时具有一定的裁量权。

实践中,常常出现以下情形,即部分破产企业(大多为国有企业)在破产申请受理前,已自行委托社会中介机构代为准备破产申请工作。由于受托机构在前期的准备工作中对企业的资产、负债、人员等情况比较熟悉,往往会在破产程序中被债务人或其上级单位要求推荐为清算组成员。对此种情形如何处理?

笔者认为,处理此类问题首先应明确,根据现行法律规定,清算组担任管理人不应是选任管理人的主要形式。尽管考虑到新、旧《企业破产法》适用的衔接、一些特别法的规定以及某些特殊案件的需要,《企业破产法》允许清算组担任管理人,并赋予法院在指定清算组担任管理人时具有一定的裁量权,但从立法本意以及避免清算组专业性差、防止道德风险而难以充分保护各方当事人利益等弊端考虑,

---

① 王欣新:《破产法》,中国人民大学出版社2011年版,第62页。

② 《指定管理人规定》第18条规定:"企业破产案件有下列情形之一的,人民法院可以指定清算组为管理人:(一)破产申请受理前,根据有关规定已经成立清算组,人民法院认为符合本规定第十九条的规定;(二)审理企业破产法第一百三十三条规定的案件;(三)有关法律规定企业破产时成立清算组;(四)人民法院认为可以指定清算组为管理人的其他情形。"

清算组担任管理人不应是指定管理人的主要形式,否则容易产生利用《企业破产法》相关规定,人为制造扩大清算组担任管理人的情形,而使随机指定方式形同虚设。因此,对由清算组担任管理人的案件必须严格限制。审判实践中,我们应当严格适用《指定管理人规定》第18条的规定。

我们还应该认识到,随着产业结构的调整,部分国企不能适应而需依法清理、转型。部分国有企业规模巨大、职工人数多,涉及的历史遗留问题繁多,破产案件中,还应更多考虑政策问题和体制问题,需国资监管部门等相关行政机关参与清算工作,组成清算组有利于破产程序的进行。在此情况下,可指定清算组担任管理人。在审判实践中,指定清算组担任管理人的主要限于国有企业的破产案件。如在上海某房地产发展公司申请上海某实业公司破产清算一案中,上海某房地产发展公司与债务人上海某实业公司同属国有独资公司上海某(集团)有限公司下属子公司,债务人上海某实业公司系改制企业,其上级公司上海某(集团)有限公司亦系其债权人。该案涉及国有资产的处理以及企业职工的安置等问题。案件受理后,经了解,上海某实业公司30余名自然人股东及职工与大股东上海某(集团)有限公司情绪对立,已通过网络以博客等形式措辞激烈地表达了对由大股东委派的公司领导的不满、对公司经营状况的失望以及对关联公司在小股东不知情的情况下申请上海某实业公司破产的不满,认为小股东的利益受到损害。由于该案的处理结果关系到上海某实业公司众多自然股东人及职工的利益,案件处理不当极易引发社会矛盾,且影响范围较广。为妥善处理案件,确保管理人与众多自然人股东与职工能够沟通顺畅,使职工能够妥善安置,经书面报上海高级法院批准后,受理法院最终确定由市国资委、管理人名册内的社会中介机构等组成清算组担任管理人。

当然,指定清算组担任管理人,还应当注意新、旧法的衔接。对于《企业破产法》施行时依据《企业破产法(试行)》已经受理但尚未审结的企业破产案件,法院已裁定宣告债务人破产并成立清算组的,原清算组即为管理人,法院不必另行指定管理人;已经受理尚未宣告破产的,或尚未成立清算组的,法院应依照《指定管理人规定》指定管理人。①

根据上述分析,笔者认为,破产申请受理前已参与相关工作并非继续指定相关单位组成清算组担任管理人的可考量因素,法院须根据《企业破产法》及《指定管理人规定》的相关规定重新审查清算组成员的适格性。经审查符合法律规定的,才可以指定原清算组为管理人,不符合规定的,则应根据《指定管理人规定》另行指定管理人。对于清算组担任管理人的严格审查,能够避免通过破产申请前成立清算组规避以随机方式指定管理人的情形,亦能防止权力寻租现象的发生。对于清

① 奚晓明主编:《最高人民法院关于企业破产法司法解释理解与适用》,人民法院出版社2007年版,第77页。

算组成员中的社会中介机构,虽然目前法律并未明确规定,笔者认为,从管理人中立性、独立性及专业性的特性考虑,也应当通过随机方式在管理人名单中指定。

二、关联企业破产中管理人的指定

关联企业,是指与其他企业存在股权和契约基础上的从属关系或共同隶属于某一企业、又具有独立法律地位的企业。[①] 针对关联企业可能存在的资产混同、员工混同、业务混同等情况,关联企业破产过程中,各企业破产程序独立进行的,需要各债务人企业的管理人必须互相配合、互相协调。于是审判实践中提出须指定同一管理人的要求,对此,笔者认为可为关联企业指定共同管理人。

此种方式的优势体现在以下方面:(1)有利于破产管理事务的统一进行,降低成本;(2)减少了各管理人之间协调工作所需耗费的时间、精力,有利于破产程序顺利、高效进行;(3)可以确保管理人更灵活、宏观地处理各关联企业之间的特殊问题,公正地保护债权人的利益。当然,法院应当加强对此类案件中管理人的监督,以避免关联企业共同管理人可能存在的权利集中、缺乏制约的弊端。

目前,审判实践中已有为关联企业指定共同管理人的案例,并取得较好的社会效果。在上海特毅企业有限公司、上海特毅通用动力机械有限公司、上海美浩电器有限公司破产清算三案,[②]三公司系受同一控制人控制的三家外商投资企业,三者之间在经营过程中互相关联,情况比较复杂。法院经过审查,并报上海高级法院批准,指定由外经委、银监会、劳动保障部门、破产企业所在地政府及管理人名册内社会中介机构工作人员组成的清算组担任三公司的共同管理人。经过各方协同合作,上述三案资料共享,信息畅通,处理平稳,债权人的最终清偿率达到较高比例,受到各方好评。

三、复杂疑难案件中复合管理人的指定

《指定管理人规定》中并未规定可以就同一案件指定两个以上管理人。一般情况下,由社会中介机构担任管理人的,该管理人仅能完成自身专业范畴之内的工作,需另行聘请其他社会中介机构完成其所无力完成的工作。对于可否就同一案件指定两个以上复合管理人,有不同观点。一种观点认为,审判实践中,破产案件往往涉及法律、财务等多方面工作,通常情况下,管理人会另行聘请其他社会中介机构完成破产案件中非管理人专业范围内的工作。若指定复合管理人,则可由不同领域内的社会中介机构共同管理破产事务,可以减少破产成本,且保证管理人全面掌控破产进程。另一种观点认为,《企业破产法》以及《指定管理人规定》对于管理人的指定以及管理人另行聘请工作人员问题均作出规定,无须再采取指定复合管理人的形式,且指定复合管理人可能产生因管理人职责划分不明致使破产程序

---

① 赵旭东:《企业与公司法纵论》,法律出版社 2003 年版,第 435 页。

② 分别为上海市金山区人民法院(2008)金民二(商)破字第 1 号、(2008)金民二(商)破字第 2 号、(2008)金民二(商)破字第 3 号。

拖沓的情形。

针对上述争议,笔者认为,在总体考量案件情况、管理人专业特长等因素的基础上,指定两个在不同领域有所专长的社会中介机构组成清算组担任管理人,有利于充分发挥不同社会中介机构所长,提高工作效率,降低破产成本。当然,指定复合管理人也存在管理权限如何界定和分配,两个社会中介机构之间如何互相配合、协调,报酬如何确定等问题。因此,法院指定复合管理人的,建议根据破产案件的复杂程度及债务人财产的性质、规模等在不同的社会中介之间分配职责,明确职责范围,避免不同社会中介结构因职责不清互相推诿,并根据不同社会中介机构的工作性质及工作量确定报酬。

四、"无产可破"案件中管理人的指定

实践中,相当比例的破产案件为"无产可破"案件,此类破产案件中的管理人通常是无报酬或无合理报酬的。根据《企业破产法》的规定,随机方式是指定管理人的主要方式,但如果采取随机方式,就可能出现部分"运气"不好的中介机构,总是被指定担任无报酬案件的管理人的情形,这难免使部分管理人对工作产生消极态度。如果管理人没有对合理收入的预期,就不可能维持高效、高质的管理人团队队伍,甚至退出此业务领域。[①] 这既不利于破产案件的开展,又不利于管理人队伍的培育,长期如此,势必影响管理人制度的正常运行。

对此,有两个问题需要面对和解决:(1)在指定管理人的方式上是否可以有所调整,以实现在保证程序公正的同时,确保管理人能够享受到报酬的公平;(2)对于无产可破的案件,如何解决管理人报酬及破产费用问题。

对于管理人的指定方式,可以借鉴德国模式。在德国,法官享有指定管理人的决定权,可以对破产案件进行肥瘦调配。据了解,德国一家律所一年办理1000多起破产案件,80%~90%都是赚不到钱的,但办理40起企业破产案件的收费就可以维持整个律师事务所的正常运转。[②] 对此,有法官建议,将破产案件分为赚钱和不赚钱两类,对采用随机方式指定的管理人,分别在两类案件中排队。笔者赞同上述观点,此种方式对于目前管理人报酬不公的现象能够起到一定缓解作用。法院在破产案件审查阶段,可根据当事人提供的材料初步判断该破产案件是否属于无产可破,并对案件进行分类。采用随机方式指定管理人的,或虽然指定清算组担任管理人,但清算组中社会中介机构需通过随机方式指定的,社会中介机构分别在两类案件中排队。对已经担任一定数量无产可破案件管理人的,可不再在该类案件中摇号。

对于"无产可破"案件中管理人报酬处理,实践中主要有以下几种做法:做法

---

① 王欣新:《破产法理论与实务疑难问题研究》,中国法制出版社2011年版,第518页。

② "'专家视线中的重庆经验'——《人民法院报》记者专访王欣新教授",载《人民法院报》2008年6月15日。

一,债务人财产不足以支付管理人报酬和管理人执行职务费用,根据《企业破产法》第43条第4款的规定,法院经管理人申请提前终结破产程序。然而此种方式不能从根本上解决报酬的问题,因为即便法院提前终结破产程序,也需要在指定管理人后,由管理人查明债务人财产是否不足清偿破产费用,并由其提请法院终结破产程序,管理人仍需付出一定劳动,但仅能获得少量报酬,甚至没有报酬。做法二,由债权人、管理人、债务人的出资人或者其他利害关系人,如上级公司等,垫付管理人报酬和执行职务费用,以保证破产程序继续进行。为保障垫付人的利益,上述垫付款项作为破产费用从债务人财产中向垫付人随时清偿。此种情况下,管理人的报酬通常亦难与其工作量相符,通常是法院在征求相关上级公司以及管理人意见后确定的。此外,实践中还有一种做法,即在破产申请的审查阶段即发现债务人无可分配财产,亦无其他利害关系人愿意垫付管理人报酬的,说服申请人撤回破产申请。尽管根据相关规定,企业无账册、无人员、无财产不影响破产案件受理,但此做法的出发点是为了避免部分债务人通过转移财产等方式制造"无产可破"假象提前终结破产程序以逃避债务的欺诈风险,实属无奈。就目前破产案件的实际处理情况看,上述第二种做法效果更妥些。但从长远看,为确保资不抵债企业有序退出市场以及管理人队伍的健康发展,成立"管理人报酬基金"以解决无可分配财产的破产案件中管理人报酬问题,应是将来我国完善管理人制度的发展方向。

其他国家和地区解决"无产可破"案件管理人报酬的方法可资借鉴,主要包括:交叉补贴,即在有产可破案件中多收取一定费用建立基金,以弥补无产可破案件的支出;政府财政拨款补贴;由利害关系人垫款。[①] 目前,国内有些地方法院已经开始了一些有益的尝试,如山东省滨州市滨城区人民法院设立了"管理人报酬基金制度",该基金以财政拨款、法院经费以及社会资助款项为启动资金,并从破产案件管理人所得报酬中按比例提取款项逐渐积累,用于对根据工作量计算应得而未得报酬的管理人予以适当补偿。又如广东省深圳市中级人民法院创设了"管理人援助资金制度",援助资金由政府财政拨款和从管理人所获报酬中提取一定比例资金组成。再如无锡市中级人民法院制定《关于管理人报酬基金的管理办法》,设立"管理人报酬基金",该基金取之于管理人报酬,用之于管理人报酬不足时的补偿,确保破产程序得以继续。上述方式为此类问题的解决提供了很好的借鉴。根据目前实际情况,设立以政府财政拨款、交叉补贴组成的管理人报酬基金,是非常必要的。

五、管理人指定时间的问题

《企业破产法》第13条规定,法院裁定受理破产申请的,应当同时指定管理人。对于破产案件的受理期限,《企业破产法》第10条规定,债权人提出破产申请的,法

---

① 奚晓明主编:《最高人民法院关于企业破产法司法解释理解与适用》,人民法院出版社2007年版,第174~175页。

院应自收到申请之日起5日内通知债务人。债务人对申请有异议的,应当自收到法院的通知之日起7日内提出。法院应当自异议期满之日起10日内裁定是否受理。除此情形外,法院应当自收到破产申请之日起15日内裁定是否受理。有特殊情况需要延长的,经上一级法院批准,可以延长15日。根据上述规定,法院审查破产申请并作出是否受理裁定的期限相对较短。对于较为复杂的破产案件,如以邀请竞争、推荐等方式指定管理人的,很难在上述破产案件审查期间即确定管理人。即便是较为简便的随机方式指定管理人,实践中,也需要在上、下级法院以及不同部门之间完成必要的程序,在法律规定的破产案件审查期间完成也并非易事。根据上述情况,笔者认为,现行《企业破产法》对于管理人指定时间的规定,似乎与实践中破产案件的多样性、复杂性不符,建议在规定案件受理与管理人指定同时完成的大原则下,允许部分案件在经过上一级法院批准后适当延长指定管理人的时间。而自法院受理破产案件至指定管理人期间,为避免管理人管理真空、防范不必要的损失,可对债务人财产采取必要的保全措施。

六、管理人更换的困境

破产程序具有较强的连续性,管理人的稳定性非常重要。实践中,当出现管理人不尽职、工作拖沓等问题,而并无《指定管理人规定》第33条、第34条所规定情形时,法院则面临是否更换管理人的难题。如在上海某展销公司公司清算案中,通过上海市高级人民法院摇号,受理法院于2010年6月7日指定管理人名册中的某社会中介机构与公司股东组成清算组。指定清算组后,该社会中介机构仅指派一名工作人员参与清算事务。审理中,由于作为清算组成员的股东之间矛盾较大,而很多本应由该社会中介机构自行依法判断和决定的事务,该中介机构都向法院请示,导致案件审理效率降低。考虑到清算组的工作具有连贯性,如果更换该中介机构,新任产生的中介机构仍需耗时耗力了解前任的工作情况,且在股东矛盾较大的情况下,新任中介机构对于此类情况的掌控及决断能力未必优于前者,恐难以实现加快案件进程的目的。再三权衡之后,法院最终采取加强督促的方式推进案件的开展,而未更换该社会中介机构。

上述案例虽然是公司清算案件。但在破产案件中也会遇到相同的情况。法院所面临的更换管理人难题的原因主要为以下两点:(1)管理人的工作性质具有很强的连贯性,如果更换管理人,会增加移交材料、交接工作等额外工作,且新任管理人需花费大量精力了解前任管理人的工作情况与案件进展,程序成本较高,或许反而会影响破产程序的推进;(2)部分案件由于客观条件所限,更换管理人未必能够解决案件进展缓慢的问题。如部分企业可供分配财产较少,管理人报酬较低,导致管理人缺乏工作的动力。若管理人报酬无法提高,更换管理人并不能从根本上解决管理人缺乏动力的难题。又如上案所反映的情况,公司内部矛盾较大,对管理人专业知识及工作能力的要求较高,更换的管理人未必优于前者。考虑到种种现实因素,法院通常采取加强督促的方式推进破产案件的开展,而尽量避免更换管理人。但此种方式难免增加法院的负担,也无法体现管理人的优势及作用。

针对上述情况,笔者认为应进一步细化对管理人职业操守与工作能力业绩等方面的评审标准,落实对管理人工作的考核及淘汰机制,从根本上促使管理人名册中的管理人尽职工作。

(本文发表于《上海审判实践》2013 年第 8 期)

公司治理语境下解聘高级管理人员的法律冲突及路径选择

徐文进 姚竞燕*

【提要】《公司法》规定公司可以以董事会决议的方式不附任何理由地解聘经理等高级管理人员。《劳动法》又规定除法律严格限定的情形外,公司不得单方解除与经理在内劳动者的劳动关系,则《公司法》与《劳动法》之间的冲突随之产生。由于法律存在其效力边界,《公司法》规定董事会可以解聘经理等高级管理人员,但未对解聘的程序及救济程序作出规定。因此虽然该解聘效力会被法律认可,但相应的救济及劳动关系的处理就落在劳动法的效力边界内。经理等高级管理人员被解聘后,公司应与其就新岗位进行合理协商,当协商未果时,公司方可依据《劳动合同法》规定的"客观情况发生重大变化"解除劳动关系。

【关键词】公司治理 高级管理人员 私权自治 效力边界

党的十八届三中全会明确提出"国家治理"的命题,习近平总书记认为国家治理体系是在党领导下管理国家的制度体系,也就是一整套紧密相连、相互协调的国家制度。① 它凸显了政权的管理者向政权的所有者负责并可以被后者问责这一问题的重要性,强调了政权的所有者、管理者和利益相关者等多种力量合作管理的重要性。② 相较国家治理而言,公司治理(Corporate Governance)则是一个相对更为细致的概念,但两者在制衡和协调角度具有相似之处。从经济学角度来看,就是股东如何监督经营者进而使公司利润最大化的问题;从立法角度来看,则是如何保障所有权和经营权的有效分离,在股东、董事和高级管理人员及其利益关联人之间分

---

* 徐文进,上海市第一中级人民法院研究室法官助理;姚竞燕,上海市黄浦区人民法院民五庭助理审判员。

① 习近平:"切实把思想统一到党的十八届三中全会精神上来",载 http://news. xinhuanet. com/politics/2013 - 12/31/c_118787463. htm 最后访问时间:2014 年 3 月 20 日。

② 何增科:"怎么理解国家治理及其现代化",载《时事报告》2014 年第 1 期。

配权力与职责,规范和建立公司利益制衡内外机制的问题。①

公司治理是以私权自治为核心理念的架构,随着市场经济的更进一步发展,现代公司治理结构更进一步衍化发展,所有权与控制权进一步分离,出现的消极现象就是以经理权为代表的公司高级管理人员的权力进一步扩大,尤其在所有权相对分散的股份有限公司中,甚至形成了“内部人控制”的现象。因此,在进一步完善公司治理的语境下,如何保障股东的所有者权益,这就需要我们进一步完善公司内部机构之间的相互制衡——我们需要考虑公司所有者如何通过公司既有制度贯彻意图,以达到有效解除高级管理人员劳动关系的结果。

现代公司治理结构的流畅运行,有赖于公司各内部结构之间相互制衡,其中就包括代表公司股东会利益的董事会对公司经理高级管理人员的自由聘任和解聘权。依据《公司法》规定,依据董事会决议,公司可以聘任或解聘经理等高级管理人员,法律并未规定该解聘需要附怎样的理由,亦未规定需要符合怎样的条件和程序。然而,在目前的司法实践中,这些高级管理人员的身份又通常与劳动者的身份发生竞合,这些高级管理人员不仅仅是公司的管理人员,同时也是劳动法意义上的劳动者。当作为公司所有者的股东可能因为对经营业绩不满意,又或者仅仅就是要解聘高级管理人员,那公司是否可以依据《公司法》的规定任意解聘高级管理人员呢?如若可以任意解聘此类高级管理人员,则高级管理人员作为劳动者所享有的劳工保护权利又将如何保障呢?

这在公司管理实务中就遇到一个很棘手但又很直接的问题——公司是否可以解雇高级管理人员?应当以何种方式来合法解雇?这是目前作为商事法的公司法与作为社会法的劳动法之间法律冲突的一个典型问题。这也是在目前公司管理中经常出现高级管理人员解而不除,关系难以厘清的根源。那么两种法律体系之间的这种冲突是如何产生、又应当如何选择解决路径将是本文所要处理的问题。

一、公司法与劳动法的价值选择与效力边界

首先,我们需要对公司法律与劳动法律的价值评判做一基本探析。必须指出,公司法对私权自治的追求与劳动法对劳动者利益的倾斜保护是不同角度的价值选择。完善的公司治理制度是以保护投资者的利益为目的。这是由公司法对私权自治价值的追求决定的,股东利益的保护是现代公司法的重要指导思想。② 依据我国法律规定,股东会作为公司的最高权力机关,对于公司内部的一切事务享有当然的控制权力。董事会是股东会选举出来的公司业务执行机关,全面负责公司的经营管理,其实质是股东会的常设机构,是公司的核心和中枢,而经理是董事会的下位机关,是公司的内部机构之一。代表股东意志的董事会有权对经理作出自由的聘任或解聘就是现代公司治理结构中保障所有者权益的必然题中

① 赵万一:《公司治理法律问题研究》,法律出版社 2004 年版,第 3 页。

② 赵万一:《公司治理法律问题研究》,法律出版社 2004 年版,第 52 页。

之义。

然而,基于我国现行的劳动法律规定,经理虽然是公司的高级管理人员,但依然是"劳动者",从目前的法律规定及司法实践来看,经理会当然被视作劳动者而受到劳动法律的保护。劳动法律对于劳动者的倾斜保护举措之一就是限制用人单位对劳动关系的单方解除权,除依据《劳动合同法》第39条、第40条、第41条明确列明的情形外,用人单位无权单方解除与劳动者之间的劳动关系。综观劳动法律,用人单位无权不附理由的单方解除任何员工——包括公司经理等高级管理人员。为保障公司董事会职权行使,公司解聘高级管理人员不需要附任何理由,即不需要公司运营不善、个人能力欠佳等证据。

对于公司法与劳动法律之间的冲突,笔者认为,这是由法律间不同的价值取向所决定的。公司法着重于公司治理架构的完善,通过对股东会、董事会、经理、监事会之间权力的厘定以充分保障公司的所有者权益。而劳动法律更多的是从衡平的角度,以实质公平为价值目标,以公权力主动介入为手段,对由于人身隶属等因素导致劳资双方实际权利的不平等予以衡平调整。故不同法律之间会因价值的取舍不一而对法律关系有些差异化的判断。

那么,在劳动法对劳动者有着倾斜保护政策的情形下,公司是否依然可以对经理等高级管理人员做出解除职务的处理呢?公司的此种做法是否因为违反了劳动法律而无效呢?

笔者认为,这种法律规定间的差异只是表面现象,我们更应看到公司法律与劳动法律之间的相互补充。任何法律都存在效力边界。公司法从公司治理的角度对公司各内部机关之间的相互制衡作出了规定。《公司法》规定公司董事会可以不附条件地无条件解除经理等高级管理人员职务,但其效力也仅止于此。公司法并未对接下来被解除经理等职务的劳动关系处理作出更进一步的规定。这是由公司法律的效力边界所决定的。

因此,经理等高级管理人员的聘任关系和劳动关系应做区分对待。董事会解聘经理等高级管理人员的职务因其符合《公司法》的规定而当然有效。不过,经理被公司解除职务之后,因为《公司法》未对解除职务的后果作进一步规定,这个问题就跃出了公司法律的效力边界,从而转化为劳动法律领域的问题——一个需要基于劳动法律的规定、对该被解聘职务的高级管理人员劳动合同如何处理的问题。

二、聘任关系与劳动关系的区分必要性

鉴于公司法对"高级管理人员"有着严格的限定。① 本文也将基于公司法与劳动法的冲突予以延伸讨论,除《公司法》规定,其他职务均不属于本文所讨论"高级

---

① 《公司法》第217条规定:"本法下列用语的含义:(一)高级管理人员,是指公司的经理、副经理、财务负责人,上市公司董事会秘书和公司章程规定的其他人员。……"

管理人员”的外延之列。实务中对于除上列人员之外的高管是否应当接受劳动法律的保护存在较大争议,诸多学者基于劳动者应当分层保护的理论,认为公司特定身份、特定级别的管理人员均不应在劳动法的保护之列。① 虽然劳动法对于公司管理人员的保护在司法实践中的确出现一些畸形的不合理现象,但笔者认为作为法律执行者的司法机关,当立法机关未对劳动法律作出修订前,司法机关不宜对劳动法律的保护对象做缩减适用。《公司法》所列“高级管理人员”因为涉及公司法与劳动法的保护冲突问题,我们可以基于法律的规定做出适法性处理,但不宜突破《公司法》所列范畴。

学术界及各国司法实务对于经理等高级管理人员与公司之间的法律性质存在较大区别。但目前通说认为,经理应当视为雇员,与用人单位之间显然存在劳动关系。② 笔者认为,经理等为公司提供劳动的高级管理人员而言,他当然是公司的劳动者。在经理等高级管理人员是劳动者的判断基础上,但该关系又因为触发了《公司法》上的规定,因此同时又应适用《公司法》上对于经理等职权行使的规制。

对于经理与公司之间的职务聘任关系和经理与公司之间的劳动关系之间的联系在理论和实务中有较大争议。实务中有两种观点,一种观点认为经理等高级管理人员因为《公司法》已经规定董事会可以不附理由的聘任和解聘,则《劳动法》对劳动者解雇的限制在经理等高级管理人员身上不应适用。另一种观点认为公司法在制定时显然未充分考虑到劳动者的权益保护,既然通说认为经理等高级管理人员也是劳动者,并且从聘任的双务法律关系出发,故公司对经理的解聘应与经理协商一致,否则该解聘有效性不应被认可。这两种观点的错误在于未有效区分聘任关系和劳动关系的异同,这也正是此类争议首先需要解决的问题。

准确来说,这其实是一个问题的两个方面,某自然人担任公司经理职务的行为具有双重的法律属性:一方面,他是作为公司内部管理机构之一的经理职务,从公司法律上称之为聘任;另一方面,他与公司建立劳动关系,工作岗位是经理。笔者认为,聘任关系和劳动关系都是对经理与公司之间关系的准确描述。聘任关系是依据公司法的视角予以评价,劳动关系则是依据劳动法律进行评价。

据《辞海》,“聘任”是指聘请任职。聘任关系当然属于聘请方和受聘方的双务契约关系。依据民法学的一般观点,聘任关系的建立和解除应需受聘人的同意。

---

① 董保华:《劳动合同立法的争鸣与思考》,上海人民出版社 2011 年版,第 38 ~ 43 页;郭文龙:“企业高管人员不应成为劳动法倾斜保护的对象”,载《中国劳动》2007 年第 1 期。

② 王保树等:“经理法律地位之比较研究”,载《法学评论》2002 年第 2 期;谈萧:《经理革命的法学解释》,中国时代经济出版社 2005 年版;刘殿葵:《公司经理人法律问题研究》,法律出版社 2008 年版。韩长印、吴泽勇:“公司业务执行权之主体归属——兼论公司经理的法律地位”,载《法学研究》1999 年第 4 期。

然依据《公司法》第50条、第69条、第114条,公司经理应由董事会决定聘任或者解聘。依据《公司登记管理条例》,登记机关依据公司出具的“委派、选举或者聘用的证明”办理登记或备案手续。换言之,《公司法》并未规定公司解聘经理等高级管理人员须以经理等个人的认可为生效前提,登记主管机关也从不对此加以审查。

那经理的聘任是否就因为《公司法》未作规定而改变其双务的法律性质呢?笔者认为不应这样判断,如前所述,经理与公司之间的聘任关系和劳动关系是相辅相成、并且具有深度关联的法律评价衔接。《公司法》仅从公司治理的角度保障了公司董事会的职权行使,但对于受聘方的解聘处理,也就是劳动者与公司之间的关系调整留给了劳动法。

三、公司法与劳动法的效力边界衔接与路径选择

既然经理在被解除经理职务,也就是被解聘后,经理与公司之间的关系就转化为劳动关系问题,我们就需要着重对公司法与劳动法的效力边界衔接问题做更进一步探讨,以便能充分的协调对公司股东权益和对劳动者权益的保护。

基于对公司经营自由和管理人员的保护之间的平衡力度差异,各国法律对于经理等高级管理人员的解聘理由是否限制以及限制的程度的规定各有不同,对于遭公司解聘后高级管理人员的救济措施规定也各有不同。但许多国家和地区的法律均在相应公司法律中对解聘的条件、程序及救济措施作了系统规定,也同时排除了劳动法律在前述事项上的适用。[①] 这些救济措施虽然并不同于劳动法律上的解雇保护制度,但基于法律利益上的平衡,既然被解聘经理在公司法律上获得了救济,则排除其适用劳动法律具有逻辑上的合理性。

然而,我国《公司法》不仅未对解聘经理等高级管理人员的条件作出限定,也未对被解聘经理的救济措施予以规定。之于被解聘经理则显然缺乏利益上的平衡,这就使公司法与劳动法的效力边界衔接问题变得尤为重要。如若衔接不好,不仅仅会造成劳动者权益的受损,也会反过来影响到公司法所极力追求的现代公司治理秩序的构建。

公司法仅仅从公司有效治理的角度出发对董事会权力的行使予以保障,对经理等高级管理人员的权益保障则全然不提及,将之转化为劳动争议留给劳动法来调整。当公司不附理由解聘经理职务被公司法判定为有效时,随之逻辑上就需要回答一个问题——这与《劳动合同法》第35条明确用人单位与劳动者协商一致方可变更劳动合同的规定如何协调?

固然劳动法律规定用人单位与劳动者须协商一致方可对劳动关系进行变更,但经理被董事会解聘已具有公司法律上的认受性,也即该职务的解除已经成为一

---

① 刘连煜:《现代公司法》,新学林出版公司2008年版,第373页;[法]伊夫·居荣:《法国商法》(第1卷),罗结珍、赵海峰译,法律出版社2004年版,第548页;[德]莱塞尔:《德国资合公司法》,高旭军等译,法律出版社2004年版,第155页。

个被法律认可的状态。我们无须再对劳动合同中对于岗位的变更是否有效进行讨论。换言之,经理的职务已经被解除、经理的工作岗位已经变更,至于变更后的状态有赖于公司和经理之间更进一步的协商。虽然董事会对经理的不附理由解聘符合法律的规定,且对经理职务的解聘被法律认可为有效,但公司对经理之新岗位的协商仍须具有合理性,司法机关应从薪资、岗位性质、工作内容加以综合判断。例如,在薪资待遇不做调整的情形下,将高管的工作岗位由总经理调整为销售专案总经理。这种调整应视作具有相当的合理性,因为经理等高级管理人员属于金字塔的顶端,在公司的职位一般具有相当稀缺性,如公司法明确规定总经理职位具有唯一性。

实务中,虽然新岗位调整已具备相当的合理性,但绝大多数高级管理人员仍不同意按照新岗位履行劳动合同。此种情形下公司对于经理等高级管理人员的后续处理就变得尤为重要。

笔者认为在公司与经理对其岗位的调整进行合理协商后,若协商仍然未果,由于客观上基于公司法的解聘行为已经实际产生公司法上的法律效果,该高级管理人员已经在客观上、公司法律上被公司从该职位上解聘。客观上该劳动者已经不具有高级管理人员的职位身份,若公司与劳动者又未能就新岗位协商一致,则公司可依据《劳动合同法》第 40 条第 3 项"客观情况发生重大变化"的规定直接解除与经理的劳动关系。① 相对而言,公司应支付相应的支付劳动者额外一个月工资及经济补偿金。

四、结语

在完善的公司治理体系中,公司所有者通常并非公司的管理者,公司的相关证照均为高级管理人员所掌控。因此,公司所有者对高级管理人员的解聘就成为制衡此类人员的有效手段。但在管理实务中经常出现难以协调、久拖不决的问题,为此公司付出了巨大的经济和时间代价。貌似这些问题都是因为《公司法》与《劳动法》对于此类人员的解除有着截然相反的规定,实则是因为两种法律体系是从不同的价值取向出发,作了相应的规定。虽然本质上还是因为我国劳动法律缺乏对劳动者分层保护的规定,没有将高级管理人员加以区别保护,但并不因此得出两种法律体系存在实际的冲突,这种冲突只是形式的、表面的。实则它们存在各自的效力边界,之间是相互衔接、相互补充的。

(本文发表于《人民司法》2014 年第 14 期,《上海审判实践》2014 年第 9 期)

---

① 《劳动合同法》第 40 条规定:"有下列情形之一的,用人单位提前三十日以书面形式通知劳动者本人或者额外支付劳动者一个月工资后,可以解除劳动合同:……(三)劳动合同订立时所依据的客观情况发生重大变化,致使劳动合同无法履行,经用人单位与劳动者协商,未能就变更劳动合同内容达成协议的。"

公司高管自我交易的司法裁判实证初探

李 剑*

【提要】公司高管自我交易受到公司法理论和立法实践的严格限制,但我国现行公司立法仍存在规制主体范围小、豁免规定不够完善等缺点。本文在对司法裁判案例进行实证分析研究的基础上,结合我国公司立法中的问题,提出完善我国自我交易立法的一些建议。

【关键词】公司法 公司高管 自我交易

作为公司中利益冲突的一种典型形式,自我交易是指公司高管在为公司利益实施行为时,知道其或者与其关联的人是该交易的另一方当事人,或者与该交易存在受益性的经济利益或者与该交易存在密切的关系,从而使人们有理由相信该种交易的存在将会对该高管人员的判断力产生影响。① 在自我交易中,高管人员处于利益冲突的双重身份地位:一方面,作为公司的职权人员,他们要行使公司赋予的职责对该项交易进行决策,为公司谋取利益;另一方面,作为单个的"理性人",他们又会为自身利益或者与其有利害关系的他人的利益考虑,从该项交易中谋取个人利益。因此,为了避免出现在自我交易中公司利益与个人利益冲突时,公司高管受个人利益的驱使将个人利益凌驾于公司利益之上,损害公司利益,各国公司法及司法实践均要求公司高管人员负有不得进行自我交易的义务。

自我交易主要有三种表现形式:(1)自我契约,主要是指董事与公司间订立合同,转让或受让公司或者董事的财产;(2)自我贷款或者准贷款,主要是指公司对董事提供贷款或者准贷款,或者为董事之贷款或者准贷款提供担保;(3)自我雇佣,是指公司雇用董事为公司提供劳务,诸如雇用公司董事为公司的法律顾问、会计师、拍卖师、经纪人等。②

一、自我交易的英美法律规制

传统英国公司法对高管人员的自我交易是严格禁止的。只要高管同公司订立契约或者与公司从事交易,则此种契约或者交易便可基于公司的请求被撤销,无论此种契约或者交易对于公司而言是否公平,抑或公司从中能否等到好处,或者高管

---

* 李剑,上海市黄浦区人民法院民二庭助理审判员。

① RMBCA2002 第 8.60 节(1)(i),见沈四宝编译:《最新美国标准公司法》,法律出版社 2006 年版,第 120 页。

② 张民安:"董事忠实义务研究",载《吉林大学社会科学学报》1997 年第 5 期。

人员是否在该交易中存在个人利益。但随着社会实践的发展,人们逐渐认识到严格禁止高管及其利害关系人和公司之间的交易,并不总是符合公司最佳利益的,这是因为:一方面,如果处理得当,公司也会从自我交易中获得利益,现实情况是在许多情形下,高管人员给公司提供的条件可能比公司从其他人那里获得的条件更为优惠;另一方面,“最重要的是,利益冲突是无法避免的”。[①] 比如说,某股东以知识产权出资,同时又担任公司董事,在此情形下,作为出资的财产知识产权必须评估作价,而不论是由股东(大)会还是由董事会来确定其价格,实际上都将与公司发生自我交易。因此,到了20世纪,美国法放弃了这种简单的严格禁止态度,法院开始有条件地承认利益冲突交易的正当性,只要同时满足以下两个要求:(1)无利害关系人,如无利害关系高管、股东(大)会或专门委员会等批准了合同,这是程序性要件;(2)合同对公司来说是公平的,这是实质性要件。[②]

英美法律中这一“开禁”态度的直接立法例便是美国RMBCA第8.60~8.63节。根据RMBCA第8.60~8.63节的规定,一项自我交易在美国要获得正当性认可,需要满足以下条件中的一项:[③](1)详细披露下的大多数合格董事(Qualified Directors)的同意。合格董事指非利害关系董事,其中利害关系根据RMBCA第8.60节的规定,包括了家属(高管的配偶、子女、孙子女、兄弟姐妹、父母,以及配偶的父母、兄弟姐妹、父母,以及上述人的配偶,还包括了与董事共同居住的人,除相反规定外,董事与之有关的法人团体,董事或其利害关系人作为受益人的任何信托机构的委托人,董事的合伙人,董事作为合伙人之一的公司与董事相关联的公司)。此外,法律还要求自我交易的高管要对利益冲突的存在与交易的详细情况向决策的无利害关系董事予以充分的披露,披露的时间、标准、方式等均有详细的要求。(2)详细披露下的股东(大)会的同意。当董事会的所有董事都与该交易有利害关系,或者当合格董事的人数不足时,董事与公司之间的交易可以经过股东(大)会决议的追认而成为合法的自我交易,该股东(大)会应当由非利害关系的股东表决通过。同样地,法律也要求自我交易的高管(股东)要对利益冲突的存在与交易的详细情况向决策的无利害关系股东予以充分的披露。(3)该自我交易被证明对公司是公平的。如果交易是公平的,无论交易是否得到了董事会或股东(大)会的批准,法院也常常会认可交易的正当性。而判断一项自我交易是否公平的通常方法是“公司所失与公司所得是否相等”,[④]或者看公司是否愿意以同等的条件与第三人交易,也就是说高管使公司的付出交易代价不得高于一般市场条件下公司对第三人的交易代价。但由于在自我交易之前判断公司的所失与所得、公司市场交易的代价往往并不是那么容易,所以法院转而借助于程序性规则——由高管证明交易的公平性,在涉及利益冲突的

---

① 施天涛:《公司法论》,法律出版社2006年版,第411页。

② 邓峰:《普通公司法》,中国人民大学出版社2009年版,第468页。

③ 沈四宝编译:《最新美国标准公司法》,法律出版社2006年版,第119~124页。

④ 施天涛:《公司法论》,法律出版社2006年版,第418页。

交易时,法院的态度是倾向于不利于高管的态度,其原因是作为交易的一方,公司高管比股东(大)会、董事会更容易证明该交易的公平与否。[①] 由于这种立法规定将不清晰的交易变成了可以辨别的交易,所以也因此被称为"安全港规则"。[②]

二、我国自我交易的法律实证分析

(一)立法现状

笔者在北大法律信息网——"北大法宝——中国法律检索系统"提供的检索下,以"忠实义务"为关键词以"全文"为对象共搜索到25部相关的法律法规。其中直接涉及高管忠实义务的法律法规,除了在《国有资产管理法》、《企业破产法》、《国务院关于股份有限公司境内上市外资股的规定》、《国务院关于股份有限公司境外募集股份及上市的特别规定》、《股份制商业银行独立董事和外部监事制度指引》、《上市公司收购管理办法》的采用诸如"公司高管负有忠实和勤勉义务"概括规定条款形式的之外,[③]关于高管忠实义务的规定主要体现在新《公司法》第149条中。第149条第2款第4项规定:"董事、高级管理人员不得有下列行为:……(四)违反公司章程的规定或者未经股东(大)会、股东大会同意,与本公司订立合同或者进行交易。"仔细审查该条款,不难发现其中主要存在以下两个问题:

1. 禁止自我交易的规制主体范围太小。从法条本身的规定来看,其规制的交易主体仅包括董事和高级管理人员本人,而没有涉及与该高管利害相关的其他人,因为现实中大量损害公司和股东利益的交易不是通过董事、高管自身亲自与公司订立合同,而是由高管的利害关系人,如亲属间接地与公司进行交易,以规避法律规定获取不当利益,因此本条的主体涵盖面显然太窄,无法完全规制自我交易下的双重利益冲突现象。

2. 自我交易的豁免规定不够完善。该条仅粗略地规定了经章程规定、董事会、股东(大)会同意的豁免条件,对何时该由董事会决议同意和何时该由股东(大)会决议同意规定不详,对信息披露、利害董事或股东的表决回避等更是没有任何规定,不利于揭示高管自我交易的真实情况和维护公司的利益。

(二)司法裁判案例实证研究

笔者通过登录北大法律信息网——"北大法宝——中国法律检索系统"数据

---

① 需要进一步说明的是,尽管没有披露,但各州对利害关系的高管能否可以通过主张该交易是公平的而免责的做法不一。如华盛顿州的法律就认为没有披露本身就构成不公平,可导致该交易无效;而纽约州的法律则认为只要交易是公平的,即使没有进行披露该交易也应当被认为是合法有效的。施天涛:《公司法论》,法律出版社2006年版,第419页。

② 与美国对高管自我交易法律责任设置了必要的豁免规定相同,英国2006年《公司法》第177节也有类似规定。

③ 需要指出的是,在《国务院关于股份有限公司境内上市外资股的规定》、《国务院关于股份有限公司境外募集股份及上市的特别规定》、《股份制商业银行独立董事和外部监事制度指引》三个法规中,立法规定的是公司高管负有"诚信义务和勤勉义务",在笔者看来,从法律体制和内容规定的一致性角度考虑,此处的"诚信义务"应该理解为就是"忠实义务"。

库,①点击“裁判文书”栏,然后在“案由分类”栏中选择“民商经济”,“与公司、证券、票据等有关的民事纠纷”,“与公司有关的纠纷”,子栏目“公司的控股股东、实际控制人、董事、监事、高级管理人员损害公司利益赔偿纠纷”,“法院级别”中选择“全选”,“文书性质”中选择“判决书”,“审理程序”中选择“全选”,一共查询到了138个案件。经过笔者对该138个案例进行详细的整理,一共找到了6个自我交易案例。笔者将其详细整理如下表:

我国公司高管自我交易司法裁判情况表

案件序号	原告	被告	结果	裁判依据	主要裁判理由
陈炬诉东方建设集团有限公司等损害公司权益纠纷案[(2009)绍诸商初字第4057号]	公司小股东	公司董事长及总经理	胜诉(法院裁定债权转让行为无效)	《公司法》第149条第4款	被告郦国敏身为东方建设公司的董事长兼总经理,而与东方建设公司发生债权转让行为,被告东方建设公司与被告郦国敏均应对债权转让行为的合法性负举证责任,即证明债权转让行为符合公司章程的规定或者得到公司股东会、股东大会的同意,但两被告均无提供相应的证据,且被告郦国敏也未提供证据证明其受让东方建设公司的528万元债权是基于其与让与人之间存在债权债务关系,故两被告应承担举证不能的法律后果。两被告之间发生的讼争债权转让行为已违背法律规定的禁止董事、高级管理人员与本公司进行自我交易行为,应确认债权转让行为无效
陈炬诉东方建设集团有限公司等损害公司权益纠纷案[(2009)绍诸商初字第4058号]	公司小股东	公司董事	胜诉(法院裁定债权转让行为无效)	《公司法》第149条第4款	被告祝桂华身为东方建设公司的董事,而与东方建设公司发生债权转让行为,被告东方建设公司与被告祝桂华均应对债权转让行为的合法性负举证责任,即证明债权转让行为符合公司章程的规定或者得到公司股东会、股东大会的同意,但两被告均无提供相应的证据,且被告祝桂华也未提供证据证明其受让东方建设公司的731万元债权是基于其与让与人之间存在债权债务关系,故两被告应承担举证不能的法律后果。两被告之间发生的讼争债权转让行为已违背法律规定的禁止董事、高级管理人员与本公司进行自我交易行为,应确认债权转让行为无效

① http://vip.chinalawinfo.com/index.asp,最后访问时间:2011年1月20日。

续表

案件序号	原告	被告	结果	裁判依据	主要裁判理由
董赐奇与佛山市三水区酒厂有限公司董事损害公司利益纠纷上诉案[(2006)佛中法民一终字第496号]	公司董事(原审被告)	公司(原审原告)	败诉(商标转让行为无效)	旧《公司法》第61条第2款①	上诉人于其担任被上诉人公司股东及厂长期间,与自己所任职的公司订立《转让申请/注册商标申请书》,违反了旧《公司法》第61条第2款的规定,其受让行为应属无效
付泽辛等与北京安顺达装饰材料有限公司董事损害公司利益赔偿纠纷上诉案[(2009)京二中民终字第00581号]	公司董事(原审被告)	公司(原审原告)	败诉(财产处理意见无效)	旧《公司法》第61条	一审认为,付泽辛作为安顺达公司的董事,与安顺达公司签订交易合同性质的处理意见,在没有证据证明公司股东均知晓、股东会同意的情况下,违反了法律的强制性规定,应属无效。池洪财与付泽辛系夫妻,并且处理意见中付泽辛与池洪财的权利义务都是共同的,所以处理意见无效的效力及于池洪财,现付泽辛、池洪财无充足证据证明其签订财产处理意见时符合当时上述法律规定,为此处理意见应认定为无效 二审维持一审意见
凌强与上海玛欧娜电气仪表工程有限公司等损害公司权益纠纷上诉案[(2002)沪一中民三(商)终字第432号]	公司董事(原审被告)	公司(原审原告)	败诉(与公司交易所得利润由公司予以收缴)	旧《公司法》第61条	一审认为,上诉人凌强在担任被上诉人玛欧娜公司总经理期间,另行参与设立众百强公司直接与玛欧娜公司发生贸易关系,并从中赚取贸易差价获利。玛欧娜公司本可以较低价格购入所需货物,但因众百强公司的参与,导致玛欧娜公司的支出增加,而该增加的部分即众百强公司的获利。上诉人凌强的行为损害了其任职公司即玛欧娜公司的利益,违反了《公司法》的相关规定。玛欧娜公司据此要求上诉人凌强将在玛欧娜公司任职期间进行与玛欧娜公司交易所得的收入归玛欧娜公司所有并无不当,应予支持 二审维持一审意见

① 2004年《公司法》第61条规定:"董事、经理不得自营或者为他人经营与其所任职公司同类的营业或者从事损害本公司利益的活动。从事上述营业或者活动的,所得收入应当归公司所有。董事、经理除公司章程规定或者股东会同意外,不得同本公司订立合同或者进行交易。"

续表

案件序号	原告	被告	结果	裁判依据	主要裁判理由
林向阳等与林仪俊等董事、经理损害公司利益纠纷上诉案[(2006)穗中法民三终字第1号]	公司股东	公司董事、总经理(原审被告)	胜诉(商标转让行为无效)	旧《公司法》第61条第2款、《合同法》第52条	一审认为不成立,二审改判 二审法院认为,广州市蓝岸玻璃有限公司的法定代表人林仪俊未经公司章程规定或者股东会同意,以广州市蓝岸玻璃有限公司的名义,与当时仍担任该公司总经理的贾宝珍签订了转让该公司拥有的"越兴"注册商标的协议,将该公司的"越兴"注册商标无偿转让给任该公司总经理的贾宝珍,违反了公司董事、经理对公司负有的忠实义务,侵犯了广州市蓝岸玻璃有限公司及其股东的合法权益,应认定为无效。上诉人无效的上诉理由成立

(三)我国公司高管自我交易司法裁判的路径分析

从上表中不难看出,我国的司法实践中对自我交易案件的裁判有着以下一些特点和规律:

1. 关于案件当事人。从案件的类型来看,通常起诉的原告是利益受损害的公司和公司股东,没有一起案件的起诉原告是公司监事会(监事),一定程度上正说明我国司法实践中被新《公司法》第152条寄予厚望的监事会制度形同虚设的现状及其改善公司治理、缓冲公司矛盾功能的缺失;被起诉的被告通常是公司的董事和高管中的总经理,这显然与董事和总经理掌管着公司的财务、决策权力有关。

2. 关于法院的裁判说理。在涉及公司高管的自我交易的案件中,法院在裁判文书中通常都会进行一定的简单说理,主要是结合《公司法》第149条(或2004年《公司法》第61条)中关于禁止公司高管自我交易的规定,在认定事实的基础上阐述被诉董事、高管的行为违反了法律的禁止性规定而无效。由于立法对自我交易规定的比较详细具体,操作性较强,因此,对于大多数高管自我交易的案件,法院裁判的重点是在证据规则使用后的案件事实的认定上,双方争议的焦点也多集中于案件事实的认定上。

3. 关于法院的裁判路径。总体而言,关于自我交易的案件,我国法院遵循的裁判路径比较简单:首先,认定被告属于《公司法》第149条规制中的公司董事、高管,这是自我交易的主体要件;其次,认定被诉被告与公司有着自我的交易行为,也即合同的一方主体是公司,而董事、高管为另一方当事人;最后,进行程序性审查,法院将审查公司董事、高管的自我交易行为是否取得了公司章程或股东大会的同意或授权,若没有取得则认定其自我交易行为无效。对于自我交易中,公司董事、高管是否拥有自身利益,是否会对公司利益造成损害,法院并不进行审查,而是推定自我交易行为中董事、高管便拥有自身利益;自我交易行为若没有取得公司章程或股东大会的同意或授权,便对公司利益造成了损害。显然,我国法院对高管责任所采用的仍然是过错推定的侵权归责原则。举证责任主要是在原告,由其负责证明被告的存在自我交易的行为及其行为没有获得公司的同意。

4. 关于法院裁判的审查重点。与高管违反勤勉义务案件不同,高管自我交易案件一般案情比较简单,法律规定明确,实践的操作性非常强。因此,法院裁判的重点主要是事实认定部分,即举证责任的分配、证据规则的使用确定案件的事实,然后适用法律裁决案件,明确责任。

5. 关于法院的裁判结果。裁判的结果相当一致,笔者收集到的6个案件中的被告董事、高管均为败诉,也即所有的案件中只要董事、高管存在自我交易的情形且没有经过公司章程、股东大会的同意,法院便一律判决其承担责任。其原因在于这类案件的案情通常比较简单,法律规定明确,操作性非常强。

三、自我交易的立法完善建议

如上文所分析的,由于我国对公司高管自我交易的立法比较详细,实践操作性强,简单易行,相对而言公司法理的运用和裁判反而不是那么重要。有鉴于此,下面笔者重点参照前文英美公司法对这种自我交易行为的法律规制制度,结合我国立法中的问题,提出完善我国自我交易立法的一些建议。

(一)扩大自我交易的法律规制范围

为了最大限度地保护公司利益,防止高管本人及其利害关系人与公司之间的自我交易行为,笔者认为我国立法中必须扩大自我交易的法律规制范围,除了董事、高级管理人员本人外,还可以参照美国公司法的规定,将其至少扩大到以下人员:(1)董事的配偶、父母、兄弟姐妹、子女、孙子女、同胞兄弟姐妹以及其他亲属;(2)该董事同时担当其董事、主管、合伙人、代理人或雇员的本公司之外的实体,以及控制该实体的个人;(3)该董事的合伙人,被代理人或雇员等。[①] 最大限度地让自我交易规范在法律的框架内。

(二)完善自我交易的豁免规定

首先,要补充规定利害相关高管的披露义务。“阳光是最好的防腐剂,灯光是最好的警察”这句谚语充分说明了信息披露的重要性。同样地,在我们的立法中也应该充分保障高管在与公司自我交易时信息的完全、及时、完整的披露,要明确规定高管在实施自我交易时,必须履行严格的利害关系披露义务,让表决的股东、非利害董事知悉相关情况,以保证合同和交易的公平性。

其次,要补充规定利害相关董事、股东决策的回避义务。我国《公司法》第16

① RMBCA 第8.60节第1款第3项。

条中规定了在公司向其他企业投资或者为他人提供担保进行表决时,有利害关系的股东要回避。对于在自我交易的公司决议中的回避,则没有任何规定。笔者认为,在对高管的自我交易进行表决时,董事会或股东(大)会中的直接利害方也应该予以回避,不得参加表决,亦不得接受他人委托代理他人投票,以保证决策的公平性。

最后,可以规定违反上述程序性要件时,利害一方的救济措施。"有权利必须要有救济",且"迟到的正义是非正义",由于自我交易的隐蔽性,它常常会涉及甚至侵害到利益相关一方的合法权益,因此,在交易的高管或公司违反了上述程序性要件时,赋予利害一方救济措施显然非常必要。比如说,如果高管未尽其披露义务时,可以规定法院经利害相关的股东或其他高管、债权人的要求有权对该自我交易重新裁定,予以撤销并追究该高管的法律责任等,从而最大限度地保护自我交易中利害一方的合法权益。

简析公司实际控制人的司法认定

李 剑*

【提要】《公司法》第217条虽然明确提出了实际控制人的概念,但如何认定仍较为模糊。本文认为,认定公司实际控制人应着眼于非公司股东、拥有对公司行为的支配权、实施了支配公司的行为三要件,其中认定行为人是否具有"实际支配公司行为"的能力是关键。对此,除考虑行为人与股东之间的特殊身份关系以及行为人在公司中的特殊地位作用外,还应当遵循商事外观主义原则,由行为人承担更多的举证责任。

【关键词】公司控制权 实际控制人 司法认定

由于我国许多企业公司治理机构不健全,职位配置混乱,以血缘、亲属关系为纽带控制公司的情形较为普遍,同时《公司法》第217条对实际控制人的定义过于模糊,实践操作性不强。因此,在司法实践中,如何认定公司实际控制人,很值得深入研究。

一、控制权与公司实际控制人

"实际控制人"这一概念并不是公司法生来就有的,它的出现是与现代公司制度、公司治理结构的发展变化密切相关。传统公司法理论认为,公司的股东会和董事会作为公司独立意思的形成与实践机构,具有事实上的公司控制权,因此,为了维护公司治理的良好秩序,法律主要通过对公司的董事和大股东进行法律规制,通过衍生出的"揭开公司面纱"、"忠实义务"和"勤勉义务"等法律规则,保护公司与

---

* 李剑,上海市黄浦区人民法院民二庭助理审判员。

公司的中小股东及债权人的利益。“理想化的公司法人治理结构是公司法规定的标准模式,但事实上,公司日常运作中的控制权分布状况不一定与立法者的设想相一致。”①随着公司经济的发展,企业规模的扩大,股权的分散化,企业内部的管理日趋复杂,股东对公司直接施加的影响越来越小,同时,企业管理逐渐成为一项专门性活动,只有专业的经理阶层才能胜任。由此导致了伯利和米恩斯得《现代公司与私有财产》中所提示的公司所有权与经营权分离的现象。与公司所有权与经营权分离相应的,是公司控制权逐渐由股东大会、董事会旁落于非董事或大股东等虽然没有法律的授权,但却在事实上拥有支配和操纵公司经营活动权力的人,便形成了所谓的公司实际控制人。②

实际控制人控制公司体现在以下三个方面:(1)对公司主要的经营活动实施控制,通常表现为对公司的日常经营、决策施加影响或控制,以贯彻控制股东的经营战略;(2)对公司人事任免权实施控制,通常表现为能委任公司受托人和管理者;(3)对公司的重大事务及决策实施控制,这是公司控制权的核心内容。

二、公司实际控制人的信义义务

信义义务,又称诚信义务、信托义务,起源于信托关系当中,委托人基于信赖而将自己的特定财产交给另一方掌管,另一方应当为对方的最佳利益行使的义务。后来逐渐演变成大量适用于基于“委托一代理”法律关系所发生的“代理人”对“委托人”的管理义务。传统公司法理论中也引入了信义义务的概念,规定公司的董事、高级管理人员作为公司股东的受托人,对公司、公司股东负有信义义务。公司董事、高级管理人员的信义义务包括两个方面:一是注意义务,是指公司的管理者应当适当地注意管理公司以免损害公司利益;二是忠实义务,要求公司董事、高级管理人员应将公司利益置于自己的利益之上,不得在履行职责的过程中损害公司的利益。

公司实际控制人产生后,法律却往往没有给他们预设与其权利相应的义务和责任,从而造成公司经营实践中,实际控制人掌握着公司的控制权却不用承担公司的剩余风险。由此,实际控制人侵占公司利益、滥用权力损害公司利益的现象频频出现。并且,掌握公司控制权的实际控制人,已经不再是股东的利益代言人,而是独立于公司股东的利益主体,拥有不同于上述主体的利益需求。基于此,实际控制人常常利用其特殊地位滥用其控制权,侵犯公司内的股东及债权人等其他主体的合法权益。绝对权力必然导致绝对腐败。因此,为了维护公司中内部自治的良好秩序,保护公司股东和债权人的合法利益,法律规定实际控制人基于其对公司的实际控制权,因而对公司及股东也负有信义义务。正所谓:“公司治理的核心就是要保证股东能够有效地控制公司实际控制人的侵权行为。”③

---

① 叶敏、周俊鹏:“公司实际控制人概念辨析”,载《国家检察官学院学报》2007年第6期。

② 郭富青:“论公司实际控制权:性质·渊源·法律导向”,载《甘肃政法学院学报》2011年第1期。

③ 王欣新、王斐民:“论公司治理与公司控制人侵权责任的追究”,载《政法论丛》2005年第6期。

对公司的实际控制人苛以信义义务是为了通过制度的方式保障其控制权的正当行使，平衡公司内部及外部各主体之间的利益关系。公司实际控制人的诚信义务也应包括两个方面：一是注意义务，它要求公司的实际控制人以勤勉、适当的方式参与公司经营决策，不得损害公司利益；二是忠实义务，要求实际控制人在控制公司时不应将自己的利益凌驾于公司利益之上，他们行为的出发点应是为公司的最高利益和全体股东的利益，而不能滥用权利以损害公司利益的方式谋求自己的利益。

我国2005年修订的《公司法》不仅明确提出了实际控制人的概念，在第217条规定："实际控制人，是指虽然不是公司的股东，但通过投资关系、协议或者其他安排，能够实际支配公司行为的人"。同时，第16条、第21条分别规定了公司为实际控制人提供担保的特殊程序性规定以及实际控制人滥用关联关系损害公司利益的禁止，从而使公司的实际控制人和股东、董事、高级管理人等一样成为公司法律制度的重要主体，对公司负有忠实的信义义务，在规范公司控制权的正当行使、完善公司法人治理结构制度上取得两大进步。随后最高人民法院出台的《公司法解释（二）》、《公司法解释（三）》扩张了公司实际控制人的信义义务范围，规定公司的实际控制人在公司清算①、办理注销登记、②股东抽逃出资、③办理变更登记④等事项上均负有和公司董事、监事、高级管理人员同等的信义义务。

---

① 《公司法解释（二）》第18条规定："有限责任公司的股东、股份有限公司的董事和控股股东未在法定期限内成立清算组开始清算，导致公司财产贬值、流失、毁损或者灭失，债权人主张其在造成损失范围内对公司债务承担赔偿责任的，人民法院应依法予以支持。

有限责任公司的股东、股份有限公司的董事和控股股东因怠于履行义务，导致公司主要财产、帐册、重要文件等灭失，无法进行清算，债权人主张其对公司债务承担连带清偿责任的，人民法院应依法予以支持。

上述情形系实际控制人原因造成，债权人主张实际控制人对公司债务承担相应民事责任的，人民法院应依法予以支持。"

第19条规定："有限责任公司的股东、股份有限公司的董事和控股股东，以及公司的实际控制人在公司解散后，恶意处置公司财产给债权人造成损失，或者未经依法清算，以虚假的清算报告骗取公司登记机关办理法人注销登记，债权人主张其对公司债务承担相应赔偿责任的，人民法院应依法予以支持。"

② 《公司法解释（二）》第20条规定："公司解散应当在依法清算完毕后，申请办理注销登记。公司未经清算即办理注销登记，导致公司无法进行清算，债权人主张有限责任公司的股东、股份有限公司的董事和控股股东，以及公司的实际控制人对公司债务承担清偿责任的，人民法院应依法予以支持。"

③ 《公司法解释（三）》第14条规定："股东抽逃出资，公司或者其他股东请求其向公司返还出资本息、协助抽逃出资的其他股东、董事、高级管理人员或者实际控制人对此承担连带责任的，人民法院应予支持。

公司债权人请求抽逃出资的股东在抽逃出资本息范围内对公司债务不能清偿的部分承担补充赔偿责任、协助抽逃出资的其他股东、董事、高级管理人员或者实际控制人对此承担连带责任的，人民法院应予支持；抽逃出资的股东已经承担上述责任，其他债权人提出相同请求的，人民法院不予支持。"

④ 《公司法解释（三）》第28条规定："股权转让后尚未向公司登记机关办理变更登记，原股东将仍登记于其名下的股权转让、质押或者以其他方式处分，受让股东以其对于股权享有实际权利为由，请求认定处分股权行为无效的，人民法院可以参照物权法第一百零六条的规定处理。

原股东处分股权造成受让股东损失，受让股东请求原股东承担赔偿责任、对于未及时办理变更登记有过错的董事、高级管理人员或者实际控制人承担相应责任的，人民法院应予支持；受让股东对于未及时办理变更登记也有过错的，可以适当减轻上述董事、高级管理人员或者实际控制人的责任。"

三、公司实际控制人的构成要件

对实际控制人进行准确判断是追究实际控制人法律责任的前提,只有在对实际控制人进行准确判断的基础上,才能要求其承担起相应的义务和责任。我国《公司法》第217条对实际控制人下的定义是:"实际控制人,是指虽不是公司的股东,但通过投资关系、协议或者其他安排,能够实际支配公司行为的人。"从该定义可以看出,实际控制人的身份是"不是公司股东",实现公司控制的方式包括"通过投资关系、协议或者其他安排",对公司控制权的体现是"实际支配公司行为"。

具体而言,司法实践中实际控制人的构成要件有以下几方面:

(一)主体要件:非公司股东

实际控制人是与控股股东不同的概念,两者之间最大的区别是控股股东是公司股东,而实际控制人不是公司股东,故不会存在既是控股股东又是实际控制人的情形。尽管在对公司所产生的影响力和控制力上,公司实际控制人与控制股东是一致的,都能够支配公司的行为,参与公司经营并进行决策。所以《公司法》中规定的控制股东的义务和责任大多适用于公司实际控制人。但是,不同的是,控股股东的判断标准是持有绝大多数公司股权或表决权,①公司法对实际控制人的界定着眼于"实际支配公司行为"。

法律对公司实际控制人主体仅规定了非股东身份的限制,意味着公司的实际控制人可以是自然人,也可以是法人,甚至可以是其他非法人机构的组织。同样,法律对于实际控制人在公司中的任职也未作出规定,这意味着公司的实际控制人也可以是公司的董事、监事、高管,两者的身份是可以重叠的。

(二)客观要件:拥有对公司行为的支配权

拥有对公司行为的支配权,即能够实际支配公司的行为。实务中,按照实际控制人实际支配公司行为的权力来源,结合我国《公司法》第127条的规定,其对公司行为的支配权主要有以下几种情形:

1. 基于投资而能够实际支配公司的行为。主要是指实际控制人通过隐名投资、间接投资的方式支配公司行为的情形。(1)隐名控股。隐名持股是指实际出资人借用他人名义出资,在工商登记资料、公司章程、股东名册等资料上将他人登记为公司出资人。隐名股东隐匿自己的身份,放弃了股东的名义,但并不放弃股东的权利。隐名股东通过控制显名股东的意愿和行为达到控制公司和规避某些法律义务或限制的目的。(2)间接控股。间接控股是指实际控制人通过对子公司持

---

① 如《公司法》第127条对控股股东的定义是:"控股股东是指其出资额占有限责任公司资本总额百分之五十以上或者其持有的股份占股份有限公司股本总额百分之五十以上的股东;出资额或者持有股份的比例虽然不足百分之五十,但依其出资额或者持有的股份所享有的表决权已足以对股东会、股东大会的决议产生重大影响的股东。"其界定的着力点,显然在于股东所持有大多数的公司的股份及其表决权。

股,子公司对孙公司持股,而对孙公司拥有过半数的表决权,或者通过指令若干个子公司形成一致行动人而实现对这些子公司参股的公司的控制。①

2. 基于协议而能够实际支配公司的行为。主要是指实际控制人通过与被控制公司签订合法有效的、与被控制公司经营发展具有重要影响的控制性协议,从而支配公司行为的情形。其中控制性协议是实际控制人支配公司行为的基础,包括但不限于特许经营协议、承包经营协议、委托经营协议、租赁经营协议、使用权转让协议等。根据控制性协议约定,实际控制人许可或将自己的商标、专有技术、商业信息或商业秘密等受保护的权利授权目标公司使用,但同时实际控制人也对目标公司的业务经营享有指导、控制的权利,甚至对于不符合控制性协议的行为享有处罚权。实践中实际控制人也可以利用采购、销售协议成为公司的垄断性原料供应商、独家客户等经营上的影响力来支配公司。当协议型实际控制达到一定的程度,对公司或其他人造成一定的损害时,该实际控制人需要承担责任,而控制协议正是法律上实际控制人承担责任的证据。

3. 基于与公司的股东、董事、监事和高管具有亲属、血缘等特殊的人事关系而能够实际支配公司的行为。在许多国家公司的最终控制权往往掌握在家族手中,因此亲属关系也是实现控制权的一个重要渠道。在家族企业中,以血缘关系为控制权的纽带极为典型。在这类家族企业中,实际掌控公司的关键人物可能只是在名义上担任非高管职务或根本不担任任何职务。这种情况下不能直接适用董事、高管的规定,只能通过实际控制人将其纳入规制范围之中。

4. 基于其他原因而能够实际支配公司的行为。主要包括:(1)公司任职。包括公司董事、经理、监事等高级管理人员。这些人实际负责公司日常的管理和业务等各方面的事务,并具有法律规定的权利,在一定条件下很容易成为公司的实际控制人。国有企业及股权比较分散的公司较易形成内部人控制。(2)特殊状态下的管理人,比如公司重整时的债权人会议、破产程序中的清算组织、银行企业的接管人等。掌握表决权。基于表决权代理掌握公司多数表决权而能够实际支配公司的行为。实际控制人因为不是公司的股东,并不从通常意义上拥有表决权,但通过表决权代理制度,其收集到一定数量的表决权即可支配公司的决策。②

(三)客体要件:支配了公司的行为

实际控制人支配权的客体是公司的行为。公司作为法律拟制体,其决策、管理

---

① 实践中常用的间接控股方式,又包括层层控股的母子孙结构的金字塔形控股和最终控制人通过多条股份控制链实现控制的多重控股两种模式。参见赵志钢:《公司集团基本法律问题研究》,北京人学出版社2006年版,第67页。

② 我国仅规定了股东可委托代理人出席股东会并表决的表决权代理制度,在西方国家实际控制人还可通过表决权征集、表决权信托和股权托管等方式,获得被控制公司足够数量的表决权,从而能够支配公司行为。

与经营的所有行为,主要依靠其决策机构和执行机构,也即股东(大)会或者董事会(执行董事)、经理层来实现。所以,实际控制人支配权的行为表现是利用其手中的支配权,通过控制公司中的股东(大)会或者董事会(执行董事)的表决或决策,日常事项则通过公司经理层的管理,从而实现对公司的控制。

1. 通过控制公司股东(大)会、董事会的决策支配公司行为。按照《公司法》的规定,涉及公司经营的重大决策,应当由公司的股东(大)会、董事会表决决定。而股东(大)会、董事会的表决均遵循会议表决制度。所不同的是,股东(大)会的表决遵循"股份多数决"的原则,表决权数通常代表的是持有公司的股份数。这时,实际控制人只要能够支配公司过半数的表决权对应的股份数,即能够支配公司股东(大)会的决策。① 董事会表决遵循的是"人头多数决"原则,每名董事持有一份表决权。这时,实际控制人只要能够支配董事会过半数成员,即能够支配董事会的决策。②

2. 控制公司的日常经营和管理支配公司行为。对于未涉及公司经营的重大决策,公司经理层可直接决定。此时,实际控制人可通过自身公司经理层的身份,或通过影响、控制公司的经理层的行为,或通过供货或销售协议、商标或其他决定性的重要资源、特殊亲属关系、地位等直接影响公司的经营,而支配公司的行为。

值得注意的是,实际控制人不同于公司常态下享有控制权的主体,可能是处于不断变化与接替中的。因此实际控制人不需要参与公司的全部决策和管理过程,只要在诉争问题上支配了公司的行为,即应当认定为在该具体事件上构成实际控制人,承担起相应的义务和责任。

四、司法认定的相关问题

司法实践中,判断是否构成公司实际控制人,除了判断是否符合上述三项构成要件外,还应注意以下两方面的问题。

(一)司法认定应当遵循商事外观主义原则

商事外观主义原则,又叫权利外观主义原则,是指在商事活动中,当行为人基

---

① 持有多少表决权就意味着掌握了公司的控制权?实际上应根据每个公司的股权结构而不同:持股集中的,需要掌握过半数的表决权才能取得公司的控制权;反之,持股分散的,掌握不到半数的表决权也可控制公司。我国《上市公司收购管理办法》第84条规定:"有下列情形之一的,为拥有上市公司控制权:(一)投资者为上市公司持股50%以上的控股股东;(二)投资者可以实际支配上市公司股份表决权超过30%;(三)投资者通过实际支配上市公司股份表决权能够决定公司董事会半数以上成员选任;(四)投资者依其可支配的上市公司股份表决权足以对公司股东大会的决议产生重大影响;(五)中国证监会认定的其他情形。"这一规定为判断通过表决权成为上市公司实际控制人的情形提供了法律根据,可供参考。

② 在我国的公司实践中,多数公司是由控股股东以及董事长、总经理所掌控的。此时,实际控制人只需控制该控股股东或董事长、总经理便可以达到控制公司的目的。不过,此种情形下控股股东和董事长、总经理的意志要转化为公司的意志,仍需通过股东会或董事会得以实现。因此,实际控制人最终仍是通过控制公司的股东会、董事会来支配公司的行为。

于法律和交易观念,对他人对外公示的行为或事实产生了合理信赖,并依此从事相应的行为,如该要件事实确有可信赖性,那么法律就保护行为人的信赖利益,即使外观事实与真实事实不一致,仍然依照外观事实认定行为的法律效果。[①] 之所以设置商事外观主义原则,是为了促进商事交易的效率和维护交易的安全与秩序。

一般而言,公司往往通过董事会或公司的股东(大)会内部决议运作,公司的日常经营管理也非公司的内部人士而不得知,这时公司股东之外的相对人因无法参加决议,亦不知晓公司的经营管理,故对实际控制人是否控制公司表决等事实一无所知。因此,为了充分保护公司、股东和债权人的利益,实践中判断实际控制人是否符合上文所述的三项构成要件,只要其外观上具备非股东身份,享有公司的重大支配和影响力或构成了代表公司行事,即可认定构成公司的实际控制人。

(二)司法认定的举证责任分配

鉴于实际控制人在公司中的优势地位,其他公司之外的主体是很难收集到足够的证据证明实际控制人实际行使控制权的全部事实,在举证责任分配上,应当有所倾斜,规定实际控制人负有主要的证明责任。原告的证明责任是证明实际控制人享有对公司的重大支配和影响力或构成了代表公司行事的外观,被告只有在能够举证证明自己没有实际行使该支配和影响力、没有实际参与和影响公司经营决策时,方可推翻对其实际控制人地位的推断。由此,实现举证责任上的实质公平。

涉股份合作制企业案件中相关问题探讨

邵宁宁*

【提要】审判实践中,在审理涉股份合作制企业的案件时,由于相关法律制度的欠缺,往往在法律适用、职工股东资格认定、退股股份价格等问题上,存在较大争议。本文试结合若干具体案例,对相关问题进行探讨,以寻求解决此类案件的有效途径。

【关键词】股份合作制企业　法律适用　股东资格

一、涉股份合作制企业案件的法律适用

股份合作制企业是我国在经济体制改革实践中为解决集体企业、小型国

---

① 沈志先等:"审理法人股确权案件的价值取向",载《人民司法》2010 年第 2 期。

* 邵宁宁,上海市黄浦区人民法院民二庭审判员。

有企业的发展出路而探索出的,实行劳动合作和资本合作相结合的一种新型公有经济组织形式。股份合作制企业既非有限责任公司和股份有限公司,也不属于合伙企业,股份合作制度形成于我国经济发展的特殊时期,具有较强的政策因素。关于股份合作制企业组织形式,我国现行法律中没有专门的规范,而只散见于中央部委的一些政策和指导性意见及地方政府的文件当中,如国家经济体制改革委员会1997年7月发布的《关于发展城市股份合作制企业的指导意见》(以下简称《指导意见》)、上海市人民政府1997年5月17日发布的《上海市股份合作制企业暂行办法》(以下简称《上海市暂行办法》)。我们在审理涉股份合作制企业案件中,应参照《指导意见》和《上海市暂行办法》的相关规定进行裁判。

然而,由于《指导意见》以及《上海市暂行办法》的规定较为原则,在案件审理中时常无法适用。我们认为,在此情况下,可根据《指导意见》及《上海市暂行办法》所规定的股份合作制企业的本质属性为基本原则,结合《公司法》的相关规定,对案件进行处理以解决法律适用的真空。股份合作制企业虽然有别于《公司法》所规定的公司形式,但其组织和运作方式与后者具有一定的同质性,股份合作制企业具有独立的企业法人资格,以其全部资产承担民事责任,企业出资者是以出资额为限对企业的债务承担有限责任,企业个人股东必须是企业的职工,具有很强的人合性,股份合作制企业设立职工股东大会,还可设立董事会和监事会,职工股东大会是企业的权力机构,董事会是由职工股东大会选举产生,对职工股东大会负责,董事长是企业的法定代表人,监事会负责对董事会和总经理及其他管理人员的工作进行监督并直接向职工股东大会报告工作,股份合作制企业的以上特征与有限责任公司的特征相似。① 因此,在股份合作制企业案件中,对于《指导意见》及《上海市暂行办法》中未作规定的问题,参照适用《公司法》的相关规定可有效填补商事审判中的法律漏洞。

二、职工股东资格认定问题

股份合作制企业主要存在以下几种持股方式:(1)出资职工直接持股,工商行政管理部门登记其为股东;(2)工商行政管理部门仅登记职工股东人数,由企业向职工发放持股证,如原告朱某某与被告上海南市燃料物资有限公司一案中,上海南市燃料物资有限公司的工商登记的"企业出资者情况"一栏记载"股东为毕某某等13人",而上海南市燃料物资有限公司向全部职工股东发放持股证;(3)指定部分股东集中持股,职工的出资集中于少数人(通常为企业管理人员),工商行政管理部门只将少数人登记为股东,公司内部向出资职工发放股权证;(4)职工持股会集

① 杜前、施迎华,"股份合作制企业改制过程中的股权转让与资产转让",载中国民商法律网:http://www.civillaw.com.cn/Article/default.asp? id=36258,最后访问时间:2010年11月6日。

中持有职工股,工商行政管理部门将职工持股会登记为股东,由股份合作制企业向职工发放股权证,如原告姚某某与被告上海申士广告装潢合作公司一案中,申士公司工商登记的"企业出资者情况"一栏显示"股东为职工控股会",同时由申士公司向职工股东发放。

在上述形式多样的持股方式下,职工股东资格如何认定,不同情形下的职工股东权利又是否一致?

在股份合作制企业中,由职工以自然人身份持股的,职工本人是企业职工股东没有异议。

对于工商登记未明确登记出资职工为股东的,可根据企业发放的股权证、企业内部登记的职工出资情况等,认定职工为股东以及所持有的股权份额。

对于以股东代表持股的,股东代表与出资职工的关系类似于名义股东与隐名股东的关系,但不尽相同,在名义股东与隐名股东之间,隐名股东通常隐于确定的名义股东之后,但在股份合作制企业由股东代表持股的,持股的股东代表往往是全体出资职工推选,工商登记中,全体职工的出资平均于各代表股东名下,企业内部亦未明确代表股东所具体代表的出资职工。此举通常是出于工商登记减少名义上股东人数,为向公司制方向改革做准备的需要。在已明确企业性质为股份合作制的情况下,即便工商登记股东为若干名代表股东,仍可参照公司法案件内外有别的处理原则,根据企业内部登记的职工出资份额情况、职工的持股证等,认定出资职工为职工股东。

对于以持股会名义持股的,何人为法律意义上的股东存在一定争议。一种观点认为,职工持股会登记为社团法人的,职工持股会依法具有民事权利能力,能够成为法律意义上的股东。出资职工作为持股会的成员,可依其与职工持股会之间的委托或信托约定,按其出资额享有收益权和其他利益。而持股会未登记为社团法人的,仍应认定出资职工是企业股东。另一种观点认为,职工持股会只是受持股职工委托专门从事企业内部职工管理并依法代其行使股东权利的组织,其并非法律意义上的企业法人,因此,无论持股会是否登记为社团法人,均应将向公司出资的职工认定为股东。我们倾向于后一种观点。首先,股份合作制设立的目的之一,是通过将职工劳动者和出资者身份的结合,提高职工对企业资产的关心程度和风险意识,增强企业的凝聚力,调动职工的积极性,进而提高企业经济效益,促进企业改革深化。而实践中,一方面,出于工商登记减少名义上股东人数的需要,即达到不超过有限责任公司股东人数 50 人的上限,为向公司制方向改革做准备,另一方面则是从提高企业决策、运作效率出发,股份合作制企业往往设立持股会,但持股会的设立不应影响职工作为企业股东的身份。其次,20 世纪 90 年代初至 21 世纪初,国务院、民政部、外经贸部等各部委针对外经贸股份有限公司内部职工持股相继发布了关于职工持股会的批复或规章,[①]而上海总工会也于1998年颁布适用于上海所属公司(企业)的《职工持股会管理办法(试行)》。[②] 除了上海总工会颁布的《职工持股会管理办法(试行)》以及国家工商局于1998年颁布的《公司登记管理若干问题的规定》,其他批复或规章均系对外经贸股份有限公司职工持股会的规定,但由于该职工持股会与股份合作制企业的职工持股会在形式、目的、运作方式等方面相似,故对股份合作制企业职工持股会性质的认定亦具有参考价值。从职工持股会应进行社团法人登记到不必进行专门登记,不同部委态度的变化反映出,尽管职工持股会的法律地位一直含混不清,但不同部委几乎都将职工持股会界定为,负责管理职工股份,代表持股职工行使股东权力,履行股东义务,维护持股职工利益的企业内部组织。实践中,职工持股会通常是依托工会运作,而工会往往依附于企业,独立性不强,作为企业内部组织,职工持股会一般不进行社团法人登记,基本上没有独立的财产。即便是登记为社团法人的职工持股会,也只是受持股职工委托专门从事企业内部职工管理并依法代其行使股东权利的组织,其并非法律意义上的企业法人,无权吸收出资,职工不可能向职工持股会出资,[③]理应将向企业出资的职工认定为职工股东。因此,在股份合作制企业中,无论职工持股会是否登记为社团法人,都应以实际出资的职工为企业股东。综上,股份合作制企业内部职工通过认购企业股份而向企业出资,该出资形成注册资本成为公司法人独立财产,因此出资职工即是股东。即便持股方式存在差异,也只是股权行使方式的不同,不应改变持股职工作为出资人的股东地位,出资职工均有权主张股东权。

三、股东资格与职工身份

在审判实践中,无论是职工股东主张企业回购股份抑或请求确认企业股东会

---

① 民政部、外经贸部、国家体改委、国家工商行政管理局四部委于1997年联合发布了《关于外经贸试点企业内部职工持股会登记管理问题的暂行规定》(民社发〔1997〕28号文),规定我国外贸试点企业成立职工持股会,并由民政部门颁发了社团法人登记证书。国家工商局于1998年在《公司登记管理若干问题的规定》中明确:职工持股会已经办理社团法人登记的,可以作为公司的股东。民政部门于2000年7月发布的《关于暂停对企业内部职工持股会进行社团法人登记的函》以及国务院办公厅于2001年4月发布的《关于外经贸企业内部职工持股会法律地位问题的复函》明确:职工持股会是公司工会内设的专门从事本公司内部职工股的管理组织,不必作专门的登记。中华全国总工会、对外贸易经济合作部、国家工商行政管理总局于2001年8月发布《关于外经贸试点企业内部职工持股会登记暂行办法》,明文废止了民社发〔1997〕28号文,规定职工持股会是企业内部持股职工的组织,负责管理企业内部职工股份,代表持股职工行使股东权利,履行股东义务,维护持股职工利益,并规定,企业成立的职工持股会,依托本企业工会法人,以工会法人作为股东或发起人,办理工商登记注册,并依据国家有关法律、法规、公司章程和职工持股会章程开展活动。

② 上海总工会于1998年发布的《职工持股会管理办法(试行)》规定,职工持股会是指公司工会下属从事内部职工持股管理,代表持有内部职工股的职工行使股东权利并以公司工会社团法人名义承担民事责任的组织,并明确,设立职工持股会旨在建立职工同公司的产权纽带关系,使职工的劳动者和所有者身份有机结合,提高职工对公司经营管理的关切度和参与度,增强公司凝聚力。

③ 江苏省常州市中级人民法院民二庭:"关于股份合作制企业股东资格确认及退股股份价格认定的调研报告",载《法律适用》2010年第1期。

决议效力,均应先对其股东资格予以认定。《指导意见》第5条规定:“在自愿的基础上,鼓励企业职工人人投资入股,也允许少数职工暂时不入股。……不吸收本企业以外的个人入股。职工离开企业时其股份不能带走,必须在企业内部转让,其他职工有优先受让权。”《上海市暂行办法》第25条规定:“股份合作制企业设立后,股东所持股份不得退股。但遇职工股东调出、辞职、除名、退休、死亡等情况,可由企业按企业章程规定或者股东大会决议处理。”我院受理的案件中,股份合作制企业的企业章程通常依照《上海市暂行办法》对股东退股的情形作出规定,如原告姚某某与被告上海申士广告装潢合作公司一案中,申士公司章程规定,“股份合作制企业设立后,股东所持股份不得退股。但遇职工股东调出、辞职、除名、退休、死亡等情况,企业可按规定收购职工股东的全部股份”。但围绕职工股东资格与职工身份的关系,仍存有一定争议。

首先,职工退休时,其股东身份是否自然消灭。比如,职工退休后,拒绝转让股份或办理退股手续,那么在该职工转股或退股前,是否享有职工股东资格?对此,一种观点认为,在股份合作制企业是劳动合作和资本合作有机结合的产物,职工股东的资格与其职工身份直接相关,职工股东不能脱离劳动关系而成为单纯的自有资本的收益者,因此,职工股东不具有企业劳动者身份时,股东资格自动取消;另一种观点认为,股权因职工出资而获得,因退股而消灭,劳动关系的消灭不是股权消灭的原因,在职工未办理退股手续时,其仍具有职工股东资格。我们倾向于第一种观点。股份合作制企业的股东与其职工的身份直接相关,一旦丧失职工身份,股东身份已无存在的基础,这是由股份合作制企业的性质所决定的,这也是《指导意见》以及《上海市暂行办法》的基本原则。在根据《上海市暂行办法》和《指导意见》的相关原则和规定能够对股东资格作出认定的情况下,自应使用该规定,而上述第二种观点则是根据《公司法》对于职工股东的资格作出的认定,该观点脱离的了股份合作制企业的实质,忽视了职工股东与有限责任公司中股东的区别,违背了设立股份合作制企业的目的。

实践中,除了职工退休而拒绝退股外,还存在相反的情况,若职工股东要求退股,但公司未予办理退股手续,不退还股权价款,职工股东是否继续享有股东资格?如在姚某某诉上海申士广告装潢合作公司股权收购请求权纠纷案中,原告原系被告公司职工股东,持有5万份职工股,原告2000年退休后,被告公司退还其4万元,称该款项为回购原告4万份股份的价款,对于剩余1万份股份,被告公司既未予回购,亦未收回原告持股证,并希望原告继续持有。现原告诉至法院,要求被告申士公司回购其持有的1万份职工股。对于此类案件的处理,仍存两种不同意见,一种意见认为,对于职工股退出的时间点,应采取“一刀切”的方式,以职工退休为其丧失股东权之时,故上案中,原告于2000年退休时丧失股东权,被告应根据公司章程规定,按1999年度公司净资产收购原告所持股份;另一种意见认为,既然公司章程规定,职工股东调出、辞职、除名、退休、死亡等情况,公司可按规定收购职工股东的全部股份,而未规定必须退股,那么在被告公司拒绝回购原告剩余1万股股份,并希望原告继续持有,而原告亦无异议的情况下,可认定被告公司认可原告继续为其股东,在此情况下仍采取"一刀切"的方法不甚妥当。现原告要求退股,被告公司应根据原告实际退股时间确定股权价值。

其次,关于职工退休时间点的认定。实践中,退休时间点直接关系到职工股权价值,故争议较大。在我院受理的原告史某某诉被告上海申士广告装潢公司股权收购请求权纠纷案中,原告原系被告公司职工股东,2004年退休后被公司返聘,直至2007年实际离职。2009年6月,原告依据公司章程的规定,向被告提出按2006年度公司净资产收购原告全部股份。审理中,被告同意收购原告股份,但认为原告退休时间为2004年,应按照2003年度公司净资产进行收购股份。对此问题,我们存在两种观点,一种观点认为,应对劳动关系严格解释,原告退休后,即视为与企业脱离劳动关系,进而丧失职工股东身份;另一种观点认为,在双方当事人均确认返聘事实的情况下,应认定实际离职的时间为职工股东丧失股权的时间。对此,我们倾向于后者,只要依法与企业形成了事实劳动关系就应认定为企业的职工,以实际离职的时间确定职工股东丧失股权的时间节点较为合理。

四、退股股份价格的认定

近年来,上海房价大幅上升,部分股份合作制企业因名下拥有多处房产,其实际资产价值也水涨船高,上述情况在一定程度上造成股份合作制企业案件的增多,具体表现为,尽管涉股份合作制企业案件案由各不相同,但无一例外均涉及退股时职工股价格的认定,且争议较大。在我院受理的案件中,股份合作制企业或在章程中,或通过股东大会决议的形式明确职工股退股价格的计算方法,所规定的计算方法基本相似,均按上一年度净资产计算。如在姚某某与被告上海申士广告装潢合作公司一案中,申士公司章程规定,"遇职工股东调出、辞职、除名、退休、死亡等情况,企业可按规定收购职工股东的全部股份。收购的价格,按上一年度净资产确定,或由企业股东大会决议处理"。然而,由于审计制度中对企业房产等不动产的价值采用折旧等方法进行统计,企业年度净资产与企业实际资产价值差距极大,在此情况下,退休职工往往提出根据企业实际资产价值确定股权价格。对此问题,我们存有两种不同意见。一种意见认为,企业章程是对企业事务、重大事项或权利分配等作出的一种安排,是实现企业自治的基础性文件,是企业内部管理的自治章程,作为股东之间的合意和企业产生、运行的依据,企业章程理应得到尊重和维护。更何况,企业在进行股份制改造时,通常享受了国家的优惠政策,企业的实际资产可能远远高于注册资本,而当时职工入股所支付的价款则大大低于每股股份的实际价格。鉴于此,对于职工股东退股的股份价格,应严格按照章程约定,即按上一年度净资产计算股权价格较为合理。而且,职工股东通常占股份合作制企业股东的相当比例,如若职工股东退休时均要求根据企业实际价值计算股权价格,其影响无异于解散公司,会严重阻碍企业的正常发展。另一种意见认为,20 世纪 90 年代初,由于国有企业调整结构和深化改革的需要,同时也为转变部分国有小企业或集体企业的亏损局面,许多地方推行企业股份合作制改造,为鼓励职工出资买断国有资产,国家在企业改制时给予企业部分优惠政策,还存在国家无偿或低价将房产转让至企业名下的情况。因此,职工入股所支付的价款低于每股股份实际价格的情况也是存在合理背景原因的。而股份合作制改造以后,由于调动了职工的积极性,很多原先亏损的企业都扭亏为盈,收到了较好的效果,企业的职工也为之做出很多贡献,在此情况下,企业的资产理应由股东,包括职工股东共同享有。企业章程通常制定于企业成立初期,尽管企业章程系全体股东,包括职工股东合意形成,但考虑到股份制企业改制的背景因素以及大部分股东的职工身份,对于章程规定的职工股价格与实际价值的巨大差距,不能简单地以商业风险来衡量,若按照章程规定根据上一年度企业净资产计算并支付职工退股款项,则会因股权价格与实际价值相差过大而产生显失公平的情况,因此,退股职工要求调整章程规定的股权价格的,法院可以参照《合同法》情事变更原则,对股权转让价格进行公允的调整。另外,部分企业改制之初,国家在未变更所有权的情况下将房产等交由企业使用,并未计入企业成立时的实际资产,而在计算退股职工股权价值时,上述权属不明的资产如何处理、价值如何判断,也容易引起较大争议。对于此类资产,有学者主张根据“向下平衡原则”处理,即在难以界定是国有企业产权还是集体产权法律关系时,应该向集体倾斜,在难以界定集体产权还是职工产权时,应向职工倾斜,在难以界定国有企业产权还是职工产权时,向职工倾斜。[①] 根据上述理论,对部分权属不明的资产,由职工享有其权利更符合股份合作制企业改制的初衷,因此,对于企业仅享有使用权的房产等,可将房产使用权转化为可衡量的款项而归入计算职工股权价格时应考量的因素。

上述关于职工退股股份价格的两种观点,分别从企业发展和职工股东利益保障两个方面进行分析。实践中,部分企业已经考虑到上述情况,并积极采取措施应对职工股东退股价格确定可能造成的不公平的现象。如在原告张某某与被告上海中艺美术合作公司一案中,被告公司章程规定,职工退休、离职,应将入股数全部在企业内部转让,转让不成由企业收购;职工个人持股的转让价格可由双方协议,或由股东大会决议处理;股东大会对本企业股东之间的股权证明转让、退股或认购股份作出决议。2007 年,被告股东大会对股东退休所持股份转让价格及公司资产情况的说明作出决议,明确:(1)2006 年退休办理股份退出的价格以 2006 年 12 月 31 日资产负债表所有者权益(净资产)计算,每股净资产值退出价格 16.5214 元/股;

---

① 徐国庆:“股份合作制实施中的几个法律问题及建议”,载《当代法学》2000 年第 5 期。

(2)公司现有6处房产是合作公司投资的固定资产,属全体股东所有,该财产是企业经营和发展的硬件设施,是企业的潜在利润,该利润可以在企业发生困难时抵御风险,如果今后置换产生利润,其收益由包括退休股东在内的全体股东共享。上述股东大会决议若得以严格执行,不失为解决股份合作企业职工股东退股的有效方式,但此项决议在付诸实现的过程中的可操作性则不得而知。首先,该决议明确公司6处房产由包括退休股东在内的全体股东共享,但并未制定具体细则,职工股东退休并退股后,不再是公司股东,届时,其以何种身份、何种途径向公司主张相关房产的利益缺乏法律依据;其次,职工股东退股后,其股份通常会由他人受让,受让人所享有的股东权益很可能会摊薄已退休职工股东的权益,两者的权利冲突如何解决。尽管如此,上述股东会决议还是为股份合作制企业职工股东退股价格的确定,创设了极具参考价值的方式。

审判实践中,我们应当充分考虑股份合作制企业成立的背景、股份合作制企业未来的发展,根据企业章程规定的职工股份价格确定方法,结合企业资产实际价值,合理、公平地确定职工股东退股股份价格。

此外,讨论职工退股股份价格,还应当明确职工股权的份额。职工股除了企业改制时,职工出资购买的股权外,还包括量化股。所谓量化股是指,在企业改制时以及企业改制后运行过程中,对于经审计确认合法的工资、奖金的结余,按照职工职务高低、贡献大小等标准量化给职工,或由部分对企业贡献较大的职工以低于正常价格购买的股份。[①] 我们认为,量化股的配给为企业激励职工的手段,有利于提高职工的积极性,因此,通过合理标准而配给给职工的量化股应与职工实际认购的职工股同等对待,两者均属于职工股的组成部分。

五、关于企业决议效力的认定

根据《指导意见》第7条的规定,股份合作制企业实行职工股东大会制度,职工股东大会是企业的权力机构,实行一人一票的表决方式,企业的年度预、决算和利润分配方案、重大投资事项以及企业分立、合并、解散等重大决策必须经职工股东大会批准。而《上海市暂行办法》第30条规定:“股东大会的表决用一人一票和一股一票相结合的方式。”该条规定还具体划分了两者适用范围,企业日常运作基本上都是一人一票,如制定和修改章程,决定经营方针、投资计划,批准利润分配方案,制定重要规章制度,审批董事会、监事会等,而以下事项的决议在采取一股一票,包括选举、更换董事,增加、减少注册资本,合并、分立、破产、解散和清算等事项。如果严格遵守上述关于表决制度的规定,则极容易形成企业决策效率低下的情况。股份合作制企业中,几乎所有职工都是股东,股权分散,召集全体股东召开

① 江苏省常州市中级人民法院民二庭:“关于股份合作制企业股东资格确认及退股股份价格认定的调研报告”,载《法律适用》2010年第1期。

股东大会对公司事项进行决策并非易事,而且,即便全体股东均参加股东大会,由于人数众多,也很容易形成意见分歧莫衷一是,重大决策议而不决的情形。

实践中,为了提高效率,部分股份合作制企业通过职工代表大会、工会进行决议,或者由持股会代表职工股东进行表决。尽管此种决议方式极大提高了股份合作制企业决策的效率,但由于职工代表推选机制、职工代表大会、工会或持股会召开会议程序的不规范,使得职工代表大会、工会作出的决议或者持股会作进行的表决往往难以得到职工股东的认同。如在王某某与上海华盛(集团)有限公司工会委员会、上海华盛(集团)有限公司股权收购请求权一案中,华盛公司通过职工代表大会暨股东会作出决议,确认职工股转为企业集资,并规定职工退休时由公司返还本金。该案中,原告认为作出上述决议的职工代表大会程序不规范,难以代表原告意见,请求法院判决被告按公司实际价值确认股份价格并进行回购。我们认为,对于此类案件的处理,首先,应当尊重公司章程关于公司决策方式的规定。若公司出于提高决策效率的目的,规定公司通过职工代表大会、工会等形式作出决议,此类规定与股份合作制企业的设立原则并不相违背,法院应当予以充分的尊重。其次,应当审慎对待持股会代表职工股东作出的表决。职工持股会作为代表持股职工行使股东权力,履行股东义务,统一管理职工股的机构,为职工持股的分散性问题带来了良好的解决途径,在一定程度上为提高企业决策、运作效率起到了积极作用。这种以职工持股会的方式实现企业内部职工持股的模式,也是我国对股份合作制形式的全新探索。在案件处理中,应根据持股会的章程,以及股份合作制企业成立以来,该企业持股会的运作方式和运作习惯,审慎对待持股会代表职工股东作出的表决。最后,应当结合其他事实综合认定公司决议的效力。以上案为例,法院可根据公司是否在职工代表大会等会议召开之前进行通知、其他职工股东是否认可将职工股为企业集资、其他职工是否在退休时收回本金等事实,综合认定职工代表大会决议的效力,进而对原告是否具有职工股东身份以及股份价格进行认定。

(三)金融篇

我国金融消费者权益保护的立法现状及实践审视

朱 奇 向 婧*

金融消费者权益保护这一概念自2008年金融危机后,越来越多的从价值领域转入法学研究领域。对金融机构进行规制、对金融消费者权益进行救济已经成为大势所趋,亦成为维护社会公平在金融司法领域的标志。本文从司法实践中的案例入手,重点分析了金融消费者的外延、司法审判的理念以及遇到的典型表征及疑难问题,以期对审理涉金融消费者权益保护案件有所助益。

一、前识性判断:渐进式发展中法律回应的局限与反思

(一)市场环境:基于金融市场之考察

在金融案件审理中是否应强化对金融消费者权益的保护?强化金融消费者权益保护是否有违市场主体平等保护的理念?回应这些问题取决于一个前识性判断,即相关法律回应是否存在相当的局限。当前金融消费者保护的相关立法现状堪忧,在我国金融市场的渐进式发展中,将消费者权益保护纳入金融立法势在必行。

1. 金融市场复杂多变的现实要求。一是随着城乡居民可支配收入的持续增长,个人消费信贷异军突起。与此同时,信用卡透支和信用卡欺诈引发的相关纠纷案件也快速增加,因此,对金融机构和个人的行为进行规制显属必要。二是个人投资型行为日益增多。较之发达国家,我国理财产品的设计和推广起步较晚,有丰富经验和相对理性的投资者比例较低,因此,加重金融机构的风险揭示义务和条款说明义务显有必要。三是金融创新产品层出不穷。域外一些新的金融产品或服务逐步引入我国,我国商业银行亦根据自己现有的产品进行搭配和重组。如银行车辆专项分期贷款业务、电子现金业务、信用卡担保业务、典当行出借资金供个人进行证券投资等,有些业务处于法律的"灰色地带",裁判结果具有较强的导向性,且关乎金融稳定和金融安全。

2. 金融机构违约违规行为时有发生。司法实践中常见的纠纷有存款账户被盗用、银行卡被冒领或冒刷等案件;银行未对格式条款尽到说明义务等侵害知情权纠

---

* 朱奇,上海市黄浦区人民法院民五庭庭长、审判委员会委员;向婧,原上海市黄浦区人民法院民五庭助理审判员。

纷案件;在营销过程中虚假宣传、承诺行为等侵害客户自主选择权的案件;名目繁多且欠缺依据的收费项目和自主定价、强制办理保险等附加交易条件侵害消费者公平交易权的案件;泄露账目信息、密码等侵害隐私权的案件。

3. 全球金融市场系统性风险教训深刻。次贷危机的发生将金融市场的系统性风险显露于人们眼前,防范风险、强化金融消费者的权益保护成为共识。危机发生暴露出监管理念上的空洞和制度上的欠缺:新自由主义为价值取向的金融监管理念纵容了金融机构的不审慎行为;对信息披露缺乏监督,缺乏前瞻性和适当性的信息披露规则及方法;金融创新失控,监管准则滞后于金融创新速度;监管外部环境的弊病,制度不完善、自控自律不健全、责任意识淡薄①等问题。

(二)法律环境:基于法律体系之审视

1. 法律规范位阶层级较低。很多金融领域处于仅有低位阶的法律规范或无法律规范规制的状态,如典当领域仅有部门规章性质的《典当管理办法》,这些规章在司法实践中仅为参照适用,而商业银行法、银行法等法律以及央行、银监会、保监会、证监会制定的大量行政规章以及规章性文件具有极强的时间性和管理性特征,司法可适用度较差。

2. 法律适用范围有限。《消费者权益保护法》第2条中开宗明义地将"消费者"限定为"为生活消费"。由于金融服务的特殊性以及金融消费所带有的投资和融资特性,为《消费者权益保护法》在金融案件的法律适用横亘了鸿沟,其中规定的消费者团体、包退、包换等规定由于针对的多为传统的商品交易,在金融领域适用有限。

3. 法律适用效果不佳。金融消费者权益保护案件中主要涉及的是求偿求助权问题,解决的问题局限于违约与救济层面,司法机关仍多倾向于适用私法性质的《合同法》等规定,对金融机构不当行为的惩治力度有限。因此,尽管部分案件中金融机构的行为确实存在瑕疵,但基于损失系金融市场波动而引发的、所获得的利益为不确定的期待利益、金融消费者进行了明确承诺、欠缺关键证据等因素,金融消费者的主张往往难以得到支持。

二、倾斜性保护:"金融消费者"外延的厘清与辨识

强化对金融消费者权益的保护,首要解决的一个逻辑前提是如何界定金融消费者的外延。这一问题又分为两个层面,一是投资型金融消费者是否属于金融消费者的范畴,二是法人是否属于金融消费者的范畴。理论界和世界各国对于这一问题给出了不同的答案。

(一)比较法的启示:"金融消费者"的界定方式

关于金融消费者的界定存在不同的学说:(1)目的说。分为"需要目的说"和

---

① 郭富青:"论金融消费者身份的界定与倾斜保护机制创新",载《证券法苑》2011年第5卷,第1249~1264页。

“非生产交易目的说”,美国CFPA法案第1002条即采纳的前者,把金融消费的目的限定为以“个人、家庭或居家之目的”,后者则采用排除法,通过排除“生产交易”为目的对金融消费者进行限定。(2)资信授予者说。按照资信的授予者或资信的接受者区分金融消费者或金融投资者。授予者为投资者,如购买股票、理财的个人,接受者为消费者,如信用卡持有人、个人住房按揭贷款人,考察对象限定于自然人。(3)弱势金融交易相对人说。如我国台湾地区“金融消费者保护法”第4条:“本法所称金融消费者,指接受金融服务业提供金融商品或服务者。但不包括下列对象:一、专业投资机构。二、符合一定财力或专业能力之自然人或法人。”[①]

生活消费和非生产交易为目的的划分让金融消费者的界定更为复杂化,司法机关或行政机关在纷繁芜杂的金融交易行为背后,对参与者行为的主观动机逐一甄别,显然失之偏颇和不切实际。而资信授予者说虽从另一个视角进行了定义,但并不完全符合金融市场的特性,如授予他人资金的投保人,可能是为其本人或家庭财产或人身安全进行投保,将其排除出金融消费者的范围有失妥当。我国证券、期货、理财产品起步较晚,金融消费者相对而言更为非理性,对金融消费者进行界定和提供法律层面的保护,旨在消弭因其与金融机构之间权利义务的不对等性、防范金融风险,特别是在当前投资和消费已经难以完全区分、两者之间的线性区别已日渐模糊的情况下,硬性划分消费者与投资者有欠妥当,也不利于法律的稳定性。从这种意义上而言,弱势金融交易相对人的学说更为可取,当然,考虑当前我国的现状,从司法审判和行政管理的可操作性层面,对于金融消费者的保护,应限定于对自然人的保护更为妥当,在未来条件许可的情况下,可以适当地向非专业投资机构进行倾斜。

(二)分类型构建:以注意义务为中心

如前所述,尽管金融消费者的定位宜以包含投资型消费者为适,但投资型消费者和消费型消费者在对于金融产品或服务的选择能力、经济能力、投资经验、风险承受能力等方面确存在差别。在立法和司法中注重这一差别,具有重大意义。

1. 规定一体保护的一般性规则。将金融消费者的范围适度扩张至所有金融领域的自然人,不仅有益于对接受金融产品或服务的个体的权益维护,也有助于进一步规范金融机构的行为,维护正常健康的金融交易秩序。应确立一体保护的一般性规则,通过综合性立法确立基础性交易规则及违反的法律后果。将提高金融商品和服务的透明度、明确金融消费者权利义务、公平对待金融消费者等目标明确载入立法中,并对严格规范格式条款的使用行为、禁止各种类型的强制性交易、限制各类公告性条款、[②]强化金融机构风险披露义务、明确金融反欺诈条款等具体规则

---

① 曹兴权:“商事法律制度构建视野的转换——以金融消费者保护为例”,载《上海财经大学学报》2011年第5期。

② 转引自黄江东:“台湾‘金融消费者保护法’的内容述评与启示”,载《港澳台金融》2011年第424期。

加以规定。

2. 确立适合度注意义务规则。我国台湾地区“金融消费者保护法”规定:“金融服务业与金融消费者订立提供金融商品或服务之契约前,应充分了解金融消费者之相关数据,以确保该商品或服务对金融消费者之适合度。”①《日本金融商品销售法》从销售规则层面亦作出了类似的规定:“金融商品提供者应针对不同的劝诱对象制定不同的劝诱方法。”②由于不同经验、资金和风险承受能力的金融消费者类型,从一般消费者(低端),到合格投资者(中端),再到专业投资者(高端),其购买的理财产品风险和收益往往都是逐级提高的,而司法对其的倾斜保护程度则应是逐级降低的,金融机构对于专业投资者负有的特别义务有许多也是可以降低甚至豁免的,如体现在格式条款的解释上等。③ 并倡导通过行业规范积极建立合格的金融消费者投资制度,区分一般消费者与合格金融消费者,为一般金融消费者划定交易禁区。

三、功能性重塑:社会价值对私法领域的介入与回归

(一)司法理念重塑:平等保护下的适度倾斜

1. 利益均衡。既要充分关注金融消费者的弱势地位,从合同条款、合同履行等各方面强化对金融机构注意义务的要求;又要保护金融机构的合法权益,避免因对金融消费者的过度保护导致“矫枉过正”现象的发生。

2. “森林”原则。不仅应当关注证券、保险、委托理财各领域的具体规制,还要概括提出整体保护需要遵循的主要裁判原则,如归责原则的要求、信息披露义务的边界、说明义务的边界、规范劝诱方式、金融反欺诈一般条款原则等,由法官在行使审判权过程中一体遵循。

3. 不对称原则。一是在案件的审理过程中通过对《合同法》、《侵权责任法》及其他法律的扩张或限缩解释,对民事责任的构成进行细化,调整金融机构与消费者之间法律资源的再分配;二是诉讼能力的倾斜,在诉权的行使、合同的解释、法官释明、举证责任分配、审判程序等方面作出有利于金融消费者的设计。④

(二)审理思路统一:意思自治下的合理干预

1. 格式条款。当前审判实践中,对于格式条款的争议主要焦点为对条款的知情权和解释方式,存在下列法律适用疑难问题:

(1)常识性法律规范的说明义务。直接将法律或行政法规的规定纳入合同的

---

① 陈萍:“构建我国金融消费者保护体系的若干思路——基于美国、英国、日本的经验”,载《金融与经济》2011 年第 12 期。

② 刘力:“非银行金融机构售卖理财产品之消费者保护——以司法裁判为视角”,载 http://www.shezfy.com/view.html? id = 61740,最后访问时间:2013 年 11 月 3 日。

③ 刘力:“非银行金融机构售卖理财产品之消费者保护——以司法裁判为视角”,载 http://www.shezfy.com/view.html? id = 61740,最后访问时间:2013 年 11 月 3 日。

④ 邢嘉栋、沙银华:“学生团体保险的询问和告知”,载《中国保险报》,2007 年 11 月 26 日第 006 版。

免责条款范围的条款是否仍应说明。如保险合同纠纷中使用合法有效的驾驶证、不能酒驾、发生事故不能未采取依法措施即逃离等条款的效力认定问题。考虑社会道德秩序的维护和格式条款规制的目的系为防范金融机构利用优势地位侵害相对方权益,对于常识性法律规范不宜再对说明义务进行要求。

(2)专业用语的解释问题。对于专业用语是否适用不利解释原则,各地执法意见规定不一。如浙江省高级人民法院和广东省高级人民法院的指导意见中均明确:对保险合同条款发生争议的用语属于专业术语,应当按照其在专业上所具有的意义加以解释。江苏省高级人民法院印发的《关于审理保险合同纠纷案件若干问题的讨论纪要》则规定:专业术语不适用不利解释规则,但法律之外的专业术语或者其解释所体现的表面文义与实质含义有较大差别、不就该差别予以揭示将对投保人构成普遍性误导的,保险人应就上述差别予以揭示。保险人未就上述差别予以揭示的,人民法院应当适用不利解释规则,作出对投保人、被保险人、受益人有利的解释。我们认为,考虑到专业解释本身的专业性特征,应根据专业含义进行解释,如在专业领域中无普遍认同的含义的,则应可进行不利解释。

(3)团体保险的法律适用。如团体保险中投保人单位出具的已就被保险人身体状况尽告知义务的声明的证据效力问题,有法院认为仅以此声明不能证明保险公司曾就被保险人身体状况进行过逐一询问。[①] 再如团体保险中的被保险人同意问题,部分案例中投保单上被保险人资料载明“无清单”,后保险公司以缺乏“被保险人同意”为由要求解除合同,并拒绝承担给付保险金责任,[②]实践中还曾出现了母公司为子公司的员工出具的以死亡为条件已经获得被保险人同意的承诺书等案例,凸显团体保险中保险法关于“被保险人同意”规定的适用疑难等。我们认为,对于团体保险的被保险人同意问题,考虑被保险人同意的立法意义在于防止道德风险,故同意的对象仍应限定于被保险人本人,如无明确的被保险人本人的签字或其他证据证明,母公司或投保人单位出具的声明不能当然证明被保险人同意。此外,如被保险人追认表示同意,保险公司不得以此为由要求解除合同并拒绝支付保险金。对于告知义务的履行对象,现行法律限定于投保人,从平衡保护角度,似可扩大至被保险人,当然,是以保险公司询问投保人和被保险人为前提。

(4)格式条款与金融监管的关系。保险等金融产品的合同条款均经保监会等备案或审批,审判实践中亦存在尊重监管认定条款效力和主动进行司法审查的不同倾向,如对保险合同中非医保范围不赔条款的审查问题。[③] 对经行政审批的格

---

① 唐金麟:“从案例看团体保险市场的问题及法律适用”,载《金融理论与实践》2011 年第 12 期。

② 俞巍、沈文宏:“在尊重与制约之间——金融监管前提下金融商事审判的进路选择”,载上海市第二中级人民法院内网。

③ 林晓君、沙洵:“证券投资者不能归入《消保法》上的消费者范畴”,载《上海审判实践》2011 年第 6 期。

式条款,既要注重准确运用司法权进行合理性判断,又要避免对行政审查的过度干预。

2. 不当销售。主要是指营销过程中对于金融产品或服务的特性揭示有违真实性、充分性、有效性,表现形式为高压销售、虚假承诺等,集中于金融产品和服务的销售阶段。

(1)金融消费者的注意义务认定问题。由于格式合同的设定方金融机构在诉讼中逐渐积累了相应的经验,格式合同的制定更为规范和完整,往往设定了"声明书"、"风险告知书"等多种形式并要求金融消费者签字以规避金融机构的责任。而金融消费者只要在相应的文本上进行了签字,便很难推翻合同效力。在没有佐证证明营销人员进行了过度或不当营销的情况下,法院以一般理性人的标准进行判断,往往认为金融机构尽到了合适的注意义务。因此,应适度运用法官释明权,在举证责任等方面向金融消费者适度倾斜。

(2)惩罚性赔偿的适用问题。非银行理财产品售卖是否适用《消费者权益保护法》第 49 条规定的惩罚性赔偿,存在较大争议。司法实务界普遍的观点是金融服务领域不适用《消费者权益保护法》,认为对"生活消费"在金融案件领域的扩张解释会带来司法审判适用的混乱。但亦有学者建议和倡导在立法中引入这一制度至涉金融消费者案件中。[①] 在现有法律体系中,考虑到《消费者权益保护法》立法背景和保护的对象,惩罚性赔偿确实难以在金融纠纷案件中得以适用,但在立法中进行强制性规定并引入似有必要。考虑到金融纠纷案件通常标的金额较大,建议作出较为原则性的规定,既对金融机构有所惩戒,亦要避免因惩罚性赔偿的机械适用对金融机构造成毁灭性打击。

3. 盗刷行为。主要涉及银行对于金融消费者本人未尽审核义务,如未审核是否本人持身份证进行储蓄存取款、申领信用卡等;未对银行卡的真实有效性尽审核义务,如未识别出消费者持有的银行卡为伪造或变造等;特约商户未对金融消费者签字尽审核义务,如未比对银行卡背面预留的签名与签购单上的签名是否一致、未比对签名与信用卡正面的拼音等。法律适用疑难[②]如下:

(1)审核义务的范围。在失卡的情形下对签名字样和笔迹和真实性如何认定。实践中有比照过去交易签购单上的签字,比照信用卡申请表上的签字,比照持卡人的姓名拼音来认定以及直接认定无法查明等不同做法。通常认为,该标准应低于专业笔迹鉴定标准,高于普通人的一般注意义务,为善良管理人的谨慎注意义

① 此部分内容参见虞憬、吴诵芬:"徘徊于市场与规则之间的信用卡民事审判——对黄浦法院 2001 年以来 2 万 6 千余件信用卡民事纠纷的实证分析"载 http://hpweb.hshfy.sh.cn:8080/hpnbw/gweb/wz_xxnr_view.jsp?id=26238&xh=1,最后访问时间:2013 年 11 月 7 日。

② 高民尚:"审理证券、期货、国债市场中委托理财案件的若干法律问题",载《人民司法》2006 年第 6 期。高民尚取谐音为"高民商",一般认为为最高人民法院民二庭主流意见。

务。在无法认定背面签名的情况下,通行的做法为比照持卡人的姓名进行认定,如有大量过去的交易签购单,如足以达到优势证据的情形,可比照交易签购单进行认定。

(2)特约商户的责任承担问题。各地法院在判定持卡人的自身过错及未恰当履行审查义务特约商户的责任份额上,存在较大的随意性,执法标准不统一。有的法院认为,涉案信用卡被盗刷主要是由于持卡人保管不当所致,特约商户的过错行为与损失之间虽存在相当的因果关系,但并非持卡人损失的主要原因,故仅应承担次要责任;有的法院认为,持卡人虽有疏忽,但与该卡被冒用造成的损害后果之间并无直接因果关系,不能因此免除特约商户在接受刷卡消费时的审核义务;有的法院认为,持卡人在及时进行了挂失和报警后,应认为已经尽到了及时防范的义务,再强调持卡人责任显属不妥;有的法院认为,特约商户未按操作规程尽到审核注意义务,是造成损失的关键因素,应承担主要赔偿责任。而在特约商户的具体责任份额方面,各地法院的判决也五花八门。关于这一问题,仍应结合案件具体情况个案处理,可从信用卡丢失的背景、消费是否设置密码等方面综合进行判定。

(3)银行的责任承担问题。有观点认为特约商户未尽审核义务,其本身承担责任即可;亦有观点认为银行和特约商户之间系委托关系,它们之间是不真正连带责任的关系,因此,银行亦应承担相应的责任。

4.保底条款。出现于委托理财合同纠纷中,主要争议焦点为合同效力以及无效后的法律后果问题。法律适用疑难如下:

(1)保证本息固定回报的合同性质。有观点认为该合同与通常的借款关系并无二致,应作为借款合同进行处理,①在此情形下如发生亏损,本金仍应偿还给委托人;亦有论者认为该合同仍应界定为委托理财合同,保底条款无效,如发生亏损情况委托人可能仍应承担相应的法律责任;②还有观点持可撤销说,认为应赋予委托人选择权。③

(2)保底条款无效对合同效力的影响。有观点认为保底条款往往是委托理财合同的核心条款,整个委托理财合同随之无效;亦有观点认为不影响其他合同条款的效力,因为绝大多数的委托理财合同均设置了保底条款,如均整体无效,将会导致打击"一大片",司法权对金融市场的干预应谨慎而克制。④ 后一观点在实践中得到更多的认同。

(3)合同无效后的法律后果。有观点认为受托人应返还全部委托资产本金并

---

① 徐子良:"委托理财案件法律适用难点辨析——以保底条款负外部性分析及其无效后果处理为重点",载《法律适用》2011年第1期。

② 刘力:"非银行金融机构售卖理财产品之消费者保护——以司法裁判为视角",载 http://www.shezfy.com/view.html?id=61740,最后访问时间:2013年11月3日。

③ 李永祥主编:《委托理财纠纷案件审判要旨》,人民法院出版社2005年版,第153页。

④ 李永祥主编:《委托理财纠纷案件审判要旨》,人民法院出版社2005年版,第153页。

支付同期存款利息；亦有观点认为受托人只需返还剩余资产并可收取报酬；还有观点认为，前述两种观点都失之妥当，应采取两个标准：即依据双方的过错程度和关于盈利分配的约定。根据《合同法》的相关规定，最后一种观点甚可赞同。

5. 骗贷行为。主要出现在金融借款合同纠纷、典当纠纷中。争议涉及银行审核义务、实际贷款人认定、被冒用人的过错及责任认定、公证机构"错误公证"责任承担、刑民交叉程序处理、银行善意取得的标准问题等。法律适用疑难如下：

(1) 未得到全体共有人授权的处理。有观点认为只要未得到任意一位合法权利人的授权，合同即无效，金融机构不能行使抵押权；亦有观点认为应考察贷款的目的并兼顾善意取得制度，如为共同购置房屋或车辆而贷款的，即使未得到夫妻一方的签字确认或签字为他人冒签，亦应认定为夫妻关系存续期间的共同债务，金融机构可以行使抵押权，否则不能当然认定为共同债务，须结合银行在缔约时是否善意进行裁判。我们认为，应当区分行为的形式进行判断。对夫妻间一方隐瞒另一方进行抵押借款的行为，应综合考虑抵押目的、另一方是否受益等进行判定。对于犯罪分子利用公证机构出具委托公证进行骗贷，如银行确无过错，可根据善意取得的规定取得抵押权，但若银行相关人员介入骗贷行为构成通谋，则不能适用相关规定。

(2) 善意取得的认定与安全保障义务的限度。司法实践中有观点认为，只要房产证上仅登记借款人一人而无其配偶的名字，或实际借款人出具了获得委托授权的公证证明，或对虚构房屋买卖合同的事实并无证据证明进行了参与，即可以认定抵押权善意取得；亦有观点认为银行应具有较高的审核义务，尽适当性注意义务。如应充分审核消费者的还款能力、资信、收入情况等，亲自实地进行考察，如未履行上述义务则不能适用善意取得制度。考虑到银行业务的频繁和实施的可能性，现阶段不宜对银行等金融机构要求过高，要求走访并核查的意见过于严苛，但宜从道德上积极倡导，强化金融机构的审查观念，建议其严抓审核关。

（本文发表于《上海审判实践》2013 年第 11 期）

上海法院近年审理涉金融消费案件的情况分析

本院课题组*

2008 年美国次贷危机波及全球，引起学者和各界人士对传统契约自由的反思，保护金融消费者的呼声日益高涨。本文即以上海法院 2010 年来一审金融案件

---

* 课题组主持人：刘力，上海市第一中级人民法院副院长。课题组成员：高佳运，上海市高级人民法院研究室副科长；虞憬，上海市黄浦区人民法院民五庭副庭长；韩丽芬，原上海市黄浦区人民法院研究室审判员；向婧，原上海市黄浦区人民法院民五庭助理审判员。

中涉自然人的案件作为基本研究对象,分析审判实践中发现的问题并提出相应的对策建议。

一、数据统计:以案件概况与法律适用为视角

2010～2012年,上海法院共受理一审金融案件62,269件,其中涉金融消费者案件57,563件,占92.4%。案件总体呈现出下列特点:

1. 收案数量总量较大且比重偏高。2010年共受理各类金融案件20,729件,其中涉金融消费者案件19,017件;2011年共受理各类金融案件18,290件,其中涉金融消费者案件17,237件;2012年共受理各类金融案件23,250件,其中涉金融消费者案件21,309件。总体而言,涉金融消费者案件数量规模庞大,并占据了全部金融案件的绝大多数比重。

2. 案由分布不尽均衡且反映经济变化。收案数量位居前三位的案由为信用卡、金融借款、保险纠纷,占据九成以上比例。呈现两方面特点:一是各类案由之间的比例变化与经济发展状况具有相当的相关度。如2012年受欧债危机影响,我国经济下行压力增大,部分投资投机者资金断裂现象较为严重,金融借款、典当、保证合同、抵押合同、追偿权五类纠纷增长迅猛,总数达10,304件,较2010年增长了76.2%。二是因消费目的不同而案件数量差异显著。信用卡、保险、储蓄存款、金融借款、财产损害赔偿①五类主要为生活需要而进行消费的纠纷数量达到了56,013件,达97.3%;委托理财、委托合同、融资租赁、证券、典当、股票、股权、票据八类投资型纠纷为1217件,占2.1%,与我国居民目前接受的金融服务或金融产品,仍主要为保障生活需要的特点具有一定的相关性。

3. 消费者作为原告的案件处于持续低位。近三年来,作为原告的金融消费者共计4275人次,约占涉案金融消费者总数的5%。而在金融消费者主动提起诉讼的案件中,保险纠纷占据八成以上比例,除此之外尚有少数储蓄存款、委托理财、金融借款、证券、典当等纠纷。

4. 消费者权益保护法极少得到援引。审判实践中几乎没有要求和最终适用《消费者权益保护法》的案件。三年来仅有一例证券纠纷和一例保险合同纠纷案件明确提出要求适用该法的惩罚性赔偿规定,最终法院均以消费目的并非"生活消费"而为投资目的,对金融消费者的诉讼请求不予支持。②

5. 结案方式不尽平衡且调撤率偏低。共审结案件57,208件,其中调解6042件,判决19,581件,撤诉22,001件,裁定驳回起诉4370件,移送23件,裁定终结3件。由于涉金融消费者案件中信用卡纠纷总数较大,公告送达比例偏高,另有部分

---

① 上述分类为笼统分类,事实上,由于时代的进步和金融服务本身特性,投资型与消费型纠纷已经从界限泾渭分明到模糊化,下文分类同此处。

② 林晓君、沙洵:"证券投资者不能归入《消保法》上的消费者范畴——吴某诉某证券营业部、某电子公司其他证券纠纷案",载《上海审判实践》2011年第6期。

案件因金融机构无法提供持卡人的有效户籍证明而被法院裁定驳回起诉，故调撤率呈现出偏低的状态。

6. 案件区域分布相对集中且特征明显。收案数较多的依次是黄浦、浦东、杨浦、静安、徐汇五家基层法院，共计收案51,737件，占89.8%。且黄浦、浦东两家法院收案数量明显超过其他法院，合计占比达74.6%，充分体现了外滩金融集聚带和陆家嘴金融贸易区在上海金融交易活动中的突出地位。同时，类案的区域集中度也呈现鲜明特点，如黄浦法院辖区内银行及信用卡中心密集，受理信用卡纠纷占据全市同类纠纷五成以上；浦东法院辖区内金融机构类型丰富，外资金融机构聚集，出口信用保险、货币掉期合约等新类型及涉外金融纠纷频发；杨浦法院辖区内高校林立，受理助学贷款合同纠纷数量占全市同类纠纷的绝大部分等。

7. 涉诉消费者各方面情况因消费目的不同而各异。仅以2010年的数据为标本，投资型案件主要集中在30~50岁人群中，消费者的经济情况占据明显优势，原、被告的人次比例基本相当。消费型案件涉案消费者则年轻化，信用卡、金融借款纠纷20~30岁人群亦达到了一定比例，除房贷、车贷、车险纠纷外，标的额相对来说明显偏低，金融消费者为被告的案件比例占绝对优势。

8. 权益主张涉及广泛。大多金融消费者作为原告主动起诉的案件，均涉及对财产利益追求的求偿求助权行使。以抽样调查的90件判决案件为例，涉及的其他主要消费者权益如下：一是合同缔结过程中的知情权（格式条款的说明与解释等）和自主选择权（高压销售、虚假承诺等）保护，分别占37.8%和6.7%。二是合同履行过程的公平交易权（信用卡纠纷中超限费等）和隐私权保护（信用卡盗刷、网银被盗后密码的泄露等），分别占23.3%和6.7%。三是其他瑕疵行为对合同履行的影响，如委托理财的账单未及时送达，保险合同纠纷中理赔金额偏低等，占25.6%。

二、专项分析：涉金融消费者权益的争议与疑难

（一）格式条款

主要焦点为条款的知情权和解释方式。争议涉及的法律适用疑难为：一是常识性法律规范的说明义务，即直接将法律或行政法规的强制性规定纳入合同免责范围的条款是否仍应特别说明，如保险合同中"酒驾免责"条款等。二是专业用语的解释原则，如专业含义与通常理解存在较大差异时，是否适用对格式合同制定方不利的解释，对此各地高院的执法意见观点不一。① 三是责任免除条款的范围，如信用卡章程或领用合约中对账单默示认可条款、信用额度随时调整条款、使用密码

① 浙江省、广东省高级人民法院的指导意见中均明确：对保险合同条款发生争议的用语属于专业术语，应当按照其在专业上所具有的意义加以解释。《江苏省高级人民法院印发〈关于审理保险合同纠纷案件若干问题的讨论纪要〉的通知》的规定则不尽相同，第25条规定：专业术语不适用不利解释规则，但法律之外的专业术语或者其解释所体现的表面文义与实质含义有较大差别、不就该差别予以揭示将对投保人构成普遍性误导的，保险人应就上述差别予以揭示。保险人未就上述差别予以揭示的，人民法院应当适用不利解释规则，作出对投保人、被保险人、受益人有利的解释。

视为本人交易条款等。四是格式条款与金融监管的关系。当前保险等金融产品的合同条款均经保监会等备案、审批或存在标准合同,审判实践中存在尊重监管认定条款效力和主动进行司法审查的不同倾向。①

(二)不当销售

涉及营销过程中对于金融产品或服务的特性揭示有违真实性、充分性、有效性,如高压销售、虚假承诺等。疑难为:一是事实认定的障碍。由于产品或服务的具体营销者一般隶属于金融机构,他们基于自身利益往往不愿出庭或不肯如实陈述营销过程。二是金融消费者自身注意义务的缺失。金融机构在合同制定环节往往设定了"声明书"、"风险告知书"等多种形式并要求金融消费者签字以规避金融机构的责任。三是惩罚性赔偿规定适用的疑虑。对于司法实践中金融消费者状告金融机构要求适用《消费者权益保护法》第49条"退一赔一"的诉请,实务界通行的观点是不适用该法,认为对扩张解释势必会带来司法审判适用的混乱。②

(三)盗刷行为

多见于信用卡纠纷与财产损害赔偿纠纷中,适用疑难问题有:③一是审核义务的范围。主要涉及失卡情况下如何认定其背面的签名字样和笔迹、信用卡背面的签名是否必须与正面拼音一致、特约商户审核标准如何等。二是责任份额的确定。各法院在判定持卡人的自身过错及未恰当履行审核义务的特约商户的责任份额上,执法标准很不统一。而在特约商户应承担的具体责任份额方面,则五花八门。三是银行责任的承担。有观点认为特约商户未尽审核义务,其本身承担责任即可;亦有观点认为银行和特约商户之间构成代理和被代理的关系,它们之间应定性为不真正连带责任。

(四)保底条款

主要出现于委托理财合同纠纷中,争议焦点为合同的效力以及无效后的法律后果问题:一是保证本息固定回报情形下合同的性质。有认为此类合同与通常借款关系并无二致,④如发生亏损本金仍应偿还给委托人;亦有论者认为该合同仍应界定为委托理财合同,保底条款无效,委托人可能仍应承担相应的法律责任;⑤还

---

① 俞巍、沈文宏:"在尊重与制约之间——金融监管前提下金融商事审判的进路选择",载上海市第二中级人民法院局域网:http://ezweb.hshfy.sh.cn:88/65842.view,最后访问时间:2012年6月27日。

② 林晓君、沙洵:"证券投资者不能归入《消保法》上的消费者范畴",载《上海审判实践》2011年第6期。

③ 此部分内容参见虞憬、吴诵芬:"徘徊于市场与规则之间的信用卡民事审判——对黄浦法院2001年以来2万6千余件信用卡民事纠纷的实证分析",载 http://hpweb.hshfy.sh.cn:8080/hpnbw/gweb/wz_xxnr_view.jsp? id=26238&xh=1,最后访问时间:2012年6月27日。

④ 高民尚:"审理证券、期货、国债市场中委托理财案件的若干法律问题",载《人民司法》2006年第6期。

⑤ 徐子良:"委托理财案件法律适用难点辨析——以保底条款负外部性分析及其无效后果处理为重点",载《法律适用》2011年第1期。

有观点持可撤销说,认为应赋予委托人选择权。[①] 二是保底条款无效对合同效力的影响。有观点认为保底条款往往是核心条款,整个委托理财合同随之无效,[②]亦有观点认为不影响其他合同条款的效力。[③] 三是无效后的法律后果。有观点认为受托人应返还全部委托资产本金并支付同期存款利息;[④]亦有观点认为受托人只需返还剩余资产并可收取报酬;[⑤]还有观点认为两种观点都失之妥当,应看双方的过错程度和盈利分配的约定。[⑥]

(五)骗贷行为

主要出现于金融借款合同纠纷、典当纠纷中。法律适用争议点集中于抵押物未得到其他共有人授权的处理情况下,是否适用善意取得和适用标准。有观点认为合同无效,金融机构不能行使抵押权。亦有观点认为应考察贷款的目的并兼顾善意取得制度,如为共同购置房屋或车辆而贷款的,即使未得到夫妻一方的签字确认或签字为他人冒签,亦应认定为夫妻关系存续期间的共同债务,金融机构可以行使抵押权;否则不能当然认定为共同债务,还须结合银行在缔约时是否善意进行裁判。对于是否构成善意取得,不同法院标准不一。

三、对策建议:法律运行各环节的干预与调节

当前我国对金融消费者保护的现状与现实需求之间尚有差距,可以从法律运行的各个环节入手,完善立法,统一法律适用,建构多元化纠纷解决机制。

(一)法律制定环节:注重规范结构与明确保护范围并举

要注重规范结构,在法律制定层面强化金融组织规范、金融交易规范与金融监管规范的功能性协调。在私法制定领域,任意性规范与强制性规范并重,既注重市场主体的自由交易,又要确保交易的整体安全。

(二)法律适用环节:重塑理念与统一审理思路并行

1. 重塑理念。既要充分关注金融消费者的弱势地位,强化对金融机构注意义务的要求;又要保护金融机构的合法权益,避免因过度对金融消费者的保护导致"矫枉过正"现象的发生。

2. 力促执法统一。针对格式条款,应注重从规制目的入手,合理分配责任;适

---

① 刘力:"非银行金融机构售卖理财产品之消费者保护——以司法裁判为视角",载 http://www.shezfy.com/view.html? id = 61740,最后访问时间:2012 年 6 月 3 日。

② 徐子良:"委托理财案件法律适用难点辨析——以保底条款负外部性分析及其无效后果处理为重点",载《法律适用》2011 年第 1 期。

③ 李永祥主编:《委托理财纠纷案件审判要旨》,人民法院出版社 2005 年版,第 153 页。

④ 徐子良:"委托理财案件法律适用难点辨析——以保底条款负外部性分析及其无效后果处理为重点",载《法律适用》2011 年第 1 期。

⑤ 徐子良:"委托理财案件法律适用难点辨析——以保底条款负外部性分析及其无效后果处理为重点",载《法律适用》2011 年第 1 期。

⑥ 刘力:"非银行金融机构售卖理财产品之消费者保护——以司法裁判为视角",载 http://www.shezfy.com/view.html? id = 61740,最后访问时间:2012 年 6 月 3 日。

度区分免责与限责条款;通过执法意见明确界定酒驾等常识性法律规范不属于说明的范围;严格限定不利解释的适用范围;对经行政审批的格式条款,既要注重准确运用司法权对上述条款进行合理性判断,又要限制金融商事审判的能动程度。针对不当销售,应灵活运用法官释明权,在举证等方面向金融消费者适度倾斜,尽可能地要求营销人员当庭作证,适度运用职权进行调查。针对盗刷行为,应把损失分配给能以最低成本承担这种损失风险的一方;进一步明确特约商户的审核义务;结合金额大小、地域等具体情况综合判定谨慎注意义务的标准;对于对盗刷行为确有过失的金融消费者,根据其过错程度、失卡和失密的具体原因分配过错,并区分伪卡和盗刷行为作出裁判。针对保底条款,结合委托理财的目的进行综合判断;对保证本息固定回报的合同,宜认定为借款合同进行处理;对于保底条款,如不影响整体合同的效力,可认定部分无效,同时根据双方的过错程度和盈利分配的约定,妥善处理因市场波动导致亏损的责任承担问题。针对骗贷行为,综合考虑抵押目的、另一方是否受益进行判定。若犯罪分子利用公证机构出具委托公证进行骗贷,如银行确无过错,可根据善意取得的规定取得抵押权,除非银行相关人员介入骗贷行为构成通谋;对于善意取得的限度问题,考虑到银行业务的频繁和实施的可能性,现阶段不宜要求过高,但宜从道德上积极倡导,力促金融机构严格放贷的审核程序。

(三)法律遵守环节:遵守法律规范与承担社会责任并重

1. 金融机构层面:针对合同的制定环节,注重对免除或限制他人权利的条款进行黑体加粗等特别标识,说明义务的履行应同时具备醒示和醒意的效果;深化对同类金融产品或服务条款的域外条款研究;强化条款的弹性和稳定性。针对合同的签订环节,一是强化信息披露义务的履行,注重说明的方式和效果。二是对于法律明确规定的强制性要求注重落实,加强对营销人员代签、误导等违规行为的查处。三是综合运用银行征信系统等力所能及地对申请贷款或银行卡的材料进行查询核实,对于和中介机构恶意串通骗贷的事件和相关人员严厉打击、坚决查处。四是进行委托理财产品的销售时应充分了解客户具体情况,认真进行投资风险评估测试。针对合同的履行环节,银行及时发送对账单,发现账户存在不正常的交易行为应及时提醒消费者;保险机构应按规定定损,发生争议后认真细致地对条款进行解释,及时出具拒赔通知书,明确退赔理由。针对损失的救济环节,加强对设备的更新、巡检与实时监控,综合使用不同的防护技术,保障信息及传输的安全。针对特约商户或合作企业:加强对合作企业审核义务的指导,对特约商户的选择和准入设定一定的门槛,对从业人员作出具体要求。

2. 金融消费者层面:进入金融领域要仔细,对合同文本应主动了解和阅看,特别是仔细阅读免责和限责条款、违约责任的约定,对金融风险要调整相应的心理预期。选择金融产品要审慎,对营销人员的解释和说明要有甄别、审慎选择适合自己的产品类型。维护消费权益要适度,发生纠纷应注意审视己方是否存在一定的过错或违约行为;综合考虑时间、精力成本选择最优的维权渠道。进入诉讼程序要及时,在证据尚具备收集条件的阶段进入诉讼程序,仔细倾听法官的释明和解释,积极提供证据材料证明自己的主张;如确实不具备相应的诉讼能力,则应积极寻找具备法律专业知识的人或律师协助进行诉讼。

3. 司法延伸层面:强化司法机关与金融市场主体之间的良性互动。如2010年以来,上海各级法院针对金融案件审理中发现的金融机构以及监管部门各方存在的问题,共发出司法建议58份。上海高院则连续多年发布金融审判白皮书,近年来还采取了综合白皮书与金融纠纷分册白皮书相结合的发布方式,受到了社会各界的广泛认可。

(四)法律执行环节:完善监管体系与促进行业自律并存

1. 构建严格而规范的监管体系。强化对监管体系和监管目标的研究。既要审慎监管,又要注重保护金融消费者的利益。针对新近关于建立统一的金融消费者保护机构和分离的金融消费者保护机构的争论等,[①]探寻适合中国的最佳监管体系。

2. 发挥行业组织的自律功效。充分发挥行业自律组织在同行业组织与管理方面具有的独到作用,打击违规违纪行为,促进行业和谐发展。特别是充分利用行业自律组织促进和完善行业立法,以行业协会制定的好的行业政策促成国家制定相关政策,积极引导整个行业向健康、有序的方向发展。

(本文发表于《上海审判实践》2013年第7期)

银行抵押权与房主所有权之冲突与出路

——房屋买卖合同无效引发的难题探解

金民珍　陈　红*

【提要】当涉及金融抵押合同的房屋买卖合同无效时,因房屋的所有权返还给出卖人,即原所有权人,导致抵押人丧失了对该房屋的所有权,由此引发以下几个问题:金融借款合同是否随房屋买卖合同之无效而无效?借款合同之从合同——抵押合同是否因此归于无效?银行的抵押权是否依然存在?返还给出卖人的房屋所有权上附有已经登记的抵押权,房主所有权如何才能获得救济?这些问题在审判实践中一直困扰着法官。导致法官在处理这些问题举步维艰的现实因素,是一

---

① 赵煊:"金融消费者保护文献综述",载《西部金融》2011年第3期。

* 金民珍,上海市黄浦区人民法院党组成员、副院长、审判委员会委员;陈红,上海市黄浦区人民法院民五庭副庭长。

些案件判决银行的抵押权有效并对抵押物有追及力之后,在执行中往往会遭遇抵押物原权利人的强烈抵制。抵押物原权利人因判决而重新取得抵押物所有权之后,即使尚未到房产登记部门办理登记,但是由于该房屋是其赖以生存的唯一的一套住房,房屋中往往还有其他拥有居住权的直系亲属,如果将该房屋拍卖、变卖之后,会导致这些抵押物原权利人和共同居住人丧失该房产的局面。因此,法官不得不在抵押物房主所有权和银行抵押权双面刀刃的尖上舞蹈,有时会在保护公民的生存权和银行的正当盈利权之间艰难地选择了前者。有的法官是因为考虑到为了避免使判决书成为一纸空文,在预料执行中会导致所有权一方强烈反弹时就会朝着容易使判决书被执行的方向处理,久而久之成为社会公众的一种价值取向。其实,法官再难,法院的判决仍应该秉承公平正义,不能偏离法律原理和法律条文的规定,无论是公民还是银行,都应为自己的行为买单,否则这个社会将缺失基本的遵循准则。公力是为了保护和平衡社会各方的合法利益,公力不能在私力的蛮横面前让步,司法必须另觅他法对抵押物原权利人予以救济。

【关键词】权利冲突　抵押权　所有权

一、金融借款合同的效力之辨析

在审理金融抵押借款合同纠纷案时,经常会遇到这样的案例:银行取得抵押权并且登记之后,借款人与前手房屋所有权人之间的买卖合同基于虚构、冒名等原因而被法院另案判决无效,前手房屋所有权人再次取得房屋的所有权。而借款人由于未按时还款,银行起诉至法院请求借款人还本付息,如若不然则要求拍卖、变卖所抵押的房产以实现抵押权。

法官在这些案件中首先面对的是考虑金融借款合同的效力如何:

(一)金融抵押借款合同不是买卖合同的从合同,不因房屋买卖合同的无效而无效

合同法理论认为,主合同是指不需要以其他合同的存在即可独立存在的合同,其具有独立性,设立主债务的合同就是主合同。从合同,是以其他合同的存在为存在前提的合同,又被称为附属合同。从合同的特点在于附属性,它不能独立存在,必须以主合同的存在并生效为前提。从合同主要的特点在于其发生上的依附性和效力上的从属性,即主合同成立以后,才能成立从合同;主合同不能成立,从合同就不能有效成立,主合同被宣告无效或者被撤销,从合同也将失去效力。虽然金融借款合同的成立以及生效与买卖合同存在一定事实上的联系,但两者的签约主体不同,合同标的物、履行期限、违约责任等合同条款不同,最主要的是成立和生效要件均不同,金融借款合同的成立和生效按照该合同本身的条款依法确定,与买卖合同的成立和生效无关,故两个合同不具备从属依赖性,只能说当事人签订买卖合同是签订借款合同的原因,而两个合同的订立具有事实上的原因关系并不是对合同主从关系的判断标准。所以,金融借款合同和买卖合同是基于两种不同法律关系产生的相对独立的两个合同,买卖合同的效力对金融借款合同的效力不产生影响,金

融借款合同不因买卖合同被判决无效而无效。

（二）抵押合同是金融借款合同的从合同，其效力隶属于金融借款合同

根据上述主从合同的理论，抵押合同不能独立存在，必须以金融借款合同的存在并生效为前提。两者的签约主体相同，抵押合同的成立、生效与金融借款合同的成立、生效密切相关，故抵押合同具备从属依赖性，是金融借款合同的从合同。借款合同如果是合法成立的，那么抵押合同符合其他生效条件的话，也应该是有效的。

由于抵押行为本质上是对抵押物的处分行为，因此，抵押人必须对抵押物享有所有权或其他处分权能的权利。以自己不享有处分权的财产进行抵押的，应认定抵押行为无效。本文中讨论的先有房屋买卖合同、后抵押借款的抵押权产生的事实基础是，房屋买卖双方当事人凭借买卖合同和买受人支付的首付款以及银行同意贷款的承诺到房产交易中心办理过户手续，房产交易中心会给买受人一份房产已在办理过户的凭证，银行凭借房地产交易中心对房屋买卖的交易安全性的审查认可，在看到这份凭证或者直接等产权过户到抵押人之后发放贷款，并办理抵押登记。因此抵押人在抵押房产时是作为该房产的产权人身份、对抵押物是有处分权的，即使后来被法院判决为房屋买卖合同无效而丧失了对房屋的所有权，也不因此而丧失抵押人签订抵押合同的有效性。当然，合同是否有效，还要考察银行在审核金融借款合同时是否有过错。

二、银行的房屋抵押权是善意取得

（一）不动产可善意取得

1. 对“唯动产存在善意取得”理论的反思

我国法学通说认为动产有善意取得而不动产无善意取得，其根本的原因在于公示方法的差异。动产以占有为公示方法，占有者即推定其为有处分权人，易使人将本无权处分之占有人误认为有处分权人，从而与其发生交易，从无权处分人手中取得对动产的占有。为使该种占有达到当事人预期目的，遂赋予动产善意取得制度来拯救因无效处分、无效的民事关系而得不到保护的善意第三人之利益。不过登记作为不动产物权的公示方式，它照样存在登记之权利与实际权利不一致的情形，假如登记簿上的权利人并非真正所有权人，其对不动产进行处分，也是无权处分，引起的民事行为也是无效。此时如果不对善意取得制度予以规范，不让善意第三人因无权处分行为的无效而失去其利益，就不能体现法律公平性价值追求的内在要求。

2. 不动产存在善意取得的立法依据

《最高人民法院关于贯彻执行〈中华人民共和国民法通则〉若干问题的意见（试行）》（以下简称《民通意见》）在民事权利部分“关于财产所有权和与财产所有权有关的财产权问题”中规定：“共同共有人对共有财产享有共同的权利，承担共同的义务。在共同共有关系存续期间，部分共有人擅自处分共有财产的，一般认定

无效。但第三人善意、有偿取得该财产的,应当维护第三人的合法权益,对其他共有人的损失,由擅自处分共有财产的人赔偿。”在民事权利部分只提到了财产所有权和与财产所有权有关的财产权、债权和知识产权、人身权这三种权利,关于这个所有权和财产权,并没有只限制于动产,立法的逻辑推理应该是也包括不动产。已经实施的《物权法》第106条第1款第1项更是明确规定“受让人受让该不动产或者动产时是善意的”情况下,“受让人取得该不动产或者动产的所有权。”

(二)不动产上的抵押权也可善意取得

1. 从公平性的法律价值追求来看,抵押权应能够善意取得

实践中我们发现一些房屋买卖合同纠纷中,无权处分的一方之所以得以处分权利人的房产,而买受人能够在此房产之上设置抵押权,有些时候,房产所有人(权利人或权利人之一)本身是有一定的过错责任的:比如权利人委托无权处分人办理产权登记,没有明确委托事项而无权处分人却将产权登记到自己名下;权利人为规避税收等政策将产权登记在他人名下,虽在私下订有产权协议,但是并不为债权人所知悉;权利人出于信任将产权证和身份证放置于无权处分人极易获得的地方,导致无权处分人利用这些证件卖掉权利人的房屋收获一笔费用而权利人还蒙在鼓里等。在诸如此类情况下发生的物权变动,或者涉及其他债权人的,比如该房产被设定了借款抵押权时,所有权人应当对自己已有责任的行为担负不利结果,而不能让不知情、无过失的债权人、抵押权人去担负房产抵押权不成立的不利后果。否则,就太不公平了。因此,法律价值的公平性追求需要不动产及抵押权的善意取得制度。

2. 从鼓励交易、保护流通的角度考虑,也应设立抵押权善意取得制度

善意取得制度产生于近现代社会特殊的经济背景,它是对所有权绝对观念的扬弃,调和着物的所有与物的流通,体现了欲求财富充分增长的社会理想,并由此保护财货流通安全,维护交易安全与秩序及第三人利益。不动产的交易相对于动产的交易更加复杂、作决定也相对不易。而抵押权是注重物的利用效率的现代市场经济中最典型的一种担保物权。抵押权与物的关系具有“物在则权利在”的效果,抵押物如何流通、物上的权利主体如何发生变化,抵押权都不会受到影响。债权人根据不动产的登记情况,贷款给借款人之后,依据合同约定取得抵押权。如果在抵押权人没有过错的情况下,已经取得了抵押房产的登记之后,仍然无法依据法律的规定取得抵押权,那么对于债权人来说,这种借款合同的风险就实在太大,其以后就会收缩、减少这方面的业务量,商事交易和金融流通的繁荣程度就会因此而下降,故从鼓励交易、保护流通的角度考虑,设立不动产善意取得的制度是有理由的。

3. 立法和司法实践认可不动产抵押权的善意取得制度

我国有学者认为在《民通意见》中的“财产”,应认为既包括动产,也包括不动产,提出这里讲的“擅自处分”,应认为既包括处分所有权,也包括处分设定在该财

产上的担保物权；还认为我国司法实务中存在大量的不动产抵押权的善意取得案件，人民法院经常使用此条文来解决财产所有权的保护与善意第三人的利益、交易安全的维护之间的矛盾和冲突。可以说，我国的司法实务中早已认可了不动产抵押权的善意取得制度。①《物权法》第106条第3款也规定："当事人善意取得其他物权的，参照前两款规定。"这"其他物权"应该是包含了抵押权这种担保物权的。不仅如此，其他国家比如德国、瑞士等许多国家的民法典，在立法上均认可不动产抵押权善意取得。从《瑞士民法典》第273条的规定来看，不动产的善意取得既包括了所有权也包括了所有权以外的其他权利，这里所指的"其他权利"应当包括不动产抵押权在内。② 我国台湾地区"土地法"第43条在如何保护取得不动产物权的善意第三人的问题上规定："依本法所为之登记，有绝对效力。"此项规定系保护善意第三人起见，将登记事项赋予绝对真正公信力，使第三人信赖登记而取得权利时，不因登记原因之无效或撤销而被追夺，以维护交易的安全。王泽鉴先生特别强调善意取得旨在维护交易安全，其受保护的范围限于法律交易，如所有权的移转、抵押权的设定。③ 他的这段话至少表明他和部分实务界人士确认抵押权是适用善意取得的。笔者所在法院审理的借款合同中绝大部分也是承认银行作为贷款债权人和不动产抵押权人的地位，只不过判决理由是依据合同的合法成立并且生效的角度来支持的，没有正面触及不动产及相关抵押权是否能够善意取得这根敏感的神经。但司法实务中以往对于《民通意见》的规定因有不同的认识而未予足够重视的状况，在现行《物权法》作出上述明确规定后，认可不动产抵押权的善意取得制度并且遵照法律的规定加以适用，已无疑义。

（三）银行若尽到合理的审查义务，可善意取得抵押权

一般来说，银行在签订合同时应审核借款人的身份信息、落实面签制度，当面核验借款人身份证明后由借款人当场签字，避免冒用他人姓名进行骗贷的现象；同时银行也应审核借款人的资产状况，对借款人一段时间内的工资账单或者税单、房产、户籍、车辆、存款、证券等证明材料，通过人民银行征信系统或亲自到登记机关查验各项权证的真实性和有效性；银行如能进一步对抵押物的实际状况进行查验，采取到实地查看、打通所售房屋内的固定电话等方法核实房产的真实权属状况，避免无权处分人隐瞒真实权利人私自将房产出卖并抵押的情况发生，就说明银行在签订金融借款合同和抵押合同之时是善意的，那么这两个合同就是合法成立并且生效。

---

① 王崇敏："不动产抵押权若干问题探讨"，载刘保玉主编：《担保法疑难问题研究与立法完善》，法律出版社2006年版，第152页。

② 王崇敏："不动产抵押权若干问题探讨"，载刘保玉主编：《担保法疑难问题研究与立法完善》，法律出版社2006年，第152页。

③ 王泽鉴：《民法概要》，中国政法大学出版社2003年版，第487页。

三、已设定抵押权的房产所有权性质之辨

本文所讨论的虽然不是抵押权成立后抵押人转让所有权的问题,但是法院以公权力判决转移所有权的结果与此相同,两种方式所转移的权利性质完全相同、转移后所有权取得的时间也都后于抵押权所设定的时间,因此这两者之间具有相通性。笔者认为在抵押权登记之后取回的房主所有权是不清洁的所有权。

(一)所有权之受让人不得对抵押权人的追及力提出异议

抵押人在设定抵押权后,仍有权转让其抵押物的所有权。因为抵押人虽然将抵押物抵押,但他仍是抵押物的所有人,完全可以对抵押物作出包括转让在内的处分行为,而且由于抵押权的优先效力,这种转让对于抵押权不发生影响,对抵押权人的利益也少有影响,抵押权人仍可追及物的所在行使其优先受偿权,取得抵押物的第三人不得提出异议。[①] 抵押人处分抵押物对抵押权人的权利没有影响,同理,法院判决买卖合同无效、真正的权利人取得的所有权也是不清洁的,在其之上已经附着了一个在先的抵押权,其不得对抗抵押权人行使正当的合法的权利。

(二)"定限物权优先于所有权"之规则更说明房主所有权的不清洁

定限物权也有学者称之为限制物权,是以限制物权的设定为内容的担保物权,诸如抵押权、质权、留置权。[②] 定限物权系于一定范围内,限制所有权之权利,故定限物权在同一标的物之上虽成立在所有权之后,唯仍当然优先于所有权。[③] 因此在物权法中,有定限物权优先于所有权之规则。定限物权,不仅以特定化的财产作为担保权的客体,而且其用以特定化的财产为债权人之外的财产,这些财产上设定担保物权后,财产所有人仍对其拥有所有权和处分权,只不过其权利之上增加了担保的负担而已。本文所指的抵押权是在抵押人以外的真正权利人因法院判决而取得所有权之前就已经设定的权利,其一样拥有限制所有权的特权。

(三)法律对所有权的限制性规定

从罗马法以来,所有权就一直被当做一项最完全的权利。在《查士丁尼法典》中,只要所有权人认为合适,他就几乎拥有使用、收益和处分的绝对权利,只受到法律规定的极少限制,能加在财物上的负担(如地役权、抵押权等)的种类也很少。现代各国民法,接受了罗马法所有权观念,但没有把所有权作为一项绝对的权利,而是根据社会发展的需要规定了相应的限制。《德国民法典》第 903 条明确规定:"物之所有人,在不违反法律和第三人权利之范围内,得自由处分其物,并得排除他人对物之一切干涉。"[④]《法国民法典》为财产所有人规定了很广泛、很充分的权利,并给予切实的法律保护,第 544 条规定"所有权是指以完全绝对的方式,享有与处

---

① 钱明星:《物权法原理》,北京大学出版社 1994 年版,第 346 页。

② 孙鹏、肖厚国:《担保法律制度研究》,法律出版社 1998 年版,第 17 页。

③ 高富平:《物权法》,清华大学出版社 2007 年版,第 58 页。

④ 钱明星:《物权法原理》,北京大学出版社 1994 年版,第 156 页。

分物的权利”,但该法典也在同条规定了“法律或条例禁止的使用除外”。[1] 国外的这种规定有其合理性。所有权虽为绝对权、对世权,可以以权利人之外的一切人为其义务人,但也是有限制的。比如当所有权遭遇登记在先的所有权、租赁权和抵押权等定限物权时,所有权的行使就要受到一定的限制。我国法律也有这方面的规定。《物权法》第191条规定,抵押期间,抵押人转让抵押财产必须经抵押权人同意,未经抵押权人同意,不得转让抵押财产,但受让人代为清偿债务消灭抵押权的除外。这一条改变了《担保法》第49条的规定,《担保法》规定抵押人转让已经办理登记的抵押物的,只要通知抵押权人并告知受让人转让物已经抵押的情况即可。于是《物权法》实施以后,抵押人转让抵押财产须经抵押权人同意,否则无效。我们且不管《物权法》的规定是否过于严格,以及其与《担保法》之间的对错或者程度之争,至少这两部法律都有一点是相同的,就是抵押物的所有权是受限制的,其在抵押登记后仍然可以被合法转让,抵押权人对于抵押物是有追及力的。

四、抵押权的追及力与房主所有权之较量:保护抵押权的追及力

(一)抵押权的追及力是抵押权效力中核心的因素

抵押权是指在债务人不履行债务时,抵押权人对于债务人和第三人提供的担保财产或财产权,享有变价优先受偿的权利。抵押权的效力包括:抵押权生效后,如抵押权的所有权发生变动,抵押权不受影响。[2] 这个概念中含有了追及力的效力。抵押权的追及力是指不论抵押财产落入何人之手,抵押权人得追及该财产行使权利。世界各国立法例大都承认抵押权的追及力。如《法国民法典》第2114条规定:“无论设定抵押权的不动产转归何人所有,抵押权均随该不动产而存在之。”《瑞士民法典》第832条规定:“让与被抵押的土地时,除另有约定外,该土地的担保负担即债务人的责任,不因变更所有人而发生变化。”我国台湾地区“民法典”第867条也规定:“不动产所有人设定抵押权后,得将不动产让与他人,但其抵押权不因此而受影响。”[3]物权有追及力已经成为国外立法和国内学者的共同主张。因此,以债务人或第三人的特定财产供履行债务的担保,不论债务人是否负担其他债务,也不论债务人是否将此担保物让与他人,债权人对此担保物都能优先地直接行使其权利,以之供债权清偿。

(二)物权效力依据物权产生先后的理论支持抵押权的追及力

在物权取得方面,有一句法谚:“时间在先、权利在先”。这个物权效力在取得上的优先性,主要是针对同一物上存在相同性质物权的情形,比如一个不动产上设定了多个抵押权,其清偿顺序按照抵押权有效成立的时间,当在先抵押权实现后,在后抵押权人才有权且有可能实现其抵押权。当抵押权产生在先而法院判决房主

① 罗结珍译:《法国民法典》,中国法制出版社1999年版,第172页。

② 徐开墅主编:《民商法辞典》,上海人民出版社1997年版,第380页。

③ 高圣平:《物权法与担保法:对比分析与适用》,人民法院出版社2010年版,第160页。

所有权取得在后,虽然这两个权利不属于同一性质,但是出卖人或者抵押物所有权人经判决取得所有权时在其之上确实已经附着了一个抵押权,这也是由于其取得所有权在后而不得不面对的一个事实,从公平和正当的角度来衡量,其也不应该只取得权利,不付出任何对价就剔除了于其不利的负担。

(三)物权公示公信原则是抵押权对抗效力的来源

物权公示是物权权利人向世人公开、显露、表明其拥有权利的手段。物权经公示后,即推定世人知晓,因而具有对抗第三人的效力。担保物权最主要的特征是,它是对他人之物的价值的排他支配权,担保物权虽也指向物,但并不必须以占有或支配客体物为前提,而只是在其实现时,优先获得其价值。现代各国,通过抵押权登记制度将抵押权人的权利公之于世,消除了抵押权可能成为"交易暗礁"的隐患,增大了抵押权对抗其他权利的能力,强化了其对世效力和排他效力。抵押权通过登记加以公示是抵押权人对抗善意第三人的要件,也产生了对抗世人的物权效力。本文所讨论的银行抵押权都是经过登记的,因此从维护物权登记的公示公信力原则出发,该公示也可以成为抵押权人对抗其他权利的来源,追及力是物权公示公信的外观法理的产物。买卖合同的出卖人或者抵押物所有权人正是因为知道了银行将要行使抵押权才提起了确认买卖合同无效的诉讼,因此等到法院判决买卖合同无效、买卖合同的出卖人或者抵押物所有权人取得所有权时已经知道抵押物已有担保负担,其权利的保护应劣后于抵押权。

五、维护房主所有权之救济方式——权利冲突中的保护与平衡

(一)通过涤除权来保护自身的所有权

《日本民法典》第378条规定抵押权转让时第三人有涤除权,即取得抵押物的第三人向抵押权人支付(或提存)抵押物的适当价额以消灭抵押权。抵押权人对于该第三人的涤除如果拒绝,应立即将抵押物拍卖,拍卖如果未能以高出上述价额1/10以上价额卖出时,抵押权人应自己以此高价承受抵押物。[①] 涤除权的行使往往在抵押权被拍卖或者变卖之际,如果抵押权人实现抵押权,第三取得人亦即抵押物所有人的权利就会消灭。其他各国立法,为保护第三取得人的合法利益,规定了涤除制度,涤除是指抵押财产的第三取得人向抵押权人支付或者提存抵押财产的价额。[②] 涤除权涤除的是在抵押物上的抵押权,从而恢复所有权人对于抵押物的完整所有权。而其付出的对价则可以通过向房产买卖合同中的买受人即抵押人主张。涤除权制度实现了对抵押物所有人权益的救济,从而实现抵押权人与抵押物所有人之间的利益平衡。通过涤除权制度来平衡各种利益,这不失为真正的权利人付出部分利益从而保护自身所有权的一条途径。

---

① 钱明星:《物权法原理》,北京大学出版社1994年版,第345页。

② 郭明瑞、房绍坤:《担保法》,中国政法大学出版社2008年版,第157页。

(二)通过代价清偿来保护自身的所有权

代价清偿制度是通过消灭主债权并进而消灭抵押权使担保财产的交易免于受抵押权人控制的一种方式。取得抵押物的第三人可以依代价清偿的原则,以其取得权利时的代价向抵押权人为清偿,代替债务人履行债务,使主债权消灭进而使抵押权也消灭,抵押权人不得再拍卖抵押财产,抵押权人的债权额与取得抵押物的第三人支付的代价之差额就成为普通债权。①

我国的法律也有类似规定,《最高人民法院关于适用〈中华人民共和国担保法〉若干问题的解释》第 67 条规定:"抵押权存续期间,抵押人转让抵押物未通知抵押权人或者未告知受让人的,如果抵押物已经登记的,抵押权人仍可以行使抵押权;取得抵押物所有权的受让人,可以代替债务人清偿其全部债务,使抵押权消灭。受让人清偿债务后可以向抵押人追偿。"我国《物权法》第 191 条规定:"抵押期间,抵押人经抵押权人同意转让抵押财产的,应当将转让所得的价款向抵押权人提前清偿债务或者提存。转让的价款超过债权数额的部分归抵押人所有,不足部分由债务人清偿。""抵押期间,抵押人未经抵押权人同意,不得转让抵押财产,但受让人代为清偿债务消灭抵押权的除外。"这说明在抵押权人未同意转让的情形下,抵押人与受让人之间的转让自不得对抵押权人主张有效,此时,受让人更不能依《物权法》第 106 条规定的善意取得制度主张其已取得无权利负担的所有权,抵押权人自得依抵押权的追及效力向受让人主张抵押权,但为维护抵押物受让人的利益,受让人亦可在抵押权人向其主张抵押权时代价清偿主债务而涂销抵押物上的担保负担,取得清洁的所有权。这种方式看似与涤除权有些相似,其实两者消灭的权利性质不一样,涤除权涤除的是抵押权,而代价清偿首先去除了主债权使抵押权没有了基础;抵押物所有权人付出的价格也是不一样的,代价清偿的是债务人的全部债务,而涤除权中抵押物所有权人付出的是抵押物的适时价格,该价格在抵押物价格上涨明显时会超过债务人的全部债务。这里需要注意,嗣后,取得抵押物所有权人在其清偿的范围内代替债权人有要求债务人清偿的权利。本文讨论的抵押物所有权获得者,只不过是通过法院的判决成为了取得抵押物所有权的受让人,其不可能去征得抵押权人的同意,法律地位与未经抵押权人同意而取得抵押物所有权的受让人相类似,因此关于抵押物所有权的受让人的上述规定也应该适用于抵押物所有权人。

(三)通过替代担保或者其他执行措施对房主的所有权实现救济

本文所讨论的权利平衡难题很大程度上来源于执行难,所谓解铃还须系铃人,执行中产生的问题还需在执行中来解决。替代担保是指由抵押人或者第三人(受让人)向抵押权人提供新的具有债权保障效果的担保,代替原有的抵押担保从而消灭转让物上的抵押权。② 替代担保是抵押物所有权人还有其他财产或者清偿实

---

① 郭明瑞、房绍坤:《担保法》,中国政法大学出版社 2008 年版,第 156 页。

② 许明月:"抵押物转让制度之立法缺失及司法解释补救",载《法商研究》2008 年第 2 期。

力,能够提供抵押权人能够接受的新担保以消灭抵押财产上的抵押权时可以选择的一种做法。另外,公民的生存权和居住权与公民坚持居住在已经抵押的房屋里之间不一定画等号,大房屋可以置换成小房屋,所有权的房屋里可以换成国家廉租房,只要能守住保障公民基本生存权的底线,法律还是要求每一个法律主体对自己的民事行为承担相应的责任,这也是法律保障社会公平、秩序的责任所系。

(本文获2011年上海法院系统学术讨论会优秀奖)

新型信用卡业务背景下的司法应对问题研究

金民珍*

【提要】近年来,我国信用卡业呈现出迅猛发展的趋势,新型信用卡业务促使进入司法领域的信用卡纠纷亦呈现出多元发展的态势。本文以新型信用卡业务中的双币信用卡业务、网上银行业务以及信用卡专向分期付款业务为切入点,就审判实践中的域外规则的适用、特殊环境下的举证规则、案由确定等问题进行了分析,并从银行业市场、行业监管、司法审判三个角度对于信用卡纠纷的处理提出了自己的意见和建议。

【关键词】信用卡　域外规则　格式条款

一、缘起:从普通"信用卡盗刷案"到"JCB条款"的启示

案例一:原告余铜海为某行信用卡的持卡人。其信用卡正面印有与持卡人姓名发音相同的汉语拼音凸字,背面有持卡人签名栏,原告在填写该信用卡申请表时,预留了"余铜海"签名样式。2005年11月26日晚,原告发现信用卡遗失,向该行信用卡中心挂失并向派出所报案。经查询,该信用卡已被他人冒用,在上海城隍庙第一购物中心有限公司堂内的POS终端上,先后刷卡消费两次,在签购单签名栏处留有"余钢海"、"余铜×(该字迹不清)"等字样的签名。2006年1月20日,该行信用卡中心与原告达成由原告承担上述款项、信用卡中心免收其滞纳金和循环利息的协议。后原告因向上海城隍庙第一购物中心有限公司索赔未果,遂诉至法院,请求判令被告上海城隍庙第一购物中心有限公司赔偿经济损失人民币12,978.90元。①

案例二:被告张某被原告某银行股份有限公司诉至法院,审理中,张某援引国

---

* 金民珍,上海市黄浦区人民法院党组成员、副院长、审判委员会委员。

① 沈志先、林晓镍:"信用卡法律关系及相关主体民事责任解析——评余铜海与上海城隍庙第一购物中心有限公司等财产损害赔偿纠纷案",载《上海审判实践》2007年第2期。

际信用卡支付结算平台 JCB 相关条款，提出抗辩拒绝偿付争议款项。经查，JCB 全称为日本国际信用卡公司，原告是其会员单位，该行发行的信用卡在境外可以通过 JCB 平台予以结算。张某所持该行发行的信用卡在意大利被盗，挂失之前发生 3 笔非本人授权交易，张某在挂失过程中即向原告提出冻结对上述交易结算支付的要求，但原告以不符合结算规程为由未予冻结，被告张某遂以按 JCB 相关交易规则，非本人刷卡消费可不予赔付为由，拒绝支付上述款项。

上述案例真实地反映了信用卡纠纷近年来的发展样态：从传统的银行诉请持卡人拖欠透支金额不还的纠纷类型，到"信用卡盗刷案"中特约商户、发卡行、持卡人的不同法律关系、审核义务、过失相抵原则的适用纠纷，再到如今信用卡新型业务派生的诸如双币信用卡业务中"JCB 条款"域外规则的适用，银行、知名网站、酒店联办的订房业务引发的信用卡预授权或信用卡担保纠纷、信用卡专向分期业务引发的还款类型的纠纷。信用卡纠纷，从单一的欠款纠纷以及债务真实性纠纷，已然伴随着信用卡业务的逐步拓展而发展变化，创新产品的层出不穷、市场的优胜劣汰、持卡人维权意识的不断增强、银行业自发的自我规制、司法机构的合法性与合理性审查、普通社会公众的舆论争论贯穿其中。因此，着眼于新型信用卡业务，探索其中的法律问题显属必要。

二、解析：新类型信用卡业务背景下的纠纷类型

（一）双币信用卡业务与域外规则的适用

新类型信用卡业务引发的法律问题，首当其冲的是案例二中反映的国际交易平台引入后的域外规则的法律适用问题。当前，随着我国金融市场的逐步开放和跨国交易的日益频繁，一方面，各类跨国金融机构和金融组织进一步融入到我国市场交易之中，随之而来的是国际商事惯例的逐步渗透，我国广阔的市场给其适用预留了空间；另一方面，伴随着金融消费者维权意识的增强，越来越多的消费者的权利意识觉醒，国际商事惯例也逐渐走入他们的视野。

1. 域外规则类案件的示例与背景

域外规则类案件，多发生于双币信用卡业务中。所谓双币信用卡，相对于单币信用卡而言，是具有人民币和其他币种结算功能的银行卡，一般都是发卡行与包括 JCB、VISA（维萨）、Master Card（万事达）等在内的国际信用卡结算公司合作发行的信用卡，持卡人在国内可以使用该卡通过银联实现人民币结算，在国外消费时则可通过相应结算平台公司的管道和相应币种予以直接结算。[①] 当前，为了享受到境外消费的便捷和优惠，双币信用卡越来越普及，这些双币信用卡由于中国消费者的消费习惯和传统理念不同于他国，相应的交易规则亦有一定的区别，由此引发域外交易规则与我国法律法规及交易习惯的冲突。如前文发生的 JCB 条款的适用，

---

① 参见百度百科关于双币信用卡的介绍，载 http://baike.baidu.com/view/2909850.htm，最后访问时间：2011 年 10 月 15 日。

就是针对发卡行与日本国际信用卡公司合作推出的信用卡,持卡人援引 JCB 规则提出的抗辩。最终法院经审理认为,JCB 在境外发行的信用卡可根据持卡人申请予以冻结止付,但不适用于在境内发行的信用卡。因系争信用卡由发卡行在境内所发,根据发卡行与 JCB 之间的相关协议,被告援引 JCB 有关冻结结算支付条款的抗辩不成立,据此判令被告支付相关款项。

无独有偶,早在 2007 年,司法实践中就曾经出现过持卡人援引"万事达零责任"条款进行抗辩的案件。由万事达卡国际组织上海办事处盖章确认的"万事达卡在亚太区推行风险零责任(Zero Liability)准则"规定:持卡人须符合一定条件方可享受该"零责任"的保护,包括妥善保管他们的卡片,并在发生卡片丢失、被盗以及非授权交易时及时通报发卡行,且持卡人须具有良好信誉并遵守与发卡行所签订的协议。该条款适用于所有持有亚太区发行的万事达品牌卡片的消费者,据称是从保护消费者的角度规定了持卡人对非授权交易可享有"零责任"的保护。最终,法院经审理认为:持卡人在申请信用卡时明确表示接受信用卡领用合约,该合约约定了挂失前消费本人承担。万事达国际组织的非授权交易零责任条款的适用是有前提条件的,包括遵守与发卡银行签订的协议等内容,且系争的消费是通过中国银联的 POS 机消费,而不是万事达国际组织的平台消费的。因此持卡人辩称适用非授权交易零责任条款没有事实和法律依据,最终判决持卡人承担相应的法律责任。①

2. 域外规则的适用问题研究

由此可见,上述纠纷在司法实践中的核心问题是考量域外规则对境内合作银行核发之信用卡的相关交易是否具有约束力。

(1)域外规则与领用合约的约束力问题研究。笔者认为,诸如 JCB 条款、万事达零责任条款的适用,在我国当前的银行业操作程序体系下,很难有适用的空间。首先,域外规则的适用并不当然排除持卡人与发卡行的领用合约的约定。目前,信用卡申领人在境内申领信用卡时,均会与发卡行签订领用合约,这些合约无一例外地均对盗刷风险作了明确约定,其中均有挂失前消费银行不承担责任的相关约定。信用卡申领人均需明确表示"接受领用合约的约定"。如"万事达零责任条款"就规定,其适用以持卡人遵守发卡行所签订的协议为前提条件。在此种情况下,除持卡人与发卡银行之间作特别约定,将此域外规则的效力覆盖到合作信用卡的境内适用,否则相关域外规则对此类交易必然缺乏约束性。其次,域外规则的适用受信用卡本身性质、发行地点的限制。如案例二中的 JCB 条款,其适用条件为境外发行的信用卡。需要特别指出的是,当前,境内银行发行的信用卡上除标识有"银联"图示外,还标有相关境外合作方诸如 JCB 的相关图示,但该类图示标识大多数都并

---

① 朱云华、陈红、陆新时:"信用卡被窃后的透支消费不享有'零责任'保护权利",载《上海审判实践》2009 年第 3 期。

非表明该信用卡的核发、使用等各方面须同时符合 JCB 业务规则,仅表示境内银行与此类金融组织在境外管道方面进行合作,从而方便持卡人在相关商户消费时直观区别该合作信用卡是否可以使用。在此类信用卡中,境外相对方的交易规则并不当然适用该合作信用卡的相关交易。最后,从法律关系角度,域外规则亦不当然拘束银行与持卡人。境外的 JCB、VISA、Master Card 等国际信用卡交易公司与中国银联股份有限公司的性质相类似,其主要功能为对银行间交易及数据流通提供管道支持。银联、JCB 等机构通常与信用卡持卡人之间不发生直接的合同关系,持卡人与银行之间建立信用卡合约关系,而银行与银联、JCB 等机构建立业务合作关系。因此,即使发卡银行作为银联等机构的会员单位,两者之间就相关规则订立了相关协议,但依据合同相对性原则,也并不必然表明银联、JCB、VISA、Master Card 等机构的规定对持卡人直接产生拘束力。

(2)银行业域外规则的"误读"与解读。就域外规则的本身含义而言,即使不包含遵守领用合约的适用前提,其含义本身也并不意味着对因遗失而导致信用卡被盗刷的持卡人的当然免责。而目前国内普通公众对于域外规则的理解也系误读,并不符合域外规则的本意,有舆论在反思"万事达零责任条款"的相关规定后,以"更像是一次形象公关"来评价上述条款的引入。

如前所述,万事达卡国际组织上海办事处盖章确认的"万事达卡在亚太区推行风险零责任准则"规定:持卡人须符合一定条件方可享受该"零责任"的保护,包括妥善保管他们的卡片,并在发生卡片丢失、被盗以及非授权交易时及时通报发卡行,且持卡人须具有良好信誉并遵守与发卡行所签订的协议。其中的"妥善保管卡片、及时通报"无疑与领用合约中的"及时挂失"有着同样的要求。万事达组织有关人员的意见也证实了这一点,他们表示如不及时挂失,则不属于"风险零责任准则"保护范围之内。此外,针对国内的信用卡采用"签名、密码双重认证"的方式进行交易,万事达卡组织有关人士表示,由于密码本身就意味着授权,因此如果已发生交易是以密码方式通过的,原则上也不属于零风险准则保护之列。① 故上述条款的原意主要针对的是伪卡非授权交易,而根据司法实践的相关有影响力的判决,伪卡交易无论是领用合约的约定还是根据域外规则,银行承担相应的责任应无异议。②

(二)网上银行业务与自己责任、举证责任、格式条款之争

网上银行业务是银行为了进一步便捷交易,利用网络平台,通过网络技术手段,推出的网络查询、支付等服务。特别由于近年爆发式增长的电子商务更是极大

---

① "持卡人风险零责任名实难副",载搜狐网:http://business.sohu.com/20050803/n240217115.shtml,最后访问时间:2011 年 10 月 16 日。

② "王永胜诉中国银行股份有限公司南京河西支行储蓄存款合同纠纷案",载《中华人民共和国最高人民法院公报》2009 年第 2 期。

地凸显了网上银行的便捷性。由于其不受时空限制,而蕴藏着巨大的发展空间。但同时,网上银行暴露出来的安全隐患及管理缺失问题也愈加明显。

1. 网上银行类案例示例及表征

2002 年 10 月,浙江省永嘉县人洪荣尧在中国农业银行永嘉支行罗浮营业所申办了一张借记卡。2005 年 2 月 2 日,洪荣尧的手机短信显示,其借记卡内少了10.25 万元,遂向警方报案。经调查,2004 年 11 月 22 日,有人以“洪荣尧”的名义持假身份证到中国农业银行温州市分行开通了网上银行业务,获取了网上银行的客户证书及网上银行密码。注册成功后,此人于 2005 年 2 月 2 日通过网上银行成功将洪荣尧借记卡内的 10 万多元资金分两笔转划至他人账户,后领取了该款。另经查明,洪荣尧曾因业务需要将借记卡的密码告诉过他人。目前该案尚未侦破,被冒领的款项无从追回。[①] 至此,国内首例网上银行被盗案再审维持银行败诉的原判。

与之对应的,上海司法实践中亦出现了多起因网上银行交易发生争议而引起的纠纷。例如,持卡人辩称从未申请开通网上银行却发生网上支付的;辩称在住院手术期间发生网络盗刷;亦有辩称支付宝账号、密码被盗,从而导致与支付宝绑定的网上银行发生盗刷。此类案件的表现形式均为持卡人对网上支付的交易行为不予认可,辩称交易是其密码被盗而发生的,认为不应当由其承担责任。但发卡银行则认为在《领用合约》或《章程》中有“密码消费即视为本人消费”或类似的规定。持卡人未能有效证明系争交易是在密码被盗情形下发生的盗刷交易,因此坚持认为持卡人应当承担还款义务。

2. 网上银行类纠纷的产生原因

网上银行类纠纷频发,究其原因,主要是由如下几个方面的原因造成的:(1)银行现有安全保障技术的制约:任何技术的发展都有其固有的短板和局限性,银行系统的更新升级不可避免地会发生相当的延迟。(2)犯罪技术层出不穷:特别是伴随着计算机黑客技术不断发展,使“道高一尺,魔高一丈”的现象在计算机安全领域尤其明显。而能给盗取者带来直接经济利益的银行账户密码等信息更是成为黑客觊觎的重点目标。(3)网络安全性不够:据中国互联网络信息中心的统计,当前中国网民的电脑使用环境普遍偏差,电脑安装正版操作软件及杀毒软件的网民比例明显偏低,使得原本脆弱的网络环境更加恶化。(4)持卡人的过失:持卡人通过网上银行交易过程中安全意识不够,致使信用卡信息泄露,被他人盗取或骗取。

3. 网上银行类纠纷法律问题研究

当前,网上银行类纠纷,呈现在司法领域,主要体现为以下两类:从未开设网上

---

① “国内首例网上银行被盗案再审维持银行败诉原判”,载中国民商法律网:http://www.civillaw.com.cn/article/default.asp?id=27793,最后访问时间:2011 年 10 月 20 日。

银行业务而发生所持信用卡网上遭盗刷类案件，如上文所述的国内首例网上银行被盗案即为此类案例，争议焦点主要集中于银行审核义务方面；已开通网银因黑客入侵遭盗刷案件，争议焦点集中于举证责任分担，现行合约中“密码消费视同本人消费”的司法认定、混合过错的认定等。这里受文章篇幅所限，仅就其中较为集中的争议问题作一分析。

(1)开通网上银行的审核义务。民事责任的承担强调以“自己责任”为原则。因此，在网上银行类诉讼中首要查证的问题即为开通网上银行的人是否为本人，笔者认为，在开通网上银行业务的审核义务时，银行应负有更重的审核义务，应当对身份证是否属于本人所有、证照是否符合、号码是否正确等进行严格的审核，否则应承担相应的民事责任。如上述国内首例网上银行被盗案即以此为原则，判定银行承担因盗刷而产生的民事责任。同时，笔者认为，银行在此种情况下承担的是先行垫付责任，最终盗用人被公安机关逮捕后或找寻到后，银行仍可向盗用人提起诉讼，要求盗用人承担终局责任。

(2)因黑客入侵导致网银密码被盗的举证责任问题。然而，更多的网上银行类纠纷中，双方当事人的过错并未显示得如此清晰，有些案件中，持卡人声称网银密码被盗导致账户中金额损失，举证责任的分配则成为掣肘判决结果的重要因素，由于在网上银行业务中，交易的全部数据都存储于银行的数据库中，银行拥有绝对的证据优势，而持卡人在多数情况下存在举证困难或举证不能，因此对于举证责任的分担问题，理论界与司法实践认识不一，有学者主张应当由银行承担自己尽到完全的安全保障义务的举证责任，应采用举证责任倒置原则；亦有学者认为应当区分处理。①

笔者认为，民事纠纷中的举证责任分配是一个动态的变化过程。持卡人有义务对存在网上银行资金损失的事实进行证明，但这一事实的证明只需达到民事案件中优势证据原则，使法官足以形成一定的信赖即可，如持卡人提供的收到银行短信提醒后立刻致电银行客服电话询问的电话录音、知晓被盗后一定时间内即主动去公安机关报案的证据，证明自己在网银被盗刷期间不可能进行网银操作等。其他证据应当由银行负责举证。对于其他情形所致的损害赔偿，举证责任仍应采用“谁主张，谁举证”原则，如黑客发起攻击的究竟是谁的电脑，是因为持卡人轻信钓鱼网站或存在明显过错而招致被盗刷抑或银行自身的网络安全系统存在一定缺失等，但亦应适度减轻客户(受损方)的举证压力。需要指出的是，由于网上银行交易业务的有关记录都以电子数据的形式存储，这些电子证据的取证方式、固定形式、证明效力等都有异于传统证据，司法审判中应予以关注。②

---

① “论银行卡账户资金被盗取的法律责任——银行卡纠纷案件研讨会实录”，载中国民商法律网：http://www.civillaw.com.cn/article/default.asp?id=45825，最后访问时间：2011年10月20日。

② 张立先、李军红：“网上银行业务纠纷中的损害赔偿责任”，载《济南金融》2004年第3期。

(3)"密码消费即视为本人消费"在网上银行纠纷中的条款评析。此类案件中的另一个争议焦点通常集中在对《领用合约》或《章程》中关于"密码消费即视作本人消费"的约定是否属于格式条款而无效。实践中,发卡银行的《领用合约》或《章程》中通常有"密码消费即视为本人消费"的约定。此条款由于其反复使用且不允许持卡人修改,毫无疑问是格式条款,但对于是否当然无效,理论界一直存有争议。

在信用卡出现初期,由于缺乏互联互通的信息网络技术,使得在信用卡消费过程中均采用人工压单、签名确认的交易方式。随着信息网络技术的迅猛发展,使通过联机方式确认密码具备客观可行性。在信用卡进入中国市场初期,相关发卡银行因应中国消费者的消费习惯和传统理念,在信用卡交易过程中导入了密码的验证方式,并为持卡人广泛接受,使得密码验证成为信用卡交易的主要甚至唯一的识别方式。在经济高速发展的今天,通过密码验证的信用卡消费不仅在客观上具备便捷的特性,而且由于密码具有较高的隐私性,从而具备较高的安全性,相较而言为持卡人提供了较高保护。当然不容否认的是,将密码作为交易的唯一识别方式存在巨大的系统风险,但亦是在当前经济发展过程中持卡人及银行双向选择的一个结果(持卡人可选择凭密码还是凭签名)。虽然具有一定的弊端,但毫无疑问的是,这是当前金融交易过程中效率与安全博弈的较佳平衡点。因此,不能片面强调安全而忽视金融交易必需的便捷和效率。我们应充分注意到"密码消费即视作本人消费"具有的客观合理性。

然而,在互联网平台上,密码盗用的可能性由于不法分子的侵入和技术瓶颈,显然较之 ATM 机等存在更多的盗用可能性。笔者认为,在司法实践中,不宜当然宣告格式条款无效,应根据密码盗用的原因作出综合判断。如因银行自身的技术问题、黑客攻击银行网上安全系统等导致的盗用等,可以以并非本人授权或者系银行存在过错判令银行承担相应的责任。而当持卡人缺乏有效证据证明网上交易并非其本人所为,则可基于证据的高度盖然性,判定持卡人承担相应的偿还责任。

(三)信用卡专向分期付款业务与案由、法律关系之厘清

信用卡专向分期付款,是指持卡人在发卡银行指定的特约商户消费刷卡后,由发卡行代该持卡人向特约商户一次性支付所购商品或服务的总价款,再将总金额按一定规则分解成若干期数,持卡人每期偿还约定金额欠款的一种交易形式。[①]信用卡专向分期付款业务是各大银行在近年陆续推出的、针对有大宗日常消费需求的持卡人(特别是在 4S 店购车的持卡人)、通过信用卡在指定特约商户透支消费所开展的信用卡分期支付业务。持卡人在获得较普通分期付款业务更高额度的同时,以所购汽车等商品作为抵押或提供其他保证,同时享有与普通信用卡相同的

① http://www.bjrb.cn/html/2010-09/17/content_52222.htm,最后访问时间:2011 年 10 月 20 日。

授信额度。在该业务中所办信用卡通常不仅包含“专向分期额度”,还包括供一般消费或取现的“循环额度”,由于此类业务所涉法律关系相对复杂,持卡人与发卡银行签订的合同不仅包括申请表、领用合约,还包括《付款协议书》、《最高额保证合同》、《车辆最高额抵押合同》等。一旦发生纠纷,在案件性质、案由归属上容易产生分歧,从而影响到案件的进一步审理。

1. 信用卡专向分期付款业务纠纷的案由确定

目前,司法实践中尚无此类纠纷诉至法院,但已有潜在的纠纷正在司法界和银行界的探讨中。[①] 由于此类业务通常存在多个合同关系,包括借款合同关系、信用卡合约关系、抵押合同关系等多个法律关系,对于此类纠纷的案由的确定,司法界不无争议。而法院为司法管理的需要,对每个案件依所涉案由会根据相关法律及司法解释规定予以归类,分至不同的业务庭审理,客观上大大提高了案件审理的效率和准确率,也是司法审判专业化、精细化的必然要求,因此,厘清该类纠纷的案由显属必要。

依据《最高人民法院关于印发修改后的〈民事案件案由规定〉的通知》,案由是“反映案件所涉及的民事法律关系的性质,是将诉讼争议所包含的法律关系进行的概括,是人民法院进行民事案件管理的重要手段”。“民事案件案由应当依据当事人主张的民事法律关系的性质来确定。”笔者认为,与信用卡专向分期付款业务相关的纠纷案由仍宜确定为最高人民法院所规定的案由中的“96. 银行卡纠纷”中的“信用卡纠纷”。该类业务虽然与传统的信用卡业务有较大区别,但除持卡人与银行单独就抵押合同或保证合同相关内容提起诉讼时应分别归类外,专向分期付款业务纠纷的案由应主要归入“信用卡纠纷”之下,这是由信用卡专向分期付款业务的基础法律关系与信用卡纠纷的法律关系具有高度的一致性所决定的。传统信用卡纠纷的法律关系特征可简单概括为:以信用卡为介质、具备银行授信额度和透支功能,其中的主要法律关系如下:(1)持卡人与银行之间兼具金融借款合同和结算付款委托代理的法律关系;[②](2)持卡人与特约商户之间系买卖合同的法律关系;(3)持卡人与实际取款人或刷卡人之间的委托代理或侵权的法律关系。同样,信用卡专向分期付款业务中,也涉及至少三方的法律关系:持卡人与银行之间、持卡

---

① 如黄浦区人民法院金融庭就曾经接受多家银行前来咨询未来此类案件的业务风险点和审判中可能遇到的问题,从交流中得知,银行内部与不同法院对于此类纠纷的案由确定和法律关系认定存在分歧。

② 一种观点认为,贷记卡中还存在消费借贷关系,即坚持混合性质说。根据我国台湾地区学者的观点:应依贷记卡使用合同的约定而定。如果持卡人在缴款截止日内须将应付账款全额给付发卡行的,则发卡行依指示支付款项属于处理委托事务而代垫费用,持卡人按时将应付账款给付发卡行属于偿还必要费用,当事人间除了委托合同外并不当然发生消费借贷的法律关系。如果持卡人选择以循环信用的方式缴款,则发卡行与持卡人之间才发生消费借贷的法律关系。对于先存入一定的备用金方可消费的准贷记卡一般认为为消费寄托、交互计算合同。参见陈俐茹:“论信用卡交易制度及其法律关系”,载《比较法研究》2004 年第 5 期。

人与特约商户之间、持卡人与实际取款人或刷卡人之间的法律关系,其案件纠纷虽然复杂,但主要仍属于信用卡案由。

2. 信用卡专向分期付款业务纠纷的法律关系刍议

(1)持卡人与银行之间。①主协议:该类业务的主协议与普通的信用卡申领协议并无太大区别,也是采用额度授信及透支消费,并且在专向分期额度之外还有普通消费的循环额度,使得与信用卡纠纷的法律关系更为趋同。②从协议:持卡人与银行之间除主协议之外一般还有最高额保证合同和抵押合同,但这两份合同从法律性质上来说均属于从合同,依据《最高人民法院关于印发修改后的〈民事案件案由规定〉的通知》规定,当主合同与从合同一并提起诉讼时,该案案由应依主合同法律关系而定。因此,信用卡专向分期业务纠纷的案由应定为信用卡纠纷。然而,单纯就从合同提起诉讼的,应依从合同性质分别列为“90. 保证合同纠纷”和“91. 抵押合同纠纷”。

(2)持卡人与特约商户之间。虽然特约商户将若干客户信息向银行推荐,使之成为银行的信用卡专向分期付款业务的申请人,但在特约商户与银行之间的合作协议中明确表明,银行对推荐人员进行独立的授信调查及信用卡核发,因此,并未改变持卡人与特约商户之间基于信用卡的买卖合同或其他基础法律关系。同时,特约商户作为银行的代理人,应当对持卡人因专向分期贷款以外的其他业务进行的透支消费履行审核义务,如因未履行审核义务涉诉,应当承担相应的法律责任。

(3)持卡人与实际取款人或刷卡人之间。若信用卡专向分期付款业务中发生信用卡被非授权人取款或刷卡交易的情形,则持卡人与实际取款人或刷卡人之间依然是委托代理或侵权的法律关系。

三、反思:信用卡业务与信用卡纠纷的过去、现在与未来

综观信用卡业务,从最初的单一国有银行发行信用卡,到如今的债权总额、持卡人数量的成倍、成百倍增长,信用卡纠纷也从传统的持卡人欠款不还的纯“卡债”纠纷,发展到以“余铜海与上海城隍庙第一购物中心有限公司等财产损害赔偿纠纷案”、“王永胜诉中国银行股份有限公司南京河西支行储蓄存款合同纠纷案”为代表的“卡债”纠纷、盗刷纠纷、伪卡纠纷三足鼎立的纠纷类型,再到如今域外规则适用、预授权交易纠纷、网上银行纠纷、信用卡专向分期付款业务纠纷、IC 卡电子现金业务纠纷、联名卡纠纷等多种纠纷并举,信用卡业务的“新型化”也丰富着纠纷类型的“新型化”的内涵。而这些新型案件的审理通常会伴有对银行告知义务、虚假宣传的质疑,在这些业务的创设和运作过程中,笔者认为,仍有许多问题值得进一步思索。

(一)域外规则引入与释明义务:基于市场的反思

如前所述,“零责任条款”、“JCB 条款”的引入更多像国际信用卡组织的“形象公关”,这些条款将国际组织引入国内市场,将消费者带入国际市场,其所承载的是国际信用卡组织走进中国市场的决心,而伴随着市场的日渐开放和国际信用卡组织与银行业联合的进一步推进，相信更多的“形象公关”将会被规则的“实质引入”所替代，对于暗藏着对国内消费者利益损害的不公平对待的条款应予及时调整，而域外规则与国内规则的差异性、国内银行的技术条件水平与域外规则的匹配度等必将伴随着域外规则的“实质引入”而走进公众视野，信用卡市场仍有改进的空间：

1. 实现“被动应对”到“主动迎战”的转变

当前，银行业更多侧重于纠纷发生后的被动应对，而这在域外规则逐渐为公众了解和渗透市场的语境下，显然还有进一步加强的必要，银行业自身积极主动的介入到对域外规则的学习、调研；促进自身技术的改进和服务的完善；实现域外规则与领用合约的融入和贯通应成为大势所趋。

2. 实现“误导泥潭”到“全面释明”的转变

“万事达零责任条款”引入后，新闻媒体以一边倒的态度着眼于“零责任”的宣传，而鲜有提及“零责任”条款的适用条件和具体含义，极易引发持卡人对条款的错误理解和片面认识。而部分银行不规范的促销方式也往往导致自身容易被推入到“误导”的风口浪尖。在此种背景下，笔者建议银行通过以下方式加以改进：一是通过深入而广泛的舆论宣传对相应规则进行释明。避免宣传的片面性导致公众认识的偏差。二是注重对格式条款的提示和说明。对于其中对持卡人重要权利有影响的挂失、免责等条款采用异于普通条款的黑体加粗形式进行提示并主动予以充分说明。三是积极对之前缔结的领用合约的说明或提示瑕疵进行补正。对于因领用合约改版后发生变动的条款，应迅捷采用补正形式，以专门向持卡人发通知或在对账单上进行提示等形式，对相关内容进行说明和提示，以避免发生纠纷后的诉讼风险。

（二）行业监管与司法审查：基于监管的反思

近年来，银行业监管部门也出台了相应的规范，对行业内的部分业务进行了规制，如银监会、中国人民银行就曾经出台过多部规范性文件，信用卡章程等也通常需要银监会进行批准。2010 年中国人民银行颁布的《中国金融集成电路（IC）卡规范》（2010 年版）系列行业标准等，更是对电子现金（“圈存”）等专业性较强的业务作了明确规定。司法实践中，也会遇到行业监管与司法审查的冲突等问题，如 2010 年，北京市第一中级人民法院就曾经受理过银监会被诉信用卡章程审核不严的纠纷。[①] 对此，笔者的意见是：

1. 注重规范性文件的参照适用

在审判实践中，人民法院可以根据规范性文件所确定的标准、条件对银行业以及持卡人的合同、操作流程进行司法审查。但需要特别指出的是，从《立法法》等相关规定可以看出，人民法院对于规范性文件的适用仅为参照适用，对于文件中并

① “民生银行信用卡再现高额滞纳金及罚息　银监会被诉信用卡章程审核不严”，载中国普法网：http://www.legalinfo.gov.cn/index/content/2010-07/06/content_2188586.htm? node=7880，最后访问时间：2011 年 10 月 20 日。

未明确,但银行业确有瑕疵或不当的行为,人民法院有权根据法律规定针对具体个案中的行为作出相应的判决,并引导银行业的警醒和依法改进。

2. 强化行业监管与司法机关的沟通互动

行业监管与司法审查,从不同的维度规制着银行业,其作用是相辅相成、缺一不可的。行业监管侧重的是行政行为的管理、司法审查侧重的是定分止争。而司法审查更易于第一时间发现银行业存在的瑕疵,因此,建议强化行业监管与司法机关的互动,通过司法建议等多种形式及时对审理中发现的问题进行预警,为行政机关的规范性文件的出台提供司法实践素材,共同协力推动金融市场的稳健、持续发展。

(三)利益平衡与审判指引:基于司法的反思

信用卡纠纷尽管呈现出标的额不大、案件事实相对清晰等特点,但由于持卡人众多,一个新的抗辩的处理往往会涉及一类案件未来的裁判结果以及影响发卡行未来的政策制定,因此仍应坚持谨慎处理的原则。这种慎重体现在:案件的受理,必须严格《按照民事诉讼法》的规定谨慎对待;案件的审理,必须细致而深入地调查研究新的法律问题,为司法裁判作充分的准备;案件的处置方案,必须正确处理不同诉讼主体之间、个体利益与公共利益之间的关系,考虑社会利益冲突最终得到平衡和化解的有效性,以及与国家经济政策和市场监管应保持的协调性。同时,对处于相对弱势的金融消费者,应妥善运用释明和举证指导,使其充分了解相关规定,正确维护自己的合法权益。只有反复推敲、利益平衡,方能使信用卡纠纷的处理符合未来市场发展的需要。

(本文发表于《人民司法》2011 年第 3 期)

新型信用卡纠纷实务研究

朱云华　向　婧*

【提要】信用卡纠纷中除仅涉及发卡行和持卡人之间的拖欠借用合同款项的简单纠纷外,还存在大量的因其他因素涉入而引发的相对复杂的纠纷。这些新型纠纷大多情况新颖,法律关系复杂,是审理中常见的难点问题之一。本文从几则案件实例出发,解析了新型信用卡纠纷中较为常见的三种类型:即信用卡冒用等伪卡案件、涉案外人异议消费抗辩案件、促销及复合型纠纷案件的处理规则,供在处理类似案件作一参考。

【关键词】信用卡纠纷　侵权　违约

* 朱云华,上海市黄浦区人民法院民五庭审判长;向婧,原上海市黄浦区人民法院民五庭助理审判员。

近几年来,随着信用卡市场的日趋发展和市场竞争的加剧,信用卡市场出现了促销手段新颖化、纠纷类型复杂化、服务要求高端化等新的特点。由于我院辖区内银行林立,且在全市法院系统内是信用卡纠纷案件办理较为集中的法院,年均办理信用卡案件在5000件左右,信用卡市场的不尽完善带来的负面效应在我院审理的案件中体现的较早。笔者试图结合最近所审理的案件,就信用卡纠纷中出现的新型复杂纠纷①进行粗浅的探讨。

一、新型信用卡纠纷概述

新型信用卡纠纷,是指有别于传统信用卡纠纷中银行为原告,以持卡人经催收仍欠款不还为基础诉讼事实,以偿还信用卡欠款、利息、滞纳金为诉讼请求的新型纠纷。传统信用卡纠纷,在诉讼主体、诉讼基础事实以及诉讼请求等要素上具有相对的固定性,案件事实清楚、抗辩事由单一、法律关系明确。本文所指的新型信用卡纠纷,与传统信用卡纠纷相比,有以下四个方面特点:

1. 从纠纷类型上看,侵权纠纷和违约纠纷往往发生竞合。新型信用卡纠纷往往涉及发卡行、特约商户以及持卡人,有时还糅杂他人使用信用卡的案外人,通常会有多种法律关系,且侵权责任和违约责任混杂,由于违约责任与侵权责任本身的责任构成要件、损害赔偿范围等方面都存在一定的差别,因此案件的处理具有新的特点。

2. 从诉讼要素上看,新型信用卡纠纷主体多样而法律关系复杂。从诉讼要素上,新型信用卡纠纷与传统的银行起诉持卡人欠款有差别,体现在:(1)就诉讼主体而言,多主体现象较为普遍,且单一主体的案件中,原告和被告也常有别于传统案件,持卡人作为原告或特约商户成为被告的现象越来越多;(2)就法律关系而言,多种法律关系糅杂,有时候还伴有刑民交叉现象;(3)抗辩事由亦呈现多样性特点,在非冒用、盗用或伪卡消费的情况下,抗辩事由往往情况较新,但可能今后会形成类案抗辩事由,具有一定的普遍意义。

3. 从基础事实上看,案外事实对裁判影响权重日益增高。随着冒用、盗用、伪卡消费成为新型信用卡纠纷中较为普遍的一类纠纷。案外人与持卡人的关系问题等案外事实往往会成为形成法官心证的重要因素。

4. 从价值取向上看,效率与公正的博弈在纠纷解决中凸显。在商事纠纷领域,效率与公正的博弈一直都是纠纷解决中法官关注的价值问题。信用卡纠纷亦然,既要注重商事交易的便捷性,同时也要注重安全性,因此,对于是否属于持卡人授权消费的认定等问题,往往需要法官权衡轻重,运用价值判断,最终作出裁决。

---

① 根据2008年4月1日开始实施的最高人民法院《民事案件案由规定》,信用卡纠纷系隶属于债权纠纷下的合同纠纷项下的子案由,但由于立案进行的是初步审查,在案件审理过程中,往往需要法院明确诉因及诉讼请求,这就造成了部分案件实际为侵权诉讼却以信用卡纠纷结案。从这个意义上说,本文的标题应为涉信用卡纠纷更为合适。这里仍以大家熟知的信用卡纠纷为题目。

二、新型信用卡纠纷实例分析

如前所述,信用卡纠纷中新型纠纷是审理中的难点,本文试图从案件实例出发,解析新型信用卡纠纷中较为常见的三个问题:即信用卡冒用、伪卡案件、涉案外人异议消费抗辩、促销及复合型纠纷的处理规则,希望对统一信用卡纠纷中的司法尺度有所裨益。

(一)信用卡冒用等案由界定及责任承担——不告不理原则的运用

【实例一】高某诉中国银行股份有限公司上海市分行、安溪县宝龙金行信用卡纠纷案。

原告诉称,原告向被告中国银行股份有限公司上海市分行申领了一张信用卡,后原告手机连续收到中国银行发出的短信,内容是原告的信用卡连续消费7次,共计人民币12万元。次日被告电话告知原告,7次消费均是在福建省安溪县宝龙金行(本案第三人,以下简称宝龙金行)被案外人王某消费。原告认为被告理应依法保证卡内资金的安全,第三人宝龙金行作为银行卡特约商户,在信用卡业务受理过程中,原告信用卡在未遗失情况下,卡内资金被消费,被告无证据证实原告委托他人使用信用卡消费,也无证据证实原告与他人恶意串通消费,虽然嗣后被告采取积极措施,但仍未挽回损失,应承担未保证信用卡资金安全的责任。法院认为第三人宝龙金行与原告无合同关系,对原告不承担违约的民事责任。

【实例二】李某、洪某诉中国银行股份有限公司上海市分行、上海兴美珠宝首饰有限公司闸北分公司财产损害赔偿纠纷案。

原告李某、洪某共同诉称:两原告系夫妻关系。洪某向被告中行上海分行申领了中国银行长城人民币准贷记卡一张后,经其申请,主卡下增加了持卡人为李某的附属卡一张。后原告李某发现其附属卡被盗,便向被告中行上海分行挂失,并报案。经调查后得知,附属卡在挂失前已被他人在被告闸北兴美等9家商户刷卡消费。原告认为,原告在开卡时设置了密码,但被盗刷的消费均为无密码消费,且被告中行上海分行事后才告诉原告该卡并未设置消费密码。由于被告中行上海分行没有履行告知和提醒原告如何设置消费密码的义务,而被告闸北兴美在受理银行卡支付业务时,没有认真审核持卡人的性别与银行卡上标注的性别是否相符,也没有认真审核签购单上的签字和银行卡背面预留签名是否一致。两被告的过错造成了原告的财产损失,故原告起诉请求:判令两被告共同赔偿相应责任。我院经审理,判决两被告承担连带责任,被告发卡行承担责任后可以向上海兴美珠宝首饰有限公司闸北分公司进行追偿。

【实例三】中国银行股份有限公司上海市分行诉唐某某、上海宏图三胞电脑发展有限公司信用卡纠纷案。

原告发卡行以被告唐某某欠信用卡款项不还诉至我院,但被告唐某某称该信用卡系被人盗用后消费的。原告发现该信用卡于2007年1月17日在被告宏图三胞消费,签购单上签名为“王某”,而并非被告“唐某某”。原告认为,被告唐某某未妥善保管信用卡,被告宏图三胞在受理银行卡业务时,未尽到审慎义务致使原告蒙受经济损失,故诉至我院,要求两被告承担责任。法院认为:被告宏图三胞并未按联网特约商户协议书之规定尽到一般的审慎义务,持卡消费者签购单的签名为“王某”,而该信用卡上所载明的个人身份信息的汉语拼音注音为“唐某某”,两者不但姓名的汉语拼音注音截然不同,且存在单名与双名的明显差异,宏图三胞的证人也证实了受理该业务时仅审核了消费者的签名与持卡消费者出示的身份证姓名是否一致而未审核身份证所记载的姓名与信用卡汉语拼音注音是否相一致。因而被告宏图三胞在审核签名时未尽一般谨慎注意义务,其行为具有明显的过错,应当承担民事责任。被告宏图三胞在接受持卡人消费时,不但要考虑商业的利润,而且应该尽到审慎义务,避免给自己和他人造成不必要的损失。被告唐某某主张不承担民事责任的诉讼请求予以支持。

处理规则:

信用卡纠纷区别于其他合同纠纷,在整个信用卡操作过程中存在多个法律关系,即实际上存在发卡行将付款事项委托给收单行(相对于发卡行而言发展特约商户接受信用卡消费的银行),并向持卡人提供可以受理信用卡的特约商户网点。持卡人在特约商户处刷卡消费,特约商户接受收单行的委托、发卡行的转委托负责审查签购单的签名,然后根据持卡人签名指示支付相应的款项,持卡人就其刷卡产生的消费金额向发卡行负偿还义务。简单地说,发卡银行和信用卡持有人构成服务合同关系,和信用卡特约商户也构成委托代理关系。与此同时,如果特约商户没有尽到审核的注意义务,导致信用卡被他人盗用,原持卡人在支付了被盗刷产生的消费金额及利息、滞纳金等后,发生了财产损害,因此也可能构成侵权责任承担问题,由此,引发了信用卡纠纷中违约和侵权非同一主体的竞合,进而引发案件案由与法律责任承担问题。

在此种情况下,应当在诉讼过程中要求原告明确诉因及诉讼请求,以完整的诉讼当事人作为考察模型,笔者认为可能会发生以下三种诉讼模式:

1. 原告持卡人以发卡行、特约商户为被告提起违约之诉。此种情况下应当根据《合同法》的相关规定进行处理,在认定特约商户没有尽到审核义务的情况下,由于原告明确为信用卡违约之诉,且在诉讼中表示不欲要求特约商户承担责任,特约商户和持卡人不存在任何合同关系,只能判决承担违约责任。但发卡行可以在承担违约责任后,以与特约商户的委托合同关系提起诉讼,要求特约商户承担法律责任。

2. 原告持卡人以发卡行、特约商户为被告提起侵权之诉。此种情况下,如果特约商户没有尽到注意义务,则银行、特约商户构成不真正连带责任。特约商户对基于自身过错侵害持卡人利益造成财产损失承担侵权责任,同时由于银行和特约商户之间存在委托代理关系,发卡行对于代理人不适当的行为造成他人损害也应当承担连带赔偿责任。发卡行对持卡人承担法律责任后,可以向被告特约商户追偿。

3. 原告发卡行以持卡人、特约商户为被告提起违约之诉。此种情况下,需要综合持卡人自身过错情况(是否尽到妥善保管信用卡的义务、是否及时挂失等),适用过错相抵原则后要求持卡人、特约商户分别承担自己的责任。

需要特别指出的是,第一,三种诉讼模式是从实践中较为复杂的情形中抽象出来的,可能会出现持卡人只起诉特约商户、只起诉发卡行,发卡行只起诉特约商户等多种其他的情形,原理同上,在此问题的处理上仍应遵循不告不理的原则;第二,特约商户在履行了民事赔偿责任后,也获得了追偿权,可直接就相应款项向冒用人主张清偿的权利。此外,由于冒用、盗用以及伪卡消费同时可能构成刑事案件,应当根据刑民交叉的相应法律规定和司法解释进行处理。

(二)涉案外人异议消费抗辩的处理——授权消费的事实认定

【实例四】中国银行股份有限公司上海市分行诉钟某信用卡纠纷案。

原告发卡行以被告钟某持卡消费经催收不还诉至我院,被告辩称系案外人何某申办并使用信用卡消费,何某与其曾是恋爱关系,结婚系为安慰何将要过世的父母,俩人并未共同生活,被告自己也不住原告寄对账单的地址,对该卡的办理和使用确实不知。我院认为:原告诉称被告向原告申领信用卡并委托案外人何某领卡,被告应诉后均表示否认,由于原告在本案审理过程中表示不愿进行笔迹鉴定,因而应推定该签名不是被告的笔迹,且被告与案外人何某的特殊关系使其确实可能存在在被告不知情的情况下以被告的名义申办出该卡,而从原告提供的现有证据来看原告并不能证明被告是知情的或被告是委托案外人申领该卡的,而该举证责任应属原告,故对原告诉讼请求未予支持。

【实例五】中国农业银行股份有限公司上海黄浦支行诉周某信用卡纠纷案。

原告发卡行以被告周某持卡消费经催收不还诉至我院,被告则辩称卡已经遗失,若原告无法提供证据证明是被告进行的消费,被告就不应当承担相应的民事责任。发卡行提供了被告诉讼代理人朱某某的金穗贷记卡申请表,其英文签名“kira”与被告周某否认的其中一笔签购单签名、笔迹及拼写一致。我院至银联调查证明其中一笔异议消费系密码消费。被告承认其与朱某某系恋爱关系。我院认为:(1)虽然只查询到被告周某信用卡一笔刷卡消费为凭密码消费,但现无其他证据证明周某改变其信用卡凭密码消费的方式,故可认定凡该卡所有刷卡消费均为凭密码消费,并均应视为被告周某本人的消费。(2)被告周某使用该卡过程中曾经挂失换卡,系该卡在使用银行的ATM机取现交易因故未退卡,且该卡最后的遗失是在被停卡后发生的,因此可以排除该卡被他人盗刷的可能。(3)系争的2007年11月23日东方商厦的消费签购单上的签名“kira”,与被告委托代理人朱某某在原告处领用金穗贷记卡申请表上的英文名字一栏的“kira”一致,其平时使用该信用卡时也用“kira”的签名,且其偶尔使用周某信用卡亦签“kira”名,故可认定该笔消费系被告周某授权朱某某刷卡消费。综上,原告诉请被告周某偿还透支款、利息及滞纳金等费用有法律依据,最终判决被告承担相应民事责任。

处理规则：

涉案外人异议消费抗辩，是最近信用卡纠纷中经常出现的一类纠纷。案件具有以下特点：(1)案件事实通常涉及案外人消费，且案外人往往与持卡人有亲缘、婚姻或恋爱关系。或因为双方关系破裂不承认系本人消费，或因为双方关系紧密而相互隐瞒逃避债务。(2)案件由于证据原因事实认定往往存在瓶颈。由于目前原告发卡行对一些客观证据的保存时间有限制，证据的调取难度非常大。根据《银行卡业务管理办法》的规定，银行卡通过联网的各类终端交易的原始单据至少保留2年备查，而实践中6个月以内才能调取签购单，而且此类案件有时还会伴有信用卡遗失的情况，卡背面的个人签名无法查证；密码消费的查询需要银联的配合，但是银联往往不愿意配合，不出具书面的证明，且密码消费不是必需的信用卡消费形式，很多持卡人并不设置密码。因此纠纷事实认定有相当难度。

对于此类纠纷，处理时应当循序渐进，查明案件事实：

1. 明确实际办卡人是否本人。民事责任的承担强调以"自己责任"为原则。因此，在诉讼中首要查证的问题即为办卡人是否为本人。可以通过申请表上的个人签名是否本人签名的鉴定来进行查证，如果有一方坚持不鉴定，则根据举证责任进行裁判。如实例四原告发卡行坚持不申请鉴定，最终承担举证不能的后果，法院依法判决驳回原告诉讼请求。

2. 在办卡人为本人的情况下，综合各种证据认定是否是本人消费或是否构成授权消费。可能需要查证的证据有：(1)是否进行过挂失、具体的挂失时间、消费时间。一般章程中约定挂失前消费由个人承担，如果持卡人并未挂失或者系挂失前消费，持卡人应当承担相应的责任。(2)签购单是否和信用卡背后的签名以及信用卡正面的个人信息(如性别)一致。即使是确认了挂失前消费的情况下，如果特约商户没有尽到注意义务，签名与信用卡背面预留的签名不一致，持卡人无须承担单笔消费的欠款及利息。(3)是否是密码消费。在信用卡遗失的情况下，由于发卡行与持卡人多约定"密码消费视为本人消费"，如果持卡人设置了密码，单笔消费系密码消费，则可形成证据链，证明至少持卡人授权他人使用自己的信用卡。在银联不愿意提供书面证明的情况下，法院调查后所做的工作记录经过双方当事人质证后可以作为认定案件事实的证据。(4)是否收到对账单以及收到对账单后是否在章程约定的异议期内提出异议。如果持卡人能够收到对账单，知晓异议消费而未在合理期限内提出异议，则可考虑是否是对异议消费的一种认可或追认。(5)是否进行过刑事报案、公安机关是否已经立案以及理由。通过这一事实的调查，进一步查明案件具体情况。

3. 注意可参酌因素对于案件事实认定的影响。可以综合考虑的因素包括：持卡人是否知道冒用信用卡的案外人，与案外人具体的身份关系，办卡时、消费时以及开庭时三个节点与案外人的关系好坏程度，这些因素足以成为形成法官心证的参酌因素，帮助法官进一步通过法庭询问还原真实案件情况。需要特别指出的是，目前特约商户的审核义务以形式审核为标准,因此,在认定是否构成授权消费的时候,应当既要兼顾效率,又要注重安全。同时,如果案外人确实系实际用卡人,而且和持卡人关系较好,也可以以此作为“调解点”,促成当事人之间调解的达成。

(三)促销及复合型纠纷的处理——法律效果与社会效果的统一

【实例六】中国建设银行股份有限公司上海市分行诉茅某信用卡纠纷案。

原告发卡行以被告持卡消费经催收不还诉至我院,被告茅某认为并非自己不付欠款,而是原告在办卡时承诺可以在其住所周围3公里内的洗车点享受优惠洗车,但事实上其在附近找不到指定的优惠洗车点,故不同意支付200元的年费,对其他费用没有异议。

【实例七】马某、陈某某诉芒果网有限公司、中国银行股份有限公司上海市分行旅游合同纠纷案,中国银行股份有限公司上海市分行诉马某信用卡纠纷案。

起诉人马某以芒果网有限公司、中国银行上海分行为被告向我院起诉称,2007年5月23日,起诉人收到中行发送的“1997元起双人香港游中行携芒果网激情推出!中银卡客户专享”的短信,起诉人当天即确认于2007年5月27日参加该活动,随后起诉人的中银卡即被扣去人民币2919元。但起诉人于5月27日赶赴机场时才发现,机票日期是5月29日。遂与芒果网交涉,芒果网表示歉意并为起诉人预订了香港当天的酒店,关于起诉人当天自行购买的3400元前往香港的机票,待返程后再协商解决。后因协商不成,起诉人遂诉至法院要求芒果网与中行上海分行赔偿损失9481元。另起诉人因未归还中银卡中用于该笔旅游消费的透支款,亦被银行起诉至我院。后两案件均以当事人达成和解撤诉而结案。

处理规则:

信用卡促销引发的纠纷,通常涉及两类问题:一是说明义务的履行;二是其他法律关系的糅杂。对于上述问题,笔者认为,关键在于法律效果和社会效果的统一。应当在事实查明过程中,注意以下方面的考察。

1.应当衡量发卡行促销活动承诺的未达成与信用卡纠纷之间的关系。如实例六,被告持卡人辩称无法在居住地附近找到发卡行所声称的指定的优惠洗车地点,因而提出拒绝支付年费。应当明晰承诺的未达成是否构成不缴纳年费的理由。可以从以下两个方面进行考虑:一是持卡人办理信用卡后是否使用信用卡进行了其他消费。年费本身是对发卡行全年提供的信用卡所有服务的费用。如果被告虽然没有享受到办卡洗车等优惠,但是仍然开卡且享受到了“先消费,后还款”的其他信用卡服务,且持卡人在发现发卡行无法达成承诺之时也未及时对此提出异议,反而继续使用该卡消费,则承诺的未达成并不构成不缴纳年费的理由。但是,可以酌情以发卡行没有完全履行合同义务酌情减少相关费用。反之,如果持卡人有证据证明发卡行进行了促销活动作出了承诺或误导,开通了信用卡后发现发卡行无法提供相应的承诺,但是并未继续持卡消费,是否可以以构成欺诈行使撤销权撤销与发卡行所缔结的合同从而拒绝支付年费。笔者认为,在符合撤销权的构成要件的情况下,如果在一年的撤销权行使期限内,持卡人可以行使撤销权,撤销与发卡行签订的贷记卡合同,也不承担年费。在实例六中,我院基于对社会效果的考虑,在反复做发卡行工作得到发卡行认同的情况下,以判决方式要求发卡行承担了相应的责任,正是基于对发卡行没有完全履行合同义务的原因对其课以一定的责任。二是持卡人是否能提供证据证明发卡行作出了这样的具体承诺。举证责任的承担主要仍在持卡人一方,持卡人负有证明信用卡发放时候有促销活动,促销活动足以令持卡人产生信赖而构成持卡人办卡的理由,发卡行最终没有兑现承诺,应当承担相应的责任。但对于持卡人办卡的原因是否仅为促销活动,可采用宽松的态度,只要持卡人证明了优惠促销对其有一定吸引力即可。

2.复合法律关系的情况下,宜采用区分立案、统一调解的方式。如实例七,旅游合同纠纷和信用卡纠纷本身都是独立的法律关系,又具有一定的牵连性。活动是发卡行与网站一起进行的,但活动的组织存在一定的问题,持卡人为了参与活动被划扣了信用卡,同时自行购买了机票,产生了损失。信用卡纠纷中,为了商事交易的便捷性,本身不考察消费的基础法律关系的有效与否以及是否存在瑕疵,但持卡人消费所产生的金额系旅游合同纠纷中活动的组织者没有履行相应的义务造成的,因此,活动的组织者之一发卡行应当予以赔偿。综上所述,对于此类案件,笔者认为,宜采用区分立案、统一调解的策略,以更好地化解矛盾,彻底解决纠纷。

3.注重裁判效果,延伸审判效果。我市法院在信用卡案件审理过程中还存在办理信用卡附赠保险等促销纠纷。这些案件由于保险的期限、续保、送保险产生的其他费用、保险合同生效的时间等问题常为当事人诟病。因此,建议在审理此类案件中,一是考虑双务合同的权利义务相统一的原则。在审理中既要注重保护持卡人利益,也要注意诚实信用原则,避免促销活动给发卡行课以过重的义务和欺诈持卡人的行为发生。二是要引导合理有序的促销活动。积极和行业协会、监管部门、金融机构沟通,对存在的问题进行司法建议,要求发卡行充分履行说明义务,注重理赔时的协助义务,引导健康有序的信用卡促销活动。

三、新型信用卡纠纷处理原则

由于新型信用卡纠纷大多情况新颖,无明确的法律规定,也无判例可循,笔者认为,在纠纷处理中,应当遵循下列原则:

(一)尊重契约优先原则

合同自由原则是合同法的基本原则,是指当事人依法享有自愿订立、变更、解除合同和确定合同内容等的权利,任何单位或个人不得非法干预。[①] 在信用卡纠纷审理过程中,合约优先仍应是案件审理的重要依据。在当事人对合同条款有不同理解时,应当根据发卡行与持卡人所缔结的《领用合约》及《信用卡使用手册》等

---

① 马俊驹、余延满:《民法原论》(第2版),法律出版社2005年版,第509页。

文本的条款,认真进行合同的文义解释、目的解释和体系解释,尊重当事人合同订立目的和意愿。正如有学者所坚持的:"一个成熟的商事法律制度本身就源自于市场自发的发展变化最终所确立的符合经济规律的规则和秩序,司法的职责就在于当这种自然秩序最大限度的为社会公众所认可或否定之际,才给予相应的恰当的司法评判。"①

(二)注重举证和诉讼流程的指导

在信用卡纠纷中发卡行无论是诉讼能力还是经济能力都处于相对强势,持卡人则大多对法律规范不熟悉,甚至民、刑事不分,在双方诉讼能力显著失衡的情况下,强化对弱势群体指导原则十分必要,主要体现在:就诉因而言,在弱势方当事人违约和侵权责任的诉因不明确、侵权和违约交叉的情况下,应指导、帮助当事人明确其诉讼请求。在举证的引导上,告知需要证明的事项、举证责任的分担、证据的形式要求、取证方法及申请法院调查取证的条件、要求和手续、举证期限及逾期举证的法律后果等,引导当事人充分举证。在可能严重影响审判结果公正、损害当事人合法权益的情况下,及时、主动依职权调查取证。在对审判结果的预判上,应适时、适度地通过认证等恰当的方式公开心证,使当事人对裁判结果有一定的心理准备,裁判后同时做好释明和答疑工作。

(三)平衡社会各方利益原则

信用卡纠纷尽管呈现出标的额不大、案件事实相对清晰等特点,但由于信用卡持卡人众多,一个新的抗辩的处理往往会涉及一类案件未来的裁判结果以及影响发卡行未来的政策制定,因此仍应坚持谨慎处理的原则。这种慎重对待体现在必须严格按照《民事诉讼法》的规定谨慎受理案件;审理过程中,必须对案件所涉及的新的法律问题,进行细致而深入的调查研究,为司法裁判作充分的准备;案件处置方案必须考虑社会利益冲突最终得到平衡和化解的有效性,与国家经济政策以及市场监管保持相应的协调性。② 只有反复推敲、利益平衡,方能使信用卡纠纷的处理符合未来的市场发展的需要!

(本文发表于《人民司法》2011 年第 3 期)

---

① 潘云波:"论司法应对金融创新所应扮演的角色及其理性",载上海高院网:http://gyweb.hshfy.sh.cn:8081/shqsw/gweb/gww_xxnr_view.jsp? id = 111068&xh = 1。

② 潘云波:"论司法应对金融创新所应扮演的角色及其理性",载上海高院网:http://gyweb.hshfy.sh.cn:8081/shqsw/gweb/gww_xxnr_view.jsp? id = 111068&xh = 1。

浅谈信用卡持卡人知情权保护及合理限度

朱　奇*

【提要】信用卡持卡人知情权保护,在信用卡纠纷案件的审理中一直是一个难点。其难度在于,尽管部分案件的当事人并未明确提出持卡人知情权这一概念,但是其纠纷源于对知情权的保护,法院对知情权保护的限度又关乎双方的财产利益。鉴于此,本文试图对持卡人知情权保护及其限度作一探讨,以期对信用卡案件审理及信用卡市场的规范有所裨益。

【关键词】持卡人知情权　信息披露　告知

一、持卡人知情权保护的定性

(一)现有对持卡人知情权的制度规定

目前,对持卡人知情权保护的法律或规范性文件相对较少,主要散见于部门规章和规范性文件中。包括:(1)《商业银行信息披露办法》(以下简称《办法》)相关规定:商业银行的信息披露应遵循真实性、准确性、完整性和可比性原则,规范地披露信息。披露的内容有财务会计报告、各类风险管理状况、公司治理、年度重大事项等信息。披露的时间是每个会计年度终了后的4个月。(2)《消费者权益保护法》第8条规定:"消费者享有知悉其购买、使用的商品或者接受的服务的真实情况的权利。消费者有权根据商品或服务的不同情况,要求经营者提供商品价格、产地、生产者、用途、性能、规格、等级、主要成分、生产日期、有效期限、检验合格证明、使用方法说明书、售后服务或服务的内容、规格、费用等有关情况。"第13条规定:"消费者享有获得有关消费和消费者权益保护方面的知识的权利。"

综上所述,目前对持卡人知情权的保护存在两大问题,一是主要涉及银行信息披露方面,但对涉及持卡人切身利益的知情权保护,则鲜有规定;二是规定较为笼统概括,缺乏具体的制度规范,且金融纠纷本身是否适用《消费者权益保护法》的相关规定,理论界众说纷纭,实践中争论不断。与之相对应,审判中备受争议的短信服务费的收费标准不明等问题屡遭新闻报道,引发较大争议。

(二)知情权保护的定性

对于知情权的保护,在现有框架中,主要是置于财产损害赔偿和信用卡合同纠纷两个案由下进行保护。对于财产损害赔偿纠纷中知情权的保护,仍然应当强调侵权行为构成要件的成就,要特别关注知情权受到侵害后发生的损害后果。对于信用卡合同纠纷项下的知情权保护,则更多的是作为合同义务(至少是基于诚信原

---

* 朱奇,上海市黄浦区人民法院民五庭庭长,审判委员会委员。

则和社会公平原则而延伸的附随义务)来进行保护的,和持卡人的财产利益或其他权利相互糅杂。

审判实践中,法院审理的相关案件对于持卡人知情权的保护主要是通过诉讼中持卡人进行抗辩来实现的。在此种情况下,应当更多地考虑信用卡章程或领用合约的相关条款是否黑体加粗、是否有证据证明已经告知、所告知的权益对合同履行的相关度等。对于上述问题的举证责任在银行一方。例如,洗车年费纠纷,持卡人为了洗车便捷优惠而办理了某行的信用卡,嗣后发现与宣传不符,自己家附近并无洗车的优惠地点,遂拒付年费涉诉,审理中,在查实存在办卡时的洗车优惠宣传的情况下,法院判决酌情减免了部分年费。

二、处理持卡人知情权保护的裁判原则

对于持卡人知情权保护,主要应处理好以下三方面的问题:

1. 效率与权益保护的矛盾。当前,由于持卡人众多,如果要求银行对所有变更事项均逐一通知,确实存在效率、运营成本上的巨大负担。而完全通过发卡机构的最新公告等形式来进行告知,则有碍于持卡人权益的保护。因此,探寻效率和持卡人权益保护的平衡点,无疑是持卡人知情权保护的重点。

2. 损害后果的量化。主要涉及两方面:一是与收费相关项目损害后果的量化问题,这方面的损害后果相对较好评估,主要是看条款是否对持卡人发生法律效力,解决的是告知义务的履行方式是否符合法律规定的要素问题,如是否采用黑体加粗等形式加以提示等。二是涉及其他行为损害后果的量化。如审理中遇到的电子现金业务引发的"一元钱诉讼",发卡行设定了电子现金业务中的不挂失、不注销条款,银行又在人工服务中准许持卡人进行了挂失,由于持卡人进行了"圈存",因此又发生了冻结额度或冻结持卡人其他账户金额的银行的自力救济,持卡人要求恢复额度并予以赔偿,如果诉讼请求并非"一元钱",此时损害后果如何量化。

3. 类案指引与个案正义的关系。涉及持卡人知情权保护的案件,往往具有典型性,新闻媒体争相报道,因此,要妥善处理好类案指引和个案正义之间的相互关系,既要保护好个案中持卡人和银行的利益,又要兼顾案件的社会指引作用。

三、持卡人知情权保护的现有形式

当前,对于持卡人知情权保护,实践中各大银行主要是通过以下三种方式进行的:

1. 公告形式。如某银行在章程中所提及的"在公告期内,持卡人可以选择是否继续使用牡丹信用卡,持卡人如对章程变更有异议而决定不继续使用牡丹信用卡,可按照规定办理销户手续。公告期满,持卡人未办理销户手续的,视为同意章程的变更。"

2. 随账单进行告知。如部分银行对于调整信用额度、部分促销活动,往往会随账单通知。

3. 特别约定告知。主要有短信通知、电话通知等。目前由于各大银行均设置了相应的短信平台,短信告知日渐成为一种新的告知方式。如某银行最近组织的"刷三笔99元以上,送电影票"活动,采用的就是账单告知和短信告知相结合的方式。

四、持卡人知情权保护告知形式的反思

对于持卡人知情权保护,笔者认为,可以根据告知内容的具体情况采取分类告知的形式,具体来说:

(一)区分告知的内容采用不同的告知形式

1. 根据是否系行政监管作出的行业规定决定告知的形式。如收费标准系因中国人民银行或银监会的相关规定导致调整的,可以采用较为灵活的告知方式,如公告告知和账单告知等。需要特别指出的是,对于行政监管的行业规定的合理性,法院可以在具体案件中进行个案的审查。

2. 根据是否涉及持卡人主要权益保护决定。对于涉及持卡人主要权益的条款,如副卡持卡人连带责任等,直接关乎持卡人对于卡种的选择。我们认为,应当有更高的要求。不宜仅仅通过银行的单方公告予以告知,也不适用默示原则,必须经持卡人的明确同意。另外,针对部分银行章程中规定的"信用卡章程进行网点或网站公示后,持卡人未注销银行卡,视为对信用卡章程的认可"的相关规定,我们认为,法律有"法无溯及既往"的规定,虽然信用卡章程不是法,但合同从某种意义上来说也是缔约双方之间的法,不能用现在的章程约束过去的缔约双方,章程变更内容对持卡人不具有法律约束力。

3. 根据是否降低了持卡人义务约定。如降低了持卡人的义务,可以采用相对较简单的告知方式,如公告告知等。

(二)区分告知的形式

此外,对于持卡人知情权,如果免除和限制了持卡人责任的,还应当注意告知的形式,采取黑体加粗等形式进行提示。

(本文发表于《中国信用卡》2014年第10期)

保险合同限制责任条款的适用争议与解决路径

曹 霞*

【提要】本文针对保险合同限制责任条款生效问题的司法冲突现状,从分析立法、实务、理念层面同案异判的原因出发,通过论证免责条款生效问题现有理论的弊端,得出依免责条款性质、专业化程度、投保人认知程度,来决定保险人说明义务

---

* 曹霞,上海市黄浦区人民法院刑庭助理审判员。

程度及违反义务后果的基本结论,并以此为基础,顺应限责条款的性质不确定性特征,提炼出根据条款法定性强弱,结合普通人理解水平和个案投保人特性来判断条款的专业性和投保人知晓程度,并依据条款部分免责的实质,来综合决定保险人的说明义务程度及生效问题的原则。文章再推而广之引申到整个商业车险体系基本条款的梳理,依据条款的性质进行归类。根据条款的法定公知性和专业性,把免责条款分为法定免责条款、准法定免责条款、约定免责条款,把限责条款分为免责性质的法定限责条款、免责性质的准法定限责条款、免责性质的惯例限责条款、免责性质的约定限责条款、非免责性质的限责条款,并依据条款的免责实质以及免责程度不同,规定不同的保险人说明义务及生效结论,同时分析了保证条款与免责、限责条款的关系,为统一条款体系夯实基础。文章通过条款分类体系的建立,实现区分不同种类条款生效问题的目的,并适时对保险法、保险业和保险消费者提出相应的改进建议,为司法实践裁判统一提供了参考。

【关键词】法定免责条款　免责性质的限责条款　保证条款

各大保险公司机动车辆第三者责任险条款基本都约定按国家基本医疗保险标准赔付,车辆损失险条款则约定按事故责任比例赔偿,被保险人一旦发生保险事故造成人损和车损,往往都要求保险公司全额理赔。保险公司通常引用上述条款抗辩,由此引发了针对条款性质、生效问题的诉讼。对此,部分法院否定条款生效,认为条款带有免责性质,保险公司未履行提示说明义务而不生效;部分法院则认为条款非免责条款,或条款系确定保险责任范围,不需特别说明而生效。

一、冲突:条款同案异判的原因剖析

造成同案不同判有如下原因:

1. 被保险人部分受偿条款定性缺位。按医保范围赔偿和按事故责任比例赔偿均属对被保险人的部分受偿,此类条款的定性牵涉到条款的说明解释义务及生效问题,如定性为免责条款,则保险人未对该类条款明确说明即有可能不生效,其需全额赔偿被保险人的损失;如定性为限责条款,《保险法》对限责条款未作规定,《合同法》只规定了限制责任格式条款的说明义务,而未规定未履行说明义务的法律后果,理论上对此亦颇多争议;如定性为说明保险责任范围的普通条款,亦牵涉到条款反面是否免责需特别说明的问题,被保险人部分受偿并非毫无疑问。故条款的定性对说明义务的程度及未履行义务的法律后果有决定作用。

2. 保险条款制作说明规范缺失。首先,各大保险公司对被保险人部分受偿条款并未像责任免除条款一样集中归类,而是散见合同的各章节中,这既有系争条款涉及面广,根据保险处理流程而形成的语言叙述风格的客观原因,本质上更是对条款性质认定模糊造成的合同体系缺陷。保险公司对此类条款以黑体字或普通字体呈现的制作差异,实质也是因条款定性不一而导致的提示差异。其次,即使是承认条款为非普通条款的保险公司,对如何履行条款说明义务,尚有以醒目字体提示或以醒目字体提示加投保单签字确认的差异,即缺乏明确的说明义务履行标准。

3. 保险人和保险消费者利益衡平标准缺乏。一方面,保险是将保险事故受害者遭受的具体损失,由众多的受到同类危险威胁却尚未受到损害的人们共同分担的活动,①保险作为分散风险的一种手段,对保险当事人的损失只能起到补偿作用而非填平作用。保费和赔款是保险公司通过精算控制风险的主要手段,若一味地保护发生保险事故的被保险人,填补被保险人的全部损失,将间接损害其他未发生保险事故的“保险共同团体”②利益,造成保险业的“公地悲剧”。另一方面,作为非专业人士的普通消费者面对处于强势地位的保险公司的保险条款,只有选择接受或离开,缺乏商量或质疑的余地和能力,尤其是对事关自身重大利益的免责、限责条款缺乏认知。故有必要根据条款的具体性质及投保人自身情况,合理确定保险公司对系争条款的说明义务。

二、性质:条款的效力指向判断

(一)基础:免责条款性质——生效问题

免责条款系指保险人在保险合同中规定的保险人无须承担对发生保险事故造成的损失给予赔偿或者给付保险金或某些责任的条款。③ 对免责条款的生效问题,现行《保险法》规定未明确说明不生效。亦有观点认为应根据条款制定主体和程序的不同而不同。对保监会直接制定的“规章保险条款”、保监会审批的“准规章保险条款”以及保监会备案的“具有一定规章性的保险条款”,其免责条款是在精算基础上由国家制定或认可的保险合同主要条款之一,多系保险公司合理化经营所必需,对整个保险合同中权利义务的合理约定,以及合同当事人利益和社会公共利益平衡,起着决定性作用。故若免责条款不生效,则整个保险合同不生效。也可从保险人未明确说明致投保人重大误解行使合同撤销权角度理解,两者后果均为保险人承担缔约过失责任退还保费;对保险人自行制定或私自添加的免责条款,则适用未明确说明不生效原则。④

笔者以为,首先,保险精算确定了每一险种相应的保费和保险金,免责条款是在精算的基础上对保险人责任的合理限制,是双方权利义务的平衡。被保险人若欲在免责条款情形下亦得到理赔,则需支付更多保费。在未支出额外保费的前提下,一律以免责条款未明确说明不生效而获得理赔,将使被保险人获得巨大的不当得利,危害保险共同团体的利益,对保险人很不公平。其次,根据条款的制定主体和流程区分,即使是由保监会制定、审批、备案的免责条款,投保人也不一定了解。

① 许崇苗、李利:《中国保险法原理与适用》,法律出版社 2006 年版,第 7 页。

② 保险共同团体,又称危险共同团体,由各个因某种危险事故发生而可能遭受损失的人组成,主要是指投保人(被保险人)。参见江朝国:《保险法基础理论》,中国政法大学出版社 2002 年版,第 20 页。

③ 张雪楳:“保险人说明义务若干问题探析”,载《法律适用》2010 年第 8 期。

④ 刘振:“关于保险条款性质的重新界定及传统审判思维的相应调整——沿着与‘格式条款说’不同的思路展开”,载《南京大学法律评论》2004 年春季号,第 112 ~ 115 页。

投保人购买保险就是为了获得理赔减少风险,免责条款的作用在于合理控制风险、平衡双方利益,保险人说明义务的意义在于使投保人明晰风险避免风险。如若只要由权威机构经手的免责条款,即使投保人因保险人未予明确说明,不明晓免责条款意义、法律后果而酿成免责事由,投保人也只能获得退还保费,这与其投保目的南辕北辙,对投保人极不公平。故有必要依据免责条款的性质、专业化程度、投保人的认知程度,来决定保险人的说明义务程度及违反义务后果。条款的专业化程度、投保人的认知程度应以普通智识之人的认知水平为判断标准,并结合投保人的具体情况来判定。条款的法定性强弱为条款的说明义务程度及违反义务的法律后果决策提供了客观依据。

(二)目的:限责条款性质——生效问题

限责条款也可称之为部分免责条款,是指限制格式条款的提供者责任范围或者缩小其责任程度的条款。① 对限责条款未予明确说明的生效问题,亦有不生效、生效之争。主张不生效者认为限责条款亦有免责性质,根据新《保险法》将"责任免除条款"说明义务变更为"免除责任条款"说明义务所体现出的扩大说明义务范围趋势,应参照免责条款未履行明确说明义务相关规定执行。主张生效者的依据有两点,一是限责条款只不过是确定保险责任范围的普通条款;二是限责条款是对特定风险程度、深度的选择,使保险人减轻一部分负担,而非排除保险人的保险责任,故不能等同于免责条款,对其生效条件应当适当放宽。此外,尚有被保险人若知其限责便不投保的,其享有解除合同的权利,保险公司应退还全部保费②的观点,其依据同免责条款的投保人重大误解。

笔者以为,由于限责条款性质的不确定性,一概认为限责条款具有免责性质,套用免责条款的生效条件不合理,也不符合《合同法》对限制责任格式条款的规制现状。鉴于限责条款与免责条款的区别,限责条款的生效条件原则上应低于免责条款,但不加区分地一律认定为生效则不免武断。限责条款生效问题产生争议的原因之一在于条款的范围界定,即是否所有关于责任限缩的条款均属于限责条款,限定承保范围和赔偿范围的条款是否有区别。理论界对限定承保范围的条款性质认定有争议,从正面理解可认为是普通条款,但承保范围的反面即是不保范围,对不保责任可否视之为与除外责任同样的具有免责性质的条款,并无明确的判断标准。但在限定承保范围基础上进一步限定赔偿范围的条款应是限责条款而非普通条款。限责条款是否生效,同样可根据条款的法定性强弱,结合普通人理解水平和个案投保人特性来判断条款的专业性和投保人的知晓程度,并依据条款部分免责的实质,来综合决定保险人的说明义务程度及未予说明的法律后果。

对某些涉公共利益的险种,其条款经行政机关审核或经其他相关机关核准而

---

① 韩薇:"浅议格式条款制定人义务",载《法制与社会》2007 年。

② 肖和保:《保险法诚实信用原则研究》,法律出版社 2007 年版,第 253 页。

趋于公正,相关条款对被保险人义务设置、权利限制在相关行政法规规章中有体现,当事人对此知晓或应当知晓,对这类规章性条款,[①]限责条款的说明义务要求比免责条款更低,且即使相对人未合理了解,保险人未进行明确说明,因被保险人对此知晓或应当知晓,条款仍然生效,否则反而对保险人不公平,影响效率和资源。[②] 对某些貌似不赔、实则由其他险种承保的保险条款,因保险体系设置特殊,保险人有明确说明的义务,但同时因被保险人事实上有其他求偿途径,即使保险人未进行明确说明亦生效。被保险人若知其限责便不投保的,其享有解除合同的权利,保险公司应退还全部保费。

(三)应用:系争条款性质——生效问题

第一,按医保范围赔偿和按被保险人事故责任比例赔偿非属普通条款。三者险和车损险的承保范围分别是第三者人身、财产损失和被保险人车辆损失,而按医保范围赔偿和按被保险人事故责任比例赔偿则是在此基础上对赔偿范围的限制,而非对承保范围的限制,故二者排除是否是普通条款的争议,而属于限责条款。同时按被保险人事故责任比例赔偿条款是法律未规定保险人是否须全额赔偿情况下,保险人行使不全部赔偿选择权的结果,该选择置被保险人全额赔偿的期望于落空,故按事故责任比例赔偿即使属应由其他险种理赔而界定为限定承保范围的条款,也有别于单纯说明保险责任范围的普通条款。

第二,按医保范围赔偿和按被保险人事故责任比例赔偿非属免责条款。首先,非医保范围内损失和非属被保险人责任比例部分车损不赔并非绝对,一方面,医保范围不断扩大,另一方面对非属被保险人责任比例部分车损,各大保险公司车损险条款均规定,找不到第三人时在适用30%免赔率的条件下给予例外赔偿。其次,按医保范围赔偿和按被保险人事故责任比例赔偿条款一般处在保险条款的理赔范围、赔偿标准或赔偿处理章节中,非责任免除章节中,虽然从反面可推出非医保范围内损失和非属被保险人责任比例部分车损不赔的结论,但按医保范围赔偿只是减轻了非医保范围内损失的理赔负担,并非完全排除保险公司的赔偿责任。而按事故责任比例赔偿是基于保险体系衔接,非属被保险人责任比例部分车损有其他权利行使途径,本就不属被保险人损失,不予理赔乃是应有之义,与免责条款意义下的不赔不同。

第三,按医保范围赔偿和按被保险人事故责任比例赔偿条款分属不同性质的限责条款。首先,按医保范围赔偿属免责性质的限责条款。按医保范围赔偿减轻了非医保范围内损失的理赔责任,正常情况下的非医保范围内费用也是受侵害人治疗的必要合理费用,按一个理性人的通常理解标准衡量,不会将医保和非医保费

---

① 本文所定义之"规章性条款"与上述刘文不同,是指保险条款在有关行政规章规定中有规定,但受刘文启发。

② 王葆莳、杨凡主编:《财产保险法理论精义和实例解析》,知识产权出版社2009年版,第113~114页。

用予以区分,侵权者作为终局责任者亦无其他权利行使途径,故三者险按医保范围赔偿条款限制了保险公司的责任范围,缩小了其责任程度,属免责性质的限责条款。其次,按被保险人事故责任比例赔偿属非免责性质的限责条款。基于保险法与侵权法的功能差异、权利顺位及车损险与三者险的体系衔接,非属被保险人责任比例部分车损可依侵权赔偿或三者险理赔,这部分损失本就不属车损险项下被保险人损失,不予理赔乃应有之义,非属被保险人损失因免责而不赔。尽管条款表面上似有免责意味,但这是保险体系造就的权利分别行使特征,是索赔依据的差异而非不赔,故按事故责任比例赔偿非属免责性质的限责条款。

第四,按医保范围赔偿和按被保险人事故责任比例赔偿条款的生效问题。首先,按医保范围赔偿属免责性质的限责条款,应参照免责条款的制作要求,提请投保人注意并予以明确说明,提请注意可通过特殊文件外形、单独印刷排版、字体加黑加粗来体现。① 但同时机动车三者险是涉及公众利益需经保监会批准的险种,按医保范围赔偿在《工伤保险条例》有明确规定,在交强险和工伤保险等社会保险中亦有体现,故"举轻以明重",按医保范围赔偿乃规章性条款,即使保险人未主动说明亦应生效,对医保范围外的费用可酌情参照医保范围内同类药物医疗服务费用理赔,无同类药物医疗服务可参考时,仍应按医保范围理赔。其次,按被保险人事故责任比例赔偿虽属非免责性质的限责条款,但基于保险体系衔接、被保险人分别行使权利的特征,根据适度倾向于消费者原则,保险公司仍对投保人负有提示说明义务。未予说明的,因条款本身不免责仍生效。被保险人若知其限责便不投保的,享有解除合同,由保险公司应退还全部保费的权利。

三、延伸:条款的归类及行业改进建议

(一)引申:商业保险条款的分类界定

由保险人未对被保险人履行被保险人部分受偿条款说明提示义务是否对其生效的争议可引申出保险条款的基本分类:

1. 免责条款

免责条款分为法定免责条款、准法定免责条款、约定免责条款三类。

第一,法定免责条款的效力又因投保人、被保险人违反的法定义务性质不同而不同。对于违反投保人、被保险人的本源性义务,如故意造成保险事故、人身保险被保险人自杀、故意犯罪、抗拒刑事强制措施导致的人身伤亡、财产保险事故发生时被保险人不具保险利益等,违反多涉嫌骗保,触及道德风险底线甚至刑法底线,动摇保险根基,《保险法》对此亦有明确规定,故无须写入保险合同,即使保险人未作提示说明亦生效。对于违反投保人、被保险人保险法上的义务,如投保时未如实告知、危险增加未及时告知、未按时缴纳保费、事故发生后未及时通知保险人出险

① 梁鹏:"新《保险法》下说明义务之履行",载《保险研究》2009 年第 7 期。

定损、随意放弃赔偿权或因故意、重大过失损害保险人代位求偿权等，囿于投保人、被保险人专业知识的有限性，保险人有突出提示、主动说明法律后果的义务。若保险人未作突出提示的，条款不生效，不发生合同解除、中止等后果，保险人仍须对被保险人理赔或不得要求被保险人返还保险金。若保险人履行了突出提示义务而未履行明确说明义务的，因该类义务《保险法》有明确规定，保险条款依然生效，保险人可中止、解除合同或不予理赔、要求被保险人返还保险金。

第二，准法定免责条款中投保人、被保险人义务来源于行政规章规定，违规行为直接造成保险标的危险，如利用保险标的从事违法活动、各类肇事违法行为（驾车逃逸、弃车逃离、破坏伪造现场、毁灭证据）及各类违章驾驶行为，如高危驾驶（酒后、吸毒后、麻醉后驾驶）、无证驾驶（无驾驶证、行驶证、号牌、特种车操作证、营运车资格证或证件失效）、瑕疵驾驶（持未年检、暂扣、扣留、吊销、注销证件驾驶）、缺陷驾驶（车检不合格）、跨类驾驶（与驾驶证载明车型不符）、实习期越权驾驶（驾驶公共、营运、装载危险物品车辆、牵引挂车）、强行驾驶（法律法规、公安交管部门不允许驾驶情况下）等，因行政规章规定的效力低于法律，且保险赔偿与惩治违法是两种不同的法律关系，[①]规章规定本身未规定不履行义务的保险法上后果，故保险人有突出提示的义务。未履行突出提示义务的，条款不生效，保险人仍应理赔。保险人履行了突出提示义务而未履行明确说明义务的，条款仍生效：首先，因义务本身具有一定法定性，违反义务的行为均为严重违反交通法规的行为，故对损失补偿或责任分担的选择本身即体现了一种善恶评价。其次，该类规章性义务在驾驶交规考试中一般均有涉及，可推定投保人、被保险人应知晓。再次，该类条款含义明确，并非保险专业术语，如一律不生效，虽然保护了个体消费者或第三人利益，但有矫枉过正、危害保险共同体之疑，且导致一些基本的保险问题变成需要提示或说明的对象，忽视了保险的特殊性，扩大了司法界和保险界的隔阂和鸿沟。[②] 最后，该类条款所确定的义务较投保人、被保险人保险法上的作为义务，如如实告知、及时通知等，更为初级，基本为不违规驾驶的不作为义务，故“举轻以明重”，该类条款仍生效，保险人可不予理赔。

第三，约定免责条款中除未交保费合同生效前损失不赔等抗辩性条款，大部分系无关投保人、被保险人义务的损失除外条款，其免责非出于被保险人行为违法造成的保险标的风险增加，而是保险公司单纯为降低经营成本、控制风险而拟定的免责事项，具有一定的专业性和单方自发性，如不可抗力（地震、战争、军事冲突、恐怖活动、暴乱、政府征用）损失、特定类型（精神损害赔偿、应当由交强险承担赔偿的损失、污染损失、贬值损失）损失、特定期间（扣押、收缴、没收期间；竞赛、测试、教

---

① 黄再再：“保险人明确说明义务的免除”，载《案说新保险法》，法律出版社2009年版，第82页。

② 王林清：“交通肇事者逃逸，保险公司可否免责”，载《新保险法裁判百例精析》，人民法院出版社2009年版，第340页。

练期间;营业性维修、养护期间;盗抢期间)损失、特定情形(非被保险人允许者驾驶、拖带未投保交强险车辆或被未投保交强险车辆拖带)所致损失、与人损、财损相关的损失(对第三人的停业、停驶、停产、停公用事业服务、网络通信中断、数据丢失、电压变化等造成的损失及其他各种间接损失、保险事故仲裁诉讼费用及相关费用、鉴定费)等,保险人不承担赔偿责任。对该类损失,保险人只有在履行了突出提示、主动说明义务,条款方生效。保险人未尽提示说明义务的,条款不生效,仍需理赔。

2. 限责条款

限责条款分为免责性质的限责条款和非免责性质的限责条款。

(1)非免责性质的限责条款,如按事故责任承担赔偿责任等,本质上非保险责任的限制,而是因保险体系衔接造就被保险人权利分别行使特征,故保险人应对投保人、被保险人履行突出提示、主动说明义务。若保险人未予明确说明的,因未剥夺被保险人权利行使途径,条款仍生效,保险人只需部分理赔。但被保险人若知其限责便不投保的,享有解除合同的权利,保险公司应退还其全部保费。

(2)免责性质的限责条款。

第一,免责性质的法定限责条款,如重复保险按比例赔偿、不足额保险按比例赔偿修理费、残物折价返还按比例扣除、误报年龄少缴保费按比例赔付、部分放弃赔偿请求权按比例减少赔偿金(从全部放弃不承担赔偿推导)、因被保险人过错致保险人不能行使代位求偿权,保险人相应扣减保险金等,保险人有突出提示、询问说明的义务,未履行提示说明义务的,因《保险法》有明确规定,条款仍生效。

第二,免责性质的准法定限责条款,如按医保范围理赔,保险人有突出提示、询问说明的义务。未履行突出提示义务的,因被保险人不知晓,条款不生效,保险人需全额理赔。未履行说明义务的,个案可酌情对医保范围外的费用参照医保范围内同类医疗费用理赔;无同类医疗费用可参考的,因按医保范围理赔本身并不具有专业性,被保险人日常就医即按医保范围区分账户统筹支付或自费自负,故其对此限责条款含义应当清晰明了,且相关社会保险和立法(交强险条款和工伤保险条例)中亦有此规定,故条款仍生效,保险人只需对医保范围内的费用理赔。

第三,免责性质的惯例限责条款,如自负额、免赔额、免赔率、绝对免赔率等,乃保险行业控制风险的行业惯例,保险人需对投保人履行突出提示义务。未履行突出提示义务的,条款不生效,保险人仍应全额理赔。保险人履行了突出提示义务而未履行明确说明义务的,对于附带不计免赔率特约条款和可选免赔特约条款的免赔率、免赔额条款,保险人为了自身利益也会让投保人选择是否投保特约险,故投保人对这些相对免责性质的条款应知晓,条款仍生效;对未附带不计免赔率特约条款和可选免赔特约条款的免赔率、免赔额条款,和自负额、绝对免赔额、绝对免赔率这些绝对免赔项目,投保人、被保险非专业人士不知其互相区别,亦不知其与免赔率、免赔额这些相对免赔项目的区别,故保险人应履行主动说明义务,未说明的条款不生效。

第四，免责性质的约定限责条款，如被保险人未采取合理必要措施防止或减少损失，保险人就损失扩大部分不予赔偿等，乃出于防范道德风险等目的给被保险人设置义务，尽管《保险法》亦规定了此义务但未规定违反该义务的不利后果，故保险人有突出提示义务。同时损失减免义务具有一定专业性，义务指向的对象又是保险理赔的对象，非被保险人理所当然所能想到，被保险人对该类义务的内涵不一定清楚，违反损失减免道德义务也同故意制造保险事故、隐瞒、增加保险标的危险的恶意不同，故保险人有主动说明的义务。未履行提示说明义务的，条款不生效，保险人仍应全额理赔。

3. 保证条款与免责、限责条款关系

减免保险人赔偿责任的除免责条款、限责条款外，尚有所谓保证条款。保证条款是指保险合同中以书面文字或通过法律规定的形式使被保险人承诺某一事实状态存在或不存在或持续存在或不存在，或者承担履行某种行为或不行为的保险合同条款。被保险人对“保证”的遵守具有绝对性，保证条款不要求保证内容对承保风险有实质影响，哪类事项可成为一项保证完全取决于当事人的约定，即使违反保证与随后损失的出现无关，保险人也可免除保险责任。在英国，除个别特例外，不要求保证内容对承保风险有实质影响。故保证条款本质上有利于保障保险人利益，有必要在立法或司法解释中限制保证条款的使用，有观点认为应参照免责条款的规定，保险人未明确说明的，不生效。[①] 但笔者以为，应区别投保人、被保险人对保证事项是否知晓和保证内容与风险的关系影响来判断条款效力。

第一，保证条款中被保险人的义务并非完全通过约定确立，亦有通过法律规定确立，对通过法律、行政规章等法定、准法定义务，被保险人应能知晓，一律以保险人未明确说明的不生效来规制，对保险人不公平。第二，减免保险人赔偿责任的方法除了单纯的通过除外责任来限制承保范围外，就是通过约定被保险人义务等手段来实现，且很大程度上以保证条款的形式出现，故保证条款是保险合同的重要组成部分，如一概不考虑保证事项与风险的联系，则保险人会尽可能维护自身利益，片面强调被保险人义务，设置诸多与控制风险无关的免赔条款，而法律如囿于保证条款的限制而不对其效力作出评价，则司法对保险合同双方权利义务的衡平失控，《保险法》第 19 条无效条款设置失去意义，对被保险人极不公平。第三，尽管可以通过未履行说明义务不生效来达到一定平衡效果，但此亦放弃了对条款效力的考察，如保险人尽到了说明义务，则不公平的免责内容依然对被保险人生效。第四，即使是在保证条款对承保风险有无实质意义在所不问的英国亦有特例要求保证内容对承保风险有实质影响，故有必要对保证条款保证事项与风险的联系加以强化。

---

① 王林清：“如何认定保险合同中保证条款的效力”，载《新保险法裁判百例精析》，人民法院出版社 2009 年版，第 163～166 页。

上述法定、准法定性质的免责、限责条款中涉及被保险人保证义务的,基本都隐含了保证内容与承保风险的实质联系,如不如实告知、私自加装、改装、改变车辆营运方式、不及时通知出险以致不能定损、随意放弃赔偿权、故意、重大过失损害保险人代位求偿权等。在含保证内容的约定性质条款中,免责性质的约定限责条款中的损失减免义务与承保风险有实质联系。被保险人违反保证义务未对保险人利益造成损害,保证内容与承保风险无实质联系时,部分条款免赔因与《保险法》冲突而无效,如未先行诉讼但不影响保险人代位求偿权、未申请批改但承保危险未增加、未及时通知出险但未影响定损等;部分条款免赔虽未与《保险法》冲突的,但也因被保险人违反非保险合同主要义务而使双方权利义务显著失衡而无效,如未进行年检但车辆事故前无安全隐患、未与保险人会商修理但自行委托有资质部门定损,或虽委托无资质部门定损但保险人依然能重新核定、未提交证明材料等。

综上,保证条款考虑投保人、被保险人对保证事项的知晓与否以及保证事项与风险的联系,同时具有与免责、限责条款相同的免赔、限赔、解除合同等效果,故可纳入免责条款、限责条款管辖。

(二)建议:保险的完善与发展

对《保险法》的建议。《保险法》应增加对限责条款的定义,根据赔偿责任限缩程度区分免责条款和限责条款。对限责条款,根据条款是否免责区分免责性质的限责条款和非免责性质的限责条款,并根据条款免责的法定性强弱,赋予不同的提示说明义务。提示义务以醒目显著为原则,说明义务因条款性质不同而程度不同,主动说明以保险人的主动解释阐述为准,询问说明在投保人未提出进一步询问时,无须作深入解释。

对保险行业的建议。保监会应尽快梳理现有的车险条款,对免责、限责条款进行分类整理,保险公司对免责条款和限责条款可单列排版,采用区别于合同文本其他内容的特殊字体和特殊文件形式,如黑体字、红色纸张,提请投保人注意特殊条款的存在。同时切实履行对投保人的明确说明义务,对免责、限责条款采取主动说明加询问解释、书面加口头相结合的立体说明体系,说明义务的履行以位于单列特殊条款后的投保人签字确认栏确认为准,适当配以录音以佐证,以避免实务争议。

对消费者的建议。保险消费者作为金融消费者,应具备比普通消费者更高的注意义务和金融常识。对保险合同应积极担负起审慎注意义务,在购买保险前,主动阅看条款,对不理解或有疑问的地方要求保险经纪人予以解释,而不是被动地等待保险人说明,或以保险人未尽明确说明义务免责条款不生效为由放弃查看。投保人的阅看义务与保险人的说明义务相辅相成,只有双方互动,才能构建起保险发展的良性循环。

(本文发表于《法律适用》2011 年第 9 期)

对保险人说明义务的再思考

邵宁宁*

【提要】我国保险人说明义务制度的确立具有一定的理论基础,体现了立法者对于弱势群体的人文关怀。一部分人对保险本身的偏见甚至错误理解,导致保险人说明义务似乎偏离其本应达到的宗旨。本文从保险合同、免责条款以及保险的性质等角度重新审视保险人明确说明义务,为在审判实践中准确理解和适用此项制度提供一定借鉴。

【关键词】保险人说明义务　格式合同　免责条款　保险理念

一、保险人说明义务的立法背景及理论基础

我国保险业起步较晚,从1979年全国人民银行行长会议上提出恢复中国人民保险公司到今天,仅30年的发展。在保险业发展初期,我国保险市场竞争机制不完善,保险监督管理体系不健全。保险公司为争抢市场份额恶性竞争不断发生,保险业务员、代理人为完成业绩,对保险产品进行误导性说明,甚至虚假宣传。同时,在计划经济体制下,政府对国有部门职工实行几乎“从生到死”的全方位保障,我国民众的风险与保险意识非常落后。又加之老百姓当时文化水平相对较低,对保险知识的掌握和了解十分有限,其对保险合同的了解往往依赖保险业务员、代理人对保险产品的介绍说明。上述情况使很多投保人在不了解相关险种的情况下盲目投保,最终不能“如期”获得保险理赔,这极大影响了我国保险事业的正常发展。保险人说明义务制度正是在这样的背景下制定出来的。1995年10月1日施行的《保险法》第16条规定:“订立保险合同,保险人应当向投保人说明保险合同的条款内容。”第17条规定:“保险合同中规定有关于保险人责任免除条款的,保险人在订立合同时应当向投保人明确说明,未明确说明的,该条款不产生效力。”2002年修订《保险法》时,以上内容被分别移至第17条和第18条,但文字上没有任何变动。2009年2月28日通过的《保险法(修订案)》将上述两条内容并于第17条,并对保险人说明免责条款的方式作出规定,该条文规定:“订立保险合同,采用保险人提供的格式条款的,保险人向投保人提供的投保单应当附格式条款,保险人应当向投保人说明合同的内容。对保险合同中免除保险人责任的条款,保险人在订立合同时应当在投保单、保险单或者其他保险凭证上作出足以引起投保人注意的提示,并对该条款的内容以书面或者口头形式向投保人作出明确说明;未作提示或者明确说明的,该条款不产生效力。”

* 邵宁宁,上海市黄浦区人民法院民二庭审判员。

对于保险人说明义务的理论基础,通常有以下几种观点:最大诚信原则,即从平衡保险人与投保方之间因保险知识和经验等信息不对称的角度,说明义务为最大诚信之要求;[①]保险合同当事人合意的要求,1995年《保险法》立法之初,参与保险立法的专家学者撰文指出,保险法规定保险人说明义务,是由于保险合同双方当事人都应根据诚信原则,相互履行告知义务,而不是单方面责成被保险人一方必须负责告知,这样不仅可以避免种种矛盾,从而保护被保险人的利益,亦使保险合同真正建立在相互了解各方的权利义务,根据平等互利原则经过公平协商的基础之上;[②]对格式合同的规制,即保险合同属于格式合同,根据格式合同条款订立的一般原理,应当由条款拟定方将条款明确提示于对方,并对其内容做详细解释以使对方真正知悉,未通过合理途径让对方知悉的条款不能够成为合同内容而发生效力。[③]

尽管保险人说明义务制度,"在各国保险立法中极为罕见",[④]但不可否认,我国此项制度的制定是从我国国情出发,符合我国保险行业的实际发展情况的,充分体现了《保险法》对相对弱势的投保人、被保险人利益的保护,相信修订后的《保险法》的施行对于保险行业部分不规范情形也将起到一定的抑制作用。

二、保险人说明义务制度在适用中的偏离

从立法者的角度考量,设置"保险人说明义务"制度的初衷是课以保险人更加严格的责任以督促其对保险条款,特别是免责条款认真说明,使投保人能够了解到关乎其切身利益的合同条款内容,进而保护非保险条款制定方的利益,此项制度体现了立法者对于弱势群体的人文关怀。但是,笔者认为,"保险人说明义务"的立法目的并非偏重保护投保人一方的利益,而是通过要求保险人履行说明义务,抵消投保人缔约能力方面的弱势,尽量使缔约天平恢复平衡。

然而,由于修订前的《保险法》对保险人说明义务的规定过于原则化,法院在司法裁判中对涉及此制度的相关问题理解不一,进而导致裁判结果的不甚统一,保险人说明义务制度也因此得不到公正的适用。在保险合同纠纷案件中,保险人说明义务似乎成为了投保人或被保险人在保险合同纠纷案件中的"杀手锏",只要保险人以事故不属于保险范围为由而拒赔,投保人或被保险人便提出保险人对相关免责条款等未尽明确说明义务,要求法院确认该免责条款无效,进而支持其诉请。而部分法官在案件审理中,出于"保护"投保人等弱势群体等因素的考虑,对保险公司履行明确说明义务的形式标准、实质标准等要求极高,通常支持投保人或被保险人的诉请,保险公司常常对此感到不公和无奈。尽管修订后的《保险法》对保险

① 覃有土、樊启荣:《保险法学》,高等教育出版社2003年版,第173页。

② 乌通元:"《保险法》保护被保险人利益",载《上海保险》1995年第11期。

③ 尹田主编:《中国保险市场的法律调控》,社会科学文献出版社2000年版,第119页。

④ 李玉泉:《保险法》,法律出版社2003年版,第60页。

人说明义务,特别是对免责条款的说明方式作出相对具体的规定,但是对于保险人是否履行说明义务的举证责任、证明标准尚需法院在案件审理中作出裁量,如果不能正确理解保险人说明义务制度,保险公司所面临的上述窘境似乎仍无法缓解。

正是因为相当大的一部分人对保险本身的偏见甚至错误理解,导致保险人说明义务在实践中的适用偏离其本应达到的宗旨。笔者认为,欲于审判实践中准确理解并适用此项制度,我们应当从宏观方面重新审视"保险人说明义务"制度本身,应对保险合同、免责条款以及保险的性质等有一个正确的认识,这才是确定保险人说明义务举证责任、证明标准等的前提和基础。本文中,笔者试结合审判实践,厘清思路,论述对保险制度本身一些浅显的思索,希望能为保险人说明义务制度在审判实践中的适用提供一定借鉴。

三、对保险制度的几点思考——从重新审视"保险人说明义务"的角度

(一)保险合同并非典型的格式合同

保险合同通常被视为典型的格式合同,进而被认为极易成为保险人借以滥用并损害投保人或被保险人利益的工具,修订后《保险法》第19条对于保险合同格式条款的规定亦与《合同法》第40条关于格式条款的规定相同。然而,笔者认为,保险合同并非典型的格式合同,其特征是服务于保险活动本质要求的,是符合保险内在规律的。

保险事业的初期,各个保险合同都是在契约自由原则之下,由保险人与投保人自由商订的。随着19世纪工业化的发展,货物和服务生产的标准化逐步形成,合同条款的标准化也随之出现,当然也包括保险合同的标准化。而保险产品的标准化是有其特殊的理由的,这也使保险合同不应被视为普通格式合同。

1. 保险技术性的要求

保险的技术性,是指保险通过把可能遭遇同样风险事件的风险个体积聚起来,测定风险事故的发生概率,并根据概率所决定的比例进行分摊,从而确定保险合同的条款和内容。[①] 根据该项理论,保险的实质是根据概率论求得保险费与保险补偿金额的平衡。"大数法则"[②]是保险运营的理论基础,保费的厘定需要相应保险精算的数据要求。保险运营必须符合大数法则的技术原理,而通过大数法则制定的保险条款具有稳定性,因此,保险条款的设计必然标准化。规定与保险标准条款内容不同的个别约定或者随意否定标准条款的效力,可能危害保险交易技术基础。

2. 保险经济性的要求

保险合同条款的标准化并非是强势保险人对弱势群体的单方行为,自有其经

① 张念编著:《保险学原理》,四川大学出版社2000年版,第46页。

② 大数法则,又称"大数律",是指在随机现象的大量重复试验和观察中,出现某种几乎必然的规律性的一类定理的总称。

济性需求。对于保险人而言,标准化保单的数据统计更加经济,许多保险人使用相同格式的保单,他们的损失与赔偿金额数据可以合并,有利于费率厘定的精确化。① 对投保人而言,标准化保单的使用有助于其选择保险人,当各家保险公司的基本条款是相同或相似时,投保人选择保险人时关注的重点可以转移到其他方面,如服务质量等。

(二)保险合同免责条款的正当性

不可否认,我国很大一部分人对于保险存有抵触心理,认为只要被保险人申请理赔,保险公司总能从保险合同中找出相关的免责条款,而保险合同中规定的一系列不公平的保险公司免责条款,致使被保险人权利难以得到保障。事实上,保险制度的特殊原理决定了保险人责任免除条款较之一般的民商事合同免责条款有很大不同,其正当性尤为突出,我们应当理性对待。

1. 从技术层面解读免责条款的正当性

从保险技术层面考虑,保险能够承保并加以分散的风险主要具有以下特征:偶发的、发生概率较为稳定、可以预测并计算的风险。② 只有这样,保险人才可能根据大数法则测算出合理的保险费作为投保人应支付的对价。而对于控制成本可能过高且收效甚微的风险,如道德风险等,大部分保险人通常放弃承保。免责条款的功能便是排除那些不在保险人承诺保障范围之内的风险。当发生了不在保险人事先承诺范围之内的风险时,保险人不承担保险金赔付义务,由此避免不合理的损失影响保险人的稳健经营。

2. 从功能角度分析免责条款的正当性

保险是分散风险的有效手段,但没有保单能够覆盖所有可能的风险,而保险合同的最基本条款就是规定哪些风险在保险人的承保范围之内。保险合同承保的范围,既可以用积极的条款来声明,也可以混合使用积极条款与否定条款,后者在保险领域中使用得更为长久。③ 保险合同中的责任条款与免责条款正是这样的两类条款,分别从积极和消极意义上构成对保险责任范围的确定、清晰的描述,说明保险人在什么情况下支付保险赔款。从这个意义上看,保险合同中的免责条款与责任条款功能相同,正如我国保监会在相关批复中的表述:"和一般合同中的责任免除条款不同,保险合同条款中的责任免除条款是从外延上对承保风险范围的具体界定,是保险产品的具体表述方式"。④ 因此,保险人责任免除条款是保险合同的

---

① [挪威]博尔奇:《保险经济学》,庹国柱等译,商务印书馆 1999 年版,第 17 页。

② 庹国柱主编:《保险学》,首都经济贸易大学出版社 2004 年版,第 18~19 页。

③ [英]克拉克(Clarke,M. A.)著:《保险合同法》,何美欢、吴志攀等译,北京大学出版社 2002 年版,第 488 页。

④ 中国保监会:《关于〈机动车辆保险条款〉的性质等有关问题的批复》(保监办复〔2003〕92 号),载中国保监会官方网站:http://www.circ.gov.cn/Portal0/InfoModule_7674/19307.htm,最后访问时间:2008 年 11 月 1 日。

基本条款,其基本功能在于界定保险责任范围。

3. 从内涵分析免责条款的正当性

保险合同中的免责条款与一般的合同免责条款有着较为明显的区别,其内涵有本质的不同。一般的免责条款是当事人双方在合同中约定的,旨在限制或免除一方合同义务或责任的条款。保险合同中的免责条款则与此不同。尽管保险人的合同义务被称为"保险责任",但其并非保险人不履行或不适当履行合同义务而须承担的违约或侵权责任,而是保险人的合同义务本身,即保险金赔付责任。保险合同中的免责条款不是对国家强制性法律规定的否定,不是对法律谴责和否定违约与侵权态度的藐视,不是对投保人及被保险人权利的不正当限制,而是在既有的价格、保险等机制的背景下合理分配风险的措施,是维护企业的合理化经营,平衡条款利用人、相对人乃至一般第三人之间利益关系的手段。①

有学者根据免责条款的功能,将其分为"企业合理化经营所必需的免责条款"和"非为企业合理化经营所必需的免责条款"。② 根据上文分析,保险合同中的免责条款应当属于前者,缺少此条款,保险人无法合理化经营,甚至根本无法经营,因此,很多国家的保险法律和判例都确立了保险合同中免责条款的法定地位。③ 而一般的免责条款则属于后者,保险合同中的免责条款的地位和重要性远非一般的免责条款所能比拟。

(三)对于保险理念偏差的纠正

1. 对保险公司普遍存在的误解

法律对保险公司注册资本标准有非常严格的规定,准入门槛较高,而一般情况下,投保人则是个人或者普通公司,因此,当保险公司和投保人出现在人们视野中时,便自然产生了强势和弱势的形象。实践中,人们通常认为,相对保险人来说,投保人无论在保险知识还是对合同条款的理解方面都出于弱势,保险人理应在签订保险合同时对保险条款作出说明,且面面俱到,而当投保人和保险人产生纠纷,人们心中的天平总是容易向投保人倾斜。试剖析上述观点产生的原因,大部分人认为,保险公司资金雄厚,而投保人势单力薄,理应受到相对多的保护。也正是由于上述原因,很多人认为,只要投保人同保险公司签订保险合同、缴纳保费,保险公司就应当对于被保险人的所有损失进行理赔。

保险人作为经济社会中普通的商主体,并不能由于其拥有雄厚的资金就要求其承担过多的义务,法律对保险公司规定较高的注册资本是由保险公司的运作方

---

① 崔建远主编:《合同法》,法律出版社 2003 年版,第 242 页。

② 刘宗荣:《定型化契约论文专辑》,台北三民书局 1988 年版,第 137 页。

③ 金智:"论保险人责任免除条款的法律规制",中国政法大学硕士学位论文,载中国知网:http://epub.cnki.net/grid2008/detail.aspx? filename = 2007222471.nh&dbname = CMFD2008,最后访问时间:2008 年 11 月 10 日。

式所决定的。保险公司设计保险产品,是根据大数法则来确定事故发生的概率,依据社会经济条件确定事故发生的大致损失,依据资本市场的基本规律和具体表现来确定保险基金收益率,根据商业运作的一般情况确定保险运作管理费用,然后测算出危险与保险费之间的合理比例关系。保险合同为射悻合同,虽然就个案来说,有些投保人或被保险人缴纳了保险费却因为未发生保险事故而未得到赔偿,有些投保人或被保险人所得的赔偿金额却超过所付保险费的数十倍,但从保险的集约性上看是等价的,保险费总额与未来支付保险金加合理运营费用后的总额之间是保持总体平衡的。如果对保险人课以过于严苛的说明义务,轻易认定保险合同相关免责条款无效,保险人将要对保险事故以外的事故予以赔偿,这对保险人是不公平的,而这也将导致保险人提供保险服务产品的激励缺乏,保险交易的逆向选择可能性会大大增加,保险费率无法控制。尽管现阶段保险业的蓬勃发展会将个案中的不公平现象及负面影响掩盖,然而久而久之,这种错误的理念将使该保险业无法健康发展。

2. 对保险合同缔结的理念偏差

保险人与投保人作为经济社会中的民商事主体,其进行民商事活动、签订保险合同应当遵循自愿公平、等价有偿、诚实信用等原则。投保人作为保险合同的一方当事人,在签订保险合同之前,应对保险的相关问题进行一定的了解;在签订保险合同之时,有必要仔细阅读与其自身利益密切相关的合同条款;在签订保险合同之后,应当支付保险费并依约履行其他合同义务。同样,保险人作为保险合同的另一方当事人,在签订保险合同之前,应当对保险合同条款,特别是免责条款予以说明;在保险合同成立后,应当依照保险合同的约定,对保险事故予以理赔,对于保险范围以外的部分,保险人有权拒绝赔偿。很多投保人在保险合同签订过程中存在的一些理念上的偏差。

首先,对于保险功能的忽视。保险最基本的功能是分散风险、补偿损失,实践中,还有很大一部分人对于保险的功能并没有正确的认识。就人身保险而言,尽管大部分人身保险产品是储蓄类保险,但是投保人往往仅关注其收益方面的投资价值,却忽视人身保险最根本的保障功能。很多投保人只是将人身保险作为一种投资理财的方式,因此在选择保险产品的过程中,不是根据自身风险状况和经济承受能力进行选择,而是热衷于将投资型险种进行片面的比较,甚至将保险产品与其他投资方式进行比较,并将此作为衡量保险"好坏"的标准。对于财产保险,特别是机动车商业第三者保险中,相当部分的投保人最为关注的是如何将保费降到最低,而非如何选择适合自己的险种。上述种种情形,导致投保人在签订保险合同时,对于保险产品最基本的保险范围——在保险合同中表现为保险责任和免责条款,缺乏关注,而不阅读保险条款、直接签名确认的投保人也不在少数。

其次,对于保险技术性的缺乏了解。每种保险产品的保费都是保险公司精算而出的,有较强的技术性特征,但是保险合同作为一种公平的、等价有偿的合同,在具体交易中,其所保障的风险与保费之间始终应成正比例关系。危险越大,投保金额越大,所缴纳的保险费就越多。因此,投保人应根据自身风险情况,选择适合的险种,在签订保险合同时,亦应仔细了解保险合同的承保范围。

最后,对于契约意识的匮乏及对契约责任的漠视。在我国,民众的契约意识始终较弱,而在保险领域,似乎更为突出。在不了解保险的功能、保险合同的范围的情况下,草率签订保险合同的投保人比比皆是。法律无法保护一个漠视自己权益的人,同样,在保险领域,立法或者司法对投保人或者被保险人予以过分保护,既不利于保险业的长久发展,也无助于全社会契约意识的提高。

四、司法实践中适用保险人说明义务应遵循的基本原则

保险人说明义务制度的核心是确保保险合同条款,特别是免责条款的公平性,通过立法上的相关规定及司法上的具体审查来否认不公平条款的效力,对受显失公平条款影响的合同当事人予以救济。保险人说明义务制度的设立自有其现实需要以及法理基础,但该制度的根本立法目的并不是为了片面地保护投保人、被保险的利益,而是要确保保险合同在一个正当、合理的环境下得以签订并履行,保护保险合同双方当事人的合法利益,最终目的是实现契约正义。

有人认为,随着保险业的不断发展以及保险逐渐进入大众生活,应当加强对保险公司的管理,保险人说明义务应当逐渐严格。笔者对上述观点不敢苟同。通过上文分析,保险合同并不同于一般的合同,保险人提供的并非一般的产品和服务,保险合同的格式特征以及免责条款的存在,是有合理、正当原因的,如果仅因为保险合同格式特征以及免责条款表象,而轻易否认标准条款或免责条款的效力,不但会造成对保险技术性的损害和对保险基本原理的违背,也会导致保险合同双方当事人权利、义务的失衡。法律的宗旨是保护弱者,但并不是以损害强者利益为代价的,否则即是矫枉过正。[①] 过分强调保险人说明义务,过分偏重保护投保人、被保险人的利益,很有可能引发道德危机,使该制度的实施偏离期望实现的目标,不利于保险业的健康发展。笔者认为,在保险合同纠纷案件的审理中,若涉及保险人说明义务相关问题,司法机关应遵循的基本原则为:以平衡保险人、投保人以及被保险人利益为取向,确保保证保险人说明义务的公平性、合理性。

结语

本文的写作恰逢全国人大常委会通过《保险法(修订案)》,而笔者在写作过程中,也在不断思考:在如今尚存在保险代理人不规范推广保险产品、虚假宣传保险产品的背景下,本文所强调的投保人应了解保险功能、提高契约意识、加强自我保护的能力,是否对那些文化水平不高的投保人过于苛刻,甚至不公;在修订后的《保险法》进一步明确保险人说明义务标准,更加注重保护投保人及被保险人利益的背

---

① 徐卫东主编:《商法基本问题研究》,法律出版社2002年版,第393页。

景下,本文所讨论的内容是否与主流观点相悖。但是笔者又以为,法律不应该被简单地用于保护"弱势群体",公平正义才是法律追求的终极目标。当然,作为一名司法工作者,不应当只是被动地审理案件,更应在案件审理中及案件审理后注重对法治理念的积极宣传和推广,在保险合同案件中,我们对于正确保险理念的宣传和推广义不容辞,而这才应当是对广大投保人、被保险人最有意义的司法保护。

(本文获2009年金融危机背景下的金融发展与金融法治研讨会三等奖)

商业车险投保人与被保险人利益平衡

——三者险、车损险被保险人部分受偿条款效力分析及其延伸

曹 霞*

【提要】本文从分析有争议的"按医保范围理赔"和"按事故责任比例赔偿"条款同案异判原因出发,通过对保险理念及保险与侵权关系的阐述,从正反两面多角度论证系争条款的效力,在肯定其有效的基础上,关注其风险合理分配方面的缺陷,提出酌情参照医保范围同类费用理赔、对"找不到第三方"扩张解释的折中方案,最终归结为适当拓宽承保范围,按医保范围内、外费用比例确定相应的非医保理赔比例及将有责方未投保三者险而又无力赔偿纳入"找不到第三方"情形,对被保险人给予一定免赔率范围外的赔偿的结论。文章进一步延伸,依据效力性强弱,对保险条款进行分类,并把免责、限责条款嵌入其中,分析一系列无效条款以及保证条款与免责、限责条款的关系,为统一条款体系夯实了基础。

【关键词】绝对效力条款 相对效力条款 任意条款

各大保险公司机动车辆第三者责任险基本都约定按国家基本医疗保险标准赔付,车辆损失险都约定按事故责任比例赔偿,被保险人一旦发生保险事故造成人损和车损,往往都要求保险公司全额理赔。保险公司通常引用上述条款抗辩,由此引发了针对条款效力的诉讼。对此,部分法院否定条款效力,认为条款因排除被保险人主要权利,减轻保险公司自身责任而无效,车损险按事故责任比例赔偿条款与代位求偿权条款及保险法代位求偿权法条相矛盾。部分法院则未否定条款效力,认为条款系确定保险责任范围,非排除被保险人主要权利而有效;按事故责任比例赔偿条款针对的是具有责任比例划分的交通事故,代位求偿权条款针对的是因第三人原因造成的损失,两者不矛盾;按事故责任比例赔偿乃当事人之间的明确约定,

---

* 曹霞,上海市黄浦区人民法院刑庭助理审判员。

代位求偿权法条并非强制性规范,当事人之间的约定优先于法定。

一、冲突:条款同案异判的原因剖析

造成同案不同判有如下原因:

1. 衡量保险当事人权利义务对称的依据不足。我国保险精算人才匮乏、非寿险精算基础薄弱的现状导致对被保险人部分受偿与投保人所交保费是否权责相一致界定模糊。正是缺乏保费与理赔相匹配的直接证据,法院只能凭被保险人部分受偿的条款表面特征来判断双方权利义务是否失衡,从而引发条款是否排除被保险人依法享有的权利,免除保险人依法应履行的义务认定不一。

2. 对行使代位求偿权前提的定性及通过选择不先行赔付从而放弃代位求偿权行为正当性的评价缺失。《保险法》仅规定,保险人向被保险人赔付保险金后在保险金的范围内向第三人代位行使赔偿请求权,但对保险人是否必须对被保险人全额赔付然后行使代位求偿权未予明确。如界定为强制性义务,则保险人必须全额赔付,然后才有权选择是否放弃行使代位求偿权;如界定为非强制性义务,则保险人可以通过保险合同约定不全额赔付从而实际放弃代位求偿权,但保险人的放弃行为是否一概可行,当弃权行为影响到被保险人利益时,该弃权行为是否具有正当性不无探讨余地。

3. 对保险的价值取向、理念理解差异。被保险人往往以弥补全损为目标,认为投保了三者险或车损险全险,保险公司就应对其全部损失进行理赔。按医保范围理赔会造成大量非医保费用损失无法获赔,保险丧失作用。按事故责任比例赔偿会造成无责不赔、全责全赔的反常后果,与社会正义观念相悖,甚至会导致制造单车事故、两车碰撞争抢全责的荒唐后果。保险公司则抗辩保险条款经保监会备案审查,按国家基本医疗保险标准赔付是应对医院乱开药而限制开支的合理之举,按事故责任比例赔偿则符合民法过错原则。

二、理念:条款的效力判断基准

理念是制度的灵魂,是法律缺失、实践缺憾下指导案件的根本原则,对保险价值理念的理解差异是造成同案不同判的根本原因,笔者以为,保险的存在价值及界限在于:

1. 保险的补偿非填平作用。保险是将保险事故受害者遭受的具体损失,由众多的受到同类危险威胁却尚未受到损害的人们共同分担的活动,[①]保险作为分散风险的一种手段,对保险当事人的损失只能起到补偿作用而非填平作用。保险赔偿有别于侵权赔偿,非因果对应的致损填损,而是以小博大的补损减损。至于在多大程度上弥补损失,能否达到侵权赔偿的同样效果,有赖于所投保险的属性及保险精算对事故概率和费率的核算,但总体上有别于侵权赔偿的全损全赔原则。

---

① 许崇苗、李利:《中国保险法原理与适用》,法律出版社2006年版,第7页。

2. 保险的风险控制平衡。保险不是慈善救济,非无条件地对被保险人的全部损失予以弥补,而是通过保险精算,根据每类投保对象的自身条件确定事故概率,依据大数原则确定不同种类保险标的的费率和理赔额。保费和赔款的确定是保险公司控制风险的主要手段,若一味地保护发生保险事故的被保险人,填补被保险人的全部损失,将间接损害其他未发生保险事故的"保险共同团体"①利益,造成保险业的"公地悲剧"。且三者险和车损险同属商业险,商业险有别于交强险的公益目的,以过错原则为赔偿依据,非属被保险人过错部分的损失非被保险人自身损失,不予理赔乃应有之义。此外在注重保险风控的同时,要兼顾风险的合理分配,避免某些出于保险风控目的的限责条款在一定情形下违背了其限责目的,将风险不合适地全部转嫁到被保险人身上。

3. 车辆保险体系的互补衔接。机动车商业险主险包含车损险和三者险,各自针对不同的对象。就车损而言,车损险针对被保险车辆的损失,三者险针对非被保险车辆的第三者车辆损失。三者险的存在反证车损险理赔仅限于被保险人自身责任比例部分车损,否则除非有证据证明三者险的费率过低不足以支撑第三者人损、车损赔付而车损险的费率过高与按过错原则赔付不匹配,车损险全赔不利于车损险和三者险的功能衔接。

4. 保险法与侵权法的功能协调。侵权者是造成损失的"始作俑者"和终局责任者,保险只是对损失的有限弥补,即使保险公司对全损理赔,也可通过代位求偿权向侵权者追索。故对非属自身责任比例部分车损,不首先追究侵权者的责任,而由无责一方保险公司全额赔偿有颠倒权利顺位,放纵侵权人,削弱侵权法功能之嫌。

三、效力:条款的本质考量

(一)正面考量:条款效力的多角度衡量

包括被保险人部分受偿条款在内的所有保险条款均采用格式条款,关于格式条款的效力,《保险法》第 19 条规定:"采用保险人提供的格式条款订立的保险合同中的下列条款无效:(一)免除保险人依法应承担的义务或者加重投保人、被保险人责任的;(二)排除投保人、被保险人或者受益人依法享有的权利的"。《合同法》第 40 条规定,提供格式条款一方免除其责任、加重对方责任、排除对方主要权利的,该条款无效。笔者以为,《保险法》第 19 条相比《合同法》第 40 条更强调"依法"是因为在投保人看来,获得保险赔偿是其主要权利,任何限定保险责任范围的条款都将可能被认为是对其"应享有的权利"的排除而被认定为无效,这将使保险合同中的主体内容处于无效状态,影响缔结保险合同的基础,与本条立法目的大相径庭。故认定条款效力时,应从立法原意、保险行为的特性、诚信原则和利益平衡

---

① 保险共同团体,又称危险共同团体,由各个因某种危险事故发生而可能遭受损失的人组成,主要是指投保人(被保险人)。参见江朝国:《保险法基础理论》,中国政法大学出版社 2002 年版,第 20 页。

等因素综合考量,[①]以使双方权利义务相平衡。

1. 以合同风险分配的合理化程度为标准。三者险和车损险是商业险,商业险是以营利为目的的兼顾分散投保人风险的商业行为,商业险保险人按责任限额原则和过错原则对被保险人赔付并无不妥。基于营利目的,商业险以全体投保人之整体对象,通过精算以整体赔付小于整体保费为原则,按国家基本医疗保险标准赔付和按事故责任比例赔偿正是保险人控制风险的手段,只要该控制手段不过分地使投保人与保险人的利益失衡,如投保人整体所缴纳的保费与整体所获的赔付比例失调,该等控制手段即有效。况且保险公司的保险条款均经过保监会审核,对高度专业化的金融监管行为,司法不宜过度涉入,法院应在尊重专业行政监管机构对保险产品结构风险合法性认定的基础上,从法律角度审慎衡量二者的权利义务,以维持市场稳定,维护金融自由。

2. 以条款使用人义务的合理性为标准。支持被保险人部分受偿的最有利证据在于保险人对非医保范围内损失和非属被保险人责任比例部分车损未承保,而我国非寿险精算基础薄弱的现状导致保险人不太可能拿出强有力的证据。基于医保是以被保险人之收入为基础计算保费,具有财富分配之概念之福利[②]以及医疗机构追求营利乐开大处方药的现状,限制非医保费用理赔确有必要。同时投保机动车辆保险全险是指投保包括机动车辆车损险和三者险的基本险以及包括盗抢险、车上人员险、不计免赔率险等附加险在内的全套保险,但这并不代表着对全损理赔。按事故责任比例赔偿也并不意味着对非属且被保险人责任比例部分车损绝对不赔,当找不到第三方时,现行车损险条款一般均约定保险人能在一定比例的绝对免赔额内获赔。被保险人按全责缴保按事故责任比例受偿表面看起来不公平,但发生何种责任比例的事故本身就是概率,被保险人此次事故因无责未获自身保险公司理赔,下次事故就完全可能因全责而获全额理赔。若被保险人不按全责缴保,首先按何责任比例缴保难以确定,其次若发生超过缴保对应责任比例的事故,被保险人只能按缴保对应责任比例受偿,而不能按所负事故责任比例受偿,这对被保险人损失更大。且相对于全责、无责事故造成单车车损而言,被保险人发生部分责任比例交通事故造成双车车损的概率更高,此时被保险人的保险公司不但要赔偿属于被保险人责任比例范围内的被保险人自身车损,尚要根据三者险赔偿属于被保险人责任比例范围内的第三人车损。故无责免赔乃相对而言,保险赔偿总体上此消彼长,保险当事人之间的权利义务并未失衡。

3. 以有无替代性补偿作为标准。对非医保范围内损失,前者由于加害人是造成损害的源头,由其作为终局责任承担者承担非医保部分损失不无合理。对非属

① 刘学生:“保险条款的效力评价——新《保险法》第十九条的理解与适用”,载《保险研究》2009 年第 6 期。

② 江朝国编著:《强制汽车责任保险法》,中国政法大学出版社 2006 年版,第 19 页。

自身责任比例部分车损,被保险人可通过侵权责任向侵权者索赔,侵权人赔偿后再通过自身保险公司的三者险理赔。当侵权者无力赔偿时,侵权者的保险公司应当根据侵权者请求直接向受侵害一方赔偿,若侵权者怠于请求,受侵害一方可通过起诉促进侵权者向其让与赔偿请求权。故按责任比例赔偿并未切断被保险人的权利行使途径,而由无责一方保险公司全额赔偿则有颠倒权利顺位,放纵侵权人,混淆侵权法与保险法功能之嫌。我国实行车损险与三者险联动补充机制,车损险作为商业险,按过错原则确定赔偿责任符合保险基本原理,有利于与三者险功能衔接。

4. 以条款与其所排除适用之任意规范之立法旨意契合度为标准。强制性规范当事人不得以约定排除适用,此乃为契约内容之最低标准,防止保险人以格式合同方式剥夺被保险人利益。对任意性规范,根据民法意思自治原则,当事人得以约定排除适用之。而保险法不同于民法,基于保障弱势投保人和被保险人之立场,保险法上仍应探讨该类法条的实质内容,若其有利于被保险人或投保人,则视之为"相对强制规定"。若保险条款排除了该有利于被保险人或投保人的"相对强制规定",则此条款视为对被保险法定权利的排除或者保险人法定义务的免除,构成无效条款。[①] 代位求偿权是保险法任意性规范,法律并未明确规定保险人必须对被保险人全额赔付然后行使代位求偿权,保险合同义务与侵权责任竞合也不构成不真正连带责任(下详述),对此类竞合,法律并未规定当事人可以自由选择向谁索赔,[②]故代位求偿权是对保险人的赋权性规定,保险人有权选择是否行使。而保险人行使该权利的前提又有利于被保险人,保险条款排除此类权利是否有效应结合条款的宗旨综合分析。对非属被保险人责任比例部分车损,否定被保险人通过自身保险公司全额理赔后再由保险公司行使代位求偿权是基于车损险风险的合理控制及与三者险功能的衔接,其本质是保险人对权利的放弃,而并未切断被保险人的求偿途径。即使客观上亦排除了被保险人全额受偿的权利,但部分受偿是保险合同的明确约定。合同约定与剥夺被保险人选择权是两回事,商事合同不同于民事合同,尤其是保险行业的特殊性,决定了保险合同的大部分条款都是限定保险责任范围的条款,若一概以不利于被保险人而无效,则保险合同将失去存在的基础。

5. 以合同当事人之间的交涉力量相对性为标准。保险人提供格式合同,被保险人往往只能接受或拒绝而无权修改,考虑到被保险人和保险公司力量的对比悬殊,在核保证明保险人对非医保范围内损失和非属被保险人责任比例部分车损未承保的基础上,对被保险人此类损失一律不赔在有些情形下会凸显不公平:如三者险中受害人非用于抢救的合理必需的非医保费用,车损险中找不到有责方或有责方未投保三者险而又无力赔偿时的被保险人车损。非医保范围内损失不赔本身即是对不合理费用的合理限制,若该损失属合理必要,再不予赔偿就难免使双方权利义务有所失衡。车

---

① 詹昊:《新保险法实务热点详释与案例精解》,法律出版社 2010 年版,第 144 页。

② 陈会平:"无法找到第三方时车损险理赔探析",载《中国保险》2006 年第 6 期。

损险本身是对被保险自身损失的赔偿,当找不到有责方或有责方未投保三者险而又无力赔偿时,非属被保险人责任比例部分车损就因无法获偿而转化为被保险人自身损失,此时车损险再不予理赔就易引发制造单车事故、两车碰撞争抢全责的道德风险。故有必要在精确核保的基础上适当延展三者险和车损险的承保范围。

(二)反面考量:条款无效的反驳

条款的无效争议主要集中在按事故责任比例赔偿条款上,主要理由如下:(1)车损险以全车投保,却按责任比例赔偿,双方权利义务失衡;(2)车损险属财产险,不同于属责任险的三者险,不能以责任比例作为赔偿依据;(3)车损险理赔依据的事故认定书非行政诉讼对象,无行政救济途径,若事故认定书确定的事故责任比例被后序民事侵权之诉更改,已理赔金额超过或少于民事诉讼认定的责任比例时,会出现操作混乱,将对车损险被保险人造成保护过度或保护不利的后果;(4)保险合同义务与侵权责任竞合也不构成不真正连带责任,受害人有选择向保险人或侵权人求偿的权利。笔者以为,以上理由值得商榷。

首先,车损险双方权利义务并未失衡。全车投保和全额赔偿之间并不构成一一对应关系,三者险与车损险同处一个合同,均为全车投保,只是三者险针对的是不特定第三人的全车损,三者险可以按责任比例来确定赔偿,车损险也同样可以。只要现行车损险的保费非按全损全赔来收取,双方的权利义务便不失衡。而作为公共险的车损险、三者险的条款均经保监会审批,条款的权利义务趋向公平,基于金融司法的谦抑性,在无证据证明保费与理赔数额失衡的情况下,不宜认定双方权利义务失衡。

其次,车损险并非不能以事故责任比例作为赔偿依据。车损险与三者险构成联动,二者均以事故责任比例作为赔偿依据,非属受损者自身责任比例范围内的车损即是他人投保三者险的理赔对象,若全部车损均由自身保险公司赔偿,虽然受损者自身保险公司亦可通过代位求偿实际行使受损者对他人进而对他人保险公司的三者险求偿,但这与现行三者险直接针对受损者本人,而非间接通过受损者移转权利给自身保险公司来实现的现状不符。尽管通过保险公司间结算实现保险体系的衔接代表着一种趋势,也切实给受损者带来便利,但至少与现阶段我国的车险体系不符。

再次,事故责任比例认定以最终的司法文书为标准。且不说交通事故责任定性及比例划分具有专业性,民事诉讼一般不轻易更改交警事故认定书认定的责任比例,即使民事诉讼更改了事故认定书的责任比例时,也可按民事诉讼确定的责任比例确定理赔金额。若民事诉讼确定的比例高于事故认定书认定的比例,则被保险人会要求保险公司补赔差额;若民事诉讼确定的比例低于事故认定书认定的比例,则法院应考虑保险公司是否已理赔,询问侵权之诉原告是否投保车损险,及时告知保险公司有关情况。在保险公司已理赔的情况下,如被保险人(即侵权之诉原告)不退回差额,保险公司可以不当得利要求被保险人返还。在保险公司未理赔的情况下,也可防止被保险人隐瞒责任比例变更事实,以事故认定书申请理赔,骗取差额。

最后,保险合同义务与侵权责任竞合也不构成不真正连带责任,因保险合同义务与侵权责任竞合同违约责任与侵权责任的竞合不同,保险赔偿不是违约责任,而是合同义务。且不真正连带责任债务人之间并不当然发生求偿关系,而保险人对侵权者有天然的求偿关系。既然保险人与被保险人约定了按事故责任比例赔偿,即使被保险人有选择权,也是非全额赔偿的选择权。

四、完善:条款风险的合理分配

按医保范围赔偿和而按事故责任比例赔偿条款虽属不同性质的限责条款,但当保险公司履行提示说明义务后对被保险人均生效。在二者均生效的条件下,由被保险人单方承担不能获赔的全部风险是否得当,不无疑问。当今社会迅猛发展,交通事故频发,医改方兴未艾,在国家尚未理顺医疗体制的大背景下发生非医保救治费用的概率极高,医保范围的狭窄导致投保三者险的被保险人几乎失去投保的意义。而保险公司通过按事故责任比例赔偿放弃向有责方代位求偿,目的是转移求偿成本和风险,当有责方未投保三者险而又无力赔偿时,被保险人往往求偿无门。故如何平衡保险人与被保险人权益,合理分配风险,成为摆在完善被保险人部分受偿条款前的一道课题。

(一)按医保范围赔偿条款完善

首先,放宽按医保范围赔偿限制有其理论基础。责任保险并未削弱侵权法的惩罚功能,虽然三者险转嫁了侵权者的部分赔偿责任,但侵权者也是先赔偿了受害人才获三者险理赔的。即使保险公司根据侵权者请求直接向受侵害人进行了赔偿,侵权者也是支付了对价购买三者险换来的损失减免,尽管支付的保费与赔付的保险金不成比例,但保险合同是涉幸合同,保险事故的发生本身即属偶然,保费也是根据大数原则理算,与事故概率相对应、涵盖了保险公司经营管理成本的费用支出,且投保人面临着续保时的高费率。被保险人虽有可能并不负担其行为所致的全部成本,似乎发生了“外部性”,但就保险人和被保险人二者总体而言,并没有外部化任何成本于第三人或者整个社会。责任保险在一定程度上具有“社会化”的性质,但具体到每一件事故而言,承受被保险人事故成本的最终还是个别保险人。① 所以承受被保险人所制造的成本是意料之中的事情,谈不上存在外部性。②

其次,放宽按医保范围赔偿限制有其现实基础。国家基本医疗保险标准本身处在动态调整之中。且不论国产与进口、公费与自费的界限本身存在交叉,随着医改宏观政策的变化,医保范围呈逐步放宽趋势,将用于抢救的非医保费用及 1 万元以内进口钢板钢钉费用纳入医保公费范围即是一个明证。

---

① Stephen D. Sugarman, Doing away with Tort Law, 73 Calif. L. Rev., at 596(1985). U. S. Department ofTransportation, Compensating Auto Accident Victims: A Follow-up Report on No-Fault Auto Insurance Experiences(Washington, D. C.: Office of the Secretary of Transportation, 1985) at 83. 转引自郁光华:“走向交通人身伤亡事故处理的完全性无过失保险机制(下)”,载中国民商法律网:http://www.civillaw.com.cn/weizhang/default.asp? id =9052。

② 李兵:“论责任保险对于侵权法的影响”,中国政法大学硕士学位论文。

最后，确立适度放宽的合理标准。保险公司的限责目的在于排除不合理医疗费用，抢救费用因其紧急性与人的生命价值至高无上性而成为限制限责的首要目标，非用于抢救的合理必须非医保费用因其“合理必须”也不会过分增加保险公司的经营成本。之所以成为争议点，关键在于“合理必须”的标准界定。医院认为对病人的所有用药都具有正当性，普通人缺乏专业知识无法判断，保险公司即使拥有专业人员也缺乏中立公正性，个案寻求专业机构评估亦违反效率不现实。即使对医保范围外的医疗费用参照医保范围内同类医疗费理赔，也有何者认定“同类”的问题。故是否可根据医保范围内和范围外费用的比例确定与之相对应的免赔率，给予非医保费用一定比例的赔偿，从而缓和非医保不赔的权利义务失衡局面。

（二）按事故责任比例条款完善

1. 保险公司放弃对有责方代位求偿权的正当性问题。《保险法》对此无规定，保险人放弃代位求偿权，一般出于以下原因：被追偿方无力清偿，求偿风险大概率低；避免车辆互碰事故中保险公司间的互相追偿；涉及被保险人经济利益、个人关系、营商环境、劳工关系甚至被保险人在没有保险的情况下也都不愿追偿而不予追偿。[①] 对第一项和第三项，属保险公司理赔后放弃追偿权，对他人权益无影响并无不可。唯对第二项，属保险公司通过选择不全额理赔间接放弃追偿权，主要出于以下原因：责任保险的终局追偿主要在保险公司之间，即使追偿得到，保险公司在追偿收益与追偿责任互相抵销后也未盈利；若追偿不到，则保险公司要承担风险；既然代位求偿对其并无实益，保险公司主动选择放弃此权利。但保险公司放弃对有责方代位求偿的权利直接影响到被保险人的权益，被保险人投保即是为了弥补车损风险，而保险公司通过按责任比例赔偿又将求偿不到的风险转移给了被保险人，尽管按事故责任比例条款一般情况下符合双方的权利义务衡平原则，但当有责方未投保三者险而又无力赔偿时，双方的权利义务难免失衡。保险公司不能因放弃权利规避风险而损害他人权益，即保险公司的弃权行为不具有正当性。

2. 既然保险公司放弃对有责方代位求偿权不具有正当性，有看法认为应由受损方的保险公司对车损全额理赔再向有责方行使代位追偿权，也即质疑按事故责任比例赔偿条款为霸王条款的观点。笔者以为，保险合同是平等主体间的关系，不能将风险随意归诸一方。即使被保险人相对于保险人弱势，也不能将追偿不到的风险都给保险公司。既然通过按责任比例赔偿放弃代位求偿、将求偿不到的风险转移给被保险人不公平，要求全额理赔再行使代位求偿权、将求偿不到的风险全部留给保险人也不合理。

至于有看法为避免车损险按事故责任比例赔偿条款与代位求偿权条款矛盾，类比货物运输险保险公司先行赔付再行使代位追偿权，而将按事故责任比例赔偿

① 许良根：《保险代位求偿制度研究》，法律出版社2008年版，第365页。

视为保险公司行使代位求偿权后最终承担的责任而非对被保险人的理赔责任,对此,笔者以为:

(1)车损险按事故责任比例赔偿条款与代位求偿权条款不矛盾。按事故责任比例赔偿条款系针对有责任比例划分的初始责任承担,代位求偿权条款则针对按责任比例赔付部分终局责任承担(如被保险人刹车不及时和第三人超速驾驶共同造成车损,但被保险人刹车不及时因车辆零件故障所致,保险公司按事故责任比例向被保险人赔付后向车辆零件生产商追偿)而言,二者并不矛盾。至于《保险法》规定保险人赔付因被保险人家人造成的损失后不能向其家人追偿亦是以被保险人家人是按责任比例赔付部分的终局责任者,或保险人选择向被保险人赔付因第三人原因造成的损失为前提的。对前者,保险公司本应享有代位求偿权,但保险法考虑到亲情人伦因素予以排除。对后者,保险法以保险人选择向被保险人赔付因第三人原因造成的损失为前提,与车损险保险人选择按事故责任比例赔偿的前提不同。故《保险法》关于保险人赔付因被保险人家人造成的损失后不能向其家人追偿的法条与车损险按事故责任比例条款也不矛盾。

(2)将按事故责任比例赔偿视为保险公司行使代位求偿权后最终承担的责任即承认车损险对被保险人全额理赔,不利于与三者险的功能衔接。尽管保险公司代位求偿后侵权者仍要寻求三者险解决,但三者险的初衷是针对受侵害人而非受让其债权进行代位求偿的保险公司。保险公司代位求偿对侵权者虽仍然起到了惩罚作用,似乎未放纵侵权者,但这颠倒了权利顺位,混淆了保险法与侵权法的界限,削弱了侵权法的功能。

(3)货物运输险不同于车损险,尽管二者同属财产险,但货物运输险的被保险人是货主,其在履行适当的说明义务后一般对运输中的货损无过错,而车损险的车辆由被保险人自行驾驶,其对车损的造成具有直接的过错原因力。货物运输险本身承保的即是无责险,而车损险承保的是有责险。其次,尽管货物运输险也有类似车损险配套三者险的货物运输责任险,基于货物运输的无过错责任,货主与承运人本就不存在责任分摊比例。如要求货主先向承运人求偿,货物运输险失去了存在的意义。最后,基于物流运输公司控制成本与机动车辆配套销售车险的现状差异,投保货物运输责任险不如投保机动车三者险普遍,货主通过货物运输责任险获偿概率低,货主也将面临求偿不着的风险。

(4)主张将按事故责任比例赔偿视为保险公司行使代位求偿权后最终承担责任最重要的依据是全额赔偿将向侵权者追偿不到的风险留给了保险公司,保护了被保险人的利益。但按事故责任比例赔偿条款处于车损险"赔偿处理"章节中,其本身旨意即是指向被保险人的理赔责任,如将其理解为保险公司行使代位追偿权后最终承担的责任,则其应处于"保险人义务"章节中,而在"赔偿处理"章节中写明按被保险人实际损失理赔,以匹配"被保险人义务"章节中的配合保险公司行使代位求偿权义务。不能为了作有利于被保险人解释而违背合同体系解释原则,否定条款的设置初衷,按责任比例赔偿本身即是保险人和被保险人利益的平衡,弥补被保险人向侵权者追偿不到的风险应有其他途径。

3. 合理分配风险可参考现有车损险“找不到第三人”条款对被保险人的保护宗旨,进行合理扩展解释。事实上,车损险条款已注意到被保险人的求偿风险问题,其免赔率条款中规定应当由第三方负责赔偿的,找不到第三方时,免赔率为30%,即在70%的范围内赔偿应由第三方赔偿的损失。该条款虽采用“找不到第三人”的字样,但实质是指找不到第三人求偿,着眼点是求偿不到,目的在于保护被保险人,限制其风险。故可秉承其“立法宗旨”,对“找不到第三人”进行扩张解释,认为第三人未投三者险又无力赔偿相当于“找不到第三人”,给予一定比例的损失赔偿,从而平衡双方利益,合理配置风险。至于“第三人未投三者险又无力赔偿”的认定标准,“第三人未投三者险”以被保险人起诉第三人法庭查明为准,“无力赔偿”以第三人无财产可供执行为标准。

五、条款论证的延伸及行业改进建议

(一)引申:商业保险条款的分类界定

由被保险人部分受偿条款是否有效可引申出保险条款的基本分类:

第一类,绝对效力条款,包含保险的基本原理和原则,具有绝对强制力,当事人无权另行约定。包含违反投保人、被保险人的本源性义务的法定免责条款及免责性质的法定限责条款中的重复保险等,因违反多涉嫌骗保,触及道德风险底线甚至刑法底线,动摇保险根基,故属绝对效力条款。如故意造成保险事故、人身保险被保险人自杀、故意犯罪、抗拒刑事强制措施导致的人身伤亡、财产保险事故发生时被保险人不具保险利益的不赔等。

第二类,相对效力条款,包含当事人的基本权利,当事人可以另行约定,但只能作有利于被保险人的约定。若作不利于被保险人的约定,适用《保险法》第19条,因排除被保险人依法应享有的权利而无效,但有关风险分担的条款不能归属无效条款,否则违背了缔约的意思表示交叉特征。包含对被保险人索赔设定先行条件、被保险人有过错时不区分是否损害保险人利益,保险人无论过错与否一律不赔、限额理赔和超额保险等无效的约定免责条款、免责性质的约定限责条款,如在保险人承担因第三人原因造成的损失理赔责任的情形下,被保险人不对第三人先行诉讼即不赔偿;保险标的转让未向保险人办理批改手续即不赔偿(不区分保险标的危险程度是否增加)、事故发生后被保险人未及时通知保险人即不赔偿(不区分未及时通知是否致定损不能,不区分附随义务与主义务)、被保险人修理前未会同保险人商检即需重新核定,核定不能的即不赔偿(不区分被保险人自行委托定损有无资质)、车辆未年检即不赔偿[不区分事故发生后车辆是否检测、能否检测、检测结果(事故前车辆是否存在安全隐患)];保险人出险后,被保险人未及时提供证明事故原因、性质、程度材料即不赔偿(不区分附随义务与主义务);未经保险人同意的检验费、评估费即不赔偿(不区分被保险人是否及时报案、保险人是否及时定损);

主、挂车均投保的情况下以主车的保险限额理赔、按新车购置价投保,按折旧价值理赔,且不退还超额部分保费。

上述无效条款包含所谓保证条款,保证条款是指保险合同中以书面文字或通过法律规定的形式使被保险人承诺某一事实状态存在或不存在或持续存在或不存在,或者承担履行某种行为或不行为的保险合同条款。被保险人对"保证"的遵守具有绝对性,保证条款不要求保证内容对承保风险有实质影响,保证事项与风险的重要性并无必然联系,哪类事项可成为一项保证完全取决于当事人的约定,即使违反保证与随后损失的出现无关,保险人也可免除保险责任。在英国,保证条款对承保风险有无实质意义在所不问,除个别特例外,不要求保证内容对承保风险有实质影响。故保证条款本质上有利于保障保险人利益,有必要在立法或司法解释中限制保证条款的使用,有观点认为应参照免责条款的规定,保险人未明确说明的,不生效。[①] 但笔者以为,应适当考虑保证内容与风险的关系影响来判断条款效力。

第一,减免保险人赔偿责任的方法除了单纯地通过除外责任来限制承保范围外,就是通过约定被保险人义务等手段来实现,且很大程度上以保证条款的形式出现,故保证条款是保险合同的重要组成部分,如一概不考虑保证事项与风险的联系,则保险人会尽可能维护自身利益,片面强调被保险人义务,设置诸多与控制风险无关的免赔条款,而法律如囿于保证条款的限制而不对其效力作出评价,则司法对保险合同双方权利义务的衡平失控,《保险法》第19条无效条款设置失去意义,对被保险人极不公平。第二,尽管可以通过未履行说明义务不生效来达到一定平衡效果,但此亦放弃了对条款效力的考察,如保险人尽到了说明义务,则不公平的免责内容依然对被保险人生效。第三,即使是在保证条款对承保风险有无实质意义在所不问的英国亦有特例要求保证内容对承保风险有实质影响,故有必要对保证条款保证事项与风险的联系加以强化。

上述相对效力条款中,被保险人违反保证义务未对保险人利益造成损害,保证内容与承保风险无实质联系时,部分条款免赔因与保险法冲突而无效,如未先行诉讼但不影响保险人代位求偿权、未申请批改但承保危险未增加、未及时通知出险但未影响定损等;部分条款免赔虽未与保险法冲突的,但也因被保险人违反非保险合同主要义务而使双方权利义务显著失衡而无效,如未进行年检但车辆事故前无安全隐患、未与保险人会商修理但自行委托有资质部门定损,或虽委托无资质部门定损但保险人依然能重新核定、未提交证明材料等。

第三类,任意条款,即保险合同的非必要条款,可以作不利于被保险人的约定,至于保险人有无提示说明义务及未履行该义务的法律后果,应视具体条款的性质而言,若不生效,则适用《保险法》第17条。包含如下条款:

---

① 王林清:"如何认定保险合同中保证条款的效力",载《新保险法裁判百例精析》,人民法院出版社2009年版,第163~166页。

违反投保人、被保险人的保险法上义务的法定免责条款。如违反投保时的如实告知义务、危险增加(加装、改装、非营运改营运)告知义务、按时缴纳保费义务、事故发生后未及时通知保险人致定损不能、随意放弃赔偿权或因故意、重大过失损害保险人代位求偿权等。

准法定免责条款。准法定免责条款中的投保人、被保险人义务来源于行政规章规定,违规行为直接造成保险标的危险,如利用保险标的从事违法活动、各类肇事违法行为(驾车逃逸、弃车逃离、破坏伪造现场、毁灭证据)及各类违章驾驶行为,如高危驾驶(酒后、吸毒后、麻醉后驾驶)、无证驾驶(无驾驶证、行驶证、号牌、特种车操作证、营运车资格证或证件失效)、瑕疵驾驶(持未年检、暂扣、扣留、吊销、注销证件驾驶)、缺陷驾驶(车检不合格)、跨类驾驶(与驾驶证载明车型不符)、实习期越权驾驶(驾驶公共、营运、装载危险物品车辆、牵引挂车)、强行驾驶(法律法规、公安交管部门不允许驾驶情况下)等。

约定免责条款。约定免责条款中的投保人、被保险人义务来源于当事人间的约定,包含下列免赔损失:如效力性(未交保费保险合同生效前)损失、不可抗力(地震、战争、军事冲突、恐怖活动、暴乱、政府征用)损失、特定类型(精神损害赔偿、应当由交强险承担赔偿的损失、污染损失、贬值损失)损失、特定期间(扣押、收缴、没收期间;竞赛、测试、教练期间;营业性维修、养护期间;盗抢期间)损失、特定情形(非被保险人允许者驾驶、拖带未投保交强险车辆或被未投保交强险车辆拖带)所致损失、与人损、财损相关的损失(对第三人的停业、停驶、停产、停公用事业服务、网络通讯中断、数据丢失、电压变化等造成的损失及其他各种间接损失、保险事故仲裁诉讼费用及相关费用、鉴定费、停车费)等。

免责性质的法定限责条款,如重复保险按比例赔偿、不足额保险按比例赔偿修理费、残物折价返还按比例扣除、误报年龄少缴保费按比例赔付、部分放弃赔偿请求权按比例减少赔偿金(从全部放弃不承担赔偿推导)、因被保险人过错致保险人不能行使代位求偿权,保险人相应扣减保险金等。

免责性质的准法定限责条款,如按医保范围理赔;免责性质的惯例限责条款,如自负额、免赔额、免赔率、绝对免赔率等;免责性质的约定限责条款,如被保险人未采取合理必要措施防止或减少损失,保险人就损失扩大部分不予赔偿等;非免责性质的限责条款,如按事故责任比例赔偿等及普通保险条款。

(二)建议:保险的完善与发展

对《保险法》的建议。《保险法》应确认保险公司之间互相放弃对有责方代位求偿权而牺牲被保险人利益的行为不具有正当性,限制保险公司在未为被保险人提供求偿途径下随意放弃代位求偿权。当第三方未投保三者险且无力赔偿时,利用现有合同条款例外赔偿的保护被保险人宗旨,采取合同条款扩张解释的方法,赋予被保险人一定比例下受偿的权利。

对保监会的建议。厘清现有三者险和车损险对非医保范围内损失和非属被保险人责任比例部分车损是否承保,充分发挥精算在成本分析和风险管理控制方面的作用,充实按国家基本医疗保险标准赔付和按事故责任比例赔偿的依据。在精确核保的基础上适当拓宽三者险和车损险的承保范围。在按医保范围内和范围外费用比例确定与之相对应的免赔率的基础上,给予三者险非用于抢救的合理必需的非医保费用一定比例的赔偿,以避免司法实践个案对"合理必须"界定的困惑。保留现有车损险无责方保险公司在找不到有责方时按一定比例绝对免赔率对无责方车损进行赔偿的惯例,调整车损险中"找不到第三人"条款的表达,将有责方未投保三者险而又无力赔偿纳入"找不到第三方"情形,对被保险人给予一定免赔率范围外的理赔。囿于条款的免责性质,保险人应于投保前提请投保人注意并明确说明。

对保险行业的建议。保险行业应建立全国完整的保险统计资料信息平台,以支持按国家基本医疗保险标准赔付和按事故责任比例赔偿统计精算分析。保险行业协会根据行业内所有机动车辆保险数据计算纯费率,各保险公司根据自身情况制定各自的费率标准,通过对以往业务数据与核保经验数据统计分析,建立核保数据库,加强数据管理,制定客观性与科学性兼容、差别化、精细化、稳定性与灵活性相结合的核保标准,[①]以适应非属被保险人事故责任部分车损分情况理赔。加强同医疗行业、医保部门的沟通,形成医保范围调整与医疗费赔付联动体制,完善非医保理赔机制。

(载《金融法治前沿——金融发展与金融法治环境》,法律出版社2011年版)

车险定损若干问题思考

朱　奇*

【摘要】审判实践中,车险定损问题一直是困扰保险纠纷审理中的一大难题。本文拟根据车险定损的不同情况入手,对定损的性质、定损的标准以及完善车险定损的方向三个方面进行论述,明确保险公司与被保险人互负不同的权利义务,对于定损单、维修费等的认定应根据证据规则进行综合判断,对于重新鉴定的启动应审慎,并提出明确被保险人知情权、强化保险公司的参与权、完善评估机构的准入制度和分级管理、建立专家证人出庭制度等建议,以期对审判实践有所助益。

【关键词】车险定损　鉴定评估

---

① 周新苗:《非对称信息条件下机动车辆保险合同与风险因素研究》,中国水利水电出版社2009年版,第180页。

* 朱奇,上海市黄浦区人民法院民五庭庭长、审判委员会委员。

一、问题的提出

案例一：2006 年 12 月 25 日，赖某的宝马车与陈某驾驶的大货车撞上，交警部门认定，陈某负事故的全部责任。陈某事故前已向保险公司投保。12 月 27 日，保险公司对宝马车进行了估损，并制作估损单一份，估价金额为 1.8 万元。赖某的职员在估损单上签了字。但宝马车被送到 4S 专修店，实际花费修理费 3 万余元。赖某向陈某索要修理费未果，遂起诉。经查，实际修理项目大都是定损单上列明的，只有三个共计 2527 元的项目是定损单以外的。法院审理后认为，保险公司的单方定损行为没有证据证明是经过有资质的评估机构作出的，故仅为预算性参考，定损单确认的项目以实际修理的费用为准。但由于定损单为被保险人签字，故对于宝马车被撞后实际修理项目超出定损范围的维修费，由被保险人自行承担。①

案例二：原告孙某与被告俞某的车辆相撞，被告俞某全责，被告投保了交强险和第三者责任险。投保人未在定损单上签字，也未委托鉴定机构进行评估，而是直接进行了修理，共花费修理费 42,558 元。法院最终判决保险公司的定损费用并不是必然的赔偿依据，4S 店作出的修理费用也不是赔偿的必然依据，法院应当严格审查修理范围以及合理性，最终酌定投保人自行承担 5000 元的修理费用，除此之外的修理费由保险公司在交强险范围内承担 2000 元的维修费，其余由被告俞某承担。商业险由于不是同一法律关系，由被告俞某在承担了责任后另行诉讼进行处理。②

案例三：2008 年 12 月 12 日，李某驾驶车因避让不及撞上张某正在直行的机动车，经交管部门认定，李某对事故负全部责任。事故发生后，某保险公司定损张某车辆受损费为 1.2 万元，张某在定损单上签字确认。其后，张某自行找了一家修理部对受损车辆进行了修理，花去修理费 1.5 万元。由于双方在赔偿金额上未能达成协议，张某将李某和保险公司诉至法院。保险公司定损金额为 1.2 万元，修理费为 1.5 万元，法院最终确认损失按照定损金额计算为 1.2 万元。③

以上三组刊载于权威报纸杂志的真实案例反映了车险案件中对于定损方面的种种疑难，④车险案件中定损单、维修费发票、维修清单的证明力如何？投保人在定损单上签字与否是否构成对定损的确认？现有技术下无法鉴定的情况下如何处理？截至 2010 年年末，上海民用车辆拥有量达 309.7 万辆，比上年增长 8.7%。⑤伴随着民用车辆拥有量的不断上升，车险问题也一再进入人们的视野中，如何妥善

---

① 郑金雄、魏炜："宝马车被撞修理费超出定损额"，载《人民法院报》2007 年 4 月 21 日。

② 徐侃、耿莉："超过保险公司定损范围修理费用的赔偿"，载《人民司法》2009 年第 2 期。

③ 任宝、梅培奇："被撞车辆已定损　修理超额需自负"，载《中国保险报》2009 年 8 月 28 日第 006 版。

④ 尽管案件并非全部系商业保险合同引发的纠纷，但由于道交损害赔偿案件与商业险案件具有一定承继性和关联性，故在此以这些案例作为讨论的基点和依据进行研究。事实上，道交案件已经作出了判决，实践中商业险部分通常争议不大。绝大多数的商业险案件为未进行道交诉讼后直接进入商业险的纠纷。

⑤ 载 http://www.stats-sh.gov.cn/fxbg/201105/214344.html，最后访问时间：2012 年 6 月。

处理车险定损,无疑值得人们深思。

二、现实情况:车辆定损中的主要纠纷类型

笔者认为,明确车险定损纠纷的处理原则,应根据案件的不同类型进行判断。审判实践中,主要的纠纷类型如下:

(一)经保险公司定损且双方确认后因修理费增加而引发争议

这类纠纷在实践中较少。具体表现是发生交通事故后,保险公司及时进行了定损,被保险人也在定损单上签字确认了修理费的金额,但其后投保人或被保险人进行车辆的修理中发生了高于定损金额的修理费,保险公司对超出部分拒赔,遂涉诉。有观点认为双方已经就定损的金额协商一致,如超出金额被保险人应和保险公司协商或申请鉴定评估,故不应支持超出的部分。亦有观点认为修理费超出定损金额并非被保险人能控制的,定损只是预算性参考,故应全额支持。

(二)保险公司定损后被保险人认为定损金额偏低后自行公估或维修

具体形态为:被保险人拒绝对定损单进行确认,嗣后又在未经过保险公司同意的基础上委托其他机构进行了公估或评估,最终按照公估评估结果进行了维修,或直接进行了维修,产生了超出定损金额的维修费。① 通常保险公司认为,这种情形下被保险人应追加定损,评估未经过保险公司的同意,对评估结果不予认可,申请法院主持下重新进行鉴定。被保险人则认为,已有具有资质的评估机构进行了评估,特别是有的甚至是在交通部门的主持下进行的公估,再次启动评估程序并无必要。双方对于维修项目、维修金额以及是否准许重新申请鉴定各执一词。

(三)事故发生之后,被保险人未与保险公司协商径行维修或评估

具体表现为:在保险公司定损之前,径行委托第三方鉴定机构或通过交警部门委托鉴定部门进行鉴定评估,并按照评估的价格进行了维修,实际支付了鉴定费,后保险公司拒绝赔偿。此种情况又分为不同的类型,如有的案件中由于保险公司怠于定损或拒赔而导致投保人自行维修或评估。有的案件中被保险人将车辆径行转卖给修理厂,由于修理厂为得到尽可能高的维修费,对保险公司不予配合,导致无法及时定损等。

这三种情况,是实践中最易发生的纠纷类型,由于车辆通常已经维修完毕,此时有可能现有技术手段无法对已经修复的车辆进行重新鉴定,或有些情况下事故发生于外地,受害人已经得到了赔偿,联系受害人困难,有的即使联系上但出于种种考虑不愿作证,更难以对受害人所有的车辆重新鉴定,故实践中纷争不断,观点也不尽相同。

三、定损的性质:权利、义务抑或两者兼有

要回应上述问题中的种种纷争,一个非常关键的问题在于定损的性质究竟如

---

① 少量案件中,投保人在定损不满意后自行委托通过交警部门进行评估,其后维修金额又与评估价格存在一定的区别。

何？保险公司一般认为，定损系保险公司的权利，只要保险公司进行了定损，即使被保险人不确认，也应根据定损金额进行确认。被保险人则认为，即使进行了定损，但定损不是专门的评估机构作出的，既然已经有具有资质的评估机构进行了评估，当然应当依据评估机构作出的结论或实际修理的费用为准。[①] 笔者认为，双方互负不同内容的权利义务。主要依据如下：

（一）合同上的依据

保险合同中一般会明确载明“修理前被保险人应当会同保险人检验、协商确定修理项目、方式和费用，否则，保险人有权重新核定；无法重新核定的，保险人有权拒绝赔偿。”根据这一规定，被保险人有配合进行检验的义务、拥有协商权。保险公司有重新核定权。双方均有一定的权利义务。需要特别指出的是，保险合同的核心目的为确定保险责任及范围，在车险中主要涉及修理项目、修理方式以及修理费用的确定，双方应在遵循平等、自愿的基础上协商确定。也就是说，不仅保险公司有对金额的不认可权，被保险人同样有对定损金额的不认可权。

（二）法律上的依据

《保险法》第 23 条明确规定：“保险人收到被保险人或者受益人的赔偿或者给付保险金的请求后，应当及时作出核定；情形复杂的，应当在三十日内作出核定，但合同另有约定的除外。”该条明确了保险公司负有及时定损的义务。《合同法》第 60 条规定：“当事人应当按照约定全面履行自己的义务。当事人应当遵循诚实信用原则，根据合同的性质、目的和交易习惯履行通知、协助、保密等义务。”由于保险合同本质上仍属于合同的范畴，故被保险人根据《合同法》的规定也有协助的义务。

（三）客观现实

从现实角度，当前鉴定、评估机构也确实存在良莠不齐的现象。由于存在一定的利益链条，审理中也发现，有些鉴定机构评估的车损金额明显偏高，个别 4S 店受自身利益驱动，也往往会通过各种手段增加修理费用和修理项目。如审理中，就发现有 4S 店在保险公司定损或鉴定机构鉴定之前，故意破坏原本完好的车顶以达到增加维修项目的目的。因此，为了防止被保险人与修理厂、鉴定机构恶意串通损害保险公司利益，对被保险人或投保人未配合进行定损的情况下，应对其提供的发票等实施严格审查，保险公司和被保险人均享有重新申请鉴定权。

四、定损的标准：证据认定、鉴定申请以及无法鉴定的责任承担

定损的标准主要涉及对维修项目、维修方式和维修费用三方面的确认，主要涉及对证据的判定、对重新鉴定评估的启动以及对无法鉴定的责任承担三方面：

（一）对证据的认定问题

应当明确，定损单以及维修费用的发票均非必然赔偿的依据，应充分重视法院

---

① 薛智胜、罗蕾：“保险定损权探析——以交通事故定损为例”，载《政法学刊》2010 年第 4 期。

对证据效力及证明力的审核。

1. 定损单并非必然赔偿的依据。保险公司是专业机构,具有车辆定损的经验,在绝大多数情况下,对事故车辆的定损都基本上能够满足使车辆恢复原状的费用需求。但保险公司毕竟不具备从事价格鉴证的相应资质,加之车辆维修具有较高专业性,且不同品牌的车辆都有不同的生产工艺和技术要求,保险公司在定损时认为无需修理和更换的零部件,维修人员在修理时根据实际需要有可能认为必须更换和修理。因此其所出具的定损单等,仅可以作为原告车辆修理的预算性参考,而非车辆实际合理修理费用的结算依据,①被告不能以此作为依据免除其对原告车辆超出定损范围的合理维修费用的赔偿。

2. 维修费用发票及清单也并非必然赔偿依据。由于4S店经营的主要目的为获得利润,受经济利益的驱动,修理厂有时会通过各种手段增加维修的费用和项目。且由于其维修的标准与车辆恢复原状的目的也存在一定差异,在选择维修项目更换或修复上有差别,有时还会考虑在车辆各细节处尽善尽美。其修理的价格不具有价格评估的证明力和公信力,故也并非必然赔偿项目。

3. 估损中心的估损结论也并非必然的赔偿依据。实践中,交通部门主持的和解程序也往往有估损中心介入进行的估损。② 由于鉴定、评估结论仅为证据的一种表现形式,目前学界已形成共识。故对估损结论仍应结合其具体内容,综合双方的意见进行综合判断。

(二)对重新申请鉴定的许可问题

笔者认为,由于鉴定涉及鉴定费用的支出,有些案件中投保人或被保险人已经委托了具有专业资质的鉴定评估机构进行评估的前提下,对于重新鉴定评估的启动要审慎。

1. 一定条件下,保险公司有重新申请鉴定评估的权利。考虑当前评估机构良莠不齐的实际情况,应当赋予保险公司满足条件情形下的重新申请鉴评估的权利。但重新鉴定、评估应当说明具体的理由,并提供足以引起对原鉴定、评估结论合理怀疑的证据。人民法院可以根据案件的标的额大小、双方是否就保险公司定损金额达成合意、产生差额的具体项目及原因、证据以及各证据的证明力等综合对保险公司重新鉴定的申请进行审核。

2. 尝试引导双方当事人对于修理范围和项目进行明确约定。由于车辆修复后,在现有技术条件下很难对修理项目进行认定,笔者认为,可以通过结合案件的

---

① 实践中,如仅有定损单而无维修费发票,亦难得到法院的支持。参见黄文娣、周洁:“保险公司的定损单不能单独采信”,载《江苏法制报》2011年11月28日第002版。

② 有学者认为估损中心的组建受利益驱动、系用行政手段干预事故处理,认为具有巨大的负面效应。参见刘亮:“‘估损中心’现象的社会负面效应分析”,载《保险研究》2001年第7期。笔者认为,在现有模式下,相对居中的第三方机构的估损对于及时确定车辆损失有较大的正面效应,但宜应关注不法分子利用估损中心侵害受害人利益的现象发生。

实际情况,有针对性地引导双方当事人明确维修的项目来协助鉴定、评估的完成。如在有的案件中,保险公司存在定损金额和定损项目,投保人进行了公估,但列明"电器和底盘待查限十天",而实际维修的费用又高于投保人委托公估的结论,修理厂亦出具了修理的项目、金额和清单。在此种情形下,如评估机构因为车辆已经修复无法确定维修项目,可在查明"电器及底盘"未进行公估的原因后,有针对性地引导双方当事人通过审理中达成合意来确定维修的项目。

(三)对无法鉴定的责任承担问题

对于现有技术条件下确实无法对已经修复的车辆进行重新鉴定、评估的情况,应当结合案件的证据以及具体情况进行综合判定,考虑是否及时报案、及时定损、未进行评估的原因等,并贯彻调解优先、调判结合的原则,在平衡双方当事人利益的基础上作出公正的裁决。

五、审理之外的思索:完善车险定损的四点思考

(一)充分保障被保险人的知情权、异议权

审理中,由于部分案件中仅有一方进行定损或定损数额明显偏低,故多数涉诉纠纷的定损单均未得到被保险人的签字确认。但在有异议的情形下,被保险人对自身的权利亦知之甚少。在双方无法对定损单达成协议的情形下,保险公司应告知被保险人或追加定损权。在无法达成一致的情形下,双方可以协商共同委托专业机构进行鉴定,以避免因车辆已经修复导致无法鉴定的情况下不必要的纷争发生。

(二)完善鉴定公估机构的准入制度和监督程序

有学者认为,应当将公估定损选择性、授权性条款修改为强制性规范,明确事故发生后双方共同指定公估机构进行公估,并提供了韩国保险法、德国保险契约法类似的规定。[①] 笔者认为,这一观点为今后保险业的发展提供了一条可资借鉴的思路。此外,应加强对公估机构的管理和监督,学习和借鉴国外对公估机构在执业执照、法律责任、操作流程等方面的管理,适度推动公估人员从接受保险人委托到被保险人委托的新的角色转变,[②]强化对公估人员的培训,确保公估报告的权威性和可信性,并推动自律和他律,对这些机构实行分级管理制度,解决当前鉴定评估中存在的一些良莠不齐的现象。

(三)保险公司应加强风险管理和合理行使参与权

在事故发生的第一时间开展全面调查、取证,并固定证据,为定损做充分准备,杜绝可能出现的漏洞,不给"保险黄牛"留下钻空子的空间。被保险人报案后,应

---

① 少量案件中,投保人在定损不满意后自行委托交警部门进行评估,其后维修金额又与评估价格存在一定的区别。

② "保险公估人制度的国际经验及其借鉴",载中国保险网:http://www.china-insurance.com/huati/showwz.asp?id=258,最后访问时间:2012年8月5日。

及时定损。同时,也应当强化交通部门对保险公司参与权的重视。注重在事故发生后的前置调解程序中通知保险公司,有针对性地进行调解。

(四)强化举证责任的分担和专家证人的作用

由于保险公司具有一定的专业性,往往可以专门聘请经验丰富的专家,对一些有疑问的鉴定评估结论作充分论证,从而在诉讼中提供充分证据来支撑要求重新鉴定评估的申请。这也是解决车险定损疑难问题积极、有效的方法之一。因此,在审判实践中,亦适度倾斜举证责任的分配,强化对专家证人证言的准许和听取,以更好地促进对重新申请鉴定决定的公正性判断,妥善处理保险纠纷。

[本文发表于《上海审判实践》(正刊)2012 年第 12 期]

司法高效视野下的融资租赁案件审判实践

朱　奇　张娜娜*

【提要】融资租赁作为一种金融工具,为中小企业提供了重要金融支持,鉴于中小企业自身发展的特殊性,在审理融资租赁案件时,尤其要注意到司法效率的问题。为提高融资租赁案件的司法效率,有必要对审判实践中出现的问题进行探究。本文以司法高效的实现为视角,透视融资租赁案件的审判实践中影响司法高效的微观问题,并由此探析其深层次原因,有针对性地提出一些想法和建议,以期对融资租赁案件司法效率提高效有所裨益。

【关键词】融资租赁　司法效率

一、问题的缘起

(一)司法高效理念的内涵

自古以来,法治应当彰显"公平"、"正义"的理念已深入人心,甚至在很长的时间里,这是对法治的唯一要求。但是随着以科斯和波斯纳为代表的经济分析法学派提出效率的目标,加之诉讼爆炸时代初见端倪,司法界越来越关注到效率问题。党的十七大对司法工作提出"建设公正高效权威的社会主义司法制度"的战略部署。"看得见的公正,能感受的高效,被认同的权威"也逐渐成为广大人民群众对司法工作的具体要求。从某种意义上来说,公正也需要效率的支撑,"迟来的正义

* 朱奇,上海市黄浦区人民法院民五庭庭长、审判委员会委员;张娜娜,上海市黄浦区人民法院民五庭助理审判员。

并非正义”。波斯纳宣称:正义的第二种意义,简单地说来,就是效益,[①]如果一个所谓“公正”的结果,没有高效地实现,那么可能最终沦为纸面上的“公正”。并且,司法高效也必然涉及公正和权威两个概念,公正和权威是司法高效内涵中司法收益的两种形态。

现代经济学理论的“成本—收益”分析方法为司法效率研究提供了更为有效的手段,而经济分析法学派的兴起和发展更是为人们运用经济学的理论和方法研究司法效率问题开辟了新的道路。[②] 通常而言,效率是指投入和产出之间的比例关系。司法高效也即是指司法工作应该做到高效率,好效益。这就涉及司法成本与司法收益两大因素,实现司法高效,也即是缩减司法成本,提高司法收益。融资租赁纠纷案件的司法成本与普通案件的司法成本并无特别大的差异,主要是指司法资源的投入,包括直接成本和间接成本。前者包括修建法院设施的费用、维持法院运转的费用、支付法官和其他辅助人员和管理人员工资的费用,等等;后者则包括为司法活动制定规则的费用(有学者称之为立法成本)、任命法官的程序所消耗的费用、错案赔偿的费用,等等。而司法收益所包含的范围则更为广泛,不仅仅是指单位时间内处理案件的数量,应当还包括正义的产出、权威的树立、对社会经济的推动等方面,不仅要算“人均结案”、“案均耗资”等经济账,而且还要算司法的作用是否得到充分发挥、司法资源是否得到充分利用、司法制度是否健全的“法治账”。[③] 我们在讨论司法高效的问题时,应从司法成本和司法收益两个方面考量如何实现效率优化的目标。

(二)融资租赁纠纷案件审理中影响司法高效实现的问题表现

融资租赁是现代经济生活中的一个重要金融工具,在许多经济发达国家,融资租赁已经成为仅次于银行信贷的第二大融资方式。随着融资租赁业的发展,融资租赁纠纷案件的数量也逐渐增多,案情也呈现越来越复杂的趋势。正是由于其融资作用巨大,尤其适合中小企业和个人企业主的资金需求,对于融资租赁案件的审理更要注意司法高效问题,效率可能就是中小企业的生命。就融资租赁案件审理的情况来看,目前融资租赁案件审理中影响司法高效的问题主要有以下几个方面:

1. 当事人关系复杂,送达难导致时间成本较高

融资租赁公司在与合作方签订协议时,为方便诉讼,原被告双方往往提前在合同中约定由原告所在地法院管辖,但出卖人、担保人、承租人大多是外地企业或自然人。尤其是有些担保是由承租企业的法定代表人个人提供的,一旦承租企业经

---

① 转引自顾培东:“效益:当代法律的一个基本价值目标”,载《中国法学》1992 年第 3 期。顾培东认为波斯纳用效益取代正义的主张显然过于极端,恰当的看法是承认正义(或公正)与效益双重目标的存在,且使之形成互补。

② 顾培东:“效益:当代法律的一个基本价值目标”,载《中国法学》1992 年第 3 期。

③ 蒋惠岭:“论司法效率的‘法治账’”,载《中国审判》2010 年第 12 期。

营困难,资金出现问题,担保人可能转移租赁物并外逃。出租人因处于异地,无法及时掌握承租人及担保人的信息,法院也难以送达,有些当事人甚至拒接电话、拒领诉讼文书、拒绝签字、拒绝提供有效地址等,故意给送达工作设置障碍,而委托外地法院送达也需要较长时间,同时保全措施的采取也存在一定困难。这些行为客观上延长了办案期限,影响了审判效率。

2. 相关法律规定不明晰,审理流程消耗成本较高

由于相关法律规定不明晰,对于融资租赁案件实务中的许多疑难问题,主审法官或者合议庭无法自我决定,甚至有些案件需要审委会讨论,或者需要学者们加入研讨等。审判流程较长,还存在错案的可能性,消耗了更多司法资源。

3. 司法条线交叉较多,交易成本较高

科斯将交易成本称为"市场配置资源的代价",而在司法领域则是指司法制度设计、运行中所消耗的成本。目前,我国司法的直接成本可能并没有那么高,但在司法过程中各种制度的交互作用、交叉机关的监督制衡、管辖重叠等因素,却耗费了大量的人力、物力、财力。在融资租赁案件中,涉及司法条线机关交叉的案件较显著。比如,涉及两法院对同一标的审理和执行同时进行的案件、刑事犯罪被移送到公安机关侦查的案件以及涉及因检察院抗诉案件审理被中止的案件等。这些案件尽管数量不多,但通常处理复杂,审限较长,带来了许多疑难问题。

4. 行业发展存在法律隐患,案件问题多发,机会成本较大

融资租赁行业目前惯常的交易模式存在许多问题,比如出租人对承租人审核不严,出租人与出卖人、承租人签订的合同条款存在有失公平的情形,出卖人向出租人承诺回购担保等方面的问题。这些问题导致案件多发,占用了较多司法资源。虽然说,司法资源的利用是为了匡扶正义、矫正社会,而鉴于正义无价的先验性结论,似乎不论使用多少司法资源,其收益都是客观的。但我们仍需考虑机会成本的问题,如果这部分资源换作他用,投入其他领域或许可以获得更多收益。因此,从根本上尽量息诉止诉,是对实现司法高效命题的深层次思考。

5. 调撤率相对较低,推动经济发展的收益不高

融资租赁是一种重要的金融工具,尤其对于中小企业及个体工商户等主体而言,通过融资租赁盘活资产是其快速成长的一条捷径,然而由于中小企业资产较少,抗风险能力较弱,易于受各种因素影响。一旦经济形势较差,中小企业的经营就面临困境,拖欠租金的情形也就无可避免。在此情形下,如果一纸判决要求承租人支付全部剩余租金或返还租赁物,对于承租人来说无异于雪上加霜,甚至导致其破产。司法对社会经济不仅是规制作用,其本质应该是为经济发展保驾护航。融资租赁案件的调撤率较低,对于中小企业的发展不利,进而影响了经济发展。

(三)影响融资租赁案件司法高效几方面问题的交互影响

我们从全局来考虑融资租赁案件的司法高效问题,不难发现,上述几个方面并非孤立的,存在交互影响。正是由于融资租赁行业惯常交易模式存在许多法律隐

患,合规不完善,才导致案件多发,审理中疑难问题多发。并且,由于融资租赁三方制约关系不足,导致案件调撤的可能性较小。与此同时,由于法律没有及时跟进,实践中许多疑难问题尚存在争议,也影响了案件调撤的实现。而司法条线的交叉,更增加了实践中问题的复杂性,提升了其他问题的难度。有鉴于此,我们在考虑提高融资租赁纠纷案件司法效率的时候,就不得不综合考虑以上几方面的内容,从具体微观问题出发,探索其背后的深层次原因,有的放矢提出实现司法高效的策略。

二、融资租赁案件审理中影响司法高效的微观问题分析

(一)法律程序问题

1. 诉讼主体确定存有疑点

在融资租赁业务操作中,出租人与出卖人往往互相合作。出租人利用出卖人提供的营销渠道和客户资源,为出卖人的客户提供融资租赁服务,出卖人利用出租人的资金优势,为出租人提供融资租赁所需设备。在此过程中,为保证出租人的债权安全,出卖人往往向出租人提供回购担保,承诺在租赁合同期限届满,承租人不予留购租赁物、未按约支付租金或租赁物灭失毁损造成租赁合同无法履行以及因承租人无法支付租金并不能提供担保,出租人单方面解除合同等情形下,出卖人将无条件回购租赁物。

一旦承租人出现迟延支付租金等违约情形时,一方面因为出卖人更了解承租人的信息,另一方面因为出卖人往往资金实力较承租人更为雄厚,出租人在起诉时会跳过要求承租人承担责任的环节,直接起诉出卖人,即回购人。回购人在应诉时,往往以出租人与承租人之间账目不清、租赁物权属不明等理由提出抗辩。此时,为查明事实,是否需要将承租人追加为被告或第三人也是一个值得讨论的问题。笔者以为,此时应当将承租人列为第三人加入诉讼。《最高人民法院关于适用〈中华人民共和国民事诉讼法〉若干问题的意见》第53条规定:“因保证合同纠纷提起的诉讼,债权人向保证人和被保证人一并主张权利的,人民法院应当将保证人和被保证人列为共同被告;债权人仅起诉保证人的,除保证合同明确约定保证人承担连带责任的外,人民法院应当通知被保证人作为共同被告参加诉讼;债权人仅起诉被保证人的,可只列被保证人为被告。”在融资租赁纠纷案件中,回购保证人承担的是连带保证责任,出租人可以选择承租人或者保证人承担责任,承租人仅选择保证人起诉,此时如果将承租人列为共同被告,难免有不尊重当事人自治权之嫌。但查明案件事实需要承租人的加入,且案件的处理结果也与承租人有利害关系,可将承租人作为无独立请求权的第三人加入诉讼。民事诉讼第三人是指对他人争议的诉讼标的有独立请求权,或者虽无独立的请求权,但案件的处理结果与其有法律上的利害关系,而参加到原告、被告已经开始的诉讼中进行诉讼的人。融资租赁案件中,涉及出租人、出卖人、承租人三方时,承租人完全符合无独立请求权第三人的条件,应该加入诉讼。

2. 租赁物无法查明带来的问题

实践中还有些案件,当承租人发生不支付租金等违约情形时,出租人要求承租人返还租赁物。但有时纠纷发生时,租赁物已不在承租人控制之中,比如租赁物被出卖人(通常是租赁物的代理商)转移,甚至有些法人代理商已注销,负责人也不知所踪,租赁物无法查明,这种情况下承租人如何返还原物。如果返还相应价值的财产,那么对于租赁物的价值减损及最后剩余价值,由哪一方进行评估和举证也存有疑义。

笔者以为,在此种情形下,出租人可以要求承租人返还相应价值的财产,财产的具体数额应以全部租金扣除已支付租金的剩余租金为准。因为一方面,租赁物是由承租人占有的,在出租人没有过错的前提下,租赁物被转移或者灭失的风险应当有承租人承担,由此造成的损失也应有承租人承担。另一方面,租赁物的残值如何评估,在无法对租赁物做出评估的情形下,为保证出租人的利益,应以剩余租金为最低标准,在此基础上个案分析,由法院酌定附加的金额。承租人以租赁物无法查明或者评估为由提出的抗辩,不应被支持。

3. 两法院司法条线交叉审理带来的问题

实践中,一旦发生承租人因经营困难不能支付租金的情形,鉴于回购担保人较承租人资本更为雄厚,出租人一般选择直接起诉回购担保人,但回购担保人往往以承租人与出租人之间账目不清,租赁物权属不明为由提出抗辩。出租人此时为在法律上厘清与承租人之间的账目,又去另案起诉承租人。两案所涉及的标的本质上具有一致性,都包括承租人欠付的租金及利息等费用。如果其中一案先行判决生效,另一案的审理必须以在先判决的执行结果为依据,以免出租人有双重获利的可能。然而,融资租赁案件往往承租人与回购担保人均在外地,判决也需要委托当地法院执行,具体时间难以确定,对在后案件的审理造成很大影响。对于此类案件如何协调是一个很大的问题。

如本院2010年受理的某金融租赁有限公司诉被告某汽车销售服务有限公司、被告某工程机械有限公司一案,汽车销售服务公司和工程机械公司系金融租赁公司与承租人雍某之间融资租赁业务的回购担保人,因雍某拖欠租金及利息,故金融租赁公司起诉回购担保人,要求其支付回购价款。本案经审理查明,金融租赁公司同时在上海市卢湾区人民法院起诉了承租人雍某,要求其支付拖欠的租金及迟延付款利息等费用,且卢湾区人民法院已对此作出生效判决,并委托雍某所在地的法院进行执行,何时执行完毕尚不明确。本院的诉讼标的与卢湾区法院所受理案件的诉讼标的具有一致性,在先判决已对租金利息做出了处理,必须等待执行结果,方可确定本案的最终金额。

此类问题归根结底是出租人起诉承租人之后,在判决尚未执行完毕之前,是否可以再行起诉回购担保人的问题。正如前文所述,回购本质上是一种保证,而且一般约定为连带责任保证,如果出租人选择起诉承租人,按照《民事诉讼法》的相关规定,人民法院可以只列承租人为被告。此时除非为查明案件事实需要,要求保证人加入诉讼,对出租人的选择权以及保证人的权利都有所不利。在保证人不加入前诉的情形下,笔者建议,若后期出租人以保证人为被告另行提起诉讼,需要出具前诉判决执行终结的书面证明,因为前诉如果未执行终结,后诉的具体数额无法确定,后诉因与前诉涉及标的一致,互相牵扯,拉长审限,浪费司法资源。

(二)法律实体问题

1. 刑民交叉案件抬头

在融资租赁业务操作中,出租人与出卖人互相合作,一般由出卖人一手负责整个融资租赁过程,包括寻找承租客户、出卖设备、代理出租人收取租金、承诺回购等事项,出租人对承租人的联系及监督往往也通过出卖人进行。有些承租人甚至在涉诉时,才知晓融资租赁合同的存在,并否认曾签订融资租赁合同。融资租赁合同上签章的真实性受到质疑,需要做司法鉴定方可确认。如果确非承租人所签,则案件可能涉及刑事犯罪问题。对于此类案件的认定和处理也存在许多疑难问题。

另外,还有些案件涉及出卖人与承租人合作使用租赁物,承租人后期否认曾经进行融资租赁的情况。出卖人作为融资租赁所需设备的代理商,利用出租人的资金优势,将租赁物出卖给承租人,但同时又在出卖后与承租人合作使用租赁物。承租人每月缴付租金,并不知租赁物具体何人所买,一旦发生纠纷,即否认曾签订融资租赁合同。这些案件均反映了融资租赁公司审核不严、监督不力等问题。

2. 租赁物实际交付时间与合同约定时间不一致时租金计算问题

融资租赁合同中,租金计算的起始日一般应是承租人收到租赁物之日。实践中有些案件,因出租人寻找租赁物供应商以及购买租赁物等事项尚需一定时间,合同约定的出卖人交付租赁物时间与实际交付时间存在不一致情形。承租人认为,租金应从实际收到租赁物之时起算,而出租人认为租金应从合同约定交付之日起算。审理中,对此种情形下租金的计算时间尚存在争议。

笔者以为,租金系租赁物产生的孳息,租赁物尚未由承租人占有之时,若要求承租人支付租金,于法于理均不妥当,且融资租赁合同通常约定一定的手续费,手续费就是承租人支付给出租人,用于寻找租赁物供应商及购买租赁物办理相关手续的费用,因此在租赁物交付给承租人使用之前,出租人并未受到损失。若租赁物的实际交付时间与合同约定时间不一致,应采租赁物的实际交付时间开始计算租金更为合理。

3. 融资租赁合同未明确保证金抵扣时间时罚息计算问题

在融资租赁合同中,为确保出租人债权实现,承租人一般需要支付一定的保证金,待租期届满,若承租人无任何违约情况,则租赁保证金全额退还。若承租人违约,出租人有权将租赁保证金抵作租金或其他应付款的全部或一部分。

实践中,出租人与承租人对于保证金的约定较为简单,尤其是对于保证金的抵扣时间及方式往往未有涉及。一旦承租人有迟延支付租金等违约情形,保证金的抵扣时间会影响到罚息数额的大小。出租人一般在起诉时,计算全部罚息之后再抵扣保证金,而承租人认为保证金应在违约发生时即行抵扣,罚息的计算基数相应较少,最终支付的罚息总额也较小。笔者以为,在保证金的抵扣时间未作明确约定的情形下,出租人有权选择在起诉时将保证金统一抵扣,因为保证金本质的作用是担保承租人期内不违约,而不是主要用于违约时抵扣租金,只有出租人最终提出解除合同,保证金的担保作用才不具有存在的意义。

4. 融资租赁合同约定的手续费的性质确认问题

在融资租赁合同中,出租人通常不仅要求承租人支付租金、保证金,还要求支付一定的手续费。当出租人与承租人双方产生纠纷时,承租人往往提出抗辩,认为出租方与承租方之间只能存在租赁款项,不应有手续费,手续费本质上是一种变相罚息。

融资租赁合同因涉及三方当事人,在业务操作过程中也较一般的租赁合同更为复杂,出租人还需要按照承租人的要求联系出卖人,购买租赁物,再交付承租人。这个过程中必然会产生一定手续费。合同当事人双方事先约定手续费是基于融资租赁合同的特殊性而为,并不违反法律规定,也非变相收取罚息。对于承租人的此项抗辩,法院不应支持。

5. 融资租赁公司同时起诉回购人和担保人时如何处理

融资租赁案件中,往往同时存在回购人和担保人,如果租赁公司同时起诉回购人和担保人要求其承担责任,按照融资租赁合同的约定,回购人承担的回购担保责任由承租方未支付的剩余本金总额、剩余本金1%的迟延利息、租赁公司执行回购事宜所发生的合理费用三部分组成;按照担保合同的约定,担保人是对承租人承担无限连带担保责任的,包括未付租金及各项利息费用等。一般而言,担保人担保的数额包括但不限于回购人承担的回购款项,担保数额大于回购款项。如果租赁同时起诉回购人和担保人,应如何处理。笔者以为,若同时起诉回购人和担保人,两者虽然担保范围不尽相同,但都属于连带责任担保,同时列为被告,并不违反法律规定。在判决时,确认两方哪一方承担的责任范围更大,可在裁判文书中写明另一方在某个责任范围内与其承担连带担保责任。

三、融资租赁案件审理中司法高效实现困境的原因探析及破解

(一)加强融资租赁交易三方制衡关系

目前融资租赁业的交易习惯,通常是出租人与出卖人互相合作。由出卖人为出租人寻找客户,向客户出卖设备,并代出租人收取租金。承租人与出租人较少直接接触。出租人对于承租人的审核不够严格,对于承租人的经营能力亦未细致考察。甚至有些出租人直接将已经签字盖章的融资租赁合同交给出卖人,由出卖人代交承租人签字成立合同,并不实行面签制度。而且租金也同时委托出卖人代为收取。由于审核不慎,承租人后期拖欠租金等违约的情形多有发生。同时由于缺乏实时监督,对于承租人欠付租金的具体原因,是由于自身经营困难,还

是由于出卖人代收后未按时支付等原因并不清楚,对于租赁设备的去向也无法了解。一旦发生违约情形,即提起诉讼,造成案件多发。因此,止诉息诉的关键是促进融资租赁公司加强审核,及时了解和掌握承租人状况,一旦发生违约情形,尽快了解原因,保护租赁物不被转移,也为后期涉诉时双方调解提供了更多可能。

(二)提升融资租赁公司合规质量

融资租赁公司与出卖人以及承租人之间的合同都是格式合同,合同条款存在不少有失公平之处,如罚息利率约定过高,定金保证金约定为合同标的20%的最高上限等。而对于出租人的义务约定较少,如承租人迟延支付租金的通知义务,承租人付款后的票据开立给付义务等未明确约定。涉诉时,承租人往往因此提出抗辩。另外,合同范本也有许多不完善之处。如上文所述保证金的抵扣时间、租赁物的实际交付时间与合同约定时间不一致如何处理等问题都未有明确约定。这些欠缺合理及完善之处,易于造成出现纠纷后,双方扯皮涉诉,带来许多问题。

针对融资租赁公司合规方面的问题,可以考虑以司法白皮书的形式,对融资租赁公司提出相关合规建议,在平衡出租人、承租人、出卖人、保证人等各方利益的前提下,一方面对融资租赁合同范本提出细化意见;另一方面对融资租赁公司业务实施细则提出改进建议,尤其是落实面签制度以及后期合同履行过程中的跟踪了解制度,以保证融资租赁业良性发展,发挥其自身优势。

(三)完善我国融资租赁立法

目前我国融资租赁的相关立法主要是《合同法》中关于融资租赁合同的相关规定,随着时间的推移,如今融资租赁业逐步繁荣,业务的操作模式都有很多改变,法律未能跟进和细化,尤其是对于融资租赁合同约定不明晰的地方,并未明确如何认定。另外,对于如何审理融资租赁案件的相关细节少有涉及。目前,《中华人民共和国融资租赁法(草案)》已在制定之中,《最高人民法院关于审理融资租赁合同纠纷案件若干问题的解释》也在近阶段发布了征求意见稿,这些更为细化的法律法规将为融资租赁案件的审理提供更多依据。

(四)促进案件调撤率提高

融资租赁是一种重要的金融工具,尤其对于中小企业及个体工商户等主体而言,通过融资租赁盘活资产是其快速成长的一条捷径,然而由于中小企业资产较少,抗风险能力较弱,易于受各种因素影响。一旦经济形势较差,中小企业的经营就面临困境,拖欠租金的情形也就无可避免。在此情形下,如果一纸判决要求承租人支付全部剩余租金或返还租赁物,对于承租人来说无异于雪上加霜,甚至导致其破产。司法对社会经济不止是规制作用,其本质应该是为经济发展保驾护航。在审理融资租赁案件时,提升案件调撤率,能够给各类承租的中小企业一定的缓冲期。在具体操作方面,可在开庭审理前,尽量联系到原被告双方,了解内情,为双方创造机会进行协商,促成调解。

值得一提的是,《最高人民法院关于审理融资租赁合同纠纷案件若干问题的解释》(征求意见稿)第32条规定:“出租人要求承租人支付全部租金并要求解除合同的,人民法院可以判决承租人在一定期限内支付全部租金,并继续履行合同;承租人在期限届满后仍未支付全部租金的,合同发生解除的效力”。这一条即是为承租人提供了一定的缓冲期,由承租人继续履行合同,在期限届满后,以其支付能力为标准来判定是否解除合同。但需要注意的是,对哪些承租人可以给予缓冲期,对承租人的经营能力和偿债能力如何评估,应有更加明确细化的标准,以免出租人利益受损。

(五)完善各条线机关联动机制

本院受理的案件中,有多件是涉及刑民交叉,以及各法院条线交叉的案件,由于司法机关之间联动机制不够完善,导致此类案件信息不能被条线交叉机关及时掌握,而造成了程序上的困扰,影响了司法高效的实现,亟待建设和完善各条线机关的联动机制,促进信息共享。

P2P网络借贷纠纷的现状及其司法应对

——以上海市黄浦区法院P2P网络借贷纠纷为研究样本

本院课题组*

【提要】作为互联网金融创新的重要形式之一,P2P网络借贷在我国得到了快速发展,与此同时也逐渐暴露出了很多风险和问题,一些P2P平台经营不规范,出现倒闭、跑路现象,一些借款人恶意违约,给P2P平台带来坏账风险。课题组从分析法院已经受理的8件P2P网络借贷纠纷入手,详细论证了当前P2P网络借贷纠纷的特点、引发纠纷的原因以及审理中可能遇到的问题与难点,并从P2P网络借贷平台的定位、经营规则、司法延伸服务、统一裁判规则四个方面提出了相应的对策与建议。

【关键词】P2P　网络借贷　民间借贷

P2P是英文peer to peer的缩写,有“个人对个人”、“点对点”之意。P2P网络借贷(以下简称网贷)借助互联网信息技术,通过网贷公司平台,让借贷双方在网

---

* 课题组主持人:樊长春,上海市黄浦区人民法院党组书记、院长、审判委员会委员。课题组成员:王朝晖,上海市黄浦区人民法院党组副书记、副院长、审判委员会委员;陈建伟,上海市黄浦区人民法院党组成员、副院长、审判委员会委员;朱奇,上海市黄浦区人民法院民五庭庭长、审判委员会委员;刘为念,上海市黄浦区人民法院办公室主任;王连国,上海市黄浦区人民法院研究室副主任;张娜娜,上海市黄浦区人民法院民五庭助理审判员;练彬彬,上海市黄浦区人民法院民五庭法官助理。

络上实现点对点对接,突破了传统民间借贷在时间、空间的局限性,使借款人可以方便快捷地寻找到有出借能力并且愿意基于一定条件出借的人群,整个交易过程简单而快捷,既解决了银行等传统金融机构无法覆盖的个人、小微企业的小额贷款需求,也为广大投资人开辟了一条全新的投资渠道。因此,近年来P2P网贷在我国出现了爆发式增长。据专门研究P2P网贷行业发展的网贷之家统计,截至2014年上半年,我国有1184家P2P网贷平台。预计至2014年年底,我国P2P平台的数量将达1500家,全年成交量突破2000亿元大关。[①] 但随着P2P网贷的快速发展,很多风险和问题也在逐步暴露:一些P2P网贷平台出现倒闭、跑路现象,[②]借款人逾期违约现象频发,给平台带来坏账风险。[③]

作为社会风险化解最后一道防线的人民法院也在近期日益感受到了P2P网贷纠纷所带来的工作压力。黄浦法院自今年年初受理首起P2P网贷平台催收案件后,又陆续有7起同一类型案件进入审判程序。这8起案件既直接反映了当前P2P网贷纠纷的部分共性和特征,也间接反映了P2P网贷行业所存在的一些问题和风险。故本文拟在对8起P2P网贷案件进行实证分析的基础上,就审理中发现的相关疑难问题进行剖析,并提出相应的对策和建议。[④]

一、P2P网贷纠纷案件特点

(一)被告分布地域广、送达困难

已收8起案件中,因均存在保证人现象,每个案件除有1名借款人被告外,另有2~3名保证人为共同被告。共涉及被告27人,其中自然人19人,企业法人8人。自然人被告分布地域较广,涉及山东、四川、上海、福建、安徽、内蒙古、江苏、陕西8省份,送达地址为外省市的有12人,占总数的63%,而且多以隶属于三四线小城镇的乡镇、农村居多。

上述27名被告,已送达诉状副本等诉讼文书的有8人,其余均处于未送达状态,送达率不到30%。已送达的8人中,有6人送达地址为本市,外地被告人仅送

---

① 数据来源:http://www.wangdaizhijia.com/,最后访问时间:2014年1月15日。

② 据不完全统计,截至2014年10月8日,2014年全国范围内问题平台已达122家,其中包括上海的10余家,仅9月,就有3家上海平台涉嫌诈骗,1家上海平台老板失联。参见“网贷平台今年已有122家出问题”,载《东方早报》2014年11月25日A10版。

③ 2014年8月,号称国内几大知名网贷平台之一的深圳红岭创投宣布出现1亿坏账,涉及投资人达4567人,人均投资金额为2.19万元。参见《深圳晚报》2014年8月29日,载http://www.cs.com.cn/xwzx/jr/201408/t20140829_4497350.html,最后访问时间:2014年11月15日。类似报道经百度搜索,多达数万条,在此不一一注明出处。

④ 需要特别说明的是,P2P网络借贷一般具有小额、分散的特征,借额金额多为数万元至数十万元不等。考虑到通过诉讼往往成本过高等因素,借款人违约后,P2P平台很少会对所有的违约借款人采取法律诉讼,而多是选择借款金额较大、有担保的债权提起诉讼。本文所选择的8起P2P网络借贷案件借款金额在20万元到80万元,属于较大额的借款项目,可能代表不了整个P2P网络借贷行业的逾期违约现象,但也足以在一定程度上反映出该行业发展中的一些问题和风险。另在本课题调研接近尾声的时候,黄浦区人民法院又另收1起同类型案件,因时间原因未统计在内。

达2人,送达率不到17%。关于未送达原因,原址查无此人的有7起,人员外出或无人认领的有5起,查无此号或无此地址的有2起,不明原因未送达的有2起,已搬迁或迁移新址不明的有2起。课题组分析,送达率较低的原因在于,被告多属于人户分离状况,原告提供的自然人被告地址为被告的户籍(身份证)地址,但实际居住地并不在户籍地,且被告实际居住地并不稳定,处于变化状态,致送达未果。涉案8家企业法人,虽然均是在上海注册的,由于注册地址和实际经营地址不一致、经营地发生变化等原因,也有5家未送达,送达率仅为37.5%。

(二)案情相对简单,但案件审理周期长

由于涉案被告自然人送达地多在外省市,需邮寄送达,致送达时间拉长,且多数被告下落不明,实际送达率低。每个案件当事人数量均在2~5个,只要有一个被告下落不明,整个案件就将进入公告程序。因此,8起案件中,除1起案件因已和解撤诉外,其他7起均须公告送达(见表一)。采用公告送达方式结案的案件,其审理周期一般均需耗时半年以上(邮寄送达1个月,公告送达诉状、传票等3个月,公告送达判决书等2个月)。

表一 诉讼文书送达情况

案号①	第6182号	第6199号	第6272号	第618号	第176号	第8858号	第8859号	第8847号
被告人数	3	4	4	3	3	3	2	5
未送达人数	2	3	3	3	3	2	1	2
是否需要公告送达	是	是	是	是	是	是	是	否(已撤诉)

(三)简单借贷纠纷背后的涉众因素

P2P网贷通常采取"一对多"模式,即一个借款人向多个出借人借款。因此,一个借款人违约涉讼,涉及的出借人往往是数十人甚至数百人。在8起案件中,虽然原告均为P2P平台公司一个企业法人,但站在原告背后的却是上千个投资人(平台公司仅是通过债权协议受让的形式,代这些投资人向借款人追讨这些借款),实际的出资总人数为1182人,案均涉及的出资人数达148人之多(见表二)。这就意味着,如果有一个案件的债权追不回来,将影响到近150个投资人的投资利益损失。以小见大,假设某个案件的涉案债权数额足够大,在追索无果的情况下,将造成数百个投资人的巨额财产损失,成为影响社会稳定的重要因素。如经营地在上海的某投资管理有限公司在网站上挂出"永州市东兴石材有限公司的股权质押"项目,

① 这8起案件案号分别是(2014)黄浦民五(商)初字第6182号、(2014)黄浦民五(商)初字第6199号、(2014)黄浦民五(商)初字第6272号、(2014)黄浦民五(商)初字第8858号、(2014)黄浦民五(商)初字第8859号、(2014)黄浦民五(商)初字第8847号、(2014)黄浦民二(商)初字第618号、(2014)黄浦民二(商)初字第176号。为行文方便,本文中分别简称为第6182号、第6199号、第6272号、第8858号、第8859号、第8847号和第618号、第176号。

资金4376万元,被唯一借款人否认合作关系,涉嫌虚假发标,随即引发投资者大规模维权,在投资人成立的一个维权QQ群内就有165人,[①]另有3名投资者欲起诉到黄浦法院,要求网贷公司返还资金或与债务人承担连带责任。

表二 案件涉及出借人数情况

案号	第6182号	第6199号	第6272号	第618号	第176号	第8858号	第8859号	第8847号	涉及总出资人数	案均涉及出资人数
出借人数(人)	34	250	210	74	215	90	94	215	1182	约148

(四)财产线索多,诉讼保全工作量大,实际保全成功的财产少

8起案件中,在起诉时原告均申请财产保全。原告在审核是否为被告提供借款时,会要求被告提交资产情况说明等材料,故掌握被告诸多财产线索,诉讼时为最大限度地实现债权,也就会提出大量财产保全线索,要求保全被告名下的多个(处)银行账户、房产、车辆、公司财产等。因此,8起案件争议标的大的不过60万元,小的仅八九万元,但法院保全工作量极大。且由于被告大多处于下落不明状态,实际保全到的财产极少,保全到的房产均存在其他债务抵押情况,大多是轮候查封(见表三)。另根据相关司法解释的规定,人民法院冻结被执行人的银行存款及其他资金的期限不得超过6个月,查封、扣押动产的期限不得超过1年,查封不动产、冻结其他财产权的期限不得超过2年。P2P网贷案件因涉及公告送达等问题,审理时间相对较长,往往首次冻结期限已过,而案件尚未审结,因此还存在续保现象。

表三 涉案财产保全情况

保全 案号	房产	车辆	银行账户
第6182号		查封车辆1辆(无抵押)	企业银行账户1个(冻结金额为0元),个人账户2个(冻结金额分别为90.46元和85.34元)
第6199号	轮候查封已有抵押房屋2处		企业银行账户1个,个人账户2个(冻结金额几乎为0元)
第6272号	轮候查封已有抵押房屋2处		企业银行账户1个(冻结金额为435.71元),个人账户5个(分别为142.33元、0.22元、30.73元、0元、0元)
第618号			续冻个人账户2个,企业账户1个(共75万元)
第176号	轮候查封已有抵押房屋1处		个人账户1个(冻结金额为22,070元)

---

① "慧眼通贷涉嫌虚假发标 已暂停营业人去楼空",载http://www.wangdaizhijia.com/网贷之家〉社区〉曝光〉平台曝光,最后访问时间:2014年11月15日。

续表

保全 案号	房产	车辆	银行账户
第 8858 号	查封已有抵押房屋 1 处		企业银行账户 1 个,个人账户 1 个(均未冻结)
第 8859 号	轮候查封已有抵押房屋 1 处		已冻结企业账户 51,928.18 元
第 8847 号	查封已有抵押房产 1 处	查封车辆 1 辆(无抵押)	提供银行个人账户 2 个,未冻结

(五)保证人担保效力微弱,信用风险较大

借款人在 P2P 网贷平台上进行较大金额借款时,P2P 平台往往会要求借款人提供一定的担保。但由于物的抵押、质押担保手续较为复杂,成本费用较高,因此,实践中借款人提供保证人进行担保的情形较为普遍,8 起案件中,借款人均有担保人提供保证。但实际上,借款人所提供的担保人大都是与其有特殊关系的夫妻、父子、亲友,或者是其和家人、朋友共同经营的企业(见表四),互相之间风险传递很快,一旦借款人出现资金链断裂的情形,其他担保人也往往一同陷入困境,保证人信用担保的作用微乎其微。而且在诉讼中,如果主债务人失去联系,不能送达,保证人通常拒绝露面,刻意躲避,非但无法起到保证担保的作用,还拉长审理流程,对审判也造成一定负面影响。

表四 借款人与保证人社会关系

案号	借款人	保证人	借款人与保证人之间的关系
第 6182 号	时某	刘某、上海永嘉珠宝有限公司	时某是公司股东,刘某是公司股东、法定代表人
第 6199 号	李某强	黄某万、陈某峰、上海山石久渡服饰有限公司	李某强、黄某万、陈某峰均为公司股东,其中陈某峰是法定代表人
第 6272 号	朱某龙	徐某、朱某辉、上海乔通石油化工有限公司	徐某是朱某龙之妻,朱某辉是朱某龙之子、公司股东和法定代表人,朱某龙是公司股东
第 618 号	奚某梅	张某、上海琳恩贸易有限公司	张某是奚某梅之夫,奚某梅是公司法定代表人、唯一股东
第 176 号	李某明	吴某花、上海清川塑胶制品有限公司	吴某花是李某明之妻,两人同为公司仅有的两名股东
第 8858 号	汪某	吴某兰、上海伊科动力机械有限公司	吴某兰是汪某弟媳,汪某是公司股东和法定代表人
第 8859 号	杨某莉	上海潮悦餐饮有限公司	杨某莉是公司股东和法定代表人

（六）案结事不了，后续执行难

如前文所述，除1起案件和解撤诉外，其他案件均需公告送达，并缺席判决。但案件判决后，即面临着执行成本过高、被执行人难寻、无财产可供执行等执行难的问题。一方面，因涉案被告人遍布全国8省市，远至内蒙古、四川、陕西等省，异地执行成本过高；另一方面，除个别案件冻结有少量金额的银行账户外，其他被申请保全的银行账户金额几乎均接近于零元，被查封到的房屋上也均有抵押，实现债权的难度不小。（见表三）

二、P2P网贷纠纷原因分析

（一）借款人信用审核不严

作为一种新型的互联网业务，P2P网贷的准入门槛比较低，无论是投资人还是借款人，只需在网贷平台上注册为会员并通过身份验证后，就可以在平台上进行投融资活动。具有良好信用的借款人，在平台上发布资金需求信息（所谓投资"标"，包含投标项目名称、利息、期限等内容），就有可能获得贷款。P2P网贷平台主要依据借款人自行提供的信息评价其信用。但由于我国当前征信体系不完善，单纯依靠网络进行信息评估的可靠性很低，真实性和全面性难以保证。因此，借款人违约风险大量存在，也是引发P2P网络借贷纠纷的主要原因。[①] 违约率过高将大大影响贷款平台自身资金流，甚至造成坏账、呆账或者更加严重的后果。P2P平台遇到的最大风险自然是逾期还款。据统计，在已出现问题的各类P2P平台中，逾期还款、限制提现的占比约为80%，有些P2P平台甚至因此倒闭。[②]

（二）P2P网贷平台不规范经营

P2P网贷作为一种金融创新模式，由于其发展历程短，缺乏成熟的运营模式和监管经验，因此，其进入门槛很低。花个数十万元甚至数万元成本，以投资管理公司或者电子商务公司之类名义注册个公司，建个网站加入P2P交易功能，然后办理互联网备案登记，一家P2P公司可能就诞生了。在这些P2P公司中，大多数都是只有几个人的小公司，缺乏风险管理能力，一旦公司风险控制机制出现问题，就可能产生大量坏账。一些P2P网贷平台则由单纯的"资金供需撮合"平台逐渐变为吸收存款、发放贷款的金融机构，却不受对金融机构严格的风险准备金要求等监管。个别公司甚至以开展P2P网贷为名，以高息为诱饵，对外发布含有虚假借款人和虚假借款用途等内容的贷款信息，向全国各地公众大量吸收资金，进行非法集资、非法吸收存款等违法犯罪活动。上述这些不规范经营行为均是引发P2P网贷纠纷的

---

① 为减少违约风险，国内的一些P2P网络借贷公司也会在线下自建团队或分支机构对借款人的征信进行更为严密的调查，但是这需要耗费大量人力、时间、金钱，成本很高。也有的P2P网络借贷公司采取与担保公司、小额信贷公司合作等方式线下核实借款人的信用。但无论采取哪种方式，均会抬升互联网金融的成本，导致其边际成本递减，无法发挥其优势。

② 资料来源：http://www.wangdaizhijia.com，最后访问时间：2014年11月15日。

潜在影响因素。

(三)融资成本高企,造成借款人客观上履约困难

P2P 网贷中的借款人往往由于缺少有效的担保和抵押,或者对于借款有着自身特殊的需求,无法在传统金融机构中获得贷款。在企业因扩张、购买库存等急需资金的时候,即使需要付出略高的利息,他们也是愿意并且能够承受的,但这种"略高"的利息也应当有个限度,超出限度,不仅属于不受法律保护的高利贷,也为借款人"被迫"违约埋下了引子。当前 P2P 网贷市场上,许多平台出于抢占市场的目的,往往以较高的利率来吸引出借人参与,动辄给出 20% ~30% 的收益率,背离了 P2P 网贷融资成本理应更低的初衷,超出了正常借款人所能承受的融资成本。课题组随机选取了网贷之家网站上公示的 100 家从事网络贷款的公司数据,并通过访问部分网贷平台核实后,发现网贷平台宣传的预期或历史年化收益率均较高,年化收益率在 10% 以下的仅有 4 家平台,71% 以上的平台均宣传年化收益率达到 15% 以上,其中 20% 以上的有 26 家,25% 以上的有 3 家,甚至有 3 家给出了 30% 以上的年化收益率,最高一家平台的 7 日年化收益率高达 36. 98%(见表五),远远超出当前法律所保护的 4 倍银行同期贷款利率的界限,与民间借贷中被禁止的高利贷活动没有多大区别。

表五 P2P 网络借贷平台宣传的预期或历史年化收益率分布

平台宣传的预期或历史年化收益率	≤10%	>10% ~ ≤15%	>15% ~ ≤20%	>20% ~ ≤25%	>25% ~ ≤30%	>30%
平台家数(合计 100 家)	4	25	45	20	3	3

另外,除了付给出资人约定的正常利息外,借款人还要向网贷平台支付居间服务费和账户管理费,不仅拉高了借贷成本,而且还要承受较为苛刻的借贷条件,客观上使得部分借款人不愿意继续履约。如在第 176 号案件中,借款合同约定的利率为 21. 99%,加上支付给平台 2% 的居间服务费和 12 个月每个月 0. 2% 的账户管理费,借贷成本便达到了 26. 39%,超过了当前 4 倍银行同期贷款利率的界限。另外,在线下,若借款人和投资人提出延迟几天还款是很正常的事情,但若放在线上,由于投资人的信任危机,一旦借款人逾期,一些 P2P 平台出于防范风险的需要,单方面制定了严格的逾期罚息责任,当借款人逾期时,除正常利息不停止计算外,还必须支付逾期期间较高的罚息,借款人还清全部本金、利息、罚息之前,罚息计算不停止,几项数据相加,高达百分之五六十的借贷成本,客观上逼迫一些借款人不得不玩"失踪"。

表六 借款人承担的利息、居间服务费、账户管理费等情况

案号	第6182号	第6199号	第6272号	第618号	第176号	第8858号	第8859号	第8847号
借款合同约定利率	19.49%	19.99%	18.49%	19.49%	21.99%	19.99%	17.99%	18.99%
居间服务费(在借款成功时一次性从本金中扣除)	2%	2%	2%	3.5%	2%	2%	2%	2%
账户管理费(按月计)	0.2%	0.2%	0.2%		0.2%	0.2%	0.2%	0.2%
逾期罚息(按逾期天数计)	万分之五	万分之五	万分之五	万分之五	万分之五	万分之五	万分之五	万分之五

(四)违约成本低,存在诱发借款人违约的道德风险

在P2P网贷中,借款人跑路或者是逾期没有偿还,有的时候是还款能力问题,但是很多情况下是还款意愿的问题。而借款人之所以不愿意履行还款义务,关键在于借款人的违约成本过低,使一些不诚信的借款人存在侥幸心理而拒绝履行还款义务。目前我国尚未建立统一的数据共享的个人征信联网查询系统,P2P网贷平台上的违约记录也进入不了央行的征信系统,各网贷平台借贷信息也不互通,有的借款人就会一标多投或者注册多个账号来骗取贷款。另外,当前法律对于借款人拒绝履行还款义务是属于民间借贷纠纷中的正常违约行为还是刑法上的合同诈骗行为,缺乏区分依据,无法对一些以借贷为名行诈骗之实的借款人给予惩戒,客观上纵容了一些借款人的恶意违约。

三、P2P网贷纠纷案件审理中的问题与难点

理论上,P2P网贷纠纷法律关系比较清晰,出借人和借款人之间构成基本的借贷合同关系,出借人出借资金并获取利息收益,借款人获得资金并到期还本付息,P2P平台提供居间服务并向借贷双方收取相应的中介服务费。但随着P2P网贷市场的发展,各种创新经营模式的不断推陈出新,小贷公司、担保机构等加入,使得出借人、借款人、网贷平台以及其他机构之间的法律关系日趋复杂化,复杂的法律关系加大了此类案件的审理难度。

(一)案件当事人与实际借贷主体不一致

在P2P网贷纠纷中,当合同出现违约时,理论上应是出借人作为原告,向法院起诉借款人承担违约责任,作为居间人的网贷平台并没有义务介入到逾期债权的追索纠纷中。但在P2P网贷实践中,出借人向借款人直接追索欠款存在客观上的障碍。一方面,出借人关注的是投资收益的高低,并不关心实际借款人是谁;借款人关注的是以较低的成本获得资金,也不关注出借人是谁。因此,无论是出于保护

借贷双方隐私的角度考虑,还是出于保护商业秘密的考虑,网贷平台大多不会将借贷双方的真实身份和联系方式披露给对方,所谓的借贷合同上一般只列明借贷双方在网站上的注册用户名。因此,在不掌握借款人真实身份的情况下,一旦出现借款人逾期违约的情况,出借人无法直接起诉借款人。另一方面,由于 P2P 网贷具有小额、分散的特性,在一个借贷合同中,出借人出借给某个借款人的金额可能仅为数百元,从诉讼成本上考虑出借人也没有通过诉讼途径追讨欠款的动力。因此,通常的解决办法是,网贷平台先通过债权转让等方式,将债权催收责任揽到自己身上,但是催收不能的,出于规避风险考虑,网贷平台会再将债权转让给借款人。

债权转让属于当事人私法自治的范围,上述约定自无不可,《合同法》第 79 条也肯定了债权人可以将合同的权利全部或者部分转让给第三人。但《合同法》第 80 条同时也规定了债权转让的程序,即债权人转让权利的,应当通知债务人。未经通知,该转让对债务人不发生效力。因此,在审判实践中如何认定债权人履行了通知义务可能存在法律上的障碍。实务中,即使是一笔金额不大的借贷纠纷,涉及的债权人也有数十人乃至数百人(见表四),显然由债权人逐一履行通知义务既不经济也不可能,因此,多由债权的受让方即 P2P 网贷平台代为履行通知义务。实践中存在的问题是,债权的受让方能否代为履行通知义务?再进一步的问题是,平台如何证明其已尽到了履行通知义务?另外,借贷合同往往会约定"因借款人失踪或还款能力丧失等原因导致债权的追索不能实现或部分不能实现的,本协议项下债权经居间服务人书面通知出借人后重新转让还给出借人"。此时转让的债权应当是法院判决后的"债权",而非"本协议项下"的债权,此时的"债权"可否转让以及如何转让,是否还适用《合同法》第 79 条、第 80 条的规定,审判实践中是存在争议的。

(二)电子证据效力的认定问题

在 P2P 网贷纠纷案件中,基本上所有身份认证、信用审核、资金往来、合同签订等活动,均采用电子注册、电子文本的形式在互联网上进行,借贷双方均靠自行设置的用户名和密码在平台上操作,借贷双方与平台均互不相识,许多时候也没有线下审核程序,当事人之间除支付凭证之外(一般通过银行或支付宝等第三方转账方式进行,均会有相应转账记录,但也多属电子证据,只是存在于银行或第三方处),所以证据材料均依赖于 P2P 平台网站的存档。在平台存在技术风险或者道德风险的情况下,很可能发生证据材料被篡改、遗失的情况。即使不存在上述情形,审判实践中,如何认定电子证据的效力也存在很多问题。

一是 P2P 平台本身作为诉讼当事人,与诉讼结果具有利害关系,其所提供的电子证据材料多系根据自家网站上规定的操作流程自动生成,并没有合同双方的真实签名或电子签名程序,也没有第三方见证程序,证据的真实性难以确定。即使 P2P 平台没有问题,实践中也存在如何将网上操作者与生活中本人相匹配的问题。如果作为被告的借款人应诉抗辩网上进行借款操作的非其本人,在此情形下,如何认定实际借款人的身份就存在很大困难。

二是电子证据均保存于 P2P 平台网站,网贷公司向法院提供的证据材料多系书面打印件,如何确认打印件的证据效力,以及如何与书证的原件相核对也是审判实践中需要考虑的问题。一种解决方法是通过公证机关公证的方式固定证据,另一种方法是法院庭前或庭审现场实地上网核实并固定证据。前一种方法为当前审判实践所认可,但缺点是公证的时间和经济成本较高,人为抬高了以小额为特征的 P2P 网贷纠纷的诉讼成本,不利于行业发展。后一种方法诉讼成本较低,但在被告人缺席审判的情形下,取证的公信力较低,事后也无法查证,可能给审判人员的证据认定带来较大压力,因此,实践中采用的较少。

(三)各项费息种类繁多,格式条款效力存疑

在 P2P 网贷业务活动中,网贷公司并不只是一个提供平台供借贷双方发布信息使用,鉴于借贷双方信息的严重不对称,欲成功撮合交易,网贷公司一般还负有收集和审核借贷双方的基本信息、考察借款人的信用、提供划款平台、协助催收贷款等服务,这些服务有的已经超出了居间媒介的范畴,给网贷公司带来更多业务机会的同时,也带来风险。为避规风险,网贷公司往往会运用提供格式合同的机会,约定一些不利于借贷双方的条款。

如许多平台的业务合同范本都约定,一旦借款人发生违约情形,首先应向借款人按照罚息利率支付相应的罚息,另外还应支付一定比例的违约金,而对于保证人一旦未及时承担保证责任,保证人也需要支付一定比例的违约金。如在本院审理的第 176 号案件中,约定一旦借款人逾期 7 日未还款,借款人需要支付每日万分之五的罚息,同时其逾期本金的以年利率为 21.99% 的正常利息并不停止计算,而且借款人若逾期 90 日未还款,还须支付借款余额 20% 的违约金。如果保证人出现保证合同中约定的一些违约情形时,也须另行支付主合同债务 5% 的违约金。对于这类多种费息的条款约定,其中利息、罚息以及违约金是否可以并用,保证合同是否可以另行约定保证人违约金,均缺乏法律上的依据。而且 P2P 网贷案件的送达情况较不理想,许多当事人为公告送达,若当事人不进行抗辩,对这些格式合同约定的违约金及费息,明显逾越 4 倍银行同期贷款利息界限的,法院是否应当主动予以调整,调整的幅度是多少等问题均对类案判决统一提出挑战。

另外,借款人除支付借贷合同约定的正常利息外,还需要另外向网贷平台支付出居间服务费和账户管理费,几项相加,借款成本可能就远远超过民间借贷的 4 倍银行同期贷款利率界限。此种情形下,是仅仅考虑合同约定的正常利息不超过 4 倍呢,还是应该将其他融资成本也一并计算在内,实践中也有待统一。

(四)担保物权设定存在诸多法律问题

P2P 平台在国内飞速发展的背景在于国内资本市场融资较难,对于个人或者一些中小企业而言,股票市场其难以参与,而商业银行的贷款审核标准严苛,通常需要一定的质押或者抵押担保,对于他们而言,没有担保财产,其在银行融资困难

极大,而且即便提供了一定的担保财产,其所获贷款的比例也不会超出担保财产价值太多。也因此,一方面,P2P 网贷中存在质押或者抵押的情形少之又少;另一方面,相对大额的 P2P 网贷借款标中存在质押或者担保的情形并不鲜见,比如北京安心贷平台设立的车贷借款标,最高可以贷款车辆估值的 150%,而且车辆仍可以归借款人继续使用。但是,P2P 网贷中的担保物权的登记方式因投资者众多而与普通贷款有所不同,据课题组调查了解,目前 P2P 网贷中存有质押或抵押的借款标,通常由几种方式设立担保物权。

关于抵押权的设立,通常由 P2P 平台主导,抵押物权登记在平台名下,或者平台指定的内部员工名下。鉴于 P2P 网贷的投资人众多,借款人若提供抵押财产(主要是房地产和车辆等),直接登记在数十名或数百名,甚至数万名投资者名下,在实践操作中不可能完成。因此,有些平台选择将抵押权直接登记在平台名下。也有一些平台指定一个内部工作人员参与含抵押的借款标,并将抵押权登记在此人名下。

但进行房产或者车辆抵押登记,均需要书面的借款合同、房产证原件以及车辆所有权等相关资料,许多 P2P 网贷是由投资人和借款人直接在网上签订电子借款协议的,平台如果将抵押权直接登记在平台名下或者其内部员工名下是不符合登记要件的,可能会产生有些平台通过签订虚假协议或者其他违法方式进行抵押权登记。如果平台与借款人之间的借款合同是虚假的,那么抵押合同的效力也将存疑,由此产生的抵押权也存在相应的问题。还有一些平台甚至根本不予办理抵押登记,只是将房产证进行保管,或者对抵押合同办理公证手续,由此产生的抵押权均存在缺陷或瑕疵,多次抵押或者超出抵押物价值抵押的情形普遍。而投资人对于抵押登记的具体流程并不清楚,对于抵押权登记的债权数额也不知晓,而且也没有抵押权份额划分的约定,一旦发生投资人需要行使抵押权的情形,会对抵押权的权属、抵押财产的分配等方面产生诸多问题,而且可能存在法律上的障碍。

关于质押权的设立,通常平台都是采取由平台管理质押物的方式进行的,平台会对含有质押的借款标进行质押物描述,但是对于质押物的管理并不明确说明,投资者也难以进行监控。质押以占有为成立要件,投资者无法自行管理质押物,一旦真的发生借款人违约之情形,其对质押权的行使一切依赖于平台,风险极大。

(五)网贷平台正常业务经营与违法经营之间的界限难区分

虽然关于 P2P 网贷公司的属性定位尚无定论,一些 P2P 网贷公司也竭力否认自身的金融机构定位,认为自身仅仅是提供信息服务的中介平台,而非提供金融信用的机构,但无论是从 P2P 网贷业务的经营模式,还是实际效果看,均与金融机构没有本质差异。P2P 网贷公司在否认自身金融机构属性以逃避金融监管的同时,也给自身业务带来了可能涉嫌非法吸收公众存款、非法集资等的法律风险。

在我国现行金融管理法律体制下,只有银行等金融机构可以吸收公众资金。《刑法》第 176 条规定了非法吸收公众存款罪的要件,2010 年的《最高人民法院、最高人民检察院关于审理非法集资刑事案件具体应用法律若干问题的解释》作了进一步细化规定,违反国家金融管理法律规定,有向社会公众吸收资金的行为,同时具备“(一)未经有关部门依法批准或者借用合法经营的形式吸收资金;(二)通过媒体、推介会、传单、手机短信等途径向社会公开宣传;(三)承诺在一定期限内以货币、实物、股权等方式还本付息或者给付回报;(四)向社会公众即社会不特定对象吸收资金”四个条件的,[①]应当认定为非法吸收公众存款或者变相吸收公众存款。这个定义其实是相当宽泛的,依照目前绝大多数P2P网贷平台的经营模式,无论以何种名义,出于何种目的,只要有承诺在一定期限内还本付息或者给付回报的行为,基本上就符合上述关于认定非法吸收公众存款罪或者变相吸收公众存款的犯罪构成要件。

另外,一些P2P平台突破“非债权债务人”的界限,直接参与了借贷活动,作为出借方首先将资金出借给借款人,再将设计包装过的“理财产品”转售给出借人。在这种模式下,如果出借双方均是以企业名义进行的,将违反我国有关金融法规[②]以及最高法院法复〔1996〕15号《关于对企业借贷合同借款方逾期不归还借款的应如何处理的批复》的规定,属企业间非法借贷行为,应认定无效。如果这种被转让的债权事先并不是真实存在的,无论平台事后采取何种补救措施,都可能构成事实上的非法吸收公众存款罪。

(六)借款人违约与合同诈骗的界限难区分

在借款人不清偿借款的情况下,如何认定是普通的民间借贷纠纷,还是触犯刑法构成合同诈骗罪或集资诈骗罪,审判实践中存在较大争议。在P2P网贷中,借款人如果以非法占有为目的,采取虚构事实或者隐瞒真相等欺骗手段骗取借款,就可能构成合同诈骗罪。如果一笔借款由多个出借人共同出资构成,就可能构成集资诈骗罪。在8起案件中,已还本金和还款期数达半数以上的,有5起,基本可以认定为是正常的民间借贷纠纷。另有2起案件的借款人仅仅在履行2期的还款义务后,即拒绝继续履行,且下落不明,涉嫌非法占有的故意。对于第618号案件的借款人,在从原告处获取60万元借款后,即告失踪,如无特殊情况,基本可以认定构成合同诈骗罪。[③] 但在审判实践中,由于缺乏明确的法律依据,认定借款人构成诈骗罪是非常困难的。

---

① 参见《最高人民法院关于审理非法集资刑事案件具体应用法律若干问题的解释》。

② 中国人民银行发布的《贷款通则》第61条规定,企业之间不得违反国家规定办理借贷或者变相借贷融资业务。第73条规定,企业之间擅自办理借贷或者变相借贷的,由中国人民银行对出借方按违章收入处1倍以上至5倍以下罚款。

③ 通常情况下,P2P网络借贷的还本付息方式与普通民间借贷有较大差别,而类似于银行的房屋贷款,贷款划到借款人账户的次月起即需要按等额本息等方式予以分期还款。如果借款人获取借款后即告失踪,拒绝履行任一期还款义务,明显不是由于还款能力的原因,而具有非法占有的性质。

表七 借款人履行还款情况

案号	第6182号	第6199号	第6272号	第618号	第176号	第8858号	第8859号	第8847号
借款本金(万元)	40	50	80	60	50	20	50	30
借款期限(月)	12	12	12	12	12	12	18	18
已支付本息期数	9	2	6	0	2	7	12	13
未偿还本金(万元)	14.20	42.34	41.834	60	42.404	8.82	18.08	9.37
未偿还本金比例(%)	35	84	52.25	100	84	44	36	30

四、P2P网贷法律纠纷的预防对策与建议

(一)正本清源:关于P2P网贷平台的机构定位

当前国内P2P网贷行业发展遇到的首要和最大的争议问题就是关于平台的性质定位问题。一方面,为逃避设立金融机构的高门槛和严格的金融监管,大多数平台将自己界定为从事信息服务的公司;另一方面,非金融机构的定位使得大多数平台在开展业务时束手束脚,既无法放开手脚大胆去进行金融创新,也会借"创新"的名义,打着各种合法的旗号名义去"冲撞"法律红线。客观地说,P2P网贷虽然源自英美等发达国家,但与这些国家发达成熟的金融市场国情不同的是,我国P2P网贷也必须立足于国内现实国情,以贯彻落实党的十八届三中全会关于"发展普惠金融,鼓励金融创新,丰富金融市场层次和产品"①的精神要求出发,实行不同的机构定位和监管思路。如果仅仅将P2P借贷平台服务局限于信息中介的角色来运作,将不符合我国普惠金融②极不发达、社会信用普遍不足的现实国情。

从当前P2P网贷行业发展现状来看,为了吸引出借人,当前国内的多数平台都在利用不同的方式对投资者进行本金或者本息担保。一些平台向出借人承诺,如果项目还款逾期,那么平台或者与平台合作的第三方担保机构对出借人投资的本息进行提前赔付。一些P2P网贷平台采取向借款方扣留一定比例作为平台的风险准备金用于逾期赔付来提供本息担保。一些P2P网贷平台给予出借人相对较低的固定收益(利息),出借给借款人相对较高的利息,中间的息差被用作投资者共同

① 中国共产党第十八届三中全会《中共中央关于全面深化改革若干重大问题的决定》,第三部分第12条。

② 普惠金融是指能效、全方位地为社会所有阶层和群体提供服务的金融体系。普惠金融主要任务是为传统或正规金融体系之外的广大中、低收入阶层基层的贫困人员提供机会,为贫困、低收入人口和微小企业提供可得性金融服务。参见百度百科。

的风险保障金。担保机制的存在,改变了 P2P 平台原有的纯中介服务平台性质,使得 P2P 平台更像金融机构。有些 P2P 平台已由单纯的"资金供需撮合"逐渐变为吸收存款、发放贷款的金融机构。类似于银行,却未被认定为金融机构,许多适用于金融机构的相关法律法规并不一定能够适用于 P2P 借贷领域。这不仅增加了监管难度,而且对整个行业系统的发展形成障碍。一旦平台运营模式不当极易踩到非法集资与非法吸收公众存款的红线。

因此,课题组建议,应该以客观的态度,从 P2P 网贷平台的现实经营模式上认定其金融机构的属性,而不是一概拒之门外。这一方面有利于解决 P2P 网贷平台踩着法律红线"跳舞"的尴尬境地,另一方面也有利于对 P2P 网贷平台实行类似金融机构更为严格的监管。未来 P2P 行业的健康发展,应当根据风险外溢性的不同,在风险基本可控的前提下,针对 P2P 平台不同的展业模式,采取分类监管的方式,最大限度地鼓励金融创新。

(二)有规可循:关于 P2P 网贷的经营规则与底线

由于 P2P 网贷在我国尚属于新鲜事物,处于行业发展的初期,没有成熟经验和经营模式可循,因此存在的一些问题和风险是可以理解。但为了整个行业的健康发展,急需从立法、行政监管、行业自律等几个层次予以引导和规范。

在民事立法方面,与民间借贷相关的法条散落于《民法通则》、《合同法》及相关司法解释中,尚无一部专门针对民间借贷行为的法律,历经数年起草的《放贷人条例》仍无踪影,更加没有专门针对 P2P 的法律法规。因此,我国应当尽快制定一部专门规范民间借贷等民间金融活动的法律,明确民间金融活动参与者的权利义务,给民间金融以适当的生存发展空间。在刑事立法方面,一方面,应明确 P2P 网贷平台金融机构的法律性质定位,严格限制非法吸引公众存款、非法集资等罪对 P2P 行业的冲击。另一方面,应当加强对恶意借款人入罪问题的研究。课题组建议借鉴有关恶意透支信用卡构成诈骗的立法模式,①在制定《放贷人条例》等法规时,加入认定以非法占有为目的的恶意违约行为构成犯罪的专门条款。

互联网金融定位为传统金融的补充,强调传统金融是主流,但作为补充的互联

---

① 2009 年 12 月 16 日起施行《最高人民法院、最高人民检察院关于办理妨害信用卡管理刑事案件具体应用法律若干问题的解释》第 6 条规定:"持卡人以非法占有为目的,超过规定限额或者规定期限透支,并且经发卡银行两次催收后超过 3 个月仍不归还的,应当认定为刑法第一百九十六条规定的'恶意透支'。有以下情形之一的,应当认定为刑法第一百九十六条第二款规定的'以非法占有为目的':(一)明知没有还款能力而大量透支,无法归还的;(二)肆意挥霍透支的资金,无法归还的;(三)透支后逃匿、改变联系方式,逃避银行催收的;(四)抽逃、转移资金,隐匿财产,逃避还款的;(五)使用透支的资金进行违法犯罪活动的;(六)其他非法占有资金,拒不归还的行为。……恶意透支的数额,是指在第一款规定的条件下持卡人拒不归还的数额或者尚未归还的数额。不包括复利、滞纳金、手续费等发卡银行收取的费用。恶意透支应当追究刑事责任,但在公安机关立案后人民法院判决宣告前已偿还全部透支款息的,可以从轻处罚,情节轻微的,可以免除处罚。恶意透支数额较大,在公安机关立案前已偿还全部透支款息,情节显著轻微的,可以依法不追究刑事责任。"

网金融并没有改变金融风险的本质,因此仍需要加强监管。当前我国已经基本确认了 P2P 网贷行业的监管机构为银监会。但行业监管细则迟迟未出台,应当在加强调研的基础,尽早出台监管细则,确立行业进入门槛、运作细节、信息披露、违规惩罚等方面的内容。

针对 P2P 网贷等互联网金融的特殊情况,我国还应当积极探索,尽快建立起互联网借贷信用评价体系,加强行业自律建设。一方面,要实现公安部门公民身份信息系统和央行个人征信系统的对接,在此基础上,建立由政府主导的信用评价体系。P2P 借贷公司取得客户的授权、签订保密协议,可以在该评价体系内随时对客户的个人征信情况进行查询。如果有借款人发生了违约情况,P2P 借贷公司应当有权向该征信系统提交客户的信用情况,由系统对其个人征信情况进行补充和完善。另一方面,应积极鼓励成立一些 P2P 借贷行业的自律监管组织,完善行业内制度,包括行业准入制度、退出机制和内部分享机制等,加强行业内的信息共享互通机制建设,避免信用不佳的借款人所带来的风险。

(三)延伸司法职能,强化沟通与协调,构建多元会商机制

P2P 网贷纠纷涉及面广,潜在风险大,如果应对不当,很容易影响社会稳定。为此,课题组建议,对于案件审理中发现的新问题新情况,要及时通过情况通报、司法建议、审判白皮书、座谈研讨等多种形式加强与银监、金融办、工商、税务、公安、司法、检察等部门的沟通协调,对发现涉嫌犯罪、违规经营的 P2P 网贷平台和涉嫌合同诈骗的借款人坚决予以打击。在纠纷化解过程中,建立与中小企业协会、小额贷款公司行业协会、典当协会、担保业协会等民间机构的多元会商机制,及时通报行业发展情况,共同研讨疑难问题,促进 P2P 网贷行业的健康发展。加强相关法律法规的法制宣传和投资者风险教育,强化网络平台的风险防范意识,使广大市民树立正确的投资理财观念,从源头上杜绝纠纷隐患,有效控制和化解网络借贷风险。

(四)统一裁判规则,避免同案不同判

如前文所述,人民法院在审理 P2P 网贷纠纷时,存在很多法律适用上的难题和争议问题,有的是程序操作细节需要统一,有的是裁判尺度需要统一,有的则需要在法律依据上加以明确。为统一裁判规则,避免同案不同判,课题组建议在深入调研的基础上,及时对类案制定相应的审判规则,确保法律适用统一。

(本文发表于《上海审判实践》2014 年第 12 期)

P2P 网络借贷法律规制研究

高 才*

【提要】互联网金融在中国的发展，颠覆性地冲击着传统金融模式，进而影响了整个金融行业。P2P 网络借贷作为互联网金融模式的一种，也对金融业发展产生了重要影响。近年来，涉及 P2P 借贷的案件成上升态势，向人们敲响了警钟。因此，研究我国 P2P 模式及相关法律问题对于风险的规避、法律的适用、监管的实行具有重要意义。鉴于此，本文将通过对我国 P2P 借贷模式及其法律风险进行研究，结合我国实际环境，提出切实可行的建议。

【关键词】互联网　金融创新　P2P　法律适用

一、P2P 借贷模式概述

P2P 借贷，是英文 peer to peer lending 的缩写，中文经常将其翻译为"人人贷"。正如其字面所指，P2P 的意思就是个体之间借助于互联网这个平台进行借贷。在 P2P 借贷模式下，借款人与出借人之间实现了直接借贷，脱离了传统的资金媒介（如银行、小贷公司），可以将其归类于"金融脱媒"①的一种模式。

在 P2P 借贷模式下，有一个中间方的作用是不可或缺的，那就是 P2P 借贷服务平台。这种平台多以 P2P 公司的形式存在，其作用主要是为借贷双方提供信息交流、信息价值的评级、投资信息咨询、逾期还款的追偿以及其他服务，以促成交易的实现。但是，该平台并不作为债权人或债务人直接参与交易。尽管目前，有些 P2P 借贷平台提供资金中介托管结算服务，但是并未超出"非债权债务方"的界限。②

目前，国内 P2P 借贷公司，存在着多种运营模式。按照在 P2P 借贷关系中是否存在担保及存在怎样的担保主要可以分为以下三种模式：

1. 第三方担保模式，是指出借人经由 P2P 借贷平台向借款人提供资金，由第三方担保公司为其本金和利息提供担保。如果借款人无法还款，第三方担保公司将对本金及利息先行偿还。如陆金所，就是比较典型的采取这种模式的公司。有的 P2P 公司还提出了"风险池"这个概念，就是将贷款额中的一部分拿出来，放到"风险池"中，一旦发生坏账，就用这个风险池中的资金先行赔付。

---

* 高才，上海市黄浦区人民法院立案一庭法官助理。

① 金融脱媒，是指在金融管制的情况下，资金供给绕开商业银行体系，直接输送给需求方和融资者，完成资金的体外循环。

② 第一财经新金融研究中心：《中国 P2P 网络借贷服务行业白皮书》，中国经济出版社 2013 年版，第 3 页。

2. 借款人抵押模式,是指借款人在申请贷款的时候必须提供一定金额的抵押作为担保。以比较典型的"联合贷"为例,借款人通过P2P借贷平台借款时,必须提供与借款需求相匹配的抵押物以保证投资资金的安全,一旦借款人无法偿还贷款,则可以用其担保物偿还。此种模式类似于传统的民间抵押贷款,只是将发生的地点转移到了互联网上。

3. 信贷理财模式,在该模式下,借款人直接向P2P借贷平台取得资金。平台所有者则将借款人的贷款设计包装成不同种类的"信贷理财产品",并且将这种理财产品出售给出借人。一旦有出借人购买理财产品,平台将通过债权转让合同的方式将其对借款人的债权转让给出借人;出借人则可以依据其购买的不同种类的"理财产品"享有不同的收益。目前,市面上采用这种模式的包括"宜信宝"、"月息通"、"月满盈"、"月定投"等产品。这种模式下,平台已经突破了"非债权债务人"的界限,其在法律中的合法性还有待商榷,因此也潜伏着不少隐患。

在我国,与传统的银行借贷模式不同,P2P借贷具有以下几点特征:

1. 借贷双方具有广泛性。由于P2P借贷的借贷双方是一种非特定的主体之间的多对多的关系,因此其参与者分散极为广泛,从普通的工薪阶层到个体工商业者,而且其中短期的周转需求占了比较大的部分。分析其原因,主要是因为P2P借贷的准入门槛比较低,借款人只要具有良好的信用,就有可能或者贷款,不同于一般的银行贷款往往需要抵押担保;另外,由于该种贷款模式的参与方式十分灵活,借款资金的数量、还款期限的长短、投资者的人数都是可以灵活选择的。这样的低要求与灵活性使得P2P借贷模式的参与者十分广泛。

2. 交易方式具有灵活性与效率性。前文已经提到,P2P借贷的参与方式非常灵活。由于借款人对借款的金额、利息的计算、期限的长短、还款方式的选择、是否进行担保等都可以进行设定,出借人只需根据自己的实际情况选择符合自己要求的贷款请求进行投资,贷款就可能得到实现。在借贷双方的这种磨合之下,产生了多样化的P2P借贷产品。另外,不同于银行等金融机构烦琐的层层审判的贷款模式,P2P借贷的手续简单方便,其灵活性与效率性满足了借款人的需求。

3. 收益率高。P2P借贷中的借款人往往由于缺少有效的担保和抵押,或者对于借款有着自身特殊的需求,无法在传统金融机构中获得贷款。为了能够获得适合的贷款,他们倾向于承担更高的利率。前文提到,P2P平台上的投资者人数众多、范围广泛,即使是手头略有闲钱的人也可以参与投资。因此,在P2P模式下,一方面,不容易在传统金融机构获得贷款的借款人可以获得贷款;另一方面,出借人可以获得高于银行存款利率的利息,高收益率促使更多的个体愿意参与P2P投资。

4. 互联网技术的运用。如前文所述,在P2P借贷模式下,参与者范围极其广泛,借贷关系十分复杂。其中,对大量借款信息的审核、有效信息的发布、借贷双方的匹配等,都要依赖互联网技术。正如互联网金融大范畴所具有的特点一样,P2P借贷离不开互联网的发展,并且深深得益于互联网技术,尤其是数据挖掘技术。

二、P2P 借贷的法律风险及实践操作

由于P2P借贷领域的参与人大多为普通的个人,范围广泛,往往被高回报率吸引,但是并不具有专业的风险识别力和良好的风险承受能力,加之我国目前尚未将P2P借贷机构划入金融机构的范畴,缺乏必要的监管和相应的法律法规的制约。因此,尽管P2P行业目前的发展看好,但是其风险也是时刻存在的。

(一)借款人违约风险

违约风险是P2P借贷的主要风险。由于我国的征信意识产生较晚、客户的金融行为习惯较差,纯粹依赖于互联网很难实现信息对称。实际上,即使在国外发达国家,运营成熟的P2P平台,其违约率也是比较高的。① 违约率过高将大大影响贷款平台自身资金流,甚至造成坏账、呆账或者更加严重的后果。由于我国征信体系不完善,单纯依靠网络进行信息评估的可靠性很低,因此,国内的P2P借贷公司往往主动承担起线下调查的义务,对借款人的征信进行更为严密的调查。尽管严密的线下信用调查可以减少坏账风险,但是这需要耗费大量人力、时间、金钱,成本是很高的,②而且我国数百家P2P借贷公司中,能够做到严格的线下调查的毕竟是少数。因此,借款人违约风险大量存在。

实践中,在"第三方担保模式"下,一旦发生借款人违约的情况,可以由平台方代为偿还借款,再向借款人进行追偿;在"借款人抵押模式"下,可以由借款人的担保财产进行偿还,这类似于民间借贷的还款方式。但是,现实中,由于贷款人及保证人的信息不完善,诉讼中难以追查;缺少担保财产,执行难以到位;平台运营风险较大,难以负担坏账累计等问题,往往很难有效追回欠款。

此外,针对征信问题,央行征信中心下属的上海资信推出了一个专门针对互联网征信问题、主要用以收集P2P借贷活动中交易信息的专业化信息系统。这个名为"网络金融信息共享系统"的征信系统,通过使P2P借贷平台之间共享数据,收集并整理了P2P网络借贷中各方的基本信息、申请信息、还款信息和其他特殊信息,从而帮助P2P借贷机构更加全面了解借款方的征信情况,以防止借款人违约等信用风险的发生。P2P借贷机构可以在系统中进行查询。但是这个系统中共享的信息只包含已经在平台中有过交易记录的人,内容毕竟有限。

(二)平台非法吸收公众存款的风险

非法吸收公众存款的风险往往存在于"中间资金池"的情况。前文曾介绍过一种P2P借贷的模式——信贷理财模式:P2P平台突破了"非债权债务人"的界限,

---

① 李钧:"P2P借贷:性质、风险与监管",载《金融发展评论》2013年第3期。

② 第一财经新金融研究中心:《中国P2P网络借贷服务行业白皮书》,中国经济出版社2013年版,第118页。

直接参与了借贷活动,作为出借方首先将资金出借给借款人,再将设计包装过的“理财产品”转售给出借人。在这种模式下,出借人可能无法获得完整的投资信息,并不能知道自己购买的理财产品背后真正的用途,甚至这种被转让的债权并不是真实存在的。出借人完全依据平台提供的信息进行操作,可能会给平台以非法吸收公众存款之机。当然,如果平台能够严格按照规定,先存在真实的债权,再进行转让,这种风险还是可以得到避免的。

2013 年 11 月的联席会议上,央行对“以开展 P2P 网络借贷业务为名实施非法集资行为”作了较为清晰的界定,规定了三类:第一类为当前相当普遍的“资金池”模式,主要有两个方式:一种是 P2P 借贷平台先用自由资金向借款人提供贷款,再以债权转让的方式将借款人的贷款需求设计包装成理财产品出售给放贷人,另一种是先向有资金的放贷人收集资金,再寻找合适的借款对象。此类模式下,平台的自由账户参与了交易过程,形成资金池,平台可能涉嫌非法吸收公众存款。第二类是“由不合格借款人导致的非法集资风险”。即有的 P2P 借贷平台对借款人的身份信息未尽到核查义务,未能及时发现借款人在平台上公布的虚假信息,个别的借贷平台甚至默许借款人以多个虚假借款人的名义发布大量虚假借款信息,向不特定多数公众募集资金,用于投资房地产、股票、债权、期货等虚拟市场,有的甚至直接使用非法募集的资金发放高利贷以赚取利差,这些借款人的行为涉嫌非法吸收公众存款。第三类则是典型的“庞氏骗局”,即“个别的 P2P 借贷平台的经营者,通过发布虚假的高利率借款标募集资金,并采用在前期‘借新贷还旧贷’的庞氏骗局模式,短期内募集大量资金后用于自己生产经营,有的经营者甚至卷款潜逃。此类模式涉嫌非法吸收公众存款和集资诈骗”。①

(三)“黑客”入侵导致资金损失的风险

由于 P2P 网络借贷的实现极大地依赖于互联网技术和计算机技术,大量资金通过互联网进行交易,一旦平台被“黑客”入侵,则可能造成平台瘫痪、资金被盗用等后果。由于我国目前对 P2P 网络平台的构建并无行业规范标准,P2P 网络平台多使用普通的模板制作。有的 P2P 公司对平台的安全性意识不高,或者技术不过关。据业内人士介绍,“目前,国内 99% 的网贷平台都存在技术漏洞,安全性能极为脆弱,对网络攻击的防护几乎为零”。所以许多 P2P 网络平台都存在不同程度的漏洞,给“黑客”以可乘之机。实践中,报刊屡有报道黑客通过破解平台漏洞,进入平台后台进行操作,从中盗取资金,给投资人和平台造成巨大损失。更有甚者并不直接通过平台盗取资金,而是事先对平台进行攻击,导致平台无法正常运作,进而以此要求平台向其支付“保护费”。

面对这样的情况,有的平台会选择赶快报警,由公安机关对犯罪分子进行追

① 黄倩蔚:“央行划界:三类 P2P 涉及非法集资”,载《南方日报》2013 年 11 月 27 日。

捕。但是,考虑到互联网的虚拟性和隐蔽性会导致案件不易侦破,又由于存在“损失量”计量困难、案件“定性”困难等问题,不易量刑,更多的平台往往会选择缴纳保护费息事宁人。但是,这种“息事宁人”往往助长了“黑客”通过攻击P2P平台窃取资金的气焰,造成他们对平台的攻击不会一次就终止。此外,网络平台的数据库中存有大量借款人、出借人的个人信息、银行资料等,倘若“黑客”盗用这些人的账号,后果更不堪设想。

三、P2P 监管的法律适用

(一)对借款人违约风险的法律适用

在目前的实际操作中,对P2P借贷的处理更多的是适用与民间借贷相关的法律法规。《最高人民法院关于人民法院审理借贷案件的若干意见》第13条规定:“在借贷关系中,仅起联系、介绍作用的人,不承担保证责任。”因此,网络贷款平台在借款人违约时,出借人只能依靠P2P借贷平台的相关措施督促借款人还款,包括公布“黑名单”、电话催收、降低借款人信用等软措施,出借人的利益无法得到有效及时的保护。[①] 在实践操作中,有的平台会先行代为偿付借款,之后再对借款人进行催收。但是,由于网络交易的虚拟性与不确定性,往往很难找到借款人的下落,即便找到了,借款人也往往没有足够偿还欠款的资金,于是,损失转嫁给了出借人或平台。

在有担保的情况下,可适用《担保法》第17条“当事人在保证合同中约定,债务人不能履行债务时,由保证人承担保证责任的,为一般保证”、第18条“事人在保证合同中约定保证人与债务人对债务承担连带责任的,为连带责任保证”、第19条“当事人对保证方式没有约定或者约定不明确的,按照连带责任保证承担保证责任”及第31条“保证人承担保证责任后,有权向债务人追偿”的规定。即可由担保人先行偿还借款人的欠款,再由担保人向借款人追偿。

由于P2P借贷本质上是一种新型的民间借贷模式,随着经济的发展,人民生活水平日益提高,普通人也有更多的资金用于投资,因此,民间借贷的模式将越来越多,范围将越来越广。但是目前,我国与民间借贷相关的法条散落于《民法通则》、《最高人民法院关于适用〈中华人民共和国民法通则〉若干问题的意见(试行)》、《合同法》、《最高人民法院关于人民法院审理借贷案件的若干意见》中,尚无一部专门的针对广泛意义上的民间借贷行为的法律,更加没有专门针对P2P的法律法规。因此,笔者认为制定一部专门的法律以规范民间借贷等民间金融活动,明确民间金融活动参与者的权利义务,给民间金融以适当的生存发展空间,同时,及时调整修订现行法律中与民间金融有关的法律依据,统一司法监管口径,改变民间市场的无序状态,才是当务之急。

---

① 沈霞:“P2P网络贷款的法律监管研究”,华东政法大学2012年硕士学位论文。

(二)对平台非法吸收公众存款风险的法律适用

近年来公众对非法吸收公众存款罪有较大的争议,《刑法》第 176 条规定了非法吸收公众存款罪的要件,2010 年的《关于审理非法集资刑事案件具体应用法律若干问题的解释》(以下简称《解释》),进一步细化规定向社会公众吸收资金的行为必须具备下列四个条件才构罪:“(一)未经有关部门依法批准或者借用合法经营的形式吸收资金;(二)通过媒体、推介会、传单、手机短信等途径向社会公开宣传;(三)承诺在一定期限内以货币、实物、股权等方式还本付息或者给付回报;(四)向社会公众即社会不特定对象吸收资金”。集资诈骗罪,则是指以非法占有为目的,使用诈骗方法非法集资,数额较大的行为。非法集资,是指法人、其他组织或者个人,未经有权机关批准,向社会公众募集资金的行为。

从定义来看,非法吸收公众存款罪与集资诈骗罪具有一定的相似性,但集资诈骗罪必须具有非法占有目的,采取了隐匿转移资金或者销毁账目的行为,即表明行为人不将资金用于正常的生产经营活动的意图。从行为构造上讲,集资诈骗罪必须符合诈骗罪的一般行为构造:行为人实施了虚构事实、隐瞒真相的行为——被害人形成了错误认识——基于错误认识被害人实施了财产处分行为——行为人得到财物。所以非法吸收公众存款罪与集资诈骗罪的不同在于两个方面:主观上行为人具有非法占有目的,客观上行为人实施了诈骗行为,两者缺一不可。如果行为人以虚构事实、隐瞒真相的手段骗取了被害人的存款,但是将资金投入到企业正常的生产经营之中并准备偿还,不能认为具有非法占有的目的,只能认定为非法吸收公众存款罪。

此外,在借款人不清偿借款的情况下,如何认定是借贷违约还是触犯刑法构成合同诈骗罪或集资诈骗罪,法律尚无明确规定。笔者认为,在具体操作中,需要结合实际情况进行分析。在借款过程中,如果借款人具有非法占有的目的,并且存在隐瞒真实情况等欺诈情形而取得借款的,应当将其行为认定为合同诈骗。但是,在认定是否具有非法占有目的的时候应当谨慎,不可简单地将单纯的借款人认定为具有非法占有的目的。在集资诈骗罪的认定上,由于 P2P 借贷中通常一笔借款会由多个出借人共同出资构成,因此需要具体分析,不可以“一刀切”,而应综合借款人所借资金以及涉及的出借人的人数来认定。

(三)对“黑客”攻击平台的法律适用

对于“黑客”通过平台的漏洞,攻击 P2P 借贷平台盗取资金的情形,是一种网络犯罪与诈骗犯罪相结合的情形。这里需要区分诈骗罪与金融诈骗罪的区别。诈骗罪是指以非法占有为目的,用虚构事实或者隐瞒真相的方法,骗取数额较大的公私财物的行为。金融诈骗罪是指以非法占有为目的,采用虚构事实或者隐瞒事实真相的方法,骗取公司财物或者金融机构的信用,破坏金融管理秩序的行为。由于目前并未确定 P2P 借贷机构为金融机构,不符合金融诈骗罪的构成要件,故应参照一般的诈骗罪,即按照《刑法》第 266 条处理。

四、对 P2P 监管的建议

(一)明确主体资格,确认监管部门

目前,由于 P2P 借贷机构尚未被列入国家金融监管体系,其性质为非金融机构。因此,许多适用于金融机构的相关法律法规并不一定能够适用于 P2P 借贷领域。同时,相关的金融监管机构也缺乏明确的职权对 P2P 借贷行为进行监管,导致该领域出现监管"真空"。只有在可能发生某些不良后果的情况下,才可能有责任主体对其进行监管,这种事后的监管具有滞后性,往往不如事前和事中监管来得有效。

因此,加强对 P2P 借贷行业的监管,当务之急是明确借贷机构的性质,确认监管部门。由于 P2P 借贷形式和所谓的民间个体借贷在本质上是相同的,但是其又增加了吸收民间存款的服务内容,所以区别于一般的民间借贷。根据金融机构的定义,存在两种说法,一是指从事金融服务的中介机构,二是指专门从事货币信用活动的中介组织。P2P 借贷平台为借贷双方提供融资服务,属于借贷交易的中间服务者,符合第一种关于金融机构的定义。至于第二种说法,从事货币信用活动的中介组织不仅融入资金形成债务,而且融出资金形成债权,从中获利,现实中仅有少数 P2P 平台直接参与借贷活动,大多数的平台仅作为纽带,不直接与借贷双方形成债权债务关系。因此,笔者认为 P2P 借贷平台的实际情况虽类似于金融机构,但不完全是金融机构,固可确认其性质属于准金融机构。如果确定 P2P 借贷平台属于准金融机构的范畴,则理应由银监会对其进行监管。并且,由于 P2P 借贷中如果发生违法行为,可能触犯非法集资罪和非法吸收公众存款罪,这两项罪行本身就应当由银监会牵头打击,那么由银监会对 P2P 借贷行为进行监管更加顺理成章。

(二)完善法律体系

P2P 借贷这一行业的产生与发展,使我国民间借贷本身存在的法律漏洞与不足以及 P2P 借贷模式下出现的新问题充分暴露了出来,这就要求我们从法律方面完善现有的法律规范体系,健全相关的监管制度。

在民事立法方面,我国应当尽快制定一部专门的法律规范民间借贷等民间金融活动,明确民间金融活动参与者的权利与义务,给民间金融以适当的生存发展空间;同时,应当与时俱进,及时调整修订现行法律中与民间金融有关的法律依据,统一司法监管口径,改变民间市场的无序状态,为打击以民间金融之名行诈骗敛财之实的违法犯罪行为和保护符合经济发展要求的合法的民间金融活动提供充分有力的法律依据,促进民间金融的稳定发展。在刑事立法方面,在借款人不清偿借款的情况下,如何认定是借贷的违约还是触犯刑法构成合同诈骗罪或集资诈骗罪,建议法律上应当尽快明确。

(三)加强 P2P 平台的自律监管

我国民间已陆续自发成立了一些 P2P 借贷的自律监管组织,如中国小额信

贷联盟 P2P 行业委员会、广东省 P2P 行业协会。但是,这些自律组织数量少、范围小,尚未形成规模,对行业起到的影响毕竟有限。目前,中国 P2P 借贷平台的数量有 200 多家,但是主动加入自律监管组织的只有几十家,这个比例是较低的。加强自律监管需要做到:一是提高 P2P 网络借贷企业的自律监管意识,使他们意识到加入统一的自律监管机构的重要性,从而主动接受自律监管;二是政府应当给予 P2P 自律监管机构适当的支持,加强政府与企业之间的沟通;三是 P2P 自律监管平台应完善行业内制度,包括行业准入制度、退出机制和内部分享机制等。

(四)建立信用评级体系

由于 P2P 借贷中对于借款人和出借人的征信,尤其是对借款人的征信需要投入较大的成本,而且有时即使投入较大的成本仍可能存在虚假征信的情况。因此,我国应当尽快健全个人征信体系。针对互联网金融的特殊情况,我国应当积极探索,尽快建立起互联网借贷信用评价体系。具体而言可以从两个方面展开:一方面,实现公安部公民身份信息系统和央行个人征信系统的对接,在此基础上,建立由政府主导的信用评价体系。P2P 借贷公司取得客户的授权、签订保密协议,可以在该评价体系内随时对客户的个人征信情况进行查询。如果有借款人发生了违约情况,P2P 借贷公司应当有权向该征信系统提交客户的信用情况,由系统对其个人征信情况进行补充和完善。另一方面,在政府主导的前提下,应当引入市场机制,鼓励 P2P 行业协会联合民间的征信机构,专门建立一套“P2P 网络借贷征信系统”,行业协会的成员需主动提供其客户的征信资料进行分享,也可以随时在该系统上进行查询。

结语

在经济全球化的形势下,金融市场的兴衰让我们深切认识到金融创新如同一把双刃剑,在带给经济市场活力与生机的同时也隐藏着风险。P2P 借贷的出现,丰富了民间借贷市场的形式,补充了传统金融机构业务上的盲区,在一定程度上缓解了对资金有迫切需求的个人和企业的融资难题。但是由于其尚处于起步阶段,法律性质和定位并不清晰,相信通过正确厘定与准确定位,配合一系列监管和相关法律法规的完善,定能促进这一行业的繁荣发展。

P2P 网络贷款的监管规则底线设定

——以 P2P 网络贷款刑事案例为着眼点

张娜娜*

【提要】P2P 网贷的监管主要着眼于投资者利益保护,对于投资者来说,无论如何监管,其终极目标利益保护最基本的底线是,P2P 网贷平台不会发生跑路等涉及刑事犯罪的行为。刑法制裁通常是对社会稳定底线的维护,类比之,刑法对 P2P 网贷行业的制裁也将是对金融秩序稳定底线的设定。在新生行业发展之初,对其各方面监管细则的规划,无一例外都建立在底线设定的基础上。本文首先概述 P2P 网贷拟以概述国内 P2P 网贷市场发展的原因及问题平台现状为起点,然后对已判决生效的关于 P2P 网贷犯罪的案件共性进行分析,结合 P2P 网贷在我国存在的必要性和可行性分析,得出检验 P2P 网贷行业监管规则的基本标准,在此理念指导下,对 P2P 网贷监管中最重要也是最基本的底线设定提出一些建议。

【关键词】P2P　网络贷款　监管规则

风险来自于你不知道自己在做什么

——巴菲特

P2P 网贷起源于英国,随后发展到美国、德国和其他国家,我国从 2007 年第一家 P2P 网贷平台——拍拍贷,此后,国内 P2P 网贷行业发展迅速,尤其近两年,P2P 网贷的无纸化借贷模式、电子化借贷过程、贷前审核网络化以及网络影响力等自身特点,结合我国民间资金投资需求旺盛的背景,催化了 P2P 网贷行业在我国的迅猛发展。由于法律的滞后性,这种金融创新在为我国借贷市场带来活力的同时,因身份模糊、法律缺位、监管缺失等问题留下了的巨大风险。

一方面各种新闻、论坛、会议对 P2P 网贷的高收益进行宣传;另一方面媒体不时爆出的 P2P 网贷平台倒闭、负责人跑路、投资者血本无归等新闻,两种矛盾面的交织,让这个新兴行业显得神秘而复杂。政府部门也开始着手研究监管规则,从最初的《中国银监会办公厅关于人人贷有关风险提示的通知》,到后来确定监管部门为银监会,再到千呼万唤尚未出台已被吵得沸沸扬扬的 P2P 网贷监管规则,政府主管部门也在从各方面考量来制定规则。如何制定监管规则? 什么样的监管规则是

---

* 张娜娜,上海市黄浦区人民法院民五庭助理审判员。

合理的?监管规则应至少包括哪些内容?正确回答这些基本问题,正是本文研究的期望所在。

一、现状透析:P2P 网贷行业崛起及背后阴影

P2P 线上网贷包含了民间借贷本身信用借贷的特征,也包含了互联网金融的特性。传统的民间借贷是借款人与出借人之间的基于相互信任所产生的借贷关系,通常借贷主体互相熟悉,或通过熟人介绍,因此其范围有限。P2P 网贷有别于传统民间借贷:首先,其借款标的金额小、期限短;P2P 网络贷款的业务主要是对正规金融机构借贷业务的一种补充,以小额信贷为主要模式,期限很短,流通速度很快,所以吸引的小微借款客户较多。其次,贷款门槛低、涉众性明显;P2P 网络贷款的业务参与门槛较低,为提高业务量,P2P 网络贷款的借款标的通常无须借款人提供担保,或提供担保也是非足额担保,因此借款人众多。另外,对于出借人来说,因 P2P 网贷的金额较小,普通民众的小微闲散资金都可以投入进去,因此 P2P 网贷业务量增长惊人,参与者众多。最后,交易网络化、交易方式极为便捷;P2P 网贷公司通过网络进行业务审核,整个流程基本都在网上完成从信息发布、资料审核到转账借款、利率计算、按期还款的"一站式"服务,用户只需注册成为会员,并提供一系列身份验证后,就可以在网站上发帖借钱。[①] 出借人可以通过手机电脑跟踪还款进度、借款使用情况等信息。使每个人都能成为信用的传播者和使用者,信用交易可以方便快捷地进行,以此种方式进行投资极为便捷,每个人都能成为参与者。上述 P2P 网贷的特点,结合近年来我国民间资本投资需求旺盛,投资渠道狭窄等背景,导致 P2P 网贷被引入国内之后,突破了金融抑制环境,呈现爆发式增长趋势。根据网贷之家的统计数据,截至 2015 年 6 月底我国正常运营的 P2P 网贷平台已达 2028 家,几乎是 2014 年同期一倍的数量,P2P 网贷行业整体成交量达 659.56 亿元,是 2014 年同期的 4 倍,历史累计成交量已经突破了 6835 亿元[②]。然而,在 P2P 网贷行业迅速崛起的同时,因相应的监管之光缺位,"繁荣而杂乱"的 P2P 网贷行业背后亦产生了巨大的阴影。近四年来 P2P 网贷平台的增长数量与 P2P 网贷行业出现的问题平台数量呈现正相关趋势,均逐年上升。其中,2015 年仅上半年的新增平台数量已经超过 2014 年全年新增数量,与此同时,问题平台的新增数量也已经超过 2014 年全年数量,具体如下图所示。

① 吴晓光、曹一:"论加强 P2P 网络贷款平台的监管",载《金融监管》2011 年第 4 期。

② 资料来源:网贷之家 http://www.wangdaizhijia.com。

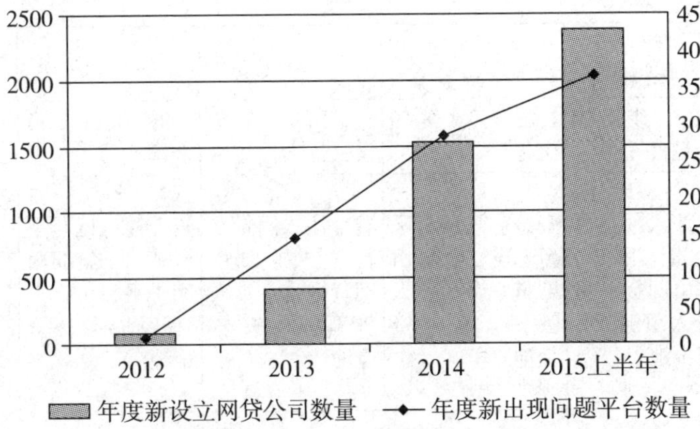

二、案例总结:目前 P2P 网贷公司犯罪的案例共性探索

如上所述,目前国内 P2P 网贷公司涉及犯罪的情形多发,且呈增长之势,已被立案侦查的不在少数,但是最终已经法院判决的案例数量极少,一方面因为此类犯罪涉及被害人众多,涉及区域很广,账目难以查清,侦查时间成本较高;另一方面也因为该类案件为新类型案件,其判决结果会对整个行业产生影响,司法裁判一般予以谨慎考量。但已形成的生效判决对研究 P2P 网贷公司犯罪问题具有重要意义,从中得出的信息可以揭示某种共性,对于进一步监管 P2P 网贷公司发展,减少犯罪概率具有重大意义。笔者从中国裁判文书网、北大法意案例等数据库进行仔细检索,摘取了以下 5 个已判决的典型案例:①分别为东方创投案、②平海金融案、③天力贷案、④铜都贷案、⑤通联贷案。⑥ 该 5 个案例均为 P2P 网贷平台以高息吸引投资者,并承诺"本息保障",或利用虚假标建立资金池,或利用资金错配建立资金池,筹集资金多半用于网贷平台负责人自用,最后发生资金链断裂、兑付困难的情形。

对上述案例进行不同角度的总结分析,归纳其特点,具体内容如下表:

	深圳东方创投案	淮安平海金融案	湖北天力贷案	铜陵铜实贷案	深圳通联贷案
涉案金额	126,736,562 元(实际未归还本金 52,503,199.73 元)	106,019,684.89 元(实际未归还本金不详)	77,970,000 元(实际未归还本金不详)	346,131,153.2 元(实际未归还本金 98,966,790.5 元)	25,212,745.85 元(实际未归还本金 7,098,573.79 元)

① 资料来源:网贷之家 http://www.wangdaizhijia.com。

② 该案案号为(2014)深罗法刑字初二第 147 号。

③ 该案案号为(2014)明刑初字第 00259 号。

④ 该案一审案号为(2014)鄂孝南刑初字第 00177 号,二审案号为(2014)鄂孝感中刑终字第 00177 号。

⑤ 该案案号为(2014)铜官刑字第 00189 号。

⑥ 该案一审案号为(2014)深福法刑初字第 997 号,二审案号为(2014)深中法刑二终字第 731 号。

续表

	深圳东方创投案	淮安平海金融案	湖北天力贷案	铜陵铜实贷案	深圳通联贷案
涉案人数及地区	1325人,涉及60多个地区	1003人,涉案69个地区	270余人	2685人,涉及全国	人数不详,涉及多地区
资金如何管理、是否存在资金池	资金注入网贷公司负责人账户,全部由网贷平台负责人管理,形成资金池	资金注入网贷平台账户,全部由网贷平台负责人管理,形成资金池	资金注入网贷平台账户,全部由网贷平台负责人管理,形成资金池	资金注入网贷平台账户,全部由网贷平台负责人管理,形成资金池	资金注入网贷平台负责人账户,全部由网贷平台负责人管理,形成资金池
是否有第三方支付平台或第三方资金托管平台	有直接打入网贷公司负责人账户,也有通过第三方平台支付的,但无第三方托管资金	有直接打入网贷公司负责人账户,也有通过第三方平台支付的,但无第三方托管资金	打入网贷公司账户或者负责人账户,有通过第三方支付平台支付,无第三方托管资金	打入网贷公司账户或者负责人账户,有通过第三方支付平台支付,无第三方托管资金	打入网贷公司账户或者负责人账户,有通过第三方支付平台支付,无第三方托管资金
资金使用用途	被公司负责人进行房地产投资、信用贷款等	被公司负责人用于投资自己的其他项目	被公司负责人发放高利贷,赚取利差	个人投资,购买房产,转借他人	个人投资,购买房产,转借他人
P2P公司注册资本	1000万元	1000万元,后抽逃注册资本	2000万元	1200万元	1000万元
P2P公司股东人数	1人	2人,后转为1人	2人,主要1人负责,2人系亲属	2人,系夫妻关系	3人,主要1人负责
承诺借款标利率水平	年利率36%~48%	年利率20%~22.6%	年利率20%~24%	年利率27%~41%	年利率48%左右
P2P公司开始到案发时间	2013年5月设立至2013年10月	2013年6月7日设立至2014年3月10日	2013年3月至2013年10月	2013年5月至2013年10月	2013年5月至2014年4月
发布借款标是否真实	大部分为虚构,且真实标存在长标拆短标等资金错配的情形	大部分为虚假标	大部分为虚构,且真实标存在长标拆短标等资金错配的情形	大部分为虚假标	大部分为虚假标
是否有保本保息业务	是	是	是	是	是
适用罪名	非法吸收公众存款罪	非法吸收公众存款罪	非法吸收公众存款罪	非法吸收公众存款罪	非法吸收公众存款罪

通过对上述已经判决的P2P网贷犯罪案件进行归类分析,发现触犯非法吸收公众存款罪的P2P网贷公司主要存在以下几类特点:

(一)平台注册资金较少,杠杆率较高

犯罪的P2P公司普遍注册资本不高,在1000万~2000万元,但是大部分借款额度已经上亿。资金杠杆倍数=代收金额/风险准备金(注册资金)再加上第三方担保资金,但是上述犯罪P2P网贷平台注册资金较少,且均无第三方担保机构,未设风险准备金,杠杆率较高。例如,根据《融资性担保公司暂行管理办法》的规定,融资性担保公司的杠杆不得超过净资产的10倍。但许多P2P网贷平台远远超过10%杠杆的要求,平台贷款可信度存疑,承担的风险过大。

(二)平台公司架构管理模式不完善

股东人数较少,基本只有1人至几人,且一般为亲属关系,由一人控制公司所有业务,没有完整的公司组织管理架构,经营均由一人掌控,"暗箱操作"空间较大;运营时间较短,一般为几个月,甚至有些跑路的平台只有几天时间。

(三)投资人资金管理存在资金池

投资人的资金基本是直接注入P2P网贷公司的账户或者负责人的账户,形成资金池,没有第三方资金托管机构,即便是通过支付平台转账,也仅仅是支付功能,并不存在账户托管功效。资金池基本处于P2P网贷公司的控制下,负责人可以随意支取,大多用于其他投资,或者转借给其他企业货个人,资金未流向真实借款人,缺乏直接的借款借贷关系,集资形式明显。

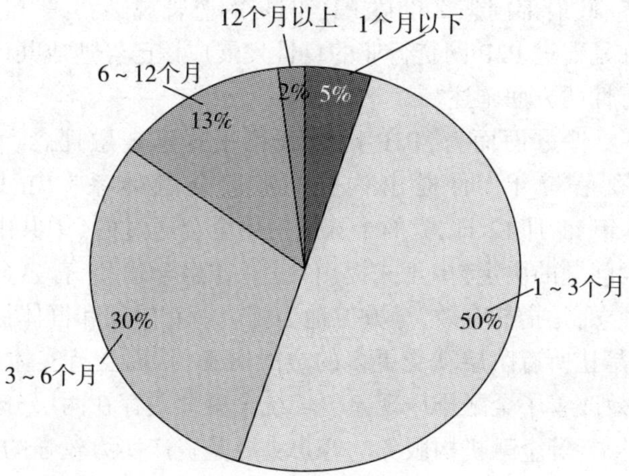

(四)关于借款担保方面

基本都是P2P网贷公司承诺以自身资本进行保本保息,不存在实力较强的担保公司参与经营,也没有真正的风险准备金提取,鉴于平台资本金有限,一旦发生一定比例的资金紧张,资金链断裂,犹如多米诺骨牌,很快就陷入困境,平台倒闭,踩踏挤兑,发生负责人跑路现象。

(五)借款标普遍期限极短

国内的P2P网贷平台上设置的借款标的借款期限,一般最短仅有一天,长则最多3~5年,通常为1~3个月和3~6个月的期限居多。具体国内P2P网贷公司的借款标平均借款期限如下图所示。[①] 但是涉及犯罪的P2P网贷公司所发布借款标普遍时间较短,甚至有许多纯属为了招徕客户而设天标、秒标,类似于超市促销活动。而且借款人很多为同一人发布,借款人信息也不够完备,虚假标较多。

(六)借款利率普遍较高,超过国家法律规定

涉及犯罪的P2P网贷平台发布的借款标普遍利率畸高,一般在20%以上,甚至有些高达40%、50%,远远超过国家规定的民间借贷利率不超过银行同期贷款利率4倍的标准。目前P2P网贷市场上,平均利率在12%以下的占绝大部分,全国P2P平台综合利率一般在14%左右,如果在20%以上的高息,均伴随着巨大的风险。

小结:通过对涉及犯罪的P2P网贷平台的共性分析发现,P2P网贷平台的准入条件、公司管理架构、担保模式、投资人和借款人资金管理、借款标形式及收益设定等方面对P2P网贷平台是否有空间实行犯罪行为,以及刑事犯罪风险的揭示具有重要意义。因此,在考虑设定P2P网贷平台的监管底线时,应着重从上述几个方面考虑。

三、理念设定:良性发展目标是检验P2P网贷监管规则的标准

无论学术界、政府部门怎么论述P2P网贷的监管规则,有一点可以肯定的是,大家对监管目标是促进P2P网贷行业的良性发展应该已经达成共识。其理由可以从必要性和可行性两方面阐述。

首先,从必要性方面而言,P2P网贷践行了普惠金融理念。联合国在推广“2005国际小额信贷年”时提出构建“普惠金融体系”(Inclusive Financial System);[②]2013年11月12日,党的十八届三中全会通过的《中共中央关于全面深化改革若干重大问题的决定》中正式提出“发展普惠金融”。普惠金融体现的是一种和谐金融的理念,是指能有效、全方位地为社会所有阶层和群体提供服务的金融体系,实际上就是让所有阶层享受更多的金融服务,从而支持实体经济发展。P2P网贷一方面,有效改善了金融排斥现象。传统金融模式存在两层分化严重的问题,金融排斥明显,银行等金融机构服务的客户主要是资产实力较强的客户,而一些急需资金的个人或者小微企业,因自身经济实力较弱,提供担保的能力较差,无法从传统的金融机构获取资金,构成了一种典型的二元金融结构。P2P网贷针对的

---

① 资料来源:网贷之家 http://www.wangdaizhijia.com。

② FCA, Crowdfunding and the Promotion of Non-Readily Realisable Securities Instrument, 2014,转引自彭冰:“P2P网贷与非法集资”,载《金融监管研究》2014年第6期。

主要客户群体是个人借款人和小微企业，贷款数额也相对较少，对传统的金融市场是一个有益的补充，填补了传统金融二元结构之间的鸿沟，丰富了我国的金融资本市场。另一方面，P2P 网贷可以让更多民众享有金融红利。金融业一直是国内的高收益行业，但是小微投资者，因资金有限，难以参与其中。金融机构对资金的垄断也导致普通投资者的投资渠道狭窄，国内银行通过存贷利差所获得的利润极高，但是普通投资者仅是存款获得收益很低。P2P 网贷吸收的投资者均是资金有限的民众，小到几十元几百元即可参与，利率普遍高于银行同期贷款利率，让普通投资者也可以在金融市场获取更大的红利，也是普惠金融理念的题中之义。

其次，从可行性方面而言，P2P 网贷可以通过模式改良及监管与非法集资隔离开。问题平台的数量逐日增多，削弱了市场上消费者信心，许多行业翘楚们以及学术理论界开始关注网贷与非法集资的区分问题。笔者认为，从形式上否定其是非法集资行为意义甚微，因为 P2P 网贷在形式上与非法集资行为的基本模式确实非常类似，甚至某些模式几乎一致。从 P2P 网贷平台的角度而言，其面向不特定的公众吸收资金，并将资金放款至借款人；从借款人的角度而言，其面向不特定的公众筹集资金，两方面都与非法集资行为极为类似。但 P2P 网贷行业并非因此就没有合法性空间，应透过现象看本质，P2P 网贷与非法集资行为的主要区分点在于，资金如何管理及使用。针对这点，在 P2P 网贷基本模式的基础上，各大 P2P 网贷平台也在不断演化其业务模式，P2P 网贷基本模式与一个具有担保公司担保、又同时有第三方资金托管机构的 P2P 典型模式的对比，如下图所示。

从两图对比可以看出，虽然在 P2P 网贷的基本模式中，P2P 平台居于主导地位，整个借款流程均为平台主导，但经过资金托管、担保公司加入、风险准备金提取等方式，P2P 网贷行业在不断完善业务模式。如果 P2P 网贷对资金管理能够建立防火墙、对业务操作能够更加规范化，其完全可以与非法集资区分开来。

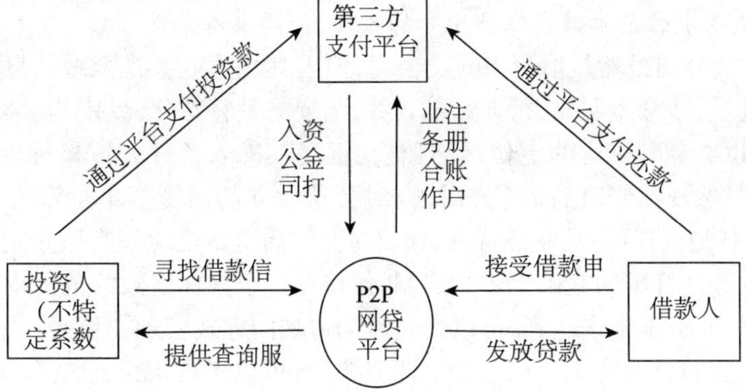

P2P 网贷基本模式图

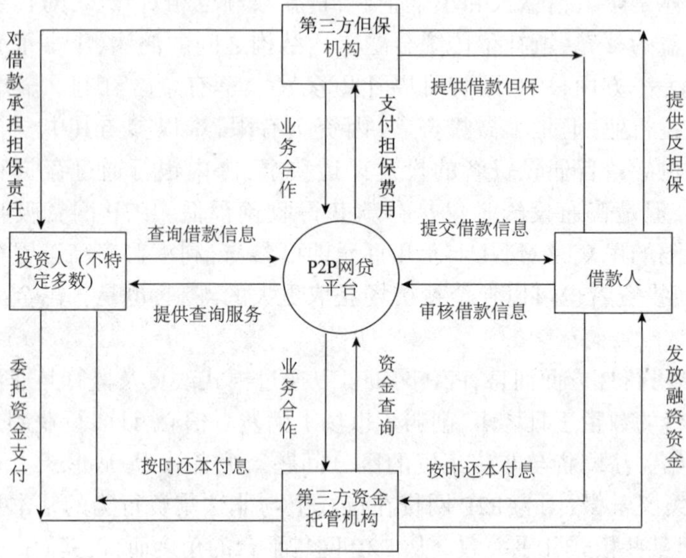

P2P 网贷托管、担保模式图

正是因为 P2P 网贷行业的重要性及特殊性,所以政府对其的态度并非是以偏概全的一概摒弃,促进行业的良性发展,从杂乱无章到规范有序,才是政府监管目的所在。鉴于 P2P 网贷监管规则的前提应是 P2P 网贷行业的健康发展,这也意味着所有的监管规则,都必须以引导 P2P 网贷行业良性发展为最终目的,这也应是衡量 P2P 网贷监管规则的标准。换言之,任何会将 P2P 网贷行业逼入绝境的监管规则,都是不适当的规则,在考量每一条监管规则底线时,应多方面权衡,在金融安全和金融创新之间寻求一条相对合理的路径。不能寄希望于"一刀切"的规则去一劳永逸地解决 P2P 网贷的安全性问题,应在容忍 P2P 网贷行业发展的基础上,多方面、多角度地设定监管规则的底线。

四、实践路径:关于 P2P 网贷监管底线的具体建议

(一)明确平台金融信息服务中介的性质,提高准入条件

P2P 网贷公司虽然是信息中介类公司,但因其主营业务是金融信息服务,具有一定金融性质,涉众型明显,行业影响较大,需要将其特殊化,界定为金融信息服务中介公司,以类金融机构的定位严格监管,提高其准入条件和审核标准:(1)关于注册资本,虽然现在修改后的《公司法》对公司设立的最低资本金没有要求,但是鉴于 P2P 网贷公司所涉及业务特殊,建议对其注册资本金应该有所限制,该限制应在考虑其业务杠杆率的基础上进行定制,保持在一个杠杆倍数的范围内,如果后期业务量猛增,而资本金未达到,可以通过后期追加的方式实现。而且,要严格验资,防止抽逃出资的行为发生。(2)关于管理架构,可以考虑 P2P 网贷公司有严格的股东会、董事会、监事会三会制度,或可考虑不允许个人自然人设立一人 P2P 网贷公司。对公司治理监督和人员配备等方面,可参考金融机构的相关规则,作为类金

融机构对待。(3)对P2P网贷公司的运营情况、坏账率实时监管,对新开展的金融创新业务,应报备监管部门批准并备案。

(二)严格禁止P2P平台非法设立资金池

虽然媒体对P2P网贷的评论中经常出现"资金池"的字眼,但是对于什么是资金池并无明确的定义。资金池,顾名思义就是资金聚集到一起,形成一个蓄水池账户。从传统的金融类公司的业务操作模式来看,无论是银行还是保险公司均存在资金池,一方面客户将资金流入金融公司,另一方面金融公司将资金贷款或者赔付出去,两方面存在一定的时间差,资金池的资金就必然有一点时间沉淀在账户中,是长短期复杂配资而产生的。因P2P网贷公司并非具有金融牌照的金融机构,其不能设立传统的资金池。但是目前市面上的P2P网贷公司所涉及的资金池,与传统的资金池概念有别。具体可以分为以下几类:(1)投资者向平台充值及获取收益形成的资金池;(2)借款标未满之前,投资者的投标资金形成的资金池;(3)平台按比例提取每一个借款标的部分风险保证金形成的"资金池";(4)在借款标形成之前,平台自行募集资金形成的资金池。对于前三类资金池,是P2P平台的业务操作模式自然产生的,虽难以避免,但可以通过资金托管、信息披露,投资者监督等方式进行实时监测,防止触碰非法集资红线。但是对于最后一种资金池,应严格禁止。此类资金池是犯罪的P2P网贷平台最经常设立的,不论是通过发布虚假借款标形式,还是通过资金错配形式,其设立的资金池并非针对借款标专款专用,而是全部由P2P网贷公司控制,极易产生道德风险。

(三)严格要求投资者资金由第三方托管,且必须实时披露

资金管理是P2P网贷监管中的重中之重,也是切身关乎到投资者利益的问题。从涉及犯罪的P2P网贷公司来看,基本资金都没有第三方机构托管,都是完全在P2P网贷公司控制下的,还有些P2P网贷公司伪托管,但并没有真实托管账户,仍然可以对客户资金进行操作,这些都为P2P网贷公司实施犯罪埋下了伏笔。可以考虑,严格要求P2P网贷公司必须对投资者资金建立专门账户由第三方金融机构托管,即托管模式。投资人和融资人均在第三方支付平台开设账户,对自己的账户拥有控制权,可以进行查看、充值、提现等操作。投资人投资款项事先冻结在自己的账户中,在项目资金募集结束时,统一划转到融资方在第三方支付开立的账户中。融资方还款为反向操作。

有观点认为,托管模式没有作用,因为托管不是监管,资金托管后的主动权还是由P2P平台控制,同样可以通过虚假借款标的方式挪用资金。笔者认为,这些理由夸大了托管应有的功能,寄希望于将P2P网贷所遇到的逾期、虚假信息、恶意跑路等问题全部由托管模式一劳永逸的解决。而如果强制要求P2P网贷平台进行资金监管,又会让P2P网贷平台无法进行业务操作,这都是违反前述监管原则的检验标准的。事实上,托管模式在资金管理方面的作用非同小可,托管能有效防止平台自建资金池,借新还旧。平台方一旦资金托管出去,所有的资金交易都将独立于平

台的账户。而且,借款人还款时也是真金白银从托管账户转移资金到投资人的托管账户,而非只是一个数字,防止平台造假。反之,平台可以预测投资人有多少人续投、有多少人新充值,来准备提现量,资金池也就孕育而生。从这些方面考虑,托管模式的安全性更高,且具有可操作性,而事实也证明,市场上跑路的平台也基本是非托管模式。

(四)摒弃 P2P 网贷平台自身担保刚性兑付,严格审核其他担保方式

平台自保型网络贷款容易对投资者造成误解,因为从表面来看,P2P 平台承担"保本保息"的义务,好像投资者没有任何风险,也因此招徕了大量投资者将资金投入到 P2P 平台,但实践中 P2P 是以信息咨询类公司的名义注册的,其注册资本较低,这种资本薄弱的 P2P 平台最终难以自保,保本保息也成为一纸空谈。而且若一味为了吸引投资者而承诺与自身实力不相匹配的担保,将会为 P2P 网贷公司套上"刚性兑付"的沉重桎梏,反而使得 P2P 平台的风险无处可逃。根据最高人民法院于 2010 年发布的《关于审理非法集资刑事案件具体应用法律若干问题的解释》,对募集资金本息承诺刚性兑付也是非法集资的一个重要特点,为了在 P2P 网贷与非法集资之间建立防火墙,也应摒弃平台自保模式。

至于还款保障金型担保,其效用主要取决于坏账率是否能够被风险保障金所覆盖,这与 P2P 平台的运营和风控关系密切,一旦因为风控不够谨慎而导致坏账率较高,风险保障金无法覆盖,众多投资者要求先行赔付,其积聚效应可能导致平台破产或跑路的可能性更大,因此对此类担保模式,要求 P2P 网贷公司对其坏账率及时向主管部门申报。在征信系统发达的美国,大型 P2P 网贷公司 lending club 的数据显示,其坏账率一度高于 10%,而在征信制度缺失的国内,一些 P2P 平台自身提供的坏账率竟长期低于 1%。如果坏账率被人为掩盖,那么为了递补投资者收益,平台以"资金池"为依托借新还旧(庞氏骗局)的概率是很大的。同理,对于引入外部担保公司的担保模式,应严格审查担保公司的偿债能力,注意担保公司的担保范围,担保资本金可以与 P2P 网贷公司的注册资本金合并考虑融资杠杆率的问题,最终避免保而不偿,有名无实。

(五)对 P2P 网贷公司业务严格控制,消除非法高息业务

P2P 网贷行业发展迅速,金融创新度高,由于目前还处于缺乏监管的状态,大量公司如雨后春笋快速发展,市场竞争非常激烈。许多公司为吸引客户,开展了很多新型业务,甚至有些业务对 P2P 平台而言,明显难以盈利,仅是为了做广告招徕客户而设。如一些 P2P 平台设立了许多借款标为秒标,只要抢到秒标,就会获得一定利益。还有些 P2P 平台设立的借款标利率畸高,远超过银行同期基准利率的 4 倍,甚至通过利率奖励、投标送礼等形式增加借款利率。而投资者为了获取高收益,忽略其中的风险,最终血本无归的例子多如牛毛。因为 P2P 网贷平台业务具有金融属性,需要国家主管部门对其业务进行审查,严格限制不合法的金融创新,维护金融秩序稳定。

（六）建立完备的信息披露制度，尤其是披露借款标信息

P2P 网贷犯罪的案例，基本都涉及平台制造虚假借款标的情形，如果说资金管理是对 P2P 网贷犯罪后期结果性的堵漏，那么严格披露借款标信息则是对其的前期疏导，能提前化解风险，有效保护投资者利益。对此，可以考虑对借款标需要披露的信息内容具体规定。关于借款人信息披露问题，很多人都会援引隐私权这个挡箭牌来拒绝提供个人信息，但是隐私权保护是有边界的，在一定情境和场合下，个人相关信息必须提供时，是不能以隐私权受保护为由而拒绝提供。比如，实践中如果双方签订借款合同，通常出借人都要求借款人签名，并提供身份证号码、借款用途等基本信息的，P2P 网贷虽然是一种电子合同，但也是具有法律效力的合同，投资人作为合同主体一方，有权知晓借款人的基本信息。如果 P2P 网贷平台对借款人信息泄露问题担忧，应该通过建立强有力的防火墙等措施进行技术性防范，而不能本末倒置，拒绝披露信息。

P2P 网络贷款担保模式法律风险研究

张娜娜*

P2P 网络借贷，即个人对个人的贷款，是指 P2P 网络贷款公司直接通过网络借贷平台，撮合借款人及投资人之间形成借款交易关系，并收取一定费用的贷款模式。随着互联网技术的进步和个人投资需求旺盛，我国的 P2P 网络贷款公司在近年内出现“井喷”之势，但其中也蕴含了极大的风险。P2P 网络借款涉及投资者众多，也具有涉众性的特点，本质上也是一种金融行为。其中最重要的就是投资者债权安全性的问题，而提高债权安全性的主要方式即是担保，基于此，对于 P2P 网络贷款中担保法律问题的研究也颇为重要。本文试图以 P2P 网络贷款中担保产生的原因及目的分析为始，确定 P2P 网贷中担保的主要基准线，对目前的 P2P 网贷担保模式进行分类讨论其存在的问题，并提出一些建议。

一、P2P 网络贷款中担保产生缘始——信息不对称的弥补

P2P 网络借贷平台的出现突破了传统意义上的借贷，为众多借款人提供了公开、透明、直接的小额贷款。与传统的银行借贷以及民间借贷相比，其具有投资额低端、受众范围广、交易便捷、直接透明等多种优势，能够满足个人资金需求，提高社会闲散资金利用率，所以发展极为迅速。但其显然的缺陷即在于投资人与借款人之间的信息不对称问题。对于银行借贷而言，因其出借的是自有资金，具有严谨的审核机制；对于普通民间借贷而言，通常借贷双方较为熟识，基于人与人之间的信任出借，此

* 张娜娜，上海市黄浦区人民法院民五庭助理审判员。

两种情形信息不对称的问题相对弱化。而 P2P 网络贷款中,投资人与借款人通常互不相识,只是根据 P2P 网贷公司提供的信息来决定是否达成借贷关系。对于投资者来说,这种信息不对称带来的不安全感严重影响了其交易的积极性。

为了消弭信息不对称带来的负面影响,P2P 网贷平台为吸引投资者,几乎都推出形形色色的各种借款担保。早在 1970 年,新凯恩斯主义的代表人物乔治·阿克洛夫就分析了信息不对称对市场的不良影响,并提出担保是解决信息不对称的有效机制。担保从经济发展的角度而言,主要作用在于降低交易成本,提高交易效率,而从投资者权益保护角度而言,其主要作用在于提高投资者债权的安全性。因此,P2P 网络贷款的担保模式也应紧扣两点,一方面,摒弃最终无法达到保护投资者利益的虚假宣传的担保模式,避免对投资者的误导,引发金融市场的混乱;另一方面,对于一些合理合法的担保模式,应积极提供法律上的配套措施,促进 P2P 网贷市场进一步发展和完善。

目前有些 P2P 网贷公司采取的担保方式,有些突破了平台咨询服务类的经营范围,有些担保方式在物权登记方面存在障碍,有些担保方式欲通过技术手段实现而实际上风险极大。

二、我国 P2P 网络贷款存在的主要担保方式分类探析

(一)P2P 网贷公司自身承诺担保

P2P 网贷公司自身承诺担保,也即是俗称的"P2P 平台自保",P2P 网贷公司对投资者承诺保证归还本金或者本息。理论上来说,这种担保方式突破了 P2P 平台提供咨询信息等居间服务经营范围的内容,但全国各大 P2P 平台为吸引中小投资者的闲散资金,以"保本保息"、"足额保本"等各种形式迎合个人投资者对风险的回避心理,平台自保型网贷颇为流行。

平台自保型目前具体可以分为以下三类:

1. 通过细化拆分投资人的投资款项控制风险,达到小额风险由平台负担的状态;对于"保本保息"或"足额保本"这种网贷借款标,有些 P2P 平台声称是通过将每个借款人的资金通过电脑自动拆分,投资到多个借款标中,甚至 1000 元的投资可以被拆分为上千份至上万份,依据"大数原则"将风险分散,技术性实现保本保息的可能。但归根结底,通过细化拆分,可以让平台在一段时间内的呆坏账率控制在一定范围内,弱化对其资金流动性的要求,但不论风险如何分散,最终承担保本保息责任的仍然是平台本身。

2. 平台直接通过发行债权转让标自行负担风险,担保债权受让人的本息。还有些平台直接通过类似于债权转让的形式进行平台担保,如宜信公司。在宜信模式中,投资人和借款人之间并没有直接的网络借贷合同,双方也没有债权债务关系。宜信公司与借款人签订借款合同,由宜信公司出借款项,再与投资者签订债权转让合同,将一笔借款债权公开发售,由投资者选择购买债权,一旦借款人出现不能按约还款的情况,宜信公司负责从预先设定的保险金里提取资金用于赔付借款

人本金或本金及利息。此种情形类似于债权出让的同时,出让方即 P2P 平台进行债权回购担保,同样最终承担责任的也是 P2P 平台。

3. 平台设立资金池及风险保障金等形式进行担保,许多 P2P 平台为获取投资者的信任,通过设立资金池或者风险保证金的方式,向投资者保证一旦出现借款人严重违约之情形,平台即可调取资金池或者风险保证金对借款人的本息进行先行赔付。如人人贷平台提出的"本金保障计划",即平台每笔借款成交时,平台均会提取一定比例的金额放入"风险备用金账户",借款出现严重逾期时(即逾期超过 30 天),根据"风险备用金账户使用规则",通过"风险备用金"向投资人垫付借款的剩余本金或本息。无独有偶,业内较为出名的温商贷平台也设立了风险保障金,该笔风险保障金是以温商贷名义单独开设并由其管理的一个专款专用账户,温商贷把借款人收取的借款手续费(其金额为每月借款金额的 0.1%)作为风险保障金注入,温商贷还在其网站上承诺将审慎管理"风险保障金账户"资金,并就账户及资金的使用情况对投资人进行定期披露。

还有一些 P2P 平台通过短存长贷的方式进行资金错配来积聚资金池,因为大部分投资者趋向于投资期限越短越好,而借款人通常希望的借款期限在半年以及一年以上较多,所以平台在聚集至今后,通过短存长贷的方式拆标进行资金错配,保障资金池中存有一定额度的保障金。

鉴于资产池或者风险保障金模式存在资金管理的透明度以及垫付的及时性问题,市场上大部分 P2P 平台又对此进行改良,采取与商业银行合作,将风险保障金由银行托管的模式,使投资者可以随时查看风险保障金情况。

平台自保型网络贷款容易对投资者造成误解,因为从表面来看,P2P 平台承担"保本保息"的义务,好像投资者没有任何风险,也因此招徕了大量投资者将资金投入到 P2P 平台,但实践中 P2P 是以信息咨询类公司的名义注册的,其注册资本较低,这种资本薄弱的 P2P 平台最终难以自保,保本保息也成为一纸空谈。至于还款保障金型担保,其效用主要取决于坏账率是否能够被风险保障金所覆盖,这与 P2P 平台的运营和风控关系密切,一旦因为风控不够谨慎而导致坏账率较高,风险保障金无法覆盖,众多投资者要求先行赔付,其积聚效应可能导致平台破产或跑路的可能性更大,众多 P2P 平台跑路的新闻也反映了这一现象。

(二)借款人提供保证人担保

司法实践中发现,借款人在 P2P 平台上借款时,提供保证人进行担保的情形较为普遍,如本院受理的 8 起案件,借款人均存有担保人进行保证。但实际上,借款人所提供的担保人大都是与其经济水平相当的个人,有些还是同行业具有业务往来的其他个体经商户等,互相之间风险传递很快,一旦借款人出现资金链断裂的情形,其他担保人也往往一同陷入困境,个人保证人担保的作用微乎其微。而且在诉讼中,如果主债务人失去联系,不能送达,个人保证人通常拒绝露面,刻意躲避,对审理流程也有一定影响。

(三)质押及抵押等担保物权担保

P2P 平台在国内的飞速发展的背景在于国内资本市场融资较难,对于个人或者一些中小企业而言,股票市场其难以参与,而商业银行的贷款审核标准严苛,通常需要一定的质押或者抵押担保,对于他们而言,没有担保财产,其在银行融资困难极大,而且即便提供了一定的担保财产,其所获贷款的比例也不会超出担保财产价值太多。也因此,一方面,P2P 网贷中存在质押或者抵押的情形少之又少;另一方面,相对大额的 P2P 网贷借款标中存在质押或者担保的情形并不鲜见,比如北京安心贷平台设立的车贷借款标,最高可以贷款车辆估值的 150%,而且车辆仍可以归借款人继续使用。但是,P2P 网贷中的担保物权的登记方式因投资者众多而与普通贷款有所不同,目前 P2P 网贷中存有质押或抵押的借款标,通常由几种方式设立担保物权:

关于抵押权的设立,主要有以下两种方式:

1. P2P 网贷公司主导型,即抵押权登记在平台名下。鉴于 P2P 网贷的投资人众多,借款人若提供抵押财产(主要是房地产和车辆等),直接登记在数十名或数百名,甚至数万名投资者名下,在实践操作中不可能完成。因此有些平台选择将抵押权直接登记在平台名下。

但进行房产或者车辆抵押登记,均需要书面的借款合同、房产证原件以及车辆所有权等相关资料,平台如果将抵押权直接登记在平台名下,如果类似于宜信模式中,宜信公司本身将资金出借借款人,那么在形式上尚符合抵押权登记的形式要件,而如果有些平台是由投资人和借款人直接在网上签订电子借款协议的,那么平台将抵押权登记在其名下是不符合登记要件的,可能会产生有些平台通过签订虚假协议或者其他违法方式进行抵押权登记。如果平台与借款人之间的借款合同是虚假的,那么抵押合同的效力也将存疑,由此产生的抵押权也存在相应的问题。还有一些平台甚至根本不予办理抵押登记,只是将房产证进行保管,或者对抵押合同办理公证手续,由此产生的抵押权均存在缺陷或瑕疵,多次抵押或者超出抵押物价值抵押的情形普遍。一旦借款人发生违约情形,投资人想要行使抵押权,不但在操作上因为人数众多而非常困难,而且可能存在法律上的障碍。

2. 选取投资人代表型,即针对每一笔借款标,在众多投资者中选取一个投资人代表,将抵押权登记在投资者代表名下。而实践中,通常这个投资人代表就是平台内部工作人员,这个选取也就是平台指定一个内部工作人员参与含抵押的借款标,并将抵押权登记在此人名下。这种抵押登记的模式,在形式上看已经符合登记形式要求,但是因为投资人代表并非投资人一起选取的,而且投资人对于抵押登记的具体流程并不清楚,对于抵押权登记的债权数额也不知晓,而且也没有份额划分,一旦发生投资人想要行使抵押权的情形,会对抵押权的权属、抵押财产的分配等方面产生诸多问题。

关于质押权的设立,通常平台都是采取由平台管理质押物的方式进行的,平台会对含有质押的借款标进行质押物描述,但是对于质押物的管理并不明确说明,投资者也难以进行监控。质押以占有为成立要件,投资者无法自行管理质押物,一旦真的发生借款人违约之情形,其对质押权的行使一切依赖于平台,风险极大。

(四)担保公司担保

目前,互联网金融市场上的P2P平台提供有担保公司担保的借款标所占份额比例较小,一方面由于专业担保公司为借款人提供担保时需要收取一定的但保费,等于变相分走了一部分平台的收入,因此P2P平台对引进担保公司并无动力;另一方面,担保公司若提供担保,其对借款人的审核也会更为严格,会导致借款人的网贷资格标准提告,且审贷放贷流程加长,不利于发挥P2P网贷的优势点。另外,P2P网贷毕竟是针对闲散的小微资金,其每一笔借款标数额相对较小,与之附随的利润也较低,实力雄厚的担保公司尚无特别动力涉足这一领域,而规模较小的担保公司虽然乐于参与业务,但往往收取担保费息较高,也是造成担保公司担保的网贷业务较少的原因。

但是随着互联网金融的热度不断增加,担保公司对于P2P网贷业务的参与也更为积极。例如,北京的安心贷,即由三个担保公司联合运营并提供担保,合计注册资金有6.2亿元,注册资本规模较大,也是担保公司对互联网金融领域的业务拓展。另外,杭州融都和红岭开发等平台开发的担保借款标的保证人,也多数为专业的担保公司。一般的操作模式是由担保公司向网贷平台推荐借款企业项目、提供担保和代后管理,并承担担保责任。借款人需向担保公司提供固定资产抵押作为反担保措施,一旦借款人发生违约情形,担保方会先行赔付,再向借款人追偿。

专业担保公司加入融资业务原本是非常正常的模式,现行商业银行也多数采用这种模式,但是在P2P的业务采用这种模式具有更大的风险。首先,P2P网贷本身就是比普通商业银行借款风险更大的业务种类,也是一般银行融资的一种补充,对于如此高风险的行业,想要实现刚性兑付本身就不具有合理性,会使企业融资成本提高,对整个金融体系也会产生影响。其次,参与P2P网贷的担保公司大都是小额贷款公司或者担保能力较弱的担保公司,P2P平台虽然表面上将风险转嫁至担保公司身上,但因为担保公司自身担保能力堪忧,对投资者也没有适当的披露制度,其最终无法实现担保目的。更有甚者,一些P2P平台筹资另行设立一家担保公司,再由这家担保公司对平台进行担保,实质上是关联企业的互保,仍然是平台自保的一种变种。担保公司加入P2P网贷业务,出现被担保企业与担保公司之间风险传递,P2P网贷公司与担保公司之间的风险传递等复杂情形,其最终是否能够实现担保的目的,还是取决于P2P网贷公司以及担保公司的经济实力。

三、控制P2P网络贷款担保法律风险的几点建议

(一)明确P2P网贷公司的性质,严格限制平台自保

P2P平台自保机制的存在,改变了P2P平台原有的纯中介服务平台性质,使得P2P平台更像金融机构。有些P2P平台已由单纯的“资金供需撮合”逐渐变为吸收

存款、发放贷款的金融机构。类似于银行,却未被认定为金融机构,许多适用于金融机构的相关法律法规并不一定能够适用于P2P借贷领域。这不仅增加了监管难度,而且对整个行业系统的发展形成障碍。一旦平台运营模式不当极易踩到非法集资与非法吸收公众存款的红线。

而且,P2P网贷公司目前通常以咨询服务中介的性质进行工商登记,其注册资本难以与金融机构比拟,因行业较为新颖,发展迅速,各公司规模、管理方式、贷款审核流程也无法与银行类金融机构相提并论,若一味为了吸引投资者而承诺与自身实力不相匹配的担保,将会为P2P网贷公司套上"刚性兑付"的沉重桎梏,反而使得P2P平台的风险无处可逃。

建议以客观的态度,从P2P网贷平台的现实经营模式上认定其特殊金融服务机构的属性,一方面确认其本质系中介服务机构,不得超越经营范围触碰金融法律红线;另一方面确认其中介服务的金融特殊性,对其在市场准入方面设置相对严苛的条件,以保障投资者的合法权益。在明确其性质的基础上,确定哪些担保方式可以合法存在。未来P2P行业的健康发展,应当根据风险外溢性的不同,在风险基本可控的前提下,针对P2P平台不同的展业模式,采取分类监管的方式,最大限度地鼓励金融创新。

(二)加强各物权登记部门合作,创新网贷担保物权登记方式

目前P2P网贷中存在一定比例的抵押、质押等含有担保物权的借款标的,而且随着投资人对债权安全性要求的提高,此类借款标的呈现上涨趋势,甚至有些P2P平台只作含有担保物权的借款标。以物权进行担保的担保方式是较为安全的传统担保方式,P2P借贷作为新兴的互联网金融业务将传统担保方式纳入,有利于其进一步发展,对保护投资者利益也大有裨益。但是目前法律上存在一些障碍,一方面,网络借款合同系电子合同,在担保物权登记时,电子合同的效力仍然不被认可;另一方面,投资者众多,在担保物权登记时,无法同时登记在多人名下。此两方面障碍加大了投资者的债权落空风险,同时也限制了P2P平台的业务创新。

笔者建议,一方面物权登记机关对电子合同的效力认定仔细研究,出台相应的法律或政策,对合规的电子合同效力予以认可,同时在信息技术上跟进,保障可操作性;另一方面,对于投资者众多的借款抵押登记,可以考虑参照诉讼代表人制度,采用选取担保物权代表人的方式进行登记,并将选取过程以及选取结果均在登记机关备案备查,严格设计一套代表人担保物权登记的制度,切实保护投资者利益。

(三)严格审核加入P2P网贷担保的担保公司的准入条件和风控体系

许多担保公司逐渐加入P2P网贷业务,为P2P借款提供担保,但并非每家担保公司都有足够的能力对交易额庞大的网络贷款进行担保,如果没有足够的实力,担保公司担保也只是吸引投资者的噱头。因此,对参与P2P网贷担保的担保公司,要设立严格的市场准入条件,并对其风控体系提出一定的标准,实施监控,做到保非空保。

(四)引进商业保险担保模式,分摊P2P网贷风险

P2P网络贷款过程中的保险合同关系在国外较为普遍,例如,Zopa和Prosper都引入了还款保障保险,由此降低借款人的违约风险,保障出借人的利益。借款平台同时通过与保险公司合作出售还款保险获得一定的佣金。这一保障与国内一些P2P贷款平台依靠自身提供的担保相比,更有利于将风险转嫁到外部,由专业机构分担风险,在弥补出借人损失风险的同时,保证了P2P贷款平台自身运营的安全。这需要国内的保险公司与P2P平台合作,开拓新的险种。

2014年5月26日,财路通与国寿财险签署合作协议,成为保险公司与P2P平台合作的首个案例。相信之后,多家保险公司开始参与P2P网贷业务,担任P2P网贷的守门人。但是需要注意的是,P2P平台自身还没有系统完整的数据储备,对依赖大数法则的保险企业而言,挑战较为艰巨。因此,P2P网贷保险应注重互联网金融险种的特性,提高险种契合度,避免旧瓶装新酒,导致保障程度不高等情形。

归根结底,P2P公司经营的核心竞争力应该是严谨的风控体系,借于此确保借款回款的安全性,而非是引入各种担保。目前,学界对P2P网贷"去担保"的呼声很高,P2P公司本身的定位应该为居间服务的服务类公司,不能为了获取利益,而涉及一些非法业务,最终将对金融体系的安全性产生极大的影响。

P2P网络借贷公司的法律性质定位及风险防范研究

练彬彬*

【提要】随着金融创新形式的不断涌现,P2P网络借贷得到快速发展。P2P网络借贷是指以网络平台为媒介,实现个体与个体之间的直接借贷。通过网络平台,P2P网络借贷交易快捷方便,而且交易门槛更低,主要面对借款金额少、一般金融机构不能惠及的人群,突破了时间和空间的限制,覆盖面更广。但是,由于是新生事物,发展历程短,尚未形成成熟的运营模式,并且缺乏相应的监管经验,P2P网络贷款中存在很多风险和问题,P2P平台如雨后春笋般出现,又大规模倒闭,很多平台相继跑路,引发很多刑事和民事案件。P2P网络贷款纠纷出现的原因有很多,比如我国征信体系不完善,借贷双方信息不对称,借款人信用审核不严,缺乏行业操作规范和监管等等。为了最大程度上能降低P2P网络借贷的风险,应该厘清P2P网贷平台的性质,建立起关于P2P网贷的经营与监管规则,统一裁判规则,更好地控制和化解网络借贷的风险。

【关键词】网络借贷　性质　风险　防范

* 练彬彬,上海市黄浦区人民法院民五庭法官助理。

一、P2P 网络借贷公司的性质界定

P2P 网贷作为一种金融创新模式，由于在我国发展时间短，尚未形成成熟的运营模式，也缺乏相应的监管经验，因此，其进入门槛很低。以电子商务或信息中介公司之类的名义，建个网站平台，添加 P2P 交易功能，然后去工商局等机构办理相关备案登记手续，注册一家 P2P 公司可能只需要花费低至数万元的成本。这些参差不齐的 P2P 公司中，经营者的素质和数量也很有限，风险管理能力很差，一旦公司风险控制机制出现问题，就可能产生大量呆账坏账。由于缺乏有效的市场监管体系，部分 P2P 网络借贷公司在利益的驱动下，变异演化为吸收公众存款的金融机构，由于 P2P 借贷方面的立法和监管几乎空白，不少 P2P 网络借贷公司利用法律的漏洞，而不受对金融机构严格的资质审查和风险准备金等监管要求。由于没有第三方资金托管，平台可以随意挪用资金，个别公司甚至以 P2P 网贷为名，以高息为诱饵，向社会公众发布虚假贷款信息，虚构借款人来欺骗投资人，从而大量吸收资金，进行自我投资，比如房地产长线投资，造成期限错配，引发流动性风险，甚至进行非法集资、非法吸收存款等违法犯罪活动。P2P 网贷为了交易的方便快捷，通常采取"一对多"的模式，即一个借款人向多个出借人借款。因此一旦一个借款人违约涉及诉讼，涉及的出借人多大数十人甚至数百人，造成负面的社会影响很大。而且，P2P 网贷本身的商业模式所引发的风险也大，虽然借款人在 P2P 网贷平台上进行较大数额借款时，P2P 平台会要求借款人提供担保，但实践中为了交易方便快捷，借款人提供担保人进行担保的情况较为普遍。但已有的调研数据中可以发现，借款人所提供的担保人大都是与其有特殊关系的亲友或者是共同经营的企业，互相之间风险牵连影响很大，一旦借款人出现资金链断裂的情形，其他担保人也都陷入困境，根本起不到应有的信用担保作用。P2P 网贷本身的商业模式以及平台经营者不规范的操作均是引发 P2P 网贷纠纷和诉讼的潜在影响因素。

为了更好地弥补国内立法和监管空白，应该首先厘清平台的性质定位问题，这也是当前国内 P2P 网贷行业发展遇到的争议很大的问题。一方面，大多数平台将自己界定为从事信息服务的公司，从而可以规避设立金融机构的高门槛和严格的金融监管；另一方面，大多数平台因为规避了本应作为金融机构所接受的监管，会打着金融创新的旗号，为谋取非法利益"冲撞"法律底线，试图逃避法律追究。同时，也无法享受作为金融机构应该享有的权利，在开展业务时受到限制，无法很深入地进行金融创新。P2P 网贷源自英美等发达国家，有着适应其自身发展的土壤和环境，因此在将其引入到我国市场时，也必须立足于国内现实国情，以贯彻落实党的十八届三中全会关于"发展普惠金融，鼓励金融创新，丰富金融市场层次和产品"[①]的精神要求出发，实行适应其发展的机构定位和监管思路。

---

① 中国共产党第十八届三中全会《中共中央关于全面深化改革若干重大问题的决定》，第三部分第 12 条。

从国内P2P网贷行业发展现状来看,为了吸引投资人,当前国内的多数平台都在利用多种灵活的方式对投资者进行本金或者本息担保。某些平台通过向投资人承诺,如果项目还款逾期,那么平台或者与平台合作的第三方担保机构对投资人投资的本息进行提前赔付。某些P2P网贷平台给予投资人相对较低的固定收益(利息),出借给借款人相对较高的利息,中间的息差被用作投资者共同的风险保障金。担保机制的存在,改变了P2P平台的单纯中介服务平台的性质,使得P2P平台逐渐演变为吸收存款、发放贷款的金融机构。名义上属于非金融机构,实质上却从事着类似金融机构的相关活动,逃避了适用于金融机构的相关法律法规的监管。这不仅增加了监管难度,而且对整个行业系统的发展形成障碍。一旦平台运营模式不当极易踩到非法集资与非法吸收公众存款的红线。

目前关于金融机构的定义,业界普遍存在以下两种观点:一是金融机构是指从事货币信用活动的中介组织。二是金融机构是指从事金融服务业的金融中介机构;在第一种定义中,从事货币信用活动是指以信用为基础,以还本付息为条件的借贷活动,信用活动双方形成了债权债务关系。在第二种定义中,判断主体是不是金融机构,限制条件包括从事金融服务业与金融中介机构。笔者认为,尽管P2P网络借贷公司为借、贷双方起到了撮合交易、提供资金融通服务的作用,属于从事金融服务业的金融中介机构,但是P2P网络借贷公司和投资人、借款人之间并不存在债权债务关系,P2P网络借贷公司既不是债权人,也不是债务人,只是为促进交易起到了"撮合"作用。因而,P2P网络借贷公司并不完全符合金融机构的要求和定义,但是具备金融机构的基本性质,经营范围也在金融机构业务范畴内,可以称其为准金融机构。

综上所述,P2P网络借贷公司既然属于从事金融服务业的准金融中介机构,从事的经营业务活动基本等同于金融机构。因此,P2P网络借贷公司的经营活动应该纳入相关金融主管部门的监管范围,以减少运营中存在的一系列风险和问题,也进一步规范市场操作。

二、P2P网络借贷的法律风险

P2P网络借贷由于准入门槛低,征信体系不完善,借款人信用审核不严等等原因,导致借款人违约风险大量存在,引发了一系列诉讼,常见形式包括:平台倒闭或跑路所引发的诉讼;借款人无力偿还借款或者逾期还款而引发的诉讼;投资人涉嫌非法吸收公众存款、集资诈骗、非法发行证券等而引发的诉讼;投资人因资金被平台挪用而引发的诉讼;借款人因隐私泄露对平台的诉讼。

(一)电子证据效力如何认定

P2P网络借贷案件的证据通常包括以下几方面:《借款协议》,证明被告借款人与出借人形成借款关系,逾期还款的罚息的计算方式、债权转让的条件等;《放款凭证》,证明原告通过指定账户向被告借款人划付人民币(由于借款人根据借款协议约定要向居间服务商支付居间服务费,故原告平台已扣收居间服务费);《债权转让通知》,证明出借人将债权转让给原告,发送债权转让通知给借款人;《P2P网贷公司后台记录》,证明被告借款人未偿付的剩余本金数额及还款情况。在P2P网络借贷纠纷中,借贷双方与平台互不认识,均靠自行设置的用户名和密码在平台上操作,基本上所有身份验证、信用审核、合同签订、资金往来等环节,都通过电子合同的形式在互联网上进行,所以证据材料均依赖于平台网站的存档。P2P平台作为诉讼主体,与诉讼结果具有利害关系,其所提供的证据材料并没有合同双方的真实签名,也没有中立的第三方见证,证据真实性难以确认。我国《合同法》第11条关于"书面形式"①的规定,认可了电子合同的书面形式,但从司法实践看,电子合同是否能够作为有效的证据被法院认可,尚需在证据认定规则、认证主体、证据司法鉴定等方面进行完善。在审查过程中,应着重审查电子证据复制件的可靠性:包括电子证据复制件是否完整和真实,该复制件在产生、传递、转换过程中是否有所删减或修改;电子证据产生和存储所依赖的电子设备和运行系统是否正常。

(二)征信系统不完善,可能引发的违约风险

P2P网络借贷作为新型的互联网金融形式,在相关立法和监管都缺乏的情况下,准入门槛较低,投资人或者借款人只需要在网贷平台上注册为会员并通过系统的身份验证,即可利用平台进行相应的借贷活动。P2P网络平台基本上依据借款人自行提供的信息评价其信用,包括身份证明、财产证明、缴费记录等信息。当前我国征信体系不完善,借款人信息的真实性和完整性均无法保证。P2P网络平台只能进行形式审查,而无法进行实质审查,难免存在虚假的内容,给信用评价提供错误的依据,因此借款人违约风险大量存在,违约率过高将大为影响贷款平台自身资金融通,造成资金链断裂,甚至坏账、呆账的可能性。

(三)易触碰"高利贷"风险

在P2P网贷市场上,许多平台通过较高的利率来吸引更多的投资人参与投资,承诺给出高达20%~30%的收益率回报。而且,除了付给投资人约定的利息外,借款人还要向网贷平台支付居间服务费和账户管理费,远远超过当前法律所保护的4倍银行同期贷款利率的界限。另外,由于线上操作的经营模式的特殊性,P2P平台出于防范风险的目的,单方面制定了严格的逾期罚息责任。如果借款人逾期时,除了支付约定的利息外,还必须支付逾期期间较高的罚息,一直计算至借款人还清全部本金、利息、罚息之日止。高额的还款负担,使得很多借款人难以承受,进而造成违约的后果。而且,付给投资人约定的利息,向网贷平台支付的居间服务费和账户管理费,逾期罚息的总额加起来远远超出基准贷款利率4倍,已经超出了法律法规保护的框架边界,有触碰"高利贷"的风险。

(四)缺少资金的第三方存管制度,大量资金留滞存在风险

部分P2P网络借贷公司会委托第三方支付平台来托管资金,起到资金周转的

---

① 《合同法》第11条规定:"书面形式是指合同书、信件和数据电文(包括电报、电传、传真、电子数据交换和电子邮件)等可以有形地表现所载内容的形式"。

作用。这部分资金在第三方支付平台处存放数日至数周不等,并没有相应的监管措施,也没有提供相应的担保。这就导致了资金安全方面的问题,可能会发生资金被挪用的情况,被第三方支付平台利用期限错配,挪作投资用,一旦出现资金链断裂的情况,便会出现支付不能的情况,导致巨大的风险。

除此以外,仍有部分 P2P 网络借贷公司没有取得《支付业务许可证》,因此没有建立资金第三方支付机构进行资金托管,而由公司自身直接来管理资金,其行为不仅涉嫌违规操作[①],还会有大量投资者资金留滞在借贷公司账户里,存在严重的道德风险。一旦外部监管不力,没有法律规范制约,就存在资金被挪动甚至携款潜逃的风险,近年来 P2P 网络借贷公司跑路事件屡见不鲜,资金的第三方存管制度的缺失,导致巨大的资金安全的风险。

(五)信息安全风险,个人信息易遭泄露

P2P 网络借贷公司通过自身的互联网交易平台存储大量的个人信息,包括用户姓名、年龄、住址、职业等,并未对这些信息加以保密的风险防范措施,极易造成信息的泄露。而且,由于 P2P 网络借贷中绝大部分环节都是通过网络完成的,交易信息均通过网络传播,交易主体都不会出现,无法进行现场的身份和信息核实。信息的完整性和真实性也不能保证,存在被非法盗取、篡改的风险。

三、P2P 网络借贷的法律风险防范

P2P 网络借贷涉及面广,造成的损失也难以弥补。即便经过漫长的司法程序,平台资产被查封,资金被冻结,追缴过程中,被挥霍或冻结的资金难以足额追回,而且还要扣除清偿银行欠款部分,剩余资金基本无法覆盖投资人的本金,造成了很负面的社会影响。为了规范我国 P2P 网络借贷市场,同时为了使 P2P 网络借贷能够更好地为企业或个人提供市场交易机会,并且保障权利人的合法权益,笔者提出以下几方面建议:

(一)P2P 网络借贷相关立法及现有法律法规修订

P2P 网络借贷作为创新的金融模式,是最近几年才在市场上出现的新生事物,缺乏成熟的运营模式,也未形成相应的监管经验。立法和监管方面的空白使得 P2P 网络借贷市场鱼龙混杂,很多网络借贷公司打着融资的旗号,进行非法集资、挪用资金的活动,一旦出现资金链断裂的情况,便携款潜逃。由于 P2P 网络借贷的借款人和投资人人数众多,如果涉案债权数额巨大,资金追讨不回来,将造成数百个投资人重大财产损失,造成非常负面的社会影响。因此,完善 P2P 网络借贷的相关立法和监管是迫在眉睫的事情。

1. 解决 P2P 网络借贷法律法规空白的问题

首先从立法层面看,P2P 网络借贷涉及广泛的法律领域,覆盖证券法、票据法、担保法等,相关立法机关应该在各部门法中相应地加以完善。而且由于 P2P 网络

---

① 根据中国人民银令〔2010〕第 2 号《非金融机构支付服务管理办法》第 3 条规定:“未经中国人民银行批准,任何非金融机构和个人不得从事或变相从事支付业务。”

借贷活动自身的网络化、电子化的属性,应该研究制定《电子合同法》,针对新型网络化的交易形式提出专门的解决方案。同时对于网络时代难以避免的信息泄露问题,针对性地制定《个人信息保护法》、《隐私权法》等。

其次从监管层面看,监管要紧跟创新的步伐,才能规范商业模式,堵住法律的漏洞,更好地为金融创新服务。因此,厘清 P2P 网贷的法律性质、监管主体和监管原则等问题是当下之重,具体包括:(1)明确监管主体。P2P 网络借贷公司是非传统的、具有金融创新意义的准银行金融中介机构,因此应当由银监会或其分支机构作为审批和监管机构,此外,中国人民银行或其分支机构应当履行监管职能。(2)明确监管对象及范围。首先,要通过相关立法明确 P2P 网贷公司的法律性质,其次,要通过立法或行业规则的形式对 P2P 网贷公司的业务范围作出限制和规范,包含禁止 P2P 网贷公司变相吸收公众存款、非法集资等。(3)设置准入门槛。应当对 P2P 网贷公司设置前置审批程序,由相关监管机构对 P2P 网贷公司的股东背景、资金来源、高管团队、注册资本、资金充足率、风险偿付能力等进行审查。(4)加强风险控制。分为事前、事中、事后三个环节,事前由监管机构对 P2P 网贷公司的能证明其资质的相关材料进行扫描,此阶段适合采用弹性管理的模式,依赖于对行业的理解和经验。事中由监管机构定期采用访谈、约谈的方式与部分 P2P 网贷公司沟通,对于其中可能有隐患的公司可以提前发放约谈通知书,进行个案操作,争取化解风险。同时引入数据监管的方式,借鉴证监会的做法,形成定期的信息披露制度,对投资人尽到风险警示的提示义务,要采用与时俱进的互联网手段,银监会等监管机构也应早日出台相关政策。事后可以通过金融稳定联席会议的方式,对于重大涉众案件进行风险预警和防范,尽量将风险扼杀于萌芽状态。(5)规范资金管理。用户资金结算由第三方支付或托管银行的清结算系统完成,为保证 P2P 网贷公司有风险准备金,监管机构可以为其指定专门金融机构用来存管客户资金或通过与保险公司合作,一旦有风险保险公司偿付,采用第三方支付的方式,在整个交易过程中实现清算与结算分离,信息流与资金流分离,使平台仅仅成为一个中介,不直接接触客户资金,从而保障客户资金的安全性。防止 P2P 网贷公司不跨越雷区,演变为非法金融机构。(6)完善外部监管。在 P2P 网贷公司经营过程中,监管机构应该通过多种方式对公司的借款利率、居间服务费、账户管理费、逾期罚息等定期进行检查和监管,其中涉及电子证据的有效采纳问题,包括 ip 地址识别,电脑身份证识别,借贷款填表时间,登录网站时间等类似的分析手段。同时还要求 P2P 网贷公司在不涉及商业秘密的前提下合理地披露相关经营状况,借款人的资金去向,还款人的还款情况等。禁止 P2P 网贷公司进行虚假宣传误导公众或者通过资金托管的方式迷惑投资人等违法违规行为。(7)建立退出机制。P2P 网贷公司在经营过程中出现重大风险、重大违法违规现象等,被监管机构依法处置甚至停止运营时,要尽量采取有效措施追回借款人的出资,实践中常用的做法包括通过法院提起诉讼,将欠款转移给资产管理公司或自己的管理公司。总之,P2P 网贷公司应当最大程度地协助借款人收回出借款项,并且应当在合理的期限内提前告知客户公司终止的时间和原因,以及补救措施,并履行好后续事宜。

2. 完善细化现有的P2P网络借贷法律规范

P2P网络借贷属于创新型的金融活动,其中涵盖了金融法的多个领域,但现有的相关领域法律却并未能规制P2P网络借贷活动。因此,应该对现有法律法规进行补充。"互联网金融对商业银行法、证券法、票据法、担保法等法律都提出了新问题,立法机关必须对互联网金融尽快立法和做好相应的修法工作。"①

另外,应该提升专项法规效力层级。例如,针对《非金融机构支付服务管理办法》等因法律位阶过低及法律地位错位所造成的支付机构合法权益保护不足的问题,加快制定更高位阶的法律法规。②

(二)探索新形势下对P2P网络借贷的有效监管

从性质来看,P2P网贷公司的法律性质定位尚不清晰,甚至有涉嫌非法吸收公众存款、非法集资的风险,但是中国现阶段鼓励金融创新,P2P网贷公司灵活、方便的特点某种程度上弥补了传统金融机构的不足。因此,应当建立起有效的监管模式,以便更好地积极规范引导P2P行业未来的健康发展。在风险基本可控的前提下,针对P2P网贷公司不同的经营模式,采取分类监管的方式,在不触犯法律底线的前提下,最大限度地鼓励金融创新,充分发挥P2P网贷灵活方便的优势,起到对传统金融机构的补充作用,但同时也要做好相应的监管工作,防范P2P网贷中出现的非法集资、挪用资金等金融风险。实践中P2P网贷存在不同的业务模式,有的网贷公司利用第三方资金存管制度存储资金,有的网贷公司通过自身平台存储资金,有的网贷公司面向个人借款,有的网贷公司面向企业借款。对于不同的业务模式,应该实行不同的监管模式。

从本质上讲,P2P网贷性质类似于向社会公众募集资金,借款人通过P2P网贷平台向社会公众募集资金,并以保本付息的方式进行偿还,对此应当有严格的监管要求。但是,我国现阶段处于大力发展金融创新的阶段,并且P2P网贷由于其自身的灵活性等优势,在一定程度上对传统金融机构起到了补充作用,因此,在不触犯法律底线的前提下,金融监管机构应当通过有效监管和合理引导给予P2P网贷适当的生存空间,以推动金融创新的进一步发展。

---

① 吴景丽:"互联网金融可能涉及的犯罪行为及法律思考",载《人民法院报》2014年4月2日。

② 第三方支付机构未给予同金融机构在司法查询、冻结、扣划方面同等的法律保护:"在网络支付服务中,跨地域业务比较常见,个别司法机关在跨地区办案时,未查清事实情况下随意冻结和处理支付机构生产运营的资金与账户,给支付企业及其客户造成严重影响。"马梅、朱晓明、周金黄等:《支付革命:互联网时代的第三方支付》,北京中信出版社2014年版,第247页。

实践中,最高人民法院的司法解释确定了非法集资定罪的标准。[①] 但是由于P2P网贷具有涉众的特性,上述标准有待完善。首先,P2P网贷定位为借款人通过P2P网贷平台向社会公众募集资金,因此为了分散风险,在实践中借款应该采取多人小额的方式,比如设置借款金额的上限,而对投资人数的上限不加以限制。因为对于投资人而言,进行分散投资,人数越多,越能降低风险,即使借款人还不起钱,对于单个投资人的损失也有限。其次,由于投资人和借款人都是社会公众,我国的社会征信体制又不完善,P2P网贷公司对于投资人的信息并不进行实质审查,完全由投资人单方提供,因此存在很大的道德风险,而且投资人的风险承受能力也不足,一旦涉及巨额资金无法返还,会造成很负面的社会影响。因此,监管者不仅应该限制借款方的借款金额,还应当对于投资人在P2P网贷中的总投资额度加以限制,类似于股权众筹中的投资金额限制概念。

为了更好地促进P2P网贷健康合理的发展,监管机构应当与司法机关协商,适当调整上述标准。针对我国征信体制不完善的现状以及P2P网贷的涉众性,首先应当限制借款金额,同时限定投资人数的下限,不得低于多少人,并限制投资人在P2P网贷中的最高投资总额。当然,对于涉嫌非法集资的行为,应当严令禁止。

除了在不超越底线的前提下,进行分类监管,还可以采取如下创新监管方式:

一是集团诉讼问题。由于P2P网贷具有广泛的涉众性,社会影响较大,一旦一家P2P网贷公司倒闭或跑路,造成背后成千上万的投资人的损失,有可能会引发集团诉讼。为了防患于未然,必须做好相关的立法和司法准备。

二是简化争议程序,P2P网贷具有涉众性,一个诉讼涉及几十甚至几百人,如果仍沿用传统的诉讼和仲裁等争议解决方式,会在很大程度上消耗司法资源。包括前期的送达也很难实现,因为被告多为常住外地的人口,一般很难送达,都需要经过公告程序,要消耗至少三个月的时间,造成时间和人力成本的浪费,而且效率也很低。为了更好地满足互联网金融发展的时代需要,需要突破旧有的框架,建立创新型的诉讼、仲裁争议解决模式以及非诉讼纠纷解决机制(Alternation Dispute Resolution,简称ADR),例如,可以效仿支付宝建立的消费者个人争议解决机制[②]。

三是探寻多元化纠纷解决机制。P2P网贷的民事纠纷涉众性广,数量众多,单个标的不大,采用司法诉讼方式会造成司法资源的浪费,因此应当尽量在诉讼之前

---

① 在最高人民法院2010年发布的《关于审理非法集资刑事案件具体应用法律若干问题的解释》第3条规定,非法吸收公众存款,具有下列情形之一的,应当依法追究刑事责任:(1)个人非法吸收或者变相吸收公众存款,数额在20万元以上的,单位非法吸收或者变相吸收公众存款,数额在100万元以上;(2)个人非法吸收或者变相吸收公众存款对象30人以上的,单位非法吸收或者变相吸收公众存款对象150人以上的……因此,为保证不触犯非法集资犯罪的底线,在监管层面上,必须设置个人借款金额上限为20万元,单位(中小微企业)借款金额上限为100万元,个人借款的出借方人数上限为30人,单位(中小微企业)借款的出借人上限为150人。

② 《支付宝服务协议》争议处理规则:"交易双方使用支付宝服务进行交易时,应当遵守支付宝网站上公示的各项规则,包括但不限于《超时规则》,因未使用支付宝服务进行交易或超出确认时限而产生的争议,应由买卖双方自行协商,支付宝(中国)网络技术有限公司不接受此类争议的处理。"

通过调解等其他方式化解矛盾。

(三)P2P网贷中的金融消费者保护

P2P网贷模式中的消费者权益不仅包括财产权,还包括知情权、隐私权等。

首先,要保障投资人的资金安全,P2P网贷公司需要引入多种担保机制,比如引进商业保险担保模式,由此降低借款人的违约风险,保障投资人的利益。引入还款保障保险,由专业机构分担风险,比P2P网贷公司利用自身提供担保要安全专业很多,从而能更好地维护投资人的财产权益。

其次,维护投资人的知情权也很重要。当借款人发生逾期还款的情况时,P2P网贷公司就应该将该借款人的详细信息披露给投资人,包括真实身份,联系方式等,以方便投资人第一时间联系借款人催讨债务,保障自身的财产权益,这也是投资人知情权的体现。

最后,个人信息隐私泄露也是当下很严重的问题。P2P网贷模式下的交易每一环节都离不开网络,借款人和投资人的所有信息,包括交易往来的证据也都保存在网络平台中。互联网环境下获取客户信息的手段更隐蔽,渠道更多元,而且扩散速度快,一旦泄露,会造成较为广泛和持续的负面影响。因此,需要改进完善网络客户信息采集规则、使用方法、授权体系及风险防范措施,并加大对侵犯个人隐私行为的惩处力度。

(四)互联网金融背景下社会征信体系完善

完善的社会征信体系是互联网金融得以发展的土壤。“从国外P2P网贷的成功经验来看,P2P网贷的健康发展得益于良好的金融生态环境,包括市场化的金融制度体系,社会化的征信服务体系,以及互联网技术、信息分析技术和信贷风控技术应用体系。”[①]基于我国目前征信体系不完善的现状以及结合我国现阶段的国情,我国大多数P2P网贷公司采用多种类型的担保模式来降低运营风险,保障资金安全。因为我国尚未形成对个人信用的评测机制,P2P网贷和投资人无法识别和评估借款人的信用风险。如何加强我国社会征信体系方面的建设,可以从以下方面考虑:

首先是要填补我国征信立法方面的空白,借鉴国外经验,引入信用惩戒机制和负面清单等措施,加快制定相关配套法律法规。

其次是要在充分利用大数据技术的基础上,加强政府之间跨部门的协调合作,共同搭建全国联网的社会征信公共资源共享平台。联合工商、税务、法院、公安等相关部门进行个人信息的收集、使用,并形成有效的共享机制。

最后需要解决的是社会征信市场化运作的问题,一方面需要加快放开个人征信市场,尽快颁发个人征信服务许可证[②],另一方面结合网络技术,探索建立更符合市场发展规律的,更为方便高效的征信方式,例如可以通过交易订单、交易流水等电子数据建立小额信贷个人信用评估机制等。

---

① 罗明雄、唐颖、刘勇:《互联网金融》,中国财政经济出版社2013年版,第357页。

② 《征信机构管理办法》自2013年12月颁布实施以来至今尚未对个人征信机构颁发牌照。

电子证据认证困境分析与对策

——以 P2P 网络借款案件为研究对象

谢琴铮*

【提要】本文以 P2P 网络借款案件为研究模板,展现了电子证据在主体认定、法律关系形成、权利义务履行等方面的广泛应用性,并据此分析了电子证据在审判实践中面临的现实困境:既无可适用的专门性规则,又不能适用传统证据规则,不仅对传统的最佳证据规则形成挑战,而且由于电子证据自身的特殊性,带来了对于证据完整性认定的新难题。在此基础上,笔者总结了可以适用于解决电子证据认证问题的规则:一是变通适用传统证据规则,即认可电子证据复制件与原件具有相等的证明力;二是适用补强证据规则。

【关键词】电子证据　P2P　网络借款

电子证据又称电子数据,是指以电子、电磁、光学等形式或类似形式储存在计算机中的信息作为证明案件事实的证据资料,既包括计算机程序及其所处理的信息,也包括其他应用专门技术设备检测得到的信息资料。[①] 电子证据是 2012 年新《民事诉讼法》第 63 条新增加的一种证据类型,事实上,早在新《民事诉讼法》颁布之前,学术界、实务界对于电子证据的定位长期存有争论,争议焦点集中在电子证据的定位,相应地有"视听资料说"、"书证说"、"物证说"、"鉴定结论说"、"独立证据说"和"混合证据说"等多种观点,新《民事诉讼法》通过将电子证据规定为独立证据类型终结了这一争论,但由于新《民事诉讼法》相关司法解释并没有规定相应的举证认证规则,使得关于在诉讼中如何认定其证据效力问题仍然存在空白。而随着现代生活越来越电子化,大量电子证据进入到审判实践中,在缺乏有关电子证据具体认证规则的前提下,如何处理实际问题成为审判中的棘手问题。笔者拟以时下热门的 P2P 网络借款案件为研究模板,分析电子证据在审判实践中的现实困境,并在此基础上探讨如何解决认证规则空白前提下的电子证据适用问题。

---

* 谢琴铮,上海市黄浦区人民法院民五庭助理审判员。

① 奚晓明主编:《〈中华人民共和国民事诉讼法〉修改条文理解与适用》,人民法院出版社 2012 年版,第 131 页。

一、缘起:P2P 网络借款全程“电子化”形成的法律难题

(一)P2P 网络借款简介

P2P 网络借款是一种依托于网络平台形成的借款法律关系,其主要特点是存在一个网络借款平台,借贷过程均通过该网络平台完成,投资者出借资金、借款人接受借款、借款人归还借款等都是通过网络完成,这与传统的借款需当事人达成合意,而后签订合同并约定还款方式等权利义务的模式有天壤之别。

一般而言,P2P 网络借款平台充当的是中介方的角色,其功能包括对借款人进行贷前审核,为借款人和出借人提供交易平台,进行贷后风险监控和催收。随着 P2P 网络借款的发展,P2P 网络借款平台也有了创新的部分,目前主要有“纯线上模式”、“有担保模式”、“线下审核与线上借贷结合模式”和“线下审核与线上债权转让模式”四种经营模式,出于探讨电子证据认证问题的需要,本文仅介绍纯线上模式。[①] 该模式主要效仿英国 P2P 网络贷款运营经验,此种模式下,平台不提供线下审核服务,强调单纯的贷款中介地位,由借贷双方在平台上自行通过竞标达成借贷合意,平台也不对因违约导致的出借人损失负责。出借人在享有充分选择自由和较高收益的同时,也承担更高的风险。此模式的交易双方是借款人和投资者,其交易流程分别如下。

借款人:(1)在 P2P 网络借款平台上选择成为借款方;(2)提交个人基本信息,包括姓名、身份证号码、手机号、教育程度、身份证号、婚姻状况、住宅情况、收入情况等;(3)提交借款请求,包括借款金额、借款期限、还款方式、借款利率、借款用途等;(4)如在合理的期间内完成筹款,P2P 网络借款平台向借贷双方出具电子贷款合同;(5)借款人按约履行还款义务,并向 P2P 网路借款平台支付一定比例酬劳作为佣金。

投资者:(1)在 P2P 网络借款平台注册账号,选定出借者身份;(2)投标选定借款人,可以自由选择将资金全部投向某一借款人,或选择分散资金,借款给利率高低不同的借款人;(3)在收取 P2P 平台发布的电子贷款合同后,将所借款项支付给借款人。

(二)P2P 网络借款中涉及的电子证据问题

目前法院受理的因 P2P 借款人违约导致的诉讼一般采用两种诉讼模式:一是投资者直接起诉借款人;二是 P2P 平台通过受让投资者的债权,代为起诉借款人,这种诉讼模式可以较好地解决前一模式下投资者众多形成的不便,相应地带来管辖、取证等方面的便利,有些平台将此作为欠款催讨的服务写入相关合同中,作为

---

① “有担保模式”是在纯线上模式基础上,加入担保方,由 P2P 网络借款平台或者第三方提供借款担保的模式;“线下审核与线上借贷结合模式”是指在线下以传统方式进行借款人信用审核、资金来源调查和贷后管理,而在线上促成借贷行为,同时公开借贷业务信息和相关流程的模式;“线下审核与线上债权转让模式”是线下寻找借款人、审核借款人信息,发放贷款获得债权,再在线上将债权让与给投资者的模式。

吸引投资者的手段,因此也使此种诉讼模式成为审判实践中的主流模式。不论是采用哪一种诉讼模式,P2P 网络借款全程实现“电子化”的新特点在诉讼中形成了新的法律难题。

1. 当事人身份信息的真实性

在民事诉讼中,首要的任务是确定原被告双方主体是否适格。不论是投资者直接起诉还是 P2P 平台起诉,其基于的基础事实是投资者、借款人通过 P2P 平台形成的借贷事实。为此,首先需要提供投资者、借款人双方的真实身份信息。但在 P2P 网络借款情形下,由于投资者、借款人均通过网上注册、使用网名进行交易,不论是在上述哪一种借款模式下,投资者、借款人双方不进行直接的、面对面的接触,更勿论验看、交换双方真实身份(当事人为个人)或营业执照(当事人为公司)信息。因此,在 P2P 网络借款案件诉讼中面临着三方面如何解决确定当事人身份信息真实性的问题:首先是借款人身份信息的可获取性难题。这一情况在投资者直接起诉借款人的诉讼模式下显得尤为困难,而由于 P2P 平台掌握投资者、借款人双方各自提交的身份信息,平台代为起诉借款人的模式下提供双方的身份信息相对简单。其次,即使投资者通过平台获取了借款人的身份信息,还面临着如何证明网络上达成交易的对手方即为现实中被告的问题。最后,借款人可以轻而易举地对实际借款人的身份提出质疑,因为在 P2P 网络借款环境下,不论是借款平台还是借款人,对于投资者的身份一概不予以实际审核,而仅注重借款资金是否实际到位。

2. 借款合同的形成以及借款交付问题

不论是投资者直接起诉还是 P2P 平台起诉,都需要证明投资者与借款人的借款合同实际达成,并且,现行审判实践对于 P2P 网络借款的定性是民间借贷合同,按照相关法律和司法解释的规定,民间借贷合同为实践性合同,需要以借款实际交付为合同生效的要件,因此,P2P 网络借款案件中不仅需要审查借款合同合法签订,还需要审查借款是否实际出借。而这两方面在 P2P 网络借款案件中均存在巨大的法律难题。首先,由于 P2P 网络借款中,借款合同的签订是投资者和借款人通过 P2P 平台设置的步骤点击完成,双方之间并没有书面的借款合同,甚至从未谋面,有些借款人甚至连投资者共有多少人也不知道,如何证明借款合同合法签订成为 P2P 网络借款案件的一大难点。其次,投资者将资金是打入到平台提供的账号,再由平台将款项打入到借款人账号中,而投资者、借款人双方并没有关于资金转入账号的合意,通过平台转账的方式是否能够证明借款实际交付存在难题。

3. 债权转让合意的达成

债权转让存在两种情况:一是采用线下审核与线上债权转让模式的 P2P 平台中,投资者受让平台所掌握的债权;二是 P2P 平台通过债权转让方式受让已经逾期的借款、代投资者进行诉讼。按照《合同法》第 80 条关于债权转让的规定,债权转让须通知债务人才生效。在 P2P 网络借款案件中,有些债权转让的通知是由平台以电子邮件的形式向投资者或者还款逾期的借款人发出的,此种电子证据能否构成有效的债权转让通知,在实践中存在疑问。

二、法律困境:电子证据认证规则的缺位

(一)缺乏专门针对电子证据认证的规则

在新《民事诉讼法》第63条将电子证据作为新增加的一种证据类型之后,2015年施行的《最高人民法院关于适用〈中华人民共和国民事诉讼法〉的解释》第116条对此予以了进一步明确规定,该条第2款、第3款规定:"电子数据是指通过电子邮件、电子数据交换、网上聊天记录、博客、微博客、手机短信、电子签名、域名等形成或者存储在电子介质中的信息。""存储在电子介质中的录音资料和影像资料,适用电子数据的规定。"

虽然《民事诉讼法》及其司法解释将电子证据接受为民事案件中的证据,意味着赋予了电子证据作为证据的合法形式,但在具体诉讼过程中,只有"最终被法院采纳的证据"才是有效的,即当事人提供的证据,只有经过了举证、质证等法定程序,法院认为其符合客观真实性、关联性与合法性之后才能予以采纳,从而才能对举证方真正发挥作用。而电子证据与书证、物证等传统证据形式相比较,有其天然的局限性,容易被篡改、丢失、被对方否认。

由于电子证据涉及的种类繁多,目前我国立法和司法解释并没有就此给出具体的证据适用、采信规则。目前仅有2005年4月1日起实施的《电子签名法》对电子签名的法律效力予以了相关规定,其中该法第14条确立了可靠的电子签名的法律效力,[①]该条规定:"可靠的电子签名与手写签名或者盖章具有同等的法律效力。"

(二)传统证据规则适用于电子证据的"水土不服"

1. 电子证据适用最佳证据规则面临的挑战。传统的最佳证据规则要求书证和物证及视听资料,尽可能提交原件、原物和原始载体,只有在提交原件、原物、原始载体有困难的情况下,才可以提交副本或复制件,但是该复制件或者复制品必须经过人民法院(和原件)核对无异或无误,确认复印件、复制品与原件、原物相符合,必要时还需要说明其来源和制作经过。[②] 电子证据适用最佳证据规则的挑战在于,与传统的书证、物证等证据形式原件一般为直观、可见不同,电子证据是将存储于电子介质中的电子数据信息,根据证明案件事实时的需要将数据编码转化为人们可以识别的形式,其原始形态具有动态变化性和无形性,提供原件显得比较困难。以P2P网络借款为例,借贷双方各自通过自有的网络系统,在P2P平台达成借款合意,整个借款过程、双方权利义务约定均是通过网络完成。而在诉讼中,已不可能完整再现整个过程。

2. 电子证据完整性认定挑战传统证据规则。完整性是考察电子证据证明力的

---

① 高富平:《电子合同与电子签名法律研究报告》,北京大学出版社2005年版,第202页。

② 常宝莲:"新民事诉讼法中电子数据证据规则之运用研究",载《学理论》2015年第15期。

一个特殊指标,传统证据是没有这一标准的。电子证据的完整性包括两层意义,即电子证据本身的完整性和电子证据所依赖的计算机系统的完整性。① 电子证据本身的完整性是构成电子证据原件的一个要素,涉及形式上的完整性和内容上的完整性。形式上的完整性是指电子证据必须保持生成之时的原状,包括格式调整在内的任何更改都将视为完整性受到损害。而电子证据内容上的完整性是指电子证据自形成之时起,其内容保持完整、未遭到非必要的添加或删除。非必要的添加或删除是指对电子证据进行了关键性的更改,但对在电子文件进行格式调整、加入页眉、页脚、注明来源、形成过程和取得日期等非关键性的更改,并不影响电子证据的完整性。② 计算机系统的完整性有三层含义:(1)记录电子数据的系统必须处于正常的运行状态,如果系统曾处于不正常状态,则对数据的完整性构成了影响;(2)数据记录必须在业务活动的当时或即后制作,而专为某项目的如诉讼而制作的电子记录无法确保其完整性;(3)在正常运行状态下,系统对业务活动必须有完整的记录,完整的记录是指数据电文信息、附属信息和系统环境信息要统一。③

(三)P2P网络借款案件中电子证据认证问题的特殊性

与一般的民事诉讼案件中仅涉及个别电子证据不同,由于P2P网络借款全程依托网络生成,除P2P平台与借款人在线下签订的借款、担保合同外,诉讼中所呈现的证据均为原始的电子数据电子编码的转换形式,具体表现为:在P2P平台起诉的案件中,投资者是以网名列出;借款合同为格式文本,缺乏当事人签名;电子邮件形式打印出来的债权转让通知等。上述事实使P2P网络借款案件中的电子证据效力问题形成如下特点:(1)电子数据适用的广泛性,增加了法院认定的工作量和难度;(2)法律关系的隐蔽性,诉讼中所涉及的当事人名称(特别突出的是投资者)以网名形式呈现,一定程度上使得界定法律关系存在模糊性;(3)证明案件事实的复杂性,单一的电子证据认定即需要考虑到原件识别、是否完整等问题,而P2P网络借款全程采用电子证据的形式,不仅需要认定单件证据的效力,还需要在此基础上形成完整的证据链,无疑又增加了难度。

三、对策建议:构建电子证据认证新规则

通过分析P2P网络借款的交易流程可见,整个借款、还款的过程均在网络环境、通过P2P借款平台发生,相关的借款合同、放款证明、还款记录等均依托网络以电子数据形式生成,换言之,P2P网络借款案件全程以电子证据形式呈现。在我国《民事诉讼法》仅原则性承认电子证据合法性、缺乏配套认证规则的前提下,如何处理完全以电子证据形成的案件是一大挑战。笔者通过处理多起P2P网络借款案件,总结了如下认证规则:

---

① 何家弘主编:《电子证据法研究》,法律出版社2002年版,第151页。

② 聂铄:"电子证据在民事诉讼中的运用",载《武汉大学学报》(哲学社会科学版)2006年第4期。

③ 何家弘主编:《电子证据法研究》,法律出版社2002年版,第152页。

(一)电子证据复制件与原件证明力同等规则

传统的最佳证据规则要求证据能够提交原件,但这一规则并不适用于电子证据,原因如下:(1)电子证据原件不具有可识别性。电子证据最原始的形式是以数据编码形式保存于一定的媒体中,该数据编码对于一般人不具有可识别性,如在P2P网络借款案件中,双方形成的借款合意是保存于借款平台服务器中的一系列编码。(2)电子证据原件与复印件具有不确定性。有关信息最初输入计算机系统时,通常存储在系统内存中,并可能会被复制到硬盘、移动硬盘、光盘等存储装置中,在这一过程中,何为原件、何为复制件已不可考。(3)区分电子证据原件复印件没有法律意义。事实上,电子证据的形成往往遵循电子设备内设的一套程序,该程序的运行精准度、可靠度、一贯性远超人工运行,因此其可靠性是值得信赖的。

因此,过分强调最佳证据规则不折不扣地适用于电子证据,是不现实并且也是没有必要的。当然,笔者强调的是将电子证据复印件赋予原件同等的证明力,并非意味着对于复印件的无条件接受。诉讼中应将认证的重点从审查是否是原件,转移到电子证据复印件的可靠性来,工作的重点应是:(1)审查电子证据复印件是否完整,即该复印件在产生、传递、转换过程中是否有删减,前文述及电子证据完整性不仅包括对电子证据本身完整性,而且包括对计算机系统完整性的认定,由于审判条件所限,在初步审核认定阶段,仅包含对于电子证据本身完整性的认定;(2)其所依赖的电子设备和运行系统是否正常,排除非正常运行情况可能对于原始文件进行修改的可能。如果在该两项内容的审查中发现疑问,则应按照下列规则进行。

(二)补强证据规则的运用

民事诉讼补强证据规则,是指在民事诉讼中,法律规定对于案件的某一证据的证明力较弱时,不能单独作为认定案件事实的唯一证据,必须结合其他证据对其证明力加以佐证,才能将该证据作为认定案件事实的依据的规则。① 新《民事诉讼法》第71条规定:"人民法院对当事人的陈述,应当结合本案的其他证据,审查确定能否作为认定事实的根据。"由此条规定可以看出该规则是直接针对法院认定案件事实时适用的规则。2002年4月1日实施的《最高人民法院关于民事诉讼证据的若干规定》第69条规定:"下列证据不能单独作为认定案件事实的根据:……(四)无法与原件、原物核对的复印件、复制品……"上述规定是目前仅有的可以适用到电子证据审核认定时的具体内容,因此,有鉴于电子证据仅能提供复制件的"先天不足",如果对电子证据存有疑问,有必要适用补强证据规则对电子证据的效力加以增强。笔者总结了如下可适用于电子证据的补强规则。

1. 当事人均认可

一方提交法庭的电子证据总是对己方有利而于对方当事人不利的,但如果对

---

① 田平安:《民事诉讼证据初论》,中国检察出版社2002年版,第73页。

方当事人未对其真实性问题提出异议,甚至明确表示认可的,则该电子证据属于诉讼当事人双方均认可的情况,法庭理应予以采纳。然根据笔者所在法院审理P2P网络借款案件的总体情况,因当事人下落不明采用公告送达的比例相当高,借款人不到庭的情况比较普遍,而当事人自认原则仅适用于双方当事人都到庭的情况下,因此,当事人自认原则的适用范围受到了限制。

2. 由适格证人通过具结方式证明

具结是适格证人向法庭提交的在法律可采作证据的书面陈述。采纳具结方式作为补充认定电子证据效力的规定见南非《1983年计算机证据法》第2条与加拿大《1998年统一电子证据法》第7条。上述规定认为可以认定为适格证人的是与电子证据产生与运作相关联的技术人员,但并不是所有的计算机技术人员都是适格证人。例如,南非《1983年计算机证据法》第2条第3款即作出了一定的限制:"做出鉴识具结的作证者应当是基于:(1)其对一些计算机的知情与经验以及其对受到怀疑的计算机在一切关联时刻运作的特殊系统的知情与经验,以及(2)其对该计算机运作以及提供给它的数据与指令所涉及一切关联记录与实情进行的检查,而有资格提供相关证言的那些人。"之所以认定这些为适格证人是及于其身份和能力,他们不仅具有查明电子证据是否属实的专业知识与经验,而且拥有查明电子证据是否属实的机会,因此该等适格证人作出的具结是可以佐证电子证据的真实性。具体到P2P网络借款案件,如果P2P平台相关的技术人员出具书面陈述,对于有争议的电子证据作出说明,则可以认定相关证据的效力。

3. 根据推定规则认定

推定是由法律规定并由司法人员作出的具有推断性质的事实认定。由于"推定"一般都是以法律规定为依据,所以在司法活动中运用推定方法认定案件事实或争议事实就表现为对"推定规则"的适用。① 笔者以为,可以依据《电子签名法》的规定,对于附有电子签名的或附加其他适当安全程序保障的电子书证,依据推定规则认定其真实性,并予以采纳。电子签名或其他安全程序(包括口令、密码、数字加密、生物特征识别等)是解决在网络环境下实现传统书证的签名同等效果问题上发明的新产物。按照《电子签名法》第13条之规定:"电子签名同时符合下列条件的,视为可靠的电子签名:(一)电子签名制作数据用于电子签名时,属于电子签名人专有;(二)签署时电子签名制作数据仅由电子签名人控制;(三)签署后对电子签名的任何改动能够被发现;(四)签署后对数据电文内容和形式的任何改动能够被发现。"因此,根据该项规定的电子签名及其类似电子书证,在没有相反证据的情况下,推定其真实有效。

P2P网络借款中,投资人、借款人一般都是通过网上进行注册,自行提交姓名

---

① 何家弘:"论推定规则适用中的证明责任和证明标准",载《中外法学》2008年第6期。

等身份情况,该注册过程所获得的用户名、密码等,应视为当事人身份信息的确认。同理,在P2P借款平台以电子邮件形式向借款人送达关于债权转让的通知问题上,如果P2P借款平台将电子邮件发送至借款人提供的电子邮件地址,在此过程中邮件系统没有错误,则可以认定该债权转让通知完成,P2P平台合法受让了投资人的债权,有权对借款人提起诉讼。

4. 由适格专家出具鉴定意见

要识别哪些电子证据曾经篡改过,需要借助数字鉴定技术,掌握这门技术的训练有素的专家不仅能够安全地调查各种电子证据,而且能够处理各种技术争议,然后以容易理解的方式向当事人和法庭解释和汇报。在遴选适格专家时应依照以下步骤:(1)审查他们是否拥有数字鉴定科学领域的广泛经历与背景;(2)审查他们是否系从事数字鉴定的全职工作,这关系到他们能否跟进IT领域或数字鉴定领域的最新发展;(3)审查他们是否进行过相关的成功尝试;(4)审查他们是否熟悉如何处理电子证据与保持证据锁链的那些公认标准;(5)审查他们是否拥有什么样的备用措施;(6)审查他们是否拥有与需要鉴定的计算机系统有关的软件工具和经历;(7)审查他们能够在紧急情况下迅速开展工作;(8)审查他们能否用通俗证言解释复杂的技术争议。[①] 因此,在P2P网络借款案件中,如果对于某电子证据的效力存有疑问,可以按照上述标准筛选适格专家并委托进行鉴定。但启动鉴定程序应遵照现行的法律,比如双方当事人需对提交鉴定形成合意、鉴定机构和鉴定专家依照相关规定产生,以及如果由需要,应由鉴定专家出庭对鉴定结论接受双方当事人以及法庭的质询,然后才可以将鉴定意见采纳,用以补强电子证据之效力。

融资租赁合同纠纷案件审理难点研究

朱 奇 黄 頔*

【提要】融资租赁以其独有的融资与融物、金融与贸易相结合的特征,加之物权与债权的双重保障优势,已逐渐成为金融市场交易的重要组成部分。近年来,我国的融资租赁业迅猛发展,无论是融资租赁公司的数量还是融资租赁业务总量均大幅增长,但受制于立法、观念、政策、监管等因素的限制,我国的融资租赁业发展还不充分。法律是融资租赁业发展的重要支撑,在规范融资租赁行业发展和解决纠纷方面发挥着重要的作用。目前中国还没有专门的融资租赁法,相关规定较为

---

① Clifford May:"Computer-based Evidence",Computer Law & Security Report,Vol. 16 No. 3 2000,pp. 164 - 165.

* 朱奇,上海市黄浦区人民法院民五庭庭长、审判委员会委员;黄頔,上海市黄浦区人民法院民五庭法官助理。

分散,已难以满足司法实践之需,对此,最高人民法院于2014年2月27日出台《关于审理融资租赁合同纠纷案件适用法律问题的解释》(以下简称《解释》),用于指导各级法院审理融资租赁合同纠纷案件,统一裁判尺度。本文以《解释》发布为契机,结合具体条文与案例,对融资租赁合同纠纷案件若干审理难点进行研究,以期对审理此类案件提供可借鉴的思路。

【关键词】融资租赁　司法解释　审理难点

一、融资租赁合同纠纷案件审理情况概述

(一)行业现状

典型的融资租赁,是指出租人根据承租人的选择购入指定设备,出租给承租人使用并定期收取租金的一种交易行为。作为五大金融支柱(银行、证券、保险、信托、租赁)之一,融资租赁在推进市场化进程、盘活固定资产、优化资源配置、提升企业技术水平、促进中小企业发展等方面发挥着重要的作用。融资租赁以其独有的融资与融物、金融与贸易相结合的特征,加之物权与债权的双重保障,逐渐受到市场主体的青睐。近年来,我国融资租赁行业发展迅猛,融资租赁公司数量、业务总量均呈高速增长态势,根据《2013年中国融资租赁业发展报告》显示,2013年年底全国在册运营的各类融资租赁公司共约1026家,比2013年年初的560家增加466家,增长83.2%,2013年年底全国融资租赁合同总额约为21,000亿元人民币,比2012年年底15,500亿元增加约5500亿元,增长幅度为35.5%。①

(二)融资租赁合同纠纷案件的特点

近年来,融资租赁合同纠纷案件呈现如下特点:(1)案件总量不断增长。实体经济形势对案件数量的传导作用显著,融资租赁合同纠纷案件总量呈上升趋势。(2)涉诉主体复杂化。出租人为控制风险,将担保人和(或)回购人纳入融资租赁交易体系中,同时起诉承租人、担保人和回购人的多种法律关系交叉型案件数量持续增加。(3)多种交易方式并存。(一般)融资租赁仍为最主要的交易方式,但法律关系更为复杂的售后回租、厂商回购案件明显增加。(4)公告案件数量多。被告多为抗风险能力差、工作居住场所不固定的小微企业或个人,易出现无法邮寄送达诉讼材料的情形,需在《人民法院报》公告送达。

(三)司法解释颁布背景

伴随着融资租赁市场的蓬勃发展,融资租赁合同纠纷案件数量也越来越多,据统计,2008年人民法院受理的一审融资租赁合同纠纷案件为860件,2009年为1677件,2012年为4591件,2013年达到8530件。案件数量呈井喷之势,既有融资租赁业发展不成熟、政策环境不完善的原因,也有出租人业务流程不规范、专业人

---

① 孟婧,中国租赁联盟:"《2013年中国融资租赁业发展报告》综述",载http://zgzllm.com/jrxx/show.php?itemid=1485。

才稀缺、承租人抗风险能力差的原因。当然,除了上述原因,立法的缺失也是一个重要因素,我国尚无《融资租赁法》,相关规定散见于《合同法》第237~250条、《最高人民法院关于审理融资租赁合同纠纷案件若干问题的规定》(以下简称《规定》)、银监会《金融租赁公司管理办法》、商务部《外商投资租赁业管理办法》等规定,且规定或较为原则、缺乏可操作性,或缺乏足够的法律效力,已难以满足审判实践与市场交易的需求。融资租赁行业普遍反映,希望通过立法或司法解释的方式,统一司法裁判尺度,减少对融资租赁行业的限制、促进融资租赁行业的发展,明确对承租人违约的司法救济,并对租赁物的登记公示问题作出规定。[①] 为了公平、合理地分配融资租赁法律关系各主体之间的权利和义务,促进融资租赁业的发展,为法院审理此类案件提供依据,最高人民法院于2014年2月27日出台《解释》,为融资租赁合同纠纷案件的审理与行业发展提供法律支撑。

在融资租赁合同纠纷案件审理过程中,各地法院对融资租赁合同的认定、买卖合同与融资租赁合同的关系、租赁物的物权保护、违约责任认定与救济等方面,争议较多,裁判尺度不一。例如,回租式租赁合同是否属于融资租赁交易形式?对于虚构租赁物、低值高买等形式签订的融资租赁合同应如何认定?承租人违约,出租人是否可以同时要求支付全部租金和解除合同、收回租赁物,以及出租人请求支付全部租金未能实现后的救济问题,一直没有明确的法律规定。对于上述法律问题,《解释》给予了不同程度的回应,然规定是否具有可操作性,有待于司法实践的进一步检验和讨论。限于篇幅,本课题择要分析以下三个审判实践中常见的法律疑难问题。

二、关于融资租赁合同损失赔偿额的确定

在承租人严重违约导致融资租赁合同解除的情形下,如何确定损失赔偿,既是审理融资租赁合同纠纷案件中的常见问题,也是审理难点之一。

(一)法律依据与法理分析

1.法律依据

结合《规定》第16条、《合同法》第91条、第248条的规定,在承租人严重违约时出租人可以收回租赁物并要求赔偿损失,但对于损失范围的界定、收回租赁物价值是否需要抵扣等问题未作明确规定。对此,《解释》第22条规定:"出租人依照本解释第十二条的规定请求解除融资租赁合同,同时请求收回租赁物并赔偿损失的,人民法院应予支持。前款规定的损失赔偿范围为承租人全部未付租金及其他费用与收回租赁物价值的差额。合同约定租赁期间届满后租赁物归出租人所有的,损失赔偿范围还应包括融资租赁合同到期后租赁物的残值。"该规定解决了出租人提出解除合同、收回租赁物并赔偿损失的诉请时,各地法院处理方式不一致的问题,明确了出租人如选择解除合同、收回租赁物,还可以要求承租人赔偿损失,损

① 最高人民法院民事审判第二庭编著:《最高人民法院关于融资租赁合同司法解释理解与适用》,人民法院出版社2014年版,序言第2页。

失范围为全部未付租金及其他费用与收回租赁物价值的差额,即《合同法》第113条第1款确立的可得利益损失赔偿原则。

2. 法理分析

可得利益是指合同在适当履行以后可以实现和取得的利益,也有学者将其称为"预期实现和取得的财产增值利益"或"由于违约方的违约导致受损方丧失的应得利益"。[①] 可得利益说的基础为损害赔偿中债的同一性理论,即主张合同债权与违约行为发生后因合同债权无法实现而产生的替代性给付具有同一性。

对于融资租赁合同而言,确定损失赔偿范围的复杂性在于需对租赁物的价值及归属作出处理。由于出租人在解除合同时享有对租赁物的取回权,既享受租赁物的返还利益。因此,为避免出租人不当得利,就物的返还利益重复受偿,需要将租赁物残值从可得利益中予以扣除。如合同约定租赁期满后租赁物归出租人所有,则可得利益除全部未付租金及其他费用外,还包括租赁物残值,一并由承租人进行赔偿。

(二)域外立法

国际统一司法协会于1988年制定的《国际融资租赁公约》第13条规定:"1. 在承租人违约时,出租人可以收取未付的到期租金以及利息和损害赔偿。2. 如果承租人的违约是实质性的,则在第5款的条件下,出租人在租赁协议有此规定时也可以要求加速支付未到期租金,或者终止租赁协议并在终止协议之后;(1)收回对设备的占有;并且(2)收取将使出租人处于如同承租人根据租赁协议的条款履行协议时出租人本应取得的地位的损害赔偿。……"国际统一司法协会于2008年制定的《租赁示范法》第21条规定:"一旦违约,受损方有权就其所受损害主张赔偿,该项赔偿可以独立地或与本法或租约规定的其他救济措施一起,使受损方置于合同依约履行其所应处的状态。"第24条规定:"租赁到期或终止后,出租人有权取回租赁物,并且有权处分租赁物。"美国《统一商法典》2A编规定如承租人存在实质性违约,出租人可以请求赔偿由于承租人违约在正常情形下所造成的、以任何合理之方式确定的损失,加上附随损失,再减去因承租人违约所节省下的费用。而关于租赁物价值与损失赔偿之间的关系,要求出租人取回租赁物取回后应尽快以公平价格处置租赁物,租赁物价值需要抵偿损失,若收回租赁物的价值超过出租人的损失之和,承租人有权根据实际情况及合同约定要求返还。从上述立法可以看出,对于损失赔偿的范围,国际融资租赁立法对损失界定普遍采纳可得利益学说,即承租人违约的情况下,出租人的损失即正常履行融资租赁合同可获得的合同利益,这与《解释》所遵循的可得利益说赔偿原则基本一致。[②]

---

① 王利明:《合同法研究》(第2卷),中国人民大学出版社2003年版,第614页。

② 最高人民法院民事审判第二庭编著:《最高人民法院关于融资租赁合同司法解释理解与适用》,人民法院出版社2014年版,第329~331页。

（三）审理思路

因承租人严重违约导致出租人要求解除融资租赁合同、返还租赁物并赔偿损失，其中损失赔偿如何确定，建议先后解决以下两个问题：

1. 损失赔偿范围的确定

要确定损失赔偿范围，就必须明确租赁期满租赁物的归属，此为确定损失赔偿范围的前提性条件，大致可分两种情形处理：（1）合同对此有明确约定。若合同约定租赁期满后租赁物归承租人所有，出租人的合同利益为全部租金及费用，损失赔偿范围为"全部租金及费用－承租人已支付款项－租赁物残值"；若合同约定租赁期满后租赁物归出租人所有，此时出租人的合同利益还应包括期满租赁物残值，相应的损失赔偿范围为"全部租金及费用＋期满租赁物残值－承租人已支付款项"。（2）合同无明确约定或约定不明。《合同法》第250条规定："出租人和承租人可以约定租赁期间届满租赁物的归属。对租赁物的归属没有约定或者约定不明确，依照本法第六十一条的规定仍不能确定的，租赁物的所有权归出租人。"根据该规定，当事人对租赁期满后租赁物所有权归属未做约定或约定不明，可认定租赁物所有权归出租人所有，损失赔偿范围按所有权归出租人的情况界定。此外，司法实践中还存在合同约定租赁期满由承租人决定是否支付一定数额的价款留购租赁物的情况，因承租人行使选择权是在租赁期满后，即合同订立及履行期间无法确定租赁物归属，所以应归于约定不明的情形。但是若留购价款为象征性价格，如留购价为1元，设置这样的留购价款仅仅是当事人为了确保合同的有效成立，应视为双方已明确约定租赁期满租赁物属于承租人。①

2. 租赁物价值的确定

《解释》第23条规定："诉讼期间承租人与出租人对租赁物的价值有争议的，人民法院可以按照融资租赁合同的约定确定租赁物价值；融资租赁合同未约定或者约定不明的，可以参照融资租赁合同约定的租赁物折旧以及合同到期后租赁物的残值确定租赁物价值。承租人或者出租人认为依前款确定的价值严重偏离租赁物实际价值的，可以请求人民法院委托有资质的机构评估或者拍卖确定。"根据该条规定，租赁物价值的计算，采取了约定优先、参照折旧，并以评估、拍卖作为最后补充的租赁物价值确定方式。由于租赁物系承租人选定，往往是专业性的大型设备，以至于评估时间长、费用高、国内无特定评估机构，甚至对他人无使用价值，导致评估、拍卖困难，难以确定租赁物价值。审判过程中还经常出现承租人不应诉或者拒绝配合评估造成租赁物的现状、存放地点均无法查明、租赁物已经被抵债并转移占有等情况导致评估不能。因此，首先建议当事人在融资租赁合同中约定合规的租赁物残值计算的方式，以便在程序上和实体上便捷处理，尽快实现债权。其

---

① 原爽："融资租赁合同因承租人违约而解除时的损失赔偿问题"，载《商事审判指导》2013年第3辑。

次,如当事人对此无相应约定,则参照租赁物的折旧及残值确定。最后,赋予对租赁物价值有异议的一方当事人提出评估或拍卖的权利,经人民法院审查符合条件后,方可启动评估或拍卖程序。

三、回购合同相关问题研究

回购即出租人为了保障自身债权安全,同出卖人(回购人)签订一份回购合同或在买卖合同中订立专门回购条款,约定如承租人未按约支付租金或发生回购条件成就的其他情形,由出卖人向出租人支付回购价款,出租人收到回购价款后,向出卖人出具《租赁物所有权转移证书》与《债权转移证书》,将租赁物所有权和融资租赁债权一起转移给出卖人,回购标的物不作实际交付。回购制度有利于保障出租人利益,消除出租人催讨租金的难题,但由于缺少具体的规定,在实际操作中产生了诸多问题,回购案件在融资租赁合同纠纷案件中,也属于当事人争议较多,审理难度较大的一类案件。处理回购合同纠纷案件,须明确以下几个问题。

(一)回购合同的性质

关于回购合同的性质,存在不同观点:一种观点认为,回购合同是出卖人向出租人承诺在承租人不履行融资租赁合同义务时向出租人承担保证责任,属于担保合同;另一种观点认为,该类合同约定当回购条件成就时,由出卖人向出租人支付回购款,实为附条件的买卖合同。

笔者认为两种观点都有其合理性,但无法机械地判断合同的性质,因为回购合同的出租人负有向出卖人交付回购标的物作为回购款对价的义务,因此不符合担保合同所具有的单务性、无偿性的特征,无法定性为担保合同,这也导致出租人须将承租人、出卖人列为共同被告,融资租赁关系与回购关系交织,给案件审理带来较大难度;同时,回购合同尽管符合附条件买卖合同具有的不确定性、将来性的特征,但约定的回购价款往往是到期未付租金、逾期利息、折现后未到期租金之和,并不是回购标的物的对价,因此也不能简单归类于附条件买卖合同。综上,回购合同要求出卖人在回购条件成就时支付回购款,也要求出租人向出卖人交付符合约定的回购物,其性质被认为是以附条件买卖合同为形式,以保障融资租赁合同履行为目的的混合合同。①

(二)交付方式对履行回购义务的影响

根据《物权法》第23条的规定,交付是物权设定的公示办法。出卖人履行回购义务,必须以出租人向出卖人履行交付回购标的物的义务为条件,否则出卖人支付了回购款,却无法实际支配回购标的物,对出卖人显失公平。因此,尽管回购条款约定了回购标的物不作实际交付,但并不能因此免除出租人向出卖人交付标的物的义务,交付方式仍是影响出卖人是否应履行回购义务的重要因素。下面,笔者以

① 沈志先主编:《金融商事审判精要》,法律出版社2012年版,第502页。

两则案例进行说明。

案例一：原告H公司（出租人）与被告Q公司（承租人）于2010年5月签订《融资租赁合同》，对租金、租赁期限、首付款、手续费进行了约定。同日与被告W公司（出卖人、回购人）签订了《回购担保合同》，约定：原告在未收到上述《融资租赁合同》项下到期租金共计3期或累计超过60日的，有权向W公司发出《回购通知书》，W公司应立即按照《回购担保合同》的约定对回购标的物无条件履行回购义务。之后Q公司多次拖欠租金，经H公司多次催收仍然拒付租金。截至2012年10月，W公司累计拖欠3期租金，H公司向W公司发出《回购通知书》，要求履行回购义务，但W公司拒不履行。据此，H公司诉至法院，要求判令Q公司支付全部未付租金及逾期利息，要求W公司支付回购价款。庭审中，W公司以租赁设备是否毁损灭失尚不明确为由，主张回购条件无法成就，拒付回购价款。

法院认为，《回购担保合同》第6条明确约定，出租人在收到回购人支付的全部回购价款后向回购人出具《租赁物所有权转移证书》和《债权转移证书》，即视为回购标的物所有权和租赁合同债权的转移，与回购标的物所有权相关的保险理赔、妨碍排除等诉讼权利一并转移至回购人，回购标的不做实际交付。因此租赁设备的状态不影响W公司履行回购义务，若租赁设备毁损或灭失，W公司在承担了回购责任后有权行使相应的保险理赔等权利，判令W公司支付回购价款。

动产物权，以占有和交付为其公示办法，占有是动产物权享有（静态）的公示办法，交付时动产物权变动（动态）的公示办法。交付通常指的是现实交付，此为交付常态，同时我国《物权法》也承认观念交付，即占有的观念的转移，是法律为了考虑交易上的便利采取的变通办法，通常可分为简易交付、指示交付与占有改定。指示交付，又称返还请求权让与，是指动产在第三人依法占有的情况下，出卖人将其对该第三人的返还请求权让与买受人，以代替现实交付。结合此类回购案件，笔者认为，出卖人履行回购义务，须以出租人向出卖人交付回购标的物为条件，但这种交付不一定以现实交付为要件。实务中，出租人利用优势地位，往往在回购条款约定出租人在收到全部回购价款后向出卖人出具《租赁物所有权转移证书》和《债权转移证书》，即视为回购标的物所有权和租赁合同债权的转移，回购标的不做实际交付，即以指示交付的方式向出卖人转移标的物所有权。从目前的审判实践来看，指示交付这种交付方式被法院认可，可以认定出租人向出卖人交付了标的物，从而使出卖人履行回购义务的条件成就，出卖人应向出租人支付回购价款。当然，从利益平衡角度出发，出租人采用指示交付转移所有权的，还须履行通知承租人转移标的物所有权的义务，若出卖人有证据证明出租人无法履行通知义务，导致出卖人无法收回租赁物，可以行使不安抗辩权。

案例二：2012年，原告H公司（出租人）同被告J公司（承租人）签订《融资租赁合同》，约定J公司以融资租赁形式向H公司租赁轴承磨床10台。同日，被告X公司（租赁设备供货商）向H公司出具《承诺函》，承诺如J公司逾期支付租金3期或累计超过60日,X公司对合同项下设备进行回购。之后,J公司多次逾期支付租金,经H公司多次催促仍拒不履行。据此H公司诉至法院,要求判令解除合同、J公司返还设备、支付租金与逾期利息,并要求X公司支付回购价款。针对H公司要求支付回购价款的诉请,X公司辩称:H公司既要求返还设备又要求支付回购价款,属重复主张权利,且H公司未履行回收租赁物义务,X公司支付回购款条件未成就。

法院认为,J公司拖欠租金事实属实,回购启动条件已成就,但《承诺函》明确了回购标的回收完成系回购价款的支付条件,现租赁物仍由J公司占有使用,应认定X公司履行支付回购款义务的条件未成就,对支付回购款诉请不予支持。

与案例一相比,案例二的特殊性在于出租人并未与出卖人签订《回购合同》,仅有出卖人向出租人出具的《承诺函》,其中并未对交付方式进行约定,且回购款支付条件约定为设备回收完毕5日内支付,因设备仍在承租人处,并未回收完毕,导致法院认定回购款支付条件未成就,没有支持出租人要求出卖人支付回购款的诉请。交付方式、回购款支付条件等条款约定的缺失或欠妥,直接导致出租人利益受损,值得引起重视。

(三)回购案件基本裁判思路

建议对回购事项的真实性认真核实,包括是否构成融资租赁合同关系、承租人与租赁物是否存在等内容,以防出租人与出卖人以回购为名,为企业间非法拆借资金进行虚假诉讼。在确系融资回购关系的前提下,从严审查回购启动条件、回购款支付条件是否成就。出租人以指示交付方式转移回购物所有权的,不影响出卖人回购义务的履行,但应审查出租人是否已履行通知承租人的义务,若出卖人有证据证明出租人无法履行通知义务,导致出卖人无法收回租赁物,可以行使不安抗辩权,拒付回购款。

四、名义货价与确认所有权的选择

案情简介:2013年3月,原告X公司(出租人)与被告Y公司(承租人)签订《融资租赁合同》,约定X公司根据Y公司的指定,购买20台混凝土搅拌车,出租给Y公司使用。双方对租金、租赁期数、保证金、首付款、名义货价等进行了约定,其中合同附件二对名义货价进行了约定,如承租人未违约,名义货价为1元/车,共计20元,如承租人违约,名义货价为1万元/车,共计20万元。之后X公司按约向Y公司交付租赁物,但Y公司自第5期起就没有再支付租金,经X公司催告后仍未履约。X公司诉至法院,请求判令Y公司支付剩余全部租金、逾期利息、名义货价,并确认X公司为20台搅拌车的所有权人。审理中Y公司对违约事实无异议,但认为如X公司要求确认所有权,就不应支付其名义货价。

法院认为,名义货价可理解为出租人向承租人转移租赁物所有权时,承租人应当支付的对价,本案《融资租赁合同》约定了名义货价的计算方式,但未约定名义货价的支付条件,既然原告X公司诉请中已主张确认租赁物所有权,且没有向被告 Y 公司转移租赁物所有权的意思表示,在此情况下,被告 Y 公司支付名义货价的条件尚未成就,因此在确认原告为合同项下租赁物所有权人的同时,不应支持原告要求支付名义货价的诉讼请求。

名义货价是我庭近期审理融资租赁合同纠纷案件碰到的新问题,对于名义货价的定义,合同并未明确,仅在附件二备注中约定:“名义货价为每台车 10,000 元,20 台车共计 200,000 元。如果承租人按时按合同金额还款,则名义货价为 20 元。”此外,合同第 18.1 条约定:“如果发生违约事件,出租人有权:(1)向承租人追索所有本合同项下已到期租金……租赁物的选择价格(如有)……”这里,租赁物的选择价格指的就是名义货价。

依笔者个人理解,尽管合同未对名义货价作明确定义,就其字面意思,并结合合同约定与融资租赁业务流程,可将其理解为租赁期满,出租人向承租人转移租赁物所有权时,承租人应当支付的对价,这种对价仅是名义上的价格,与租赁物的实际价格可能并不相符。本案中,如承租人按约定还款,名义价格为 1 元/车,这样的约定更多是为了确保合同内容有效成立及完成租赁物所有权的转移;如承租人未按约还款,名义货价为 10,000 元/车,此时名义货价更加接近于租赁物价值,是出租人在签订融资租赁合同时,为了减少因承租人违约带来的损失所作的约定。

名义货价类似于融资租赁合同中常见的留购价格,即当事人约定租赁期满后,由承租人选择是否支付留购价格从而获得租赁物所有权。这样的约定具有其合理性,因为融资租赁交易中,租赁物是承租人根据自身需要所做的选择,更符合承租人的特殊需求,出租人根据承租人的选择购买租赁物并租给承租人使用,一般情况下其主要目的在于收取租金,并不在于获得租赁物的使用价值,租赁期满后,承租人向出租人支付留购价款获得租赁物所有权,进行固定资产投资,出租人获得留购价款,同时也省去了处理租赁物的步骤,因此,留购是合同正常履行完毕,对双方当事人均有利的选择之一。

本案中,出租人诉请既要求确认所有权,又要求承租人支付名义货价,属双重受偿不可一并支持,但由于租赁合同未规定名义货价的支付条件,导致在如何选择存在不同的看法:有观点认为如被告到庭,由被告选择是否支付名义货价并取得所有权,如被告未到庭,则由原告选择;另有观点认为是否支付名义货价应由被告主动选择,在被告未到庭、未进行选择的情况下,不应判决被告支付名义货价并取得所有权。

笔者认为,原告既要求确认所有权又要求支付名义货价这两项相互矛盾的诉请,不能同时支持,由于合同缺乏对名义货价支付条件的明确约定,是否支付名义货价,是赋予承租人的选择权,应由承租人来决定是否行使;即使承租人未到庭、未进行选择,也不宜由原告进行选择,原告既已提出确认所有权,租赁物所有权也没有归承租人所有,根据利益平衡的原则,承租人也就不应支付名义货价。

美国金融监管体系对上海金融中心建设的启示与建议

陈 红*

【提要】作为世界上金融业最发达的国家,美国的金融监管框架与金融监管法律随着时代的变化,处在日益变化并完善之中,其金融制度变迁和金融运营模式无疑对于上海市金融中心具有重要的启示作用。文章在分析美国金融制度及运营模式的基础上,指出我国金融法律体系的不足之处,并就金融机构的设立和规范金融司法提出了若干建议。

【关键词】金融监管 金融法律体系 金融机构 金融司法

一、美国金融监管框架与2008年后金融监管法律的改变

(一)美国金融危机之前的金融监管框架

美国虽然是案例法的国家,可是在20世纪以来,美国、英国等案例法国家颁布了许多成文法,在这一点上,与德国和法国为代表的成文法国家有趋同的趋势。

美国国会颁布的金融方面的法律浩如烟海,国会每颁布一部法律,在发行单行本的同时,由设在美国国会众议院内的法律修订委员会办公室的专业人员将这部法律分解为若干部分,再根据其规范的内容编排到50个相应主题的相关卷中,成为美国法典。第十二卷就是现行有效的所有美国银行和金融方面的法律规定。规定很多,在美国金融监管历史上比较重要的主要有1863年的《国家货币法》、1864年的《国家银行法》和1913年的《联邦储备法》。1863年的《国家货币法》赋予货币建立署监管美国联邦注册银行(国民银行)的职能。货币监理署主要负责对国民银行发放执照并进行监管。具体监管职能包括:检查;审批监管对象设立分支机构、资本等变更的申请;对其违法违规行为或不稳健经营行为采取监管措施;制定并下发有关银行投资、货款等操作的法规。

到1933年,美国颁布了Glass Steagall Act(《格拉斯—斯蒂格尔法案》)。这部法是由于1930年代大危机后,美国将投资银行业务和商业银行业务严格地划分开,保证商业银行避免证券业的风险。该法案禁止银行包销和经营公司证券,只能购买由美联储批准的债券。该法案令美国金融业形成了银行、证券分业经营的模式。允许商业银行以信托的名义代客买卖公司股票。商业银行普遍设立信托部,通过信托部和银行控股的方式,参与大公司的人事和资本,大量进入非银行金融业务。

---

* 陈红,上海市黄浦区人民法院民五庭副庭长。

相比这三部法律，我国于1995年颁布的《商业银行法》和《中国人民银行法》，就是类似于1864年的《国家银行法》，也与提倡分业监管的《格拉斯—斯蒂格尔法案》相仿，但尚没有与另外两部法律相对应的法律颁布。《格拉斯—斯蒂格尔法案》对我国的经济法律有大的影响。我国也规定了商业银行、证券公司和保险公司都是分业管理的模式。

随着时间的推移，该法案形成的分业格局使得商业银行利润下滑，非银行的公司集团纷纷侵入商业银行的贷款业务，与金融发展形势不相符合，成了银行向其他金融领域拓展的主要障碍。

在1929年经济大萧条之后，美国在20世纪30年代还颁布了两部主要的法律——《1934年证券交易法》和《1933年证券法》。这是罗斯福于1933年6月16日签署《格拉斯—斯蒂格尔法案》、导致摩根公司被分拆为摩根银行和摩根士丹利公司，分别从事商业银行的传统业务和投资银行业务之后，对华尔街银行家和纽约股票交易所的又一个重拳猛招，他建立了证券交易委员会（SEC），负责对股票市场进行监管。在美国，公司发行新证券时，除了要符合证券交易委员会的要求外，各州为防止欺诈，保护投资者利益，同时制定了一定的法律标准，这些就称为蓝天法，核心是在公开发行股票、债券等有价证券时必须向公众充分披露相关的信息，使投资者可以作出明智的投资决定。

到1999年，由克林顿政府提交的由1991年布什政府推出的监管改革绿皮书（Green Book），并经国会通过，形成了《金融服务现代化法案》（Financial Services Modernization Act），亦称《格雷姆—里奇—比利雷法案》（Gramm-Leach-Bliley Act），废除了1933年制定的《格拉斯—斯蒂格尔法案》有关条款，从法律上消除了银行、证券、保险机构在业务范围上的边界，结束了美国长达66年之久的金融分业经营的历史，这意味着对金融业进行严格分业管制的《格拉斯—斯蒂格尔法案》正式退出历史舞台。该法案对其全部金融法律进行了突破性修改和整合，在此基础上提出了金融控股公司的经营模式，从法律上解决了分散风险与提高效率的关系问题，标志着美国金融业分业经营全面进入混业阶段。新法案在美国引爆了以金融自由化为核心的金融“大爆炸”，其后短短几年时间，美国的银行业结构发生了深刻的革命性变化，对美国乃至全球经济金融已经产生并将继续产生巨大而深远的影响，其结果是商业银行开始同时大规模从事投资银行的活动，如花旗集团（Citigroup）和摩根大通（JP Morgan）。

2001年12月美国最大的能源公司之一安然公司，突然申请破产保护，此后上市公司和证券市场丑闻不断，特别是2002年6月的世界通信公司会计丑闻事件，“彻底打击了投资者对资本市场的信心”（美国国会报告，2002）。美国国会和政府加速通过了萨班斯·奥克斯利法案以图改变这一局面。该法案全称《2002年公众公司会计改革和投资者保护法案》由参议院银行委员会主席萨班斯（Paul Sarbanes）和众议院金融服务委员会（Committee on Financial Services）主席奥克斯利(Mike Oxley)联合提出,又被称作《2002 年萨班斯—奥克斯利法案》。该法案对美国《1933 年证券法》、《1934 年证券交易法》做出大幅修订,在公司治理、会计职业监管、证券市场监管等方面作出了许多新的规定。Sarbanes Oxley 法案主要包括以下几个方面的内容:成立独立的公众公司会计监察委员会,监管执行公众公司审计职业;要求加强注册会计师的独立性,禁止执行公众公司审计的会计师事务所为审计客户提供列入禁止清单的非审计服务,未明确列入禁止清单的非审计服务也要经过公司审计委员会的事先批准;要求加大公司的财务报告责任,要求公司的审计委员会负责选择和监督会计师事务所,要求公司首席执行官和财务总监对呈报给 SEC 的财务报告"完全符合证券交易法,以及在所有重大方面公允地反映了财务状况和经营成果"予以保证;要求强化财务披露义务,及时披露导致公司经营和财务状况发生重大变化的信息和对公司财务状况具有重大影响的所有重要的表外交易和关系。最重要的是该法加重了对违法行为的处罚措施:故意进行证券欺诈的犯罪最高可判处 25 年入狱。对犯有欺诈罪的个人和公司的罚金最高分别可达 500 万美元和 2500 万美元;故意破坏或捏造文件以阻止、妨碍或影响联邦调查的行为将视为严重犯罪,将处以罚款或判处 20 年入狱,或予以并罚。法律规定增加经费拨款,强化 SEC 的监管职能,从 2003 年度起将 SEC 的拨款增加到 7.76 亿美元,加强欺诈防范、风险管理、市场监管与投资管理。其中 9800 万美元用于招聘 200 名工作人员,加强对注册会计师和审计业务的监管;要求美国审计总署加强调查研究,授权美国审计总署对会计师事务所强制轮换制度进行研究,责成美国审计总署就调查研究的情况,在一年内分别向参议院银行委员会和众议院金融服务委员会报告。美国总统小布什在签署该法案的新闻发布会上称"这是自罗斯福总统以来美国商业界影响最为深远的改革法案"。

美国是世界上金融业最发达的国家,美国的金融模式经常被发展中国家所效仿。美国在金融危机前的法律框架,特别是《金融服务现代化法案》主导了世界的金融格局,促进了世界各国的金融体制改革。20 世纪四五十年代,在美国的示范下,日本、韩国等国先后实行了银行、证券、保险分业经营、分业管理的体制。如今,美国放弃了分业经营模式,在美国的影响下,大量发展中国家也将会逐步放弃分业经营、分业管理的金融体制。该法加剧了国际金融业的竞争。随着美国超级银行的出现,美国银行的实力将大大增强。在国际市场上,为了抢占更多的市场份额,获得更多利润,美国银行与世界其他国家的跨国银行之间必将展开激烈的竞争。跨国银行之间的兼并与重组也将不断发生,世界金融市场格局将会发生大的变化;该法使得国际金融业将会引发更大规模的兼并浪潮。不同国家在政治、法律、语言、文化、习俗等方面的差异会对商业银行的跨国经营带来很多障碍,为此,跨国银行一般实施人才本地化战略,而兼并和收购当地金融机构是最简单、最常用的一种方式。因此,并购始终是国际金融界的一个主旋律,随着美国金融机构在国际金融市场上的进一步扩张,必将引发更大规模的兼并浪潮。这种格局会加快世界各国金融市场的开放,促进国际金融一体化。随着美国银行实力的增强,美国政府会进一步向发展中国家施加压力,从而加快这些国家金融市场的开放进程。一旦发展中国家开放了各自的金融市场,尤其是长期资本市场,国际资本就可以通过这些跨国银行在全球范围内自由流动,至此,各国的利率水平和走势将趋于一致,国际金融将实现更高程度的一体化。

(二)美国金融危机之后颁布的重要法律

2008 年美国因次贷危机而引发金融低迷,奥巴马上台之后,一直着力于金融监管改革。到 2010 年 7 月 15 日,美国国会参议院当天通过最终版本金融监管改革法案(Dodd-Frank Act of 2010),为该法案最终成为法律清除了最后障碍。该法有三大核心内容:(1)扩大监管机构权力,破解金融机构“大而不能倒”(Too big to fall)的困局,允许分拆陷入困境的所谓“大到不能倒”的金融机构和禁止使用纳税人资金救市;可限制金融高管的薪酬。(2)设立新的消费者金融保护局,赋予其超越目前监管机构的权力,全面保护消费者合法权益。(3)采纳所谓的“沃克尔规则”,即限制大金融机构的投机性交易,尤其是加强对金融衍生品的监管,以防范金融风险。因此该法被认为是“大萧条”以来最全面、最严厉的金融改革法案,将成为与《格拉斯—斯蒂格尔法案》(《1933 年银行法案》)比肩的又一块金融监管基石,并为全球金融监管改革树立新的标尺。核心内容就是在金融系统当中保护消费者。

多德弗兰克法案实施以后,成立了金融稳定监管委员会,负责监测和处理威胁国家金融稳定的系统性风险。该委员会共有 10 名成员,由财政部长牵头。委员会有权认定哪些金融机构可能对市场产生系统性冲击,从而在资本金和流动性方面对这些机构提出更加严格的监管要求。在美国联邦储备委员会下设立新的消费者金融保护局,对提供信用卡、抵押贷款和其他贷款等消费者金融产品及服务的金融机构实施监管,2011 年 7 月 15 日起禁止美国公民进行所有贵金属(包括黄金、白银)柜台交易(OTC)。设立新的破产清算机制,由联邦储蓄保险公司负责,责令大型金融机构提前做出自己的风险拨备,以防止金融机构倒闭再度拖累纳税人救助。

二、我国金融法律体系的不足之处

(一)金融法律体系有待完善

金融法律体系的完备是一国金融中心建设必不可少的前提和基础,而与国外相比,我国的金融体系的系统性和统一性都有待于进一步完善。如 1986 年 10 月 27 日,英国政府宣布伦敦证券交易所“门户开放”后,《金融服务法》出台,引发金融体系从管理到市场的全面变动。我国没有《金融服务法》,也没有金融消费者保护法、金融评估机构的设立与规制法、证券信息披露与内幕交易法与程序法,使得这方面的执行缺乏统一明确的标准,应该加快制定;同时,我国基金运作中出现了一些基金经理、证券交易员、期货交易员不正常的交易方式,我国应尽快制定基金运作规范法,避免法律长期滞后于基金和期货操作实践的现状。我国的金融市场上期货、期权、掉期、远期都已经有操作的先例,金融衍生品规范法应该及时跟上。我国应加快制定既切合我国实际又符合国际惯例的金融税收和法律制度,取消法律中不利于金融市场发展的限制性规定,鼓励和推动金融市场向新领域、更高层次发展,建立能够适应我国货币市场、资本市场、外汇市场和黄金市场正确发展的完善的法律。

(二)金融法律位阶有待提高

我国除了金融主体法律如《商业银行法》、《中国人民银行法》和一些金融的部门大法如《保险法》、《信托法》等是人民代表大会制定的外,一些金融操作方面的法规、规则的位阶比较低,就是这些法律在操作中需要补充时也是由最高人民法院以司法解释的方式进行增补;而一些由部门制定的条例规章等,需要整理集结之后制定成新的法律,如证监会出台了《首次公开发行股票并在创业板上市管理暂行办法》、《关于基金公司开展特定多个客户资产管理业务的规定》、《期货公司分类监管规定(试行)》;证监会修改的《证券发行上市保荐业务管理办法》、《中国证券监督管理委员会发行审核委员会办法》等规章,保监会出台了《保险公司管理规定》、《人身保险新型产品信息披露管理办法》、《保险公司财务负责人任职资格管理规定》等规定,还有其他金融法律法规如《外国机构在中国境内提供金融信息服务管理规定》、《股权出资登记管理办法》、《金融业经营者集中申报营业额计算办法》等也先后生效实施,包括一些地方的规定如《上海银行间同业拆放利率(Shibor)实施准则》,虽然在某种程度上填补了诸多法律空白,但是法规条例和规章的位阶毕竟比较低,需要提高位阶,加强其效力。

(三)立法的次序有待于优化

在市场体制下的金融体系中,金融法律处于核心中立的地位,一方面规范金融市场,另一方面制约金融决策,这样便形成政府决策者与市场主体均依法行事的"法治"状态。在 Dodd-Frank Act 颁布之后,由不同的部门推出 400 项可操作的措施,现在已经推出 100 多个,包括成立美国 SIFMA(美国证券和金融市场协会),还有 300 个要推出。这样的立法次序使得所有该框架下的法规都是根据一部法律制定的,因此法条之间是统一的。我国金融体系发展的目标是向市场经济体制下的金融体系过渡,立法应该改变先立法规后立法的程式,强化法律权威、统一各法之间互相矛盾和冲突之处。

三、金融机构设立的建议

(一)我国审核金融牌照门槛宜降低

香港成为国际金融中心是在 1966~1978 年。当时,有意进入香港银行业的外资银行可以选择两种途径,一是收购香港注册银行,股权可以达到 100%;二是开设接受存款公司(1976 年前称为财务公司)。1978 年 3 月,香港宣布重新向外资银行颁发银行牌照,使外资银行从当时的 40 家增加到 1995 年的 154 家。金融开放程度的提高不断推动了金融中心的发展,这对香港作为国际金融中心的起步具有关键意义。对于我国来说也是一样,没有外资金融机构就没有金融中心的国际性,密集的机构和丰富的工具是金融中心繁荣的必要条件。时任证监会主席郭树清在2012年5月7日券商创新大会上也指出:中国金融体系创新能力不足,强调审批的环节太多,市场准入门槛高。故我国审核金融牌照的银行、证券公司、保险公司、基金管理公司、国际投资银行的设立门槛宜降低。

(二)依法设立相应的金融监督机构

美国 Dodd-Frank 协议实施后,同时建立了 FSOC、OFR、CFPB 三大机构来作为监督金融安全运营的机构。FSOC 是金融全局监督委员会,高于其他机构,成员是16个机构的代表,是综合委员会,香港也刚刚成立相仿的机构。OFR 是金融研究办公室,可以向任何一家金融机构要数据,金融机构不能拒绝,以上两个都是政府机构;CFPB(Consumer Federal Protect Bureau)消费者保护局。时任证监会主席郭树清在5月7日券商创新大会上还指出:一旦进入市场后,对行为、过程的监管就缺失了,金融监管能力不足。进入成本很高,违法违规成本很低。我国已经有了银监会、证监会和保监会等监督机构,这些机构或者依法设立的细化型金融监督机构应改进金融监管的应对措施、加强对金融市场的监管,支持相关机构开展金融风险预警、评估、防范等研究,维护金融安全,限制金融风险。

四、对规范金融司法的相关建议

法律不仅可以超前于社会发展的现状并引导和带动社会的发展,而且可以制约政府行为以促进市场机制的完善和运行。上海要营造"最规范、最高效、最公平"的环境,就必须完善金融执法体系,依法行政、完善金融诉讼和仲裁环境、提供最优法律服务,打造金融法制环境。

(一)设立上海金融专业法庭、仲裁机构,建立公正、高效的金融纠纷审理机制

上海已经在很多方面率先启动创新工作,外商投资股权投资管理企业、跨境贸易人民币结算等试点、积极开展商业银行并购贷款、建立国内首家金融产业投资基金、发展了一批小额贷款公司等新型金融机构。2007年年底上海在浦东成立金融仲裁院,2008年年底在浦东新区和黄浦区设立金融审判法庭,2009年在上海高院、上海一中院、上海二中院增设金融审判庭,2011年杨浦、闵行、卢湾等区也相继成立了金融审判法庭。上海有了这么多硬件设施,因此应该能够建立公平、公正、高效的金融纠纷审理、仲裁机制,在经济发达地区可尝试设立金融法院。

(二)受理金融案件的条件要理顺

金融体系中没有违约和破产,但实际上经济活动中的风险既没有化解、消失,也没有分散和转移,金融体系的风险日益积聚。市场是否有秩序,是否公开、公正、公平,投资者权益是否得到足够的保护,证监会作为行政监管机构有责任,券商作为参与主体有责任,法院作为司法机关也有责任。长期以来,金融案件由于专业性比较强,很多经营规则多是国际通用的,因此我国对于金融案件的受理一直比较慎重。有些金融领域的纠纷,一般是在行政主导下解决的,比如证券欺诈和股票的信

息公开问题的纠纷,法院系统轻易不受理此类案件的纠纷,一直到 2009 年才降低了这个门槛。因此,今后对于金融案件的审理门槛要突破,法院要能够审理一切金融纠纷。

(三)金融商事贸易法律的规范和司法的公开

伦敦金融中心的发展路径走过了从贸易→结算→融资→货币→金融中心的历程,由贸易的发展引起结算与融资的需要,伦敦货币市场由此兴起,因此贸易的发达是金融中心形成的发端。我国的国际贸易十分发达,贸易的主体法和贸易合同、结算的法律也规定得比较明白,但是美国有教授和律师竟然认为我国的法院不能审理外国公司作为一方当事人的案件,这个观点离我国的司法实践相距甚远。这说明我国司法的公开性做得还很不够,我们要将上海法院、至少可以先将黄浦法院对外贸易和金融审判的案件公开,加强这方面的宣传,不仅在国内宣传,而且要到国外的报纸和杂志上宣传,让心系中国的外国人、意欲前来中国从事贸易、投资或者开设金融公司的外国人能够查找到我国的法律规定和司法判例,让外国人了解我国的法院审理案件程序规范程度,才能够放心地到中国来投资、经营。

(四)法院加强金融司法的统一性:法官自由裁量权的运用

金融司法有自己的独特性和规律性,但是法院对于同类案件的审理有时会有不同的判决发生,这会使得公众对于法院审理类似案件的预期产生偏差。法律的规定不可能包罗万象,有时只对某一种现象进行笼统的规定,在这种情况下,法官自由裁量权还是有相当的余地。因此如何规范法官自由裁量权的运用成为人大立法者和官员学者们以及普通百姓万众关注的话题。法院内部应该援用案例参考作用,对于同类案件的判决结果让审理同类案件的法官可以在内部更为方便地查阅,上级法院也要定期进行案例指导和公示,并且加强上下级法院之间的沟通与交流,以便法官能够预期案件的判决结果,规范使用自由裁量权,维护司法的权威和公信度。

(五)对金融司法人才的培养

金融立法人才、金融司法人才、金融监管人才、金融法律服务人才、金融法教学与研究人才、其他与金融法相关的专业人才的培养都是做好服务金融的软件力量。法院的金融司法人才也稀缺,法院要加强对审理金融案件的法官的定期培训,提高法官的司法能力和各方面的素质。法院要加强对金融智囊库的管理,审判委员会的金融咨询专家库名单应该让每个审理金融案件的法官都知晓,并且在碰到金融审理中的难题时可以随时向这些金融专家请教专业问题。只有建立一批金融司法人才库,才能提高我国法院的金融审判水平,那么金融案件的案例和执法的公开才会起到良性互动的较好效果。

(本文发表于《上海审判实践》2012 年第 10 期)

美国对证券市场高频交易的最新法律监管动向及其启示

——以防范类似光大证券“8·16”事件为视角

熊理思*

【提要】高频交易是先进计算机技术与金融市场相结合的产物。高频交易可以使以机构投资者为主的使用者在交易数量和交易速度上占得先机,从而获取丰厚利润,并有利于提高整个证券交易市场的流动性。但高频交易一旦发生操作失误或程序设计错误,也会比传统交易方式产生更大的负面影响。此次“8·16”事件就为我们敲响了警钟。因此,加强对高频交易的研究与监管就显得尤为重要。近期美国以法律规章的形式生效了多项针对高频交易的最新监管举措,其中的许多经验值得我们学习。

【关键词】高频交易　证券市场　法律监管　启示

高频交易(HFT/High Frequency Trading),是指利用强大的计算机系统和预设的程序模式,瞬间提交和撤销成千上万次的交易指令,在短时间内完成开平仓交易,且不持有隔夜头寸的交易策略。从事高频交易的主要是对冲基金、私募基金等专业机构,所关注的核心因素是交易费用和交易速度。① 作为先进计算机技术与证券市场结合的产物,高频交易既可以给使用者带来丰厚利润,也有利于提高整个证券交易市场的流动性。但一旦发生操作或设计错误,也会产生股价异常波动、市场恐慌,甚至崩盘的严重后果,因此“高频交易对使用者本身的风控管理水平与交易管理的要求非常高”。② 据称,近期备受关注的“8·16 光大证券异常交易事件”(以下简称“8·16”事件)就与其使用的高频交易软件程序设计错误有关。③ 随着科技创新与进步,高频交易的身影已经遍布世界各地,作为科技强国,美国既受其利又受其害。自 2010 年美股“5·6 闪电崩盘”事件后,美国开始加强对高频交易的研究与监管。近期,在已有的禁止闪电指令、禁止无审核通路、对巨量交易者分

---

* 熊理思,上海市黄浦区人民法院立案二庭审判员。

① 陈加赞、王鹏飞:“境内高频交易对登记结算系统的影响及应对思路建议”,载道客巴巴:http://www.doc88.com/p-779452852609.html,最后访问时间:2013 年 10 月 13 日。

② 聂宇:“从‘8·16’事件看高频交易的影响”,载《金融时报》2013 年 8 月 24 日第 7 版。

③ 详见中国证监会《光大证券异常交易事件的调查处理情况》、聂宇“从‘8·16’事件看高频交易的影响”、于扬“证监会:铭创高频交易系统为光大独家使用”等文献。

贝识别代码等机制的基础上,[①]美国又以法律规章形式推出了综合审计追踪、市场数据信息分析系统、涨跌停板、全市场熔断等新机制,并酝酿推出全新的断路开关机制。这些新举措目前在国内文献中还鲜有介绍,一方面是由于学术研究本身具有时间上的滞后性,另一方面也反映了高频交易在我国还未引起足够的重视。而此次"8·16"事件恰恰让我们领略了高频交易全球化的迅猛势头,笔者认为此时介绍与分析美国的最新经验对我们来说是非常有启发的。

一、美国为什么要对高频交易进行法律监管

美国证券交易委员会(Securities Exchange Commission, SEC)和美国商品期货交易委员会(Commodity Futures Trading Commission, CFTC)对高频交易的定义是:"由专业交易者使用,在日内交易多次的交易策略。高频交易商利用数量化方法和算法系统,快速获取、处理交易指令信息并生成和发送交易指令,在短时间内多次买入卖出,以获得利润。"[②]从字面上理解,仿佛高频交易仅仅是证券交易领域的一项技术创新,那么崇尚科技进步与市场自由的美国为什么还要大费周折地对其进行监管呢?总的来说还是出于维护市场安全和保障公平交易等公共政策的考虑。

首先,在交易量和收益额上,高频交易在美国证券市场上占据主导地位,面对这样一个庞然大物,监管者恐怕很难放松警惕。有研究表明,2012年通过高频交易产生的交易量占全美股票市场交易总量的51%,由此产生的总收益约合125亿美元。虽然相对2009年的61%和490亿美元有所减少,但高频交易仍在美国股票交易中占据主导地位,并将继续在金融市场中扮演重要角色。[③]

其次,高频交易目前仅为少数资金雄厚的机构所使用,而一旦这少部分数人出现问题,却会使多数人蒙受损失,这有违公平原则。高频交易常被称作"有钱人的游戏",这是由于它对硬件和软件的要求都很高。例如,进行高频交易首先要高价购买高速计算机,一些证券公司"为了争取这千分之一秒的优势,甚至会将服务器安置在交易所附近或同一座建筑里",[④]这些都是普通投资者无法企及的,一般只有少数资金雄厚的机构投资者才有能力进行。因此,如何保障高频交易背景下的市场公平性也是SEC关切的重点。

最后,人会犯错,机器也会犯错,在高频交易的世界里,机器犯错可能比人犯错

① 美国在2010年"5·6闪电崩盘事件"前的高频交易监管机制详见郭朋:"国外高频交易的发展现状及启示",载《证券市场导报》2012年第7期。

② 陈加赞、王鹏飞:"境内高频交易对登记结算系统的影响及应对思路建议",载道客巴巴:http://www.doc88.com/p-779452852609.html,最后访问时间:2013年10月13日。

③ Nathaniel Popper, High-Speed Trading No Longer Hurtling Forward, N. Y. TIMES, Oct. 14, 2012, at B1.

④ 文武编译:"美证交会主席提出监管方法以控制高频交易",载新浪财经:http://finance.sina.com.cn/stock/usstock/c/20121024/083713459305.shtml,最后访问时间:2013年10月13日。

的后果更加严重。如 2010 年 5 月 6 日,道琼斯工业平均指数毫无征兆地不到 30 分钟时间里狂挫近千点,创造其历史最大单日跌幅。究其原因,虽然与一名交易员在卖出股票时敲错了一个字母,将百万误打成十亿有关,但基本看法都认为高频交易者在其中具有不可推卸的责任。[①] 2012 年 3 月,美国第三大证券交易所运营商 BATS 在其交易所上市当日,也经历了一次严重技术故障,使该公司的股票价格在短短的 900 微秒内,由 16 美元一路跌至 4 美分,随后 BATS 宣布取消上市。一时间,关于美国股票交易系统不可靠,程序化交易为始作俑者等论调再次甚嚣尘上。[②] 2012 年 5 月,"由于纳斯达克的系统瘫痪,社交网络巨头 Facebook 股票上市当天开盘时间被推迟了 30 分钟,交易故障给投资者造成了前所未有的困惑和混乱"。[③] 2012 年 8 月,"软件故障"使骑士资本在一小时之内蒙受了 4.4 亿美元的损失。[④] 2013 年 8 月,"就在 8 · 16 事件发生的不久,美国高盛集团亦曾在短短半小时内,错误地向市场报价了上千份股票期权(Option)合约,导致大量期权价格以远低于市场价格的 1 美元成交,令高盛面临至少 1 亿美元的交易损失。高盛所使用的是高频交易系统"。[⑤] 可以说,人为失误或程序错误与高频交易相结合后所引发的"滚雪球效应",已成为困扰美国证券市场的一大难题。

作为一项高调的发明创新,美国各界对高频交易一直褒贬不一。支持者认为高频交易有助于增强市场流动性。[⑥] 反对者认为,高频交易在加快对大宗股票指令价格的追踪发现速度的同时,使整个市场反复无常,最终将摧毁资本市场结构。[⑦] 相对于以上个人感情色彩浓厚的评论而言,学术界则要理性得多。但学术界保守谨慎的原因之一就是因为他们的科研资金及研究数据通常来自于这些高频交易公司。[⑧] 近年来美国证券市场的一系列高频交易异常事件的发生使人们对高

---

① 徐新喆、杨朝军:"证券市场高频交易与流动性监管",载《上海金融》2013 年第 8 期。

② 张愎:"高频交易魔影:BATS 闪电崩盘",载一财网:http://www.yicai.com/news/2012/03/1583668.html,最后访问时间:2013 年 10 月 15 日。

③ 何昱:"高频交易事故解析与启示",载《期货日报》2013 年 1 月 21 日。

④ "程序故障导致骑士资本巨亏 4.4 亿",载福布斯中文网:http://www.forbeschina.com/review/201208/0018978.shtml,最后访问时间:2013 年 10 月 15 日。

⑤ 聂宇:"从'8 · 16'事件看高频交易的影响",载《金融时报》2013 年 8 月 24 日。

⑥ Michael Chlistalla, *High-Frequency Trading: Better Than its Reputation?*, Deutsche Bank Research, Frankfurter, Ger. (Feb. 7, 2011), at 4, available at http://www.dbresearch.com/PROD/DBR_INTERNET_EN-PROD/PROD0000000000269468.pdf (last visited Oct. 15, 2013).

⑦ Nathan D. Brown, Note, *The Rise of High Frequency Trading: The Role Algorithms, and the Lack of Regulations, Play in Today's Stock Market*, 11 APPALACHIAN J. L. 210 (2012).

⑧ *Computerized Trading: What Should the Rules of the Road Be?: Hearing Before the S. Subcomm. on Sec., Ins., & Inv. of the S. Comm. on Banking, Hous. & Urban Affairs*, 112th Cong. (2012) (written testimony of David Lauer, Market Structure and HFT Consultant, Better Markets, Inc.), available at http://www.banking.senate.gov/public/index.cfm? FuseAction = Hearings.Hearing&Hearing_ID = f8a5cef9 - 291d - 4dd3 - ad3b - 10b55c86d23e (last visited Oct. 15, 2013).

频交易加强监管的呼声越来越高。为此,SEC 从 2012 年起启动了新一轮的探索,在高频交易监管和风险防范方面的措施日益完善。

二、美国对高频交易进行法律监管的新举措

(一)制定获取高频交易数据的新规则

长久以来,美国都没有制定允许 SEC 获取高频交易数据的规则,这导致 SEC 无法获得分析高频交易所必需的数据。为此,SEC 近期颁布实施了两项重要的数据收集新规。

1. 综合审计追踪(Consolidated Audit Trail)。SEC 的第一个信息收集规则是综合审计追踪(CAT)。[①] CAT 要求证券业自律组织(Self-Regulatory Organizations, SROs)设计一套可以捕捉所有交易从订单生成到执行或取消的完整记录的系统。该规则在 2012 年 7 月 11 日获得通过,并于 2012 年 10 月 1 日生效,实际运用则要到四年至五年以后。[②] SEC 在 CAT 建议稿中要求 SROs 向其提供实时数据,但在定稿时改成了让 SROs 在第二个交易日 8 点之前提供同步数据。正如有的学者所说,实时数据分析才是对高频交易进行监管的最好手段。[③] 虽然存在上述缺憾,CAT 仍为 SEC 在高频交易监管方面提供了史无前例的数据通道。

2. 市场信息数据分析系统(Market Information Data Analytic System)。SEC 另一个近期针对高频交易信息缺乏所做的回应是采用市场信息数据分析系统(MIDAS)。MIDAS 允许 SEC 获得全美 13 个交易所的所有买卖数据,以此监管高频交易公司及其活动。虽然 MIDAS 获得了大家的好评,但由于 MIDAS 软件是 SEC 从一个叫 Tradeworx 的高频交易公司购买的,因此有人对其数据客观真实性表示担心。但大多数人仍认为,SEC 自己开发相关软件历时长、花销大,从他处购买相关软件并无不妥,即使该软件是向高频交易公司购得的,也不能因此否认其在数据提供上的独立性,有总比没有要好。[④]

(二)构建应对高频交易错误的新机制

为了减少高频交易中计算机错误带来的负面影响,SEC 于近期推出了一系列“组合拳”。一是当某个个股价格偏离可接受的价格范围时冻结该个股的交易。二是当市场下跌达到预定比例时冻结市场上所有个股的交易。三是当某个公司的

---

① Consolidated Audit Trail, 77 Fed. Reg. 45,722(Aug. 1, 2012).

② Yin Wilczek, *SEC Adopts Rule for Consolidated Audit Trail; Dissenters Object to Changes from Proposal*, 44 Sec. Reg. & L. Rep. (BNA) 1359 (Jul 18, 2012).

③ Edgar Perez, Op-Ed., *Don't Ban the Trades; Regulate Them in Real Time*, N. Y. TIMES, Aug. 7, 2012.

④ Nathaniel Popper & Ben Protess, *To Regulate Rapid Traders, S. E. C. Turns to One of Them*, N. Y. TIMES, Oct. 8, 2012, at B1.

交易软件失控时冻结该公司的所有市场交易。[①] 其中,前两个机制已在法律层面生效运行,第三个机制还在商讨阶段。

1. 针对个股的涨跌停板机制(Limit up-Limit down)。2012 年 5 月 31 日,SEC 批准了美国金融监管局(FINRA)提交的用试用期为一年的涨跌停板机制取代已有的个股熔断机制的提案。根据涨跌停板机制,如果个股的价格在 5 分钟内涨跌超过预设的安全比例就可能被暂时停止交易。此后会有一个 15 秒的暂停期,若 15 秒后涨跌幅仍未回归安全地带,则该个股将被冻结。[②] 该机制于 2013 年 4 月 8 日生效,分为两个阶段实施。[③] 第一阶段从 4 月 8 日开始适用于一级国家市场证券(NMS),即标准普尔 500、罗素 1000 和选定的场内交易股票;第二阶段从 8 月 5 日起逐步适用于其他证券。[④]

2. 针对整个市场的全市场熔断机制(Market-Wide Circuit Breakers)。就在批准涨跌停板机制的同一天,SEC 还批准了 FINRA 关于修改已有市场熔断机制的建议,以防止技术缺陷对整个市场的影响。全市场熔断机制,即当市场波动异常,特别是降幅达到一定比例时,市场上所有股票的交易将被冻结。全市场熔断机制至今仅在 1997 年全球股市受东南亚金融危机冲击时启动过一次。[⑤]新的全市场熔断机制包括以下内容:一是当标准普尔跌幅达到 7% 时启动一级暂停,下午 3:25 之前将暂停交易 15 分钟,下午 3:25 之后除非三级暂停启动否则继续交易。二是当标准普尔跌幅达到 13% 时启动二级暂停,下午 3:25 之前将暂停交易 15 分钟,下午 3:25 之后除非三级暂停启动否则继续交易。三是当标准普尔跌幅达到 20% 时启动三级暂停,此时无论何时均停止交易且当天不再恢复。该机制于 2013 年 4 月 8 日生效。[⑥]

3. 针对某个公司的断路开关机制(Kill Switches)。涨跌停板机制针对的是个股,全市场熔断机制针对的是整个市场,而断路开关机制针对的是某家公司。早在 2012 年 8 月骑士资本公司因软件错误损失 4.4 亿美元时 SEC 就有了建立针对某

---

① Tom Steinert-Threlkeld, *SEC Approves Market-Wide & Single-Stock Circuit Breakers*, SEC. TECH. MONITOR(Jun. 1,2012), available at http://www.securitiestechnologymonitor.com/news/market-wide-single-stock-circuit-breaker-pilots-approved-by-sec-30675-1.html (last visited Oct. 16,2013).

② *Current Regulatory Initiatives*, nasdaqtrader, available at http://www.nasdaqtrader.com/Trader.aspx?id=currentregulatory#luld(last visited Oct. 16,2013).

③ Regulatory Notice 13-12, FINRA (Mar. 12, 2013), available at http://finra.complinet.com/en/display/display_main.html? rbid=2403&element_id=11086&print=1 (last visited Oct. 13,2013).

④ *Frequently Asked Questions Limit Up-Limit Down*, nasdaqtrader, available at http://www.nasdaqtrader.com/content/MarketRegulation/LULD_FAQ.pdf (last visited Oct. 16,2013).

⑤ Tom Steinert-Threlkeld, *SEC Approves Market-Wide & Single-Stock Circuit Breakers*, SEC. TECH. MONITOR(Jun. 1,2012), available at http://www.securitiestechnologymonitor.com/news/market-wide-single-stock-circuit-breaker-pilots-approved-by-sec-30675-1.html (last visited Oct. 16,2013).

⑥ *Frequently Asked Questions Market-Wide Circuit Breakers*, nasdaqtrader (Apr. 6,2012), available at http://www.nasdaqtrader.com/content/marketregulation/mwcb_faq.pdf(last visited Oct. 16,2013).

个公司交易的断路开关机制的想法。[①] 虽然现在多数执行管理系统都有断路开关,通过它可以在电脑发生技术故障时防止继续交易和取消指令,但现有的断路开关对毫秒至微秒瞬间内发生的订单却束手无策,而一微秒在高频交易的世界里却意味着永恒,可以给金融市场带来致命打击。[②]为此,SEC 正在考虑创造一种能由 SEC 控制的电脑化断路开关机制,当某个公司超过规定的交易限制时即对其采取系统性的断路。

三、美国监管高频交易新举措对我们的启示

(一)加快对高频交易的定义和数据收集

高频交易在我国的存在历史还很短,一般认为它是伴随着金融投资市场的"量化"概念和做空机制的产生而产生的,而我国证券市场直到 2009 年和 2010 年才分别引入"量化"概念和做空机制。[③] 作为一项年轻的舶来品,高频交易一直被看作是对传统交易手段的一种技术创新,然而其高科技外衣的背后却隐藏着不安全和不公平交易的威胁。此次"8·16"事件就为我们敲响了警钟,证监会将之定义为"我国资本市场建立以来首次发生的一起因交易软件缺陷引发的极端个别事件,对证券期货市场造成的负面影响很大"。[④]

事件发生不久,就有学者提出了"8·16"事件与光大证券的高频交易系统故障有关,理由如下:"第一,在期指飙升、主要权重股纷纷涨停的那一轮拉升中,高频交易程序系统是主要的交易手段,因为放量发生在短短五分钟之内,这不是人为下单、正常交易能够实现的,没有人能够同时将数只资本庞大的权重股同时拉至涨停。据接近光大证券的人士透露:'7 月才上线的高频交易程序当时被触发后,自动下单、自动买卖,停都停不住,最后是拔了电源才终止交易。'第二,市场中大量市场成员在使用量化交易系统。明显的证据就是类似 2010 年道指'5·6'事件中的'滚雪球'效应:期指与股指的联动、权重股的海量批量买入封涨停。如果不是我国股市存在的 10% 涨停的限制,对市场的影响将不仅仅只是 A 股涨 5% 这么简单,很有可能发生整个市场不断的买入直至所有人拔电源为止"。[⑤] 这一观点也得到了证监会和光大证券的印证。根据证监会的调查处理报告,8 月 16 日光大证券发生异常交易的起因是其策略投资部自营业务使用的策略交易系统存在严重的程序

---

① Sarah N. Lynch and Herbert Lash: *U. S. exchanges to create kill switches following Nasdaq outage*, Reuters (Sep. 12, 2013), available at http://www.reuters.com/article/2013/09/12/us-nasdaq-halt-sec-idUSBRE98A13K20130912.

② Nasser A Sharara: *RE:-File #4 – 652 Technology and Trading Roundtable*, SEC (Sep. 28, 2012), available at http://www.sec.gov/comments/4 – 652/4652 – 23.pdf(last visited Oct. 16, 2013).

③ 徐新喆、杨朝军:"证券市场高频交易与流动性监管",载《上海金融》2013 年第 8 期。

④ 中国证监会:"光大证券异常交易事件的调查处理情况",载证监会官网:http://www.csrc.gov.cn/pub/newsite/bgt/xwdd/201308/t20130830_233365.htm,最后访问时间:2013 年 10 月 10 日。

⑤ 聂宇:"从'8·16'事件看高频交易的影响",载《金融时报》2013 年 8 月 24 日。

设计错误。当程序员在交易员的电脑上演示并按下“重下”按钮时,存在严重错误的程序被启动,补单买入 24 只股票被执行为“买入 24 组 ETF 一篮子股票”,并报送至订单执行系统。[①] 光大证券也将事故原因归结于其使用的由上海铭创科技开发的“高频交易投资系统”在设计方面有漏洞。[②] 有报道称,80 多家证券公司使用了铭创公司的软件,引发市场担忧。证监会事后辟谣道:“光大证券使用的‘铭创高频交易投资系统’是定制软件,目前为光大证券独家使用。”[③]“8·16”事件只是我国目前高频交易状况的一个缩影,它告诫我们,一方面,相关机构不能盲目地照搬国外的所谓先进技术,应将利润与风险进行综合考虑;另一方面,相关监管部门也应加强对高频交易的研究与监管。目前,国际上美国证券交易委员会、欧洲证券监管委员会等多个机构均对高频交易的概念和具体标准进行了限定,此乃对其进行研究与监管的第一步,而我们在这方面还是空白。数据收集方面,我们的监管机构也没有相关的操作软件。这方面,我们可以向美国学习,从对概念进行定义和收集相关数据做起。收集数据时可以自行开发相关软件,也可以像 SEC 一样,购买相关机构的软件,但购买前一定要充分考察该软件的独立性与客观性。

(二)谨慎推进“T+0”制度改革提升市场公平交易环境

“8·16”事件发生后,不少业内人士呼吁抓紧研究论证股票“T+0”交易制度,以更好地保护个人投资者的利益。对上述观点,笔者基本赞同,主要是基于以下两方面的考虑。一方面,目前我国现货市场和期货市场采用的交易机制不统一,现货市场采用“T+1”,当日买入的股票不能当日卖出;而期货市场采用“T+0”,当日买入的期货合约当日可以卖出。我国股市上主要是个人投资者,期货市场主要是大户和机构投资者。“这就意味着,当股市出现异常波动,股指大幅下滑时,个人投资者无法在当天将买入的股票卖出以规避风险;而大户和机构投资者的风险完全可以通过期货市场实现对冲。”[④]“另一方面,股票市场上能够通过 ETF 申购赎回机制,间接实现‘T+0’。具有资金实力的大户和机构投资者,可以用一篮子股票换取 ETF 的方式,卖出自己手中错误买进的股票;但由于散户因资金门槛等原因,缺乏‘T+0’的风险对冲工具,在跟风买进后难以及时修正自己的错误。”[⑤]因此,对于保护中小投资者权益、体现市场公平性而言,“T+0”交易制度确有实施的必要。但同时也要看到,一旦实施“T+0”制度,机构对高频交易的运用可能会更加频繁,对此市场与监管部门要有一定的心理预期。因此无论是“T+0”还是“T+1”,加强

---

① 中国证监会:“光大证券异常交易事件的调查处理情况”,载证监会官网:http://www.csrc.gov.cn/pub/newsite/bgt/xwdd/201308/t20130830_233365.htm,最后访问时间:2013 年 10 月 10 日。

② 杨庆婉:“8·16 事件鲜为人知的细节”,载《证券时报》2013 年 8 月 30 日。

③ 于扬:“证监会:铭创高频交易系统为光大独家使用”,载《证券时报》2013 年 8 月 22 日。

④ 安宁:“重启‘T+0’或成 A 股一剂‘补药’”,载《证券日报》2013 年 8 月 27 日。

⑤ 转引自李光磊:“‘8·16’异常交易启示:亟须建立熔断机制防范市场异常波动”,载《金融时报》2013 年 9 月 3 日。

监管才是硬道理。

(三)试行市场熔断机制并与个股涨停板机制形成组合拳

"8·16"事件发生后,业内也出现了仿照美国在我国建立针对异常交易的熔断机制的呼声。"熔断机制是指当股市大盘或个股波动超过预先设定的标准时,触发交易中断或暂停的机制。……主要目的是给予市场一个冷静期,防止市场或某一产品非理性大幅波动,以维护市场的稳定。"①然而8月25日上交所新闻发言人表示,从境外情况看,股票现货市场对个股涨跌幅限制与大盘熔断机制,一般是二者选用其一,同时使用这两种机制的较少。在我国已选择了涨停板制度的情况下熔断机制作用有限。但该发言人也表示从给市场提供冷静期以消化信息的角度看,熔断机制有一定作用,上交所将对熔断机制进行进一步研究和论证。② 笔者认为,在目前的复杂市场情形下,"二选一"已经不足以防范高频交易及其技术故障带来的市场风险,适时推出市场熔断机制并与现有的个股涨停板机制形成"组合拳"势在必行。正如前文所介绍的,目前美国对高频交易进行监管的最近动向就是运用"组合拳":针对个股有涨跌停板机制、针对整个市场有全市场熔断机制、针对公司的断路开关机制也在积极酝酿之中,这种"个股—市场—公司"全覆盖的模式值得我们学习。其次,如果将来我们实施市场熔断机制的话,还可以借鉴美国在涨停板机制时运用的分阶段试点法。相对"一刀切"而言,分阶段试点更加科学与审慎。再次,决策层在酝酿熔断机制时,也可参照前文所介绍的美国全市场熔断机制中的区分异常波动等级的做法。

(四)加快证券期货法律修订及与相关法律的衔接

1.修正《证券法》与《期货交易管理条例》中的内幕交易概念。根据证监会的调查处理报告,光大证券在"8·16"事件中构成内幕交易,理由是光大证券未及时披露的因程序故障引发异常交易的信息属于《证券法》第75条、《期货交易管理条例》第82条中的证券、期货市场内幕信息。因此其在当天13时至14时22分(公司高管层决策后至公告前)的交易行为构成《证券法》第202条和《期货交易管理条例》第70条所述的内幕交易行为。③ 然而笔者认为,依据上述条文认定光大证券构成内幕交易并不足以服众,甚至有生搬硬套法条之嫌。首先,"8·16"事件不属于《证券法》中的内幕交易。《证券法》第75条第1款规定:"证券交易活动中,涉及公司的经营、财务或者对该公司证券的市场价格有重大影响的尚未公开的信息,为内幕信息。"随后,第2款又用列举法对什么是内幕信息作了进一步的说明,

---

① 姚进:"上交所回应光大证券'乌龙'事件若干市场关切问题'T+0'及'熔断'机制要抓紧论证",载《经济日报》2013年8月26日。

② "上交所:涨跌停制度下熔断机制作用有限",载新浪财经:http://finance.sina.com.cn/stock/t/20130825/164716555021.shtml,最后访问时间:2013年10月16日。

③ 中国证监会:"光大证券异常交易事件的调查处理情况",载证监会官网:http://www.csrc.gov.cn/pub/newsite/bgt/xwdd/201308/t20130830_233365.htm,最后访问时间:2013年10月10日。

但除了第 8 项"国务院证券监督管理机构认定的对证券交易价格有显著影响的其他重要信息"这一兜底条款以外,其他列举项都不符合。但即使兜底条款也应与该条的其他条款保持逻辑上的一致。根据第 75 条第 1 款的规定,行为人掌握的内幕信息与行为人实施的内幕交易之间应该是一种对应关系,也就是说行为人利用 A 公司的内幕信息交易 A 公司的股票构成内幕交易,如果行为人虽然掌握 A 公司的内幕信息,但交易的却是其他公司的股票,则不构成《证券法》上的内幕交易。8 月 16 日当天,光大证券的股票早在 13 时就被停牌,因此在证监会认定的 13 时至 14 时 22 分这段时间内,光大证券即使知道公司股票停牌的真正原因也不可能再利用此信息去交易自己公司的股票,如果只是交易其他公司的股票或者期货就不构成《证券法》上的内幕交易。其次,根据《期货交易管理条例》第 82 条的规定:"内幕信息,是指可能对期货交易价格产生重大影响的尚未公开的信息,包括:国务院期货监督管理机构以及其他相关部门制定的对期货交易价格可能发生重大影响的政策,期货交易所作出的可能对期货交易价格发生重大影响的决定,期货交易所会员、客户的资金和交易动向以及国务院期货监督管理机构认定的对期货交易价格有显著影响的其他重要信息。"同样地,除了最后的兜底条款,光大证券所掌握的信息无法套用第 82 条中的其他情形。笔者认为,虽然第 82 条中有"以及国务院期货监督管理机构认定的对期货交易价格有显著影响的其他重要信息"这一兜底条款,但根据条文的设置顺序,它兜的应该是与前面的几种情形相类似的"底",很明显光大证券掌握的关于自身程序错误的信息并不属于这一范畴,其行为也不能认定为期货市场上的内幕交易。怪不得有学者感叹在这一事件中"内幕交易与信披之间实际上建立不起必然关系。实际确定内幕交易的决定性因素仍是乌龙的规模和影响。"[①]因此,对于内幕信息和内幕交易的定义尚待相关部门在修改《证券法》和《期货交易管理条例》时予以明确与完善。

2. 应加强证券期货法律与刑事诉讼、民事诉讼的衔接。刑事诉讼方面,根据《刑法》第 180 条关于内幕交易罪以及《关于办理内幕交易、泄露内幕信息刑事案件具体应用法律若干问题的解释》的相关规定,实施内幕交易,证券交易成交额在 50 万元以上或者获利或避免损失数额在 15 万元以上的就构成内幕交易罪。根据证监会的调查处理报告,光大证券及相关责任人都已构成犯罪,但目前为止证监会并未将这一案件移送司法机关处理。民事诉讼方面,虽然证监会在调查处理报告中说依据"《证券法》第 76 条第三款……对于投资者因光大证券内幕交易受到的损失,投资者可以依法提起民事诉讼要求赔偿",[②]但投资者起诉后却遭遇了无法

① 刘仲元:"光大'8·16'事件的几个焦点问题",载《第一财经日报》2013 年 9 月 7 日。

② 中国证监会:"光大证券异常交易事件的调查处理情况",载证监会官网:http://www.csrc.gov.cn/pub/newsite/bgt/xwdd/201308/t20130830_233365.htm,最后访问时间:2013 年 10 月 10 日。

立案的尴尬。[①] 笔者认为,在对投资者的民事赔偿方面,我们可以借鉴美国的“公平基金制度”,即在证券民事赔偿诉讼之外,由美国证券交易委员会(SEC)出面协调达成和解协议,并将证券违法行为人判罚的民事罚款、没收的非法所得分配给受害投资者。例如,据《洛杉矶时报》的最新报道,在纳斯达克因错误操作搞砸了2013年5月18日Facebook的IPO交易以后,美国证券交易委员会(SEC)批准了纳斯达克OMX集团向受损券商支付6200万美元的和解协议。[②] 另据路透社的最新报道,骑士资本也就2012年8月因计算机故障引发的异常交易与SEC达成了1200万美元的和解协议。[③] “公平基金制度”有利于解决民事诉讼中势单力薄的投资者和资金雄厚的肇事方之间难以形成有效对抗的难题,值得借鉴。综上,现行《证券法》和《期货交易管理条例》在与刑事诉讼、民事诉讼的平衡与衔接方面仍有待完善。

(本文发表于《西南政法大学学报》2014年第1期)

---

① “率先接受诉讼请求的广州和上海两地法院分别作出了‘驳回起诉’和‘尚需研究’的决定。”详见张炜:“期待内幕交易民事赔偿破冰”,载《中国经济时报》2013年10月15日。

② Stuart Pfeifer:*Nasdaq's $62-million payout for Facebook IPO approved*, Los Angeles Times(Mar. 25, 2013), available at http://articles.latimes.com/2013/mar/25/business/la-fi-mo-nasdaq-facebook-ipo-62-million-payout-20130325(last visited by Oct. 21, 2013).

③ John McCrank, Matthew Goldstein: *Exclusive: KCG nears $12 million settlement with SEC on Knight glitch-sources*, Reuters (Sep. 26, 2013), available at http://www.reuters.com/article/2013/09/26/us-kcg-settlement-trading-idUSBRE98P0VI20130926(last visited by Oct. 21, 2013).

图书在版编目(CIP)数据

2011－2015年上海市黄浦区人民法院文丛:探索、实践与创新. 民商事卷/樊长春主编. —北京:法律出版社,2016.8

ISBN 978－7－5118－9863－0

Ⅰ.①2… Ⅱ.①樊… Ⅲ.①民法—中国—文集②商法—中国—文集 Ⅳ.①D92－53

中国版本图书馆CIP数据核字(2016)第205078号

探索、实践与创新
(民商事卷)
樊长春 主编

策划编辑 韦钦平
责任编辑 万 颖
装帧设计 汪奇峰

开本 710毫米×1000毫米 1/16
印张 35 **字数** 605千
版本 2016年10月第1版
印次 2016年10月第1次印刷
出版 法律出版社
编辑统筹 大众出版分社
总发行 中国法律图书有限公司
经销 新华书店
印刷 中煤(北京)印务有限公司
责任印制 沙 磊

法律出版社/北京市丰台区莲花池西里7号(100073)
电子邮件/info@lawpress.com.cn
网址/www.lawpress.com.cn
销售热线/010－63939792/9779
咨询电话/010－63939796

中国法律图书有限公司/北京市丰台区莲花池西里7号(100073)
全国各地中法图分、子公司电话:
第一法律书店/010－63939781/9782
西安分公司/029－85388843
重庆公司/023－65382816/2908
上海公司/021－62071010/1636
北京分公司/010－62534456
深圳公司/0755－83072995

书号:ISBN 978－7－5118－9863－0
定价:89.00元